논리와 진리

여훈근 외 지음

철학과현실사

머 리 말

대학에서 논리학을 강의한 지도 어느덧 30여 년이 지났다. 1965년에 논리학 강의로 처음 대학강단에 섰을 때, 국내에서는 마땅한 교재가 없어서 쿨리(John C. Cooley)의 저서인 *A Primer of Formal Logic*을 사용하였다. 당시 대부분의 대학강단에서 전통 논리학 일변도의 강의가 이루어졌으나, 이 책을 가지고 기호논리학을 중점적으로 강의한 것이 기억에 새롭다.

첫 강좌를 맡은 지 10년이 되었을 때 본인은 처음으로 논리학 책을 출판하였다. 그때 우리 나라 도처에서는 근대화를 부르짖었고, 민주화하는 것은 정치적 근대화요, 공업화하는 것은 경제적 근대화라고 주장하였다. 이에 본인은 첫 출판한 책의 머리말에서, 정치적 근대화도 경제적 근대화도 다 필요하지만, 무엇보다도 먼저 사고방식의 근대화가 선행되어야만 한다고 언급했다. '사고방식의 근대화'는 사고방식의 합리화를 의미하였고, 사고방식이 합리화되어야 당시의 부조리와 부정부패도 함께 청산될 수 있다고 생각했기 때문이다.

그로부터 20여 년이 지난 오늘날에는 초등학교를 비롯해서 고등학교 전 학생들이 논리적 사고력 훈련에 열중하는 시대가 되었다. 초등학생을 위한 다양한 논리학습의 출판물이 베스트셀러가 되는가 하면, 논리적 사고력 측정에 초점이 맞춰진 논술고사가 대학입시의 당락을 거의 결정짓고 있다. 늦은 감이 없지 않지만 논리교육의 필요성이 절실히 인식되어 다행스럽다.

이러한 때에 본인의 회갑을 기념하기 위해서 논리학 및 논리철학의 문제들을 본격적으로 탐구한 논문들이 엮여져서 한 권의 책으로 나오게 되어 가슴 뿌듯함을 금할 수 없다. 이것은 바로 논리학을 전공하거나 관심을 갖고 있는 학자가 크게 증가하였다는 사실을 보여 주는 증거가 되기 때문이다. 그리고 이 책에 엮어진 논제들을 보고, 마치 본인이 기획하여 논제들을 선정한 것이 아닌가 착각할 정도로, 논리학과 논리철학의 중요한 주제들이 망라되고 일관성까지 유지되고 있음을 확인할 수 있었다.

4부로 구성된 이 책에서 제1부는 '역설과 진리'의 문제를 다룬다. 주지하다시피 희랍 시대로부터 현대에 이르기까지 많은 논리학자들이 관심을 갖고 해결을 시도하였던 문제 중의 하나가 바로 역설의 문제다. 러셀이 유형론을 제창한 것도 그가 언급한 바와 같이 역설을 해결하기 위한 것이었다. 러셀 이후에 타르스키는 의미론적 진리론을 주창하여 의미론적 역설을 해결하려고 하였으며, 크립키는 타르스키의 진리론을 비판하고 자기나름대로의 새로운 진리론을 제시하기도 하였다.

이에 1부에서는 논리적 역설과 의미론적 역설, 무한과 역설의 문제 등이 다루어졌다. 그리고 진리에 관한 논의들이 분석철학의 전통 밑에서 어떻게 발전되어 왔는지를 개관하였고, 진리의 비일관성론의 문제점과 비단조 논리도 다루어졌다.

제2부는 '논리와 언어'를 주제로 다룬 논문들을 담고 있다. 논리학은 인공언어 (기호)를 사용한다. 이때 기호로 번역된 논증이 타당하면 일상언어의 논증도 타당한 것으로 입증된다. 그런데 일상언어가 제대로 정확하게 인공언어로 번역될 수 있는가의 문제가 제기될 수 있다. 이에 논리학자들은 구문론 연구와 함께 일상언어에 대한 의미론적 연구에도 관심을 기울이게 된다.

2부에 실린 논문들은 바로 이러한 논리철학적인 의의를 가지는 논문들이라고 할 수 있다. 부사구의 논리적 형식을 고찰하면서 치솜의 추상자 사건론을 옹호하고 있고, 조건문의 선행적 해석과 역행적 해석을 다루기도 하였다. 또한 전기회로의 경우를 들어 기호논리학의 응용가능성을 시사한 논문을 포함해서 의미총체주의를 둘러싼 현대 철학자들의 공방을 추적한 논문, 실행용이성과 관련된 정당화 문제를 검토한 논문이 실려 있다.

대체로 과학에서도 현대 과학을 중요시하듯이 논리학에서도 현대 논리학에 치중하다 보니 아직 우리 학계에 논리학사를 본격적으로 다룬 저술이 출판되지 못하여 아쉬웠다. 그런데 이 책의 제3부와 제4부는 고대로부터 현대에 이르기까지 주요 철학자들의 논리학 또는 논리철학의 문제들을 다루고 있어서 아쉬움을 많이 달래 주었다.

제3부는 '고·중세 및 근대의 논리학'을 다룬 논문들이다. 아리스토텔레스의 철학에서 나타나는 추론으로서의 귀납의 성격을 규명하는 논문을 비롯해서 고대 희랍의 변증법과 현대 논리학의 아버지라 할 수 있는 프레게의 논리학을 비교검토한 논문이 들어 있다. 그리고 아직 우리에게 생소한 중세의 토론논리에 관한 논문도 있고, 라이프니츠의 논리학의 발전과정을 다룬 논문도 있어서 논리학의 뿌리를 찾는 데 많은 도움이 되리라고 확신한다.

제4부에서는 '현대의 논리학'의 발전과정을 보여 주는 논문들이 실려 있다. 프레게의 『개념표기』가 출판된 후 현대 논리학은 획기적으로 발전하였고, 러셀과 화이트헤드에 의하여 표준논리로서의 기호논리학이 본격적으로 연구되었다. 그후에 비트겐슈타인이나 뢰벤하임, 괴델, 처치, 카르납, 콰인 등이 표준적 기호논리학을 발전시키는 데 큰 공헌을 하였다. 또한 이러한 표준적 논리학을 확장시킨 논리체계로서 C. I. 루이스에 의한 양상논리와 루카시에비츠 등이 발전시킨 다치논리, 브라워에 의해서 시작된 직관논리 등이 발전되었다.

따라서 현대 논리학의 발전을 이해하려면 우선적으로 그 기초를 다진 프레게를 연구해야 할 것이다. 그런데 4부에서는 프레게 논리체계의 일관성 문제를 비롯해서 프레게의 객관성 개념과 프레게의 논리주의와 수의 동일성 문제 등이 다루어졌다. 이것은 우리 학계에 프레게에 대한 관심이 증대되고 있음을 보여 주고 있다. 그리고 비트겐슈타인의 전기사상에 나타난 논리의 문제를 다룬 논문과 비트겐슈타인의 색채의 논리를 검토한 논문, 카르납의 귀납논리의 틀을 기반으로 해서 종속사상이 논의된 논문들이 선을 보였다. 4부에는 후설의 선험현상학의 관점에서 형식논리학을 조명한 논문이 실림으로써 우리에게 새로운 논리철학적 반성을 하게 한다.

이제 끝으로 이 논문집을 위해서 옥고를 보내 주신 필자들에게 진심으로 감사의 뜻을 전하고 싶다. 특히 이 책의 편찬을 직접 맡았던 고려대 철학과의 권창은 교수, 하종호 교수, 박준용 강사의 노고를 잊을 수 없다. 그리고 어려운 출판계의 여건 속에서도 이 책의 출판을 기꺼이 맡아 주신 철학과현실사의 전춘호 사장께 사의를 표한다.

1996 년 6 월

여　훈　근

차 례

제 1 부 역설과 진리

역설과 그 해결방안──────────────여훈근 · 11
'무한'과 역설────────────────소홍렬 · 49
분석철학과 진리개념──────────────정대현 · 53
진리, 일관적 개념인가?──────────────송하석 · 75
비단조 논리──라이터를 중심으로─────────정영기 · 97

제 2 부 논리와 언어

부사구 수식의 문제───────────────김영정 · 119
조건문의 선행적 해석과 역행적 해석──────권병옥 · 139
명제논리와 스위치 회로──────────────안건훈 · 155
추론역할적 의미론과 의미총체주의─────────하종호 · 169
실행용이성과 정당화──────────────이영의 · 189

제 3 부 고·중세 및 근대의 논리학

아리스토텔레스에 있어서 추론으로서의 귀납————————권창은 · 211
고대 희랍의 변증법과 프레게의 '논리연구'————————김성진 · 225
De obligationibus : 중세의 토론논리 (Ⅱ)————————박우석 · 265
라이프니츠 논리학의 발전과정————————————김성호 · 287

제 4 부 현대의 논리학

선험현상학의 관점에서 본 형식논리학————————이길우 · 317
프레게의 객관성 개념————————————————최원배 · 337
프레게의 산수체계에서의 역설————————————이종권 · 357
프레게의 논리주의와 수의 동일성 기준————————박준용 · 381
『논리, 철학 논고』에 나타난 비트겐슈타인의 논리————박병철 · 405
비트겐슈타인의 색채의 논리————————————이승종 · 437
종속사상과 카르납의 귀납논리————————————전영삼 · 451

■ 필자소개————————————————————— 473

제 1 부 역설과 진리

역설과 그 해결방안
'무한'과 역설
분석철학과 진리개념
진리, 일관적 개념인가?
비단조 논리 ― 라이터를 중심으로

역설과 그 해결방안

여 훈 근

개 요

　‘역설’이란 말은 두 가지 의미로 사용된다. 첫째는 제논의 역설처럼 겉으로 보기에 건전한 추론인데도 불합리한 결론에 빠지는 경우를 가리킨다. 둘째는 거짓말쟁이 역설처럼 전혀 잘못이 없어 보이는 추론의 결과 같은 명제가 참인 동시에 거짓이어야 한다는 결론에 빠지는 경우이다. 이 둘째 의미에 속하는 역설들은 금세기 시작을 전후로 해서 여러 철학자들의 관심을 불러일으켰다. 이런 의미의 역설은 다시 거짓말쟁이 역설, 리차드의 역설 같은 의미론적 역설과 부랄리-포르티의 역설, 칸토르의 역설, 러셀의 역설 등의 논리적 역설로 분류되며, 이 역설들의 해결을 위해 여러 시도가 있어 왔다. 본 논문에서는 고전적인 역설해결의 방법으로서 러셀의 유형론과 타르스키의 진리론을 살펴보고, 최근의 방법으로서 크립키의 시도를 고찰하고자 한다.

1. 서 언

희랍시대로부터 현대에 이르기까지 많은 논리학자들이 관심을 갖고 주목한 것 중의 하나는 역설(paradox)의 문제라고 하겠다.

역설이란 첫째, 겉으로 보기엔 전적으로 건전한 추론인데도, 불합리한 거짓된 결론에 빠진 것을 가리키는 경우가 있다. 예컨대 제논의 역설이 이에 속한다. 제논의 역설 중 아킬레스와 거북이에 관한 역설은 너무나 잘 알려져 있다. 그 역설은 다음과 같다.

아킬레스와 거북이가 경주를 함에 있어, 아킬레스가 거북이보다 훨씬 빨리 달릴 수 있으므로 거북이는 일정한 거리를 앞서서 출발한다. 그런데 아킬레스가 거북이의 출발지점까지 달려가면, 출발을 같이 한 거북이도 그 시간 동안 달려갈 것이므로, 얼마간의 거리를 앞서가 있다. 다시 아킬레스가 그 지점까지 달려가면, 그 시간 동안 거북이도 다시 얼마간 앞서 달려가 있다. 이러한 논의를 계속 펴면, 아킬레스는 거북이를 뒤쫓아 갈 뿐이고, 결코 앞질러 달려갈 수 없다고 하는 거짓된 결론에 빠진다.

그런데 역설이란 말을 이상과 같은 첫째 의미와 다른 의미로 사용하는 경우가 있다. 그것은 전혀 잘못이 없다고 보여지는 추론에 의하여, 동시에 참이어야 하고 또한 거짓이어야 하는 결론에 빠진 것을 가리킨다. 일찍이 성 바울이 티투스(Titus)에게 보낸 서한집에서 나오는[1] 다음과 같은 거짓말쟁이의 역설(the liar paradox)[2]을 예로 들 수 있다.

크레타(Crete)섬 사람인 에피메니데스(Epimenides, B. C. 6세기)는 모든 크레타섬 사람은 거짓말쟁이여서 그들이 말한 말은 모두 거짓말이라고 했다.

이 말이 참말이라면, 모든 크레타섬 사람은 거짓말쟁이여서 그들이 말한 말은 모두 거짓말이다. 그리고 에피메니데스도 크레타섬 사람이기 때문에, 그가 말한 말은 모두 거짓말이고, 따라서 이 말은 거짓말이다.

그리고 이 말이 거짓말이라면, 모든 크레타섬 사람은 거짓말쟁이가 아

---

1) Sainsbury, R. M. (1988) p. 114.
2) Whitehead, A. N. and Russell, B(1968) pp. 60-62 ; Sainsbury, R. M. (1988)p. 1, 114 ; Kline, M. (1980) p. 222.

니어서 그들이 말한 말은 모두 거짓말이 아니다. 그리고 에피메니데스도 크레타섬 사람이기 때문에, 그가 말한 말은 모두 거짓말이 아니고, 따라서 이 말은 참말이다. 즉,

이 말이 참말이면 그리고 그런 경우에만 이 말은 거짓말이다.

이상의 거짓말쟁이 역설은 그 변형이 여러 가지 있다. 그중에 고전적인 형태를 소개하고 기호화해 보이면, 거짓말쟁이 역설의 구조가 보다 분명히 밝혀질 수 있다. 그 고전적인 형태는 단순 거짓말쟁이 (simple liar) 역설이라고 일컬어지는데, 그것은 다음 문장에서 비롯되는 역설이다.

이 문장은 거짓이다.

이 문장이 참이라고 하면, 이 문장이 거짓임이 참이라고 하기 때문에, 이 문장은 거짓이다. 따라서 이 문장이 참이면 이 문장은 거짓이다.

그리고 이 문장이 거짓이라고 하면, 이 문장이 거짓임을 거짓이라고 하기 때문에, 이 문장은 참이다. 따라서 이 문장이 거짓이면 이 문장은 참이다.

이상에 의해 이 문장이 참이면 그리고 그런 경우에만 이 문장은 거짓이다.

여기서 '이 문장'을 P로 나타내고, 조건언(⊃)과 부정(~), 양조건언(≡)을 사용하여, 이 역설의 구조를 명료하게 밝힐 수 있다.

$P \supset \sim P$

$\sim P \supset P$

따라서 $P \equiv \sim P$

위에서 예로 든 '거짓말쟁이 역설'을 비롯해서, 두번째의 의미의 역설에 속하는 여러 역설들은 금세기에 들어올 무렵을 전후해서, 여러 철학자들의 관심을 불러일으켰다. 이에 두번째 의미의 역설에 속하는 여러 역설들을 관례에 따라 둘로 분류하고, 그 각각에 속하는 역설들이 어떠한 것인가를 알아본다.

철학자들은 이러한 역설들을 해결하려고 여러 방안들을 제시했다. 여기서는 그중에서 중요하다고 생각되는 러셀(B. Russell)과 타르스키(A. Tarski), 그리고 크립키(S. Kripke)에 의한 각자의 해결방안을 차례대

로 살펴보고자 한다.

2. 역설의 분류

램지 (Ramsey, F. R.)는 역설들을 크게 의미론적 역설 (semantic paradox, semantical antinomy)과 논리적 역설 (logical antinomy)로 분류하고 있다. [3]

의미론적 역설은 인식론적 (epistemological) 역설로 분류되기도 하는데, 앞서 예로 든 거짓말쟁이의 역설을 비롯해서, 베리의 역설 또는 리차드의 역설, 그렐링의 역설들이 이에 속한다.

그리고 논리적 역설에 속하는 것으로는 부랄리-포르티의 역설과 칸토르의 역설, 러셀의 역설 등이 있다.

그런데 러셀은 역설을 이상과 같이 두 종류로 분류하지 않는다. 그는 오히려 모든 역설이 하나의 원리를 위반함으로써 비롯된다고 생각했다. 그러나 여기서는 편의상 위의 램지에 의한 역설의 분류에 따를 것이다. [4]

사실 이러한 분류도 페아노 (G. Peano)에까지 거슬러 올라가나 오늘날처럼 일반화된 것은 램지에서 비롯되었다.

1) 의미론적 역설

(1) 거짓말쟁이 역설

거짓말쟁이 역설은 서언에서 이미 소개했다. 그리고 거짓말쟁이 역설의 변형으로는 서언에서 이미 소개한 단순 거짓말쟁이 역설 이외에도 강화된 거짓말쟁이 (strengthened liar) 역설이 있다. 그것은 "이 문장은 거짓이거나 역설적이다"라는 문장에 관한 것이다. [5]

가령 "이 문장은 거짓이거나 역설적이다"라는 문장이 참이면 그 문장은

---

3) Ramsey, F. P. (1950) p. 20 ; Haack, S. (1978) p. 138 ; Witold Marciszewski (1981) p. 25 ; Sainsbury, R. M. (1988) p. 134.

4) Haack, S. (1978) p. 138.

5) Haack, S. (1978) P. 140.

거짓이거나 역설적이다. 또한 "이 문장은 거짓이거나 역설적이다"라는 문장이 거짓이면 그 문장은 참이다. 그리고, "이 문장은 거짓이거나 역설적이다"라는 문장이 역설적이면 그 문장은 참이다.

이상의 강화된 거짓말쟁이 역설은 한편 다음과 같이 말할 수 있다. [6] "이 문장은 거짓이거나 역설적이다"라는 문장이 거짓이거나 역설적이면 그 문장은 참이고, 그 문장이 참이면 그 문장은 거짓이거나 역설적이다.

그런데 반 프라센(B. van Fraassen)에 의한 강화된 거짓말쟁이 역설의 변형도 있다. [7] 그 역설은 "내가 말한 것은 거짓이든지 혹은 참도 아니요 거짓도 아니다"라고 말한 것에서 비롯된다.

가령 그 말이 참말이라고 하면, 참말이라고 하기 때문에, 그 말은 거짓말이든지, 혹은 참말도 아니요 거짓말도 아니다.

또한 그 말이 거짓말이라고 하면, 그 말은 거짓이든지 혹은 참도 아니요 거짓도 아니다라고 하기 때문에, 그 말은 참말이다.

그리고 그 말이 참말도 아니요 거짓말도 아니라고 하면, 그 말은 거짓이든지, 혹은 참도 아니요 거짓도 아니다라고 하기 때문에, 그 말은 참말이다.

(2) 리차드의 역설과 베리의 역설[8]

리차드(J. Richard, 1862-1956)는 1905년에 칸토르(G. Cantor)가 자연수 전체의 집합보다 실수 전체의 집합이 크다는 것을 증명하는 데 사용했던 절차와 동일한 절차를 이용하여 역설이 발생됨을 밝혔다. 그 역설은 다음과 같다.

예컨대 어떤 소수는 "소수점 이하 팔(0.8)" "소수점 이하 영, 칠, 사 (0.074)의 양의 제곱근"과 같이 유한 개의 낱말로 정의할 수 있다. 이와 같이 유한 개의 낱말로 정의할 수 있는 모든 소수들이 첫째, 둘째, 셋째 등으로 질서지워져 있는 집합을 E 라고 하자.

이제 N을 0과 1 사이에 있는 다음과 같이 정의된 소수라고 하자. 즉

6) Haack, S. (1978) p. 211.
7) van Fraassen, B. (1968) p. 147.
8) Haack 136 (1978) p. 136; Whitehead, A. N. and Russell, B. (1968) p. 61; Fraenkel, Bar-Hillel and Levy (1973) pp. 8-9; Kleen, S. C. (1952) p. 38; Copi. I. M. (1971) pp. 11-12.

소수점 이하 n번째의 수가 p일 경우에는 N의 n번째의 수를 p+1로 정의한다. 그리고 만일 이 p가 9일 경우에는 N의 n번째의 수를 0으로 정의한다. 그러면 N은 집합 E의 모든 구성원들과는 상이한 소수이다. 왜냐하면 n이 어떠한 유한한 값을 갖는다고 해도, 여기서 정의한 N의 n번째의 수는 집합 E의 구성원인 n번째 소수의 n번째 수와는 상이한 것이기 때문이다. 따라서 N은 집합 E의 n번째 소수와 상이한 소수이다. 그럼에도 불구하고 위에서 N을 유한 개의 낱말로 정의했고, 따라서 N은 집합 E의 구성원이 아니면 안 된다. 이에 N은 한편 E의 구성원이면서도 다른 한편 E의 구성원이 아니라는 역설에 빠진다.

이상과 같은 리차드의 역설을 보들레이언의 도서관원인 베리(G. G. Berry)가 단순한 형태로 나타내었다. 이 역설은 낱말의 역설(word paradox)이라고도 일컬어지는 것으로 다음과 같다. [9]

모든 수는 여러 개의 낱말들을 사용해서 여러 가지 방법으로 나타낼 수 있다. 그래서 영어 낱말로 2를 "the smallest even number"(가장 작은 짝수)라든가, 5를 "the next integer after four"(4 다음의 정수)라는 여러 개의 낱말들로 나타낼 수 있다. 여기서 2를 네 개의 영어 낱말들로 나타내었고, 5를 다섯 개의 영어 낱말들로 나타내었다. 이제 20개 이하의 영어 낱말들로 나타낼 수 있는 수 전체를 생각해 보자. 그런데 20개 이하의 영어 낱말들을 사용하여 제아무리 많은 수를 나타낼 수 있다고 해도, 결국 나타낸 모든 수는 유한수이다. 때문에 20개 이하의 영어 낱말로 나타낼 수 없는 수가 반드시 있게 된다. 따라서 20개 이하의 영어 낱말로 나타낼 수 없는 가장 작은 수인 x가 있게 된다. 이때 x는 분명히 "20개 이하의 영어 낱말로 나타낼 수 없는 가장 작은 수"(the smallest number not nameable by an expression of at most twenty words)로 표현되었다. 그런데 이 표현은 13개의 영어 낱말들로 나타내어졌다. 따라서 x는 "20개 이하의 영어 낱말들로 나타낼 수 있는 수"이다. 앞서 x는 "20개 이하의 영어 낱말들로 나타낼 수 없는 가장 작은 수"로 규정되었는데, 이제는 x가 "20개 이하의 영어 낱말들로 나타낼 수 있는 수"로 규정되고 있다. 때문에 여기서 역설이 발생한다.

---

9) Teensma, E. (1969) pp. 34-35 ; Kline, M. (1980) p. 206 ; Haack, S (1978) p. 136.

(3) 그렐링의 역설[10]

이 역설은 1908년 쿠르트 그렐링(Kurt Grelling)이 발견한 역설로서 다음과 같다.

'짧은'이란 말은 짧은 것이다. 그리고 'English'라는 말은 영어이다. '상상할 수 있는'이란 말은 상상할 수 있는 것이다. 이처럼 그 말이 지시하는 성질을 자기자신이 갖고 있는 것을 자기술어적(自己述語的, autological)이라고 정의하자. 이에 대해 '무거운'이란 말은 무겁지 않다. 또한 '긴'이란 말은 길지 않다. '따뜻한'이란 말은 따뜻하지 않다. 이처럼 그 말이 지시하는 성질을 자기자신이 갖고 있지 않는 것들을 비자기술어적(非自己述語的, heterological)이라 정의하자.

이제 '비자기술어적'이 비자기술어적인가 혹은 그렇지 않는 것인가를 질문할 수 있다.

첫째 '비자기술어적'이 비자기술어적이라고〔여기서 '비자기술어적'을 h로 기호화하면, 이를 h(h)로 간결하게 나타낼 수 있음〕가정해 보자. 그러면 '비자기술어적'이 그것이 지시하는 성질을 자기자신이 갖고 있다. 따라서 '비자기술어적'이 '자기술어적'이다. ('자기술어적'을 a로 기호화하면, 이를 a(h)로 나타낼 수 있음) 즉 비자기술어적이 비자기술어적이라고 할 때, 비자기술어적이 자기술어적이 되고 만다. 즉,

$h(h) \supset a(h)$

둘째 '비자기술어적'이 자기술어적이라면(a(h)), '비자기술어적'이 그것이 지시하는 성질을 자기자신이 갖고 있지 않다. 따라서 '비자기술어적'이 비자기술어적이다(h(h)). 즉 비자기술어적이 자기술어적이라고 할 때, 비자기술어적이 비자기술어적이 되고 만다. 이를 기호화하면 다음과 같다.

$a(h) \supset h(h)$

위의 첫째와 둘째에 의해서 비자기술어적이 비자기술어적이면 그리고 그런 경우에만 비자기술어적이 자기술어적이다. 즉,

$h(h) \equiv a(h)$

---

10) Copi, I. M. (1979) p. 344 참조. 또한 Heterological 역설이라고도 한다.

라는 역설에 빠진다. 이러한 역설을 그렐링의 역설이라고 부른다.

2) 논리적 역설

(1) 부랄리-포르티 역설[11]
가령 열 사람의 학생이 모의고사를 치른 다음, 그 성적에 따라 첫째, 둘째, 셋째 등의 등수를 내면, 이들의 등수는 첫째에서 열째까지의 수의 집합을 이룬다. 이 집합은 바로 순서수(서수, ordinal number)들의 집합이다. 그런데 열번째 사람까지 순서지어진 학생들의 수는 10이므로 열 사람의 순서수의 집합이나, 순서가 없는 열 사람의 집합을 다같이 우리는 10으로 나타낸다.

그러나 무한집합에서는 서로 다른 기호를 사용하여 기수와 서수의 구분을 한다. 그래서 1, 2, 3, …의 차례로 되어 있는 자연수 전체의 무한집합은 $\aleph_0$라는 기호를 사용하여 나타내는데, 자연수 전체의 무한집합의 순서수는 ω라는 기호를 사용하여 나타낸다. 그리고 ω 다음의 순서수를,

$$\omega, \quad \omega+1, \quad \omega+2, \quad \omega+3\cdots\omega2, \quad \omega2+1, \quad \omega2+2, \quad \omega2+3\cdots\omega3, \cdots\omega4,$$
$$\cdots, \quad \omega^2, \cdots\omega^2+1, \quad \omega^2+2, \quad \omega^2+3, \cdots\omega^2+\omega, \quad \omega^2+\omega+1, \quad \omega^2+\omega+2, \quad \omega^2$$
$$+\omega+3, \cdots\omega^2+\omega2+1, \cdots\omega^2+\omega3, \cdots\omega^2+\omega4, \cdots\omega^22, \cdots\omega^23, \cdots\omega^3, \cdots\omega^4,$$
$$\cdots$$

로 나타낸다.

여기서 ω 다음의 일정한 순서수까지의 모든 순서수들의 집합을 W라고 하면, 이 집합은 하나의 정렬집합(well ordered set)으로서, 그 집합은 W의 어떤 구성원보다도 더 큰 하나의 순서수를 갖게 된다. 이제 Ω가 모든 순서수들의 집합이라고 하면 그 집합 Ω는 Ω에 들어 있는 어떠한 순서수보다도 더 큰 하나의 순서수를 갖게 된다. 이것은 모든 순서수를 포함하는 집합이란 결코 있을 수 없다는 것을 말해 준다. 이것이 바로 부랄리-포르티 역설이다.

---

11) Kline, M. (1980) p. 203 ; Copi, M. (1979) p. 209.

(2) 칸토르의 역설[12]

칸토르의 멱집합(power set)에 대한 정리는 칸토르의 정리라고도 하는데 다음과 같다.

S가 임의로 주어진 집합일 때, S의 기수보다 S의 멱집합인 PS(즉 S의 모든 부분집합들의 집합)의 기수가 더 크다.

칸토르의 정리가 타당하다는 것은 다음과 같은 간단한 유한집합을 생각해 보면 곧 알 수 있다. 만일 원소가 3개 있는 집합 C의 멱집합인 PC에는 원소가 1개인 부분집합이 3개, 원소가 2개인 부분집합이 3개, 원소가 3개인 부분집합이 1개, 여기서 공집합 1개를 합쳐 모두 8개가 있다. 즉 원소가 3개 있는 집합 C의 모든 부분집합들의 집합, 즉 C의 멱집합인 PC에는 2의 세제곱인 8개가 있어서, 이것은 C의 모든 원소인 3개보다 더 크다.

따라서 주어진 집합 M이 아무리 큰 집합이라 하더라도, 언제나 M보다 더 큰 집합이 있게 된다. 그 집합은 바로 M의 모든 부분집합들의 집합인 M의 멱집합 PM이다.

이제 모든 집합들의 집합을 상정하여, 그것을 U라고 정의하자. 그리고 앞서 칸토르의 정리에 의하면 U의 모든 부분집합들의 집합, 즉 U의 멱집합인 PU의 기수는 U의 기수보다 더 커야만 한다.

그런데 U의 멱집합인 PU의 원소들은 모두 다 하나의 집합이다. 따라서 U의 정의에 의해, PU는 U에 들어 있다. 즉 PU⊂U이다. 때문에 PU는 U의 한 부분집합과 그 원소의 수효가 같다. 다른 한편 U는 분명히 U의 멱집합인 PU에 들어 있다. 따라서 U⊂PU이고, U는 PU의 한 부분집합과 그 원소의 수효가 같다. 때문에 U의 기수는 PU의 기수와 같다. 이에 U의 멱집합인 PU의 기수는 U의 기수보다 더 클 수 없다.

이것은 앞서 칸토르의 정리에 의해 U의 멱집합인 PU의 기수는 U의 기수보다 더 크다는 것과 상반됨으로 이에 역설이 발생한다.[13]

---

12) Fraenkel, Bar-Hillel and Levy (1973) p. 7 ; Copi, I. M. (1979) pp. 189-190 ; Chi-hara, C. S. (1973) p. 5 ; Tiles, M. (1989) p. 11.

13) Cantor는 자신의 집합론이 모순을 안고 있다는 사실을 1895년에 이미 발견하였다. 그는 1899년에는 그의 집합론에 관한 근본적인 역설을 발견했는데, 이것이 바로 위에 소개한 역설이다.

(3) 러셀의 역설[14]

러셀은 1918년 이른바 '러셀의 역설'을 스스로 대중적인 형태로 바꾸었는데, 이것이 바로 이발사의 역설(the barber paradox)로서 다음과 같다.

가파른 산길을 꽤나 오랜 시간 올라가야 만나게 되는 시실리아(Sicilya) 마을에 한 이발사가 있었다. 그 이발사는 마을 사람들 중 자기 스스로 면도를 하지 않는 사람에게는 모두 면도를 해주지만, 자기 스스로 면도를 하는 사람에게는 아무도 면도를 해주지 않는다고 광고를 냈다.

그러던 어느 날 그 이발사는 자기 스스로 면도를 하는가 혹은 하지 않는가 하는 질문을 받았다. 만일 그 이발사가 자기 스스로 면도를 한다고 답변하면 앞서 낸 광고의 뒷부분에 의해, 그는 자기 스스로 면도를 하지 않는 사람이 된다. 그리고 그 이발사가 자기 스스로 면도를 하지 않는다고 답변하면 앞서 낸 광고의 앞부분에 의해, 그는 자기 스스로 면도를 하는 사람이 된다. 따라서,

그 이발사는 자기 스스로 면도를 한다고 하면 그리고 그런 경우에 그 이발사는 자기 스스로 면도를 하지 않는다.

이것은 바로 역설에 빠진 것을 분명히 보여 준다.

그런데 원래의 러셀의 역설은 다음과 같다.

집합에는 그 자신이 그 집합의 원소일 수 있는가 하면 그렇지 않는 것도 있다. 예컨대 유성들의 집합은 그 자신이 하나의 유성일 수 없고, 따라서 유성들의 집합은 그 자신이 그 집합의 원소가 아니다. 또 하나의 예로서 모든 학자들의 집합은 하나의 집합이기는 하지만 그 집합 자신이 한 학자일 수 없다.

이에 반해 예컨대 아이디어들의 집합은 역시 아이디어이므로, 아이디어들의 집합은 그 집합 자신이 그 집합의 원소이다. 또 다른 예로서 열 개 이상의 원소를 가진 모든 집합들의 집합은 분명히 열 개 이상의 원소를 가진 집합이므로, 그 집합 자신이 그 집합의 원소이다.

이제 "그 자신이 그 집합의 원소가 아닌 모든 집합들의 집합"을 상정하

---

14) Quine, W. V. O. (1979) p. 11 ; Haack, S. (1978) p. 13 ; Sainsbury, R. M. (1988) p. 109 ; Fraenkel, Bar-hillel and Levy (1973) pp. 5-6 ; Kline, M. (1980) p. 205 ; Copi, I. M. (1979) p. 179.

여, 그 집합을 S라고 정의하자. 그러면 S는 그 자신이 S의 원소인가, 혹 아닌가?를 물을 수 있다.

이 답변을 구하기 위해, [15]

첫째 S는 그 자신이 S의 원소이다. 즉,

$S \in S$ ('$\in$'는 "···에 속한다"라는 기호이고 '$\notin$'은 "···에 속하지 않는다"의 기호이다.)

라고 가정하면, 이 가정에 의해 당연히 S는 그 자신이 S의 원소이다.

그런데 S는 그 자신이 S의 원소이면, 앞서의 정의에 의해 S는 "그 자신이 그 집합의 원소가 아닌 모든 집합들의 집합"의 원소임을 말해 준다. 따라서 S는 그 자신이 S의 원소가 아니다. 즉,

$S \notin S$

이 첫째의 논의를 다음과 같이 간결하게 정리할 수 있다.

$(S \in S) \supset (S \notin S)$

둘째 만일 S는 그 자신이 S의 원소가 아니다. 즉,

$S \notin S$

라고 가정하면, 이 가정에 의해 당연히 S는 그 자신이 S의 원소가 아니다. 이것은 앞서의 정의에 의해 S는 "그 자신이 그 집합의 원소가 아닌 모든 집합들의 집합"의 원소가 아님을 말해 준다. 따라서 S는 그 자신이 S의 원소이다. 즉,

$S \in S$

이 둘째의 논의도 다음과 같이 일목요연하게 정리할 수 있다.

$(S \notin S) \supset (S \in S)$

위의 첫째와 둘째에 의해서,

S는 그 자신이 S의 원소이면 그리고 그런 경우에 S는 그 자신이 S의 원소가 아니다. 즉,

$(S \in S) \equiv (S \notin S).$

이것은 바로 역설의 도식 그대로이다.

---

15) Kleene, S. C. (1952) p. 37 참조했음.

3. 역설의 해결방안

위에서 살펴본 역설들에 대하여 러셀이나 타르스키, 크립키 이외에도 여러 철학자들이 그 해결방안들을 시도했다고 서언에서 이미 언급했다.

사실 보흐바(Bochvar, D. A.)에 의하면 3치논리는 바로 의미론적 역설을 해결하기 위해 의도되었다고 한다. [16]

그는 역설이 발생하는 문장은 언명(言明, enunciation)으로서 명제와 구별한다. 언명은 명제보다 일반적인 성격을 띠고 있어서, 참이든가 거짓이라는 진리값 이외에 제3의 '무의미'라는 진리값을 가질 수 있다. [17]

이에 보흐바는 역설이 발생하는 언명들은 명제에 할당하는 진리값과 구별되는 무의미나 미정 또는 역설이라는 진리값을 부여함으로써 전통적인 의미론적 역설을 해결하려고 했다.

그리고 클린(Kleene, S. C.)의 3치논리에 의존해도 역설의 문제는 해결된다. 그것은 클린의 제3진리값인 '미정'은, 우리가 역설이 발생한다고 보는 문장에 할당되고, 따라서 애초에 역설이 발생할 수 없기 때문이다. [18]

논리적 역설을 해결하는 한 방안은 체르멜로로부터 프랭켈에 의해 발전된 것이 있다. 그것은 이러한 역설이 발생하는 원인을 다음과 같이 사전에 제거하는 것이라고 하겠다. [19]

논리적 역설로서 예컨대 러셀의 역설은 앞서 소개한 바와 같이 "그 자신이 그 집합의 원소가 아닌 모든 집합들의 집합"의 존재를 받아들임으로써 빚어진 역설이었다.

가령 그러한 집합의 존재를 받아들여 S라고 정의한다. 이때 S는 그 자신이 S의 원소라고 하면, S는 앞서의 정의에 의해 S는 그 자신이 S의 원소가 아니었다. 또한 만일 S는 그 자신이 S의 원소가 아니라고 하면, 앞

---

16) Church, A. (1939) p. 99 ; Haack, S. (1978) p. 211. 이에 대해서는 졸저 (1986) pp. 80-84.

17) Rescher, N. (1969) p. 29 ; Zinov'ev, A. A. (1963) p. 27 ; Dumitriu, A. (1977) p. 177 참조.

18) 졸저 (1986) pp. 77-79.

19) Barker, S. F. (1965) p. 90.

서의 정의에 의해 S는 그 자신이 S의 원소이었다. 이에 S는 그 자신이 S의 원소이면 그리고 그런 경우에 S는 그 자신이 S의 원소가 아니라는 역설에 빠졌다.

따라서 예로 든 러셀의 역설은 "그 자신이 그 집합의 원소가 아닌 모든 집합들의 집합"이 존재한다는 원리를 받아들이지 않으면, 애초에 발생되지 않는다.

역설의 해결방안으로 폰 노이만은 또 다른 견해를 제시했다. 그는 체르멜로와 달리 어떤 집합의 존재를 제한하는 것 대신에, 모든 실체 (entity)들이 집합의 원소가 될 수 있는 것은 아니라는 견해를 피력했다. 그는 실체들을 집합의 원소가 될 수 있는 것과 그렇지 못한 것의 두 가지 종류로 구분하여, 어떤 적절한 실체만이 원소가 될 수 있다는 공리를 도입했다. 실은 이 공리는 체르멜로의 공리 가운데 "어떤 적절한 종류의 집합이 존재한다"는 공리와 유사한 것으로 생각된다. [20]

브라워 (Brouwer, L. E. J.)나 하이팅 (Heyting, A.) 등 직관주의자들은 역설이 바로 비직관주의적인 수학이 안고 있는 약점이라고 생각했다. 앞서 러셀의 역설은 "그 자신이 그 집합의 원소가 아닌 모든 집합들의 집합"의 존재를 받아들임으로 해서 빚어진 역설이었다. 그런데 직관주의자들에 의하면 러셀의 역설을 일으키게 한 그러한 집합이 존재한다는 것은, 그들이 주장하는 이른바 '구성적'(constructive) 증명[21]을 할 수 있는 것이 아니다. 따라서 직관주의자들에 의하면 그러한 역설이 발생될 수 없다고 하겠다. [22]

이상에서 언급한 역설의 해결방안 이외에 러셀과 타르스키, 크립키에 의한 각자의 해결방안은 중요하다고 생각됨으로, 여기서는 그 방안들을 차례대로 살펴보고자 한다.

---

20) Barker, S. F. (1965) p. 91.

21) '구성적 증명'은 다음과 같은 구체적인 예를 들면 이해가 용이하다. 가령 "일정한 성질 P를 갖고 있는 자연수 N이 존재한다"고 했을 때, 그것의 구성적 증명은 실제로 일정한 성질 P를 갖고 있는 자연수 N의 사례를 보여 주든가, 혹은 원리상 적어도 그런 예를 발견할 수 있는 한 방법을 제시하는 것이다. 그래서 직관주의자들은 전통적인 배중률에 대해서도 구성적 증명을 할 수 없기 때문에 그 배중률을 거부하고 있다. 따라서 직관주의자들은 배중률에 의해 참인 명제와 거짓인 명제의 두 범주의 명제들만 있는 것이 아니라, 참도 거짓도 아닌 제3의 범주에 속하는 명제들이 있다는 주장이다.

22) 졸고 (1987) pp. 78-83 ; Barker, S. F. (1965) pp. 89-90.

1) 러셀의 해결방안

러셀에 의하면 앞에서 소개한 역설들이 유형론(The Theory of Types)에 의해 해결될 수 있다. 먼저 유형론을 간단히 이해해 보고, 그 이론에 의해 역설들이 어떻게 해결되는가를, 예를 들어 살펴보기로 한다.

유형론은 논의영역(the universe of discourse)을 유형(type)으로 나눈다. 유형론의 기본적인 뼈대는 개체(individual)들과 집합(set)들, 집합들의 집합, 또한 집합들의 집합들의 집합 등등의 여러 유형으로 나눈다. 여기서 '개체'는 대상들(objects)로서의 예컨대 러셀이나 화이트헤드, 또한 그들의 공저인 『수학원리』와 같은 것이다. 이들 개체들은 유형론의 가장 낮은 첫번째 유형(유형 0)에 속한다.

그리고 '집합'은 가장 낮은 유형의 개체들을 원소로 하는 집합, 예컨대 한국논리학회, 또는 한국이나 미국을 들 수 있다. '한국논리학회'는 그 학회의 회원 개개인의 집합이고, '한국'이나 '미국'은 각각 그 나라의 국적을 갖고 있는 모든 국민들의 집합이라고 하겠다. 그리고 이들 집합들은 가장 낮은 유형(유형 0)보다 한층 높은 두번째 유형(유형 1)에 속한다.

세번째 유형(유형 2)에 속하는 '집합들의 집합'은 "개체들을 원소로 하는 집합들"의 집합을 가리킨다. 앞서 한국이나 미국은 각각 그 나라의 국적을 갖고 있는 국민들의 집합이라고 했다. 그러면 U. N.을 한국이나 미국, 또한 그 밖의 세계 여러 나라를 회원으로 하는 집합으로 이해할 때, U. N.은 바로 '집합들의 집합'의 예라고 하겠다.

이를 일반화하면 n+1의 유형에는 n번째 유형의 실재들(entities)을 원소로 하는 집합들이 속한다. 이처럼 유형론에서는 자기자신보다 단지 한 단계만 낮은 유형에 속하는 원소들로 이루어진 집합에 관해서만 언급을 할 수 있고, 그렇지 않은 집합에 관해서는 일체 언급을 할 수 없다. [23]

여기서 n유형의 성원(원소)을 Xn으로 나타내면, Xn은 자신의 유형보다 한 유형이 높은 n+1의 유형인 Y에 속한다. 즉,

---

23) Whitehead, A. N. and Russell, B. (1968) pp. 37-55 ; Barker, S. F. (1965) p. 86 ; Chihara, C. S. (1973) p. 19 ; Haack, S. (1978) p. 141 ; Copi, I. M. (1971) p. 22-24 ; Russell, B. (1903) pp. 523-525.

$Xn \in Yn+1$

이것이 바로 유형론의 핵심이다. 따라서 유형론에서는 자기자신에 속한다는 것은 즉,

$Xn \in Xn$

은 결코 받아들일 수 없고, 이를 받아들이면 역설이 발생될 수 있다.

그러면 위에서 소개한 유형론에 의해 역설이 어떻게 해결될 수 있는가를 알아보자. 그러기 위해 이미 소개한 그렐링의 역설을 예로 들어 상술한 유형론을 적용해 보기로 한다. 그런데 그렐링의 역설의 요점은 다음과 같았다.

먼저 그 말이 지시하는 성질을 자기자신이 갖고 있는 것을 자기술어적이라고 하고, 그 말이 지시하는 성질을 자기자신이 갖고 있지 않은 것을 비자기술어적이라고 정의했다.

그러면 '비자기술어적'이 비자기술어적인가? 혹은 그렇지 않는 것인가?

첫째 '비자기술어적'이 비자기술어적이라고 하면, '비자기술어적'이 그것이 지시하는 성질을 자기자신이 갖고 있다. 따라서 '비자기술어적'이 '자기술어적'이다. 둘째 '비자기술어적'이 자기술어적이라고 하면, '비자기술어적'이 그것이 지시하는 성질을 자기자신이 갖고 있지 않다. 따라서 '비자기술어적'이 비자기술어적이다. 따라서, 비자기술어적이 비자기술어적이면 그리고 그런 경우에만 비자기술어적이 자기술어적이다.

그런데 유형론에 의하면 '자기술어적'의 집합 속에는 그 유형보다 한 유형이 낮은 원소들, 예컨대 '짧은'이란 말이 속해 있고, 같은 유형인 '자기술어적'이 포함되어 있지 않다. 마찬가지로 '비자기술어적'의 집합 속에는 같은 유형인 '비자기술어적'이 포함되어 있지 않다.

따라서 위의 역설을 초래하게 한 문제의 질문(즉 "비자기술어적이 비자기술어적인가 혹은 그렇지 않은 것인가")을 할 수 없다. 그리고 이러한 질문을 할 수 없으면, 당연히 위의 역설이 발생될 수 없다.

위에서 역설의 해결방안으로 소개한 유형론은 엄격히 말해서 단순유형론(The Simple Theory of Types)인데, 사실 유형론은 단순유형론과 분지화유형론(The Ramified Theory of Types)으로 분류된다. 두 유형론은 모두 러셀로부터 비롯된 것이지만, 단순유형론은 다음에서 소개할

분지화유형론을 츠위스텍과 램지가 보완하여 단순한 의미의 유형론으로 발전시킨 것이다. [24]

러셀이 사실상 유형론을 최초로 제창한 것은 1903년 그의 저서인 『수학원리』(The Principles of Mathematics)의 부록에 단 유형론(The Doctrine of Types)이었고, 그 첫머리에 모순을 해결할 수 있는 한 방안으로 그 유형론을 제창한다고 언급한다. [25]

실은 상술한 단순유형론은 러셀이 최초로 제창한 1903년의 유형론과 아주 비슷한 것이다. [26]

그런데 러셀은 1908년 미국의 수학잡지에서 유형론(Theory of Types)을 다시 제창하고[27] 1910년 자신과 화이트헤드의 공저인 『수학원리』(Principa Mathematica) 1권의 서론에서 별도로 유형론을 발표하고 있다. 이 유형론을 상술한 단순유형론과 구분하여 분지화유형론으로 명명하고 있다.

분지화유형론은 명제(폐쇄문장)들과 명제함수(propositional function, 또는 개방문장)들의 유형의 질서를 만든다. 그래서 어떠한 명제들도 자신과 동일한 유형이든가 보다 높은 유형의 명제들에 관한 것일 수 없고, 어떠한 명제함수들도 마찬가지로 자신과 동일한 유형이든가 보다 높은 유형의 명제함수들에 관한 것일 수 없다는 제한을 둔다. 참이라든가 거짓이라는 말도 그것이 적용된 명제의 유형에 의존되는 것으로서, 예컨대 n 유형의 명제는 $n+1$ 유형의 참이든가 혹은 거짓이 된다.

그런데 분지화유형론은 이른바 순환논증의 원리(the vicious circle principle)를 엄밀하게 정식화하자는 것이고, 러셀에 의하면 앞서 소개한 역설들은 바로 순환논증의 원리를 위반한다는 데서 비롯된다. 러셀은 순환논증의 원리를 다음과 같이 몇 가지 방식으로 표현했다.

(1) "만일 어떤 집합이 전체를 가진다고 할 경우, 그 집합이 다만 그 전체라는 말로서 정의될 수 있는 것을 원소로 가진다면, 그 집합은 어떠한 전체도 가지고 있지 않다. "[28]

---

24) Copi, I. M. (1971) p. 22.

25) Russell, B. (1903) p. 523.

26) Copi, I. M. (1971) p. 22.

27) "Mathematical logic as based on theory of types"라는 논제로 American journal of mathematics 30에 발표했음.

이때 "한 집합이 어떠한 전체도 가지고 있지 않다"는 것의 의미는 그 집합의 모든 구성원에 관한 진술은 무의미하다는 것을 뜻한다고 러셀은 주석을 달고 있다. [29]

(2) "어떤 집합의 전체를 포함하는 어떠한 것도 그 집합의 원소가 되어서는 안 된다. [30]

(3) 만일 한 집합이 전체를 가진다고 가정하고, 이렇게 가정된 전체를 원소로서 포함하도록 하는 대상들의 임의의 집합이 주어진다면, 그러한 집합은 전체를 가질 수 없다. [31]

(4) 어떠한 전체도 자기자신에 의해 정의된 원소들을 포함할 수 없다. [32]

많은 학자들은 위의 순환논증의 원리를, 모순없는 집합론을 산출하기 위해 추상화공리(Axiom of abstraction)[33]를 엄격히 제한하려는 장치라고 해석한다. 이 해석에서 순환논증의 원리는 비서술적 명세화(impredicative specification)를 피해야 한다는 것이다. 그러면 어떤 명세화가 '비서술적'인가?

만일 집합 A가 존재한다고 가정되거나 혹은 집합 A의 존재를 전제하는 모든 집합이 그 명세화 안에 일어나는 구속변항의 범위에 속한다면, 다음 도식,

$(x) \quad (x \in A \equiv \phi x)$

에 의해, 집합 A의 명세화는 '비서술적'이라고 한다. [34]

그리고 만일 집합 M과 한 특정한 대상 m이 있어서, 한편에서는 m은 M의 구성원이고, 다른 한편에서는 m의 정의가 M에 의존하면, m의 정의(혹은 M의 정의)는 '비서술적'이라고 한다. [35]

---

28) Whitehead, A. N. and Russell, B. (1968) p. 37.
29) Russell, B. (1908) p. 63.
30) Haack, S. (1978) p. 142.
31) Whitehead, A. N. and Russell, B. (1968) p. 37.
32) Russell, B. (1908) p. 75.
33) 추상화공리는 다음과 같다 : $(\exists x)(y)(y \in x \equiv \phi y)$
   이 공리를 일상언어로 표현하면, 어떠한 성질(또는 조건)에 대해서도 그 성질을 갖고 있는 (또는 그 조건을 만족시키는) 대상들을 원소로 하는 집합이 있다. Copi, I. M. (1979) p. 179.
34) Chihara, C. S. (1973) pp. 4-5.

사실 순환논증의 원리가 비서술적 명세화를 피해야 한다는 해석은 앞서 언급된 추상화공리를 서술적 명세화(predicative specification)에만 제한하려는 것이다. [36] 그런데 칸토르의 역설은 앞서 소개한 바와 같이 모든 집합들의 집합인 U의 기수보다 U의 멱집합인 PU의 기수가 더 클 수 없다. 그런데도 칸토르의 멱집합에 대한 정리에 의해, U의 기수보다 U의 멱집합인 PU의 기수가 더 크다는 데서 비롯되었다.

따라서 칸토르의 멱집합에 대한 정리는 다시 말해서, U의 기수와 PU의 기수 사이에 1대1 대응이 있을 수 없다는 것이다. 이러한 "1대1 대응이 있을 수 없다"는 칸토르의 정리에 대한 증명은 다음과 같다.

이제 이러한 1대1 대응을 ϕ로 나타내고, ϕ가 다음 조건들을 만족하는 순서쌍의 집합이라고 하자 .

(1) x가 U의 원소이고 그리고 y가 PU의 원소일 경우에만 $\langle x, y \rangle \in \phi$

(2) U의 모든 원소 x에 대해서, $\langle x, y \rangle \in \phi$를 만족하는 PU의 원소인 y가 한 개 그리고 오직 한 개 있다.

(3) PU의 모든 원소 y에 대해서, $\langle x, y \rangle \in \phi$를 만족하는 U의 원소인 x가 한 개 그리고 오직 한 개 있다.

이제 α를 아래와 같이 명세화된 집합이라고 하자.

(x) $(x \in \alpha \equiv x \in U \wedge (y)(\langle x, y \rangle \in \phi \supset x \notin y))$

그러면 α가 PU의 원소임을 이끌어 낼 수 있다. α가 PU의 원소이면 $\langle z, \alpha \rangle \in \phi$를 만족하는 U의 원소인 z가 유일하게 있어야 한다. 그리고 만일 $z \in \alpha$이면 위의 α의 명세화에서 $z \notin \alpha$이다. 그러나 만일 $z \notin \alpha$이면 $z \in \alpha$이다.

따라서 모든 집합들의 집합인 U와 U의 멱집합인 PU의 기수 사이엔 1대1 대응이 있을 수 없다는 것이 증명된다.

그러나 이러한 증명은 비서술적 명세화가 개입되고 있다. 그것은 위 증명의 α의 명세화에서, 구속변항 y는 모든 집합들의 전체(이 전체는 만일 α가 존재할 경우 α를 한 구성원으로 포함할 것이다)에 두루 걸치고 있다. 때문에 α의 명세화는 '비서술적'이다.

그런데 앞서 순환논증의 원리는 비서술적 명세화를 피해야 한다고 했

35) Kleene, S. C. (1952) p. 42.
36) Chihara, C. S. (1973) p. 5.

다. 따라서 칸토르의 정리는 앞서의 순환논증의 원리를 위반하고, 칸토르의 정리에서 비롯되는 칸토르의 역설도 마찬가지로 순환논증의 원리를 위반한다는 것이다. [37]

러셀의 역설도 칸토르의 역설과 마찬가지로 순환논증의 원리를 위반한다. 러셀의 역설은 앞서 소개한 바와 같이 "그 자신이 그 집합의 원소가 아닌 모든 집합들의 집합"을 정의함으로써 빚어진 역설이었다. 그런데 그러한 모든 집합들의 집합을 정의함에 있어 그러한 모든 집합들의 전체에 대해 언급하고 있고, 따라서 정의하려는 집합이 바로 그러한 전체에 속한다. 때문에 러셀의 역설은 순환논증의 원리를 위반한다.

그런데 분지화유형론은 순환논증의 원리를 엄밀하게 정식화하자는 것이고, 상술한 바와 같이 순환논증의 원리를 위반할 때 역설이 빚어졌다. 따라서 역설에 빠지지 않으려면 순환논증의 원리를 위반하지 말아야 한다는 주장이다.

이처럼 러셀은 순환논증의 원리를 정식화하는 분지화유형론으로서 역설을 해결하려 하지만, 분지화유형론은 고전수학의 상당부분을 포기해야 하는 제한이 따른다. 예컨대 자연수의 무한에 대한 증명을 불가능하게 할 뿐더러, 어떤 한량화된 (또는 속박된) 정리의 증명을 할 수 없게 한다는 것이다. [38]

이러한 제한을 벗어나기 위해 러셀은 이른바 환원의 공리(the axiom of reducibility)를 추가했다. 이 공리는 다음과 같다.

임의의 명제함수가 주어지면, 그 계층에 관계없이 그 명제함수와 외연적으로 동일한 서술적 명제함수가 존재한다는 것이다. 이를 기호로 나타내면,

$(\exists \Psi)(x)(\phi x \equiv \Psi ! x)$

$(\exists \Psi)(x)(y)(\phi(x, y) \equiv \Psi !(x, y))$이다. [39]

---

37) Chihara, C. S. (1973) pp. 4-5. Cantor의 정리는 주어진 집합 S가 모든 집합의 집합인 경우에는 다음과 같은 이유로 적용할 수 없다. 첫째 위의 α에 대한 명세화를 할 수 없는데, 그 이유는 그 명세화에서 구속변항 y가 모든 집합의 전체에 두루 걸치고 있는 것이 부당하기 때문이다. 둘째 우리는 모든 집합의 전체에 관해 의미있게 말하는 것이 아직은 허용되어 있지 않으므로 그러한 집합의 기수에 관해 말할 수 없다.

38) Haack, S. (1978) p. 142.

39) Russell, B. (1975)　p. 91 ; Chihara, C. S. (1973)　p. 45 ; Copi, I. M. (1971)　p. 95 ;

그러나 오늘날 환원의 공리는 많은 학자들의 비판을 받았다. 비트겐슈타인은 러셀의 환원의 공리와 같은 명제는 논리적인 명제가 아니며 혹 그런 명제가 참이었다면 그것은 운이 좋은 결과일 수밖에 없다고 비판한다. 램지도 환원의 공리는 참이라고 가정할 어떤 이유도 없으며 만일 그 공리가 참이었다면 운좋은 것으로 논리적인 필연성을 갖는 것이 아니다. 츠위스텍도 만일 논리학이 환원의 공리와 같은 그런 공리에 근거한다면 논리학은 형이상학과 독립된 학문이라고 간주할 수 없을 것이라고 비판한다. [40]

그런데 실은 러셀 자신도 이러한 비판을 예견한 것 같고, 화이트헤드와 공저인 『수학원리』(1권, 2판)의 서문에서 환원의 공리를 개선하는 것이 바람직하다는 것과, 그 공리는 실용적인 정당화가 있을 수 있으나, 우리가 만족하게 받아들일 수 있는 것은 아니라는[41] 점을 인정했다.

러셀의 이같은 인정과 더불어 여러 학자들의 비판을 받은 환원의 공리는 오늘날 일반적으로 받아들여지지 않고 있다. [42]

요컨대 러셀은 역설을 해결하기 위하여 분지화유형론을 제창했다. 분지화유형론은 순환논증의 원리를 엄밀하게 정식화하자는 것이었다. 그런데 분지화유형론은 고전수학의 상당부분을 포기해야 하는 제한이 따르기 때문에, 이러한 제한을 벗어나기 위해 러셀은 이른바 환원의 공리를 추가했었다.

그러나 환원의 공리는 상술한 바와 같이 여러 학자들의 비판을 받아 왔고, 오늘날 일반적으로 받아들여지지 않고 있다.

그런데 다음에서 소개하고자 하는 타르스키의 언어등급론(levels of language)은 위에서 알아본 분지화유형론과 매우 흡사하다. 그러나 그 이론은 분지화유형론이 안고 있는 약점을 배제하고 있다고 하겠다.

Quine, W. V. O. (1967) p. 380 ; Reichenbach, H. (1951) p. 38.

40) Copi, I. M. (1971) pp. 97-98.

41) Whitehead, A. N. and Russell, B. (1968). p. 14.

42) Copi, I. M. (1971) pp. 76-77 ; Quine, W. V. (1980) p. 250.

2) 타르스키의 해결방안

타르스키는 역설을 궤변으로 이해한다든가, 역설의 중요성을 경시하는 것을 경계하고, 역설의 문제 때문에 오히려 논리학의 철저한 형식화와 이론적인 의미론을 구성하기에 이른다고 강조한다.[43] 일반적으로 타르스키의 의미론적 진리론(semantical theory of truth)이 의미론적 역설을 해결하는 데는 상술한 러셀의 유형이론보다 더 적절하다고 한다.[44]

타르스키의 의미론적 진리론은 (1) 실질적으로 적합(materially adequate)하고 (2) 형식적으로 올바른(formally correct) 참(truth)의 정의를 내리는 것을 주된 목표로 하고 있다. 타르스키는 참의 정의의 형식적 올바름을 논의하는 과정에서 의미론적 역설인 거짓말쟁이 역설을 비교적 자세히 논의하고 있다.[45]

그런데 먼저 참의 정의의 실질적 적합함을 타르스키가 어떻게 논의하고 있는가를 알아보자.

그는 참이란 개념이 철학자들에 따라서 일관되게 사용되지 않고 또한 애매한 면이 있다고 하여, 다음의 고전적인 아리스토텔레스의 참의 개념에 관심을 갖고 논의를 전개한다.

"사실인 것을 사실이 아닌 것이라고 말하거나 또는 사실이 아닌 것을 사실이라고 말하는 것은 거짓이요, 하지만 사실인 것을 사실이라고 말하고 사실이 아닌 것을 사실이 아닌 것이라고 말하는 것이 참이다."

이상을 타르스키는 현대적인 철학용어와 보조를 맞추어 다음과 같이 나타낼 수 있다고 한다.

"한 문장의 참은 그 문장이 실재와 일치하는(대응하는) 데에 있다."

그러나 타르스키는 이러한 진리정의들은 만족할 만한 것이 못 된다고 하여 우리의 직관적인 진리개념에 일치하는 참의 정의를 내리려고 한다.

그래서 그는 참의 정의가 되기 위한 실질적인 적합조건으로서,

(T) X가 참이면 그리고 그런 경우에 P

---

43) Tarski, A. (1944) pp. 58-59.
44) Barker, S. F. (1965) p. 87.
45) Tarski, A. (1944) pp. 52-59.

라는 도식 (T)를 제의하였다. [46] 여기서 참이 정의되는 언어의 어떠한 문장도 'P'에 대치될 수 있고, 'P'에 대치된 문장의 이름이 'X'에 대치된다.

그러면 어떻게 해서 타르스키는 위의 (T)도식을 얻어 낼 수 있었을까?

"눈은 희다"라는 문장을 예로 들어 보자. 이 문장은 어떤 조건 밑에서 참이 되는가 혹은 거짓이 되는가? 고전적인 진리개념에 따르면, 만일 눈이 희면 그 문장은 참이고, 그와 반대로 눈이 희지 않으면 그 문장은 거짓이다. 이에 다음과 같은 동치 (equivalence)인 문장을 얻는다.

"눈이 희다"라는 문장이 참이면 그리고 그런 경우에 눈은 희다.

때문에 위와 같은 (T)도식을 얻었다고 하겠다.

그런데 타르스키는 '참'이라는 말을 (T)도식을 따르는 모든 동치인 문장들을 주장할 수 있는 방식으로 사용하고자 한다. 그리고 참의 정의로부터 위의 도식 (T)를 따르는 모든 동치인 문장들이 도출될 수 있는 그러한 참의 정의가 실질적으로 적합하다고 주장한다. [47]

타르스키에 의하면 참의 정의가 이처럼 실질적으로 적합하여야 할 뿐더러 형식적으로도 올바른 것이어야 한다. 사실 참의 정의에 대한 형식적 올바름의 조건은 예컨대 거짓말쟁이의 역설과 같은 의미론적 역설을 배제하기 위하여 주어졌다.

그러면 타르스키가 거짓말쟁이의 역설을 어떻게 구성하여 논의하는가? 를 먼저 알아보자. 이에 다음의 문장을 고려해 본다.

"이 논문의 58쪽 19행에 활자화된 문장은 참이 아니다."[48]

위의 문장을 간결하게 하기 위하여 'S'로 대치하겠다.

(1) "'S'가 참이면 그리고 그런 경우에 이 논문의 58쪽 19행에 활자화된 문장은 참이 아니다."

한편 기호 'S'의 의미를 마음속에 두면 다음 사실을 경험적으로 확립할수 있다.

(2) "'S'는 이 논문의 58쪽 19행에 활자화된 문장과 동일하다."

이제 우리는 라이프니츠의 원리에 의해, (2)로부터 (1)의 "이 논문의

---

46) Tarski, A. (1944) p. 54.
47) Tarski, A. (1944) p. 55 ; Haack, S. (1978) p. 100.
48) 이 문장은 타르스키의 1944년의 논문 58쪽 19행에 등장한다. Tarski, A. (1944) p. 58.

58쪽 19행에 활자화된 문장"에 'S'를 대치하면 다음을 얻는다.

(3) 'S'가 참이면 그리고 그런 경우에 'S'는 참이 아니다.

이러한 방식으로 모순에 분명히 도달할 수 있고, 이에 역설을 용이하게 구성할 수 있다.

그런데 위의 역설이 구성된 (1)-(3)의 과정을 주목하면 "이 논문의 58쪽 19행에 활자화된 문장"이란 표현과 그 표현의 이름 이외에도 "참이다"라든가 "참이 아니다" 등의 의미론적 술어들을 포함하고 있다.

타르스키에 의하면 이처럼 언어가 표현들 이외에도 (가) 표현들의 이름(즉 표현들을 지칭하는 수단)과 (나) "참이다", 혹은 "거짓이다"와 같은 의미론적 술어들을 포함할 때, 의미론적으로 닫혀진(semantically closed) 언어가 된다.

타르스키는 위에 구성된 역설에 의해, 요컨대 의미론적 역설이,

(1) 언어가 의미론적으로 닫혀 있다.

(2) 일반적인 논리법칙이 적용된다.

(3) 우리의 언어에서 경험적 전제를 정식화할 수 있고 주장할 수 있다.

라는 세 개의 가설에서 발생한다는 결론에 도달한다. 그러나 가설 (3)은 본질적이 되지 못한다. 그 이유는 그 가설에 의거하지 않고도 거짓말쟁이 역설을 재구성할 수 있기 때문이다. 따라서 가설 (3)을 제외시키면 두 개의 가설이 남게 된다. 그리고 두 개의 가설 (1), (2) 중에서 우리는 일반적인 논리법칙을 받아들여야 할 것이므로, 결코 (2)를 부인할 수 없다. 때문에 의미론적 역설에 빠지지 않기 위해서는 두 개의 가설 중 (1)을 부인하여야 한다. 즉 언어가 의미론적으로 닫혀 있지 말아야 한다.

따라서 참의 정의가 형식적으로 올바르기 위해서는 의미론적으로 닫혀 있지 않은 언어, 즉 의미론적으로 열린(open) 언어에서 표현되어야 한다는 것이다. [49]

이리하여 그는 의미론적으로 열린 언어에 대해서만 참의 정의가 가능하다는 형식적 적합조건을 제시했다.

타르스키에 의하면 이상의 논의에서처럼, 참의 정의가 의미론적으로 열린 언어에 대해서만 가능하고, 참(true)이란 반드시 명세한 어떤 언어에

---

49) Tarski, A. (1944) p. 59 ; Haack, S. (1978) pp. 102-108.

대한 상대적인 의미로 파악해야 한다. 그래서 어떤 문장에 대해 막연하게 그것은 참이라고 해서는 안 되고, 그것은 우리말에 있어서 참이다라든가, 그것은 영어에 있어서 참이요, 혹은 그것은 러셀의 『수학원리』에서 참이라고 해야 한다. 때문에 언어 L에서 참이라는 개념을 언어 L 자체 안에서 표현해서는 안 된다. 언어 L에서 참이라는 것을 표현하려 할 때, 언어 L과 다른 등급의 언어인 L'에서 표현해야 하고 오늘날 바로 이 L'을 메타언어 (meta-language)라고 한다. [50]

여기서 타르스키가 제시하고 있는 언어등급론 (levels of language)을 소개하면 다음과 같다.

(1) 대상언어 : O

(2) 메타언어 : M

메타언어 M은 (가) 대상언어 O의 표현을 지시하는 수단과 (나) "대상언어 O에서 참이다"라든가, "대상언어 O에서 거짓이다"라는 술어를 포함한다.

(3) 메타언어 : M'

메타언어 M'은 (가) 메타언어 M의 표현을 지시하는 수단과 (나) "메타언어 M에서 참이다"라든가 "메타언어 M에서 거짓이다"라는 술어를 포함한다.

이상과 같은 타르스키의 언어등급론은, 러셀의 환원의 공리가 배제된 분지화유형론과 매우 흡사한 것이라고 하겠다.

그런데 타르스키의 언어등급론에 따르면, 주어진 등급에서 참이라고 하는 것은 언제나 다음 등급의 술어에 의해 표현된다. 때문에 가령 거짓말쟁이의 역설에 나타나는 문장도 "이 문장은 대상언어 O에서 거짓이다"로 표현되기 때문에, 문제된 역설이 발생되지 않는다는 것이다. 그 까닭은 "이 문장은 대상언어 O에서 거짓이다"라는 것 자체가 메타언어 M의 문장이어야 하고, 따라서 대상언어 O에서 참이 될 수 있는 것이 아니기 때문이다. [51]

이상에서 살펴본 타르스키의 언어등급론에 의한 의미론적 역설의 해결은 많은 지지를 받아 왔다. 그러나 그 이론의 유용성과는 무관하게 직관

---

50) Barker, S. F. (1965) p. 87 참조.

51) Haack, S. (1978) pp. 143-144 참조.

적으로 정당화될 수 있을지의 여부에 대한 문제가 제출되었다. 즉 역설에 대한 타르스키의 해결방안은 형식적인 해결방안이 될 수 있다고 해도 철학적인 해결방안이 될 수 없다는 비판이다. 그 비판의 요지는 다음과 같다.

타르스키는 의미론적 역설을 해결하기 위하여 "참이다"든가 "거짓이다"를 언어의 등급에 따라 상대화시키고 있다. 그는 문장들에 대한 참을 정의하였으며 동일한 문장이라 하더라도 상이한 언어에서는 상이한 의미를 가질 수 있기 때문에, 상이한 언어에서 상이한 진리치도 가질 수 있다는 것이다. 그러나 이러한 주장은 "언어 L에서 참"이 항상 언어 L이 아니라, 언어 L의 메타언어의 술어라는 주장을 독립적으로 정당화시켜 줄 수 있는 이론적 근거는 못 된다는 것이다. [52]

또한 타르스키에 따르면 예컨대 "고려대학교는 성북구 안암동에 있다"라는 것은 대상언어 L_0에 속하는데 "'고려대학교는 성북구 안암동에 있다'는 참이다"라는 것은 메타언어 L_1에 속하고 "'고려대학교는 성북구 안암동에 있다'는 참이다"라는 것은 메타-메타언어 L_2에 속한다. 이렇게 "…는 참이다"를 하나씩 더 추가하여 문장을 만드는 것은 이론적으로 무한히 계속될 수 있고, 따라서 무한히 만들어지는 문장들이 모두 참이라는 주장을 펼 수 있을 것이다.

그러나 이러한 주장을 펴기 위해서는 극한등급, 즉 초한적 등급의 메타언어와 이 언어에 속하는 참 혹은 거짓의 개념이 요구된다. 하지만 타르스키의 등급이론은 초한적 등급의 언어를 다루고 있지 않으며 또한 초한적 등급의 언어를 정의하는 일은 아직 연구되지 않았던 기술적 어려움이 따른다고 크립키는 비판한다. [53]

이러한 비판을 한 걸음 물러선다 하더라도 타르스키의 언어등급 이론에 의하면, 언어의 등급이 각각 달라짐에 부응하여 등급이 다른 많은 참 혹은 거짓이 있게 된다는 점이다. 그런데 우리가 직관적으로 또는 일상적으로 참과 거짓을 사용할 때, 타르스키의 주장처럼 어떤 등급에 따라 각각

---

52) Haack, S. (1978) p. 144.

53) Kripke, S (1975) pp. 694-699. 이 밖에도 Kripke는 Tarski의 언어등급 이론에 따른 문제점의 하나인 초한적 등급(transfinite level)의 문제를 해소하는 논의를 펴고 있음. Kripke, S. (1978) p. 706 참조.

다른 참 또는 거짓을 말하고 있지 않다는 데에 난점이 있다.

3) 크립키의 해결방안

크립키는 상술한 타르스키의 언어등급 이론을 비판하고 있음을 위에서 간단히 언급했다.

크립키에 의하면 한마디로 모든 역설적인 문장은 근거없는(un-grounded) 문장으로서, 이런 문장은 근거있는 문장과 구별되고 있다. 여기에 언급된 '근거있음'(groundedness)의 개념은 다음과 같이 형식적으로 정의될 수 있다. 즉 어떤 문장(wff)이 최소의 고정점(minimal fixed point)에서 진리값을 가질 때, 그것은 근거있는 문장이 되고 그렇지 못할 때 근거없는 문장이 된다. [54]

첫째로, 크립키의 '근거있음'의 개념이 뜻하고자 하는 바를 간추려 보면 대체로 아래와 같다.

가령 우리가 "참이다"(be true)라는 말을 아직 이해하지 못하는 사람에게 그 말을 이해시키려고 할 때, 우선 다음과 같은 원리에 따라 설명할 수 있을 것이다. 즉,

우리가 어떤 문장 자체를 주장할 수 있을 때 그 문장은 참이요, 그 문장을 부정할 수 있을 때는 참이 아니라고 주장할 수 있다.

그래서 "참이다"라는 말을 배우는 사람이,

(1) 눈은 희다.

라고 주장할 수 있을 때, 위의 원리에 의해 그는,

(2) '눈은 희다'는 참이다.

라고 주장할 수 있다. 이렇게 되면 "참이다"라는 말을 다른 문장에 확대해서 사용할 수 있게 될 것이다.

여기서 가령 1971년 10월 7일자 〈뉴욕 데일리 뉴스〉의 활자화된 어떤 주장이 바로 "눈은 희다"(1)라는 것이라고 하자. 그런데 우리의 과제는 "'눈은 희다'는 참이다"(2)와 또한 "눈은 희다"라는 것이 1971년 10월 7일자 〈뉴욕 데일리 뉴스〉에 활자화되어 있다는 것을 주장하고자 한다, 때

---

54) Kripke, S. (1975) p. 701, 706.

문에 "참이다"라는 말을 배우는 그 사람은 존재일반화(existential generalization)의 원리에 의해 다음 (3)을 이끌어 내어 주장할 수 있다.

(3) 1971년 10월 7일자 〈뉴욕 데일리 뉴스〉의 활자화된 어떤 문장은 참이다.

나아가 그는 "참이다"라는 말을 이미 포함하고 있는 문장에도 확대해서 "참이다"라는 말을 사용할 수 있게 될 것이다. 예컨대,

(4) "'눈은 희다'는 참이다'는 참이다.

혹은,

(5) "1971년 10월 7일자 〈뉴욕 데일리 뉴스〉의 활자화된 어떤 문장은 참이다"는 참이다.

라고 주장할 수 있다.

크립키에 의하면, 어떤 문장이 이상과 같은 절차에 의해 결국 진리값을 가질 경우, 그 문장은 근거를 가지는 것으로, 이른바 '근거있는' 문장이 된다.

그리고 모든 문장이 이상과 같은 절차에 의해 진리값을 갖는 것은 아니다. '근거없는' 문장은 이상의 절차에 의해 어떤 진리값도 갖지 않는 것이라고 크립키는 논의한다.[55]

이상과 같이 '근거있음'과 '근거없음'의 구별에 의하면 역설적인 문장은 바로 근거없는 문장이다. 그런데 근거없는 문장들이 모두 역설적인 것은 아니다. 나아가 역설적인 문장은 근거없는 문장으로서, 어떤 고정점(fixed point)에서도 모순없이 진리값을 부여받을 수 없는 그런 문장이다.

이에 역설에 대한 크립키의 해결방안은 '고정점'이란 개념이 관건이 되고 있다.

둘째로, 고정점이 어떤 것인가를 다소 복잡하고 길지만 Kripke의 논의에 따라 알아보기로 하자.

먼저 L을 원초술어(primitive predicate)들의 유한한 목록을 갖고 있는 고전적 유형의 해석된[56] 일차(first-order)언어라고 하자. 그리고 변

---

55) Kripke, S. (1975) p. 701.
56) 여기서 '해석된' 언어란 그 언어의 표현이 논의영역에 어떻게 관계되어 있는가가 결정되

항들(variables)은 공집합이 아니고, 논의영역 D의 범위에 걸쳐 있다고 하자. 나아가 n항-원초술어들은 논의영역 D 안에서 완전히 정의된 n항 관계로 해석된 것이고, 이 해석은 다음의 논의에서도 고정되어 있다고 하자. 또한 이 L은 L의 구문론(syntax)이 산술화(arithmetization)를 통해 L 안에서 표현될 수 있는 것이라고 하자.

이제 L을 L'으로 확장시켜 보자. 이때 L'은 L에 단항술어(monadic predicate) T(x)가 더 첨가된 것으로써, 이 T(x)의 해석은 다만 부분적으로 정의[57]될 필요가 있는 것이다. 여기서 T(x)의 한 해석은 부분집합인 (S1, S2)에 의해 주어질 수 있는데, 이때의 S1은 T(x)의 외연이 되고, S2는 T(x)의 반외연(antiextension)이 된다. 그리고 T(x)는 S1 ∪ S2의 합집합 밖에 있는 대상들에 대해서는 정의되지 않는다.

다음 L'(S1, S2)는 L'의 해석으로써, (S1, S2)에 의해 T(x)를 해석하여 얻어진 것이고, L의 다른 술어들에 대해서는 전과 같이 그대로 해석된 것이라고 하자. 그래서 L'은 단항술어인 T(x)를 제외한 모든 술어들이 해석되고, 아직 T(x)는 해석 안 된 언어인데 반해, L'(S1, S2)는 L'의 해석으로써 T(x)까지도 해석된 언어이다.

그 다음 S1'은 L'(S1, S2)의 참인 문장들만으로 이루어진 집합이고, 그리고 S2'은 D의 원소들로서 L'(S1, S2)의 거짓된 문장들이든가, 혹은 L'(S1, S2)의 문장들이 아닌 모든 문장들로 이루어진 집합이라고 하자.

이렇게 되면 S1'과 S2'은 (S1, S2)의 선택에 따라 유일하게 정의된다. 여기서 만일 T(x) 자체가 포함된 언어 L'에서, T(x)를 "…는(은) 참이다"로 해석하면, 반드시 S1은 S1'과 동일(S1=S1')하고, 그리고 S2는 S2'과 동일(S2=S2')하다. (이것은 다음과 같은 의미이다. 만일 A가 임의의 문장이고 평가규칙에 의해, A가 T(x)를 충족시켜 주면 그리고 그런 경우에 A는 참이다. 그리고 A가 T(x)를 반증하면 그리고 그런 경우에 A는 거짓이다.)[58]

어 있음을 뜻함.

57) "부분적으로 정의"되는 예를 들면 다음과 같다. 가령 공집합이 아닌 논의영역 D가 주어지고, 단항술어인 P(x)가 D의 접합부분이 없는 부분집합들의 쌍 (S1, S2)에 의해 해석될 때, S1은 P(x)의 외연이고 S2는 P(x)의 반외연이다. 그래서 P(x)는 S1의 대상들에 대해서는 참이요, P(x)가 S2의 대상들에 대해서는 거짓이고, 그 이외의 경우는 미정(undefined)을 가리킴.

이상의 논의에서처럼, S1은 S1'과 동일 (S1=S1')하고 S2는 S2'과 동일 (S2=S2')하게 되는 조건을 만족하는 (S1, S2)의 쌍을 고정점이라고 한다. 그래서 T(x)를 해석하기 위해 주어지는 (S1, S2)의 선택에 대하여, 집합 F(S1, S2)는 (S1', S2')와 동일하다 : F((S1, S2)) = (S1', S2'). 여기서 F는 논의영역 D의 부분집합의 모든 쌍 (S1, S2)에 정의된 일항함수이다. F가 이와 같은 일항함수일 때, 고정점 (S1, S2)는 글자 뜻대로 F의 고정점이다. 즉 고정점 (S1, S2)는 F((S1, S2)) = (S1, S2)가 된다. [59] 그리고, 만약 (S1, S2)가 고정점이라면 L'(S1, S2)도 또한 고정점이 된다.

이상에서 크립키의 논의에 따라 '고정점'이 어떤 것인가를 알아보려 했다. 그러나 그것은 너무 복잡하다고 하겠다. 이에 '고정점'과 또한 '최소의 고정점'을 쉽게 이해하기 위해 다음과 같은 예를 들어 보자.

가령 "한 학생이 중앙도서관 앞에서 깃발을 흔들고 있다든가 혹은 '박길수가 중앙도서관 앞에서 깃발을 흔들고 있다'는 참이다"라는 문장이 주어졌다고 하자. 그런데 실제로 한 학생이 중앙도서관 앞에서 깃발을 흔들고 있다면 주어진 문장은 언어계층 L0에서 참이다. 그리고 클린의 3치선언 (강세진리표)이나 루카시에비치 (J. Łukasiewicz)의 3치선언에 근거한다고 하자. [60] 그러면,

"'박길수가 중앙도서관 앞에서 깃발을 흔들고 있다'는 참이다."
가 언어계층 L1에서 가령 그 진리값이 미정 (undefind)으로 남아 있든, 혹은 참이든가 거짓의 어느 진리값을 갖는다고 해도, 그것과 상관없이 주어진 문장 즉,

"한 학생이 중앙도서관 앞에서 깃발을 흔들고 있다든가 혹은 '박길수가 중앙도서관 앞에서 깃발을 흔들고 있다'는 참이다."
는 언어계층 L0에서의 참인 진리값으로 고정된다.

이를 일반화하여 언어계층 Ln이 언어계층 Ln+1과 동일하게 될 때의 Ln이 바로 고정점이다. 그리고 이 Ln이 '최소의 (minimal) 고정점'이기

---

58) Kripke, S. (1975) pp. 702-703.

59) Kripke, S. (1975) p. 703.

60) 졸저 (1986) pp. 70-77. 또한 전통논리의 선언도 선언성원의 하나만이 참이면 참이라는 데 근거하면 같은 논의를 펼 수 있음.

도 하다.

최소의 고정점은 참인 (혹은 거짓인) 문장의 집합이 그보다 앞선 단계에서의 참인 (혹은 거짓인) 문장의 집합과 동일하게 되는 최초의 시점이다.

이상에서 '고정점'이 어떤 것인가를 이해하려고 했다. 그리고 크립키에 의하면 모든 역설적인 문장은 근거없는(ungrounded) 문장으로서, 엄격히 근거있는 문장과 구별되었다. 이에 '근거있음'의 개념을 앞서 알아보았다. 한마디로 크립키의 역설 해결방안은 이상의 '고정점'과 '근거있음'의 개념에 의한 것이고 하겠다.

이상의 크립키의 역설 해결방안에 대한 비판이 굽타(Gupta, A.)에 의한 것 이외에도 파슨즈(Parsons, C.)에 의한 것이 있겠으나,[61] 여기서는 굽타(Gupta, A.)에 의한 비판을 다음에서 간단히 알아보기로 한다.

(가) 가령 A가 아래의 (a1)-(a5)를, 그리고 B가 (b1)-(b4)를 말한다고 하자.

(a1) 둘에다 둘을 더하면 셋이다. (거짓)

(a2) 눈은 언제나 검은색이다. (거짓)

(a3) B가 말하는 것은 모두 참이다. (~~)

(a4) 10은 소수이다. (거짓)

(a5) B가 말하는 어떤 것은 참이 아니다. (~~)

(b1) 하나에 하나를 더하면 둘이다. (참)

(b2) 내 이름은 B이다. (참)

(b3) 눈은 언제나 그런 것은 아니지만 흰색이다. (참)

(b4) A가 말하는 것 중에 많아야 하나가 참이다. (~~)

여기서 A는 (a3)과 (a5)의 양자를 주장함으로써 스스로 모순에 빠졌다. 사실 (a3)과 (a5)의 양자가 동시에 참일 수는 없다. 그런데 A가 말하는 것 중 이 이외의 것〔즉 (a1), (a2), (a4)〕은 모두 거짓이기 때문에, A가 말하는 것 중 많아야 하나가 참이라는 결론을 얻는다. 따라서 B의 주장인 (b4)가 참이다. 때문에 (a3)은 참이고 (a5)는 거짓이다.

굽타에 의하면 이상의 추리에 아무런 문제도 제기될 수 없다. 그럼에도

---

61) Parsons, C. (1974), pp. 40-41.

크립키는 이상의 추리를 거부해야 한다. 그것은 (a3)과 (a5)는 (b4)가 결정될 때까지 미결로 남게 되고, 그리고 (b4)는 (a3)과 (a5)가 결정될 때까지 미결로 남게 된다. 이들 세 개의 문장은 근거없는 문장으로서 결코 결정될 수 없기 때문이다. [62]

(나) 또한 크립키의 정의에 의하면 여러 개의 논리법칙이 경우에 따라서는 역설적이 된다. 예컨대 무모순율인 "$(\forall x) \sim (Tx \wedge \sim Tx)$"도 하나의 거짓말-유형의 문장이 있으면 역설적이 된다. 왜냐하면 현재로서 크립키의 여하한 고정점에서도 예의 무모순율이 진리값을 가질 수 없기 때문에 역설적이다. 그런데 직관적으로 예의 무모순율은 역설적이라고 생각되지 않는다. [63]

(다) 뿐만 아니라 크립키의 이론에 따르면 무모순율인 "$(\forall x) \sim (Tx \wedge \sim Tx)$"는 역설을 초래하는 종류의 여하한 자기지시적인 것(self-reference)이 없는 경우에도 근거가 없는 것이고 병적인 것이 된다. [64]

이상과 같은 크립키의 이론에 대한 굽타의 비판에 대해, 다시 비써(Visser, A.)는 잘못되었다기보다 크립키의 이론을 오도하고 있다고 재비판한다. [65]

앞서 비판 (나)에서, 굽타는 무모순율인 "$(\forall x) \sim (Tx \wedge \sim Tx)$"가 역설적이라고 생각되지 않는데도, 크립키의 정의에 의하면 "$(\forall x) \sim (Tx \wedge \sim Tx)$"는 하나의 거짓말-유형의 문장이 있을 때 역설적이 된다고 비판했다.

여기서 예의 무모순율인 $(\forall x) \sim (Tx \wedge \sim Tx)$의 첫번째 부정($\sim$)을 고려해 보자. 직관적으로 그 부정은 전통적인 고전논리의 부정이 아니다. 만일 그 부정이 고전논리의 부정이라면, 무모순율인 $(\forall x) \sim (Tx \wedge \sim Tx)$는 $(\forall x)(\sim Tx \vee Tx)$와 동치관계에 있다. 즉 분명히 모든 것은 참이 아니든가 혹은 참임〔이렇게 되면 미결정(undefinendess)은 있을 수 없음〕을 받아들이지 않고서는, 참이고 동시에 참이 아닌 것은 아무것도 없기 때문이다. 따라서 크립키 이론의 문제점은 오히려 이 부정에 대

---

62) Gupta, A. (1982) p. 21.
63) Gupta, A. (1982) p. 20.
64) Gupta, A. (1982) p. 20.
65) Visser, A. (1989) pp. 679-680.

한 이론을 제시하지 않는 데에 있다. 이에 굽타는 크립키의 이론을 오도한다고 하겠다.

비판 (다)의 무모순율의 부정에 대한 굽타의 비판에 대해서도 이상의 부정에 관한 논의와 같은 논의를 펼 수 있다.

그리고 비판 (가)에 있어서도,

(a3) B가 말하는 것은 모두 참이다.

(a5) B가 말하는 어떤 것은 참이 아니다.

의 (a3)과 (a5) 양자가 참일 수는 없다. A가 말한 것 중에 이 양자 이외의 (a1)과 (a2), (a4)는 모두 거짓이다. 때문에 A가 말한 (a3)과 (a5) 중에 많아야 하나가 참이라는 결론에 도달했다. 여기서 "(a3)과 (a5) 중에 많아야 하나가 참"이라는 것을 $\sim(Tx \wedge Ty)$로 해석할 수 있을 것이고, 이때의 부정 역시 고전논리의 부정이 아니다. 때문에 앞서와 같이 크립키 이론의 문제점은 오히려 이 부정에 대한 이론을 제시하지 않은 데에 있다.

이상과 같이 굽타는 크립키의 이론을 비판함에 있어 그 '부정'이 고전논리의 부정이 아닌 점을 간과한 것이 분명하다. 따라서 상술한 굽타의 비판에 대한 비써의 재비판은 당연한 것이라고 하겠다.

4. 결 어

역설의 문제는 희랍시대로부터 오늘에 이르기까지 많은 철학자들의 관심을 불러일으켰지만 현대에 와서 특히 러셀 이후부터 주목을 받았다. 이에 필자는 역설을 일반적인 분류법에 따라 의미론적 역설과 논리적 역설로 대별하여, 전자에 속하는 역설로서 거짓말쟁이의 역설과 리차드의 역설, '낱말의 역설'이라고 일컬어지는 베리의 역설, 그렐링의 역설 등을 알아보았다. 또한 후자, 즉 논리적 역설에 속하는 것으로서 부랄리-포르티 역설과 칸토르의 역설, 러셀의 역설 등을 가급적 이해의 편의를 위한 방식으로 살펴보았다.

이러한 역설들에 대하여, 보흐바나 클린, 체르멜로, 폰 노이만 또한 직관주의자들로서 브라워와 하이팅 등은 그들 나름대로의 그 해결방안을 제시하였었다. 사실 역설에 대한 여러 해결방안이 제시되었지만 필자는 그중에서 중요하다고 생각되는 러셀이나 타르스키, 크립키에 의한 해결방안들을 차례대로 살펴보았다.

러셀은 유형론에 의하면 그러한 역설들이 해결될 수 있다는 입장이었고, 이 유형론은 다시금 단순유형론과 분지화유형론으로 분류되었다. 그런데 단순유형론으로서는 의미론적 역설을 해결할 수 없어서, 러셀은 다시 분지화유형론을 확립했던 것이다. 러셀은 요컨대 이상의 역설들이 순환논증의 원리를 위반하는 데서 비롯되었다고 보았고, 이 분지화유형론은 순환논증의 원리를 엄밀하게 정식화하기 위한 것이었다.

그런데 분지화유형론은 고전수학의 상당부분을 포기해야 하는 한계에 부닥쳤고, 이러한 한계를 벗어나기 위해 러셀은 환원의 공리를 추가했다. 그러나 환원의 공리는 비트겐슈타인이나 램지 또한 츠위스텍 같은 여러 학자들의 비판을 받아, 오늘날 일반적으로 받아들여지지 않고 있으며, 오히려 환원의 공리를 배제한 여러 형태의 새로운 분지화유형론(예컨대 타르스키의 언어등급론)이 재생되고 있었다. 사실 러셀의 분지화유형론은 환원의 공리에 근거한 비판 이외에도 코피 등의 학자들에 의해 다른 비판을 받았었다. [66]

사실 최근의 논리학자들의 비판과 같이 러셀의 유형이론은 특히 의미론적 역설을 해결하는 데는 적절치 않다고 하겠다.

상술에서 러셀 다음으로 타르스키의 역설 해결방안을 살펴봤다. 실제로 의미론적 역설을 해결하는 데는 러셀의 유형이론보다 오히려 타르스키의 해결방안이 많은 지지를 받아 왔다.

타르스키는 역설의 해결방안으로서 언어등급론을 제창했었다. 그 등급론에 의하면, 주어진 등급에서의 참은 언제나 다음 등급의 술어에 의해 표현되었다. 이에 가령 거짓말쟁이의 역설에 나타나는 문장도 "이 문장은 대상언어 O에서 거짓이다"로 표현되기 때문에, 문제된 역설이 발생되지 않았다. 그 까닭은 "이 문장은 대상언어 O에서 거짓이다"라는 것 자체가 메타언어 M의 문장이어야 하고, 따라서 대상언어 O에서 참이 될 수 있는 것이 아니기 때문이었다.

---

66) Copi, I. M. (1971) pp. 99-107.

이 언어등급론에 의하면 대상언어 L0에 속하는 명제가 참이라고 할 때 그것은 메타언어 L1에 속하고, 그 명제가 다시 참이라고 할 때 그것은 메타-메타언어 L2에 속했다. 이렇게 "…는 참이다"를 하나씩 더 추가하여 문장을 만드는 것은 이론적으로 무한히 계속될 수 있었고, 따라서 무한히 만들어지는 문장들이 모두 참이라는 주장을 펼 수 있어야 했다.

그러나 이러한 주장을 펴기 위해서는 극한등급 즉 초한적 등급의 메타언어와 이 언어에 속하는 참 혹은 거짓의 개념이 요구되었다. 하지만 타르스키의 등급이론은 초한적 등급의 언어를 다루고 있지 않으며, 또한 초한적 등급의 언어를 정의하는 일은 아직 연구되지 않았던 기술적 어려움이 따른다는 비판을 받았었다.

그리고 타르스키의 언어등급 이론에 의하면, 언어의 등급에 따라 각각 다른 많은 참 혹은 거짓이 있었다. 그러나 일상적으로 또는 직관적으로 이와 같은 방식의 참 또는 거짓을 사용하지 않는다는 점이 비판되었다.

사실 타르스키로서는 이상의 비판을 용이하게 변호할 수 없다고 하겠다.

끝으로 크립키에 의한 역설 해결방안을 살펴보았다. 크립키에 의하면, 어떤 문장이 진리값을 갖게 되는 일정한 절차를 논의하여, 결국 그 문장이 어떤 진리값을 가질 때, 그 문장은 '근거있는' 문장이었다. 그리고 '근거없는' 문장은 그러한 절차에 의해, 어떤 진리값도 갖지 않는 것이었다. 이에 역설적인 문장은 근거없는 문장으로서, 어떤 고정점에서도 모순없이 진리값을 부여받을 수 없는 그런 문장이었다.

이에 크립키에 있어서 '고정점'은 역설해결에 있어서 관건이었다. 때문에 크립키의 이론에 따라 '고정점'이 어떤 것인가를 알아보고, 이를 보다 쉽게 이해하기 위하여 예를 들었다.

그것은 언어계층 L0의 문장과 L1의 문장으로 이루어진 선언명제를 예로 들고, 그 선언성원(disjunct)인 L0의 문장이 실제로 참임이 밝혀질 때, 그것은 언어계층 L0에서 참이었다. 그리고 이때 그 다른 선언성원인 L1의 문장이 언어계층 L1에서 어떤 진리값을 갖는다고 해도, 주어진 예의 선언명제는 언어계층 L0에서의 참인 진리값으로 고정되는 것이었다. 이를 일반화하여 언어계층 Ln이 언어계층 Ln+1과 동일하게 될 때의 Ln이 바로 '고정점'이었다.

이상의 크립키의 역설 해결방안에 대하여 굽타는 일반논리에서 받아들일 수 있는 추리의 구체적인 예를 들고, 크립키의 정의에 의하면 그러한 추리를 결국 거부해야만 한다고 비판했었다.

그 밖에도 그는 예컨대 크립키의 정의에 의하면 여러 개의 논리법칙이 경우에 따라서는 역설적이 된다. 예컨대 무모순율인 $(\forall x)\sim(Tx \wedge \sim Tx)$도 하나의 거짓된 문장의 유형이 있으면 역설적이 된다고 비판했었다.

뿐만 아니라 그는 크립키의 이론에 따르면 무모순율인 $(\forall x)\sim(Tx \wedge \sim Tx)$는 역설을 초래하는 종류의 여하한 자기지시적인 것(self-reference)이 없는 경우에 결국 근거가 없는 것으로서 병적인 것이라고 비판했었다.

이상과 같은 굽타의 크립키에 대한 비판에 대하여, 다시 비써는 잘못되었다기보다 오도하고 있다고 재비판했었다. 무모순율인 $(\forall x)\sim(Tx \wedge \sim Tx)$의 첫번째 부정($\sim$)은 전통적인 고전논리의 부정이 아니다. 따라서 크립키 이론의 문제점은 오히려 이 부정에 대한 이론을 제시하지 않는 데에 있다고 재비판했었다.

그 밖에도 굽타의 크립키에 대한 위의 각 비판의 논점에 대하여 비써의 재비판을 알아보았다.

사실 굽타는 크립키의 이론을 비판함에 있어 무모순율인 $(\forall x)\sim(Tx \wedge \sim Tx)$의 첫번째 '부정($\sim$)'이 고전논리의 부정이 아닌 점을 간과한 것이 분명하다. 따라서 크립키에 대한 굽타의 비판에 대한 비써의 재비판은 당연한 것이라고 하겠다.

상술한 바와 같이 러셀의 유형이론은 의미론적 역설을 해결하는 데는 적절치 않다는 비판을 받아 왔고, 오히려 타르스키의 역설 해결방안이 의미론적 역설을 해결하는 데는 적절했었다. 그럼에도 타르스키의 이론은 크립키에 의해 비판을 받았었다. 그리고 크립키의 이론도 다시 비판을 받음으로 해서, 역설 해결방안에 대한 비판은 계속되어 왔다. 사실 역설의 해결방안들이 이처럼 비판을 받음으로 해서, 그 해결방안의 이론은 더욱 보완될 것이 분명하다. 또한 이 방면의 학문적 수확도 함께 거둬들일 수 있다고 생각된다.

참고문헌

Russell, B. (1903), *The Principles of Mathematics* : N. Y. W. W. Norton and Company, Inc.

Russell, B. (1908), Mathematical Logic as Based on the Theory of Types ; included in *From Frege to Goedel* ed. van Heijenoort.

Russell, B. (1975), *Introduction to Mathematical Philosopy* : George Allen and Unwin LTD.

Chihara, C. S. (1973), *Ontology and the Vicious-circle Principle*, Cornell U. P.

Wright, G. H. von, (1983), *Philosophical logic*, Basil Blackwell.

Tarski, A. (1956), *Logic, Semantics, Metamathematics* ; Oxford at the clarendon press.

Tarski, A. (1944), The Semantic Conception of Truth ; included in *Readings in Philosophical Analysis*, H. Feigl and W. Sellars N. eds. Y. Appleton -century -crofts, Inc. 1949.

Martin, R. L. ed. (1970), The paradox of the liar, Yale U. P.

Martin, R. L. ed. (1984) *Recent Essays on Truth and the Liar Paradox*, Clarendon press, Oxford U. P.

Evert W. Beth (1970), *Aspects of modern Logic* ; D. Reidel.

Whitehead, A. N. and Russell, B. (1968), *Principia Mathematica* Vol. 1.

Witold Marciszewski ed. (1981), *Dictionary of logic* ; Martius Nijhoff.

Benacerraf, P. and Putnam, H. ed. (1985), *Philosophy of Mathematics*, Cambridge U. P.

Quine, W. V. (1978), *Philosopy of logic* ; Prentice-Hall Inc.

Quine, W. V. (1979), *The Ways of Paradox and other essays* ; Havard U. P.

Quine, W. V. (1980), *Set theory and Its Logic* : The Belknap Press of Harvard U. P.

Quine, W. V. (1967)   The problem of interpreting modal logic, included in *Contemporary Readings in logical theory*, Copi, I. and Gould, J. A. eds. Macmillan, 1967.

Fraenkel, Bar-hillel and Levy (1973), *Foundations of Set Theory* ; North-Holland Pubishing Com.

Visser, A. (1989), Semantics and the liar paradox ; included in *Handbook of Philosophical Logic Vol.* 4   D. Gabbay and F. Guenthner. eds. Reidel, 1989.

Copi, I. M. (1971), *The Theory of Logical Types* ; Routledge & Kegan Paul.

Copi, I. M (1979), *Symbolic Logic* ; Macmillan Publishing Co., Inc.

Parsons, C. (1974), The Liar Paradox ; included in *Recent Essays on Truth and the Liar Paradox.*

Kleene, S. C (1952), *Introduction to Metamathematics* ; D. Van Nostrand Co. Inc.

Reichenbach, H. (1960), *Elements of Symbolic Logic* : The Macmillan Co.

Reichenbach, H. (1951), Bertrand Russell, s Logic ; included in *The Philosophy of Bertrand Russell*, Paul Arthur Schilpp ed. Tudor publishing co. 1951.

Kline, M. (1980), *Mathematics – The Loss of Certainty* ; Oxford U. P.

Russell, B. (1908), Mathematical Logic as based on the theory of types ; included *Logic and Knowledge* ; B. Russell ; London, George allenand unwin LTD 1956.

Cargile, J. (1979), *Paradoxes – A study in form and predication* ; Cambridge U. P.

Kneale, W. and Kneal, M. (1978), *The Development of Logic* ; Clarendon Press. Oxford.

Brennan, J. G. (1961), *A Handbook of Logic* ; Harper and

Brothers Publishers.

Teensma, E. (1969), *The Paradoxes* ; Royal Vangorcum Ltd.

Barker, S. F. (1965), *Philosophy of Mathematics* ; Prentice-Hall, Inc.

Vann Mcgee (1989), Applying Kripke's Theory of Truth : *The Journal of Philosophy* 1989.

Kripke, S. (1975), Outline of A Theory of Truth ; *The Journal of Philosophy* 72 (1975) --Included in *Recent Essays on Truth and the Liar Paradox*.

van Fraassen, B. (1968), Presupposition, Implication, and Self-reference ; *Journal of Philosophy*, 65.

Ramsey, F. P. (1931), *The Foundations of Mathematics* ; Routledge and Kegan Paul.

Haack, S. (1978), *Philosophy of Logics* ; Cambridge U. P.

Tiles, M. (1989), *The Philosophy of Set Theory*, Basil Blackwell

Sainsbury, R. M. (1988), *Paradoxes*, Cambridge U. P.

Ramsey, F. P. (1950), *The Foundations of Mathematics* ; N. Y. The Humanities Press.

Gupta, A. (1982), Truth and Paradox ; included in *Recent Essays on Truth and the Liar Paradox*, ed. Martin, R. L., Oxford U. P. 1984.

졸저 (1986) 현대논리학의 연구, 고려대학교 출판부.

졸고 (1987) 직관논리에 관한 연구, 고려대학교 인문논집 32집.

'무한'과 역설[*]

소 홍 렬

개 요

  수학적 사유는 우리로 하여금 관념적 무한의 세계를 상상할 수 있게 해준다. 그러나 그 무한의 세계를 실제의 세계와 혼동하면 역설이 생긴다. 유한한 세계에 '무한'의 개념을 적용하고자 하면 역설이 생긴다. 코흐의 역설과 제논의 역설은 바로 이와 같이 실제의 세계와 관념적 세계, 즉 물리학의 세계와 수학의 세계를 혼동한 데서 생기는 역설이라 할 수 있다.

---

[*] 이 글은 『과학사상』 제12호 (1995년 봄)에 실린 것이다.

1. 큰 섬의 해안선이나 작은 섬의 해안선이 그 길이가 같다고 하면 역설로 들린다. 이것은 현대의 기하학이 만들어 낸 역설이다. 해안선을 측정하는 단위를 무한히 작은 것으로까지 분할해 가면 해안선의 길이는 무한하게 된다는 것이다. 따라서 큰 섬이든 작은 섬이든 무한한 길이의 해안선을 갖게 되므로 해안선의 길이는 섬의 크기에 상관없이 같게 된다는 것이다. [1]

이러한 역설은 '코흐(Koch)의 곡선' 또한 '코흐의 눈송이'가 수학적으로 설명해 준다. 즉, 정삼각형의 한 변을 3등분하여 각 변마다 변의 길이가 1/3이 된 정삼각형을 그 중간부분에 붙여 준다. 결과적으로 그 변의 수가 12이고 각 변의 길이는 1/3이 된 6각 별의 모양이 된다. 여기에 다시 각 변을 1/3로 분할하여 변마다 작은 삼각형을 붙이면, 변의 수는 48개가 되고 변의 길이는 1/9로 된다. 이러한 분할을 계속하면 점점 더 섬세한 눈송이 모양이 되면서 둘레의 길이는 3×4/3×4/3——로 늘어난다. 결국 무한한 길이의 둘레가 된다는 것이다. 그러나 그것이 차지하는 면적은 처음 시작할 때의 정삼각형에 외접하는 원의 면적을 초과하지 않는다. 유한한 면적을 둘러싸는 무한한 길이의 둘레가 있게 된다는 뜻이다. 유한한 면적의 둘레가 무한히 길 수 있다는 이 역설은 20세기 초 많은 수학자들을 혼돈에 빠지게 했다고 한다. [2]

2. '유한한 면적의 무한한 둘레'라는 코흐 곡선의 역설은 고대 그리스의 철학자 제논의 역설을 생각하게 한다. '무한'이란 개념의 적용 때문에 역설이 생긴다는 점에서 서로 비슷한 성격을 가진 역설들이다.

제논은 운동이라는 변화, 즉 일정한 거리(길이)를 이동한다는 것이 우리의 착각 때문이라는 것을 증명하기 위해 몇 가지 역설을 만들어 냈다. '무한'의 개념을 이용한 제논의 역설은 다음과 같은 세 가지 유형으로 설명된다.

첫째, 일정한 거리(길이)를 걸어간다고 할 때, 그 길이는 무한히 많은 부분으로 분할될 수 있으므로, 무한히 많은 부분을 걸어야 한다는 뜻이 된다. 그러나 무한히 많은 것을 걸을 수는 없다. 이것은 해안선의 길이가 무한하다고 한다면 우리가 그것을 측정할 수 없다는 것과 같다. 무한한

1) 제임스 클라크(박배식·성하운 역), 『카오스』, 1993, 동문사, p. 119.
2) 같은 책, pp. 123-124.

것을 측정할 수는 없는 것이다.

둘째, 속도가 빠른 아킬레스가 느림보 거북이를 저만큼 앞서게 해서 경주를 할 때 아킬레스는 결코 거북이를 앞지를 수 없다는 것이다. 아킬레스가 거북이의 첫 지점까지 갔을 때 거북이는 자기 속도만큼 앞서가 있게 된다. 다시 아킬레스가 거북이의 둘째 지점에 이르렀을 때 거북이는 또 자기만큼의 거리를 가 있게 된다. 아킬레스와 거북이의 간격이 좁아지기는 하지만 그것은 무한히 계속되는 따라잡기를 필요로 하는 과정이다. 아킬레스와 거북이의 경주는 무한히 지속될 수 없으므로 따라잡는 일이 일어날 수 없다.

셋째, 화살이 일정한 거리(길이)를 날아간다고 할 때 그 길이는 무한히 많은 점들로 이루어져 있는 것이므로, 매 순간 그 화살은 한 점을 점유하고 있다는 말이 된다. 화살이 한 점에 정지하고 있다는 것은 화살이 움직이지 않는다는 것이다. 따라서 무수히 많은 정지상태라고 할지라도 그것이 합해서 운동이 될 수는 없다. 화살은 움직일 수 없는 것이다.

3. '유한한 면적의 무한한 둘레'라는 코흐의 역설에서 '무한'개념이 어떻게 역설을 만드는지 보자. 코흐 눈송이의 둘레는 $3 \times 4/3 \times 4/3$——으로 늘어나므로 무한대에 이를 수 있는 것처럼 보인다. 그러나 둘레의 길이는 (변의 수) × (변의 길이)이므로 이것은 (3×4^n)으로 늘어나는 변의 수와 $(1/3^n)$으로 줄어드는 변의 길이로 나누어 생각해 볼 수 있다. 그리고 $(n = \infty)$로까지 분할해 가는 것을 뜻하므로 둘레의 길이가 연장될 수 있는 것은 $(3 \times 4^\infty) \times (1/3^\infty)$이 된다. 그런데 문제는 $(1/3^\infty = 0)$이 되므로 둘레가 '0'이 된다는 데 있다. 변의 길이가 점점 작아져서 점이 되어 버리면, 무한한 수의 점들이 모인다고 해도 길이의 양이 생기지 않는다는 결과에 이르게 된다.

하나의 선분을 무한히 분할해 가면 점이 되고, 점은 길이가 없으므로 본래 선분의 길이가 없어진다는 것은 '칸토르(G. Cantor)의 먼지'에서 잘 보여 주고 있다. 하나의 선분을 3등분하여 가운데 부분을 없애고, 나머지 두 선분을 각각 3등분하여 가운데 부분들을 또 없앤다. 이런 과정을 무한히 반복해 가면 결국 무한히 많은 점들이 남지만, 전체길이는 '0'이 되어 버린다는 것이다.[3]

'코흐의 눈송이'에서도 무한히 늘어나는 변의 수를 생각하면 둘레가 무

한하게 되지만, 무한히 작아지는 변의 길이를 생각하면 전체둘레가 '0'이
된다.

'제논의 역설'에서도 하나의 선분을 무한한 수의 점들로 나눌 수 있다는
전제를 하기 때문에, 길이가 없는 점들을 생각하면 본래 선분의 길이가
'0'이 되므로 그 거리를 이동하는 운동이 필요없게 되고, 점들의 수가 무
한하다는 것을 생각하면 무한한 것은 측정할 수 없으므로 운동이 불가능
하게 된다. 일정한 거리를 이동한다든지 따라잡는다는 것은 그것을 측정
하는 운동이라고 할 수 있다.

4. 하나의 선분을 무한히 분할하는 것은 유한한 선분이 무한한 선분으
로 확대되게 할 수도 있고, 그 선분의 길이가 아예 없어져 버리게 할 수
도 있다. '무한'의 개념이 적용되는 세계에서는 수량적 측정이 불가능하게
되고 수량적 구별이 불가능하게 된다. 큰 섬의 해안선과 작은 섬의 해안
선이 같게 된다. 모두 다 그 길이가 무한하기 때문이다. 또, 정수의 집합
이 그것의 부분집합인 짝수나 홀수의 집합과 같게 된다. 모두 다 무한히
연장되는 집합이기 때문이다. 그러나 실제의 섬은 무한한 길이의 해안선
을 가질 수 없다. '코흐의 눈송이'도 변의 길이가 점으로 되는 데까지 분
할될 수는 없다. 무한한 점들로 만들어지는 선분은 측정의 대상이 되지
않는다. 수학적이고 관념적인 점이 아닌, 최소단위의 크기를 가진 점이라
야 측정가능한 선분을 만들 수 있다. 해안선을 이루는 물질의 최소단위를
쿼크(quark)로 생각하더라도 그것은 수학적 점이 아니다. 그리고 유한
한 면적 안에 들어갈 수 있는 쿼크의 수는 유한하다. 해안선의 길이는 무
한할 수가 없다.

수학적 사유는 우리로 하여금 관념적 무한의 세계를 상상할 수 있게 해
준다. 그러나 그 무한의 세계를 실제의 세계와 혼동하면 역설이 생긴다.
유한한 실제세계에 '무한'개념을 적용하고자 하면 역설이 생긴다. 물리학
의 세계와 수학의 세계를 혼동하는 데서 생기는 역설이라고 할 수 있다.

---

3) 같은 책, pp. 115-116.

분석철학과 진리개념

정 대 현

개 요

실체론적 진리론을 거부하고 언어의 의미의 조건으로서 진리개념을 사용한 분석철학의 전통에서 진리에 관한 논의는 크게 두 가지로 나누어진다. 하나는 프레게에서 축소론으로 이르는 진리대응론 유형이고 다른 하나는 비트겐슈타인의 후기에서 시작되는 진리사용론적 발전이다. 초기 분석철학자들은 언어에 대해 말하였으나 그 언어는 자연언어라기보다는 논리언어를 모형으로 이해한 언어였다. 논리언어에서는 진리치의 보존이 문제가 되지 않고, 개별문장의 진리치는 진리조건의 구성요소와 관계된다고 생각하는 것이 자연스럽다. 초기 분석철학자들은 러셀, 논리실증주의자를 포함하여 진리대응론의 유형을 여러 가지로 제기했을 만하다.

후기 비트겐슈타인 이후의 분석철학자들은 화자와 청자가 상정되지 않은 언어를 상상할 수 없는 것으로 생각하였다. 언어의 의미는 언어공동체와 독립한 진리조건에 의하여 주어지는 것은 아니다. 그러한 진리조건이란 존재하지도 않을 뿐만 아니라 존재할 수도 없다는 것이다. 우리에게 주어진 것은 언어공동체가 그러한 언어표현을 사용하는 방식이라는 것이다. 비트겐슈타인은 진리개념을 접목하여 진리사용론으로의 전환을 시도하고 있다.

이 글에서는 분석철학의 전통에서 진리에 대한 그러한 두 가지 방향을 개괄하고 진리개념의 논의가 어떻게 발전될 수 있을 것인가를 간단히 전망하고자 한다.

(가) 진리와 의미 : 진리란 무엇인가 ? 인간 지성사를 통하여 이 물음은 철학의 어떠한 물음보다도 철학자의 관심의 대상이었다. 20세기 전까지는 진리는 실재와 같은 외연을 갖는 것이 아닌가 하고 생각하였다. 실재와 현상을 이분하는 사고의 구조 속에서 참인 것은 현상 뒤에 숨어 있는 것으로 간주되었기 때문이다. 모든 인간의 문제들은 이러한 현상세계에 존재할 뿐이고 실재세계에는 그러한 문제들이 없을 것으로 생각하였다. 참인 세계에는 말의 정의에 의하여 그러한 문제가 없어야 하기 때문이다. 이리하여 실재의 탐구는 철학적 과제가 되었을 것이다. 진리는 인간을 자유롭게할 뿐 아니라 정의가 실현되는 바로 그곳이라고 믿었기 때문이다. 진리에 대한 이러한 관점은 실재론적 진리관과 구별하여 '실체론적 진리관'이라고 부를 수 있을 것이다.

이러한 실체론적 진리관은 20세기에 들어와 '언어적 진리관'이라고 불리울 수 있는 그러한 사조에 의하여 대치된다. 진리란 그 표상양식을 '진리'라는 명사형이 아니라 '진리이다' 또는 '참이다'라는 술어형에서 기본적으로 갖는다는 것이다. 이러한 진리술어는 특정한 성질을 표시한다고도 하고 어떤 태도표명 또는 복합적 구조의 이해의 요약이라고도 한다. 그러나 이들에게 공통되는 것은 진리술어의 적용단위가 문장 또는 언어적이라는 것이다.

실체론적 진리관이 진리에 대하여 집착한다는 것은 그 주장내용의 심각성에 의하여 이해할 만하다. 그러나 언어적 진리관은 진리에 대한 그 집착의 근거를 물으면서 현상과 실재의 구분을 필연적으로 하지 않는 세계의 이해를 목적으로 삼는다. 그리고 이러한 세계의 이해는 언어를 통하여 이루어진다는 점에 주목하고 그러한 언어구조의 이해가 세계이해에 선결적이라는 점에 동의한다. 이들은 이러한 언어의 이해를 위하여 진리를 도구적인 개념으로 도입한다. 언어의 의미의 조건을 진리개념을 사용하여 제시할 수 있다는 것이다. 철학적 사고에 있어서 이러한 기초적 방법론의 전환을 '언어적 전환' [1]이라고 부른다.

분석철학 전통에서 진리에 관한 논의는 크게 두 가지로 나누어진다고 생각한다. 하나는 프레게에서 축소론에 이르는 진리대응론의 유형이고,

---

1) Richard Rorty, *Linguistic Turn*, Chicago : The University of Chicago Press, 1967.

다른 하나는 비트겐슈타인 후기에서 시작되는 진리사용론적 발전이라 할 것이다. 초기 분석철학자들은 언어에 대하여 말하였지만 그 언어는 자연언어라기보다는 논리언어를 모형으로 이해한 언어였다. 논리언어에서는 진리치의 보존이 문제가 되지 않고, 따라서 개별문장의 진리치가 진리조건에 의하여 구성될 수 있는 것과 어떤 관련을 맺는다고 생각하는 것은 자연스럽게 보였을 것이다. 초기 분석철학자들은 러셀, 논리실증주의자를 포함하여 진리대응론의 유형을 여러 가지로 제기했을 만하다.

후기 비트겐슈타인 이후의 분석철학자들은 화자와 청자가 상정되지 않은 언어를 상상할 수 없는 것으로 생각하였다. 언어의 의미는 언어공동체와 독립한 진리조건에 의하여 주어지는 것이 아니다. 그러한 진리조건이란 존재하지도 않을 뿐 아니라 존재할 수도 없다는 것이다. 우리에게 주어진 것은 언어공동체가 그러한 언어표현을 사용하는 방식이라는 것이다. 비트겐슈타인은 진리개념을 사용하지 않았지만 그의 후예들은 이러한 사용의 개념을 전통적인 진리개념에 접목하여 진리사용론으로의 전환을 시도하고 있다고 생각한다.

나는 이 글에서 분석철학의 전통에서 진리에 대한 그러한 두 가지 방향을 개괄하고 진리개념의 논의가 어떻게 발전될 수 있을 것인가를 간단히 전망하고자 한다.

(나) 진리대응론의 유형 : 나는 하나의 가설을 지지하고자 한다. 후기 비트겐슈타인 이전의 모든 분석철학자들은 어떤 유형의 진리대응론을 수용한다. 이 가설은 여러 점에서 무리가 있을 수 있다. 그러나 이것은 어떤 설득력을 가지고 주장될 수 있다고 생각한다.

프레게는 *진리 (the True)는 모든 참 문장들이 지시하는 것이지만 그 자체로는 정의될 수 없다고 한다. [2] 프레게는 진리대응론이 참 문장에 대하여 요구하는 대응적 부분에 대해 말을 하지 않겠다는 것이다. 그것은 원초적이라는 것이다. 그러면 어떻게 프레게를 진리대응론자로 해석할 수 있는가?

---

2) Frege, Gottlob (1919), 'The thought', *Mind*, Vol. LXV, 1956, pp. 289-311 ; *Translations from the Philosophical Writings of Gottlob Frege*, eds. & trs., P. T. Geach & M. Black, Blackwell, 1952.

프레게가 참 문장에 대응하는 대상으로서의 *진리를 정의불가능하다고 말할 수 있는 여유는 어디에서 오는가? 이유가 제시될 수 있을 것이다. 첫째, *진리를 정의하려고 할 때 프레게는 대응론이 가지고 있는 전통적인 문제, 즉 사실이라는 것을 어떻게 언어독립적으로 규정할 수 있는가의 문제를 벗어날 수 없게 된다. 둘째, 프레게는 '참 문장은 대치가능하다'라는 외연적 원리를 유지함으로써 일차 술어논리학의 체계를 유지하고자 한 것이다. 셋째, *진리의 정의불가능성 그리하여 모든 참 문장들이 동일한 것을 지시한다는 어려움에도 불구하고 그의 체계가 함정에 빠지지 않는다고 생각하는 이유는, 그는 문장들의 상이한 뜻을 유지함으로써 난점을 극복할 수 있다고 생각한 것이다. 이러한 구조는 프레게가 사실을 말하지 않으면서 일종의 대응론을 주장할 수 있는 구조가 된다고 생각한다.

러셀은 어떻게 진리대응론자로 해석될 수 있는가? 그에게 있어서 모든 일상적 명사 (term)들은 술어로 환원되고 속박변항은 '이것'이라는 색인사처럼 아무런 뜻을 갖지 않고 오로지 지시기능만을 갖는 논리적 고유명사의 역할을 한다는 것이다. 그러므로 언급된 술어가 사용된 속박변항에 의해서 표시된 대상에 대해서 참일 수 있는 구조가 얻어지고 이러한 구조에 의하여 양화문장들의 의미론의 체계를 얻을 수 있게 된다. 이러한 양화체계의 의미론은 콰인의 상대주의적인 것과는 다르기 때문에 러셀식의 대응론이라고 주장할 수 있을 것이다.[3]

논리실증주의는 인식적 진리개념을 주장하는 것으로 간주되고 있다. 이것이 정통적인 해석이다. 검증가능성은 바로 그러한 입장의 표명이라는 것이다. 그리고 이것은 틀릴 수 없는 특징규정이라고 생각한다. 그러나 초기 검증가능성의 개념을 음미하여 볼 수 있을 것이다:

(1) 문장 S는 유의미하다 ↔ S는 검증가능하다.

여기에서 주목하여 볼 것은 '가능하다'라는 양상개념이다. 그들이 양상개념을 삭제만 하였더라면 이것은 순수한 인식적 진리개념이 될 것이다. 그러나 실증주의자가 양상개념을 도입하는 것은 "논리실증주의자는 이 문

3) Russell, Bertrand, *Logic and Knowledge*, London: Allen, 1954; *The Problems of Philosophy*, New York: Oxford University Press, 1912.

맥에서 S의 진리성에 대한 형이상학적 개입을 하고 있다"는 해석을 강요한다고 생각한다. 그 해석은 "S가 참인 적어도 하나의 가능한 세계가 존재한다"이다. 이 해석의 수용가능성은 그에 대한 대응론적 해석의 길을 마련한다고 생각한다.

포퍼는 어떻게 진리대응론자라고 할 수 있는가? 그는 정확하게 말하여 '소극적' 또는 '부정적' 진리대응론자라고 할 수 있을 것이다. 그는 검증가능성 대신에 위증가능성을 말하였고 검증가능성이 진리대응적이라면 위증가능성도 진리대응적이라고 할 수 있을 것이다. 만일 그가 대응되는 것이 진리가 아니라고 주장한다면 거짓대응론자라고 할 수는 있을 것이다. 이러한 해석은 그가 타르스키를 위대한 진리대응론자라고 부르면서 열광한 이유가 무엇일 것인가를 고려할 때 분명해진다고 생각한다.

타르스키는 진리론에 있어서 중요한 기여를 하였다. 그는 어떠한 진리론도 만족하여야 하는 두 가지 조건을 제시한다. 내용적 적합성 (material adequacy)과 형식적 정식성 (formal correctness)의 조건이다. [4] 전자는 진리의 정의가 내용적인 점에서 만족스러울 수 있는 조건을 제시하는 것이고, 후자는 진리의 정의가 주어질 수 있는 언어의 형식적 구조의 규칙들을 제시하는 것이다. 내용적 적합성의 표준은 모든 문장들이 진리에 대한 어떤 정의로부터,

(T) P의 경우 그리고 이 경우에만 S는 참이다.

의 형식에 맞추어 도출될 수 있다면 이 진리정의는 내용적으로 적합하다. 그러나 (T)가 진리정의일 수 없는 이유가 있다. (T)의 한 경우는 진리에 대한 부분적 정의이다. 진리의 정의는 이러한 부분적 정의에 대한 모든 경우들의 연접으로 주어진다. 그러나 상당히 복잡한 언어에서 그러한 모든 경우들의 연접을 얻는다는 것은 실제로 가능하지 않다. 진리의 정의를 위해서는 의미론적 접근이 시도된다. 타르스키는 '지시', '만족', '정

---

4) Tarski, Alfred, 'The concept of truth in formalized languages', *Logic, Semantics, Metamathematics*, Oxford: Clarendon Press, 1956, pp. 152-278; 'The semantic conception of truth and the foundations of semantics', *Philosophy and Phenomenological Research* 4(1944) pp. 341-376.

의' 등은 언어의 표현과 세계의 부분의 어떤 특정한 관계를 표현한다. 그리고 이러한 관계는 이 표현들에 대해 의미를 부여한다는 뜻에서 의미론적 개념이라 한다. 타르스키는 그러한 의미론적 개념을 주어진 것으로 가정하고 이들에 의하여 '진리'를 정의한다는 점에서 그의 진리론을 의미론적이라 한다.

형식적 정식성은 진리정의에 대하여 거짓말쟁이 역설 같은 반례들이 없어야 한다는 조건이다. 거짓말쟁이 역설의 경우들은 다음이다.

(2) **이 페이지의 고딕체로 씌어진 문장은 참이 아니다** ;
(3) 문장 (3)은 참이 아니다 ;

한 해석에 의하면 문장 (2)나 (3)이 참이기 위해서는 이들은 참이 아니어야 한다는 역설이 발생한다. 타르스키는 거짓말쟁이 역설에 대하여 대상언어와 상위언어의 구별을 한다. 그렇다면 "참이다" 또는 "참이 아니다"와 같은 술어는 상위술어이고 이들은 상위언어적 대상을 수식하여야 한다. 그러나 여기의 문장들에서 이 술어들은 올바른 상위언어적 대상을 가지고 있지 않다. 따라서 잘못된 문장에 의하여 제시되는 문제는 문제가 아니라고 처방한다. 역설은 해소된다는 것이다.

그러나 만족은 어떠한 관계인가? 다음을 살펴보자. 소크라테스는 "x는 납작코이다"를 만족하지만 부쉬는 그러지 않는다. 〈이승훈, 이기백〉은 "x는 y의 아버지이다"를 만족하지만 〈이기백, 이승훈〉은 그렇지 않다. $\{x, y\}$와 $\{y, x\}$는 같은 집합이지만 〈x, y〉는 순서를 갖는 짝이므로 〈y, x〉와 같을 수 없기 때문이다. 만족이란 대상과 문장함수와의 관계이다.

대상들의 무한나열 〈최한기, 소크라테스, 미국, 이대, 서울, 이승만, 달, 황해, …〉의 한 경우 O_i를 얻을 수 있고, 그러한 무한나열의 모든 경우 O_i들로 이루어진 선접표현 'O'를 얻을 수 있다. 그리고 무한나열의 순서자리에 대하여 색인변항을 도입할 수 있다. 그러면 어떠한 문장술어 S도 모든 색인변항들 S_i의 선접문으로 나타날 수 있다. 그러면 위에서와 같은 방식으로 대상나열과 문장함수간의 일반적 만족관계를 얻을 수 있을 것이다. 그러면 '진리'는 다음과 같이 정의된다. 문장 S는 언어 L에서 참이다 ↔ S는 L의 적형문이고 S는 L의 대상들로 이루어진 모든 무한나열들에 의해 만족된다.

타르스키는 분명히 전통적 의미에서의 진리대응론자는 아니다. 그는 언어를 상대화하였고 언어독립적인 사실을 거부하고 있기 때문이다. 그러나 세계와 언어의 관계를 직접적 대응관계에서 보지 않고 '만족'이나 '지칭' 등의 개념을 도입하여 이를 매개로 하여 양자의 관계를 본다. 이 점에서 그는 간접적 대응론자라고 할 수 있을 것이다. 그는 '만족'이나 '지칭'이 언어상대적이긴 하지만, 언어체계가 선택되면 이들의 수행에 심각한 문제를 보지 않고 있기 때문이다. 화자나 언어공동체의 개입의 방식은 언어체계의 선택에서만 나타나는 것으로 되어 있다.

램지와 스트로슨은 진리란 어떤 것을 기술하거나 새로운 어떤 것을 말해 주는 그러한 술어가 아니라고 한다. 이들의 진리에 대한 그러한 입장을 축소론 또는 비기술적 진리론이라 부른다. 다음의 문장들을 보자.

(4) 시저가 살해되었다.
(5) 시저가 살해되었다는 것은 참이다.

램지는 이 두 문장들이 같은 의미를 가지고 있다고 한다.[5] 그러면 이들은 논리적으로 동치이다. "참이다"라는 술어가 첨가되어 새로운 정보가 주어지는 것이 아니고 다만 강조나 문체상의 이유로 사용된다는 것이다. 그러나 우리는 다음과 같은 두 가지 물음을 제기할 수 있을 것이다. 두 문장의 의미의 동일성과 그 논리적 동치성은 동일시될 수 있는가? 램지의 논제에 대한 반례가 있다면 어떤 구조이어야 하며 이러한 구조의 예가 있는가?

스트로슨은 진리가 비기술적이긴 하지만 (4)와 (5)가 같은 의미를 가지고 있다는 램지의 입장에 대해서는 부정적이다. 그는 보다 구체적으로 진리라는 술어가 어떤 대상을 기술한다는 진리의 기술론적 입장에 대해 이를 세 가지 가능성으로 나누어 차례로 비판한다. 스트로슨의 이를 위한 기본적 전략은 "참이다"라는 술어가 진술에 관한 것이긴 하지만 이 진술

5) Ramsey, F. P., 'Facts and propositions', *Proceedings of the Aristotelian Society*, Supp. Vol. VII(1927).

은 밖의 저기 세계에 있는 그러한 것이 아니라는 것이다. 따라서 이 술어는 그러한 사물적 대상에 관한 것이 아니라는 것이다. 편의상 문장 (5)를 구성하고 있는 전반부와 후반부를 각기 '(5가)'와 '(5나)'라고 부르자. 그러면 "참이다"라는 (5나)는 (5가)가 나타내는 진술, 즉 (4)에 관한 표현이 된다. [6]

첫번째의 기술론적 입장은 진술을 발화사건(speech-episode)으로 파악하는 것이다. 오스틴은 다음의 (6)을 (7)로 분석한다는 것이다.

(6) 존스가 아프다는 진술은 참이다.
(7) 만일 어떤 사람 x가(내가 '존스가 아프다'라고 발화할 때 어떤 사람 a에게 적용하는 동일한 기술을 x가 a에게 적용하는 그러한 방식으로) 발화했거나 한다면 그러면 나타나는 그 발화사건은 참이다.

그러나 스트로슨에 의하면 사람들이 발화할 때 나타내는 진술이 발화사건이라면 시공의 자리를 가지고 있지만, 그 진술이 담고 있는 그 진술내용은 시공의 자리를 가지고 있지 않다는 것이다. 진술을 하는 행위는 시공의 자리를 가지고 있지만, 진술의 내용은 진술행위를 필요로 하지만 진술행위와 분리될 수 있다는 것이다. 이러한 관계를 다음과 같이 나타낼 수 있을 것이다. 진술은 진술행위를 전제하지만 진술행위를 함축하지는 않는다.

스트로슨이 생각하는 진리기술론의 둘째 구성은 진리를 두 자리 술어로 보는 구조에서 두 자리 중 하나는 진술이고 다른 하나는 사실이라는 것이다. 하나의 진술을 참이게 하는 것은 사실이라는 것이다. 지도나 사진은 대응적인 세계의 부분을 가질 수 있긴 하지만 이들은 참이거나 거짓일 수 없다. 그 이유는 이들은 진술과 사실이 가지는 규약적인 관계의 성질을 가지고 있지 않기 때문이라는 것이다. 이 사실은 그 진술에 대응하여 있는 그러한 것이지만 그러나 세계의 부분으로서 존재하는 것이다.

그러나 스트로슨은 세계의 부분으로서 존재한다는 사실에 대해 의문을 갖는다. 첫째 의문은 오스틴이 사실을 사건이나 사건 같은 것으로 취급하

---

6) Strawson, P. F., 'Truth', *Philosophy and Analysis*, ed., M. Macdonald, Blackwell, 1954.

는 경향의 타당성에 관한 것이다. 사건은 세계의 부분이지만 사실은 사건이 세계의 부분인 것 같은 방식으로 부분은 아니라는 것이다. 둘째 의문은 사실과 진술은 '너무 밀접'하여 진리의 관계라는 것이 있다고 할지라도 이 관계를 설명할 수 없다는 것이다. 다음과 같은 물음이 물어질 수 있다. 그림이나 지도가 참일 수 없다는 말은 무슨 뜻인가? 사실과 진술이 너무 밀접하다는 것은 무엇인가?

셋째로 진술이란 이것이 참일 수 있는 조건을 기술한다는 관점이 있다. 그리하여 "참이다"라는 술어는 참일 수 있는 조건이 얻어졌는가 아닌가에 대한 기술이라는 것이다. 그러나 스트로슨은 오스틴이 한 진술의 의미론적 조건과 그 진술이 이루어 졌을 때의 확언내용을 혼동하고 있다고 한다. 우리는 다음과 같이 물을 수 있을 것이다 : 진술의 의미론적 조건과 진술의 확언내용의 구분을 설명하여 보자. 하이데거가 사용하는 '진리'는 고유명사인가? 보통명사인가? 아니면 제3자(플라톤의 형상이나 칸트의 직관형식처럼 "하나이면서도 아무데나 나타나 목전의 대상을 그것이게 하는 조건")인가? 제3자로 택할 때의 문제점은 무엇인가?

그러면 스트로슨은 "참이다"라는 술어를 어떻게 해석하는가? 그는 이를 수행적 어휘로 받아들인다. 이 술어는 어떤 대상을 기술하거나 상태를 보고하는 기능에서가 아니라 이 어휘의 발화로써 동의하거나 확인하거나 한다는 것이다. (4)를 말해도 되는 상황에서 (5)를 말하여 때에 따라 상기하기도 하고, 양보, 대답, 경고 등을 한다는 것이다. 그리하여 스트로슨은 진리란 기술적 술어가 아니라 수행적 장치라고 결론짓는다. 스트로슨은 다음과 같은 물음에 답할 수 있어야 할 것이다. 그의 진리에 대한 분석의 특징은 무엇인가? ; 보통의 의미론에서는 표현의 의미는 그 진리조건과의 관계 속에서 확정된다. 그러나 스트로슨은 진술의 의미론적 조건을 어떻게 제시할 수 있을 것인가?

램지와 스트로슨의 뒤를 이어 축소론을 발전시키고 있는 사람들은 그로버와 필드이다. 전자는 대문장론, 후자는 탈인용론의 방향으로 확장하고 있다. [7] 축소론의 관심은 무엇인가? 어떻게 이 입장은 대응론의 유형인

---

7) Grover, D. L., *A Prosentential Theory of Truth*, Princeton University Press, 1992 ; Field, Hartry, 'The Deflationary Conception of Truth', *Fact, Science and Value*, eds., G. MacDonnald & C. Wright, Oxford : Basil Blackwell, 1986, pp. 55-117 ; *Realism,*

가? 축소론은 전통적 대응론이 수반하는 형이상학적 문제의 짐을 지지 않으면서 주관성 또는 화자 배제적인 진리론을 구성하는 것이다. 축소론은 자연언어보다는 논리언어의 확보에 관심을 갖고 있기 때문이다. 논리언어는 언어의 성격상 어떤 형태의 대응론을 요구하고 있기 때문일 것이다.

(다) 사용진리론의 발전 : 후기 비트겐슈타인은 진리, 지칭, 의미 등의 의미론적 개념은 물론 규칙 같은 기본적 개념도 공동체 독립적인 한 거부한다. 그 이유는 다음과 같은 철저한 반성에 근거한다.

어떠한 규칙에 의해서도 한 노선의 행위가 결정될 수 없다. 왜냐하면 어떠한 노선의 행위도 그 규칙에 일치하도록 만들어질 수 있기 때문이다. … 만일 어떠한 것도 그 규칙에 일치하는 것으로 만들어질 수 있다면 그것은 또한 그 규칙과 갈등을 짓는 것으로도 만들어질 수 있을 것이다. [8]

그러나 비트겐슈타인은 크립키가 염려했던 것처럼[9] 회의주의에 빠지는 것은 아니었다. 그는 언어는 근본적으로 공동체에 의존한다는 인식하에 사용의미론을 제안한다. 의미란 그 표현이 사용되는 방식이라는 것이다. 이것은 회의주의적 해결이라기보다는 인간이 당당하게 가질 수 있는 구조 내의, 그리고 객관성을 유지할 수 있는 구조 내의 해결이라고 생각한다.
　　나는 데이빗슨, 더메트, 퍼트남이 모두 비트겐슈타인의 사용개념에 일관하여 종래의 진리개념과는 다른 제안을 하고 있다고 생각한다. 다음에서는 이들에 대한 보다 자세한 검토를 하여 보자. 이들의 공통점은 첫째, 진리대응론이 존재론적으로 가지고 있는 형이상학적 실재론의 부담을 지

Mathematics and Modality, Oxford : Blackwell, 1989 ; 'Deflationist Views of Meaning & Content', *Mind*, 1994, pp. 249-285 ; 'Disquotational Truth and Factually Defective Discourse', *Philosophical Review*, 1994, pp. 405-452.

8) Wittgenstein, L. *Philosophical Investigations*, tr., G. E. M. Anscombe, Oxford : L Blackwell, 1978, PI, #201.

9) Kripke, Saul, *Wittgenstein on Rules and Private Language*, Havard University Press, 1982.

지 않는다는 것이고, 둘째, 인식론적으로 대응되는 사실 또는 이것이 무엇으로 불리웠건간에 이것을 어떻게 지적할 수 있는가의 문제를 설명하지 않아도 된다. 그리고 모두 언어공동체적 개입을 허용 또는 요청하는 것이 특징이고 진리를 인식적인 개념으로 만들고 따라서 이를 상대화한다.

데이빗슨은 의미의 문제를 어떻게 바라보아야 하는가를 묻는다. 의미는 어떤 대상이나 실체가 아니라는 것이다.[10] 그리고 의미의 최소 적절단위는 문장이고 문장의 의미는 세계와의 관계에서 주어져야 한다는 점을 진리개념과의 관계에서 보이고자 한다. 의미이론이 적합하다면 그것은 모든 문장 s에 대하여,

(8) s는 m을 의미한다.

의 형식의 의미부여 문장을 함의하여야 한다. 그러나 우리는 문제스러운 단칭명사 m을 다른 어떤 것으로 어떻게 대치할 수 있는가를 알아볼 수 있을 것이다. 이에 대한 한 후보는 'p'를 어떤 문장에 의해 대치할 때,

(9) s는 p인 것 (that p)을 의미한다.

의 형식이 된다는 것이다. 그러나 (9)의 문제는 문장이란 의미를 나타낼 수 없을 뿐 아니라, "…인 것을 의미한다"라는 표현의 비외연적 논리를 밝힌다는 것은 의미이론 자체만큼이나 어려운 것이다.

그러면 "…인 것을 의미한다"라는 표현을 사용하지 않고 s의 의미를 부여할 수 있는 방식은 무엇일 수 있는가? 'p'를 대치하면서도 s의 의미를 부여할 수 있는 하나의 후보는 무엇일까? 데이빗슨은 여기에서 타르스키의 대상언어와 상위언어의 구별에 주목한다. 그 후보는 s를 대상언어의 문장으로 간주할 때 s의 상위언어에서의 번역이라는 것이다. 여기에서 그 번역은 p 자체가 되어 외연적으로 된다는 것이다. 그리고 s와 p 사이에 적절한 연결사를 부여하고 술어를 채우면 의미부여 문장은 다음과 같이 된다는 것이다.

---

10) Davidson, Donald, *Inquiries into Truth and Interpretation*, Oxford University Press, 1984.

(T) P의 경우 그리고 이 경우에만 S는 참이다.

이것은 여타의 의미론적 개념에 호소함이 없이 "참이다"라는 술어를 제약하여 모든 문장들이 (T)의 형식을 가질 수 있도록 한다. 그렇다면 (T)조건을 만족하는 임의의 두 술어들은 동일한 외연을 가질 것이다. 진리와 의미의 관계는 이러한 것이다 : (T)형식을 일반화한다는 것은 모든 문장에 대한 진리의 필요충분조건을 제시하는 것이고 한 문장의 진리조건을 보이는 것은 그 문장의 의미를 부여하는 한 방식이다.

(T)에 의한 의미론은 반례가 없는가를 알아볼 수 있을 것이다. 이러한 과정을 통하여 이 이론은 경험적으로 테스트되면서 수정되고 확장될 것이다. 여기에서도 핵심적으로 사용되는 것은 진리개념이다. 다음을 보자.

(10) 눈이 하얀 경우 그리고 이 경우에만 "눈은 하얗다"는 참이다.
(11) 풀이 파란 경우 그리고 이 경우에만 "눈은 하얗다"는 참이다.

(11)은 (T)에 대한 반례가 된다. (10)을 귀결한 이론은 (11)을 귀결하는 이론보다 더 정당할 수 없기 때문이다. 혹시는 이것은 (T)에 대한 반례가 아니라고 할 수 있을 것이다. 왜냐하면 (T)는 어떠한 문장에 대해서도 참은 사실과 짝을 짓게 하고 거짓은 사실이 아닌 것과 짝을 짓게 하기 때문이라는 것이다. 그렇다면 한 문장의 의미를 위해서는 더 알아보거나 유지하여야 하는 더 이상의 불가피한 것이 없으리라는 것이다.

그러나 (11)이 수용될 수 있는 근거란 무엇인가? 그 근거는 "눈은 하얗다"와 "풀은 파랗다"에 대한 진리를 독립적으로 우리가 알고 있다는 사실이다. 만일 우리가 이것을 알지 못한다면 (11)을 귀결하는 의미이론은 수용할 수 없을 것이다. 전지는 무지보다 요상한 의미이론을 허용할 수 있다는 것이다. 그러나 우리는 전지하지 않다는 것이 문제이다.

데이빗슨은 의미이론이 (T)의 단순한 적용에 의해 얻어지지 않는다는 것을 인식하고 의미이론의 목표가 무엇일 것인가를 확인한다. 의미이론이 추구하는 목표는 화자의 발화의 이해라는 것이다. 어떤 문장의 해석이라는 것이다.

일반적 해석이론을 위한 조건은 무엇인가? 해석자는 화자가 발화할 수 있는 무한한 문장들 중 어떠한 것도 이해할 수 있어야 하고, 그리고 이 언어의 어떠한 화자도 이 이론이 올바른 해석을 허용하는가를 분별할 수 있어야 한다는 것이다. 그러나 데이빗슨은 일반 해석론에 머무를 수 없다는 것을 인식한다. 화자의 문장을 해석한다는 것은 그의 의도나 믿음을 해석하는 것과 독립하여 있지 않고 어떠한 한 가지 작업도 다른 작업이 완성되지 않은 경우 만족스러울 수 없기 때문이다. 일반 해석이론에 의한 출발은 결국 어떤 원을 그려 내고 말 것이다.

데이빗슨은 그러한 순환성을 끊을 수 있다고 생각한다. 이를 위해 원초적 해석의 가능성을 도입한다. 그러한 원초적 해석이론은 다음과 같은 조건을 충족하여야 한다. (i) 이론은 청자에게 주어진 적이 없었던 문장을 이해할 수 있는 구조를 제시한다 ; (ii) 이론의 정당성의 근거는 표본해석일 수 없고 의미, 해석, 번역 같은 개념의 사용이나 가정이 없이 제시한다. 이를 위하여 데이빗슨은 타르스키의 진리이론이 원초적 해석이론으로서 사용될 수 있다는 것을 다음의 세 명제로써 주장한다.

(R1) 자연언어에 대해서도 하나의 진리이론이 주어질 수 있다.

자연언어의 진리론에 있어서의 문제점은 어떻게 자체의 언어로 그 진리론을 진술할 수 있는가, 번역개념의 원초적 도입없이 번역론이 가능한가, 태도, 양상, 반사실 등이 어떻게 설명될 수 있는가 하는 것이다. 그러나 어떤 문장 s에 대한 진리조건을 진술하는 T문장은 s 자체의 내용보다 더 풍부할 필요가 없다. 그리고 번역이 문제가 되지 않는 까닭은 모국어에 대한 해석의 방법이 외국어에 대해서도 그대로 적용될 수 있기 때문이다. 그리고 마지막으로 소위 불투명문맥에 대해서도 그동안 많은 발전이 있어 왔고, 언어의 부분에 대한 진리의 규정이 언어의 나머지 문장들에 대해 점차적으로 적용될 수 있을 것이다.

(R2) 해석이론은 해석될 언어에 대한 사전지식을 갖지 않는 해석자에게 주어지는 근거에 의해서 지지될 수 있다.

어떠한 근거가 해석자에게 주어질 수 있는가? 이 근거는 화자의 믿음이나 의도의 기술로서 구성될 수는 없을 것이다. 그러나 "어떤 문장을 참이라고 간주하는 태도"를 고려해 볼 수 있을 것이다. 화자의 이러한 태도는 화자의 특정한 종류의 믿음이고, 모든 문장들에 적용될 수 있는 태도이며, 해석자가 식별할 수 있는 그러한 태도이다. 그리고 특별히 중요한 것은 이 태도는 해석자가 화자에게 그 문장의 내용이나 진리가 무엇인가를 알 필요가 없다는 점이다.

(12) 비가 x 옆에 t에 올 경우 그리고 이 경우에만 'es regnet'는 x에 의해 t에 말해질 때 독일어 안에서-참이다.

(13) 쿠르트는 독일어 공동체에 속하고, 쿠르트는 정오에 서서 'es regnet'를 참이라고 간주하고, 정오에 서 있는 쿠르트 옆에서 비가 오고 있다.

(14) (x) (t) (만일 x가 독일어 공동체에 속한다면, 그러면 x는 t에 'es regnet'가 참이라고 간주한다 ↔ 정오에 서 있는 x 옆에서 비가 오고 있다.)

여기에서 두 가지 관찰을 할 수 있을 것이다. 하나는 위의 논의에서 언어공동체에의 호소는 선결문제의 가정을 하는 것이 아니라는 것이다. 화자가 동일한 해석이론이 적용될 수 있는 동일한 언어공동체에 속하기만 하면 되는 것이기 때문이다.

다른 하나는 해석의 방식에 관한 것이다. 올바른 해석을 얻기 위해서는 타인과 나 사이의 동의의 영역을 최대화하는 이론을 지향하여야 할 것이다. 만일 어떤 동물의 행위나 발화가 우리의 표준에 의하여 대부분 일관되고 그리고 참인 믿음들로 구성되어 있다고 해석할 수 있는 방식을 갖지 못할 때에, 우리는 그 동물이 합리적이거나 믿음을 가졌다거나 또는 어떤 말을 하고 있다고 간주할 수 없다는 것이다. 이러한 **자비원리**가 상정되지 않을 수 없다는 것이다.

(R3) 이 이론은 해석을 가능하게 한다.

특정한 언어에 대한 진리론을 가질 수 있다면 이 언어에 속하는 문장은 해석될 수 있을 것이다. 이를 위한 그 구조는 다음과 같은 **총체론**의 구조이다.

문장의 의미가 문장의 구조에 의존한다면 그 구조란 그 문장이 속하는 언어의 모든 문장들의 구조의 부분으로서의 구조가 될 것이다. 그러나 이것은 어떠한 문장의 의미도 모든 문장들의 의미에 의해서만 주어진다는 것을 함축한다. 그렇다면 문장의 문맥 안에서만 단어는 의미를 갖고 언어의 문맥 안에서만 문장은 의미를 갖는다고 할 수 있다.

그러나 의미 또는 해석은 어떻게 얻어지는가? 진리론은 해석되어야 하는 문장에 대한 T-문장을 부여할 뿐 아니라 이 언어의 모든 다른 문장에 대한 T-문장들도 허용한다. 그러면 이러한 T-문장들은 앞의 총체론적인 연결구조에 의하여 문제의 문장이 전체 언어 내에서 갖게 되는 자리를 볼 수 있게 할 것이다. 그렇다면 이러한 자리가 바로 우리가 원하는 그 문장에 대한 해석의 내용이 된다는 것이다.

프레게와 러셀이 이룩한 20세기의 논리주의의 철학은 배중률을 중요한 원리로 도입하였다. 배중률(Excluded Middle)은,

(15) $(P) (Pv - P)$

로 표현된다. 그리고 이것은 또한 이가율(Bivalence)로도 말하여진다 :

(16) 모든 문장은 참이거나 거짓이다.

배중률은 대상언어로 표출된 것이고 이가율은 상위언어로 표상된 것이다.

그러나 더메트는 배중률을 거부하여 이를 그의 의미론과 형이상학에 있어서 한 요소로 삼고 있다. [11] 그의 이 거부는 브라워와 헤이팅의 직관주

---

11) Dummett, M., *Frege : Philosophy of Language*, Havard University Press, 1973, 1981 ; *Truth and Other Enigmas*, Havard University Press, 1978 ; *The Interpretation of Frege's Philosophy*, Havard University Press, 1981 ; *The Seas of Language*, Oxford : Clarendon Press, 1993 ; *Frege and Other Philosophers*, Blackwell, 1991 ; *Frege : Philosophy of Mathematics*, Havard University Press, 1991 ; *The Logical Basis of Metaphysics*, Havard University Press, 1991.

의 논리에 근거하고 있다. 최소논리는 부정사 이외의 접속사들의 도입 (Introduction)규칙과 제거(Elimination)규칙으로 구성되어 있다. 그러나 직관논리는 최소논리 체계에서 부정사 도입규칙은 수용되지만 그 제거 규칙은 거부된다. 달리 말하여 배중률이 수행되지 않는다. 그러나 고전논리는 부정사에 대한 도입규칙과 제거규칙이 같이 요청된다. 고전논리에서는 배중률을 존중하는 것이다.

직관논리에서 배중율이 거부되므로 $((-A \rightarrow 거짓) \rightarrow --A)$는 타당하지만 $((-A \rightarrow 거짓) \rightarrow A)$는 타당하지 않다. $(Av-A)$가 아니므로 $-A$가 거짓이라고 하여 이로부터 A를 귀결할 수 없다는 것이다. 따라서, 이중부정 $(--A \rightarrow A)$은 $(((A \rightarrow 거짓) \rightarrow 거짓) \rightarrow A)$의 구조를 가지고 있으므로 직관논리에서는 받아들여지지 않는다.

배중률을 거부하는 근거는 무엇인가? 직관논리에 의하면 문장과 진술이 화자의 필요유무에 따라 구별된다.

(17) 이석희 교수는 친절하다.
(18) "이석희 교수는 친절하다"는 참이다.

(17)은 화자에 의해 발언을 목적으로 사용된 경우 진술이지만 그렇지 않은 경우 문장이다. (18)은 (17)의 진술적 사용에 국한한 경우의 진리치적 규정일 수도 있지만 문장적 사용에 대한 규정일 수도 있다. (18)이 (17)의 문장적 사용에 대한 진리치적 규정이라면 (17)에 대한 배중률 $((17)v-(17))$적 해석이 불가피할 것이다. 그러나 진술적 사용의 경우 배중률은 정당화되기 어렵다. 이석희 교수가 출생하기 전 또는 사망한 후 발언을 목적으로 이 문장이 사용된 경우 이것은 참도 아니고 거짓도 아니기 때문이다.

문장적 사용의 경우 (18)에 대한 해석은 (17)의 단순한 일반적 진리조건을 주는 것으로 충분하다. 그러나 그 진술적 사용의 경우 이교수의 생존기간 동안에도 특별한 상황과의 관계에서 그 진리치가 달라질 것이다. 따라서 (17)에 대한 단순한 일반적 진리조건만으로는 충분하지 않다. (17)에 대한 구체적 상황에서의 진술의 조건이 '구성'될 수 있는 구조에서 (17)이 이해될 수 있다는 것이다.

'v'를 고전논리의 선접사라 하고, 'w'를 직관논리의 선접사라고 하자. 그러면 'AwB'에 대한 증명은 'AvB'의 증명으로는 충분하지 않다는 것이다. 구성적 증명을 위하여는 'A'나 'B'에 대한 증명발견의 효과적 방법을 제시하여야 한다는 것이다. 이를 위해 인식론에서의 게티어 문제를 참조할 수 있을 것이다.

더메트에 의하면 의미이론은 어떻게 인간은 언어를 이해하는가 또는 사용하는가에 대한 설명의 이론이라는 것이다. 의미이론은 어떤 종류의 존재론적 실체를 주장하는 것이 아니라고 한다. 더메트는 이러한 일반시각에서 진리의미 이론이라고 알려진 것을 비판한다. 특히 데이빗슨과 콰인의 이론을 비판하고 검증주의적 의미이론을 지향한다.

의미를 진리조건과 등식화하는 입장을 고려하여 보자. 여기에서는 한 표현의 의미를 이해한다는 것은 그 표현의 진리조건을 이해한다는 것이 된다. 그리고 표현들의 진리조건은 배우거나 번역할 수 있어서 알 수 있다는 것을 상정한다. 그러나 결정불가능한 진술들을 만나게 된다. 그렇다면 이들의 진리치 조건은 알 수 없고 따라서 우리는 그러한 진술들을 이해할 수 없어야 한다. 그러나 우리는 그러한 진술들을 말하고 이해하는 데 아무런 문제가 없다는 것이다.

보다 구체적으로 콰인과 데이빗슨에 대하여 더메트가 어떠한 비판을 하고 있는가를 알아보자. 번역이란 목표언어 L1을 기초언어 L2에로 옮기는 것이다. L1은 번역자가 이해하지 못하는 언어이고 L2는 번역자가 이해하는 언어이다. 그러나 이러한 번역을 위한 번역교본은 L1과 L2의 관계 $f(L1 \rightarrow L2)$를 보이는 것이고 이것은 그 자체로 또 하나의 언어, 즉 상위언어 L3를 구성한다. 콰인의 원초적 번역의 문제는 L1의 L2에로의 번역의 확정의 방식이 없다는 것이다. 그러나 데이빗슨은 언어이해의 문제는 번역이 아니라 해석의 문제라고 보았다. 그는 목표언어와 기초언어의 구분에 중요성을 부여하지 않았다. 모국언어 L0의 경우에도 이를 어떻게 해석할 수 있는가 하는 원초적 해석의 문제가 발생한다는 것이다. L0의 언어를 상위언어 L3에 의한 해석의 확정의 방식이 없다는 것이다.

번역교본과 해석교본의 차이는 무엇인가?

(19) S1은 S2의 번역이다.

(20) S2는 참이다 ↔ 눈은 하얗다.

　(19)는 번역교본에 나타나는 문장이고 (20)은 해석교본의 문장이다.
그러면 첫째 이론 T1에서는 (19)는 거짓이고 (20)이 참이라고 하자. 그
러면, T2는 번역교본에 의해 거부된다. 그러나 이번에는 둘째 이론 T2
에서 (19)는 참이고 (20)이 거짓이라고 하자. 그러면 T2는 해석교본에
의해 거부된다. 번역교본과 해석교본의 이러한 차이에도 불구하고 나타나
는 결과는 우리는 양자가 동일한 정보를 준다는 것을 인정한다는 사실이
다. 이것은 우리가 배경정보를 가지고 있기 때문에 발생한다는 것이다.
　타르스키의 진리론에서 시작하는 데이빗슨의 관점은 외견적으로 분자적
입장(문장이 의미의 기본적 단위이다)을 취하는 것으로 보인다. 그러나
그는 언어를 심리학의 일부로 보는 시각으로부터 그의 의미이론은 총체론
(의미의 궁극적 단위는 체계이다)적 의미이론에 빠지지 않을 수 없다고
한다. 그러한 데이빗슨에 대하여 더메트는 총체론은 진정한 의미이론을
제공할 수 없다고 한다. 총체론적 의미이론에 의하면 어떤 문장의 의미이
해가 어떻게 배워질 수 있는가에 대해서 답할 수 없기 때문이다.
　더메트는 의미이론에 관한 한 검증주의적이다. 그의 검증개념은 논리실
증주의의 그것이 아니라 비트겐슈타인의 사용개념을 형식화한 것이라고
생각한다. 그는 검증을 직접검증과 간접검증으로 나눈다. 직접검증은 부
분서열(partial ordering)에 의하여 진술의 사례(token)에 진리치를 부
여하는 절차이다. 이러한 과정을 거친 문장은 언어의 구성적 요소가 되면
언어체계의 주변부에 위치한다. 그러나 주변부 문장들로부터 논리나 규칙
또는 가치에 의하여 연역된 문장들은 체계의 내부에 위치하게 되고 이들
은 그 구조적 성격에 의하여 간접검증을 받은 것으로 된다. 연역의 줄을
많이 갖게 될수록 체계의 내부 깊이에 위치하게 되고 검증의 간접성이 높
아지게 된다. 체계의 내부에 속할수록 이론적 성격을 많이 갖게 되고 세
계와는 멀어지게 된다. 체계의 주변부에 가까울수록 이론적 성격은 줄어
들면서 세계와 더 많은 근접성을 갖게 된다.
　퍼트남은 "진리란 원초적으로 비인식적이다"라는 형이상학적 실재론이
함축하는 명제를 거부하면서도 최소한의 의미의 실재론을 주장하겠다고
한다. [12] 이렇게 그의 초기의 입장과는 달라진 그의 이 입장을 '내재적 실

재론(internal realism)'이라 부르고, 이것을 내재적 명제 (I)와 실재적 명제 (R)의 두 가지로 표현할 수 있을 것이다.

(I) 진술이 참이라는 주장은 이것이 정당화될 수 있다는 주장이다.
(R) 진리는 이상적 조건하에서의 정당화이고 따라서 수렴적이다.

내재적 명제는 실재라는 것이 이론의존적이라는 것을 상정한다. 퍼트남 2는 더메트의 영향을 받아 진리의 검증적 입장을 취한다. "이 방에 의자가 적어도 하나 있다"라는 진술이 참인가의 여부는 그 문장의 정당화의 조건에 의존하고 그리고 어떠한 정당화도 이론의존적이라는 것이다. 진리와 정당성은 개념적으로 연결되어 있어서 인간의 유한한 능력은 인간이 정당화할 수 있는 한계를 결정한다는 것이다.

실재적 명제에서의 '이상적 조건'이 무엇인가를 생각하여 보자. "이 방에 의자가 적어도 하나 있다"는 진술이 어떠한 조건하에서 정당화될 것인가에 대한 이해를 우리는 가지고 있다. 이 진술을 믿을 수 있는 좋은 이유나 나쁜 이유가 무엇인가를 우리는 알고 있다. 이러한 구조에서 우리는 진술과 정당화의 조건을 관련시킬 수 있다는 것이다.

그러나 이러한 관련성 논제에 대해 다음과 같은 경우는 어떠한 함축을 가질 것인가? 브라헤(Tycho Brahe)는 "태양이 지구 주위를 돈다"라고 믿었을 때 정당하였고 우리는 그 믿음을 정당하지 않다고 생각한다. 이러한 상황에서 관련성 논제는 이 진술의 진리치를 브라헤와 우리의 시대에 달리 갖는다고 함의하지 않는다는 것이다. 다른 것은 이 진술이 정당화되는 방식에 대한 관점이 달라졌을 뿐이라는 것이다. 여기에서 퍼트남이 유지할 수 있는 입장은 다음과 같다 : 진리는 정당화이고 정당화는 시대에 따라 달라질 수도 있지만, 실제로 달라질 수 있는 것은 정당화의 관점이며, 관점의 변화에도 달라지지 않는 정당화로서의 진리가 있다. 이것을 진리로서의 '이상적 정당화'라고 할 수 있다는 것이다.

퍼트남은 "세계는 인간의 마음과 독립하여 있는 고정된 총체로 이루어

---

12) Putnam, H., *Mind, Language and Reality*, Cambridge U. P., 1975; *Realism and Reason*, Cambridge U. P., 1983; *Realism with a Human Face*, Havard University Press, 1990.

져 있다"라는 명제를 거부하고 "마음과 세계는 함께 마음과 세계를 구성한다"라는 은유를 즐겨 사용하여 왔다. 그리하여,

(21) 나는 이 의자는 좋아하지만 이 책상은 마음에 안 든다.

는 그의 이론에 들어맞지만,

(22) 만일 비가 오지 않았더라면 더 많은 사람들이 학회에 참석할 수 있었을 것이다

와 같은 일상적 반사실문은 참이 아니게 된다. 이것은 그가 관념론자가 아닌가라는 의혹을 불러일으킨다. 그리하여 극단적 상대주의의 두 명제,

(23) "S는 참이다"와 "S는 참이라고 나는 생각한다"는 구별될 수 없다 ;
(24) 두 이론은 비교될 수 없다 ;

에 대해 그가 어떠한 입장을 취할 것인가가 의문스럽다. 그러나 퍼트남2는 "S는 참이다"에 대한 이상적 정당화와 "S는 참이라고 나는 생각한다"에 대한 이상적 정당화는 구별될 수 있다고 한다. 또한 이론들간의 번역주장은 이상적으로 정당화될 수 있으며 우리는 자주 이러한 주장이 만족스런 정당화를 갖는다고 믿을 이유를 갖는다고 한다.
퍼트남2에 있어서 일상적 반사실문이 참은 아니지만 그렇다고 하여,

(25) 만일 우리가 전자이론을 구성하지 않았더라면 전자들은 존재하지 않았을 것이다

라는 반사실문이 퍼트남2에서 참이 되는 것은 아니다. 오히려 퍼트남2에 있어서는,

(26) 만일 우리가 전자이론을 구성하지 않았다 해도 전자들은 존재했

을 것이다

에 대한 설명이 정당화될 수 있는 구조를 가질 수 있을 것이다. 일반적으로 S가 정당화되는 경우,

(27) 만일 내가 S에 관해 생각하지 않았다 할지라도 S는 정당화되었을 것이다

의 구조를 얻을 수 있다는 것이다.

퍼트남은 두 가지 다른 진리의 대응개념을 가지고 있다. '주어진' 것으로서의 대응개념은 부인한다. 전통적 속성론으로서의 진리대응론에 대해서는 그는 신랄한 비판을 가하고 있다. 따라서 대응개념은 이론의 구성에는 도입할 수가 없다. 언어의 이해를 위해서도 대응개념은 아무런 쓸모가 없다. 그의 진리는 인식적이고 이상적 정당화이다.

그러나 퍼트남은 '요청'으로서의 대응개념은 허용한다. 연역에서의 진리치의 보존, 과학과 언어행위와 지각에서의 성공 등을 설명하기 위해서는 대응개념을 허용한다. 그러나 그러한 대응이 무엇인가에 대해서는 말하지 않아도 된다. 요청으로서의 대응이기 때문이다. 만일 그가 대응에 대해서 말하기 시작하면 그는 형이상학적 실재론자가 되고 인식적 진리론자가 될 수 없게 된다.

(라) 진리와 사용과 맞음 : 진리대응론은 문장에 대응한다는 소위 '사실'이라는 것이 언어나 언어공동체와 독립하여 어떻게 규정될 수 있는가의 문제를 가지고 있다. 그리고 사용론적 진리론의 경우는 '사용'에 대한 이론구성이 아직 미완적이라고 생각한다. 나는 '사용'에 대한 맞음적 조명이 하나의 대안일 수 있다고 믿는다. [13]

서양언어는 진선미라는 다분히 초월적 가치에 의하여 지배를 받아 온 전통을 가지고 있다면 한국어는 동양의 내재적 가치에 의하여 규정된 언

---

13) 정대현, 「이성 맞음 반성」, 『철학연구』, 1993 가을 ; 「원초적 맞음」, 『한국철학자 대회보』, 1992년 가을 ; 「'맞다'의 분석을 위하여」, 『철학』, 제33집, 1990 봄, 한국철학회, pp. 173-188.

어이다. 따라서 '맞음' 같은 가치어는 서양어의 'fitting'과는 다른 풍부한 내재적 가치로서의 포괄성을 가지고 있다는 가설을 유지하고, 이를 추구할 여지가 있다고 믿는다.

진리, 일관적 개념인가?

─ 거짓말쟁이의 역설에 대한 타르스키와 키하라의 설명 ─

개 요

"진리란 무엇인가?" 하는 질문에 대한 고전적 대답인 대응설과 정합설은
나름대로 진리의 어떤 측면을 설명하고 있지만, 어느것도 진리개념의 모든
속성을 설명하지는 못하고 있다. 그리하여 타르스키는 진리개념을 최소한
의 의미론적 개념으로 환원하여 설명하며, 모든 진리론이 충족해야 할 최
소조건으로 T-문장을 제시한다. 그러나 타르스키 자신이 인식하듯이 T-문
장에 거짓말쟁이 문장이 대입될 때 역설이 발생하여 그 역설을 해결하지 못
하는 한 그의 진리론은 성공적이지 못한 것처럼 보인다. 그는 일상언어의
진리술어가 비일관적이기 때문에 언어의 계층화를 통한 시도 이외에 일상
언어 내에서 그 역설을 해결하려는 것은 실패할 수밖에 없다고 주장한다.

그러나 키하라는 진리술어가 비일관적이기는 하지만 일상언어의 진리개
념은 유용하며, 그 진리개념이 낳을 수 있는 역설도 치명적인 비정합성을
초래하는 것은 아니라고 주장한다. 그에 따르면 거짓말쟁이 역설을 낳는
추론에 사용된 전제들은 모두 옳고 그 추론과정도 타당하다. 그럼에도 역
설이 발생하는 것은 모순적인 규칙이나 정의가 역설을 낳을 수 있는 것처럼
진리개념을 설명하는 진리원칙이 비일관적이기 때문이라는 것이다. 이러한
비일관성론자는 거짓말쟁이 역설과 관련한 우리의 관심사는 그 역설을 어
떻게 피해야 하는가가 아니라 그 역설이 왜 발생하는가이어야 한다고 주장
한다. 이 논문은 진리술어를 이렇게 비일관적으로 보는 진리의 비일관성론
의 문제점과 의미를 살펴본다.

1. 머리말

"진리란 무엇인가"라는 질문은 철학의 시작과 더불어 물어지고 논의되어 온 철학적 주제이다. 많은 철학자들이 이 문제에 대한 대답을 제공하려고 시도해 왔지만, 여전히 이 문제에 대한 대답은 합의에 이르지 못한 채 논쟁거리로 남아 있다. 아마도 이 질문만큼 자명해 보이지만, 심오하고 혼란스러운 철학적 질문도 없을 것이다. 그런 의미에서 피처(G. Pitcher)는 "그 질문은 텅 빈 그리고 아주 높은 벽과 같은 모습을 보여주고 있다. 우리는 무력하게 그것을 바라볼 수밖에 없다"[1]고 말한 적이 있다.

20세기에 들어와서 타르스키(A. Tarski)는 이러한 질문에 대한 의미 있는 답변을 제시한다. 타르스키가 '의미론적 진리개념'(semantic concept of truth)을 제시한 이래, 다시 진리개념은 철학적 논의의 중심이 되었다. 그런데 타르스키가 모든 진리이론이 만족해야 할 최소조건으로 제시한 T-문장은 '거짓말쟁이의 역설'이라는 어려운 문제를 낳게 되어, 그에 대한 적절한 해결책이 주어지지 않는 한, 그의 진리론은 성공적인 것으로 받아들여질 수 없게 되었다. 그러므로 이 글은 거짓말쟁이의 역설을 해결하기 위한 시도 중에서 타르스키의 언어계층(Hierarchy of Language)과 키하라(C. Chihara)의 진리의 비일관성론(Inconsistency View of Truth)을 소개하고, 이 두 주장은 모두 거짓말쟁이의 역설이 진리라는 개념이 일관적인(consistent) 것이 아니기 때문에 발생한다고 주장하는 공통점이 있음을 밝히고, 진리의 비일관성론이 갖는 장점을 지적할 것이다. 그러므로 이 글은 거짓말쟁이의 역설은 무엇이고, 그에 대한 소박한 해결은 어떻게 진행되어 왔고, 그러한 해결의 시도가 왜 성공적이지 못한가를 밝히는 것으로부터 시작할 것이다. 그런 다음 타르스키의 의미론적 진리개념과 거짓말쟁이 역설에 대한 그의 해결책을 살펴보고, 진리를 비일관적 개념으로 봄으로써 역설을 해결하려는 키하라의 시도를 소개할 것이다.

---

1) G. Pitcher, *Truth*, (New Jersey: Prentice-HallInc. 1964), p. 2.

2. 거짓말쟁이의 역설

어떤 크레타 선지자는 "모든 크레타 사람은 항상 거짓말만 한다"고 말했다. 과연 이 선지자의 말은 논리적으로 참인가 거짓인가? 만약 참이라고 한다면 자신을 포함한 크레타 사람은 항상 거짓말만 하는 것이 되어서 자신의 말도 거짓말이 될 것이다. 또 만약 그 선지자의 말이 거짓이라고 한다면 크레타 사람들은 진실을 말할 것이므로 그의 말은 참이 될 것이다. 결국 그의 말을 참이라고 가정하면 거짓이라는 결론이 나오고, 거짓이라고 가정하면 참이라는 결론이 나옴으로써 전제와 결론이 항상 모순이 되는 역설이 발생함을 알 수 있다.

이러한 역설을 '거짓말쟁이의 역설'이라고 하고, 이 역설을 가장 간단한 형식으로 보여 주는 다음 문장을 '거짓말쟁이의 문장'이라고 한다.

(S) 이 문장은 거짓이다.

(S)를 참이라고 가정하면 (S)가 말하는 것이──이 문장은 거짓이다──참이 되어 (S)는 거짓이 되고, 반대로 (S)를 거짓이라고 가정하면 (S)가 말하는 것이 거짓이 되어 (S)는 참이 될 것이다. 이렇게 (S)와 같은 거짓말쟁이의 문장은 거짓말쟁이의 역설을 낳음을 알 수 있다. 또 (S)와 같은 자기지시적(self-referential)인 문장이 있고, 모든 명제는 참이거나 거짓이라는 원리(principle of bivalence)가 받아들여진다면 거짓말쟁이의 역설은 피할 길이 없는 것처럼 보인다. 그러므로 이 역설을 해결하려는 일반적인 시도는 이 두 전제 중의 하나를 포기하거나 수정하는 것이었다.

그러한 시도의 첫째는 거짓말쟁이의 문장이 역설을 낳는 것은 그 문장이 자기지시적이기 때문이라고 보는 견해이다. 즉, 거짓말쟁이의 문장이 말하는 바는 자신의 진리값이 거짓이라는 것이고, 이렇게 자기자신에 대해서 무엇을 언급하는 것이 역설의 원인이므로, 자기지시적 문장을 금함으로써 역설을 피할 수 있다는 주장이다. 그러나 이러한 주장은 두 가지 점에서 만족스럽지 않다. 우선 얼마든지 의미있고 역설이 발생하지 않는 자기지시적 문장을 구성할 수 있기 때문이다. 예컨대 "이 문장은 열네 글자로 이루어졌다"라든지 "이 문장은 한글로 씌어져 있다"와 같은 문장은 자기지시적이지만, 의미있는 참인 문장이다. 뿐만 아니라 우리는 자기지시적이지 않은 거짓말쟁이의 역설을 만들 수도 있다. 다음 두 문장의 진리값을 생각해 보자.

(1) 아래 문장은 거짓이다.
(2) 윗 문장은 참이다.

(1)을 참이라고 가정하면, 그 뜻하는 바에 따라 (2)는 거짓이고, (2)가 거짓이면 "(1)은 참"이라는 말이 거짓이므로 (1)은 거짓이 된다. 또 (1)을 거짓이라고 가정하면, "(2)가 거짓"이라는 말이 거짓이므로 (2)는 참이 되고, 따라서 (1)도 참이 된다. 여기서 우리는 (1)과 (2)는 자기지시적인 문장이 아님에도 거짓말쟁이의 역설과 같은 역설을 낳음을 알 수 있다. 이렇게 자기지시적 문장을 금함으로써 거짓말쟁이의 역설을 해결하려는 시도는 성공적이지 못하다.

두번째 시도는 모든 명제가 참이거나 거짓이라고 생각하는 이가의 원리가 역설의 원인이라고 보아, 제3의 진리값을 갖는 문장이 있을 수 있고 거짓말쟁이의 문장이 그 대표적인 예라고 주장하는 것이다. 요컨대 (S)와 같은 거짓말쟁이의 문장은 참이거나 거짓이 아닌 제3의 진리값——'미확정적' 또는 '역설적'——을 갖는다는 것이다. 그러나 이러한 주장도 만족스럽지 못하다. 거짓말쟁이의 문장의 진리값을 미확정(undecidedness)이라고 하고 다음 문장을 생각해 보자.

(SS) 이 문장은 거짓이거나 미확정이다.

(SS)의 진리값은 참이거나 거짓이거나 미확정일 것이다. 만약 (SS)가 참이라고 가정하면, (SS)가 뜻하는 것—— (SS)가 거짓이거나 미확정이다——이 참이므로 (SS)는 거짓이거나 미확정이므로 참이 아니게 된다. 또 (SS)가 거짓이라고 가정하면, (SS)는 거짓이거나 미확정이라고 말하고 있기 때문에 (SS)는 참이 될 것이고, (SS)를 미확정이라고 가정해도

역시 (SS)는 참이 될 것이다. 즉 (SS)를 참이라고 가정하면 (SS)는 참이 아니라는 결론이 나오고, (SS)를 참이 아니라고──거짓이거나 미확정이라고──가정하면 (SS)는 참이라는 결론이 나오므로 또 다른 역설이 발생함을 알 수 있다. 이러한 역설을 "강화된 거짓말쟁이의 역설" (strengthened liar paradox)[2]이라고 부른다. 결국 거짓말쟁이의 문장이 제3의 진리값을 갖는다는 설명으로 거짓말쟁이의 역설을 피하려는 시도도 성공적이지 못한 셈이다. 요컨대 거짓말쟁이의 역설을 자기지시적 문장을 금하거나 이가의 원리를 받아들이지 않음으로써 해결하려는 소박한 시도는 성공적이지 못하다는 것이다. 이제 타르스키는 거짓말쟁이의 역설을 어떻게 해결하는지 살펴보자.[3] 이를 위해서 먼저 그의 의미론적 진리개념에 대해서 논의할 필요가 있다.

3. 타르스키의 의미론적 진리개념

한 문장을 참으로 만드는 것은 무엇인가라는 질문에 대해서 그 문장이 말하고자 하는 사실과 그 문장이 대응할 때 그 문장은 참이 된다는 대응설(correspondence theory)과 주어진 믿음체계 내에 정합적으로 그 문장이 받아들여질 때 그 문장은 참이라는 정합설(coherence theory)에 의해서 그 대답이 주어져 왔다. 그러나 대응설과 정합설은 그 나름대로 진리의 어떤 측면을 설명하고 있기는 하지만, 어느것도 모든 문장의 진리에 대해 설명하지 못하여 보편적 진리론으로 받아들여지지 못한 것도 사실이다. 그리하여 타르스키는 진리라는 개념을 최소한의 의미론적 개념으로 환원하여 설명하여 모든 진리이론이 충족해야 할 최소조건으로서 T

---

2) 이러한 역설을 이렇게 이름한 최초의 철학자는 반 프라센(B. Van Fraassen)이다. B. Van Fraassen, "Presupposition, Implication, and Self-reference," *The Journal of Philosophy*, p. 65, 147.

3) 타르스키도 거짓말쟁이의 역설을 기본적으로 자기지시적 문장을 금하는 것에서 그 해결책을 찾는다고 할 수 있다. 다시 말하면 타르스키는 거짓말쟁이의 문장이 역설을 낳는 이유가 자기자신에 대해서 참과 거짓을 진술하고 있기 때문이라고 보고, 이를 금하기 위해서 대상언어와 메타언어를 구별하여, 한 문장에 대한 진리술어는 그 문장의 상위언어에 속한다고 주장한다.

-문장을 제시한다.

타르스키의 시도는 어떤 특정언어(L)[4]에 대해서 우리가 참과 거짓을 말할 수 있는 최소한의 조건이 무엇인가를 밝히려는 것이다. 그리하여 그는 그러한 최소조건으로 다음과 같은 조건을 제시한다.

(T) 어떤 언어 L의 문장 'x'는 p이면 그리고 오직 p일 경우에 참이다.
  ('x' is trueL if and only if p.)
(여기서 x는 L의 한 문장의 이름이고 p는 그 문장을 진리조건이 표현된 언어로 번역한 것이다.)

그는 (T)와 같은 형태의 문장을 열거함으로써 "참이다"라는 술어를 정의하려고 시도한다. 예컨대 (T)로부터 우리는 다음과 같은 문장을 얻을 수 있다.

(1) "눈은 하얗다"는 참이다 iff 눈이 하얗다.
(2) "갑돌은 갑순을 사랑한다"는 참이다 iff 갑돌은 갑순을 사랑한다.
(3) "잔디는 노랗다"는 참이다 iff 잔디는 노랗다.

이와 같은 T-문장들에 대해서 일반적으로 두 가지 비판이 제시된다. 첫째 양 조건을 나타내는 논리적 연결사인 'iff'는 전건과 후건 사이의 어떤 의미론적 동치도 요청하지 않는다. 그것은 단지 전건과 후건의 진리값이 같다는 것을 뜻할 뿐이므로 다음과 같은 참인 문장을 얻어 낼 수 있

---

4) 타르스키에 있어서 진리술어에 대한 논의를 특정언어에 제한하는 것은 매우 중요하다. 즉 "참이다"나 "거짓이다"와 같은 진리술어는 어떤 특정언어의 문장에 적용되어야 한다는 것이다. 만약 이러한 제한을 무시한다면 다음과 같은 난점에 부딪칠 수 있다. "Snow is black"라는 문장이 어떤 언어 L에서는 "잔디는 초록색이다"를 의미한다면, 그 언어(L)에서는 "Snow is black"이라는 문장은 참이므로, 다음과 같은 문장 (i)도 또한 참이 될 것이다.
(i) 'Snow is black' is true if and only if snow is white.
그러므로 타르스키는 진리술어는 어떤 특정언어의 문장에 대한 진리술어이므로 한 언어 L의 진리술어를 trueL과 같이 진리술어 밑에 아래첨자를 사용하여 그 언어를 표시하기를 제안한다. 따라서 (i)도 다음과 같이 수정되면 의미있는 T-문장이 될 수 있다.
(i*) 'Snow is black' is trueL if and only if snow is white.

다.

(4) "눈은 하얗다"는 참이다 iff 잔디는 초록색이다.

(4)의 전건의 의미와 후건의 의미가 서로 아무 관련이 없다 할지라도, 전건과 후건이 모두 참인 한 (4)는 참인 문장이다. 그렇다면 "눈은 하얗다"는 문장의 진리조건이 "잔디는 초록색이다"는 사실이라고 말할 수 있는가? (1)과 (4)의 차이는 무엇인가? 여기에 대해 타르스키는 "잔디는 초록색이다"가 "눈은 하얗다"는 문장의 번역이라는 경험적 조건을 만족하지 않기 때문에 (4)는 (1)과 증명가능성(provability)에 있어서 다르고, 그런 이유로 해서 (1)과 달리 (4)는 진리조건으로 받아들여질 수 없다.

두번째 비판은 T-문장은——특히 'x' 문장의 언어와 그 번역인 'p'가 동일한 언어인 경우에——자명한 것처럼 보여서 단순한 동어반복 이상 아무것도 아니라는 것이다. 즉 이것은 너무 자명한 것이고 우리에게 한 언어의 문장들에 대한 어떤 정보도 제공해 주지 못한다는 것이다. 그러나 타르스키가 진리개념을 지시(denotation)와 만족(satisfaction)이라는 최소한의 의미론적 개념으로 설명하고 있음을 기억한다면 이러한 비판에 대한 대답이 주어질 수 있을 것이다. 즉 (1)이 말하고자 하는 바는 다음과 같이 표현될 수 있다.

(1*) "눈은 하얗다"는 참이다 iff '눈'이 지시하는 것이 '하얗다'는 술어를 만족한다.

요컨대 타르스키는 유클리드 기하학처럼 유한한 수의 공리와 이러한 공리의 적절한 사용을 통해서 정리들을 산출하고 증명하는 진리에 관한 공리체계(axiomatic system)를 수립하려고 시도한 것이다. 즉 최소한의 의미론적 개념인 '지시'와 '만족'이라는 개념으로 진리의 조건인 T-문장을 그 정리로 산출하고 증명하려고 시도한 것이다.[5]

---

5) 휠드(H. Field)는 타르스키가 의미론적 진리개념을 통해서 진리와 같은 비물리적 개념(non-physical concept)을 정의하려고 시도한 것을 물리적 대상과 그 속성 사이의 관계 외에는 존재하는 것이 없다는 물리주의(physicalism)로 해석한다. 그리고 타르스키의 그

그러나 타르스키의 T-문장이 어떤 언어 L에 대해서 진리론이 만족해야 할 최소한의 조건을 제공할 수 있으려면, L의 모든 문장이 T-문장에 대입될 수 있어야 할 것이다. 타르스키 자신이 인식한 것처럼 '거짓말쟁이의 문장'은 T-문장에 의해서 그 진리개념이 설명되지 못하고 오히려 역설을 낳는다. 거짓말쟁이의 문장을 (S)라고 하고 그것을 T-문장으로 만들어 보면,

　'S' is true iff S.

가 얻어진다. 그런데 양 조건기호의 왼쪽 문장이 뜻하는 것은 'S'라는 문장——S가 거짓이다——이 참이다, 즉 S가 거짓임이 참이다이고, 따라서 S가 거짓이라는 뜻이 된다. 결국 (S)를 T-문장으로 만들어 얻어진 것은 "S일 때 그리고 오직 그럴 경우에 S는 거짓이다"이므로 역설이 발생함을 알 수 있다.

　타르스키는 이러한 역설의 원인을 거짓말쟁이의 문장이 자기지시적이라는 점에서 찾는다. 그렇다고 그가 앞에서 살펴본 것처럼 자기지시적인 문장이 역설을 낳기 때문에 모든 자기지시적 문장을 금함으로써 역설을 피할 수 있다고 생각하는 소박한 해결책을 택하지는 않는다. 그는 거짓말쟁이의 문장이 자기지시적일 뿐만 아니라 자기지시적 술어가 "참이다" 혹은 "거짓이다"와 같은 진리술어임에 착안하여, 역설의 원인을 일상언어의 완결성 혹은 폐쇄성 (closedness)에서 찾는다. 즉 일상언어는 자신의 문장에 대해서 적용될 수 있는 진리술어를 포함하고 있는 의미론적으로 닫힌 (semantically closed) 언어이기 때문에 이러한 역설이 발생한다는 것이다. 그리하여 그는 진리술어가 정의될 수 있는 적합한 조건으로서 의미론

러한 물리주의적 시도는 타르스키가 사용한 '지시'와 '만족'과 같은 비물리적 개념이 설명되지 않는 한 성공적이지 못하다고 비판하고 타르스키의 물리주의적 시도가 성공하기 위한 이론을 제시한다. 그러나 휠드의 타르스키에 대한 비판은 논의의 여지가 많지만, 여기서는 직접 다루고자 하는 주제와 관계가 없으므로 생략한다. H. Field, "Tarski's Theory of Truth" *The Journal of Philosophy* 69 (1972), pp. 347-375 참조. 소음즈(S. Soames)는 휠드가 타르스키의 진리론을 물리주의적 환원으로 설명하는 것을 비판한다. S. Soames, "What Is a Theory of Truth?" *The Journal of Philosophy* 81 (1984), pp. 411-429 참조.

적으로 열린 언어를 제안한다. 의미론적으로 열린 언어라 함은 그 언어에 속한 문장에 대해서——자기자신에 대해서는 물론——참과 거짓을 말할 수 없는 언어를 말한다. 이러한 의미론적으로 열린 언어에서는 거짓말쟁이의 문장 같은 것은 발생할 수 없으므로 거짓말쟁이의 역설은 피해질 수 있을 것이다. 요컨대 타르스키는 의미론적으로 열린 형식언어를 고안하여 거짓말쟁이의 역설을 해결하려고 한 것이다.

그러면 진리술어를 포함하지 않는 형식언어의 문장들의 참과 거짓은 어떻게 설명될 수 있는가? 그는 언어의 계층화(hierarchy)를 통해서 그에 대한 대답을 제공한다. 즉 의미론적으로 열린 형식언어(L)의 문장에 대한 참과 거짓을 L의 문장에 대한 진리술어를 포함하는 다른 언어(ML)를 통해서 설명하고, ML 또한 의미론적으로 열린 형식언어이기 때문에 그 언어에 속한 문장의 참과 거짓은 ML의 문장에 대한 진리술어를 포함하는 또 다른 상위언어 MML을 통해서 설명된다. 이렇게 되면 어떤 언어에서도 거짓말쟁이의 역설은 발생하지 않을 것이다.

우리가 의미론적으로 닫힌 언어를 사용하지 않는 데 동의하기 때문에, 우리는 진리의 문제를 논의하는 데 두 개의 다른 언어를 사용해야 한다. (…) 첫번째 언어는 '언급되어지는' 언어이다. (…) 우리가 구하고자 하는 진리의 정의는 이 언어의 문장들에 적용된다. 두번째 언어는 '언급하는' 언어이고, 그것에 의해서 첫번째 언어에 대한 진리의 정의를 만들고자 하는 언어이다. 우리는 첫번째의 언어를 대상언어(object language), 두번째 언어를 메타언어(metalanguage)라고 부른다.[6]

그러므로 타르스키가 진리의 최소조건으로 제시한 T-문장은 대상언어의 문장에 대한 진리조건이고 T-문장 자체는 메타언어의 문장이라고 이해해야 한다. 예컨대,

"눈은 하얗다"는 참이다 iff 눈은 하얗다.

6) A. Tarski, "The Semantic Conception of Truth and the Foundations of Semantics" *Philosophy and Phenomenological Research* 4 (1944), pp. 354.

는 T-문장에서, 양 조건의 왼쪽에 따옴표로 묶인 문장은 대상언어이고, 이 전체문장은 메타언어의 문장이다. 따라서 타르스키의 진리의 정의는 이러한 용어가 정의되어지는 동위의 언어로는 표현될 수 없다. 그리고 한 대상언어의 문장의 진위는 메타언어의 진리술어로 표현되기 때문에 거짓말쟁이의 문장은 자신이 대상언어에서 거짓임을 말하는 메타언어의 문장이다. 즉 거짓말쟁이의 문장은 "이 문장은 대상언어에서 거짓이다"(This sentence is false-in-the-object-language)는 메타언어의 문장이다.

그러나 타르스키가 우려하는 것처럼 그의 작업은 일상언어에 적용될 수 없다. 그의 시도는 외연적이고, 일차 술어논리(first-order predicate calculus)이다. 왜냐하면 그는 한 문장의 진리를 하나의 표현과 그 표현을 만족시키는 대상 사이의 관계에 근거하여 설명하고 있을 뿐이기 때문이다. 그런데 일상언어는 훨씬 복잡한 언어구조와 술어형태를 포함하고 있고, 더욱이 의미론적으로 열린 언어가 아니기 때문에, 타르스키의 진리정의는 일상언어에 적용될 수 없는 한계가 있다. 그러나 그는 그의 시도가 철학적으로 중요한 의미가 있으며 그의 복잡한 수리논리의 장치들은 순수철학의 문제를 탐구하는 데에도 필수적인 것이라고 말한다. 그리고 그는 "의미론은 상상적이든 실제적이든 인류의 모든 질병에 대한 보편적으로 유용한 약이라고 가장하지 않는 건전하고 유연한 학문"[7]이라고 말한다. 뿐만 아니라 그는 그의 작업의 철학적 의미를 다음과 같이 설명한다.

참인 문장의 정의를 세우고 진리론의 과학적 토대를 구축하는 중심문제는 인식론에 속하는 것이고 이러한 철학분야의 중요한 문제를 형성하고 있다. 그러므로 나는 특별히 인식론을 공부하는 사람들이 이 작업에 관심을 갖기를 바란다. [8]

그러나 이러한 그의 평가에도 불구하고 그의 진리론과 거짓말쟁이의 역설에 관한 해결은 많은 논란을 불러일으켰다. 그의 거짓말쟁이의 역설에

---

7) 위의 글, p. 349.

8) A. Tarski, "The Concept of Truth in Formalized Languages," *Logic, Semantics, Metamathematics* 2nd ed. (Indianapolis : Hackett Publishing co. 1983), p. 267.

관한 해결에 대한 비판만을 검토해 보자.

크립키 (S. Kripke)가 지적한 것처럼, 사용된 문장들에 대해서 타르스키가 기대했던 것처럼 계층을 부여하기가 쉽지 않는 경우가 많다. 예컨대 존스가,

   (a) 워터게이트에 대한 닉슨의 주장은 모두 거짓이다.

라고 말했다고 하자. 닉슨의 주장이 대상언어의 문장들이라면 존스의 이 문장은 그 대상언어에 대해 거짓이라고 주장하고 있는 상위언어로서 메타언어로 간주되어야 할 것이다. 그리고 만약 닉슨의 워터게이트에 대한 주장 중에 "워터게이트에 대한 딘 기자의 말은 거짓이다"는 문장이 포함되어 있다면, 딘 기자의 말은 대상언어가 될 것이고 그에 대한 닉슨의 주장은 그에 대한 메타언어가 될 것이며, 존스의 위 주장은 메타언어에 대한 상위언어, 메타-메타언어가 될 것이다. 그런데 만약 닉슨의 워터게이트에 대한 주장에,

   (b) 워터게이트에 대한 존스의 주장은 모두 거짓이다.

가 포함되어 있다면 어떤가? 그렇다면 존스의 진술, (a)는 닉슨의 워터게이트에 대한 진술들에 대한 메타언어의 문장일 것이고, 닉슨의 진술, (b)는 (a)를 포함한 존스의 워터게이트에 대한 주장에 대한 메타언어가 될 것이다. 다시 말하면 (a)와 (b)는 서로에 대해서 상위언어의 구실을 하여야 하므로 (a)와 (b) 중 어느것이 대상언어의 문장이고, 어느것이 메타언어의 문장인가를 구별할 수 없다. 따라서 언어의 계층화를 통해서 거짓말쟁이의 역설을 해결하려는 타르스키의 시도는 성공적이지 못한 것처럼 보인다. 그리고 일상언어에는 하나의 진리술어 (true)만이 존재할 뿐, 진리술어에 어떤 계층도——$true_1$, $true_2$, $true_3$, …와 같은——존재하지 않는다. 타르스키의 언어계층화가 하나의 고정된 진리술어에 대해 설명하지 못하는 한 타르스키의 시도가 일상언어에서 발생하는 거짓말쟁이의 역설을 성공적으로 해결했다고 할 수 없을 것이다.

4. 키하라의 비일관적 진리개념

키하라는 거짓말쟁이의 역설을 해결하려는 여러 시도가 성공적이지 못한 것은 진리개념을 논리적으로 일관적인(무모순적인, consistent) 개념으로 보았기 때문이라고 주장하면서 진리술어(truth predicate)를 비일관적이라고 주장한다. 그에 따르면, 진리의 일관성론(consistency view of truth)은 "'참이다'는 것이 의미하는 것의 정확한 진술은 이미 알려진 모든 사실과 특히 모든 지시적 사실과 논리적으로 일관되어야 한다"[9]는 주장이다. 진리의 일관성론자들은 거짓말쟁이의 역설의 해결은 진리술어의 의미를 설명하고 그 설명에 입각하여 거짓말쟁이의 문장이 역설적이 아님을 보여야 성공한 것으로 생각한다. 즉, 그들은 역설의 해결은 일상언어가 자기지시적 능력을 포함하고 논리법칙을 어기지 않으며 타르스키의 T-문장을 유지하는 일관성있는 체계를 만들어 냄으로써 이루어진다고 주장한다. 따라서 거짓말쟁이의 역설은 위의 세 가지 조건 중에서 어느하나에 적절하게 제한을 가함으로써 해결되는 방법 외에는 달리 해결책이 있을 수 없다고 주장한다.

키하라는 일반적으로 의심의 여지없이 받아들여져 온 진리의 일관성론을 거부함으로써 거짓말쟁이의 역설에 대한 새로운 진단을 제시한다. 그에 따르면 거짓말쟁이의 역설을 낳는 추론은 논리적으로 타당하기 때문에 역설의 원인을 찾아 해결하기 위해서 그 추론과정을 검토할 필요가 없고, 문제는 진리가 일관성있는 개념이 아니라는 데 있는 것이다. 그러나 키하라가 진리를 비일관적인 개념으로 본 최초의 철학자는 아니다. 타르스키도 역시 분명히 일상언어의 진리술어를 비일관적으로 보았다. 그런 의미에서 타르스키야말로 진리의 비일관성론을 최초로 주장한 철학자라고 할수 있겠다. 타르스키 이후 많은 철학자들이 타르스키의 처방에 따라 언어의 계층적 분석을 통해서 일상언어에서 역설을 낳지 않는 진리론을 수립하려고 시도했지만, 일상언어의 진리술어가 일관되지 않다고 보는 타르스키는 그러한 시도가 성공할 수 없음을 깨닫고 그러한 시도 자체를 포기하

---

9) C. Chihara, "The Semantic Paradoxes: A Diagnostic Investigation," *The Philosophical Review* 88 (1979), p. 607.

고 오히려 그러한 시도는 일상언어의 본질적 특성을 망각하는 것일 뿐이라고 주장한다. 즉 타르스키는 일상언어에서 진리술어는 일관되지 못하며, 일관성있는 개념으로 진리술어를 설명하는 시도는 무망한 일이라고 말한다. 그리하여 그는 "[거짓말쟁이의] 역설은 분명하게 진리개념이 논리학의 법칙과 더불어 일상언어에 적용될 때 불가피하게 혼돈(confusions)과 모순(contradictions)을 초래한다는 것을 보여 준다"[10]고 말한다.

키하라도 진리술어가 일관성있는 개념이 아니라는 타르스키의 견해에 동의한다. 그러나 키하라는 중요한 점에서 타르스키와 차이가 있는데, 타르스키는 진리개념이 비일관적이기 때문에 의미론을 위해서 일상언어를 포기하고 형식언어를 제안한 반면, 키하라는 일상언어의 진리개념이 일관되지 않음에도 불구하고, 진리개념은 여전히 유용하며 그 진리개념이 낳을 수 있는 모순이나 역설도 문제가 될 만한 비정합성(harmful incoherence)을 초래하지는 않는다고 주장한다. 요컨대 타르스키가 비관적(pessimistic) 비일관성론자라면, 키하라는 낙관적(optimistic) 비일관성론자라고 할 수 있다.

또 키하라는 거짓말쟁이의 역설과 관련하여 진단상의(diagnostic) 문제와 치료상의(preventative or treatment) 문제를 구별한다. 진단상의 문제가 무엇이 일상언어에서 역설의 원인인가를 설명하는 것이라면, 치료상의 문제는 진리개념을 설명하고 역설을 피할 수 있는 방법을 찾아내는 것이라고 할 수 있다. 그런데 키하라는 그 역설은 진리술어의 특성상 불가피한 것이므로 역설의 치료를 위해서 할 수 있는 것은 아무것도 없고 치료는 오히려 질병을 악화시킬 것이라고 주장한다. 즉 그는 거짓말쟁이의 역설과 관련하여 우리에게 주어지는 문제는 치료상의 문제가 아니라 진단상의 문제일 뿐이라고 주장한다. 다시 말해서 그러한 역설이 발생할 때 우리를 속이는 것이 무엇이고 왜 그 역설이 발생하는가가 우리의 주된 관심사가 되어야지, 어떻게 그 역설이 피해질 수 있는가가 관심사일 수 없다는 것이다.

키하라는 거짓말쟁이의 역설을 낳는 추론에 사용된 전제들은 모두 옳

---

10) A. Tarski, "The Concept of Truth in Formalized Languages," p. 267.

고, 논증과정도 명백하게 타당한 건전한(sound) 논증이라고 주장한다. 그는 이렇게 건전한 논증이 역설을 낳는 이유는 진리개념이 일관적이지 않기 때문이라고 본다. 거짓말쟁이의 역설을 직접 다루기 전에 그는 비일 관적인 규칙(rules)이나 정의(definitions), 또는 규약(conventions)이 쉽게 역설을 낳음을 보여 주는 사례를 제시한다. '글루브'(glub)라는 동물에 대한 다음 정의를 생각해 보자.

어떤 동물이 쥐가 아니면 그리고 오직 그럴 경우에 그것은 글루브이고, 또한 어떤 동물이 쥐가 아니고 자기자신과 다르지 않다면 그리고 오직 그럴 경우에 그것은 글루브가 아니다.

'Gx'를 "x는 글루브이다"를 그리고 'Mx'는 "x는 쥐이다"를 나타낸다고 하고 위의 정의를 기호화하면,

(1) $(x)[(Gx \leftrightarrow \sim Mx) \ \& \ \{\sim Gx \leftrightarrow (\sim Mx \ \& \ (x=x))\}]$

이다. 이를 단순화하면,

(2) $(x)(Gx \leftrightarrow \sim Mx)$

(3) $(x)\{\sim Gx \leftrightarrow (\sim Mx \ \& \ (x=x))\}$

이다. 여기서 'a'를 글루브라고 가정하자. 즉,

(4) Ga

이다. (2)를 보편사례화하면,

(5) $Ga \leftrightarrow \sim Ma$

을 얻을 수 있고, (4)와 (5)에 의해서,

(6) $\sim Ma$

즉 "a는 쥐가 아니다"를 얻게 된다. 동일률에 의해서 $(a=a)$이므로 이를 (6)과 연언적으로 결합하면,

(7) $\sim Ma \ \& \ (a=a)$

를 얻을 수 있다. (3)을 보편사례화하면,

(8) $\sim Ga \leftrightarrow \{\sim Ma \ \& \ (a=a)\}$

이다. (7)과 (8)에 의해서 '$\sim Ga$' 즉 "a는 글루브가 아니다"는 결론을 얻게 된다. 이제 반대로 '$\sim Ga$' 즉 "a는 글루브가 아니다"라고 가정하자.

(9) Ma [가정과 (5)의 후건긍정식]

(10) Ma ∨ ~(a＝a)　　　[(9)의 부가]

(11) ~{Ma & (a＝a)}　　[(10)의 드모르간의 법칙]

(12) Ga　　　　　　　　[(8)과 (11)의 후건긍정식]

즉 a는 글루브라는 결론을 얻게 됨을 알 수 있다. 결국 a를 글루브라고 가정하면 글루브가 아니라는 결론이 나오고, a를 글루브가 아니라고 가정하면 a는 글루브라는 결론이 나와서 역설이 발생한다. 그런데 키하라의 지적처럼 위의 추론과정은 타당하다. 그러므로 주어진 '글루브'라는 단어에 대한 정의에서 문제를 발견하지 못한다면 이 추론이 낳는 역설의 원인을 알아낼 수도 그 해결책을 찾을 수도 없을 것이다. 요컨대 이 역설의 적절한 진단은 '글루브'라는 단어의 정의가 우리를 속이고 있음을 지적하는 것, 즉 그 정의를 이루고 있는 두 문장, (2)와 (3)이 서로 일관되지 못함을 지적하는 것이 될 것이다.

거짓말쟁이의 역설에 대해서 보다 많은 것을 시사해 주는 또 다른 예를 살펴보자. 많은 모임이 그 모임의 효율성을 위해서 비서를 고용하고 있는데, 그 모든 모임들이 그 모임의 비서는 자신의 회원으로 받아들이지 않고 있다고 하자. 그래서 이러한 비서들이 자신들의 모임인 '비서연합'을 결성했다. 이 비서연합이라는 모임의 회원자격에 관한 규칙은 다음과 같다.

어떤 사람이 한 모임의 비서이며, 그 모임의 회원이 될 수 없다면, 그리고 오직 그럴 경우에 그 사람은 비서연합의 회원이 될 수 있다.

그런데 비서연합이 번창하여 '갑순이'를 그 모임의 비서로 고용하게 되었는데, 갑순이는 어떤 다른 모임의 비서도 아니라고 한다면, 갑순이는 비서연합의 회원이 될 수 있는가, 그렇지 않은가? 이 질문에 답하려고 할 때, 역설이 발생함을 알 수 있다. 즉, 비서연합의 회원자격에 관한 규칙으로부터 우리는,

(i) 어떤 사람이 비서연합의 회원이 될 수 있다면, 그는 어떤 모임의 비서이면서 그 모임의 회원이 될 수 없고 오직 그럴 경우이다.

를 얻게 된다. 그런데 갑순이가 비서연합의 비서로 고용되었으므로,

(ii) 갑순이는 비서연합의 비서이다.
(iii) 갑순이는 다른 어떤 모임의 비서가 아니다.

가 사실이다. 먼저 갑순이가 비서연합의 회원이 될 수 있다고 가정하면, 갑순이가 한 모임의 비서이면서 동시에 그 모임의 회원이 될 수 있는 비서연합이라는 모임이 있으므로 (i)의 규칙에 위배되어 갑순이는 비서연합의 회원이 될 수 없다. 반대로 갑순이가 비서연합의 회원이 될 수 없다고 가정하면, 갑순이는 오직 비서연합이라는 모임의 비서일 뿐이고, 또 그 모임의 회원이 될 수 없으므로 (i)의 규칙을 만족한다. 따라서 갑순이는 비서연합의 회원이 될 수 있다. 우리는 여기서 명백하게 역설이 발생함을 알 수 있는데, 왜 이러한 역설이 발생하는가?

키하라는 그 모임의 회원자격에 관한 규칙이 일관되지 못하기 때문에 역설이 발생한다고 주장한다. 규칙 (i)은 그 자체로는 아무 문제가 없는 듯이 보이지만, (ii)와 (iii)과 같은 경험적 사실과 함께 사용되어질 때, 그것의 비일관성이 드러난다. 그러므로 이러한 역설에 대한 키하라의 진단과 치료는 그 모임의 회원자격에 관한 규칙이 문제가 있다는 것이고, (ii)와 (iii)과 같은 문제를 일으킬 수 있는 사실에 부딪히게 되면, 그 규칙은 적절하게 수정되어야 한다는 것이다. 그러나 규칙 (i)은 모임의 규칙으로 선포되었기 때문에 우리는 그것을 참이라고 여기려는 경향이 있다. 그러나 그것은 경험적 사실과 모순을 일으킬 수 있는 문장을 참이라고 선포함으로써 실제로 참으로 만들 수 있다고 생각하는 것과 다를 것이 없다. 일관성이 없는 진술의 집합이 선언에 의해서 참으로 만들어질 수는 없는 일이다. 키하라의 결론은 규칙 (i)은 비일관적이며, 그것에 의해서 위와 같은 역설이 발생한다는 것이다.

이제 거짓말쟁이의 역설에 관한 키하라의 진단을 살펴보자. 그에 따르면, "참이다"는 진리술어의 의미를 부여하는 규약은 다음 원칙 (principle)에 의해서 설명되어진다.

[Tr] 한 문장이 참이라는 것은 그 문장에 의해서 사실이라고 말하여지

는 것이 실제로 사실이고, 그리고 오직 그럴 경우이다.

키하라는 이 원칙 [Tr]이 틀린 것은 아니지만, 애매하여 명료화할 필요가 있다고 주장하면서, "x는 F다"——여기서 'x'는 어떤 문장을 지시하는 지시구문(referring expression)이고 'F'는 적절한 술어인——와 같은 문장으로 표현하여 [Tr]을 명료화하여 다음의 원칙을 제시한다.

[T*] 한 문장 A가 지시구문 B와 "~은 참이 아니다"는 술어에 의해서 구성되고 B는 문장 C를 지시한다면, A가 참이라는 것은 C가 참이 아니고 오직 그럴 경우이다.

키하라는 이 원칙 [T*]는 어떤 문제도 야기하지 않을 경험적 사실을 묘사하는 문장에 적용될 때 비일관성을 드러내 보일 수 있다고 주장한다. 즉 다음 문장을 생각해 보자.

(Q) 이 페이지에서 '이 페이지에서'라는 어절로 시작되는 첫번째 문장은 참이 아니다.

그런데 이 페이지를 살펴보면, (Q)의 주부(subject)인 "이 페이지에서 '이 페이지에서'라는 어절로 시작되는 첫번째 문장"은 (Q) 자신을 가리킴을 알 수 있다. 따라서 우리는 다음을 얻을 수 있다.

(QQ) "이 페이지에서 '이 페이지에서'라는 어절로 시작되는 첫번째 문장"이라는 표현이 가리키는 문장은 "이 페이지에서 '이 페이지에서'라는 어절로 시작되는 첫번째 문장은 참이 아니다"이다.

(Q)는 키하라의 진리원칙 [T*]에서 말하는 A와 같은 문장임을 알 수 있다. 즉 (Q)는 [T*]의 B에 해당하는 지시구문, "이 페이지에서 '이 페이지에서'라는 어절로 시작되는 첫번째 문장"과 "~은 참이 아니다"는 술어로 구성되어 있다. (Q)의 주부를 'e', 문장 (QQ)을 's'라 하고, 'Rxy'는 "x는 y를 지시한다"를 그리고 'Cxy'는 "x는 주어 y와 술어

'~은 참이 아니다'로 구성되어 있다"를 나타낸다고 하면 (QQ)은 다음과 같이 기호화될 수 있다.

  (A) Res

그리고 'Q'는 주어 'e'와 술어 "~은 참이 아니다"로 되어 있기 때문에,

  (B) Cse

가 될 것이다. 또 'Tx'를 "x는 참이다"를 나타낸다고 하면, 키하라의 진리원칙 [T*]는 다음과 같이 기호화될 수 있다.

  (C) $(x)(y)(z)\{Cxy \rightarrow (Ryz \rightarrow (Tx \leftrightarrow \sim Tz))\}$

  (C)를 보편사례화하면,

  (D) $Cse \rightarrow \{Res \rightarrow (Ts \leftrightarrow \sim Ts)\}$ [x=s ; y=e ; z=s]

이 되고, (B)와 (D)의 전건긍정식에 의해서,

  (E) $Res \rightarrow (Ts \leftrightarrow \sim Ts)$

가 얻어지고, (A)와 (E)의 전건긍정식에 의해서,

  (F) $Ts \leftrightarrow \sim Ts$

라는 역설적인 결론을 얻게 된다. 즉 일상언어에서 진리원칙 [T*]로부터 역설이 발생한 것이다. 그럼에도 우리는 왜 [T*]나 [Tr] 같은 진리술어의 원칙을 받아들이는 경향이 있는가? [T*]와 [Tr]의 어떤 매력이 그것이 명백한 역설을 낳음에도 우리로 하여금 그것을 받아들이게 하는가? 진리의 일관성론자들은 [T*]와 [Tr]로 표현된 진리원칙이 진리의 일관성론의 논제와 일치한다는 데서 그것의 매력을 찾는다. 즉 많은 문장을 검토한 결과, 한 문장이 그렇다고 말하는 것이 실제로도 그럴 경우에 그 문장은 참이 되고, 한 문장이 그렇다고 말하는 것이 실제로는 그렇지 않을 경우에 그 문장은 거짓이 되기 때문에 많은 경험적 확증을 받은 일반화로써 그 원칙은 받아들여져야 한다는 것이다. 그러나 키하라는 [Tr]이나 [T*]의 매력을 진리의 비일관성론의 입장에서 설명한다. 비록 [T*]가 진리개념에 대한 명시적인(explicit) 정의일 수는 없지만, 부분적(partial) 정의라고 간주할 수 있어, 진리개념의 의미를 설명해 줄 수 있다는 것이다.

  그러나 키하라는 진리의 일관성론자들이 제기하는 비판적인 다음 질문에 대답을 해야 한다. 즉 "비일관성론자들은 일상언어를 사용하는 사람들이 비정합적인 개념구조(incoherent conceptual apparatus)를 갖고 있

는 것으로 생각하는 것은 아닌가"라는 질문에 답해야 한다. 일상언어를 사용하는 우리가 비정합적인 개념구조를 가지고 있다는 생각은 받아들여질 수 없기 때문에 만약 이 질문에 적절하게 답할 수 없다면 진리의 비일관성론은 살아 남을 수 없을 것이다. 이러한 질문에 대한 키하라의 대답은 비일관성론이 결코 일상언어의 사용자인 우리가 비정합적인 개념구조를 갖는 것으로 생각하지도, 갖게 하지도 않는다는 것이다. 그에 따르면, 진리원칙이 비일관적이라는 주장이 문제를 일으키지 않는 보통 문장의 참과 거짓을 설명하는 것을 방해하지 않기 때문에 비일관성론이 진리개념의 비정합정이나 무용성을 주장하는 것은 아니며, 이러한 것을 필연적으로 초래하지도 않는다. 비일관성론은 진리개념이 적용될 수 있는 대부분의 성공적인 경우로부터 그렇지 않은 문제의 경우를 분리시켜 줄 뿐, 다른 어떤 불합리한 결과도 초래하지 않는다. 진리개념의 비일관성 때문에 거짓말쟁이의 역설이 발생하지만, 그것이 문제를 일으키지 않는 보통 경우의 문장의 진리값을 결정하는 데 어떤 어려움도 야기하지 않는다. 또한 경험과학의 다른 분야에서 어떤 좋지 않은 역할도 하지 않는다. 그러므로 키하라는 우리는 문제가 될 만한 비정합성에 빠지지 않고 일관되지 않은 진리개념과 진리술어의 원칙을 따를 수 있다고 결론짓는다.

또한 진리의 일관성론자들은 일반적으로 [Tr]로 표현되는 진리에 관한 직관적 사실을 유지하면서 어떤 모순이나 역설도 낳지 않는 진리개념을 구성하려고 시도하는데, 이러한 시도는 키하라에 따르면 헛될 뿐 성공할 수 없다. 다시 말해서, 일상언어에서 진리술어에 대한 정의를 제공하고 그 언어에서 거짓말쟁이의 역설을 해결하려는 진리의 일관성론자의 시도는 실패할 수밖에 없다는 것이다. 왜냐하면 진리에 대한 정의는 항상 직관에 반하는 결과를 낳고, 이러한 결과를 피하려는 시도는 진리술어를 반직관적인(counter-intuitive) 것으로 수정할 것을 요구하기 때문이다. 뿐만 아니라 이러한 수정의 결과는 논리적으로 매우 복잡하고 어려운 개념의 이해를 요구하고 이러한 개념은 일반적으로 우리가 진리개념을 이해할 때 필요한 것도 아니고, 누구나 이해할 수 있는 것도 아니다. 반면에 진리의 비일관성론은 이러한 개념과 개념의 이해를 필요로 하지 않는다.

더욱이 진리의 비일관성론자들은 거짓말쟁이의 역설을 [Tr]이 비일관적임을 인정하지 않고 해결하려고 하는데, 이것은 마치 '글루브'라는 단어의 정의에 문제가 있음을 인정하지 않고 '글루브의 역설'을 해결하려는 것과 같고, 비서연합의 역설에서 문제가 되는 경우——갑순이의 경우——에는 모임의 회원자격에 관한 규칙을 수정하여야 한다는 것을 인정하지 않고 그 역설을 해결하려는 것과 같다. 기본적으로 이 세 역설의 원인은 같다. 즉 기본적인 정의나 규칙 혹은 원칙이 일관되지 않다는 것이다. 그러나 그 역설을 어떻게 처리해야 하는가는 각각 다르다. 예컨대 글루브의 역설은 '글루브'의 정의가 결정적으로 결함이 있기 때문에 그 정의를 거부하고 다른 정의를 제시함으로써 해결될 수 있을 것이고, 비서연합의 경우에는 회원자격에 관한 규칙에 예외조항을 첨가한다든지, 적절하게 수정함으로써 문제의 경우를 해결하고 역설을 피할 수 있다. 키하라는 그러나 비록 [Tr]이 일관적이지 않지만, 그것은 여전히 의미가 있으며 포기될 수 없는 것이라고 주장한다. 따라서 그는 거짓말쟁이의 역설을 피하기 위해서 해야 할 것은 아무것도 없고, "역설을 낳는 요소들을 제거하기 위해서 필요한 일종의 수술을 감행하기보다는 [역설이라는] 질병과 함께 살아가는 것이 더 현명하다"[11]고 말한다.

진리의 비일관성론이 일관성론에 대해서 갖는 또 하나의 장점은 거짓말쟁이의 문장과 같은 문장의 진리값이 무엇인가라는 질문에 답할 필요가 없다는 것이다. 진리의 일관성론자들은 거짓말쟁이의 문장이 참이나 거짓이라고 말하거나, 만약 진리값의 배중률을 거부하여 역설을 해결하려는 사람이라면 제3의 진리값을 갖는다고 말할 것이다. 그러나 이것은 앞에서 이미 언급한 것처럼 또 다른 역설에 부딪칠 수밖에 없다. 반면에 우리가 진리의 비일관성론을 취하면, 우리는 그러한 부담을 가질 필요가 없이 거짓말쟁이의 문장은 역설적이며 그것은 단지 진리술어의 원칙이 비일관적이기 때문이라는 결론을 받아들이면 그뿐이다. 그래서 키하라는 "이러한 반직관적인 사실을 설명하여 피해야 한다는 것은 진리의 일관성론자에게 주어지는 무거운 짐이다. (…) 그러나 진리의 비일관성론에 의하면 반직관적 사실은 우리에게 주어진 진리술어의 의미를 반영하는 것이기 때문에 설명되어 제거될 수 있는 것이 아니다"[12]라고 말한다.

---

11) C. Chihara, "The Semantic Paradoxes: A Diagnostic Investigation," p. 618.
12) 키하라, 위의 글, pp. 612-613.

5. 결론 : 비판과 전망

키하라의 진리의 비일관성론은 여러 장점에도 불구하고 치명적인 문제가 있는 것으로 비판되기도 한다. 그것은 진리의 원칙으로 제시된 [Tr]이 단순히 역설적인 문장만을 낳는 것이 아니라, 불합리하고 무의미한 (absurd or meaningless) 문장도 산출할 수 있다는 비판이다. 예컨대 다음 문장 (가)는 [Tr]에 적용될 때 "숫자 2는 녹색이다"와 같은 불합리한 결론을 낳는다.

(가) 문장 (가)가 참이면, 숫자 2는 녹색이다.

(가)를 T-문장으로 만들어 보면,

(나) 문장 (가)는 참이다 iff 문장 (가) 참이면 숫자 2는 녹색이다.

문장 (가)를 참이라고 가정하면, 가정과 (나)의 전건긍정식에 의해서,

(다) 문장 (가)가 참이면 숫자 2는 녹색이다.

다시 가정과 (다)의 전건긍정식에 의해서,

(라) 숫자 2는 녹색이다.

가 얻어진다. 그런데 (라)는 문장 (가)를 참이라고 가정한 결과 얻어진 것이므로, 즉 조건적 간접증명 (conditional indirect derivation)의 결론이므로,

(마) 만약 문장 (가)가 참이면, 숫자 2는 녹색이다.

가 얻어진다. (나)와 (마)에 의해서,

(바) 문장 (가)는 참이다.

결국 (마)와 (바)에 의해서,

(사) 숫자 2는 녹색이다.

는 불합리하고 터무니없는 결론을 얻게 된다.

키하라는 이러한 비판에 대해서 인간의 심리적 한계 (psychological limitations)라는 말을 통해서 대답하려고 한다. 즉 우리는 어떤 주제와 관련된 믿음으로부터, 그 주제와 관계가 없는 다른 믿음을 논리적으로 추론하여 결론으로 얻을 수 있다 할지라도 그러한 추론을 일반적으로 인식하지 못하거나 그러한 추론결과를 받아들이지 않으려는 심리적 한계가 있다. 예를 들면 우리는 거짓말쟁이의 역설에 관한 믿음으로부터 비록 그

추론이 타당하다 할지라도 로켓의 추진궤도에 관한 어떤 것도 추론하려고 하지 않을 것이다. 즉 비록 논리적으로 진리원칙으로부터 터무니없는 결론을 추론할 수 있다 할지라도 우리의 인식적 한계는 실제로 하나의 믿음 체계로부터 터무니없는 결론을 추론하게 하지 않는다는 것이다. 그래서 키하라는 거짓말쟁이의 역설에 관한 다른 논문에서 "실제 삶의 추론은 고전논리학의 텍스트에서 제안된 것보다 훨씬 복잡하기 때문에 (…) 우리는 '실제 생활'환경에서 애초에 믿을 만한 이유가 있는 모든 것의 논리적 결과를 단순하게 맹목적으로 받아들이지는 않는다"[13]고 말한다. 키하라가 말하고자 하는 요점은 [Tr]과 같은 진리원칙이 비일관적이어서 불합리한 문장을 낳을 수 있다 할지라도, 우리는 그 모든 것을 다 수용할 필요가 없고, 단지 합리적인(reasonable) 것만을 받아들이면 된다는 것이다. 물론 키하라는 수용될 수 있는 합리적 추론과 결론을 그렇지 못한 불합리한 것으로부터 구별할 기준을 제시했어야 했다. 그럼에도 키하라의 비일관성론은 하나의 문장이 반드시 고정된——참이나 거짓이라는——진리값을 가져야 한다는 생각을 반성하게 하고, 의미있는 문장이나 개념의 범위를 넓힐 수 있는 계기를 마련해 줌으로써 거짓말쟁이의 역설에 대한 새로운 접근을 가능케 해준 의미있는 시도라고 할 수 있다. [14]

---

13) C. Chihara, "The Semantic Paradoxes: Some Second Thoughts," *Philosophical Studies* 45(1984), p. 226.

14) 이러한 결과 최근 굽타(A. Gupta)와 베르납(N. Belnap)에 의해서 제시된 거짓말쟁이의 역설에 관한 가장 받아들일 만한 이론인 '진리의 수정론'(revision theory of truth)에 결정적인 영향을 미쳤다. 진리의 수정론을 위해서는 A. Gupta & N. Belnap, *The Revision Theory of Truth* (The MIT Press, 1993)를 참조할 것.

비단조 논리 — 라이터(R. Reiter)를 중심으로

정 영 기

개 요

이 논문은 라이터(R. Reiter)의 견해를 중심으로 비단조 논리를 고찰하고 있다. 비단조 논리는 근거가 불완전하거나 완전한 정보획득이 불가능한 상황에서 이용될 수 있는 추리양식이다. 라이터는 초기화 논리(default logic)를 개발하였는데, 초기화 논리는 P이고 그것이 Q라고 가정하는 것과 일관된다면 R이라고 추리하는 것이다. 가령 x가 새이고 x가 난다고 일관성있게 가정할 수 있다면 x는 날 수 있다고 추리할 수 있다. 비단조 논리의 핵심은 기존명제와의 일관성에 기초하여 직접적인 증명없이 어떤 명제를 주장하는 것이다. 비단조 논리는 부분적인 정보에 기초하여 결론을 내리지만, 새로운 정보와 기존정보가 모순을 야기하면 그 결론을 수정한다. 결국 신념형성과 신념수정은 비단조 논리의 중요한 두 가지 측면이다.

1. 머리말

　최근 인공지능 시스템이 점차 발전함에 따라 가장 중요한 문제 중의 하나는 어떻게 하면 컴퓨터가 인간처럼 상식적인 문제처리를 할 수 있겠는가 하는 것이다. 우리의 상식적인 추리는 예외적일 수 있는 일반적인 규칙을 사용하는 능력에 깊이 의존하고 있다. 상식적인 추리에서 우리는 지지하는 증거가 있으며 모순되는 증거가 없다는 점에 기초하여 가정을 세운다. 따라서 우리가 일상생활에서 내리는 의사결정 중에 완전한 확실성을 갖고 있는 것은 거의 없다. 인공지능 연구자들은 상황에 대해 완전하고 정확한 지식이 없는 가운데에서 합리적으로 행위하는 능력을 매우 중요시하였다.

　연역논리는 추리가 진행되고 지식이 부가됨에 따라 정보를 버리거나 신념을 변경하는 메커니즘을 갖고 있지 않다. 연역논리의 이러한 측면을 단조적(monotonic)이라 부른다. 비단조 논리(nonmonotonic logic)[1]에서는 사용가능한 정보에 기초하여 추리를 진행하지만 새로운 정보가 첨가될 때 그 추리는 제거되고 새로운 추리가 진행될 수 있다.[2] 비단조 논리는 근거가 불완전하거나 완전한 정보획득이 불가능한 상황에서 이용될 수 있는 추리양식이다.

　많은 경우 우리의 추리는 불완전한 정보에 기초하여 결론을 내린다. 그 정보가 참이더라도 그 결론은 참이 아닐 수 있다. 예를 들어 보자.[3] 성

---

1) 단조(單調, monotonic), 비단조(非單調, nonmonotonic)라는 말은 음악적인 의미에서 단조(短調, minor)라는 말을 연상시켜 오해의 소지가 있지만 적절한 번역어가 없는 관계로 nonmonotonic을 비단조라고 번역하였다. 민스키는 연역논리가 상식적 추리를 표현하기에는 부적절하다고 주장하면서 'Nonmonotonic'이라는 용어를 1975년 처음 사용하였다. D. Perlis(1992), "Nonmonotonic reasoning", in Shapiro, S. C. (editor-in chief)(1992), p. 1302. 다음 논문 참조 : M. Minsky(1975), "A Framework for Representing Knowledge", in P. Winston, ed., *The Psychology of Computer Vision*, McGraw-Hill Book Co., Inc., New York.

2) A. Fischler, and O. Firschein(1987), *Intelligence : the eye, the brain, and the computer*, Addison-Wesley Publishing Company, Inc. p. 96.

3) T. L. Rankin(1988), "When is reasoning nonmonotonic?", In Fetzer, J. H. (ed.)(1988), *Aspects of Artificial Intelligence*, Kluwer Academic Publishers. p. 289.

냥갑을 그었다면 우리는 전형적으로 그 성냥이 불이 붙어 탄다고 결론내
릴 것이다. 그러나 문제의 성냥갑이 젖었다고 들으면 우리는 그 결론을
수정하고 그 성냥은 불이 붙지 않을 것이라고 결론내릴 것이다. 그러나
그 성냥갑이 젖었지만 파라핀을 입혔다고 들으면 대부분의 사람들은 그
성냥이 불이 붙어 탄다고 결론내릴 것이다. 물론 성냥갑이 그어졌지만 산
소가 없다면 또 다른 수정이 요구된다. 이처럼 사람들이 불완전한 정보에
기초하여 결론을 내리지만 더 좋은 정보가 부가되면 그 결론을 수정하는
것이 비단조 논리의 특성이다.

  우리의 행위는 일정한 지식과 정보에 기초하여 이루어진다. 일상생활에
서 우리가 접하는 상황은 대부분 불확실한 상황이다. 능력의 한계와 시공
간적인 제약과 실수 등으로 인하여 우리는 불완전한 정보와 지식에 기초
하여 행위할 수밖에 없다. 일정한 결론과 신념에 기초하여 행위할 때 그
결론과 신념이 변경될 수 있는 가능성을 염두에 두고 행위하는 것이 바람
직하다. 만일 우리의 결론과 신념이 변경 불가능하며 완전하다는 가정하
에 행위한다면 대부분의 행위는 실패하여 목적한 바를 실현시키지 못할
것이다. 우리는 일정한 결론을 이끌어 내고 그 결론에 기초하여 행위하지
만 새로운 증거가 나타날 경우 그 결론을 철회할 수 있다. 이것은 인간지
능의 특성이 융통성(flexibility)이라는 점과 관련이 있다. [4]

2. 비단조 논리의 특성

  비단조 논리의 특성은 무엇인가? 첫째, 비단조 논리는 불완전한 정보
에 기초하여 결론을 내리며 새로운 정보가 들어와 기존정보와 모순을 야
기하면 그 결론은 수정된다. 그러나 연역논리에는 새로운 정보가 결론을
수정하는 메커니즘이 없다. 연역논리학자들은 추론의 형식을 연구하지만
불충분한 정보로부터 추론하는 문제를 다루지 못한다. 그러나 인공지능
연구자들은 새로운 정보가 계속하여 유입하는 상황에 직면한다. 따라서
그들은 새로운 정보가 기존정보와 모순을 야기하는 문제를 다루며 새로운

---

4) M. Ginsberg(1987), *Readings in Nonmonotonic Reasoning*, Morgan Kaufmann
  Publishers, Inc. Los Altos, California. p. 1.

정보가 기존신념의 수정을 야기하는 상황에도 직면한다. 비단조 논리는 부분적인 정보에 따라 신념을 형성하는 문제와 새로운 정보가 기존신념을 수정하는 문제를 다룬다.

둘째, 비단조 논리는 전형성(typicality)에 기초한 추리이다. 새를 판단하는 경우 "전형적으로 새는 난다"는 사실에 기초하여 어떤 것이 새라면 그것은 난다고 결론내린다. [5] 그런 결론은 그 새가 전형적인 새라는 사실, 즉 그 새가 비전형적이지 않다는 사실에 기초하여 내려진 판단이다. 그 결론은 잠정적인 결론이다. 따라서 그 새가 전형적인 새가 아니라고 판명나면 그 결론은 수정된다. 그 결론은 반대되는 정보가 없는 한에서 타당하고 반대되는 정보가 나오면 결론은 수정된다. 그 추리는 비단조적이다. 실제로 우리의 상식은 전형성에 기초한 추리를 하고 있으며 비단조 논리는 그것을 잘 반영하고 있다. 이 경우 전형성은 이제까지 타당하다고 인정되어 온 것이며 검증된 것이어서 신뢰할 수 있는 것이다. 따라서 전형성에 기초한 추리는 많은 경우 성공을 가져다 준다. 마치 바둑에서 정석(定石)에 따라 바둑을 두면 대부분의 경우 좋은 결과를 가져다 주는 것과 같다고 할 수 있다.

셋째, 비단조 논리는 진리보존적인 논리가 아니다. 비단조 논리에서는 한 시점에 참인 것이 계속해서 참이라고 가정하지 않는다. 그런 의미에서 비단조 논리는 시간-의존적인 논리(time-dependent logic)로 간주될 수 있다. [6] 위에서 지적한 바대로 비단조 논리는 새로운 정보가 도입되어 기존의 결론이 수정될 수 있는 논리체계이다. 이때 새로운 정보의 도입이나 유입은 시간이 흘러감에 따라 진행되는 절차이다. 즉, 한 시점에 주어진 일정한 정보는 다음 시점에 증가할 수 있고 시간이 흐르면 다시 부가될 수 있다. 뿐만 아니라 한 시점에 일정하게 알고 있던 정보는 다른 시점에 잘못된 정보로 판명날 수 있다.

---

5) 같은 책, p. 2.

6) G. L. Trigg(ed.) (1991), *Encyclopedia of Applied Physics*, vol 2, VCH Publishers, Inc, p. 5.

3. 라이터의 비단조 논리

1) 라이터의 초기화 논리 (default logic)

라이터 (R. Reiter)는 일관성에 기초하여 비단조 추리에 접근하며 초기화 논리[7]를 개발하였다.[8] 초기화 언명은 이론의 정식이 아니고 추리규칙이라는 점 때문에 초기화 논리는 맥더모트-도일 (McDermott-Doyle)의 비단조 논리와 다르다. 초기화 추리의 초기화는 다르게 증명되지 않는 한 (또는 다르게 증명될 때까지) 어떤 언명이 믿어질 수 있다는 언명이거나 규칙이다. 초기화 S는 S가 아니라고 증명되지 않는 한 S는 추리될 수 있다고 해석된다. 초기화는 큰 변화없이 예외가 인정될 수 있는 일반성을 진술할 때 사용된다. 예를 들어 초기화 규칙이 "모든 새는 날 수 있다"라면, 이 경우 예외는 펭귄이나 타조이다.

예를 들어 보자. 창수는 전산학과 교수이다. 그러므로 창수는 박사학위를 갖고 있다. 물론 그가 박사학위를 갖고 있지 않을 수 있다. 만일 그가 박사학위를 갖고 있지 않다는 믿을 만한 정보를 듣는다면 우리는 그 결론을 철회한다. 창수의 예는 초기화 추리의 일반적인 패턴을 예시해 준다. 그 예는 다음과 같이 분석된다.[9]

---

7) 논자는 default를 초기화 또는 초기화 규칙이라고 번역하고자 한다. default는 사전적으로 결석, 결핍을 의미하며 judgement by default는 결석재판이라 번역한다. 첫째, default는 임시적이라는 의미를 갖고 있다. 이 경우 초기화라고 번역한다. default의 사전적인 의미인 결석, 결핍은 반대되는 정보가 없음을 의미한다. 따라서 default conclusion의 default는 반대되는 정보가 없다는 의미이므로 default conclusion은 초기화 결론이다. default value는 초기값이고 default logic은 초기화 논리이다. 둘째, default는 규칙의 의미를 갖고 있다. 이 경우 default는 초기화 규칙이라고 번역한다. default는 반대되는 정보가 없는 한에서 부분적인 정보에 기초하여 일정한 결론을 이끌어 낼 수 있도록 해주는 규칙이다. 그러나 반대되는 새로운 정보가 나타날 경우 그 결론은 수정되고 다른 default가 나온다. 새로운 정보에 나타남에 따라 여러 가지 default가 가능해진다.

8) R. Reiter (1980), "A Logic for Default Reasoning" in M. L. Ginsberg (ed.) (1987), p. 68.

9) E. Charniak, and D. McDermott (1985), *Introduction to Artificial Intelligence*, Addison-Wesley Publishing Company, p. 370.

    x가 전산학과 교수이고 x가 박사학위를 갖고 있지 않다고 증명되지
않는 한, 우리는 x가 박사학위를 갖고 있다고 추리할 수 있다.

그런 추리의 결론부분을 초기화라고 부른다. 새로운 부분은 "라고 증명
되지 않는 한" 부분이다. 이 부분이 의미하는 것을 형식화하는 데에는 생
각보다 세밀한 것이 요구된다. 그러나 실제 프로그램에 그것을 작용시키
는 것은 어렵지 않다. "라고 증명되지 않는 한" 부분은 'consistent'라는
기호를 도입하여 표현할 수 있다. 즉 (~P)라고 추리될 수 없으면
(consistent P)는 참이다. 반대되는 정보가 없는 한,[10] 기존정보에 기초
하여 일정한 결론을 주장할 수 있다는 것이다.

라이터는 일상적인 논리와 추리규칙에 초기화라고 불리는 새로운 종류
의 추리규칙을 접합하여 초기화를 형식화한다. 초기화 추리규칙은 다음과
같은 형식이다. P이고 그것이 Q라고 가정하는 것과 일관된다면 R이라고
추리하라. 이것은 다음과 같이 쓴다. P : Q/R. (여기에서 P, Q, R은 일
상적인 정식이다.) 조건 P가 주어지면, 초기화 규칙은 Q가 아니라고 증
명되지 않는다면 R의 추리를 허용한다. 구체적으로 라이터는 다음과 같
은 추리규칙을 도입한다.[11]

$$\frac{Bird(x) : M\ Fly(x)}{Fly(x)}$$

이것의 의미는 다음과 같다.[12] x가 새이고 x가 난다고 일관성있게 가
정할 수 있다면 x는 날 수 있다고 우리는 추리할 수 있다. 이것을 일반화
하면 다음과 같은 추리규칙을 얻을 수 있다.[13]

---

10) 다음 세 가지 표현 "반대되는 정보가 없는 한", "결론의 부정이 증명되지 않는 한", "일
   관성이 유지되는 한"은 같은 의미이다.
11) 여기에서 M은 "그것은 ~라고 추리하는 것과 일관성이 있다"라고 해석된다. (M is to
   be read as "it is consistent to assume".) R. Reiter(1980), p. 68.
12) 여기에서 M Fly(x)는 결론 Fly(x)에 대한 전제가 아니라 Bird(x)로부터 Fly(x)를
   도출하기 전에 충족되어야 하는 조건이다.
13) R. Reiter, (1988), "Nonmonotonic Reasoning", In Shrobe, H.E., and AAAI
   (eds.) (1988), p. 456. 위의 추리는 $\beta(x)$와 $\gamma(x)$가 같은 경우이다.

$$\frac{\alpha(\mathrm{x}) : \beta(\mathrm{x})}{\gamma(\mathrm{x})}$$

위에서 $\alpha(\mathrm{x})$는 선행조건이고, $\beta(\mathrm{x})$는 테스트 조건이고, $\gamma(\mathrm{x})$는 초기화의 결과이다. 위 규칙은 ㄱ$\beta(\mathrm{a})$가 도출되지 않으면 $\alpha(\mathrm{a})$로부터 $\gamma(\mathrm{a})$를 도출할 수 있음을 의미한다. 달리 말하면, $\alpha(\mathrm{x})$가 타당하고 $\beta(\mathrm{x})$가 일관되게 가정될 수 있다면 우리는 $\gamma(\mathrm{x})$라고 추리할 수 있다.

초기화 논리는 문장들의 집합을 가지고 시작한다. 이 문장들은 세계에 대해 참이라고 알려진 것들이다. 우리는 전지하지 않으므로 이 지식은 보통 불완전하며 우리의 세계에 대한 지식에는 일정한 갭이 있다. 초기화 규칙은 불완전한 이론이 더 완전하게 확장하도록 만드는 기능을 한다. 그 규칙은 가망성있는 결론을 가지고 그 갭을 채운다. 따라서 불완전한 이론이 Bird(Tweety)를 포함하고 Fly(Tweety)가 그 이론과 일관성을 가지면 나는 새에 대한 위의 초기화 도식에 의해 Fly(Tweety)를 부가함으로써 그 이론을 확장시킬 수 있다.

가령 세계 W에 대해 우리가 알고 있는 것이 E와 F라고 하고, 두 개의 초기화 규칙이 있다고 해보자.

W={E, F}

초기화 규칙 ① : $\dfrac{\mathrm{E} : \mathrm{C}}{\mathrm{C}}$ ①의 예 $\dfrac{\mathrm{bird}(\mathrm{x}) : \mathrm{flies}(\mathrm{x})}{\mathrm{flies}(\mathrm{x})}$

초기화 규칙 ② : $\dfrac{\mathrm{F} : \neg\mathrm{C}}{\neg\mathrm{C}}$ ②의 예 $\dfrac{\mathrm{injures}(\mathrm{x}) : \neg\mathrm{flies}(\mathrm{x})}{\neg\mathrm{flies}(\mathrm{x})}$

E는 W와 일관성이 있기 때문에 초기화 규칙 ①을 적용하여 C를 추리할 수 있다. 팀(Tim)이 새라면 초기화 규칙 ①에 의해 팀이 난다는 결론을 도출할 수 있다. 그러나 팀이 날지 못한다는 사실이 발견되면 초기화 규칙 ①은 적용되지 못한다. 팀이 상처를 입었다면 초기화 규칙 ②가 적용되며 팀은 날지 못한다는 결론이 나온다. 따라서 초기화 규칙 ①이 적용되면 초기화 규칙 ②가 적용되지 못하고 초기화 규칙 ②가 적용되면 초기화 규칙 ①은 적용되지 못한다.

라이터는 초기화 이론 T=⟨W, D⟩의 확장(extension)개념을 도입하여 그런 상황을 다룬다.[14] T=⟨W, D⟩에서 W는 일련의 정식이고 D는 일련의 초기화 규칙이다. 여기에서 알 수 있는 것처럼 다중의 확장이 얻어진다. 이 경우 얻어진 어떤 확장이든 행위자의 가능한 신념이 된다. 확장[15]은 초기화 논리에서 매우 중요한 기능을 수행한다. 확장은 일련의 신념들인데, 그 신념들은 세계에 대해 알려진 것에 비추어 어떤 의미에서 정당화되거나 합리적인 신념들이다. 세계에 대한 우리의 지식은 일련의 문장들로 표현되는데 그 문장들은 보통 불완전하다. 우리는 초기화 규칙에 의해 불완전한 지식을 확장시킬 수 있다.

2) 닫힌세계 가정 (closed world assumption)

우리가 직면한 상황에서 합리적인 행위는 확률적인 계산보다는 비확률적인 규범에 의지하는 것이 바람직할 수 있다. 그런 규범은 명확하게 제시되는 경우와 암묵적으로 제시되는 경우가 있다. 명확하게 제시되는 경우는 닫힌세계 가정이다.[16] 닫힌세계-열린세계 가정은 라이터가 도입하였다.[17] 라이터는 다음과 같이 주장하였다.[18]

---

14) H. Geffner(1992), *Default reasoning : causal and conditional theories*, The MIT Press. p. 15.

15) 각각의 확장은 다음과 같은 성질을 갖고 있다.
  ① 모든 확장 E는 W를 포함한다.
  ② E는 (단조적) 연역하에 닫혀 있다.
  ③ E는 default 규칙에 충실하다.
  이것의 의미는 다음과 같다. $\alpha : \beta/\gamma$ 형식의 이론에 default 규칙이 있고 $\alpha \in$ E이고 $\neg \beta \notin$ E이면 $\gamma \in$ E이다. Hanks, S., and McDermott, D. (1987), "Nonmonotonic Logic and Temporal Projection", *Artificial Intelligence* 33, p. 382.

16) R. Reiter(1988), "Nonmonotonic Reasoning", In Shrobe, H. E., and AAAI (eds.) (1988), p. 473.

17) R. Reiter(1978a), "On reasoning by default" In *Proceedings of TINLAP-2, Theoretical Issues in Natural Language Prdcessing 2*, pp. 21-218. University of Illinois, Urbana-Champaign.
  ─────── (1978b), "On closed world data bases" In M. L. Ginsberg(ed.) (1987), *Readings in Nonmonotonic Reasoning*, Morgan Kaufmann Publishers, Inc. Los Altos, California.

18) R. Reiter(1978b), p. 300.

연역적인 질문/대답 체계는 두 개의 가정——열린세계 가정과 닫힌 세계 가정——중 한 개의 가정하에서 질문을 평가한다. 열린세계 가정 은 질문평가에 대한 보통의 제1차 접근과 일치한다. 데이터 베이스 DB와 질문 Q가 주어지면 Q에 대한 대답만이 DB가 가설로서 주어지 면 Q의 증명으로부터 얻는 것들이다. 닫힌세계 가정하에서 어떤 대답 들은 증명을 발견할 수 없는 결과(a result of failure to find a proof)로서 인정된다.

열린세계에서 데이터는 절(clause)에 의해 표현되며 부정적인 데이터 는 데이터 베이스에 명확하게 표현된다. 데이터 베이스는 대상들과 대상 들의 관계에 대한 정보를 효과적으로 저장하고 수정하기 위해 계획된 체 계이다.[19] 데이터 베이스가 부정적인 데이터에 관한 가정을 따를 때 그 데이터 베이스는 열린세계 가정을 만족시킨다고 말한다. 열린세계에 대한 대안은 닫힌세계 데이터 베이스이다. 닫힌세계 안의 데이터 베이스는 부 정적인 정보를 포함하지 않는다. 그 데이터 베이스로부터 부정적인 사실 을 도출할 수 있는가를 결정하기 위해서는 긍정적인 사실의 참을 증명해 보아야 한다. 긍정적인 사실의 참을 증명하지 못했을 경우 부정적인 사실 이 참이라고 가정된다.[20] 다시 말하면 닫힌세계 가정하에서 어떤 대답은 증명을 발견하지 못하는 결과로서 인정된다.

많은 경우 닫힌세계 가정은 적절하다. 왜냐하면 오직 긍정적인 지식만 을 명확하게 표현하고 부정적인 사실의 참을 초기화로 가정하는 것이 자 연스럽기 때문이다. 닫힌세계 가정을 비행기 운행 스케줄의 예를 통해 설 명해 보자. 가령 비행횟수와 비행하는 도시들을 표현하는 비행기 운행 스 케줄을 위한 데이터 베이스가 있다고 해보자. 비형식적으로는 이 데이터 베이스(database)에 상업적으로 운행가능한 모든 비행항로를 적어 둘 수 있을 것이다. 그러나 우리는 모든 비행기 운행과 그 운행에 의해 연결 되지 않는 도시들을 데이터 베이스에 포함하길 원하지 않을 것이다. 이유 는 그 정보의 양이 대단히 많을 것이기 때문이다. 예를 들어, 대한 항공

---

19) H. Geffner(1992), p. 9.
20) J. Minker(1987), "On Indefinite Databases and the Closed World Assumption", In M. L. Ginsberg(ed.)(1987), p. 326.

707은 런던과 파리를 연결하지 않으며, 토론토와 몬트리올을 연결하지 않으며, 동경과 아테네를 연결하지 않는다. 명확하게 표현해야 할 부정적인 정보의 양은 너무나 많다. 이것은 실제 데이터 베이스에서 참일 것이다.

데이터 베이스는 그런 부정적인 정보를 명확하게 표현하는 대신, 닫힌 세계 가정에 의해 부정적인 정보를 암묵적으로 표현한다. 닫힌세계 가정은 모든 관련된 긍정적인 정보가 명확하게 표현되었다는 것을 말한다. 만일 긍정적인 사실이 데이터 베이스에 명확하게 표현되지 않는다면 그 부정이 참이라고 전제된다. 따라서 A 도시에서 B 도시로의 비행기 운행에 관한 정보가 없다면 그런 비행은 존재하지 않는다. 즉 반대되는 정보가 없다면 A 도시로부터 B 도시로의 비행기 운행은 없다고 가정할 수 있다. 우리가 여행사 직원에게 오쉬코쉬(Oshkosh)에서 민스크(Minsk)로 가는 항공편에 대해 물었을 때, 그는 자신의 비행기 운행 데이터 베이스에는 그런 항공편이 언급되지 않았으며 자신이 가진 정보로는 그런 항공편이 있다는 것을 증명할 수 없다고 대답한다. 그러므로 부정은 증명할 수 없음으로 간주된다.[21] (Negation is treated as a failure to prove.)

우리는 일상생활에서 수많은 문제에 직면한다. 그런데 우리가 직면한 문제상황을 정확하게 표현하기는 불가능하다. 이 경우 지식의 부가가 필요한데 그것은 비단조 논리적인 부가이어야 한다. 맥카시(J. McCarthy)는 비단조 추리가 필요한 이유를 설명하기 위해 선교사와 식인종의 예를 사용하였다.[22]

세 사람의 선교사와 세 명의 식인종이 강가에 있다. 두 사람이 탈 수 있는 노를 젓는 보트가 있다. 강가 어느쪽에든 식인종이 선교사보다 많으면 선교사는 잡아먹힐 것이다. 그들은 어떻게 강을 건널 것인가?

이 문제에 접한 사람들은 보트를 저어서 모두 무사하게 강을 건너게 하고 불행을 피하는 전략을 고안하려고 할 것이다. 그런데 어떤 사람에게 문제를 주었는데 그가 잠시 생각한 후에 강 위로 1마일 올라가서 다리를

---

21) M. L. Ginsberg, (ed.) (1987), p. 3.

22) J. McCarthy (1980), "Circumscription——A Form of Non-Monotonic Reasoning", In Ginsberg, M. (ed.) (1987), p. 146.

건너간다는 제안을 하였다고 해보자. 이에 대해 나는 다음과 같이 말할 것이다. "무슨 다리냐? 그 문제의 표현에는 다리가 언급되지 않았다." 그러나 그 바보는 "너는 다리가 없다고 말하지 않았다"라고 대답할 것이다. 이에 대해 다리가 없다고 말하지 않은 것을 인정하고, 나는 다리가 배제하도록 문제를 수정한다. 그 바보에게 그 문제를 다시 주었다. 그는 헬리콥터를 제안한다. 헬리콥터를 배제하였더니 이번에는 그가 날개달린 말을 제안한다.

그가 정상적인 자세로 그 문제를 풀도록 만드는 것에 지쳐서 나는 그에게 해결책을 알려 주었다. 이에 대해 그는 그 보트에 물이 세거나 노가 없을 수 있다는 이유로 나의 해결책을 공격한다. 나는 다시 문제의 표현에 생략된 부분을 보충하지만, 그는 바다 공룡이 강을 헤엄치거나 보트를 삼킬 수 있다는 지적을 한다. 나는 이제 그가 꼼짝못하는 추리양식을 찾는다. 아무리 그 바보에 대해 분노하더라도 보트를 이용하지 않고 강을 건너는 방법은 없으며 그 보트에는 이상이 없다고 그 문제를 표현하는 것은 문제를 지나치게 규정하는 것이다.

문제해결에 직면한 관찰자에게 어떤 정보가 유용하며 그 정보로부터 어떤 결론을 이끌어 내는가 하는 문제는 인식론적으로 매우 중요하다. [23] 여기에서 맥카시의 관심은 추리의 정확성이다. 그런데 인간의 모든 추리가 형식논리로 담겨질 수 있는 것은 아니다. 문제의 표현은 많은 것을 생략하고 있다. 여기에서 우리가 상식을 동원해야 한다는 것을 맥카시는 지적하고 있다. 위의 문제에서 보트에 이상이 없으며 보트 사용을 방해하는 그외의 다른 것이 없다면 강을 건너기 위해 보트가 사용될 수 있다는 것은 상식적 지식의 일부분이다. [24] 따라서 노가 없을 수 있는 가능성은 강을 건너기 위해 보트가 사용될 수 있다는 사실에 의해 배제된다.

우리가 보트 등에 대한 상식적 사실과 문제의 진술을 고찰해 보면 다리나 헬리콥터가 없다고 결론내릴 수 있다. 다리가 있느냐 없느냐 하는 문제는 논리의 문제가 아니라 사실의 문제이다. 만일 편리한 다리가 있고 그 다리가 형식적인 문제표현에 포함되지 않았다면 그 문제표현은 문제에

---

23) J. McCarthy (1977), "Epistemological Problem of Artificial Intelligence", In Ginsberg, M. (ed.) (1987), p 46.

24) J. McCarthy (1980), p. 146.

대한 정확한 기술이 아니다. 문제를 정확하게 표현하기 위해, 다리가 없으며 헬리콥터가 없다는 식으로 없는 모든 것들을 명제로 표현할 필요는 없다고 사이먼(H. A. Simon)은 말한다. [25] 우리는 우리가 직면한 상황에서 그 상황에서 참인 것을 명확하게 진술하고 그 상황에서 참이 아닌 것에 대한 진술을 생략하는 표현에 기초하여 문제상황에 대해 추리해야 한다. 그 상황에서 어떤 것이 참이고 참이 아니냐 하는 것은 논리의 문제가 아니고 사실의 문제이다.

맥카시는 문제진술에 명확하게 표현되지 않은 상식적 지식을 문제해결자가 공급해야 한다고 주장한다. 그 지식은 우리가 취하는 입장과는 무관하게 문제해결에 필요하다. 문제표현을 위해 제공되야 하는 상식적 지식은 경험적 지식이며, 고려중인 문제영역에 특수한 지식이고, 경험적 지식이 변화할 때 수정되어야 한다. 그러나 이 지식은 명확한 명제의 형태로 제공될 필요는 없다. 이렇게 불완전한 지식에 기초하여 추리하는 것이 우리의 일상적인 추리이며 상식적인 추리이다. 이런 상식적 추리를 비단조 논리가 잘 반영하고 있다. 그리고 비단조 논리의 이런 형식이 없으면 상식적인 사실을 일상언어로 표현하기가 어렵다. [26]

4. 비단조 논리적인 신념수정

불완전한 정보에 기초하여 의사결정을 하는 체계에서 행위의 기초가 되는 한 신념은 다른 신념의 부재에 의존하게 된다. 그러나 다른 신념이 믿어지면 기존의 신념은 믿어질 수 없게 된다. 이런 종류의 행위는 비단조적이라 불린다. 이 경우 기존신념과 다른 신념 사이에 모순이 발생하게 되며 신념은 수정되야 한다.

우리가 비단조적으로 추리하다 보면 모순에 직면하게 된다. 신념수정은 모순된 정보를 포함할 수 있는 지식토대 안에서 추리가 진행될 때 중요하다. 새로운 정보의 출현에 따라 신념수정의 문제를 다루는 것이 신념수정

25) H. A. Simon(1983), "Search and Reasoning in Problem Solving", *Artificial Intelligence* 21, p. 21.
26) J. McCarthy(1980), p. 147.

체계(belief revision system)이다. 신념수정 체계[27]는 모순을 다루는 인공지능 프로그램이다. [28] 신념수정 체계는 지식토대의 일부분만을 고려할 수 있으며 그 집합으로부터 추리를 진행하다가 모순이 발견되면 그 집합을 다른 집합으로 바꾸며(신념을 수정하며) 새로운 집합에 포함되지 않는 모든 명제를 무시한다. [29]

모순을 다루는 전통적인 방식은 최근에 이루어진 의사결정을 변경시키는 것이다. (chronological backtracking.) 다른 방식은 가장 최근에 이루어진 선택을 변경하는 것이 아니라 예기치 않은 조건을 야기한 가정들을 변경하는 것이다. (dependence-directed backtracking.) 두번째 방식은 인공지능 분야에 많은 연구를 내놓았으며 그것은 신념수정(belief revision)이라고 불린다. 신념수정은 새로운 정보가 기존의 정보와 모순을 일으킴이 발견되었을 때 일련의 신념을 수정하는 문제를 다루는 인공지능 연구분야이다. 신념수정의 연구주제는 신념표현에 대한 연구, 특히 신념의존 개념을 표현하는 방법, 모순을 야기한 신념의 집합을 선택하는 방법의 개발, 원래의 신념집합으로부터 일련의 신념을 제거하는 기술의 개발 등을 포함한다.

신념수정 체계는 지식토대(knowledge base)를 가지고 지식토대 안의 명제들로부터 추리를 한다. 프로그램은 지식토대 안의 정보를 조작한다. 대부분의 조작은 지식토대 안의 정보로부터 이끌어 낸 추리로 구성된다. 그리고 모든 추리는 지식토대에 부가된다. 일반적으로 신념수정 체계는 대안을 탐구하고 선택을 하며 그 선택의 결과를 탐구하면서 다른 선택을 하였을 때 얻어지는 결과들을 비교한다. 이 과정중에 모순이 발견되면 신념수정 체계는 지식토대를 변경하여 (즉, 일부명제들을 배제하여) 그 모순을 제거한다. 신념수정 체계가 다른 명제들의 집합을 고려할 때 신념수정 체계가 신념을 변경한다고 말한다. [30]

---

27) J. Martins(1992), "Belief Revision", In S. C. Shapiro (editor-in-chief) (1992), *Encyclopedia of Artificial Intelligence*, vol. 1, 2, Second Edition, John Wiley & Sons, Inc. p. 113.

28) J. Martins, and S. Shapiro(1986), "Theoretical Foundations for Belief Revision", In Hapern, J. (ed.) (1986), p. 384.

29) J. Martins, and S. Shapiro(1988), "A Model for Belief Revision", Artificial Intelligence 35, p. 70.

신념수정 체계는 지식토대 안의 각 명제가 어떻게 얻어졌는가를 기록해야 한다. 명제의 기원을 기록하는 방식에는 두 가지가 있다. 첫째는 정당화에 기초한 체계(justification-based system)로 도일(Doyle), 맥칼레스터(McAllester), 맥더모트(McDermott) 등이 주장한다. 정당화에 기초한 체계에서, 각 명제의 지지는 그 지지를 직접적으로 야기한 명제들을 포함한다. 둘째는 전제에 기초한 체계(assumption-based system)[31]로 마틴스(Martins), 샤피로(Shapiro), 완드(Wand), 드클리어(de Kleer) 등이 주장한다. 전제에 기초한 체계에서, 각 명제의 지지는 그 명제를 산출한 가설들(도출되지 않은 명제들)을 포함한다.

이제 예를 들어 보자. 지식토대가 다음의 명제들을 포함한다고 해보자.[32]

$$\forall (x)[Man(x) \rightarrow Person(x)]$$
$$\forall (x)[Person(x) \rightarrow Human(x)]$$
$$\forall (x)[Human(x) \rightarrow Person(x)]$$

지식토대에 Man(Fred)을 부가하면 Person(Fred)가 도출되며 다시 Human(Fred)가 도출될 것이다. Human(Fred)을 부가하면 Person(Fred)가 재도출된다.

전제에 기초한 체계에서 각 명제의 지지는 그 명제를 산출한 가설을 포함한다. Person(Fred)이 $\forall(x)[Man(x) \rightarrow Person(x)]$와 Man(Fred)에 의해 도출되면 Person(Fred)은 이 가설들에 의해 지지된다. 즉, 그 지지는 Man(Fred)과 $\forall(x)[Man(x) \rightarrow Person(x)]$이다. Human(Fred)가 도출되면 그것은 $\forall(x)[Person(x) \rightarrow Human(x)]$와 Person(Fred)에 기초되는 가설에 의해 지지받는다. 그것은 Man

---

30) J. Martins, and S. Shapiro(1986), p. 384.

31) 마틴스와 샤피로는 다음과 같은 이유에서 전제에 기초한 체계가 정당화에 기초한 체계보다 몇 가지 장점을 갖는다고 주장한다. 첫째는 모순에 대한 가능한 원인을 확인한다는 점이고, 둘째는 일련의 신념들을 변경한다는 점이며, 셋째는 일련의 신념들을 비교한다는 점이다.

32) E. Charniak, C. Riesbeck, and D. McDermott(1980), *Artificial Intelligence Programming* (Erlbaum, Hillsdale, NJ), p. 197.

(Fred), $\forall(x)[Man(x) \rightarrow Person(x)]$, $\forall(x)[Person(x) \rightarrow Human(x)]$에 의해 지지받는다. 유사하게, Person(Fred)가 다시 도출되면 그것은 Man(Fred), $\forall(x)[Man(x) \rightarrow Person(x)]$, $\forall(x)[Person(x) \rightarrow Human(x)]$, $\forall(x)[Human(x) \rightarrow Person(x)]$에 의해 지지받는다.

신념수정 체계의 중요한 문제는 모순을 야기할 수 있었던 모든 명제들을 확인하는 것이다. 이것은 두 가지 이유에서 중요하다.[33] 첫째로, 우리는 모순과 무관한 전제들을 원인으로써 비난하지 말아야 하기 때문이다. 둘째로, 우리는 모순에 대해 책임있는 전제들을 찾을 때 모순에 대해 책임있을 수 있는 전제들을 빠뜨리지 말아야 하기 때문이다. 이런 점 때문에 신념수정 체계는 지식토대 안의 각 명제가 어떻게 얻어진 것인가를 기록해야 한다. 이 기록들은 모순의 원인을 찾을 때 조사된다. 지식토대 안의 모든 명제와 관련하여, 각 명제가 어떻게 얻어진 것인가를 말해 주는 일련의 집합──명제에 대한 지지라고 불리는 집합──이 있다.

모순의 원인을 선택한 후에 신념수정 체계는 모순의 원인을 포함하지도 않고 그 모순으로부터 도출된 어떤 명제도 포함하지 않는 일련의 명제를 고려한다. 다시 말하면 신념을 수정한다. 더 나아가 일련의 명제들을 고려한 다음에 신념수정 체계는 지식토대에 남아 있을 수 있는 다른 모든 명제들을 무시한다.

신념수정의 문제를 다루기에는 비단조 논리가 적합하다. 비단조 논리는 새로운 정보가 기존의 결론을 철회시키는 문제를 다룬다. 새로운 정보가 이전의 결론을 대체하는 것을 허락하기 위해서는 신념에 대한 비단조적 추리를 사용해야 한다.[34] 새로운 정보가 야기한 모순을 다루거나 이전의 결론의 수정에 이르는 새로운 정보의 현상을 다루는 데에 단조논리는 부적절하다. 인공지능 연구자들은 새로운 정보가 계속 유입되는 문제에 부닥친다.[35] 따라서 변화에 따른 합리적인 신념수정 문제는 비단조적인 방식으로 취급되어야 한다.

예를 들어 보자.[36] 윌리엄은 창문을 내다보며 정원에서 자신의 딸과 놀

---

33) J. Martins, and S. Shapiro (1986), p. 388.
34) J. Doyle (1979), "A Truth Maintenance System", *Artificial Intelligence* 12, p. 231.
35) D. McDermott, and J. Doyle (1980), "Non-Monotonic Logic I", In Ginsberg, M. (ed.) (1987). p. 112.

고 있는 소녀가 어제 만났던 소녀 코니라고 믿었다. 나중에 윌리암은 코니에게 일란성 쌍둥이인 로라가 있다는 것을 알게 되었다. 이러한 새로운 정보가 부가됨으로써 정원에서 딸과 같이 놀던 소녀에 대한 자신의 신념은 수정되게 된다. 그러나 윌리암은 자신의 신념의 최초 정당화가 어떤 잘못된 신념에 근거하고 있다고 생각할 필요가 없었다. 자신은 어제 만났던 소녀 코니에 대한 지각을 갖고 있으며 창문을 통해 내다본 소녀에 대한 지각이 어제 만났던 코니에 대한 지각과 일관성이 있는 한 자신의 신념은 타당하기 때문이다. 또한 그는 코니가 쌍둥이를 갖고 있을지도 모른다고 생각할 필요는 없었다. 왜냐하면 윌리암은 그때까지 코니가 쌍둥이를 갖고 있다는 사실을 듣지 않았기 때문이다. 그러나 코니에게 쌍둥이가 있다는 것을 알고 난 지금 윌리암은 자신이 보았던 소녀에 대한 지각현상이 객관적으로 믿을 만한 것이 아니라고 생각하였다. 그러므로 자신의 초기신념은 잘못된 지각현상에 근거하고 있기 때문에 주관적으로 정당화되었다고 생각한다.

위의 예에서 우리는 비단조적인 추리가 적용되는 것을 알 수 있다. 윌리암은 초기신념 상태에서 코니가 딸과 함께 정원에서 놀고 있다고 결론내렸다. 그러나 새로운 정보를 얻고 나서 그는 그런 결론을 수정하였다. 그러나 초기의 증거는 결론을 내릴 당시 완전히 적합하였다. 이런 예에서 알 수 있듯이 새로운 정보가 부가되어 원래의 신념이 유지되지 못할 경우 (원래의 신념이 수정될 경우) 행위자는 비단조적으로 추리한다는 것을 알 수 있다.

우리의 신념이 합리적이라고 말하는 것은 그 신념을 유지하기에 수락가능한 이유가 있다고 말하는 것이다. [37] 따라서 합리적 사유는 수락가능한 이유를 찾는 과정이다. [38] 행위자가 어떤 목적을 갖더라도 그 목적은 신념의 이유를 구성하는 과정을 통해 진행된다. 어떤 행위가 취해지는 것은 그 행위의 이유가 행위자의 신념이나 욕구에 의해 발전될 수 있기 때문이다. 우리의 행위는 현재의 신념에 기초하여 이루어지는데, 시간이 지남에 따라 새로운 정보가 들어와서 이전의 신념은 과거의 신념이 된다. 우리의

---

36) G. Harman(1986), *Change in View*, MIT Press, p. 44.
37) 물론 신념만이 아니라 우리의 욕구나 의도나 행위에 대해서도 동일하게 말할 수 있다.
38) J. Doyle(1979), p. 233.

신념은 비단조적으로 수정된다. 우리는 현재의 신념을 계속해서 새롭게 해야 한다.

5. 결론 및 전망

인간의 추론능력은 다양한 형태를 띠고 있다. 특히 상식이라는 지식은 매우 광범위하고 이에 사용되는 규칙도 다양하다. 비단조 논리는 이를 모형화하기 위한 한 방법론이다. 비단조 논리는 현재 활발하게 연구되고 있는 논리이며 아직 체계화가 완성되지 않았기 때문에 많은 논쟁이 진행되고 있다.

비단조 논리가 여러 가지 한계를 갖고 있지만 우리가 관심을 가져야 할 부분은 신념의 확장(extension)이다. 세계에 대한 우리의 지식은 일련의 문장들로 표현되는데 그 문장들은 보통 불완전하다. 우리는 초기화 규칙에 의해 불완전한 지식을 확장시킬 수 있다. 사이먼은 비단조 논리의 특징을 다음과 같이 말한다. 비단조 추리의 핵심은 기존명제와의 일관성에 기초하여 직접적인 증명없이 어떤 명제를 주장하는 것이다.

비단조 추리는 일련의 신념과의 일관성에 기초하여 일정한 신념을 이끌어 내고 있다. 새가 난다는 사실이 다른 신념과 충돌하지 않는다면 그 새는 난다고 결론내릴 수 있다. 그러나 새들이 나느냐 날지 않느냐의 문제는 새와 난다는 술어를 다루는 문제이지 특정한 신념을 가진 사람과의 문제가 아니다. 그러므로 새와 난다의 관계는 다른 신념과 독립적으로 해결되어야 한다. 그러나 내가 알고 있는 모든 것이 새는 전형적으로 난다는 것과 독수리는 새라는 것이라면 독수리는 난다고 추리하는 것은 합리적인 것 같다. 이런 접근법은 새와 나는 것(flight)의 관계를 표현하는 것이 아니라 일련의 신념을 일관성있게 확장하는 방법을 우리에게 알려 주는 것으로 간주할 수 있다.

비단조 논리는 1980년을 전후로 해서 본격적으로 연구가 시작되었다. 『인공지능』(Artificial Intelligence)지는 1980년 특별이슈로 비단조 논리를 다루었다. 1984년에는 뉴욕에서 국제적인 워크숍이 개최되었으며, 그 이후 1987년부터는 비단조 논리에 대한 국제적인 워크숍이 2년마다 개최되고 있다.

현재 비단조 논리 연구분야에서 가장 주목받는 문제는 상식을 형식화하는 문제이다. 이런 측면에서 최근에 출간된 맥카시의 저서, *Formalizing Common Sense:Papers by John McCarthy* (1990년)는 시사하는 바가 많다. 맥카시는 인공지능의 개척자 중의 한 사람이며 비단조 논리 분야에도 영향력있는 논문을 내놓고 있다. 이 책은 맥카시가 1959년부터 1988년까지 발표한 17개의 논문들을 포함하고 있다. 맥카시는 상식을 형식화하는 문제에 가장 큰 관심을 보이고 있다. 이 책에서도 그는 인간의 상식이 실현한 지적인 능력을 이해하고 모델화하는 문제를 집중적으로 고찰하고 있다.

참고문헌

정영기(1995), "비단조 논리(Non-monotonic Logic) 연구", 『동서철학연구』 제12집.

Akman, V. (1995), "Book Review, V. Lifschitz, ed., *Formalizing Common Sense : Papers by John McCarthy*", *Artificial Intelligence* 77.

Brown, F. M.(ed.) (1987), *The Frame Problem In Artificial Intelligence*, Proceedings of the 1987 Workshop, Morgan Kaufmann Publishers, Inc.

Charniak, E., and D. McDermott(1985), *Introduction to Artificial Intelligence*, Addison-Wesley Publishing Company.

Cohen, P. R., and E. A. Feigenbaum(eds.) (1982), *The Handbook of Artificial Intelligence*, Vol. Ⅲ, William Kaufmann, Inc.

Delgrande, J. P. (1988), "An Approach to Default Reasoning Based on a First-Order Conditional Logic : Revised Report", *Artificial Intelligence 36.*

Etherington, D. W. (1987), "Formalizing Nonmonotonic Reasoning Systems", *Artificial Intelligence* 31.

Fetzer, J. H. (ed.) (1988), *Aspects of Artificial Intelligence*, Kluwer Academic Publishers.

Fischler, A., and O. Firschein (1987), *Intelligence : the eye, the brain, and the computer*, Addison-Wesley Publishing Company, Inc.

Geffner, H. (1992), *Default reasoning : causal and conditional theories*, The MIT Press.

Ginsberg, M. L. (1986), "Counterfactuals", *Artificial Intelligence* 30.

_____ (ed.) (1987), *Readings in Nonmonotonic Reasoning*, Morgan Kaufmann Publishers, Inc. Los Altos, California.

Giunchiglia, F. (1995), "An epistemological science of common sense", *Artificial Intelligence* 77.

Levesque, H. J. (1990), "All I Know : A Study in Autoepistemic Logic", *Artificial Intelligence* 42.

Lifschitz, V. (ed.) (1990), *Formalizing Common Sense:Papers by John McCarthy*, Ablex Publishing Corporation, Norwood, NY.

Martins, J. (1992), "Belief Revision", In Shapiro, S. C. (editor-in -chief) (1992), pp. 111-116.

Martins, J., and S. Shapiro (1986), "Theoretical Foundations for Belief Revision", In Hapern, J. (ed.) (1986).

McCarthy, J. (1986), "Applications of Circumscription to Formalizing Common-Sense Knowledge", *Artificial Intelligence* 28.

McDermott, D. , and J. Doyle (1980), "Non-Monotonic Logic Ⅰ ", In Ginsberg, M. (ed.) (1987).

Moore, R. (1987), "Semantical Considerations on Nonmonotonic Logic" In Ginsberg, M. (ed.) (1987).

Mott, P. L. (1987), "A Theorem on the Consistency of Circumscription", *Artificial Intelligence 31*.

Osherson, D. N., and *E. E.* Smith (eds.) (1990), Thinking——An Invitation to Cognitive Science, Volume 3, The MIT Press.

Rankin, T. L. (1988), "When is reasoning nonmonotonic？", In Fetzer, J. H. (ed.) (1988),

Reiter, R. (1988), "Nonmonotonic Reasoning", In Shrobe, H. E., and AAAI(eds.) (1988).

Shapiro, S. C. (editor-in chief) (1992), *Encyclopedia of Artificial Intelligence*, vol. 1, 2, Second Edition, John Wiley & Sons, Inc.

Shrobe, H. E. , and AAAI(eds.) (1988), *Exploring Artificial Intelligence*, Survey Talks from the National Conference on Artificial Intelligence, Morgan Kaufmann Publishers, Inc. 20, pp. 311-20.

Simon, H. A. (1983), "Search and Reasoning in Problem Solving", *Artificial Intelligence* 21, pp. 7-29.

Trigg, G. L. (ed.) (1991), *Encyclopedia of Applied Physics*, vol 2, VCH Publishers, Inc.

Wallsten, T.(ed.) (1980), *Cognitive Processes in Choice and Decision Behavior*, Lawrence Erlbaum Associates, Publishers.

제 2 부 논리와 언어

부사구 수식의 문제
조건문의 선행적 해석과 역행적 해석
명제논리와 스위치 회로
추론역할적 의미론과 의미총체주의
실행용이성과 정당화

부사구 수식의 문제

김 영 정

개 요

데이빗슨은 자신의 구체자 사건론이 치솜의 추상자 사건론에 비해 시-공간 부사구 수식의 문제를 잘 설명해 낼 수 있으므로 우월한 사건이론이라고 주장한다. 왜냐하면 이 부사구 수식의 문제를 설명하기 위해서는 존재양화된 속박변항의 값으로 구체적 사건을 인정하여야만 하는 것처럼 보이며, 또 콰인의 존재론적 개입의 기준에 의하면 구체적 사건의 존재양화가 필수적이라면, 우리는 구체적 사건을 기초적 존재자로서 인정하지 않을 수 없기 때문이다.

이 논문에서 필자는 치솜(Chisholm)의 추상자 사건론 또한 부사구 수식의 문제를 설명할 수 있다는 것을 논변하겠다. 이 문제를 처리하는 데에 있어서 추상적 사건론이 가지는 외견상의 난점은 추상적 사건론 그 자체로부터 기인하는 것이 아니라 사건문장과 행위문장들에 대한 불충분한 분석에서 기인하는 것으로 진단한다. 필자는 더 나아가 사건범주 파생론 또한 부사구 수식의 문제를 잘 처리할 수 있다는 것을 논변하고자 한다. 결국 필자는 사건은 양화될 필요가 없다는 것을 이 논문에서 주장할 것이다.

1. 서 론

데이빗슨(Davidson)은 사건 내지 행위문장들의 논리적 형식에 대한 그의 작업을 토대로 자신의 존재론적 주장들을 펼친다. 그중에서도 데이빗슨은 특히 자신의 탐구가 사건 및 행위들이 속박변항의 값으로서 우리의 존재론에 수용되어야 한다는 것을, 또한 사건 및 행위들이 다양한 비동치적 방법으로 기술되고 지시될 수 있는 '개별자'라는 것을 보여 준다고 주장해 왔다. 데이빗슨은, 그러한 자신의 비구조적 구체자 사건론이 추상적 사건론에서는 분명히 장애물이 되고 있는 시공간 수식어를 포함한 부사구 수식의 문제를 잘 해결할 수 있기 때문에, 자신의 이론을 받아들이는 것이 불가피하다고 단언한다.

이 논문에서 필자는 우선 치솜(Chisholm)의 이론 또한 부사구 수식의 문제를 설명해 낼 수 있다는 것을 논변하겠다. 이 문제를 처리하는 데에 있어서 추상적 사건론이 가지는 외견상의 난점은 추상적 사건론 그 자체로부터 기인하는 것이 아니라 사건문장과 행위문장들에 대한 불충분한 분석에서 기인하는 것이다. 필자는 치솜이 시공간 수식어를 포함한 부사구 수식의 문제에 적절히 대처하는 데에 필요한 제반장치들을 갖추고 있다고 믿는다. 이어서, 필자는 더 나아가 사건범주 파생론 또한 부사구 수식의 문제를 잘 처리할 수 있다는 것을 논변하고자 한다. 이로써 사건은 양화될 필요가 없다는 것이 보여질 것이다. [1]

2. 추상적 사건론과 시공간 수식어

논문 「다시 事象에 대해」(States of Affairs again)에서 치솜은 다음과 같이 언급한다.

사건 혹은 사상에 대한 적절한 이론은 다음의 두 진술들이 왜 서로를

---

[1] 사건이론들에 대한 보다 자세한 설명은 졸고 「사건존재론」 참조.

함축한다고 말할 수 있는지를 분명히 밝혀야만 한다.

　(1) 세바스찬의 새벽 2시에 볼로냐에서의 산책함이라는 사건이 일어난다.

　(2) 세바스찬은 새벽 2시에 볼로냐에서 산책한다.

　적절한 이론은 또한 왜 위의 진술들 각각이 다음 진술들 각각을 함축한다고 말할 수 있는지를 분명히 밝혀야만 한다.

　(3) 세바스찬은 새벽 2시에 산책한다.

　(4) 세바스찬은 볼로냐에서 산책한다.

　(5) 세바스찬은 산책한다.

　이 두 문제 중 후자는 데이빗슨이 부사구 수식의 문제라고 부르는 것이다.[2]

첫번째 문제에 관해, 치솜은 계속해서 다음과 같이 말한다.

　첫번째 문제와 관련하여 나는 다음과 같은 도식을 제안하고자 한다. 여기서 'p'는 올바른 형식의 (well-formed) 어떠한 문장에 의해서도 대치될 수 있고 "p가 아니다"는 그 문장의 부정에 의해 대치될 수 있다.

　(A) $(\exists x)[(x$는 p라는 사실에 있다$)$ & $(x$가 일어난다$)] \leftrightarrow p$

　(B) $(\exists x)[(x$는 p라는 사실에 있다$)$ & $-(x$가 일어난다$)] \leftrightarrow p$가 아니다.

　원리 A와 B는 부분적으로 사상에 대한 우리의 개입 (commitment)을 반영한다고 말할 수도 있다.

　이제 위의 진술 (1)은 "$(\exists x)(x$는 세바스찬이 새벽 2시에 볼로냐에서 산책한다는 사실에 있다. 그리고 x가 일어난다$)$"라는 진술에 대한 비형식적 번역이라고 간주될 수 있다. 그러나 원리 (A)에 의해서 이 진술은 "세바스찬은 새벽 2시에 볼로냐에서 산책한다"는 진술, 즉 진술 (2)와 동치이다. 그러므로 (1)과 (2)는 서로를 함축한다고 볼 수 있다.[3]

---

2) "States of Affairs again", Nous, vol. 5(1971), pp. 180-181.

3) "States of Affairs Again", p. 181.

논문 「영원한 사건 대 순간적 사건」(Eternal v. s. Ephemeral Events)에서, 데이빗슨은 (A)와 (B) 사이의 비일관성을 근거로 하여 치솜의 도식을 공격한다. 그러나 데이빗슨의 비판을 고찰해 보기 전에, 먼저 도식 (A) 자체가 잘 정식화되었는지를 검토해 보자. 사실 필자에게는 어떻게 위의 진술 (1)을 "(∃x)(x는 세바스찬이 새벽 2시에 볼로냐에서 산책한다는 사실에 있다. 그리고 x가 일어난다)"에 대한 번역으로 생각할 수 있는지가 분명치 않다. 무엇보다도, "—라는 사실에 있다"라는 어구가 필자에게는 다소 모호하다. 비록 데이빗슨 또한 자신의 논문 「행위문장의 논리적 형식」(The Logical Form of Action Sentences)에서 이 어구를 사용하고 있기는 하지만 말이다. 두번째로, 도식 (A)를 정식화하는 데 있어서 시공간 수식어에 대해 좀더 주의를 기울였어야 했다. 김재권이 지적하는 것처럼, 치솜식의 사건은 일종의 단축된 명제이다. 즉, 우연적 사물들과 그것들의 속성들을 포함하는 명제에서 특정시간의 언급이 제거되면 우리는 사건을 얻는다. 그러므로 (특정한 날짜가 없는) "시저가 루비콘강을 건넘"과 같은 사건은 논리적으로 한 번 이상 일어날 수 있는 반면, (특정한 날짜가 채워진) "시저가 기원전 48년에 루비콘강을 건넘"과 같은 명제는 늘 그렇거나 결코 그렇지 않다. 즉 "영원히 참이거나 영원히 거짓이다." 사건은 그 자체로 어떤 특정시간의 언급을 포함하고 있지 않기 때문에, 진술 (1)은 다음과 같이 좀더 정확하게 재진술될 수 있다.

(1') 세바스찬의 산책함이라는 사건이 새벽 2시에 볼로냐에서 일어난다.

그러므로 필자는, 시공간 수식어가 사건으로부터 분리되고, 모호한 어구인 "—라는 사실에 있다"가 "—의 동명사적 명사화(gerundial nominalization)에 의해 지칭된다"라는 어구로 대치된, 수정도식 (A')를 제안하고자 한다.

(A') (∃x)[(x는 s의 동명사적 명사화에 의해 지칭된다) & (x는 시간 t에 장소 p에서 일어난다)] ↔ 시간 t에 장소 p에서 s이다.[4]

(A)에서의 p와 (A')에서의 s간의 유일한 차이점은, 완전한 직설법 문장 p가 시공간 수식어를 포함하고 있는 반면 단축된 직설법 문장 s는 자신 안에 시공간 수식어를 포함하고 있지 않다는 점이다. 만약 (A) 대신 (A')를 받아들인다면, 모호한 어구인 "―라는 사실에 있다"는 사용될 필요가 없으며, (∃x)에서의 x가 그 자체로 어떠한 특정시간의 언급에도 관여하고 있지 않으므로 이 x가 반복될 수 있는 추상적 사건이라는 점이 분명해진다. 더구나 진술 (1)은 쉽사리 "(∃x)(x는 직설법 문장 '세바스찬은 산책한다'의 동명사적 명사화에 의해 지칭된다 & x는 새벽 2시에 볼로냐에서 일어난다)"로 번역될 수 있다. 그리고 이 후자의 진술은 원리 (A')에 의해, "세바스찬은 새벽 2시에 볼로냐에서 산책한다"는 진술, 즉 진술 (2)와 동치이다. 그러므로, (A')는 왜 위의 진술 (1)과 (2)가 서로를 함축하는지를 명료하게 설명할 수 있으면서 동시에 사건이 반복될 수 있는 추상적 존재자라는 점을 나타내 주는 이점을 가진다.

이제 치솜의 두 도식 (A)와 (B)에 대한 데이빗슨의 공격을 고찰해 보자. 데이빗슨은 다음과 같이 언급한다.

"p가 아니다"가 올바른 형식의 모든 문장에 대한 일상적 부정이기 때문에, 우리는 두번째 도식의 양변 모두를 부정해서, [우변의] 이중부정을 없애 버릴 수 있다. 다음에는 쌍조건문의 전이성(transitivity)에 의해, 우리는 두 도식을 결합하여 다음을 얻을 수 있다.

(11) (∃x)[(x는 p라는 사실에 있다) & (x가 일어난다)] ↔ -(∃x)[(x는 p라는 사실에 있다) & -(x가 일어난다)]

이제 잠시 동안, p라는 사실이 존재하지 않는다고, 즉 -(∃x)(x는

---

4) 제임스 밴 클리브(James Van Cleve) 교수는 이 도식의 문제점 하나를 지적했다. 처음에 발생하는 's'가 가리키는 것은 문장의 이름이므로 이때 's'는 변항의 대입어(substituend)이어야 한다. 하지만 두번째 발생하는 's'가 가리키는 것은 문장 그 자체이므로 이때 's'는 도식문자의 대입어이어야 한다. 그러나 그가 필자에게 제안하는 것처럼, 이 문제는 위의 도식을 "(∃x)(x=[s] & x는 시간 t에 장소 p에서 일어난다) ↔ 시간 t에 장소 p에서 s이다"로 수정함으로써 극복될 수 있다. (여기서 's'는 문장을 위한 도식문자이고 '[ ]'는 문장 주위에 놓았을 때 사상 지칭자를 낳게 하는 조작이다.) 그러나 용이한 직관적 이해를 위해서, 필자는 필자의 원래 도식을 이 수정된 도식으로 대치시키지 않겠다. 그러므로, 필자는 독자들이 도식 (A')와 다른 비슷한 도식들을 이런 방식으로 읽기를 바란다.

p라는 사실에 있다)라고 가정하자. 그렇다면 (11)의 우변은 참이고 따라서 좌변도 참일 것이다. 그러나 좌변은 p라는 사실이 정말 존재한다는 것을 함축한다. 그러므로 p라는 사실은, 그것이 어떠한 사실이건 간에 상관없이 존재한다.[5]

비록 위의 인용문 자체는 모든 사건이 존재한다는 치솜식의 입론이 어떻게 옹호될 수 있느냐를 보여 주려는 것으로 향해져 있기는 하지만, 그럼에도 불구하고 이 인용문은 두 도식간의 비일관성을 드러내 보이려 하고 있다. 이러한 언급 뒤에, 실제로 데이빗슨은 위의 두 도식을 적절히 공격한다. 그러므로 치솜은 두 도식 중 하나 혹은 모두를 수정해야만 한다. 우리는 이미 도식 (A)의 수정인 도식 (A')가 잘 작동하는 것을 보았기 때문에, 도식 (B)를 고치는 것이 합당할 것이다. 필자는 다음과 같은 새로운 도식을 제안하고자 한다. 이 도식의 좌변은 정확히 (A')의 좌변에 대한 부정이다.

(B') (x)[(x는 s의 동명사적 명사화에 의해 지칭된다) → -(x는 시간 t에 장소 p에서 일어난다)] ↔ (시간 t에 장소 p에서 s이다)가 아니다.

만약 우리가 (B) 대신에 (B')를 받아들인다면, 술어연산(predicate calculus)에 의해서 (B')의 좌변이 (A')의 좌변의 부정으로부터 도출되고 또한 그 역도 성립하므로,[6] 우리는 데이빗슨의 비판을 극복해 낼 수 있다. 그리고 이 도식 (B')는 직관적으로도 적절해 보인다. 예를 들어, "세바스찬이 새벽 2시에 볼로냐에서 산책하는 상황이 아니다"(It is not the case that Sebastian strolls in Bologna at 2 A.M.) 혹은 "세바스찬은 새벽 2시에 볼로냐에서 산책하지 않는다"(Sebastian does not strolls in Bologna)라는 진술은 (B')에 의해 다음과 같이 분석될 수 있다 : "모든 사건 x에 대해서, 만약 x가 '세바스찬은 산책한다'의 동명사적 명사화에 의해 지칭되면, x는 새벽 2시에 볼로냐에서 일어나지 않는다."

---

5) "Eternal v. s. Ephemeral Events", *Nous*, vol. 5(1971), p. 343.
6) 이들간의 상호도출 가능한 동치관계는 다음과 같이 형식화될 수 있다 : "(x)(Px→-Qx) ↔ -(∃x)(Px&Qx)"

그럼에도 불구하고, 도식 (B')는 약점을 지니고 있다. 이 도식은 치솜이 말하려고 의도했던 것을 모두 포착하지는 못한다. 왜냐하면 (B')는, 비록 어떤 사건이 일어나지는 않는다고 하더라도 그 사건은 여전히 존재한다는 사실을 명시적으로 표현하고 있지 않기 때문이다. 그러나 도식 (B')가, 모든 사건들은 그것들이 일어나지 않을지라도 필연적으로 존재한다는 치솜의 가정과 비일관적이지 않다는 것은 명백하다. 부가적인 전제를 채택함으로써, 우리는 (B')로부터 치솜이 의도한 원리인 (B")를 도출할 수도 있다.

(B") (∃x)[(x는 s의 동명사적 명사화에 의해 지칭된다) & ‐(x는 시간 t에 장소 p에서 일어난다)] ↔ (시간 t에 장소 p에서 s이다)가 아니다.

부사구 수식의 두번째 문제와 관련하여, 치솜은 논문 「다시 事象에 대해」에서 여섯 가지의 추론규칙(rule of inference)들을 제안한다. [7]

술어적이거나 관계적인 임의의 표현 E(가령 '산책한다', '붉다', '보다' '크다')를 고려해 보라. 그런 다음에는, 그런 E에 항들이나, 양화사 및 변항들, 혹은 양자 모두를 덧붙임으로써 얻어지는 올바른 형식의 임의의 문장 S를 고려해 보라. 그러면, (1) 임의의 부사구 표현 혹은 임의의 개수의 부사구 표현들의 임의의 연언(conjunction)들 앞에 S를 덧붙인 결과는 올바른 형식의 문장 S^1이다. (2) S^1는 S를 함축한다. (3) S^1는 S^1에 나타나는 임의의 부사구 표현 혹은 S^1에 나타나는 부사구 수식들의 임의의 연언 앞에 S를 덧붙인 결과를 함축한다. (4) 임의의 개수의 부사구 표현의 임의의 선언(disjunction) 앞에 S를 덧붙인 결과는 올바른 형식의 문장 S^2이다. (5) S^2는 S를 함축한다. (6) S^2에 나타나는 임의의 부사구 표현, 혹은 S^2에 나타나는 부사구 수식들의 임의의 선언 앞에 S를 덧붙인 결과는 S^2를 함축한다. [8]

7) 물론 이들 중 몇몇은 형성규칙(formation rule)들이다. 그러나 우리는 여기서 주로 추론에 대한 문제에 관심을 가지고 있으므로 필자는 이 점을 고려하지 않겠다.

8) p. 182.

논문 「영원한 사건 대 순간적 사건」에서, 데이빗슨은 치솜의 추론규칙을 평가하면서 다음과 같이 언급한다.

치솜은 내가 '부사구 수식'이라고 부르는 것들에 대한 자신의 설명을, 내가 했던 비판에 대응할 수 있게끔 조절하였다. 문제가 되었던 것은, (이제는 친숙해져 버린 문제이지만) 예를 들어 왜 "세바스찬은 새벽 2시에 볼로냐에서 산책한다"로부터 "세바스찬은 새벽 2시에 산책한다"의 추론이 타당하냐는 것을 보이는 이론을 주는 데에 관한 것이다. 치솜의 새로운 해결책은 사상에 대한 그의 이론과는 단순히 독립적인 추론규칙을 진술하는 것이다…. 이 규칙이 치솜의 존재론과 아무 관련도 없으므로 이 규칙은 치솜의 존재론을 지지하는 데에 사용될 수 없다. [9]

치솜의 추론규칙에 대한 데이빗슨의 평가는 필자에게도 합당하게 보인다. 치솜의 추론규칙은 그의 존재론과 아무런 관련이 없다. 방법론적인 관점에서 볼 때, 자신의 존재론을 지지하는 추론규칙을 갖고 있는 이론이 더 나은 이론이라는 것은 명백하다. 왜 치솜은 그러한 세련되지 않은 추론규칙들을 채택하여야만 하는가? 무엇 때문에 추상적 사건 이론가들이 부사구 수식의 문제를 해결하지 못하고 있는가? 추상적 사건 이론가들에게 진정한 장애물이 무엇인지를 알아보기 위해, 데이빗슨의 논문 「개별자로서의 사건」(Events as Particulars)에서 한 문단을 인용해 보겠다.

적절한 이론은 부사구 수식에 대한 설명을 줄 수 있어야 한다. 예를 들어, (1) "세바스찬은 새벽 2시에 볼로냐의 거리들을 산책했다"가 참이라고 말해지는 조건들은 왜 이것이 (2) "세바스찬은 볼로냐 거리들을 산책했다"를 함축하는지 분명히 밝혀야만 한다. 만약 우리가 (1)을 "세바스찬의 산책함이라는 그러한 x가 있어서, x는 새벽 2시에 진행되었고, x는 볼로냐의 거리들에서 일어났다"로 분석한다면, 위의 함축은 부사구 수식 (의 많은 경우들)과 논리적으로 같은 종류의 것으로 설명된다. 그러나 이러한 분석은 개별자로서의 사건을 요구한다. 치솜은 (1)

---

9) p. 347.

을 (1') "어떤 x가 있어서 x는 세바스찬의 산책함과 동일하고, x는 새벽 2시에 일어났고, x는 볼로냐의 거리들에서 일어났다"로 분석한다. 이것은 정말 (2)를 함축한다. 그러나, 마땅히 그래야 됨에도 불구하고, "세바스찬은 산책했다"를 함축하지는 않는다. (이 마지막 것에 대한 치솜식의 변형은 "어떤 x가 있어서 x는 세바스찬의 산책함과 동일하고, x가 일어났다"이어야 한다.) 치솜은 (1')를 다음과 같이 수정하려고 할지도 모르겠다 : (1") "어떤 x가 있어서 x는 세바스찬의 산책함과 동일하고 x는 새벽 2시에 있고 x는 볼로냐의 거리들에 있고 x가 일어났다." 그러나 (1')과 (1")는 모두 다음과 같은 결점을 공유하고 있다. 그것은, (1)이 참이 아닐 때에도 (1")는 참일 수 있다는 것이다. 가령, 세바스찬이 오후 8시에는 볼로냐에서, 그리고 새벽 2시에는 인스브루크에서 산책했지만, 결코 새벽 2시에 볼로냐에서 산책하지는 않았을 경우가 그렇다. 실제로, 세바스찬이 언젠가 어느 곳에서 한 번이라도 산책하기만 했다면 (1")는 참이다. "어떤 x가 있어서 x는 세바스찬의 새벽 2시에 볼로냐에서의 산책함이고 x가 일어났다"라고 한다면 시간과 공간간의 연관은 회복되지만, 이번에는 (2)와의 추론고리가 파괴된다. [10]

위에서 지적된 바와 같이, 데이빗슨의 사건이 개별자라는 사실 때문에, 진술 (1)을 "세바스찬의 산책이라는 그러한 x가 있어서 x는 새벽 2시에 진행되었고, x는 볼로냐의 거리들에서 일어났다"로 본 데이빗슨의 분석은 (1)에 대한 치솜의 (1')나 (1")로의 분석이 부딪쳐야만 하는 그러한 반례로부터 면제될 수 있다. 그러므로, 그러한 반례로부터 빠져 나오기 위해서는 어떤 구체적인 존재자가 요구된다. 이 요구를 만족시키기 위한 필자의 전략은, 구체적 사건을 구체적 개체로 대치하고, 치솜식의 기본적인 존재론적 존재자로부터 구체화 조작(operation of concretisation)을 통해 구체화된 사건을 구성하는 것이다. 치솜식의 존재론에 따르면, 속성, 관계, 사상과 같은 추상적 실재들뿐이 아니라 개체들 및 개체들의 부분과 같은 구체적 실재들 또한 존재하는 것에 포함된다.

---

10) "Events as Particulars", *Nous*, vol. 4 (1970), p. 30.

『인간과 대상』(*Person and Object*)에서 치솜은, 사람들이 때때로 정말 재채기를 하고, 번개가 때때로 정말 하늘을 가로질러 번쩍거리고, 때때로 소나타가 연주되고, 인간들과 국가들이 곧잘 서로서로 전투를 하기는 하지만, 그럼에도 불구하고 번개의 번쩍임, 음악의 연주, 혹은 전투와 같은 그러한 소멸되어 가는 실재들과 같은 것은 없다는 것을 논변한다. 좀더 분명히 진술한다면 치솜의 주장은, 비록 사상들은 있지만——이들 중 어떤 것들은 일어날 수 있고 어떤 것들은 그럴 수 없으며, 일어날 수 있는 것들 중 어떤 것들은 실제로 일어나고 어떤 것들은 그렇지 않으며, 또한 실제로 일어나는 것들 중 어떤 것들은 반복되고 어떤 것들은 그렇지 않은데——이 이외에 구체적인 사건들은 없다는 것이다. 다른 말로 하자면, 필자가 위에서 지적한 것처럼, 이른바 구체적 사건(concrete event)들이란 구체화된 사건(concretised event)들에 불과하며, 이 구체화된 사건들은 개체, 속성, 사상과 같은 그러한 기본적 실재들로부터 구체화 조작을 통해 구성된다.

구체화는 대충 말해서 특정한 속성을 갖고 있는 어떤 우연적 사물들에 대한 조작이라고 기술할 수 있다. 그리고 모든 사건은 이 구체화 조작, 즉 사건이 함축하고 있는 속성을 갖고 있는 어떤 우연적 사물에 대한 조작을 통해서 얻어진다. 치솜은 "e는 t에서 일어난다"에 대해 이전에 『인간과 대상』에서 주어진 정의를 거부하면서, 『그라쩌 철학연구』(*Grazer Philosophische Studien*) 7호에서 수정된 정의를 제안한다.

e는 장소 p에서 발생한다 =Df. e는 사건이다. 그리고 모든 엄밀한 속성 H에 대해, 만약 e가 H를 함축하면, 어떤 x가 있어서 x는 장소 p상에 존재하는 것이고 x는 H를 갖고 있다.[11]

비록 치솜이 "e는 시간 t에 장소 p에서 발생한다(일어난다)"에 대한 특정한 정의를 주고 있지는 않지만, 약간의 수정을 거치면 이는 손쉽게 다음과 같이 정식화될 수 있을 것이다.

---

11) p. 354.

e는 시간 t에 장소 p에서 발생한다(일어난다)=Df. e는 사건이다. 그리고 모든 (엄밀한) 속성 H에 대해, 만약 e가 H를 함축하면, 어떤 x가 있어서 x는 시간 t상의 것이고, x는 장소 p상의 것이며, x는 H를 갖고 있다.

"세바스찬은 새벽 2시에 볼로냐에서 산책한다"라는 진술 (2)를 고찰해 보면, 진술 (2)는 원리 (A')에 의해 다음과 같이 형식화될 수 있다.

(∃x)[(x는 문장 "세바스찬은 산책한다"의 g. n.[12]에 의해 지칭된다) & (x는 새벽 2시에 볼로냐에서 일어난다)]

여기서 다시 위의 정의에 의해, 연언의 뒷부분인 "x(세바스찬의 산책함이라는 사건)는 새벽 2시에 볼로냐에서 일어난다"는 다음처럼 분석될 수 있다.

세바스찬의 산책함인 x는 사건이다. 그리고 산책함이라는 속성에 대해, 만약 세바스찬의 산책함이 산책함이라는 속성을 함축한다면, 어떤 y가 있어서 y는 세바스찬이고, y는 새벽 2시상의 존재자이고, y는 볼로냐상의 존재자이며, y는 산책함이라는 속성을 갖고 있다.

세바스찬의 산책함이 사건이고 이것이 산책함이라는 속성을 함축한다는 조건은 사소하게 참이기 때문에, 위의 분석은 다음과 같이 간략하게 형식화될 수 있다.

(∃y)[(y는 세바스찬이다) & (y는 새벽 2시상의 존재자이다) & (y는 볼로냐상의 존재자이다) & (y는 산책함이라는 속성을 갖고 있다)]

위의 두 형식화를 결합하면, "세바스찬은 새벽 2시에 볼로냐에서 산책한다"는 진술 (2)는 다음처럼 분석될 수 있다.

---

12) 'g. n.'은 '동명사적 명사화(gerundial nominalization)'의 약자이다.

(∃x)[(x는 "세바스찬은 산책한다"의 g. n. 에 의해 지칭된다) & (∃y){(y는 세바스찬이다) & (y는 새벽 2시상의 존재자이다) & (y는 볼로냐상의 존재자이다) & (y는 산책함이라는 속성을 갖고 있다)}]

이 분석은, 세바스찬이 저녁 8시에는 볼로냐에서 산책하고 새벽 2시에는 인스브루크에서 산책했지만 새벽 2시에 볼로냐에서 산책하지는 않았을 경우와 같은 반례를 피할 수 있다. 세바스찬이 구체적인 개체이기 때문에, 그는 필연적으로 혹은 모든 가능세계에서 영원히 존재하는 것이 아니라 우연적으로 존재한다. 특히 "세바스찬의 산책함은 새벽 2시에 있고 세바스찬의 산책함은 볼로냐에 있다"는 진술은 사건과 같은 그러한 추상적 실재가 영원하고 필연적으로 존재하므로 사소하게 참인 반면에, "세바스찬은 새벽 2시에 있고 세바스찬은 볼로냐에 있다(세바스찬은 새벽 2시상의 존재자이고 세바스찬은 볼로냐상의 존재자이다)"는 진술은 세바스찬이 구체적인 개체이기 때문에 사소하게 참이 아니다. 그러므로 이러한 분석 방식을 따르면 우리는 데이빗슨의 반례를 반박할 수 있는 입장에 설 수 있게 된다.

똑같은 분석방법에 의해, 진술 (3), (4), (5)는 각각 다음과 같이 번역될 수 있다.

(3) 세바스찬은 새벽 2시에 산책한다 ↔ (∃x)[(x는 "세바스찬은 산책한다"의 g. n. 에 의해 지칭된다) & (∃y){(y는 세바스찬이다) & (y는 새벽 2시상의 존재자이다) & (y는 산책함이라는 속성을 갖고 있다)}]

(4) 세바스찬은 볼로냐에서 산책한다 ↔ (∃x)[(x는 "세바스찬은 산책한다"의 g. n.에 의해 지칭된다) & (∃y){(y는 세바스찬이다) & (y는 볼로냐상의 존재자이다) & (y는 산책함이라는 속성을 갖고 있다)}]

(5) 세바스찬은 산책한다 ↔ (∃x)[(x는 "세바스찬은 산책한다"의 g. n.에 의해 지칭된다) & (∃y){(y는 세바스찬이다) & (y는 산책함이라는 속성을 갖고 있다)}]

술어연산에서 한편으로는 진술 (1)과 (2) 사이의 함축관계가 보장되며 다른 한편으로는 (1)과 (3), (4), (5)의 함축관계가 보장된다. 또한 술어연산에서는 진술 (3), (4), (5) 사이의 함축관계도 보장된다. 이 진술 분석방법이 반례들을 피할 수 있을 뿐 아니라 진술들간의 함축관계 또한 설명할 수 있는 이상, 우리는 추상적 사건론 역시 시공간 수식어를 포함하는 부사구 수식의 문제를 적절히 처리할 수 있다고 합당하게 주장할 수 있다.

3. 사건범주 파생론과 시공간 수식어

추상적 사건론이 시공간 부사구 수식의 문제를 어떻게 처리하는지에 대한 위의 전략이 충분히 이해되었다면, 이 전략이 어떻게 사건범주 파생론에 맞게 변형될 수 있는지를 보는 것은 매우 쉬운 듯하다. 위의 분석에 따르면, (2) "세바스찬이 새벽 2시에 볼로냐에서 산책한다"라는 진술은 다음처럼 번역될 수 있다.

(∃x)[(x는 "세바스찬은 산책한다"의 g. n. 에 의해 지칭된다) & (∃y){(y는 세바스찬이다) & (y는 새벽 2시상의 존재자이다) & (y는 볼로냐상의 존재자이다) & (y는 산책함이라는 속성을 갖고 있다)}]

그러나 사건범주 파생론은 추상적 사건의 존재를 거부하기 때문에 사건범주 파생론자들이 이 분석을 그대로 받아들일 수는 없다. 그러므로, 사건범주 파생론자에게는 "(∃x)(x는 '세바스찬은 산책한다'의 g. n.에 의해 지칭된다)"라는 조건이 없어야 한다.

분석항(analysans)으로부터 추상적 사건의 존재조건을 없앰으로써 우리는 다음과 같이 단순화된 새로운 분석항을 얻는다.

(∃x)[(x는 세바스찬이다) & (x는 새벽 2시상의 존재자이다) & (x는 볼로냐상의 존재자이다) & (x는 산책함이라는 속성을 갖고 있다)]

같은 식으로, 진술 (3), (4), (5)는 각각 다음과 같이 분석될 수 있다.

(3) 세바스찬은 새벽 2시에 산책한다 ↔ (∃x)[(x는 세바스찬이다) & (x는 새벽 2시상의 존재자이다) & (x는 산책함이라는 속성을 갖고 있다)]

(4) 세바스찬은 볼로냐에서 산책한다 ↔ (∃x)[(x는 세바스찬이다) & (x는 볼로냐상의 존재자이다) & (x는 산책함이라는 속성을 갖고 있다)]

(5) 세바스찬은 산책한다 ↔ (∃x)[(x는 세바스찬이다) & (x는 산책함이라는 속성을 갖고 있다)]

분명히 이 단순화된 번역은 진술 (2), (3), (4), (5)간의 함축관계들에 영향을 주지 않는다. 그러므로 만일 사건범주 파생론자들이 반복의 사실과 지향적 태도의 대상을 추상적 사건이라는 개념에 호소하지 않고서도 설명해 낼(explain away) 수 있고, 또한 위의 단순화된 분석이 받아들일 만한 것이라면, 사건범주 파생론은 사건문장과 행위문장들의 함축관계를 깨뜨리지 않으면서도 이들에 대한 보다 단순한 논리적 형식을 우리에게 제공할 수 있는 좋은 근거를 갖게 된다. 실제로 치솜 자신이 추상적 사건의 개념에 개입하지 않으면서 이러한 철학적 문제들을 설명할 수 있는 방식을 제안한 바 있다. 그러므로 필자는 이 논문에서 이 문제들을 따로이 다루지 않겠다. 여기서는 일단 반복의 사실과 지향적 태도의 대상이 추상적 사건의 개념에 의존하지 않고서도 설명된다는 것을 받아들이기로 하자.

그렇다면 여기서 중요한 것은 위의 단순화된 번역이 실제로 진술 (2)의 분석으로 인정될 수 있는지, 그리고 그에 따라 진술 (1)의 풀어 쓰기로 간주될 수 있는지의 여부이다. 우리는 위의 단순화된 번역을 다음과 같이 읽을 수 있다.

산책함이라는 속성을 갖고 있는 개체 세바스찬이 새벽 2시에 볼로냐에서 존재한다.

"산책함이라는 속성을 갖고 있는 개체 세바스찬이 새벽 2시에 볼로냐에서 존재한다"라는 진술이 (2) "세바스찬은 새벽 2시에 볼로냐에서 산책한다"라는 진술과 동치인 점은 분명한 것 같다. 또한, 이 단순화된 번역이 (1') "세바스찬의 산책함이라는 사건이 새벽 2시에 볼로냐에서 일어난다"라는 진술과 동치라는 것도 분명해 보인다. 단 후자가 사건의 존재에 개입하는데 반해서 전자는 그렇지 않다는 점만을 제외하고는 말이다. 그러므로, 단순화된 번역이 진술 (2)에 대한 적절한 분석이며 진술 (1)에 대한 적절한 풀어 쓰기라고 생각될 수 있다는 것은 직관적으로 분명해 보인다.

일항술어의 경우에 분석의 도식은 다음과 같이 주어질 수 있다.

시간 t에 장소 p에서 s F이다 ↔ (∃x)[(x는 s이다) & (x는 시간 t 상의 것이다) & (x는 장소 p상의 것이다) & (x는 술어 F에 의해서 내포적으로 지시되는 속성을 갖고 있다)]

이항술어의 경우에 있어서의 도식은 다음과 같다.

시간 t에 장소 p에서 s F o이다 ↔ (∃x)(∃y)[(x는 s이고 y는 o이다) & (x와 y는 시간 t상의 것들이다) & (x와 y는 장소 p상의 것들이다) & (x는 속성 P를 갖고 있고 y는 P의 역-속성을 갖고 있다. 그리고 P는 술어 F에 의해서 내포적으로 지시된다)]

예를 들어 "존이 정오에 운동장에서 톰을 친다"라는 진술은 위의 도식에 따라 다음처럼 분석될 수 있다.

(∃x)(∃y)[(x는 존이고 y는 톰이다) & (x와 y는 정오 시점의 존재자들이다) & (x와 y는 운동장 위의 존재자들이다) & (x는 속성 P (즉 때림)를 갖고 있고 y는 P의 역-속성(즉 맞음)을 갖고 있다. 그리고 P는 술어 '때리다'에 의해서 내포적으로 지시된다)]

필자는 삼항이나 혹은 그 이상의 관계에 대한 도식을 정식화하지는 않겠다. 왜냐하면 이들은 다소 복잡하고, 그러면서도 별로 의미있는 철학적 조명을 주지 않기 때문이다.

여기서 다음의 번역 (a)는 (b)나 (c)와 같이 보다 정확하게 재진술될 수 있다는 것을 덧붙이고자 한다.

(a) 세바스찬은 2시에 볼로냐에서 산책한다 ↔ (∃x)[(x는 세바스찬이다) & (x는 새벽 2시상의 존재자이다) & (x는 볼로냐상의 존재자이다) & (x는 산책함이라는 속성을 갖고 있다)]

(b) 세바스찬은 2시에 볼로냐에서 산책한다 ↔ (∃x)(∃P)[(x는 세바스찬이다) & (P는 산책함이라는 속성이다) & (x는 새벽 2시상의 존재자이다) & (x는 볼로냐상의 존재자이다) & (x는 P를 갖고 있다)]

(c) 세바스찬은 2시에 볼로냐에서 산책한다 ↔ (∃x)(∃P)(∃Q)[(x는 세바스찬이다) & (P는 산책함이라는 속성이다) & (Q는 갖고 있음이라는 속성이다) & (x는 새벽 2시상의 존재자이다) & (x는 볼로냐상의 존재자이다) & (x는 P와 Q의 관계에 있다)]

단순성을 위해, 번역 (a)는 산책함이라는 속성과 갖고 있음이라는 관계의 존재에 대한 명시적인 언급을 생략하였다.[13] 그러나 번역 (b)나 번역 (c)가 (2), (3), (4), (5)간의 함축관계에 영향을 미치지 않는다는 것은 명백하다.

간단히 말해서, 시공간 수식어를 사건 수식어가 아니라 실체 수식어로 번역함으로써, 즉 시공간 수식어가 사건이 아니라 개체를 수식한다는 사실을 이용함으로써, 추상적 사건론뿐만 아니라 사건범주 파생론 또한 부사구 수식의 문제를 처리할 수 있다.

---

13) 물론 유명론자(nominalist)들은 (a)로부터 (b)나 (c)로의 전이가 받아들여질 수 없다는 입장을 고수할 것이다. 필자는 여기서 이러한 입장에 반대하는 논변을 하지는 않겠다. 사건범주 파생론을 옹호함에 있어서, 필자는 일단 속성과 관계의 존재를 받아들이겠다.

4. 결 론

지금까지 필자는 사건을 양화하지 않으면서도 부사구 수식의 문제가 어떻게 처리될 수 있는지를 보였다. 사건을 양화하지 않는 것의 이점이 소위 사건들을 다른 기본적 범주에 속하는 존재자들의 특정한 파생적 측면으로 여김으로써 나온다는 것은 명백하다. 그렇다면 다른 기본적 범주에 속하는 존재자들의 파생적 측면이란 특별히 무엇인가? 다른 말로 하면, 소위 사건들이 어떠한 종류의 파생적 측면들로 번역될 수 있는가?

위의 고찰로부터, 우리는 논리적 존재론에서의 사건범주 파생론의 일차적 토대가 다음과 같은 기본적 분석도식에 근거하고 있다고 말할 수 있다.

s F ↔ (∃x)[(x는 이름 s에 의해서 지칭된다) & (x는 술어 F에 의해서 내포적으로 지시되는 속성을 갖고 있다)]

분명히 이러한 방식의 분석에 의하면 우리는 사건을 양화시키지 않아도 되고, 따라서 우리는 사건범주가 없어도 되는 일차적 근거를 확보하게 된다. 이 도식에 따르면, "세바스찬은 산책한다"는 진술에 대한 사건 이론가들의 분석인 "세바스찬의 산책함이라는 사건이 일어난다"는 진술은 "산책함이라는 속성을 갖고 있는 개체 세바스찬이 존재한다"로 풀어 쓸 수 있다. 그러므로, "세바스찬의 산책함"이라는 사건은 "산책함이라는 속성을 갖고 있는 개체 세바스찬"으로, 아니 좀더 분명히 말하면 "자신의 존재양상으로 산책함이라는 속성을 갖고 있는 개체 세바스찬"으로 번역될 수 있다. 따라서, 다른 기본적 범주에 속하는 존재자들의 파생적 측면들이란 다름아닌 개체들의 존재양상들로 명시될(specify) 수 있다.

테렌스 호간(Terence Horgan) 역시 사건범주 파생론을 옹호하면서 이러한 종류의 생각을 염두에 두고 있는 듯 보인다. 「사건 반대론」(The Case against Events)에서 그는 다음과 같이 언급한다.

우리는 속성들을 받아들일 수 있다. 또한 우리는 김재권의 속성-예화

(attribute-exemplifying)를 독자적인 어떤 실재로 가정하지 않고서도 구체적 대상들이 속성들을 예화한다는 것을 인정할 수 있다. 〔우리는 여전히 속성이 특정한 예화, 혹은 구현(instantiation)을 갖고 있다고 말할 수 있다. 이 예화나 구현들은 사건들이 아니라, 속성들을 갖고 있는 대상들이다.〕 14)

피터 스트로슨(Peter Strawson) 교수 또한 그의 저서 『개체들』(*Individuals*)에서 비슷한 생각을 진술하고 있다. 15)

우리는 논리학자들이 태어남(birth)에 대한 양화라고 부를지도 모르는 것을 제거하기 위해서 하나의 함축(entailment)을 풀어 쓸 수 있다. 그러나 동물에 대한 양화를 제거하기 위해서 다른 함축을 풀어 쓸 수는 없다. 다른 말로 하면, 우리가 생각하는 바대로의 태어남을 개별자들에 대한 우리의 논의영역 속으로 들여오기 위해서는 동물을 개별자들에 대한 우리의 논의영역 속으로 들여오는 것이 정말 필요하지만, 우리가 생각하는 바대로의 동물을 개별자들에 대한 우리의 논의영역 속으로 들여오기 위해서 태어남을 개별자들에 대한 우리의 논의영역 속으로 들여올 필요는 없다.

스트로슨의 주장을 해석하면서, 데이빗슨은 스트로슨의 논변을 다음과 같이 좀더 간명하게 요약한다.

"이 동물의 태어남이라는 사건이 있다"와 같은 문장에서 우리는 사건과 대상 모두를 언급한다. 즉 양자 모두를 양화시킨다. 그러나 마음만 먹는다면 우리는 "이 동물이 태어난다"라고 말함으로써 정확히 같은 생각을 표현할 수 있으며, 여기서는 사건에 대한 언급이나 양화가 없다. 16)

---

14) *The Philosophical Review*, vol. 87(1978), p. 42.
15) London: Methuen & Co Ltd, 1959, p. 52.
16) "The Individuations of Events" in N. Rescher, et al (eds.), *Essays in Honor of Carl G. Hempel* (Dordrecht: Reidel Publishing Co., 1970), p. 226.

분명히 스트로슨의 논변은 필자의 논변과 동일선상에 놓여 있다. 왜냐하면 우리는, 시제를 무시한다면, "이 동물이 태어났다"라는 문장을 "태어남의 속성을 갖고 있으면서 '이 동물'에 의해 지칭되는 개체가 있다"라는 문장으로, 혹은 스트로슨의 문장을 인용하면 "어떤 동물이 있어서 이것은 그 동물의 태어남이다"[17]로 분석할 수 있기 때문이다. 그러므로 이러한 종류의 접근법이 받아들여질 수 있다면, 우리는 사건들이 단지 개체들의 존재양상에 불과한 것이므로 사건에 대한 양화는 필요하지 않다고 합당하게 결론을 내릴 수 있다.

---

17) 이러한 유사성에도 불구하고, 이 논문에서 필자가 택하고 있는 접근법은 스트로슨의 인식적 접근과 다르다. 개체에 대한 사건의 존재론적 의존성을 주장하면서, 필자는 신원확인 가능성 (identifiability)이라는 개념에 개입하고 있지 않다.

조건문의 선행적 해석과 역행적 해석

권 병 옥

개 요

조건문은 그 형태상 선행적 조건문과 역행적 조건문으로 나눌 수 있는데, 전자의 예 중에는 동시에 참·거짓 두 가지로 보이는 경우가 있다. 이 논문은 선행적 조건문의 진리값이 문맥에 의존한다는 루이스적 가정에 대한 거부에서 그 출발점을 찾는다. 필자의 주장은 선행적 조건문은 동시에 참·거짓 모두가 가능하며, 이는 진리값이 문맥이 아니라 언어 사용자의 의미론적 분석에 의존하기 때문이라는 것이다. 필자의 이러한 주장은 동일한 문장에 대한 두 개의 상이한 의미론적 분석을 요구하며, 이는 선행적 해석과 역행적 해석이라는 이름으로 제시되고 있다. 필자의 이론에서는 일정한 공통점에 따라 구별되는 두 가지의 문맥—문장을 참으로 만드는 문맥과 거짓으로 만드는 문맥—이 의미론적 요소로서 더 자세히 분석되어 있다.

1. 조건문의 두 가지 형태와 두 가지 해석

조건문은 형태상 다음의 두 가지로 분류되어진다 :

선행적 조건문 : 후건에서 지칭되는 시점이 전건에서 지칭되는 시점보다 뒤인 조건문.

역행적 조건문 : 후건에서 지칭되는 시점이 전건에서 지칭되는 시점보다 앞인 조건문.

"만일 민수가 어젯밤 기차를 놓쳤다면, 오늘 아침 서울에 있지 못했을 것이다"는 전자의 예가 될 것이며 "만일 민수가 오늘 아침 서울에 있지 않았다면, 어젯밤 기차를 놓쳤던 것이 틀림없다"는 후자의 예가 될 것이다. 때로는 시점 지시어인 '어젯밤', '오늘 아침' 등은 조건문에 명확히 언급되지 않을 수도 있지만 대부분의 언어 사용자들은, 문법이나 문맥에 의하여, 주어진 조건문이 선행적인지 역행적인지 구별할 수 있는 훈련을 받아 왔다. 그 밖에 무(無)시점인 조건문 등 특별한 경우가 있을 수 있지만 필자는 시점 지시어가 명확히 언급된 조건문만을 이 논문의 대상으로 삼고 언어학자들의 영역을 존중하기로 하겠다.

일반적으로, 선행적 조건문에는 선행적 해석이 따르며 역행적 조건문에는 역행적 해석이 따른다. 선행적 해석, 역행적 해석이라는 용어는 필자가 처음 시도하는 것이므로 약간의 설명이 필요하다. 조건문의 일반적인 해석방법인 가능세계 이론으로 풀이를 하자면, 역행적 해석이란 전건이 참이 되게끔 하기 위하여 세계가 어떻게 달라져야 하는가를 고려한 해석이며, 선행적 해석이란 그런 고려없이 단순히 전건이 참인 가장 가까운 세계를 찾는 해석이라고 할 수 있다. 그러므로 선행적 해석과 역행적 해석은 다른 개념의 (전제가 참인) 가능세계를 다루는 것이다. 실례를 들면서 차이점을 살펴보자.

(1a) 수철이 지금 50층에서 뛰어내린다면, 그는 안전을 위하여 뭔가를 미리 준비해 놓았을 것이다.

(1b) 수철이 지금 50층에서 뛰어내린다면, 그는 죽을 것이다.

　역행적 조건문 (1a)의 참인 듯 보이는 현상을 설명하기 위하여, 우리는 수철이 아무 이유없이 뛰어내린 가장 가까운 세계를 찾는 것이 아니라 수철로 하여금 뛰어내리게 만드는 인과의 사슬을 유지시키면서 그가 뛰어내린 가장 가까운 세계를 찾는 것이다. 우리가 찾는 세계에서, 수철은 신중한 사람이며──현실에서 그러하듯──자신이 저지르려는 행동의 의미를 충분히 이해하고 있는 사람이다. 그러므로, 인과의 사슬을 유지시키면서 신중한 수철이 뛰어내리는 가장 가까운 세계란 위험한 스턴트를 할 만한 적절한 동기와 안전계획이 수립되어 있는 상황인 것이다.

　한편, 선행적 조건문 (1b)의 참인 듯 보이는 현상은 다른 방식으로 설명되어야 한다. 여기서 우리가 찾는 세계란, 수철이 뛰어내릴 만한 적절한 인과의 사슬없이 그가 무작정 뛰어내리는 상황이다. 순간적으로 미쳤거나 정신이 이상해진 그런 상황이다. 혹자는 안전장비없이도 수철이 뛰어내릴 만한 인과의 사슬을 구성해 볼 수 있다──역시 (1b)의 참을 유지시키면서──고 할지도 모른다. 그러나 이러한 비판은 잘못된 것이다. 설사 수철이 안전장비없이 뛰어내리는 인과의 사슬을 구성할 수 있다 하더라도──의도적인 자살 같은──역행적 해석과 선행적 해석 모두가 인과의 사슬을 고려해야 한다는 주장으로 귀결되지는 않는다. 만일 두 해석이 똑같은 방식으로 이해된다면 두 해석은 사실상 하나의 해석이며 (1a)나 (1b) 중에서 하나는 거짓이 되어야 한다. 그리고 이러한 결론은 (1a)와 (1b)의 진리값이 달라 보이는 현상을 설명하려던 본래의 직관적인 출발점에 위배되는 것이다. 수철이 뛰어내릴 만한 적절한 인과의 사슬을 고려한 '가장 가까운 세계'에서는 안전장비가 있거나 아니면 없거나 둘 중의 하나일 것이기 때문이다. [1]

　필자는 모든 역행적 조건문은 역행적 해석만을 취한다고 생각한다. 이것은 당연한 주장이다. 후건에서 지칭되는 시점이 전건에서 지칭되는 시점보다 앞이면, 적절한 인과의 사슬을 유지시키면서 전건을 참이 되게 하기 위한 고려가 해석에 마땅히 반영되어야 하는 것이다. 반대로, 필자는

---

[1] 필자는 논의를 진행시키기 위하여, 가장 가까운 세계가 과거로부터 두 개 이상의 인과적 사슬에서 올 수 없다는 것을 전제하였다.

모든 선행적 조건문은 언제나 두 가지 해석 모두를 취한다고 생각한다. 후건에서 지칭되는 시점이 전건에서 지칭되는 시점보다 뒤이면 전건을 참이 되게 하기 위한 고려가 해석을 제한시킬 필요가 없기 때문이다. 선행적 조건문이 두 가지 해석을 취한다는 것은, 그 조건문이 경우에 따라서는 두 가지 진리값을 가질 수 있다는 것이다. 조건문의 의미론이란, 따라서 두 가지 '조건문'의 피상적인 차이를 설명하기보다는 두 가지 '해석'의 심층적 차이를 설명할 수 있어야 한다.

2. 조건문의 모호성

필자는 역행적 조건문은 역행적 해석만을 취하지만 선행적 조건문은 선행적 해석과 역행적 해석을 모두 취한다고 주장했다. 그러나 대부분의 철학자들——전통주의자들이라고 부르자——은 하나의 조건문은 하나의 (올바른) 해석만을 취한다는 검증되지 않은 가정을 받아들여 왔다. 일반적으로 전통주의자들은 선행적 조건문에는 선행적 해석, 역행적 조건문에는 역행적 해석이 올바른 해소(right resolution)라고 여겨 왔던 것이다. 이러한 가정은 전통주의자들이 '조건문의 모호성'이라고 부르던 문제에서 기인한다. 즉, 조건문에 내재해 있는 모호성은 의미론적이 아니고 실용적인 것이기 때문에 하나의 조건문에 하나 이상의 해석이 있을 수 없다는 것이다. 그러나, 의미론적 모호성과 실용적 모호성의 차이는 과연 무엇인가?

스톨네이커는 모호성을 다음과 같이 정의한다. 어떤 문장이 적절히 해석됨으로써 나타내어지는 명제가 하나 이상일 때 그 문장은 모호하다.[2] 영어를 예로 들자면 대명사, 시제화된 동사, 정관사, 양화사 등등의 모호한 요소를 포함한 많은 문장들이 이에 해당된다. 예컨대, 양화문장의 해석은 논의영역(domain of discourse)에 따라 변하게 마련이다. 이와 같이 모호한 문장들 중에서, 어떤 문장이 모호한 요소에 의하여 하나 이상의 의미를 나타내면 모호성은 의미론적이 되고 그 문장의 (사실은 하나이

---

2) Stalnaker, "A Theory of Conditionals," p. 109.

지만 다양해 보이는 듯한) 의미가 문맥에 의존하면 모호성은 실용적인 것으로 취급을 받는 것이다. 양화문장에 내재한 모호성은, 따라서 실용적인 것으로 주장되어 왔다. 왜냐하면 양화문장은 다양한 의미를 지닌 여러 명제들을 나타낸다고 보기는 어렵기 때문이다. 양화문장은 일정한 의미를 지닌 여러 명제들 아니면 최소한 한 종류의 의미를 지닌 여러 명제들을 나타내는 것처럼 여겨진다. "모든 사람이 자고 있다"라는 문장 속의 양화사는 담화영역에 관계없이 일정한 방식으로 작용하고 있는 듯하다.

전통주의자들은 조건문도 양화문장처럼 의미론적이 아닌 실용적인 모호성을 취한다고 주장해 왔다. 조건문은, 선행적이건 역행적이건, 단 하나의 의미론적 해석을 취하며, 만일 상이한 듯한 해석이 보인다면 그것은 의미론적이 아닌 실용적인 변종에 불과하다는 것이다. 루이스의 유명한 선행적 조건문 한 쌍이 그 예이다 :

(2a) 만일 시저가 6.25전쟁을 지휘했다면, 그는 원자폭탄을 사용했을 것이다.
(2b) 만일 시저가 6.25전쟁을 지휘했다면, 그는 투석기를 사용했을 것이다. [3]

이 문장들에는 확실히 모호성이 있다. 그리고 그 모호성은 문맥으로 해소된다. 첫째 문맥에서는, 모호성을 해소하기 위하여, 시저가 6.25전쟁을 지휘했었을 가장 가까운 세계를 시저가 현대화된 세계로 만들었다. 둘째 문맥에서는, 시저가 6.25전쟁을 지휘했을 가장 가까운 세계를 시저가 여전히 구식무기를 선호하는 세계로 만들었다. 필자도 위 문장들의 모호성이 실용적인 것이라는 데는 이의가 없다. 우리는 현대화된 시저와 구식 시저가 있는 두 세계 중에서 어느쪽이 더 현실세계와 닮아 있는지 망설이게 된다. 특정한 사실, 즉 전건이 포함된 가장 가까운 가능세계를 지적해내는 것은 때로는 쉬운 일이 아니다. 그러나, 양화사를 포함한 모든 문장의 모호성이 실용적이 아니듯──잘 알려져 있는 바와 같이, "모든 사람이 자고 있다"에서 '모든'에 대한 논의영역의 문제는 실용적이지만 "모든

---

3) Lewis, Counterfactuals, p. 66.

사람은 어떤 동물을 사랑한다"에서 양화사의 스코프(scope)에 대한 문제는 의미론적인 것처럼——선행적 조건문에서 파생되는 모호성 모두가 실용적인 것으로 간주될 이유는 없는 것이다. 다음의 이야기는 선행적 조건문에 내재한 의미론적 모호성과 실용적 모호성의 차이를 발견하는 데 도움을 줄 것이다 :

　김부식 선수는 오랫동안 타이거스팀의 주전투수로 활약해 왔으나 라이벌인 이민종 선수가 라이온스팀으로부터 이적해 온다는 소식을 들었다. 두 사람은 서로 사이가 좋지 않기 때문에 김부식 선수는 타이거스 구단에 요청하여 결국 라이온스로 트레이드되었다.

　이제 다음의 조건문들을 살펴보자 :

　(3a) 만일 김부식과 이민종이 팀 동료라면, 그들은 타이거스 소속일 것이다.
　(3b) 만일 김부식과 이민종이 팀 동료라면, 그들은 라이온스 소속일 것이다.
　(3c) 만일 김부식과 이민종이 같은 팀으로 보내지려 했다면, 적어도 한 사람은 계약서에 도장을 찍지 않았을 것이다.
　(3d) 만일 김부식과 이민종이 같은 팀으로 보내지려 했다면, 그들 모두가 계약서에 도장을 찍었을 것이다. (왜냐하면 구단주는 두 사람 모두를 계약시킬 복안이 있었을 것이다. 그렇지 않았다면 애초에 사이가 나쁜 두 사람을 같은 팀으로 불러들이려 하지도 않았을 것이다.)

　첫째 쌍은 선행적 해석의 실용적 차이를 드러내고 둘째 쌍은 선행적 해석과 역행적 해석의 의미론적 차이를 드러낸다고 필자는 생각한다. 둘째 쌍에서 모호성을 해소하는 방법은 문맥에 의존하는 것이 아니다. 어떤 사실이 참이 되도록 인과의 사슬을 유지시키면서 찾아지는 가장 가까운 세계와 인과의 사슬이 필요없이 기적적으로 어떤 사실을 참으로 만들면서 얻어지는 가장 가까운 세계는 완연히 다른 것이며, 이 차이점은 문맥과는 무관한 해석의 모습들일 뿐이다.

　그러나 선행적 해석과 역행적 해석의 차이점이 문맥과는 전혀 무관하다는 것을 어떻게 '보여 줄 수' 있는가? 간단하다. "모든 사람은 (각각 하나의) 어떤 동물을 사랑한다"의 해석이 "모든 사람은 (특정한) 어떤 동물을 사랑한다"의 해석과 의미론적으로 다르다는 것을 보이는 것과 같은 방법이다. 우리는 의미론 '안에서' 보이는 것이다. 위의 양화문장이 의미론적으로 다른 두 개의 해석을 취한다는 것을 보이는 유일한 방법은 의미론, 예를 들어 모델이론을 직접 제시하여 그 차이를 보이는 것이다. 만일 위 양화문장의 의미론적 차이를 보일 수 있는 의미론이 없었다면 두 가지 해석의 차이는 실용적으로 치부되었을 것이다. 두 개의 해석이 실용적으로 다르다고 말하는 것은 우리가 가진 의미론의 불완전성을 고백하는 것에 다름아니라고 필자는 생각한다. 의미론적 용어로서 그 차이를 설명할 수 있을 만큼 우리의 의미론이 완전하지 않음을 고백한다는 뜻이다.

조건문의 선행적 해석과 역행적 해석의 모호성이 의미론적이라는 주장은, 두 해석의 의미론상의 차이점, 예를 들어 모델구조나 진리조건들의 다름을 구성함으로써 정당화될 수 있다. 이러한 작업은 이미 '인과의 사슬'을 언급함으로써 그 힌트를 제시한 적이 있지만, 의미론적 차이점을 구체적으로 구성하는 의미론의 인포멀한 모습을 제시하기 전에 잭슨의 이론을 점검해 봄으로써 필자이론의 우월성을 대비시키고자 한다.

3. 잭슨의 이론

필자는 후랭크 잭슨(Frank Jackson)의 선행적 조건문과 후행적 조건문의 진리조건의 구별을 다음과 같이 재구성해 보았다 :

선행적 조건문 $(p \rightarrow q)$가 참이다, 만일 그리고 그때만(if and only if), T 이전에는 현실세계와 똑같으며 T 이후에는 현실세계의 인과법칙에 지배를 받는 가장 가까운 Tp-세계의 연장(역사)에서 q가 참이다. (여기서 T는 전건에서 지칭되는 시점이며 Tp-세계는 T에서 현실세계와 가장 가까우며 p가 참이 세계이다.)

역행적 조건문 $(p \rightarrow q)$가 참이다, 만일 그리고 그때만 T 이후에는 현실세계와 똑같으며 T 이전에는 현실세계의 인과법칙에 지배를 받는 가장 가까운 Tp-세계의 연장에서 q가 참이다.

이제 다음의 예를 살펴보자 :

(4a) 만일 오스왈드가 케네디를 저격하지 않았다면, 케네디는 (그렇게 일찍) 죽지 않았을 것이다.

직관적으로 (4a)는 참이다. 선행적 조건문 (4a)를 평가하기 위하여, 어떤 세계 w가 있다고 하자. w는 T 이전까지는 현실세계와 똑같은 세계이다. 현실세계에서 오스왈드가 케네디를 저격하는 순간(T), w에서 오스왈드는 어떤 이유에서든 저격을 실행하지 않는다. T 이후로는 현실세계의 인과법칙이 w에 적용된다. 현실세계에서 케네디가 죽었을 시점에서——또는 전건과 후건으로부터 지시받는 일정한 시간차(interval)를 고려하여——이제 w를 살펴보고 케네디의 생사를 확인하여 후건이 참인지 알아보면 된다.

주어진 진리조건에 의하여, (4a)는 참으로 판명된다. 왜냐하면 w는 T 이전에는 현실세계와 똑같으므로, 오스왈드 외의 다른 암살자가 존재하지 않았고 케네디는 좋은 건강을 유지하고 있으며 T 이후에 현실세계의 인과법칙이 적용된다면 케네디는 살아 있을 것이기 때문이다. 그러나 w, 즉 Tp-세계의 연장 전체는 인과적으로 가능한 역사가 아니다. 동일한 인과의 법칙이 단절없이 적용되어 시간마디의 연결이 늘 매끄러운 현실세계와는 다른 것이다. 성공적인 암살을 위하여 모든 것이 준비되어 있으나——살해의도가 있고, 총알이 장전되었으며, 케네디를 향하여 정확히 조준되었고, 오스왈드의 손가락은 방아쇠를 당기려 하고 있는——T에 이르러 어떤 기적적인 이유로 저격은 이루어지지 않고 T 이후에는 다시 현실세계를 구속하는 인과법칙이 w를 지배하기 시작한다. T 직전의 순간과[4] T는 법칙적이 아닌 것이다. 비록 w는 제리멘더된 역사이지만 (4a)에게 올바른 진리값을 준다는 사실은 고무적이다.

잭슨의 이론은 또한 역행적 조건문에도 올바른 진리값을 준다. 예를 들어, 직관적으로 참인,

(4b) 만일 케네디가 (저격에서) 살아 남았다면, 오스왈드에 의하여 머

---

4) 시간이 디스크리트(discrete)하다면 이렇게 말할 수 있을 것이다.

리를 관통당하지 않았을 것이다. [5]

는 잭슨의 이론으로도 역시 참이 된다. 우리가 찾아야 할 w는 T 이후에
는 정확히 현실세계와 같은 세계이다. 그러나, T에서 케네디는 살아 있
으며 T 이전의 현실 인과법칙이 지배하는 w에서 케네디에 대한 암살기
도가 없었다는 말이다. (혹은 암살기도는 있었으나 치명적인 장기가 아닌
다른 부위를 케네디가 저격당했을 수도 있다.) 여기서 w도, 선행적 해석
으로 구성되었던 w와 같이, 인과적으로 가능한 역사가 아니다. T 이전
에 암살기도가 이루어지지 않았고 케네디가 T에서 살아 있다는 것은 인
과적으로 문제가 없으나 T 이후의 역사에서는 괴이한 현상들이 나타난
다. 케네디의 장례식이 치러지며 오스왈드가 재판도중 루비에 의하여 살
해되고 워렌 보고서가 사람들에게 알려진다——케네디가 암살당하지 않
았는데도 말이다. T와 그 이후의 역사전환은 법칙적이 아니다.
　선행적 조건문이건 역행적 조건문이건, 이러한 엉성한 역사적 연결은
우리가 좋은 의미론을 얻기 위한 필연적 대가(代價)인지도 모른다. 그러
나 잭슨은 제리멘더된 역사가 사실상 우리의 직관을 정확하게 그려 내고
있다고 주장한다 :
　선행적 조건문을 평가할 때, 전건을 이끌어 내었음직한 상황들을 우리
는 고려하지 않는다. 우리는 마치 전건이 기적적으로 이루어진 것처럼 취
급한다. 즉 우리는 T 이전의 인과성을 무시하는 것이다. 그러나 (루이스
가 나에게 일깨워 주었듯) T 이전의 사실들을 무시하지는 않는다. "만일
스미스가 1센티만 더 높이 뛰었더라면, 금메달을 땄을 것이다"라는 반사
실적 조건문을 평가할 때, 앞서 점프한 높이에 대한 사실들을 고려하는
것은 당연한 것이다. [6]
　그러므로, w에서 T 이전의 사실들을 유지시키기 위하여 만들어진 T
주위의 엉성한 연결은 우리가 선행적 조건문의 올바른 진리값을 얻기 위
하여 꼭 필요한 장치라고 잭슨은 주장한다. 필자는 이와 같은 잭슨의 주
장에 동의한다. 그러나, 역행적 조건문에서까지 유사한 장치가 필요하지

---

5) 필자는 머리를 관통당하는 것을 죽음의 충분조건으로——물론 필요조건은 아니다——간
　주하였다.
6) Jackson, "A Causal Theory of Counterfactuals," p. 9.

는 않은 것 같다. 역행적 조건문을 평가할 때 w에서 T 이후의 사실들을 유지시킬 필요성이 있는 예문을 발견하지 못했으며 또 그 밖의 아무런 이유도 없는 것 같다. 그러나 잭슨의 이론에 있어서 이러한 사실은 지엽적인 문제에 지나지 않고 보다 심각한 문제는 다른 곳에 있다.

(1b) 만일 지금 수철이 50층에서 뛰어내린다면, 그는 죽을 것이다.

T에서 (현실세계와) 가장 가까운 Tp-세계는 무엇인가? 그 세계는, 다른 세부적인 문제는 차치하고, 수철이 뛰어내릴 때 지상에 안전장비가 있거나 아니면 없거나 둘 중의 한 세계일 것이다. 전자라고 가정하자. 그러면 (1b)가 거짓이 된다. 그러나 거짓이라는 진리값은 w가 T 이전까지 현실세계와 똑같기 때문이 아니고 T에서 지상에 안전장비가 있기 때문이다. 여기서 중요한 사실은 (1b)의 진리값은 Tp-세계의 미래에 달려 있고 그 미래가 Tp-세계의 함수이지 Tp-세계의 과거의 함수가 아니라는 것이다. 후자라고 가정해도 마찬가지이다. 그러면 (1b)는 참이 되고 이 진리값은 단지 T 시점에서 지상에 안전장비가 없기 때문에 얻어진 것이다. Tp-세계의 미래는 Tp-세계의 함수일 뿐이다. 따라서 (1a)와 (1b)는 상이한 진리값을 취할 수 없는 것이다. 우리는 또 역행적 조건문인 (1a)에 대하여도 비슷한 방법으로 반론을 펼 수 있다.

필자가 (1b)의 진리값 자체에 대하여 단정짓지 않았다는 것에 독자들이 주목해 주시기를 바란다. (1b)의 진리값이 어떻든 잭슨의 의미론적 분석은 (1b)의 진리값을 부여하는 올바른 이유가 되지 못한다. 비록 우리가 T 이전의 사실들을 진리 조건상에서 유지해야 할 다른 이유가 있더라도,[7] 선행적 조건문의 (선행적 해석이) 살펴야 할 Tp-세계와 역행적 조건문의 (역행적 해석이) 살펴야 할 Tp-세계가 달라야만 두 개의 상이한 해석을 만들 수 있는 것이다. 또한 잭슨의 이론은 전통주의자들이 그래 왔듯 선행적 조건문의 역행적 해석을 만들지 못하며, 단순히 형태상의 선행적, 역행적 구별로써 어떤 해석을 사용할지를 결정짓는 실수를 범하고 말았다.

---

7) 우선 생각해 볼 수 있는 이유 중 하나는, 후건에 종속되어 있는 문장(embedded sentence)이 과거를 지시하는 경우이다.

4. 제 안

역행적 조건문은 단지 하나의 해석을 취하기 때문에 하나의 진리값이 부여된다. 하지만 선행적 조건문의 경우에는 두 개의 상이한 진리값도 취할 수 있는 특권이 부여되어야 한다. 과연 이렇게 의미론을 만들 수 있을까? 처음으로 떠오르는 아이디어는 다음과 같을 것이다 : 우리는 세 개의 해석——역행적 조건문의 한 가지 해석과 선행적 조건문의 두 가지 해석——을 위한 세 개의 진리조건이 필요할지도 모른다. 이러한 아이디어 자체에는 아무 모순이 없지만 우리가 실제로 조건문을 평가하는 직관과는 부합되지 않는 듯싶다. 역행적 조건문을 평가할 때 우리의 직관은 조건문의 전건이 참이 되게끔 하기 위한 어떠한 강제적 제한을 필요로 하고 있으며 이 제한이야말로 우리가 선행적 조건문의 역행적 해석에서 찾을 수 있는 직관과 맞닿은 것이기 때문이다. 그러므로 역행적 조건문의 역행적 해석과 선행적 조건문의 역행적 해석으로 같은 진리조건을 설정해야만 한다. 물론 역행적 해석 이외에도 선행적 조건문의 선행적 해석은 필요할 것이다.

그러면 다음으로 할 일은 필요한 두 해석의 진리조건들을 정의하는 것이다. 잭슨이론의 문제점으로부터 우리는 두 가지 해석을 위하여 두 가지의 다른 세계를 살펴야 한다는 것을 배웠다. 신중한/미친 수철의 예에서 우리는 두 세계의 차이점에 대한 단서를 찾을 수 있다. 역행적 해석에서, 우리는 안전장비가 마련되어 있을 때 뛰어내리는 신중한 수철을 발견할 수 있다. 한편 선행적 해석에서, 우리는 무엇에 홀린 듯한 수철의 미친 뛰어내림을 발견할 수 있다.

역행적 해석에서 우리가 찾는 세계는 단순한 Tp-세계이다. 찾아진 세계에서부터 역사를 펼쳐 나가 매끄럽고 법칙에 맞는 역사를 구성하는 것이다. 선행적 해석에서는 Tp-세계가 아닌 다른 세계를 찾아야 한다. 수철이 사고나 착각에 의하여 뛰어내린 세계는 현실세계의 과거로부터 최소한의 기적이나 자연법칙의 위반을 허용해야 하는 것이다. 이러한 세계는 Tp와 같을 수도 또 틀릴 수도 있다. 편의상 이러한 세계를 Tp*라고 부르기로 하자. Tp*-세계는, Tp-세계가 T에서만의 현실세계와 p의 함수인데 반하여, T와 그 이전(과거)을 모두 포함하는 통시적인 현실세계와 p의 함수라는 것이 특이하다 하겠다.

그러므로 다음과 같은 구성이 가능하다:

선행적 해석 : p→q가 참이다, 만일 그리고 그때만, Tp* 이후의 시점에는 현실세계의 인과법칙의 지배를 받는 역사가 되며 Tp* 이전의 시점에는 현실세계와 똑같은 그런 모든 역사 속에서 q가 참이다.

역행적해석 : p→q가 참이다, 만일 그리고 그때만, Tp 이전이나 이후 모든 시점에서 현실세계의 인과법칙에 지배를 받는 그런 모든 역사 속에서 q가 참이다.

선행적 해석과 역행적 해석 모두를 선행적 조건문에 적용시키면 진리값이 두 개까지 생겨날 수 있고, 역행적 해석만을 선행적 조건문에 적용시키면 한 개의 진리값이 고정된다. 역행적 조건문을 우선 검증해 보도록 하자. 앞서의 문장,

(1a) 수철이 지금 50층에서 뛰어내린다면, 안전을 위하여 뭔가를 미리 준비해 놓았을 것이다

는 역행적 조건문이므로 역행적 해석만을 적용하도록 하자. 우리는 수철이 뛰어내리는 Tp-세계로부터 현실세계의 인과법칙에 따라 역사를 펼쳐나가 그 안에 참인 후건이 담겨 있는지 살펴보면 된다. 찾아지는 과거 속에서는 현실세계에서의 수철의 성격이 그렇듯, 신중한 수철이 위험한 스턴트를 시도하기에 앞서 안전장비를 미리 준비해 놓게 된다. (1a)는 우리가 원하는 참인 진리값을 취하게 된다.

여기서 중요한 점을 한 가지 지적하고 가기로 하자. 필자는 과거로 역사를 펼치는 방법이 마치 한 가지뿐인 것처럼 전제를 했는데 실상 여러 가지 방법이 있을 수 있다. 이유는 이렇다. 만일 일종의 결정론이 사실이라고 하더라도 일정한 시점에서의 세계는 다양한 과거를 가질 수 있기 때문이다. 결정론이란 일반적으로 다음과 같은 독트린이다: 모든 일어난 사

건은 함수적으로 일어나게끔 되어 있으며, 과거의 뭔가가 현실과 다를 때만(only if) 다른 사건이 일어날 수도 있다.

우리가 T에서 한 세계를 과거와 미래로 펼칠 때 많은 방법이 있다. 이것은 결정론, 비결정론을 막론하고 과거로 펼치는 많은 방법이 있기 때문이다. 결정론을 배경으로 한다 하더라도, 미래의 경우와는 달리, 과거로 펼쳐지는 역사는 다양할 수 있는 것이다. 바로 이런 이유에서 필자는 진리조건을 구성할 때 '한' 역사가 아닌 '모든' 역사에서 후건이 참이 되기를 요구했던 것이다. 즉, $(p \rightarrow q)$가 참이다, 만일 그리고 그때만, Tp로부터, "어떤 방식으로 역사를 펼치든지" 과거와 미래의 모든 시점에서 현실 법칙의 지배를 받는 그런 역사 속에서 q가 참이 된다는 뜻이었다.

이제 선행적 조건문을 검증해 보도록 하자.

선행적 조건문의 검증은 두 가지로 나누어 시도하기로 하자. 즉, 두 가지 해석을 적용하였을 때, 직관적으로 진리값 두 개가 나오는 경우와 그렇지 않은 경우이다.

전자의 예로는 유명한 다우닝의 이야기가 있다.

친구지간인 짐과 잭은 방금 싸움을 했다. 잭은 꽁한 성격으로 방금 싸움을 했던 상대에게 도움을 주지 않는 그런 타입이다. 짐은 자존심이 강한 성격으로 방금 싸움을 했던 상대에게 도와달라는 말을 꺼내지 않는 그런 사람이다. 여느 때라면 그들은 자유롭게 서로 도움을 청하고 도와주고 하는 그런 사이인데, 물론 싸움은 한 번도 하지 않았었다.

이제, 다음의 선행적 조건문을 보자 :

(5a) 짐이 잭에게 도움을 청한다면, 잭이 짐을 도와줄 것이다.

위의 조건문은 일견 거짓으로 보인다. 꽁한 성격의 잭이 짐을 도와줄리 없다. 하지만 잠깐! 짐은 자존심이 강한 성격이니 싸움이 정말 있었다면 잭에게 도와달라고 했을 리가 없다. 싸움이 없었을 경우라면 잭이 짐에게 기꺼이 도움을 줬을 것이다. 여기서 우리의 직관은 흔들린다. 짐의 자존심을 잭의 꽁한 성격보다 우선 고려하면 (5a)는 참이 되고 잭의 꽁한 성격을 짐의 자존심보다 우선 고려하면 (5a)는 거짓이 된다. 다우닝 이야기에서 볼 수 있는 직관은 '우유부단'함으로 간주되어서는 안 된다. 흔들리는 직관이야말로 문제의 본질을 정확히 꿰뚫고 있음에 다름아니다. 이제 필자의 이론이 (5a)에 참과 거짓이라는 두 개의 진리값을 부여할 수 있는 지 살펴보자.

역행적 해석을 적용시켜 보자. 우리는 Tp-세계를 찾아서 과거와 미래의 양 방향으로 현실세계의 인과법칙에 따라 역사를 구성해야 한다. Tp-세계에서 우리의 자존심강한 친구인 짐이 잭에게 도움을 청했으므로 가까운 과거에 두 친구 사이의 싸움은 없었을 것이고 잭은 기꺼이 도움의 손길을 보낸다. 그러므로 (5a)는 참이 된다.

선행적 해석을 적용시켜 보자. 우리는 Tp*-세계를 찾아서 과거는 현실세계의 모든 구체적 사실을 그대로 유지시킨 채로 미래의 방향만으로 현실세계의 인과법칙에 따라 역사를 구성해야 한다. Tp*-세계가 현실의 과거로부터 최소한의 기적이나 자연법칙의 위반을 허용하므로, 방금 있었던 싸움에도 불구하고, (기적적으로) 자존심을 떨쳐 버린 짐이 잭에게 도움을 청하게 된다. Tp*-세계의 미래에서, 꽁한 성격의 잭이 짐을 도와줄 리 없다. 그러므로 (5a)는 거짓이 된다.

이제 진리값이 오직 하나뿐인 선행적 조건문을 검토해 보기로 하자. 직관적으로

(4a) 만일 오스왈드가 케네디를 저격하지 않았더라면, 케네디는 (그렇게 일찍) 죽지 않았었을 것이다

참인 진리값 하나만을 취한다. 우선 선행적 해석을 적용시켜 보자. T 이전의 현실세계에서 오스왈드에게는 제2의 킬러(공범)가 없었으므로, 최소한의 기적으로 얻어지는 Tp*-세계란 오스왈드가 뭔가 엉뚱한 이유──예를 들어 알레르기성 재채기를 한다든가 하는──로, 저격에 실패하는 상황이다. 케네디는 Tp*-세계의 가까운 미래에서 살아 남게 되고 따라서 조건문은 참이 된다.

다음은 역행적 해석을 적용시켜 보자. Tp-세계란 오스왈드가 케네디를 저격하지 않았으며──뭔가 자연스런 이유가 Tp-세계의 과거에서 밝

혀지게 된다——오스왈드에게 공범이 없는 세계이다. 그러므로 살아 남은 케네디는 위의 조건문을 역시 참이 되게 한다. 혹자는 Tp-세계가 오스왈드가 공범이 없는 세계라는 것에 이의를 제기할지도 모르겠다. 하지만 그렇다면 이 조건문은 상이한 두 직관이 숨어 있다고 해야 할 것이므로 그때에 두 개의 진리값이 나오는 것 또한 당연하다 하겠다.

5. 맺는말

오스왈드/케네디의 예에서 우리가 얻을 수 있는 교훈은 필자의 이론이 언제나 하나뿐인 진리값을 생산하지도 않고 언제나 두 개의 진리값을 생산하지도 않는다는 것이다. 이 점에 놀랄 필요는 없다. 어떤 선행적 조건문이 직관적으로 하나뿐인 진리값을 취할 때, 선택된 두 개의 세계가 각각의 미래에서 참인 후건과 거짓인 후건을 따로 포함시킬 만큼 다르지는 않기를 우리가 바란다. 이와 같은 바람은 역행적 해석에 반영되어 있는 것이다. 즉, 우리는 전건이 참이 되게끔 하기 위하여 과거를 변화시켜야만 하지만 그 변화의 양(量)은 조건문이 다른 진리값을 취할 수 있을 정도로 충분하지는 않게 된다.

한편, 어떤 선행적 조건문이 직관적으로 두 개의 다른 진리값을 취할 때, 선택된 두 개의 세계가 각각의 미래에서 참인 후건과 거짓인 후건을 따로 포함시킬 만큼 다르기를 우리가 바란다. 이와 같은 바람 역시 역행적 해석에 반영되어 있다. 즉, 우리는 전건이 참이 되게끔 하기 위하여 과거를 변화시켜야 하고 그 변화의 양은 조건문이 다른 진리값을 취할 수 있을 정도로 충분하게 된다.

참고문헌

Jackson, F., "A Causal Theory of Counterfactuals," *Australian Journal of Philosophy*, 55 (1977), pp. 3-21.

Lewis, D., *Counterfactuals*, Cambridge, MA : Harvard University

Press, 1973.

Stalnaker, R., "A Theory of Conditionals," *Studies in Logical Theory* by Rescher, N. (e.d.), Cambridge, MA : Blackwell, 1986, pp. 98-112.

명제논리와 스위치 회로*

안 건 훈

개 요

기호논리학은 우리 주변에 있는 것들을 설명하거나 이해하는 데 매우 필요하다. 그 한 가지 예는 우리 생활과 밀접한 관련을 맺고 있는 전기현상이다. 전기의 스위치 회로는 기호논리학, 특히 명제논리의 개념 및 기법을 이용한다면 더 잘 이해할 수 있다. 이 논문의 목적은 전기회로와 명제논리의 상호관계를 고찰함으로써, 기호논리학의 응용 가능성을 보여 주는 데 있다.

먼저 명제들이 연언 결합사, 선언 결합사에 의해 결합되어 새로운 명제형식으로 되는 것과 직렬회로, 병렬회로로 이루어진 전기회로는 어떤 관련이 있는지를 살펴보았다. 다음으로 전기회로를 대수적 표현으로 나타내는 방법과, 회로적 지표 및 매트릭스를 구성하는 방법을 살펴보고, 거꾸로 회로적 지표와 매트릭스에 근거하여 대수적 표현이나 회로망을 구성하는 방법에 관해서도 살펴보았다. 마지막으로 회로망, 대수적 표현, 회로적 지표의 특징 및 그것들 사이의 관계를 다루면서 그 전형적인 예로 DNF(선언 표준형)와 CNF(연언 표준형)를 제시하고, 그것이 회로의 단순화 과정과는 어떻게 관련되어 있는지도 다루었다.

---

* 이 논문과 관련된 것으로는 필자가 한국동서철학연구회 제12회 학술대회(1991. 11. 23., 청주대)에서 발표한 「논리망과 스위치 회로와의 관계」를 들 수 있겠다. 그러나, 이 논문에서는 CNF, DNF, 그리고 회로의 단순화 과정에 특히 초점을 두어 논의하려고 한다.

우리의 주변에 있는 것들 가운데는 기호논리 체계와 대응관계를 유지하는 것이 있다. 예컨대, 스위치 회로의 회로망이 그것이다. 전기회로는 병렬회로와 직렬회로로 나뉘어진다. 이중에서 스위치가 병렬로 가설되어 있는 병렬회로의 경우에는 스위치 중에서 적어도 어느 하나만 닫혀 있으면 ——회로가 연결되어 전기가 통하면——전등은 켜지게 되어 있다. 물론, 스위치가 직렬로 가설되어 있는 경우에는 스위치가 모두 닫혀 있어야 전등은 켜진다. 그렇다면 명제들이 결합사에 의하여 결합되어 명제형식으로 되는 과정과 전기회로를 나타내는 대수적 표현과는 어떤 관련이 있을까?

I

회로망에 관한 논의는 집합계산이나, 집합들 사이의 결합과 밀접한 관련을 맺고 있다. 예컨대, $\varPhi$와 $\varPsi$가 각각 집합이라고 할 때 $\varPhi$와 $\varPsi$의 합집합은 $\varPhi+\varPsi$이나 $\varPhi \cup \varPsi$로써 나타내지는데, 이것은 논리학에서는 선언 결합사에 의하여 결합된 명제형식인 $\varPhi \vee \varPsi$에 해당한다. 그리고, $\varPhi$와 $\varPsi$의 교집합은 $\varPhi \times \varPsi$나 $\varPhi \cap \varPsi$로써 나타내지는데, 이것은 연언 결합사에 의하여 결합된 $\varPhi \& \varPsi$에 해당한다. [1] 그러면 이러한 표현방법이 병렬회로와 직렬회로와는 각각 어떻게 관련되어 있는지 살펴보기로 한다. 예컨대, a, b라는 스위치가 가설되어 있는 경우를 살펴보자. 병렬회로에 있어서 전등이 켜지는 경우는 a와 b 중에서 적어도 하나의 스위치가 닫히면 되므로 이것에 해당하는 논리형식은 a∨b이며, 집합에서는 a+b나 a∪b로써 나타내지는 합집합이다. 직렬회로의 경우는 모든 스위치가 닫혀 있어야 전등이 켜지므로 이것에 해당하는 논리형식은 a&b이며, 집합에서는 a×b나 a∩b로써 나타내지는 교집합이다. 곧, 직렬회로를 나타내는 논리적 표현형식은 a&b이며, 대수적 표현형식은 a×b이다. 그리고, 병렬회로를 나타내는 논리적 표현형식은 a∨b이며, 대수적 표현형식은 a+b이다. 그러므로 예컨대, a+(b×c)와 a×(b+c)——a∨(b&c)와

---

1) Norman L. Thomas, *Modern Logic*, New York: Barnes & Noble, Inc., 1966, p. 154.

a& (b∨c) ——라는 직병렬회로를 나타내는 대수적 표현은 다음의 도형 〈1〉, 〈2〉로 각각 나타낼 수 있다.

〈1〉 a + (b×c)

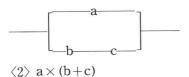

〈2〉 a × (b+c)

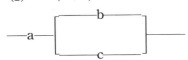

그런데, a + (b×c) = (a+b) × (a+c)이고, a×(b+c) = (a×b) + (a ×c)이므로, 아래에 있는 도형 〈3〉, 〈4〉는 앞에서 소개한 도형 〈1〉, 〈2〉와 회로적 특징이 각각 같게 마련이다.

〈3〉 (a+b) × (a+c)

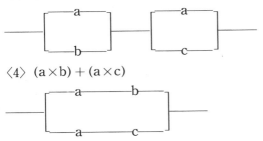

〈4〉 (a×b) + (a×c)

한편, 스위치가 열려 있어서 전기가 통하지 않는 상태를 0으로 나타내고, 스위치가 닫혀 있어서 전기가 통하는 상태를 1로 나타낸다면, 병렬회로와 직렬회로에서 전등이 켜지는 경우를 보여 주는 표(matrix)는 각각 다음과 같이 된다. [2]

2) Norman L. Thomas의 저서인 *Modern Logic* (New York : Barnes & Noble, Inc., 1966, pp. 158-160.), Seymour Lipschutz 의 저서인 *Theory and Problems of Set Theory* (New York : McGraw-Hill Book Company, 1964, pp. 218-219.), 그리고 Frank Ayres, Jr. 의 저서인 *Theory and Problems of Modern Algebra* (New York : McGraw-Hill Book Company, 1965, pp. 222-237.) 참조.

⟨5⟩ a∨b, a+b

a	b	a×b	a	b	a+b
T	T	T	1	1	1
T	F	T	1	0	1
F	T	T	0	1	1
F	F	F	0	0	0

⟨6⟩ a&b, a×b

a	b	a&b	a	b	a×b
T	T	T	1	1	1
T	F	F	1	0	0
F	T	F	0	1	0
F	F	F	0	0	0

곧, 병렬회로의 경우는 a, b가 모두 열려 있을 때만 전등이 꺼지고, 직렬회로의 경우는 a, b가 모두 닫혀 있을 때만 전등이 켜진다. 그리고, 이 경우에 a+b와 a×b의 회로적 지표는 1110과 1000로써 각각 표기된다. 만일 a가 아닌 것을 a′라 하고 b가 아닌 것을 b′라고 한다면, a′+b′와 a′×b′에 관한 표는 각각 다음과 같이 된다.

⟨7⟩ a′+b′

a	b	a′	b′	a′+b′
1	1	0	0	0
1	0	0	1	1
0	1	1	0	1
0	0	1	1	1

⟨8⟩ a′×b′

a	b	a′	b′	a′×b′
1	1	0	0	0

1	0	0	1	0
0	1	1	0	0
0	0	1	1	1

　〈7〉, 〈8〉의 회로적 지표는 각각 0111 과 0001이 된다. (a×b, a′×b′ 처럼 직렬회로를 나타내는 대수적 표현형식의 경우에서는 ×를 생략한 채 ab, a′b′와 같이 각각 나타내지기도 한다. 본 논문에서는, 앞으로 후자와 같은 표기법을 사용하기로 한다.）

　전기 회로망 중에는 겉보기에는 복잡한 것 같으나 전기회로의 원리를 알고 나면 간단히 나타내질 수 있는 것도 적지 않다. 예컨대, ab＋ab′＋bb＋bb′로써 나타내진 회로를 살펴보자. bb′는 전기가 흐를 수 없는 직렬회로이며, bb는 회로에서는 b와 마찬가지이므로 ab＋ab′＋bb＋bb′라는 대수적 표현은 회로에서는 ab＋ab′＋b와 같다. 이것은 다시 a(b＋b′)＋b와 같다. 여기서 b＋b′는 b와 b′ 중에서 어느 하나는 스위치가 닫혀진 상태이므로 전기가 흐를 수 있음을 뜻한다. 다시 말하면, b＋b′는 1이다. 그러므로, a(b＋b′)＋b는 a(1)＋b 곧, a＋b가 된다. 물론, ab＋ab′＋bb＋bb′를 인수분해하여 (a＋b)(b＋b′)를 얻고, b＋b′ 대신에 1을 대입하여 (a＋b)(1)이나 a＋b를 얻을 수도 있다.[3] 이러한 사실을 회로망과 매트릭스에 의하여 나타내면 각각 다음과 같은 회로망 〈9〉, 〈10〉과 표 〈11〉, 〈12〉가 된다.

　〈9〉 ab＋ab′＋bb＋bb′

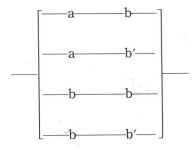

---

[3] b＋b′는 병렬회로로서 전류가 통할 수 있는 반면에, b×b′는 직렬회로로서 전류가 통할 수 없다. 곧, 전자와 후자는 각각 1과 0으로 나타내진다.

⟨10⟩ a+b

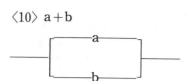

⟨11⟩ ab+ab'+bb+bb'

a	b	b'	ab	ab'	bb	bb'	ab+ab'+bb+bb'
1	1	0	1	0	1	0	1
1	0	1	0	1	0	0	1
0	1	0	0	0	1	0	1
0	0	1	0	0	0	0	0

⟨12⟩ a+b

a	b	a+b
1	1	1
1	0	1
0	1	1
0	0	0

위의 회로망과 표에 의하여 알 수 있듯이, ab+ab'+bb+bb'와 a+b는 그 회로의 특징이 회로망에 있어 서로 같은 기능을 지니며, 지표에 있어서도 서로 같다. 특히, 매트릭스에서는 그 지표가 모두 1110이다. 이처럼 회로망이 동치이거나 회로적 지표가 같을 경우에는 보다 단순한 회로나 대수적 표현을 선택하는 것이 현실생활에서는 경제성이 있고 유용한 경우도 많다.

Ⅱ

이제까지 전기회로를 대수적 표현으로 나타내는 방법에 관하여 논의하였다. 나아가서 회로의 지표를 나타내는 매트릭스를 구성하는 방법도 논의하였다. 이제부터는 역으로 회로적 지표에 근거하여 대수적 표현이나 회로망을 구성하는 방법에 관하여 살펴보기로 한다. 그리고, 그 예로 선언적 표준형(選言的標準型, disjunctive normal form, DNF)과 연언적 표준형(連言的標準型, conjunctive normal form, CNF)을 들어 고찰하려고 한다. 그 이유는 이러한 표준형들이 다른 예들보다도 회로망, 대수적 표현, 회로적 지표의 특징 및 그것들 사이의 관계를 논의하는 데 있어 전형적인 예로 적합하다고 여겨지기 때문이다.

우선, 선언적 표준형은 대수적 표현 속에서 발견되는 각종 변항이나 상항들이 그 표현의 각 선언지(選言肢, disjunct)에서도 또한 나타나는 그러한 선언적 표현이다. [4] 그러므로, $ab'+a'$나 $ab+b'c$라는 대수적 표현들은 DNF가 아니지만, $ab'+ab$나 $xyz+x'yz$는 DNF이다. 이와 같이 DNF에서는 DNF에서 필요로 하는 모든 변항이나 상항들이 그 선언지에서도 다시 드러나 있다. DNF의 유용성은 주어진 회로에 있어 그 표준이 되는 회로를 찾을 수 있다는 점에도 있다. 예컨대, $ab'+a$라는 표현을 DNF로 바꾸어 보자. 여기서 우리는 a는 $a(1)$과 같으며 $1=b+b'$이라는 점에 근거하여, $ab'+a$를 $ab'+ab+ab'$ 혹은 $ab'+ab$로 바꾸어 쓸 수 있다. 왜냐하면 회로에서는 $a+a$는 a와 같으므로 $ab'+ab'$도 ab'와 같기 때문이다. $a+b'$라는 표현도 마찬가지 방법에 의하여 DNF로 바꿀 수 있다. $a+b'$는 $a(b+b')+b'(a+a')$, $ab+ab'+ab'+a'b'$, $ab+ab'+a'b'$ [5] 등으로써 나타낼 수 있다.

다음에는 회로적 지표로 대수적 표현이나 회로망을 구성하는 방법에 관하여도 살펴보기로 한다. 예컨대, DNF에서 회로적 지표가 10101000인 매트릭스를 구성하여 보자. 하나의 스위치는 닫히거나 열리거나 둘 중에서 어느 하나에 속하므로, 위와 같이 8개의 숫자로 구성된 회로적 지표는 3개의 스위치가 결합됨으로써 드러나는 지표이다. 3개의 스위치를 a, b, c라고 하고, 스위치가 논리적으로 결합될 수 있는 가능성을 살펴보기로 한

---

4) Norman L. Thomas, 앞의 책, p. 167 참조.

5) 만일 $ab+ab'+a'b'$로써 나타내진 대수적 표현에 $a'b$라는 표현이 첨가된다면, a와 b에 의하여 나타내질 수 있는 모든 결합의 종류가 연언결합사에 의하여 결합된 $ab+a'b+ab'+a'b$라는 대수적 표현을 얻게 된다. 이 경우 이러한 식을 특히 완전한 선언적 표준형(complete disjunctive normal form, CDNF)이라고 한다.

다. 물론, 회로적 지표가 10101000일 경우, 그 각각의 숫자마다 3개의
스위치가 하나의 연언을 형성하는 그런 대수적 표현들과 대응을 이루게
마련이다. 그래서 위의 회로적 지표는, 서로 다른 3개의 스위치가 연언결
합사에 의하여 짝지어진 8종류의 연언들이 또다시 선언결합사에 의하여
결합된 그런 선언과 대응을 이룬다. 10101000이라는 회로적 지표에서,
제일 처음 지표를 나타내는 1에 해당하는 대수적 표현은 abc, abc′, ab′c,
ab′c′, a′bc, a′bc′, a′b′c, a′b′c′ 중에서 어느것이라도 될 수 있다. 처음 지
표에 해당하는 대수적 표현이 무엇인가에 따라 그 이후의 대수적 표현의
특성도 달라진다. 그러므로, 10101000에 대응하는 대수적 표현의 종류도
그에 따라 상당히 다양해지게 마련이다. 더욱이 만일 전류가 통하는 경우
를 0, 전류가 통하지 않는 경우를 1로 나타낸다면 지금까지의 논의과정에
서 제시된 대수적 표현에서 a는 a′로, a′는 a로 나타내야 할 것이다. 물
론, 본 논문에서는 전류가 통하는 상태를 1, 전류가 통하지 않는 상태를
0으로 각각 나타낸다. 그리고 a는 스위치가 닫힌 상태이고 a′는 열린 상
태를 나타낸다. 논의의 편의상 스위치가 닫혀진 상태를 아래와 같이 기술
하기로 하고 주어진 회로적 지표도 그 순서에 따라 기술된 것으로 간주하
면서 다음과 같은 표를 구성하여 보겠다.

〈13〉

a	b	c	f[6]
1	1	1	1
1	1	0	0
1	0	1	1
1	0	0	0
0	1	1	1
0	1	0	0
0	0	1	0
0	0	0	0

---

6) $f(a, b, c)$로서, a, b, c라는 스위치들이 열리고 닫힘에 의해 최종적으로 이루어지는 전류
   의 흐름상태를 나타낸다.

표 〈13〉에 나타난 회로적 지표에 근거한다면 전기가 통할 수 있는 회로의 대수적 표현은 abc+ab′c+a′bc임을 알 수 있다. 그리고, 이 대수적 표현에 대응하는 스위치회로는 아래와 같다.

〈14〉

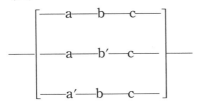

이러한 DNF에 근거하여 우리는 논리적으로는 동치이면서도 회로에 있어서는 더욱 간단한 다음과 같은 대수적 표현을 계산에 의하여 제시할 수 있다.

abc+ab′c+a′bc
=ac(b+b′)+a′bc
=ac+a′bc
=c(a+a′b)

그런데, a+a′b는 a+b와 같은 회로적 지표를 지닌다.[7] 그러므로, c(a+b)가 10101000이라는 회로적 지표를 나타내는 가장 간단한 대수적 표현이다. 이 대수적 표현에 따른 스위치 회로는 아래와 같다.

〈15〉

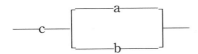

우리는 스위치 회로 〈14〉를 간단한 회로인 〈15〉로 대치하여, 보다 경제적이고 편리한 회로망을 구성할 수 있다.

---

[7]

a	b	a′	a′b	a+a′b	a+b
1	1	0	0	1	1
1	0	0	0	1	1
0	1	1	1	1	1
0	0	1	0	0	0

　선언적 표준형과 더불어 주어진 회로의 대수적 표현을 위해 사용되는 또 다른 유형으로는 연언적 표준형을 들 수 있다. 연언적 표준형은 대수적 표현에서 발견되는 여러 가지 변항이나 상황들이 그 표현의 각 연언지(連言肢, conjunct)에서도 또한 나타나는 그러한 연언적 표현이다. 그러므로, $(a+b)(a'+b')$나 $(x'+y+z)(x+y'+z)(x'+y+z)$와 같은 표현들은 CNF에 속하지만 $(a')(a+b)$나 $(x+y')(z+y)$는 CNF에 속하지 않는다. [8] DNF와 더불어 CNF도 어떤 주어진 회로적 지표를 대수적 표현에 의해 나타낼 수 있다. 예컨대, DNF에 의한 표현이 전기가 통할 수 있는 지표에 근거하여 이루어졌다고 한다면, CNF에 의한 표현은 전기가 통할 수 없는 회로적 지표에 근거하여 이루어진다. 후자의 경우는 전기가 통할 수 없는 지표를 나타내는 각행의 대수적 표현들을 찾아 그 각각을 부정하여 선언 결합사로 함께 묶은 후에 이러한 묶음들을 연언 결합사로 다시 묶는다. 왜냐하면 전기가 흐르지 않는 경우[0]들을 찾아내어, 그것들을 전기가 흐르는 것[1]으로 바꾸려면, 0에 대응하는 대수적 표현도 부정[~0=1]하여야 하기 때문이다. 예컨대, 다음의 표에 나타난 회로적 지표에서 전기가 통하지 않는 행을 근거로 하여 CNF를 구성하여 보기로 한다.

〈16〉

a	b	c	f
1	1	1	1
1	1	0	1
1	0	1	1
1	0	0	0
0	1	1	1

---

8) CNF 중에서도 $(a+b)(a'+b)(a+b')(a'+b')$처럼 논리적으로 가능한 모든 항들이 결합되어 있는 것을 완전한 연언적 표준형(complete conjunctive normal form, CCNF)이라고 한다.

0	1	0	1
0	0	1	0
0	0	0	0

표 〈16〉으로부터 CNF로 나타내진 대수적 표현은 $(a'+b+c)(a+b+c')(a+b+c)$이 되며 그 스위치 회로는 아래와 같다.

〈17〉

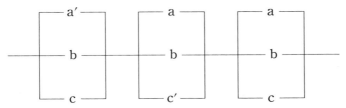

표 〈16〉을 DNF로 나타낸다면 $abc+abc'+ab'c+a'bc+a'bc'$이 된다. 물론, $\sim(ab'c'+a'b'c+a'b'c')$로써 나타낼 수도 있다. 이중에서 후자의 경우는 곧 CNF로 나타내진 대수적 표현과 같게 된다.

앞의 $(a'+b+c)(a+b+c')(a+b+c)$는 DNF에 의하여 다음과 같이 단순화될 수도 있다. 즉, 위와 같은 대수적 표현의 여집합(餘集合, complement)을 부정하여, 다음과 같은 과정을 거쳐서 단순화된다.

$$abc+abc'+ab'c+a'bc+a'bc'$$
$$=ac(b+b')+a'b(c+c')+abc'$$
$$=ac+a'b+abc'$$
$$=a(c+bc')+a'b$$
$$=a(c+c')(b+c)+a'b$$
$$=a(b+c)+a'b$$
$$=ab+ac+a'b$$
$$=b(a+a')+ac$$
$$=b+ac$$

앞의 대수적 표현에 따른 스위치 회로는 아래와 같다.

〈18〉

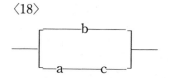

〈17〉과 〈18〉은 회로에 있어 동치이지만 〈18〉이 훨씬 단순화된 회로이다.

물론, 전기가 통할 수 없는 경우들을 중심으로 다음과 같은 간접적인 추론도 가능하다.

$ab'c' + a'b'c + a'b'c'$
$= a'b'(c+c') + ab'c'$
$= a'b' + ab'c'$
$= b'(a' + ac)$
$= b'(a' + c)$

그런데, $b'(a'+c)$는 전기가 통할 수 없는 대수적 표현에서 추론되었으므로, 이것을 전기가 통할 수 있는 대수적 표현으로 바꾸면 닫혀진 스위치는 열린 스위치로, 선언은 연언으로, 연언은 선언으로 환원되어 b+ac라는 대수적 표현이 된다.

이처럼 CNF는 DNF의 여집합을 부정한 것으로 연언 결합사로 결합되어 있고, DNF는 CNF의 여집합을 부정한 것으로 선언 결합사로 결합되어 있다. 그러므로, $(a+b+c)(a'+b+c)(a+b+c')$라는 CNF를 DNF로 바꿀 경우에는 우선 그 CNF의 여집합인 $(a+b'+c)(a'+b'+c)(a'+b+c')(a+b'+c')(a'+b'+c')$를 제시해야 한다. 그런 후 제시된 CNF의 여집합을 부정하면 된다. 그런데, $(ab)' = a'+b'$이고, $(a+b)' = a'b'$이므로, DNF는 $a'b'c' + abc' + ab'c + a'bc + abc$가 된다. 한편, $a'b'c' + ab'c' + a'b'c$라는 DNF를 CNF로 바꾸기 위해서는 위의 대수적 표현의 여집합인 $abc + a'bc + ab'c + abc' + a'bc'$를 부정해야 한다. CNF는 DNF의 여집합을 부정한 것과 같으므로 결국 $a'b'c' + ab'c' + a'b'c$라는 DNF를 CNF로 바꾸면, $(a'+b'+c')(a+b'+c')(a'+b+c')(a'+b'+c)(a+b'+c)$이 된다.

물론, $(a+b+c)(a'+b+c)(a+b+c')$라는 CNF는 $a'bc' + abc' + ab'c + a'bc + abc$라는 DNF와 회로적 지표가 같게 마련이고, $a'b'c'$

$+ab'c'+a'b'c$라는 DNF는 $(a'+b'+c')(a+b'+c')(a'+b+c')(a'+b'+c)(a+b'+c)$라는 CNF와 그 회로적 지표가 같게 마련이다. 왜냐하면 어떤 CNF의 여집합을 부정한 것은 결국 그 CNF를 지칭하는 것이 되고, 어떤 DNF의 여집합을 부정한 것도 결국은 그 DNF를 지칭하는 것이기 때문이다. DNF는 스위치의 배열을 선언적으로 정리한 것이고 CNF는 연언적으로 정리한 것에 불과하다. 그리고, "전기가 통한다[1]"라는 것은 "전기가 통하지 않는다[0]"라는 것을 부정한 것과 같은 것이기 때문이다.

Ⅳ

엄밀히 말한다면, 카르납(Rudolf Carnap, 1958)도 지적하였듯이, 물리적 세계에 관한 위상적 구조는 실제적인 측정치와는 구별된다. 하지만, 시간과 공간의 위상적인 성질들을 다루기 위해 물리학에서는 그 방법으로 측정치를 이용한다.[9] 마찬가지로 실제 회로상에 나타난 특성도 순수한 계산에 의하여 드러내진 특성과 꼭 일치한다고는 할 수 없지만 그로 인한 문제점은 거의 발견되지 않는다. 그런 점에서 이제까지 논의한 논리망도 스위치 회로체계를 이해하는 데 도움을 준다. 명제들을 결합시키는 결합사 중에서 선언 결합사와 연언 결합사는 스위치 회로에서는 병렬회로, 직렬회로와 각각 관련지어진다. 그렇다면 조건언과 양조건언의 경우도 연언이나 선언으로 환원시켜 놓고서 스위치 회로와 관련지을 수 있겠으며, 이때 "부정 결합사는 부정회로를 나타내는 인버터(inverter)[10]"로서 간주된다. 물론, $*$, $\oplus$, $\square$와 같은 임의의 결합사를 제시할 경우도 이러한 결합사에 대응하는 스위치 회로를 작성할 수 있다. 이 경우에는 우선 그러한 결합사를 연언이나 선언 결합사로 환원시킬 필요가 있다.

진리표에서 명제에 할당하는 T, F라는 진리치는 스위치가 닫혀져 전

---

9) Rudolf Carnap, *Introduction to Symbolic Logic and Its Applications*, New York : Dover Publications, Inc., 1958. p. 197 참조.

10) Richard C. Jeffrey, *Formal Logic : Its Scope and Limits*, McGraw-Hill Book Company, 1967, p. 35.

기가 통하는 상태와 스위치가 열려 전기가 통하지 않는 상태를 나타내는 1, 0과 각각 대응을 이룬다. 그리고, 명제형식 중 주결합사를 이루는 진리치 중에서 T와 F는 회로망에서는 전류가 흘러 전등이 켜진 상태와 그렇지 않은 상태와 각각 서로 대응관계에 있게 된다. 그리고, 전기가 통하지 않는 상태를 부정한 것은 곧 전기가 통하는 상태이므로, DNF는 CNF에서 나타난 대수적 표현의 여집합을 부정한 것과 회로적 지표가 일치하고, DNF에서 나타난 대수적 표현의 여집합을 부정한 것은 CNF의 회로적 지표와 같게 마련이다. 이러한 대수적 표현은 계산에 의하여 단순화될 수 있다. 마찬가지로 스위치 회로의 경우도 단순화될 수 있다. 나아가서, 복잡한 논리망이나 스위치 회로도 그 기본이 되는 골격이 무엇인지 파악될 수 있다.

한편, T, F로 나타내지는 진리표나 0, 1로 나타내지는 스위치 회로나 모두 2진법의 세계에 속한다. 이러한 사실은 진리표의 진리치가 2진법으로 나타내지는 모든 영역에 응용될 수 있음을 보여 준다. 나아가서 2치논리가 아닌 다치논리도 그것에 대응하는 세계를 설명하는 데 응용될 수 있음을 시사하고 있다. 우리 생활과 밀접한 관련을 맺고 있는 전기와 스위치 회로에서도 알 수 있듯이, 이러한 가능성은 기호논리학의 응용 가능성을 보여 주는 좋은 예라 여겨진다. 이어서, 기호논리학이 경험계를 설명하거나 이해하기 위해서 매우 요청됨을 보여 주고 있다.

추론역할적 의미론과 의미총체주의

하 종 호

개 요

이 논문은 의미총체주의를 둘러싼 현대 철학자들의 공방을 추적해 보기 위한 일환으로써 블록의 추론역할적 의미론의 총체주의적 성격을 규명하고 이에 대한 포더와 르포의 반(反)총체주의적 비판을 검토한다. 추론역할적 의미론은 문장이나 낱말과 같은 언어표현의 의미를 그 표현의 추론역할과 동일시하는 이론인데 포더와 르포는 이 이론이 논리적인 일관성을 결여하고 있음을 논증함으로써 의미총체주의의 이론적 기반을 무너뜨리려고 시도한다. 그들의 논변이 정당한지를 살펴보기에 앞서서 먼저 블록의 추론역할적 의미론의 주요내용을 개관한 후, 포더와 르포의 비판에 대한 블록의 반격을 검토하고 이 반격의 타당성 여부를 논의한다.

의미총체주의 (meaning holism)는 원자주의와 대립되는 개념으로서 현대 언어철학자들이 대부분 추종하는 관점이다. 의미론적 원자주의에 따르면, 언어표현의 의미론적 속성들은 그 표현과 언어외 (外)적 세계에 속한 사물들간의 관계에 의해서 결정된다고 한다. 이 이론은 영국 경험론자들로부터 시작해서 프라그마티즘과 논리실증주의의 진영에서 옹호하는 이론이었고 러셀도 이 이론을 지지하는 입장을 보였다. 반면에 의미총체주의는 언어표현의 의미론적 속성들은 한 언어 안에서 그 표현이 발휘하는 역할에 의해서 결정된다고 보는 관점인데 콰인, 데이빗슨, 블록 등 현대 철학자들 중 다수가 지지하여 왔고 대부분의 인공지능학자들과 인지심리학자들도 이 관점을 채택하고 있다고 할 수 있다.

이처럼 현대철학과 여타의 분야에서 각광을 받고 있는 의미총체주의지만 그 논지를 따라가다 보면 다음 몇 가지의 결론에 이르게 된다. 첫째로, 자연언어들은 일반적으로 상호번역 불가능하다. 둘째로, 텍스트의 의미에 관한 문제를 결정짓는 사실은 없다. 셋째로, 기본적인 공준이 다른 과학이론들은 경험적으로 통약 불가능하다. 넷째로, 심리법칙들은 사람들의 정신상태 (즉 믿음이나 욕구 등)에 의거해서 그 사람들에게 적용되는데 의미총체주의가 옳을 경우 동일한 믿음이나 욕구를 두 사람이 공유할 수 없게 되어 동일한 심리법칙하에 두 사람이 있을 수 없게 된다. 이것은 곧 심리법칙은 있을 수 없다는 말과 같고 따라서 정신현상들에 관한 과학은 성립근거를 잃게 된다.

총체주의를 비판하는 입장에 서 있는 포더와 르포 (이하 '포-르'로 약칭함)는 이러한 총체주의의 결과를 받아들이기 어렵다고 보면서 총체주의를 주장하는 사람들의 논변을 하나씩 분석하고 그 부당성을 논증하였는데, 그들의 공격대상 중의 하나가 블록의 추론역할적 의미론 (inferential role semantics)[1]이었다. 추론역할적 의미론이란 의미를 추론적인 역할과 동일시하는 이론으로서 의미총체주의의 한 형태이되 극단적인 총체주의가 지니는 이론적인 문제점들을 피하기 위해서 다소 완화된 형태로 제시되었으나 포-르는 이 이론이 논리적인 일관성을 결여하고 있다는 점을

---

1) '추론역할적 의미론'이라는 명칭 대신에 '기능역할적 의미론'(functional role semantics), '개념역할적 의미론'(conceptual role semantics), '인과역할적 의미론'(causal role semantics) 등으로 불려지기도 한다.

지적해 왔다. 포-르에 따르면, 자연언어의 합성(compositionality)원리를 옹호하고 분석명제와 종합명제의 구분의 붕괴를 받아들이는 것이 현대 의미론의 기본적인 신조인데 의미를 추론적 역할로 볼 경우 그러한 기본적인 신조를 유지하기가 어렵게 된다고 한다.

이 논문에서는 의미총체주의를 둘러싼 현대 철학자들의 공방을 추적해 보기 위한 일환으로서 먼저 블록의 추론역할적 의미론의 주요내용을 개관하고, 포-르가 지적하는 추론역할적 의미론의 문제점을 구체적으로 검토한 후, 블록의 입장에서 포-르의 비판을 어떻게 극복할 수 있는지, 그리고 블록의 반론이 정당한지를 논의하겠다.

I

전통적으로 의미론의 가장 기본적인 물음은 의미론적 속성의 근원에 관한 물음이다. 예를 들어 '개'라는 낱말이 고양이를 의미하지 않고 개를 의미하게 해주는 것은 무엇인가? 이 물음에 대한 답변으로 대표적인 것이 '의미론적 원자주의'(semantic atomism)[2]이다. 의미론적 원자주의자들에 따르면, '개'가 개를 의미할 수 있게 해주는 것은 '개'라는 언어적 기호와 개라는 동물 사이에 성립하는 비(非)의미론적인 관계라고 한다. 그러면 이러한 관계는 구체적으로 어떠한 것을 말하는가? 포-르의 설명에 의하면,[3] 흄을 비롯한 영국 경험론자들은 이 관계를 유사성의 관계로 본다. 그래서 '개'가 고양이를 의미하지 않고 개를 의미하는 것은 '개'와 결합되는 심상(心像, mental image)이 고양이를 의미하지 않고 개를 의미하기 때문이고, 그 심상이 개를 의미하되 고양이를 의미하지 않는 것은 그 심상이 개와 매우 유사한 반면에 고양이는 거의 닮지 않았기 때문이라고 한다. 또한 행동주의자들은 '개'가 고양이를 의미하지 않고 개를 의미하는 이유는 화자(話者)의 조건형성 과정에서 개가 화자로 하여금 '고양

---

2) 이 명칭은 포-르의 제안에 따른 것이다. Jerry Fodor and Ernest Lepore, *Holism* (Oxford: Basil Blackwell, 1992), p. 32.

3) J. A. Fodor and E. LePore, "Why Meaning (Probably) Isn't Conceptual Role," in *Science and Knowledge*, ed. Enrique Villanueva (Atascadero: Ridgeview, 1993), p. 17. 이하 MCR로 약칭함.

이'가 아니라 '개'를 발화하게끔 하는 인과적인 관계가 언어기호와 세계 사이에 성립하기 때문이라고 본다.

의미론적 원자주의는 여러 각도에서 비판받았는데 프레게의 반론이 대표적인 것으로 꼽힌다. 프레게는 언어표현과 세계 사이의 관계가 동일하지만 의미가 달라지는 경우를 제시함으로써 의미론적 원자주의의 치명적인 결함을 지적하였다. 예를 들어, '샛별'과 '개밥바라기'는 금성에 대해서 동일한 관계를 맺고 있지만 그 두 낱말의 의미는 다르다. 그런데 의미론적 원자주의는 낱말의 의미를 결정짓는 것은 그 언어표현과 대상(또는 세계) 사이에 성립하는 비의미론적인 관계라고 하였기 때문에 '샛별'과 '개밥바라기'와 금성 사이에 성립하는 관계가 동일하다면 두 표현의 의미도 같다고 보아야 하는 부당한 결론이 나오는 것이다. 따라서 의미론적 원자주의는 더 이상 성립하기가 어렵게 된다.

추론역할적 의미론은 한 언어체계 안에서 낱말의 의미를 결정짓는 것은 그 낱말이 다른 낱말들과 어떻게 연결되어 있느냐에 달려 있다고 봄으로써 원자주의가 당면한 곤경을 극복하려고 시도한다. 달리 말해서 '샛별'과 '개밥바라기'가 금성과 맺는 관계가 같더라도 그 낱말들이 언어체계 안에서 서로 다른 역할들을 가지기 때문에 상이한 의미를 갖는다고 보는 것이다. 그리고 하나의 언어표현을 습득(習得)하는 것은, 그 언어체계 안에서 그 표현이 다른 표현들과 맺고 있는 의미론적 관계를 고정시켜 주는 핵심적인 추론들이 타당하다는 것을 인지하는 것과 같다고 본다. 예를 들어, '개'라는 표현을 습득하는 것은, "얼룩이는 개다"로부터 "얼룩이는 동물이다"를 추론하는 것이 타당함을 인지하는 것과 같다는 것이다. 또는 '샛별'이라는 표현을 습득하는 것은, "…은 샛별이다"로부터 "…은 아침에 뜬다"를 추론하는 것이 타당하다는 것을 인지하는 것과 같다고 본다. 결국 추론역할적 의미론은 한 표현의 의미를 구성하는 추론들의 총체가 있다고 보고서 다른 표현들이 이 표현과 의미를 달리하는 것은 그것들이 이 추론들에 참여하지 않기 때문이라고 설명하게 된다.

블록은 자신의 추론역할적 의미론이 두 가지 요소로 구성되어 있다는 점에서 하만(Gilbert Harman)을 비롯한 다른 유형의 추론역할적 의미론과 다르다는 점을 강조한다.[4] 그 두 요소 중의 하나는 내재적 요소로서 전적으로 우리의 두뇌 안에 있는 추론역할적 요소[5]인데 이것을 '좁은 의미'(narrow meaning)라고 부른다. 블록에 따르면, "이 내재적 요소인 추론역할은 문제의 언어표현이 추론과 숙고(熟考)의 과정에서 발휘하는 인과적인 역할의 문제이며, 그 표현이 어떤 방식으로 다른 표현들과 상호작용해서 감각적인 입력과 행동적인 출력을 중재하느냐의 문제"라고 한다. [6] 이 추론적 역할은 문장과 낱말에 대해서 각각 적용될 수 있는데 문장의 추론역할은 그것이 어떻게 귀납추론과 연역추론에 참여하느냐의 문제이며, 낱말의 추론역할은 그 낱말이 문장들의 역할에 어떻게 기여하느냐는 문제로 환원될 수 있다고 본다. 반면에 외재적 요소는 두뇌 안에 있는 표상들과 이 표상들이 세계 안에서 갖는 지시체 및 진리조건 사이에 성립하는 관계들과 관련되는 요소인데 블록은 이 요소는 별로 문제시되지 않는다고 본다. 그리고 굳이 외재적 요소를 문제삼고자 한다면, 인과적 지칭이론이나 진리조건 이론에 의해서 설명될 수 있다고 말한다. [7]

그러면 내재적 요소인 추론역할로서의 좁은 의미라는 개념이 구체적으로 무엇인지 살펴보자. 블록은 다음 두 문장을 말할 때 표현되는 두 믿음들의 차이를 예로 들어 좁은 의미와 넓은 의미를 설명한다. [8]

(1) 내가 차에 치일 위험이 있다.
(2) 블록이 차에 치일 위험이 있다.

(2)에 대한 믿음과 (1)에 대한 믿음은 차이가 있다. 예를 들어 블록이 자기가 블록이라는 이름의 소유자임을 모를 경우 (1)을 믿을 때에는 황급히 옆으로 비켜서지만 (2)의 경우에는 그렇지 않을 수 있다. 따라서 행동을 인과적으로 설명할 때 (1)과 (2)는 중요한 차이를 낳게 된다고 할 수

---

4) Ned Block, "Advertisement for a Semantics for Psychology," in *Midwest Studies in Philosophy, X : Studies in the Philosophy of Mind*, ed. P. A. French, T. E. Uehling, Jr., and H. K. Wettstein (Minneapolis: Univ. of Minnesota Press, 1986), p. 627. 이하 ASP로 약칭함.
5) 블록은 ASP에서 '개념역할적 요소'라고 불렀지만 필자는 이 논문에서 '추론역할적'이라는 용어를 처음부터 사용하였고 이 두 용어의 의미상의 차이는 실질적으로 없기 때문에 추론역할적 요소로 바꿔서 사용하겠다.
6) ASP, p. 628.
7) Ibid.
8) ASP, p. 619.

있다.

이러한 현상에 근거해서 믿음의 내용과 의미를 고찰하게 되는데 그중 한 방식은 블록이 (1)과 (2)를 발언할 때 그 발언들은 각각 상이한 의미를 가지며 상이한 내용을 가진 믿음들을 표현한다고 보는 것이다. 그리고 필자와 블록이 (1)을 발언하였다면 우리의 믿음들은 동일한 내용을 가지게 된다고 본다. 블록은 이러한 방식을 '좁은 개별화'(narrow individuation)라고 부른다. 반면에 '넓은 개별화'(wide individuation)에 따르면, 블록이 (1)과 (2)를 발언할 때 표현되는 명제는 동일하다고 보고서 동일한 명제를 표현하는 문장들은 의미도 동일하므로 블록이 발언한 (1)과 (2)의 의미는 동일하다고 간주한다. 이러한 관점은 믿어진 명제를 개별화하는 방식과 같은 방식으로 믿음의 내용을 개별화하므로 블록이 (1)에 의해서 표현한 믿음의 내용과 (2)에 의해서 표현한 믿음의 내용은 동일하다고 보게 된다. 더욱이 블록이 (1)에 의해서 표현한 믿음의 내용과 내가 (2)에 의해서 표현한 믿음의 내용은 다르며, 마찬가지로 블록이 (1)을 발언함으로써 의미하는 바와 내가 (2)를 발언함으로써 의미하는 바가 다르다고 본다. 블록은 넓은 개별화와 좁은 개별화의 차이를 다음과 같이 표현한다.

넓은 개별화는 동일한 속성들을 동일한 개체들에 대해서 적용시키는 문장들을 한 묶음으로 묶는다. 반면에 좁은 개별화는 지칭되는 개체들이 동일한지는 상관없이 문장들이 개체들을 동일하게 기술함으로써 동일한 속성들을 적용시키기만 하면 그 문장들을 하나로 묶게 된다. 바꿔 말해서 좁은 개별화는 동일한 개체들이 관련되어 있느냐는 물음은 무시하는 대신에 어떻게 그 개체들이 지칭되고 있느냐에 의존한다. [9]

블록은 좁은 개별화와 넓은 개별화가 바로 좁은 의미와 넓은 의미를 구별하게 해준다고 본다. 블록은 좁은 의미가 '두뇌 안에' 있고 서로 다른 사람들이 (1)을 발언할 때 그들의 발언에 공통된 것의 의미론적인 측면을 포착하는 반면에, 넓은 의미는 두뇌 밖에 있는 어느 개체들이 지칭되느냐

---

9) Ibid.

에 달려 있으므로 넓은 의미는 '두뇌 안에' 있지 않다고 주장한다.[10] 그래서 두 발언들이 표현하는 믿음들이 동일한 좁은 내용을 갖는 경우에만 그 발언들의 좁은 의미는 동일하게 된다고 한다. 그리고 좁은 의미는 표현과 발화문맥으로부터 지시체와 진리값이 결정되는 함수를 결정한다는 특징을 갖는다고 블록은 지적한다.[11] 예를 들어, 블록과 필자가 (1)에서 '나'라고 말할 때에는 우리가 공유하는 무언가가 있는데 이것이 바로 필자의 문맥에서는 '나'가 필자를 짝짓게 해주고 블록의 문맥에서는 '나'가 블록을 짝짓게 해주는 '나'라는 낱말의 의미론적 측면인 것이다.

블록은 좁은 의미와 넓은 의미의 구분이 심리학적인 설명과 관련해서도 차이를 낳게 된다고 본다. 믿음의 대상이 되는 문장의 좁은 의미는 인식 주체의 심리상태에 관한 정보를 더욱 많이 준다. 따라서 좁은 의미와 좁은 내용은 외부세계에 관한 정보가 무시되는 한, 어떤 사람이 무엇을 결정하는지를 예측하고 설명하는 데 잘 들어맞는다. 반면에 넓은 의미는 이러한 식의 예측과 설명에 적절치 않다. 그 이유는 넓은 의미는 우리가 우리 자신을 지칭하는 방식에 관한 정보를 무시하기 때문이다. 블록은 이 점을 다음과 같이 설명한다.

내가 발언한 (1)의 넓은 의미와 (2)의 넓은 의미는 동일하므로 만일 당신이 내가 이 넓은 의미〔즉 내가 발언한 (1)과 (2)에 공통적인 넓은 의미〕를 가진 문장을 믿는다는 말을 듣게 되면 당신은 무언가——사실은 이 무언가는 나, 블록이지만 내가 그것이 나라는 것을 알고 있다는 말은 당신이 듣지 못한 상태다——가 차에 치일 위험이 있다는 것을 내가 믿고 있다고 알게 된다. 따라서 당신은 위험에 빠진 것에 대해서 내가 어떻게 생각하는지 들은 바가 없으므로 정보가 누락되어 있다. 반면에 무언가가 위험에 처해 있다라고 내가 믿고 있다는 것을 당신은 알기 때문에 당신은 나의 심리상태에 관해서 **어떤** 정보를 가지고 있다.[12]

위의 (1)과 (2)는 색인사(indexical)가 들어 있는 문장의 경우인데 이

---

10) Ibid., p. 620.
11) Ibid., p. 621.
12) Ibid., p. 620.

름이나 자연류 명사가 들어 있는 문장에 대해서도 마찬가지로 넓은 의미와 좁은 의미의 구분이 적용될 수 있다. 예를 들어 지구와 모든 면에서 동일한 쌍둥이 지구가 있고 지구에 있는 갑돌이와 모든 면에서 똑같은 쌍둥이 갑돌이가 있다고 하자. 그런데 지구와 쌍둥이 지구가 단 한 가지 면에서 차이가 있는데 그것은 갑돌이의 우상이 조수미인데 반하여 쌍둥이 갑돌이의 우상은 조수미와는 생긴 모습이 똑같지만 다른 사람이라고 하자. 이 경우 다음 문장을 갑돌이와 쌍둥이 갑돌이가 발언함으로써 특정한 믿음을 가지게 된다.

(3) 조수미가 걸어가고 있다.

블록은 이들이 가지고 있는 믿음의 내용을 다음과 같이 두 가지로 구분한다. [13] 첫째로, 갑돌이와 쌍둥이 갑돌이가 동일한 믿음을 가지고 있다고 보고서 동일한 의미를 가진 문장들을 발언하는 것으로 간주할 수 있는데 이때 말하는 의미가 바로 좁은 의미요 좁은 내용이 된다. 갑돌이와 쌍둥이 갑돌이가 조수미와 쌍둥이 조수미를 보고서 열광하고 공연장에 들어가기 위해서 밤새워 기다리는 행동을 둘이 똑같이 표출하는 현상을 설명할 수 있는 것은 바로 이 좁은 내용에 의해서 가능하다고 블록은 설명한다. 둘째로, 갑돌이가 가리키는 사람은 조수미인데 반해서 쌍둥이 갑돌이가 가리키는 사람은 조수미가 아닌 다른 사람, 즉 쌍둥이 조수미이므로 (3)에 대한 갑돌이와 쌍둥이 갑돌이의 의미와 믿음 내용은 다르다고 간주할 수 있다. 이 경우에는 좁은 의미와 좁은 내용이 다른 것이 아니라 넓은 의미와 넓은 내용이 다르다고 봐야 한다는 것이다.

그러면 이러한 좁은 의미와 좁은 내용이 실제로 의미요 내용이라고 할 수 있는가? 블록은 이 물음에 대해서는 상당히 많은 논란이 있을 수 있음을 인정하면서도 추론역할적 의미론이 굳이 이 물음에 대해서 그렇다고 답하지 않더라도 성립할 수 있다고 주장한다. 그는 좁은 의미와 내용을, 의미와 내용을 결정하는 요소로서 또는 의미와 내용의 한 측면으로 볼 것을 제안한다. 그가 말하는 좁은 의미란 언어의 한 특징이며 전체 의

---

13) Ibid., p. 622.

미론에 기여할 수 있는 중요한 것을 가진 것에 대한 성격규정이요 좁은 내용도 마찬가지라고 말한다. [14] 따라서 좁은 의미와 내용에 관한 논란에 휘말리지 않고서도 추론역할적 의미론은 이 개념들을 사용할 수 있다고 한다.

Ⅱ

이상에서 개관한 블록의 추론역할적 의미론이 의미론으로서 성공하려면 그가 천명한 대로 의미와 지칭(또는 진리)간의 관계를 잘 설명할 수 있어야 하는데[15] 포-르는 그렇지 못하다고 비판한다. 의미와 지칭간의 관계를 잘 설명하려면 프레게와 퍼트남이 제시한 문제점들을 해결하여야 하는데 추론역할적 의미론은 그 점에서 실패할 수밖에 없다고 포-르는 진단하는 것이다. 이제 포-르의 논점을 구체적으로 살펴보겠다. [16] 먼저 프레게는 외연이 같은 표현들이 치환될 수 없는 경우를 제시함으로써 지시체의 동일성이 의미의 동일성을 보장해 주지 않고 따라서 지칭과 의미가 최소한 이 점에서는 서로 무관하다는 점을 지적하였다는 사실은 이미 잘 알려져 있다. 예를 들어 내가 샛별이 금성이라고 믿지만 동시에 개밥바라기는 금성이라는 것을 믿지 않더라도 자기모순에 빠지지 않는다.

퍼트남은 동일한 표현을 사용하는 두 화자가 동일한 심성내용(mental content)을 가지면서도 지칭을 달리할 수 있다는 사실을 그의 유명한 사고실험을 통해 보여 줌으로써 의미와 지칭이 무관할 수 있다는 것을 다른 각도에서 확인해 주었다. 즉 지구에 있는 나와 쌍둥이 지구에 있는 나의 쌍둥이가 '물'이라는 낱말을 사용해서 서로 다른 성분의 액체인 'H_2O'와 'XYZ'를 각각 가리킬 때 그 액체에 대한 심성내용은 동일할 수 있다. 왜냐하면 그 두 액체는 구성성분만 다를 뿐 외관상으로는 동일하고 무색, 무취, 무미한 점에서도 같지만 나와 나의 쌍둥이는 그 액체의 구성성분이 무엇인지를 모른다고 가정하였기 때문이다. 결국 프레게와 퍼트남에 의해

---

14) Ibid., p. 626.
15) Ibid., p. 616.
16) *Holism*, pp. 166-172.

서 블록이 말한 소위 좁은 내용이 지칭을 결정하지 않는다는 것이 입증되었다고 할 수 있다. 이제 우리는 언어표현의 의미와 추론역할을 동일시한 의미론이 프레게와 퍼트남이 각각 제기한 의미와 지칭간의 관계에 관한 문제를 해결할 수 있는지를 확인함으로써 추론역할적 의미론의 타당성 여부를 판별할 수 있게 된다.

먼저 프레게의 문제를 살펴보자. 블록은 동일한 외연을 가진 표현이더라도 추론역할이 다르다고 전제함으로써 '샛별'과 '개밥바라기'의 의미를 구분할 수 있는 길을 열어 놓기는 하였다. 그러나 '샛별'과 '개밥바라기'의 추론역할들이 서로 다른지의 여부는 이 추론역할들을 어떻게 개별화하느냐에 달려 있는데 그 개별화가 쉽지 않다고 포-르는 지적한다.[17] 만일 추론역할들을 개별화하는 것이 외연들을 개별화하는 것처럼 거칠다(coarse-grained)고 하면 '샛별'과 '개밥바라기'의 역할들은 별로 다를 바가 없게 된다. 반대로 추론역할들이 철자법처럼 세밀하다(fine-grained)고 하면 추론역할들에 의해서 '샛별'과 '개밥바라기'가 구별될 뿐만 아니라 '총각'과 '결혼하지 않은 남자'도 서로 다른 것이 되어 동의어들을 비(非)내포적 맥락에서도 상호치환하기가 어려운 결과를 낳게 된다. 따라서 추론역할들을 구분함으로써 프레게의 문제를 해결하기 위해서는 추론역할들에 대한 개별화의 원리가 주어져야 하는데 포-르는 블록이 그러한 원리를 구체적으로 제공해 주지 못하였다고 비판한다. 더욱이 추론역할들을 구분하는 것이 의미들을 구분하는 것보다 더 쉬울 것 같지도 않거니와 이 두 구분이 굳이 다르다고 봐야 할 이유가 무엇인지 분명치 않다고 포-르는 지적한다.

프레게의 문제를 해결하기 위해서는 외연이 동일한 표현들이지만 의미의 차이를 구별해 낼 수 있을 만큼 추론역할들이 세밀하여야 하는 반면에 퍼트남이 말한 쌍둥이 지구의 경우에는 동의어들이 외연상으로는 구별되어야 하는 만큼 추론역할이 외연적 동치보다 덜 세밀하여야 된다. 다시 말해서 프레게의 문제와 퍼트남의 문제는 서로 반대방향의 해결책을 요구하는데 하나의 이론이 이 두 문제를 동시에 해결할 수 있을지는 미지수라고 포-르는 진단한다.[18] 포-르는 이 문제에 덧붙여서 또 한 가지 제기될

---

17) Ibid., p. 168.
18) Ibid., p. 169.

수 있는 문제로서, 좁은 내용들을 어떻게 표현하느냐 하는 물음을 묻는다.[19] 예를 들어, 나와 나의 쌍둥이가 물에는 습기가 있다라고 믿을 때 우리의 심성내용이 동일하다고 할 수 있는데 이때 우리가 공유하는 심성내용이란 도대체 무엇인가라는 물음을 물을 수 있다. 여기에 대해서 나의 믿음과 나의 쌍둥이가 믿는 믿음이 공통적으로 갖는 것은 두 믿음이 물에는 습기가 있다라는 좁은 명제를 표현한다는 점이라고 말할 수는 없다. 명제는 진리치의 담지자인데 만일 물에는 습기가 있다라는 좁은 명제가 있다면 그 명제의 진리조건들이 무엇인지를 결정하여야 하고 이것은 추론역할적 의미론이 해결하고자 한 애초의 문제로 되돌아가는 결과를 낳기 때문이다. 이러한 점에 비추어서 포-르는 추론역할적 의미론이 의미와 지칭의 문제에 대해서 분명한 해결책을 제시해 주지 못한다고 결론짓는다.

블록의 추론역할적 의미론에 대한 포-르의 두번째 반론은 합성원리와 관련해서 제기되었다. 합성원리란 문장의 의미를 그 문장 안에 들어 있는 낱말들이 지닌 의미들의 함수로 보자는 생각이다. 즉 구문론적으로 복합적인 표현들은 그 표현들의 구문론적인 구성요소들의 의미와 구문론적인 구조들의 함수라고 보는 것이다. 포-르는 이 합성원리가 자연언어의 일반적인 세 가지 속성들을 가능케 한다는 점에서 의미론의 필수적인 요소라고 본다. 그 세 가지 속성 중 첫번째의 것은 다산성(多産性, productivity)이다. 모든 자연언어들은 무한히 많은 명제들을 끊임없이 표현할 수 있는 특징이 있는데 다산성이란 바로 이러한 특징을 가리킨다. 또한 특정한 명제 P를 표현하는 자연언어는 이 P와 계통적으로 가까운 많은 명제들을 표현할 수 있는데 이러한 속성을 계통성(systematicity)이라고 부른다. 예를 들어 aR_b라는 명제를 표현할 수 있는 언어는 bR_a를 표현할 수 있으며, P→Q라는 명제를 표현할 수 있는 언어라면 Q→P라는 명제를 표현할 수 있는 것이 바로 이러한 속성이다. 세번째의 속성은 동형성(isomorphism)이다. 갑돌이가 갑순이를 사랑한다는 명제를 표현하는 문장에는 갑돌이를 가리키는 구문론적인 요소와 갑순이를 가리키는 구문론적인 요소, 그리고 사랑하는 관계를 표현하는 구문론적인 요소가 그 문장 안에 있다는 것을 말한다. 블록도 성공적인 의미론의 한 조건으

19) Ibid., p. 172.

로서 합성원리를 설명하여야 한다는 조건을 제시하고서 추론역할적 의미론이 이 조건을 충족시킨다고 장담하였다. [20] 그러나 포-르는 추론역할적 의미론이 의미와 추론역할을 동일시하는 이상 합성원리와 양립하기 어렵다는 반론을 제시함으로써 블록의 이론을 다른 각도에서 강타하려고 시도한다. 이제 그들의 논변을 살펴보자.

포-르는 의미가 합성적이지만 추론역할들은 합성적이지 않으므로 의미와 추론역할이 동일시될 수 없다는 논변을 전개한다. 그러면 추론역할들이 합성적이지 않다고 말할 수 있는 근거는 무엇인가? 이를 설명하기 위해서 포-르는 '황소'라는 말의 의미를 생각해 보자고 제안한다. [21] '황소'의 의미는 합성법에 따라 '황'의 의미와 '소'의 의미에 의존한다고 할 수 있다. 그러나 '황소'의 추론역할은 '황'의 추론역할과 '소'의 추론역할에 의존할 뿐만 아니라 우리가 황소들에 관해서 믿고 있는 믿음들에도 의존한다고 포-르는 주장한다. 이를 예시하기 위해서 포-르는 "황소들은 위험스럽다"라고 우리가 생각하는 경우를 상정한다. 이 경우에 '황소'의 추론역할 중 일부가 '황소→위험스럽다'라는 형식의 추론에 개입하기는 하지만, '황소→누런 동물'이나 '황소→비(非)녹색의 동물'과 같은 추론들이 '황소'의 구성요소들의 추론역할에 의해서 타당성이 결정되는 것과는 다르다. '황소'가 '누런 동물'을 필함(entail)하는 이유는, '소'가 '동물'을 필함하기 때문이다. 또한 '황'이 '비녹색'을 필함하기 때문에 '황소'는 '비녹색의 소'를 필함하게 된다. 그러나 '황'이나 '소'는 '위험스럽다'를 필함하지는 않으므로 '황소'로부터 '위험스럽다'로 이행하는 추론은 합성적이라고 할 수 없다는 결론이 나온다. 그럼에도 불구하고 우리가 "황소는 위험스럽다"라고 생각할 수 있는 이유는, '황소'의 추론 잠재력 중 일부가 '황'의 추론 잠재력과 '소'의 추론 잠재력에 의해서 각각 결정되지만 나머지 부분은 황소에 관해서 우리가 갖는 믿음들에 의해서 결정되기 때문이라고 포-르는 설명한다. [22] 다시 말해서 문장의 의미는 그 구성요소들의 의미에 의해서 결정되는 반면에 문장의 추론역할은 그 구성요소들의 추론역할에 의해서만 결정되지는 않는다는 것이다. 그렇다면 이것은 곧 의미와 추

---

20) ASP, p. 616.
21) Holism, p. 177 ; MCR, p. 23.
22) Holism, p. 178 ; MCR, p. 24.

론역할의 성격이 차이가 난다는 것을 보여 주므로 양자는 동일하지 않다는 것이 입증되어 그것들간의 동일성을 주장하는 블록의 추론역할적 의미론이 무너지게 된다.

이처럼 의미와 추론역할 일반을 동일시할 수 없는 것이 입증되자 이를 벗어나기 위해서 추론역할적 의미론자는 의미와 추론역할을 동일시하되 추론역할에 단서를 붙여서 분석적 추론에서의 추론역할과 의미를 동일시하자는 제안을 할지도 모른다고 포-르는 예상한다.[23] 왜냐하면 분석적인 추론들은 합성적이기 때문이다. 앞에서 나온 '황소→누런 동물'이라는 추론이 분석적 추론의 한 예이다. 그러나 의미를 분석적 추론에서의 역할과 동일시하게 되면 분석명제와 종합명제의 구분을 인정하여야 하는데 블록은 추론역할적 의미론이 이 구분을 사용할 수 없다고 명시하였거니와[24] 콰인이 이 구분에 대해서 의문을 제기한 이래로 대부분 분석성과 종합성의 구분을 더 이상 받아들이지 않고 있다는 사실에 비추어 볼 때 위의 전략이 추론역할적 의미론을 구제해 주기는 어렵다.

이상의 논의에 근거해서 포-르는 추론역할적 의미론과 의미총체주의가 양립하기 어렵다는 점을 주장한다. 추론역할적 의미론에 근거해서 의미총체주의를 옹호할 수 있는 논변은 다음과 같다. "(1) 한 표현의 의미는 그 표현의 추론관계들에 의해서 구성된다. (2) 그런데 한 표현의 의미를 구성하는 추론관계와 그렇지 못한 추론관계를 구분하기란 원리상 불가능하다. 다시 말해서 분석성과 종합성의 구분은 성립되지 못한다. (3) 그러므로 한 표현의 의미는 그 표현의 **모든** 추론관계들에 의해서 구성되고 한 언어 안에서 그 표현이 발휘하는 **모든** 역할에 의해서 구성된다."[25] 포-르는 이 논변의 결함이 (1)과 (2)가 양립할 수 없다는 점에 있다고 본다. 앞에서 살펴본 바와 같이 합성법이 전제된다면 분석적인 추론들의 경우에만 의미와 추론역할이 동일시될 수 있다. 그런데 분석성과 종합성의 구분이 성립하지 못한다는 주장은 분석적인 추론이 없다는 말과 같다. 따라서 의미와 추론역할이 동일한 경우란 하나도 없게 된다. 그러므로 (2)가 참이라면 (1)은 거짓이 되므로 위의 논변은 타당하지 못한 논변이 된

---

23) Ibid.
24) ASP, p. 629.
25) MCR, p. 31.

다. 반면에 분석성과 종합성을 인정한다면 (2)의 전제는 거짓이 된다. 결국 분석성과 종합성의 구분이 성립되는 경우든지, 안 되는 경우든지 어느 경우에도 위의 논변은 성립될 수 없게 된다. 그렇다면 추론역할적 의미론은 의미총체론을 지지하지 못하게 되는데 이것은 추론역할적 의미론의 본질적인 특징을 상실하는 결과를 낳는다. 만일 의미총체론에 서지 않는다면 포-르가 지지하는 의미원자론의 편을 들어야 하는데, 그럴 경우 추론역할적 의미론이 갖는 총체론적 성격이 상실되어 그 이론은 일관성을 결여하는 결과를 초래하는 것이다.

Ⅲ

블록은 추론역할적 의미론에 대한 포-르의 비판을 반박하기 위해서 우리가 "방울 소리가 나는 뱀은 위험하다"라고 생각하는 경우를 상정한다. [26] 포-르의 논변대로 하자면, 우리가 "방울 소리가 나는 뱀은 위험하다"라고 생각할 때 이 생각은 '방울 소리가 나는'의 추론역할과 '뱀'의 추론역할의 함수라고 할 수 없다. '방울 소리가 나는'과 '뱀'이 '위험스럽다'를 필함하지 않기 때문이다. 따라서 추론역할적 의미론이 합성원리를 보존하지 못한다고 포-르는 비판을 하였다. 이에 대해서 블록은 '뱀'이라는 낱말의 추론역할 안에는, '뱀'으로부터 "방울 소리가 나면 위험하다"를 도출하는 추론이라든지 '방울 소리가 나는 뱀'으로부터 '위험하다'를 도출하는 추론과 같은 추론들이 포함되어 있다고 상정하면 되지 않느냐고 반문한다. 우리가 '뱀'의 추론역할 안에 이러한 추론들을 포함할 수 있다면, '방울 소리가 나는 뱀'의 추론역할은 '뱀'의 추론역할과 '방울 소리가 나는'의 추론역할의 함수라고 할 수 있거니와 "방울 소리가 나는 뱀은 위험하다"도 결국 '뱀'의 추론역할 안에 들어 있는 추론들의 함수('뱀'으로부터 "방울 소리가 나면 위험하다"로 이행하는 추론)로 볼 수 있으므로 추론역할적 의미론이 합성원리에 위배된다는 포-르의 비판은 무력해진다.

---

26) Ned Block, "Holism, Hyper-analyticity and Hyper-compositionality," in *Science and Knowledge*, ed. Enrique Villanueva (Atascadero : Ridgeview, 1993), p. 42. 이하 HHH로 약칭함.

블록은 '방울 소리가 나는 뱀'으로부터 '위험하다'로 귀결되는 추론을 '뱀'의 추론역할 안에 포함시키자는 제안에 대해서 포-르가 대응할 수 있는 길은 단 한 가지가 있다고 본다.[27] 그것은 이 제안으로 인하여 "방울 소리가 나는 뱀들은 위험하다"라는 명제가 분석명제가 되어 버리는 나쁜 결과를 초래하게 된다고 비난하는 것이다. 블록은 이러한 포-르의 예상되는 반론에 대해서 두 가지 방식으로 다시 반격한다. 첫번째 반격은, 이 명제가 분석명제라고 해서 나쁠 것이 무엇이냐고 묻는 것이다. 포-르도 '황소'로부터 '누런 동물'에 이르는 추론들의 분석성을 인정함으로써 분석성을 일부 받아들여 놓았는데 그러한 사람들이 어떻게 '위험하다'가 '방울 소리가 나는 뱀'의 의미에 포함되어 있지 않다는 것을 입증하지 않고서도 "방울 소리가 나는 뱀들은 위험하다"는 명제의 분석성을 부정할 수 있느냐고 블록은 반박한다.[28] 그런데 '위험하다'가 '방울 소리가 나는 뱀'의 의미의 일부분인지 아닌지의 문제는 곧 총체주의의 문제로서 총체주의가 부당하다는 것이 입증되지 않는 한 '위험하다'가 '방울 소리가 나는 뱀'의 의미의 일부가 될 수 없다고 주장할 수 없게 된다. 다시 말해서 포-르가 분석성의 문제에 집착한 나머지 선결되어야 할 문제를 제쳐둔 채 결론을 내리는 오류를 범하고 말았다는 것이 블록의 비판요지이다.

포-르의 비판에 대한 블록의 두번째 반격은, '방울 소리가 나는 뱀'으로부터 '위험하다'를 도출하는 추론을 '뱀'의 추론역할에 포함시키는 것이 왜 "방울 소리가 나는 뱀들은 위험하다"라는 명제를 분석명제로 만든다고 보아야 하는지, 그 이유가 무엇이냐는 물음을 물음으로써 시작된다. 다시 말해서 블록은 이 명제가 분석명제라고 생각할 필요가 없다는 입장을 취하는 것이다. 이를 위해서 먼저 그는 자신의 추론역할적 의미론이 두 가지 요소로 구성되어 있고 그중 하나가 '좁은 내용(또는 좁은 의미)'이라는 점을 환기시킨다.

블록은 추론역할 의미론이 추론역할을 좁게 생각한다고 말한다.[29] 즉 추론역할과 동일시되는 의미는 좁은 내용으로서의 의미라고 보는 것이다. 그런데 이 좁은 내용들은 진리조건들을 갖지 않는 것이므로 좁은 내용은

---

27) Ibid., p. 46.
28) Ibid., p. 49.
29) Ibid., p. 64.

분석적이 될 수 없다. 왜냐하면 분석성은 진리성을 요구하기 때문이다. 즉 모든 조건에서도 참이 될 수 있는 것이라야 분석명제가 될 수 있는 것이다. 따라서 참이 될 수 없는 것은 아예 분석적인 것이 될 수 없는데 좁은 내용은 진리치를 가질 수 있는 성질의 것이 못 되므로 당연히 분석적인 것도 될 수 없다. 그러면 왜 좁은 내용은 진리치를 가질 수 없을까? 블록은 몇 가지 예를 들어 설명함으로써 이 물음에 대한 답변을 제시한다.

먼저 갑돌이가 "아인슈타인은 천재였다"라고 말하는 경우를 생각해 보자. 이때 쌍둥이 지구에 있는 쌍둥이 갑돌이도 똑같은 말을 하지만, 실제로 쌍둥이 지구에서는 쌍둥이 아인슈타인이 천재가 아니고 다른 사람이 천재인데 쌍둥이 아인슈타인을 내세워서 자기가 생각하는 것들을 발표시키고 철저히 자기를 숨겨 왔다고 가정해 보자. 이러한 위장이 너무 철저해서 아인슈타인과 갑돌이 사이에 성립하였던 모든 인과적인 관계와 전혀 다르지 않는 인과관계가 쌍둥이 아인슈타인과 쌍둥이 갑돌이 사이에 성립하였다고 한다면, 갑돌이와 쌍둥이 갑돌이가 가진 좁은 내용들은 동일하다. 그러나 지구의 갑돌이가 "아인슈타인은 천재였다"라고 말할 때 이 명제는 참인 반면에 쌍둥이 갑돌이가 말할 때에는 거짓이 된다. 이것은 곧 좁은 내용들이 진리값을 갖지 않는다는 점을 보여 준다고 할 수 있다.[30]

블록이 제시한 또 다른 예는 다음과 같다.[31] 지구에 있는 유리는 액체들이 갖는 무정형(無定形)의 분자구조로 이루어진 과(過)냉각된 액체로 분류된다. 따라서 갑돌이가 "유리는 고체다"라고 말하였을 때 이 명제는 거짓이다. 그런데 쌍둥이 지구의 유리는 지구의 유리와 외관상으로 똑같지만 성분은 전형적인 고체이고 이름도 지구와 똑같이 '유리'로 불려진다면, 쌍둥이 갑돌이가 "유리는 고체다"라고 말할 경우 이 명제의 진리값은 참이다. 따라서 이들이 발화한 문장의 좁은 내용은 같지만 진리값은 달라진다. 이제 쌍둥이 지구에서 오류를 범하는 경우를 생각해 보자.[32] 쌍둥이 지구에서도 '물'이 H_2O를 가리키지만 물이 매우 희귀한데다가 그곳에서는 '액체'라고 부르는 것이 전부 미세한 알맹이로 된 고체들이라고 가정

---

30) Ibid., p. 61.
31) Ibid., p. 62.
32) Ibid., p. 63.

해 보자. 그러면 "물은 액체다"라고 쌍둥이 갑돌이가 말할 경우 이 명제는 거짓이 되지만, 지구에서 갑돌이가 이렇게 말하면 참인 명제가 된다. 이상의 예들은 좁은 의미가 진리조건을 결정하지 않는다는 것을 예증한다. 따라서 좁은 의미들 사이에서 성립하는 추론들은 분석적이 될 수 없으므로, 추론역할들에 포함된 추론들이 분석적이라는 포-르의 주장은 즉각 반박된다고 블록은 결론짓는다.

포-르의 비판에 대한 블록의 반론은 기본적으로 좁은 내용(의미)의 특성에 근거해 있음을 알 수 있다. 그런데 블록은 좁은 내용(의미)의 존재를 옹호하고 그 성격규정을 명확히 하는 작업은 생략한 채 일단 좁은 내용(의미)을 전제하고서 자신의 논변을 전개하고 있다.[33] 따라서 자신의 이론에서 핵심적인 위치를 차지하는 개념을 적극적으로 규명하지 않고서 어떻게 그 이론을 포-르의 비판에서부터 보호할 수 있겠느냐는 물음이 제기된다. 또한 그나마 블록이 좁은 내용(의미)에 대해서 설명한 내용도 정확히 그 개념을 설명하기에는 미흡한 면이 있다. 블록은 좁은 내용을 '사유내용'(thought-content)과 '의미'와 '진리조건'의 개념들과 비교함으로써 그것의 성격을 규정하려고 시도하였다.[34] 예를 들어 갑돌이가 개밥바라기에 관해서 생각하는 방식과 갑순이가 개밥바라기에 관해서 생각하는 방식이 다르지만 '개밥바라기'라는 낱말을 그 두 사람이 같은 의미로 사용하는 경우를 생각해 보자. 만일 의미가 사유내용만큼 세밀하게 개별화된다면, 갑돌이와 갑순이는 동일한 의미를 공유하기가 불가능해진다. 이것은 곧 사유내용이 지칭과 진리조건들을 결정하되 이들보다 더 세밀하게 개별화되고, 의미보다도 더 세밀하다는 것을 보여 준다. 그리고 블록은 의미가 진리조건들을 결정하되 진리조건보다 의미가 더 세밀하다고 말하면서 사유내용과 의미 사이에는 다 대 일(多對一)의 관계가 성립하고 의미와 진리조건 사이에도 그 관계가 성립한다고 말한다.

그런데 좁은 내용이 첨가될 경우 이 계층구조가 복잡해진다고 한다. 왜냐하면 좁은 내용들은 진리조건들보다 더 거칠기도 하면서 또 덜 거칠기도 하기 때문이다. 블록의 설명에 따르면, 갑돌이의 '개밥바라기'-생각과

---

33) 이 점은 HHH, p. 56에서 "여기는 좁은 내용을 옹호하여야 할 자리가 아니다"라고 블록이 말한 사실에서 분명히 드러난다.
34) Ibid., p. 57.

쌍둥이 지구에 있는 쌍둥이 갑돌이의 '개밥바라기'-생각은 진리조건이 다르더라도 똑같은 좁은 내용을 가질 수 있다고 한다. 지구에서 '개밥바라기'라는 이름이 지칭하는 별과 쌍둥이 지구에서 그 이름이 지칭하는 별이 다를 경우가 여기에 해당된다. 이런 점에서 좁은 내용은 진리조건보다 더 거칠다고 할 수 있다. 그러나 '개밥바라기'에 대한 갑돌이의 좁은 내용이 '샛별'에 대한 그의 좁은 내용과 다를 수 있거니와 '개밥바라기'에 대한 갑순이의 좁은 내용과도 다를 수 있다는 점에서 좁은 내용은 진리조건보다 더 세밀하다고도 할 수 있다고 블록은 말한다.

여기서 우리는 블록이 말하는 좁은 내용이 정확하게 무엇인지 포착하기가 어려워진다는 인상을 부인할 수 없다. 좁은 내용이 진리조건보다 더 거칠 수도 있고 세밀할 수도 있다면 좁은 내용의 어떠한 성격 때문에 그렇게 되는지 좀더 구체적으로 밝혀 줘야 하는데 블록은 그 작업을 시도하지 않았다. 그리고 좁은 내용과 사유내용이 어떻게 다른지도 분명치 않다. 사유내용이 넓은 내용과 다르다는 점은 분명하다. 의미나 진리조건보다 훨씬 세밀하게 개별화된다고 보았기 때문이다. 그렇다면 사유내용은 좁은 내용보다 더 세밀한 것으로 상정되는데 개밥바라기에 대한 나의 사유내용과 좁은 내용의 차이는 무엇인가?

더욱이 블록은 의미와 좁은 내용의 관계에 대해서 이렇다 할 언급을 하지 않았다. 의미는 진리조건보다 세밀한 것이라고 하였고 좁은 내용은 진리조건보다 더 세밀할 수 있기도 하고 거칠 수도 있다고 하였다. 그러면 좁은 내용이 진리조건보다 더 거칠 경우에는 세밀한 정도에 있어서 의미>진리조건>좁은 내용의 순서가 되어 의미와 좁은 내용은 차이가 크게 벌어지게 된다. 그런데 추론역할적 의미론은 의미와 추론역할을 동일시하되 이 추론역할은 좁은 내용에 해당된다고 블록은 주장하였는데 이렇게 차이가 벌어지는 것들이 어떻게 동일시될 수 있는지 의심스럽다. 반면에 좁은 내용이 진리조건보다 세밀할 경우에는 의미와 좁은 내용이 세밀한 정도에 있어서 어느 정도 차이가 나는지, 아니면 그 정도가 같은지에 대해서 분명한 언질이 필요한데 블록은 아무 언급도 없이 넘어갔다. 만일 이러한 물음들이 해결되지 않는다면, 한 걸음 더 나아가 좁은 내용의 존재가 부정된다면, 블록의 추론역할적 의미론은 포-르의 반총체론적 비판에 직면해서 무너질 수밖에 없다는 점은 분명하다.

지금까지 우리는 블록의 추론역할적 의미론을 의미총체주의의 대표적 이론들 중 하나로 보고 의미총체주의의 기반을 무너뜨리기 위한 전략의 하나로 추론역할적 의미론의 논리적 비일관성을 공격한 포더와 르포의 입장과 이에 대해서 블록이 제기한 재반격의 주요내용을 검토해 봤다. 블록이 의미총체주의를 옹호하기 위한 일환으로 추론역할적 의미론을 제시하지는 않았지만 포더와 르포는 추론역할적 의미론이 갖는 총체주의적 성격에 초점을 맞추고서 공격하였다. 그들은 의미와 추론역할을 동일시하는 것과 합성원리를 옹호하는 것과 분석명제와 종합명제의 구분을 부정하는 것 사이에는 논리적인 비일관성이 개재해 있음을 보여 줌으로써 추론역할적 의미론을 비판하였다. [35]

이에 대해서 블록은 좁은 내용이라는 개념을 끌어들여서 추론역할적 의미론에 대한 포더와 르포의 비판이 정당하지 못함을 입증하려고 하였다. 그러나 필자는 블록이 이 개념에 대한 충분한 성격규정을 하지 않은 채 자신의 입장을 옹호하려고 시도하였기 때문에 그의 방어가 성공적인 것으로 판명되기 어렵다는 점을 지적하였다. 따라서 추론역할적 의미론이 총체주의적 성격을 보존하면서 포더와 르포의 비판을 벗어나기 위해서는 좁은 내용(좁은 의미)에 대하여 심층적인 분석이 요망되고 이 결과에 따라서 총체주의적 의미론이 재구성될 여지가 충분히 있다고 보여진다.

---

35) 보고시안은 분석성과 종합성의 구분에 근거해서 추론역할적 의미론을 비판한 포-르의 논거가 타당한지를 비판적으로 검토하였다. Paul A. Boghossian, "Inferential Role Semantics and the Analytic/Synthetic Distinction," *Philosophical Studies* 73 (1994) : 109-122 참조.

실행용이성과 정당화

이 영 의

개 요

튜링 계산가능성은 시공간상의 한계를 고려하지 않기 때문에 원리상 튜링 계산가능한 모든 문제들이 실질적으로 계산가능한 것은 아니다. 그 결과 실질적으로 계산가능한 문제들은 다항시간 안에 계산가능하다고 주장하는 실행용이성 논제가 성립된다. 실행용이성 논제는 순수하게 수학적인 명제이므로 형식적으로 증명될 수 있다. 현재까지 실행용이성 논제에 대한 어떠한 증명도 제시되지 않았지만, 전산학자들은 그 논제를 참이라고 믿고 있다. 실행용이성 논제와 같은 수학적 명제가 증명이 되지 않은 상태에서 수용되는 것은 인식론적으로 정당화의 문제를 야기한다.

본 논문에서는 실행용이성 논제와 관련된 정당화 문제가 야기되는 상황과 최근 타가드가 제시한 정당화가 분석된다. 타가드는 최상의 설명에로의 추론에 입각하여 실행용이성 논제를 수용하는 것에 대한 정당화를 제시하고 있다. 타가드에 따르면 실행용이성 논제는 처취의 논제처럼 직관에 호소하는 것도 아니며, 증명에 의존하는 것도 아니다. 실행용이성 논제에 대한 현재의 믿음은 해당논제가 지닌 설명적 역할에서 유래한다.

1. 머리말

계산가능성 개념은 처취의 논제(Church' thesis)와 밀접하게 관련되어 있다. 처취의 논제에 따르면 효율적인 계산가능성에 대한 우리의 직관은 튜링 계산가능성과 부분회귀성과 같이 수학적으로 엄밀하게 정의된 개념과 동일하다. 특정한 문제를 해결하기 위한 효율적인 과정을 알고리즘이라고 정의하면, 문제를 해결할 수 있다는 것은 해당문제에 대한 알고리즘을 구성할 수 있음을 의미한다. 그러나 튜링 계산가능성은 시공간상의 한계를 고려하지 않기 때문에 원리상으로 튜링 계산 가능한 모든 문제들이 실질적으로 계산가능한 것은 아니다.

실질적으로 계산가능한 문제들을 계산하기가 용이한(tractable) 문제라고 한다. 이와 관련하여 실질적으로 계산가능한 문제들은 다항시간 안에 계산가능하다고 주장하는 실행용이성 논제(tractability thesis)가 성립된다. 실행용이성 논제는, 처취의 논제와는 달리 순수하게 수학적인 명제에 해당하므로, 우리는 그것을 형식적으로 증명할 수 있다. 그러나 현재까지 실행용이성 논제에 대한 어떠한 증명도 제시되지 않고 있으며, 그럼에도 불구하고 대다수의 관련학자들은 그 논제를 참이라고 믿고 있다. 형식체계에서 실행용이성 논제와 같은 수학적 명제를 증명이 안 된 상태에서 수용하는 것은 인식론적 관점에서 보면 정당화의 문제를 야기한다.

실행용이성에 대한 정당화 문제와 관련하여 타가드(Thagard)는 최근 최상의 설명에로의 추론을 이용한 정당화를 제시하고 있다. 타가드에 따르면 실행용이성 논제는 처취의 논제처럼 우리의 직관에 호소하거나, 형식적 증명에 의존하지 않는다. 타가드는 실행용이성 논제에 대한 이론전산학자들의 믿음은 해당논제가 지닌 설명적 역할에서 유래한다고 주장한다. 본 논문의 일차적인 목적은 실행용이성과 관련된 정당화 문제가 야기되는 상황을 설명하는 것이다. 먼저 계산가능성과 실행용이성이 검토되고, 이어서 정당화 문제가 다루어질 것이다.

2. 계산가능성

수학자 튜링 (Turing)은 계산기계가 수행할 수 있는 일을 형식적으로 증명하기 위해 '튜링기계'(Turing machine)라고 불리는 추상적 체계를 제시했다.[1] 그는 아울러 '효율적 절차'라고 불릴 수 있는 모든 과정은 튜링기계에 의해서 구현될 수 있다고 가정했다. 효율적 절차는 컴퓨터 프로그램처럼 매 순간 계산기계가 수행할 작동을 엄밀하게 기술하는 형식적 규칙들의 집합이다.

튜링에 따르면 효율적 절차에 대한 모델로서의 튜링기계는 다음과 같은 조건을 충족시킨다.

(1) 모든 과정은 유한하게 기술되어야 한다.
(2) 모든 과정은 기계적으로 수행되어야 한다.

이러한 두 가지 조건을 충족시키는 튜링기계는 세 부분으로 구성된다. 즉, 제어부과 칸으로 구성된 테이프, 그리고 테이프 위의 칸에 씌어진 기호를 읽거나 쓸 수 있는 헤드가 있다. 매 순간 튜링기계는 특정한 내적 상태 (internal state)에 있으며, 상태표(state table)에 따라서 제어된다. 상태표에는 헤드의 기록동작과 이동방향, 그리고 다음상태 등이 규정된다. 그 결과 튜링기계의 다음동작은 전적으로 현재의 내적 상태와 기호에 의해서 결정된다.

상태표의 내용이 이전상태, 현재 읽혀지는 기호, 덧씌어지는 기호, 헤드의 이동방향, 다음상태의 순서로 배열된다고 해보자. 예를 들어, 상태표의 내용이 [3, #, ＊, R, 7]이라면, 그것이 의미하는 것은 "만약 이전상태가 상태 3이고, 현재 읽혀지는 기호가 #이라면, 기호 ＊이 덧씌어지고, 헤드는 오른쪽으로 이동하고, 새로운 상태 7로 이동한다는 것이다. 튜링은 더하기나 빼기, 곱하기, 나누기와 같은 초보적 연산에 대한 튜링기계의 상태표가 있으며, 보다 복잡한 연산은 초보적 연산으로부터 조합

---

1) A. Turing (1936).

될 수 있음을 증명했다.

튜링기계의 작동을 예를 들어 구체적으로 살펴보자. 우선 튜링기계를 1
과 0으로 프로그래밍한다고 가정하자. 예를 들어 수 '5'는 '11111'로 표현
된다. 또한 두 개의 수를 표현할 경우에는 그 사이에 0이 씌어진 칸으로
구분한다. 예를 들어 2와 5는 '…001101111100…'로 표현된다. 또한 튜
링기계가 상태 0으로 이동하면, 그 기계는 더 이상 작동하지 않고 멈춘다
고 하자. 다음에 검토될 홀짝문제(parity problem)는 튜링기계가 테이
프에 씌어진 '1'의 수효가 짝수인가 아니면 홀수인가를 결정할 것을 요구
하는 문제이다.

(1) 입력은 맨 오른쪽 끝에서 시작되는 기호들의 연속이다.
(2) 튜링기계는 상태 1에서 작동을 시작한다.
(3) 홀수의 경우 튜링기계는 다음의 예에서 볼 수 있듯이 입력줄의 맨
왼쪽 1에서 멈춘다.

　　입력줄　…0011100…
　　　　　　　　　↑
　　출력줄　…0011100…
　　　　　　　↑

(4) 짝수의 경우 튜링기계는 입력줄의 왼쪽으로부터 두번째 0에서 멈
춘다.

　　입력줄　…001100…
　　　　　　　　　↑
　　출력줄　…001100…
　　　　　　↑

위에서 제시된 분할문제를 해결하기 위한 제어표는 다음과 같다. (도표
1)

192

(도표 1)

제어상태	현재기호	덧씌우기	헤드이동	새로운 상태
1	0	0	0 (left)	0 (halt)
1	1	1	0	2
2	0	0	1 (right)	0
2	1	1	0	1

홀짝문제는 분명히 단 하나의 내적 상태만을 갖는 튜링기계로는 해결될 수 없다. 따라서 위에서 기술된 튜링기계 X는 최소한의 내적 상태, 즉 2개의 상태만으로 주어진 문제를 해결한다는 점에서 최적의 튜링기계라고 말할 수 있다. 홀짝문제에 대한 해답인 (도표 1)의 제어표는 다음의 [그림 1]에서와 같이 제어 그림으로 나타낼 수도 있다.

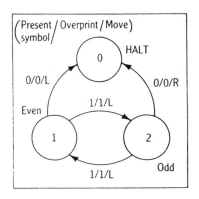

[그림 1]

괴델(Gödel)이 불완전성 정리를 증명하는 데 사용한 공리화 방법을 이용하여, 튜링기계 X의 제어표를 단 하나의 수로 표현해 보자. 공리화 방법은 다음과 같은 단계로 진행된다. 먼저 튜링기계 X의 제어표의 모든 내용을 0이 아닌 자연수 $a, b, c, \cdots n_k$로 표현하고, 이로부터 계열 $S = a, b, c, \cdots n_k$를 구성한다. 둘째 계열 S로부터 $N = (2^a)(3^b)(5^c) \cdots (p_k^{n_k})$을 구성한다. (여기서 2, 3, 5, $\cdots p$는 소수이고, p_k는 k번째 소수를 의미한다.) 이러한 작업을 거쳐 나타난 수 N을 튜링기계 X의 괴델수(Gödel's number)라고 한다. N은 거듭제곱된 소수들의 곱으로 이루어졌으므로 유일한 자연수이며, 따라서 계열 S와 괴델수 N은 일대일로 대응된다.

이제 공리화 방법을 이용하여 (도표 1)에서 주어진 제어표를 암호화해 보자. 일차적으로 제어표에서 나타난 0은 다른 자연수로 대체한다. 즉 0 이 나타나면 모든 수에 1을 더한다. 그 결과 '왼쪽', '오른쪽', '멈춤' 등 과 같은 표현은 자연수 1, 2, 3으로 각각 표현되고, 나머지 수 역시 자연 수로 표현된다. (도표 1)에 이러한 방법을 적용하면 각각의 행에 대한 괴 델수를 구할 수 있다.

(도표 2) 괴델수로 표현된 제어표

10000	21111	2	3	5	7	9
11102	22213	2	3	5	7	9
20010	31121	2	3	5	7	9
21101	32212	2	3	5	7	9

(표 2)에서 각 행의 괴델수를 A, B, C, D라고 하면, 튜링기계 X의 제 어표는 최종적으로 괴델수 $N = 2^A \times 3^B \times 5^C \times 7^D$로 암호화된다. 괴델수 N 은 튜링기계 X의 제어표를 암호화한 것이므로 '튜링기계 X'라고 말할 수 있다.

만약 튜링기계 X의 괴델수 N을 또 다른 튜링기계 Y에 입력하면, Y는 X와 동일한 방식으로 작동할 것이다. 이처럼 특정한 튜링기계의 괴델수 를 입력하면 그것을 해독하여 원래의 제어표를 재구성하고 그에 따라서 작동하는 튜링기계를 보편 튜링기계(universal Turing machine)라고 한다. 보편 튜링기계는 어떠한 튜링기계에 대해서도 그것의 괴델수만 입 력해 주면 본래의 튜링기계의 작동을 모의할 수 있다.

앞에서 보았듯이 튜링기계는 기계적이고 효율적인 절차라는 직관적 개 념을 수학적인 계산가능성 개념과 관련시켜 주는 형식체계이다. 그러나 튜링기계 모델이 계산에 대한 우리의 직관과 일치한다는 것을 증명할 수 는 없다. 엄밀하게 말하면 튜링기계는 자동 형식체계에 대한 하나의 제안에 불과하지만, 힐버트(Hibert)의 프로그램에 대해 연구를 했던 사람들, 예를 들어 처취(Church)와 포스트(Post) 등이 효율적인 절차에 대해 제시한 정의들이 튜링이 제시한 정의와 정확하게 일치한다는 것이 판명되었다. 그 결과 다음과 같은 처취의 논제가 성립되었다.

어떤 함수가 효율적으로 계산가능하다는 것은 그것이 튜링 계산가능하다는 것이다.

처취의 논제에 따르면 효율적인 절차에 해당하는 모든 절차는 튜링기계에 의해 수행될 수 있다. 또한 어떠한 자동 형식체계도 튜링기계가 할 수 없는 작동을 할 수는 없다. 처취의 논제는 우리가 효율적 절차를 직관적으로 이해하고 있다는 것을 전제한다. 즉 우리는 특정한 과제를 수행하는 데 있어 절차들을 생각하고, 그 절차들을 시행하기 위한 지침들을 기계에 입력하는 것을 직관적으로 이해하고 있다는 것이다. 처취의 논제는 이러한 지침들의 집합이 알고리즘이며, 알고리즘에 대한 학문적 정의는 바로 이러한 비형식적인 직관과 일치한다는 것을 보증한다.

이제 보면 튜링기계의 개념과 처취의 논제를 결합하면, 효율적인 계산을 위해서 필요한 것은 튜링기계, 즉 보편 튜링기계뿐이다. 튜링기계는 계산에 대한 우리의 직관과 일치하는 자동 형식체계이므로 보편 튜링기계는 우리의 직관과 일치하는 방식으로 모든 자동 형식체계의 작동을 수행할 수 있다.

3. 실행용이성

우리는 형식적 규칙을 이용하여 알고리즘을 구성할 수 없는 잘 정립된 문제들을 경험해 왔다. 예를 들어 삼각자와 컴퍼스만을 이용하여 임의의 각을 삼등분할 수는 없다는 것이 알려졌다. 또한 노바체프스키(Lobachevsky)는 기하학에서의 평행선 공준은 유클리드의 공리체계와는 독립적이라는 것을 증명했다. 이러한 사실은 평행선공준과 그 부정은 각각 유클리드 체계 내에서 증명될 수 있다는 것을 의미한다. 우리는 이러한 문제들이 제기되는 해당 공리체계를 확장함으로써 그 문제들을 처리할 수 있지만, 그러나 주어진 문제들을 해결할 수 있는 알고리즘이 없다는 의미에서 원리적으로 해결 불가능한 문제들도 있다. [2]

괴델은 불완전성 정리를 통하여 모든 형식체계에 대해 그 체계 내에서는 증명불가능한 그러한 참인 문장이 있다는 것을 증명했다. 불완전성 정리에 따르면 형식체계 안에서 하나의 문장이 참인가를 결정할 수 없다. 우리는 여기서 괴델의 불완성정리는 기계의 계산 불가능성과 밀접한 관련을 맺고 있음을 알 수 있다. 위에서 보았듯이 우리는 특정한 튜링기계를 하나의 괴델수로서 표현할 수 있으며, 그러한 괴델수를 처리할 수 있는 보편 튜링기계가 있다는 것을 보았다. 불완전성 정리에서의 문장에 대한 괴델수를 튜링기계에 대한 괴델수라고 바꾸어 생각하면 우리는 즉시 튜링기계가 모든 주어진 문제를 해결할 수 있는 것은 아니라는 것을 증명할 수 있다. [3]

튜링기계의 계산 불가능성을 멈춤문제(halting problem)를 예로 들어 살펴보자. 멈춤문제는 튜링기계 X의 제어표를 입력하면, X가 멈출 것인가의 여부를 말해 주는 튜링기계 Y가 있는가를 묻는 것이다. 아래에 주어진 [그림 2]에서 멈춤문제가 계산 불가능하다는 것을 보여 주는 프로그램이 제시되었다.

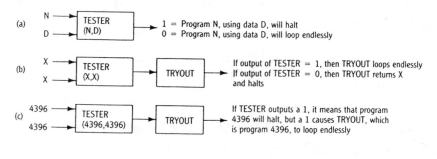

[그림 2]

2) 이러한 문제들의 존재는 처취와 괴델, 그리고 튜링에 의해 각각 확인되었으며, "회귀적으로 해결불가능하다"라고 불린다.

홀짝문제와 같이 원리상 계산가능한 문제들의 집합이 있으며, 이에 대비하여 멈춤문제처럼 원리상 계산 불가능한 문제들의 집합도 확인되었다. 그러나 원리상 계산가능한 문제들이 모두 실질적으로 계산가능한 것은 아니다. 원리상 계산가능한 문제들의 집합에는 실질적으로 해결하기 어려운 문제들, 즉 실질적으로 효율적인 알고리즘이 구성될 수 없는 문제들이 포함되어 있다. 이와 같이 실질적으로 해결하기 어려운 문제들은 문제의 크기를 나타내는 변수들이 증가함에 따라서 해결하는 데 필요한 시간과 내적 상태의 수가 지수적으로(exponentially) 증가하거나 또는 문제해결의 공간을 모두 검색할 필요 때문에 문제의 크기가 지수적으로 증가하는 특징을 갖는다. 따라서 이론적으로 계산 불가능한 문제들 이외에도 실질적으로 또는 전산적으로 계산 불가능한 문제들의 집합이 있다.

이처럼 원리상으로는 계산가능하지만 전산적으로는 계산 불가능한 문제들을 실행 불가능한(intractable) 문제라고 한다. 비버문제(busy beaver problem)를 통하여 실행 불가능성을 구체적으로 살펴보자. 비버문제는 n개의 내적 상태를 갖는 튜링기계가 공란의 테이프에 쓸 수 있는 1들의 최대값을 결정하는 문제이다. 이러한 문제를 'n 비버문제'라고 하고, b(n)을 n 비버문제를 해결하는 튜링기계, g(n)를 대응하는 1들의 수효라고 하자. [그림 3]는 2개의 상태를 갖는 비버 튜링기계를 나타낸다. 아래의 비버 튜링기계는 빈 테이프로부터 작동을 시작하고, 4개의 1을 테이프에 쓴 후에 멈춘다.

Control state	Present symbol	Overprint	Move	New state
1	0	1	R	2
1	1	1	L	2
2	0	1	L	1
2	1	1	Halt	—

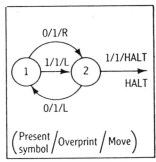

---

3) 우리는 수학적으로 기계의 계산 불가능성에 대한 정리들을 증명할 수 있다. 본 논문에서는 그 점에 대한 형식적 증명은 다루지 않으며, 그것을 보여 주는 예가 검토된다. 계산 불가능성을 보여 주는 또 다른 예로서는 두 대의 튜링기계 X와 Y의 제어표가 주어졌을 때, X가 Y와 동일한가를 묻는 기계동일성 문제(machine equivalence problem)가 있다.

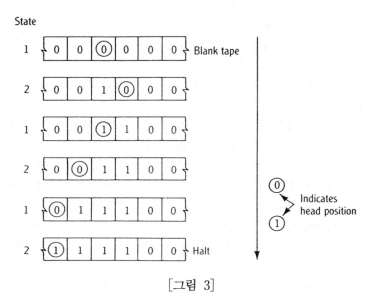

[그림 3]

우리는 n개의 내적 상태를 가진 튜링기계는 $m(n) = [4(n+1)]^{2n}$개가 있다는 것을 증명할 수 있다. $b(n)$과 $g(n)$의 값을 결정하기 위해서 각각의 튜링기계를 검사해야 하므로, 그 결과 $m(n)$은 n과 함께 지수적으로 증가한다. 따라서 비버문제는 본질적으로 해결하기가 어렵다. 예를 들어 보자.

$m(1) = 64$
$m(2) = 21(10^3)$
$m(3) = 17(10^6)$
$m(4) = 26(10^9)$
$m(5) = 63(10^{12})$

따라서 $m(n)$의 값은, 설사 n의 값이 매우 작은 경우에도, 천문학적인 수가 된다. 1들의 수효, 즉 $g(n)$는 이보다 훨씬 빠른 비율로 증가한다. 모든 계산가능한 함수 $f(n)$에 대해서 $g(n)$의 값이 $f(n)$의 값을 넘어서는 그러한 n이 있다는 것을 증명할 수 있다. 결과적으로 g(n)가 모든 계산 가능한 함수보다 더 빨리 증가하므로, g(n)는 계산 불가능하다. 즉 g(n)에 대한 올바른 값을 산출하는 유한한 알고리즘은 구성될 수 없다.

작은 n의 값에 대해서, 다음과 같이 g(n)를 평가할 수 있다.

$$g(1) = 1 \qquad g(5) < 17$$
$$g(2) = 4 \qquad g(6) < 36$$
$$g(3) = 6 \qquad g(7) < 23,000$$
$$g(4) < 14 \qquad g(8) < 10^{42}$$

위의 경우로부터 우리는 직관적으로 계산 불가능성을 유한한 알고리즘의 부재라고 간주할 수 있다.

이론적으로 해결가능한 문제들의 집합에서 전산적으로 해결 불가능한 문제들의 집합을 제외하면 실행용이한 문제들의 집합이 남는다. 주어진 문제의 해답을 확인하는 데 필요한 계산단계의 수효는 하나 이상의 변항들로 구성된 다항식으로 표현될 수 있으므로, 실행용이성은 일반적으로 다항시간 계산가능성(polynomial time computability)과 동일시된다. [4] 실행용이성 논제(tractability thesis)는 다음과 같이 표현된다.

상수 k에 대해, n^k의 순서로 시간 내에 해결하는 알고리즘이 존재할 경우, 그 문제는 다항시간 내에 해결가능하다. (여기서 n은 해당문제를 암호화하는 길이이다.)

모든 문제들의 집합을 지금까지 살펴본 계산가능성과 실행용이성이라는 두 가지 기준에 의해서 분류하면 다음과 같다.

---

4) 다항시간 내 계산가능한 함수와 지수시간 내 계산가능한 함수는 각각 그것을 계산하는 데 요구되는 시간이 $y = x^2$과 $y = 2x^2$로 증가한다.

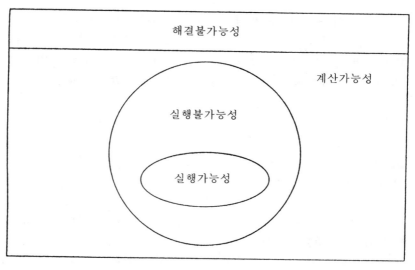

해결불가능성

계산가능성

실행불가능성

실행가능성

[그림 4]

    그러나 모든 문제들이 [그림 4]에서와 같이 정확하게 분류되는 것은 아니다. 실행 불가능하다고 생각되지만, 그 점을 증명할 수는 없는 그러한 문제들이 있다. 예를 들어 논리학에서의 충족문제(satisfiability problem)를 살펴보자. 하나의 논증이 충족가능하다는 것은 그 논증을 구성하는 모든 명제가 참이 되는 경우가 적어도 한 가지가 있다는 것이다. 그러므로 'P∨Q, −P Q'라는 논증이 있으면, 우리는 P와 Q에 각각 진리치 f와 t를 할당하면 주어진 논증은 충족된다. 그러나 아직 모든 논리적 표현에 대해서 그것이 참이 되도록 진리치를 할당하는 실질적으로 유효한 알고리즘은 발견되지 않았다. 따라서 충족가능성 문제는 분명히 실행이 불가능하다고 간주되지만, 그러한 불가능성은 증명되지 않고 있다.

    그렇다면 이러한 새로운 부류의 문제들은 [그림 4]에서 어느 영역에 속하는가? 이 질문에 답하기 위해 먼저 집합 P를 다항시간 내에 해결가능한 문제들의 집합이라고 하고, 집합 NP를 다항시간 내에 비결정론적 알고리즘에 의해 해결되는 문제의 집합이라고 해보자. [5] 앞에서 논의된 충

---

5) NP는 nondeterministic polynomial의 약자이다.

족가능성 문제는 NP에 속하며, 분할문제는 P에 속한다. 모든 비결정론적 알고리즘은 두 단계로 작동한다. 먼저 주어진 문제에 대한 가능한 해답을 추측하고, 이어서 추측된 해답이 올바른가를 검사한다. 물론 특정한 문제가 NP의 원소가 되기 위해서는 검사단계가 다항시간 내에 이루어져야 한다.

충족가능성 문제와 동일한 부류에 속하는 세일즈맨의 문제(salesman problem)에 비결정론적 알고리즘을 적용해 보자. 세일즈맨의 문제는 도시의 집합과 도시간의 거리, 그리고 여행거리의 한계값 B가 주어질 경우, 세일즈맨이 모든 도시를 여행하는 총길이가 B 이하인 여행을 결정하는 문제이다. 세일즈맨의 문제에 대한 비결정론적 알고리즘의 추측단계는 임의적으로 각 도시들을 선택하고 선택된 도시들을 연결하는 계열을 구성하는 것이다. 그 다음 이러한 계열로 된 여행이 규정된 길이보다 더 짧은지를 검사한다. 이러한 검사가 다항시간 내에 행해질 수 있다는 것은 분명하지만 다항시간 내에 모든 경우를 검사하는 어떠한 방법도 알려져 있지 않다. 충족가능성 문제와 세일즈맨의 문제와 같이 다항시간 내에 비결정론적 알고리즘에 의해 해결가능한 문제는 결정론적 알고리즘에 의해서 지수적 시간 내에 해결가능하다는 점만이 증명되었을 뿐이다.

NP는 분명히 P를 포함한 것처럼 보이지만, 'P=NP' 또는 'P≠NP'에 대한 어떠한 증명도 제시되지 않았다. 이론전산학자들이 'P≠NP'를 믿고 있는 이유를 살펴보기 위해서는 NP 완전한 집합(NP-complete set)이라고 불리는 NP의 부분집합에 대한 이해가 필요하다. NP 완전성은 다음과 같이 정의된다.

어떤 문제가 NP에 속하고, NP에 있는 모든 문제들이 그것으로 다항적으로 환원가능하면, 그 문제는 NP-완전하다.

이러한 환원이 가능하고, 만약 환원된 문제가 다항시간 내에 해결가능하면 그것으로 변형된 문제 역시 다항시간 내에 해결가능하다. 그러므로 특정한 문제가 NP 완전하다는 것을 보이는 것은, 만약 그 문제가 다항시간 내에 해결가능하면 NP의 모든 다른 원소들도 다항시간 내에 해결가능하다는 주장을 지지한다. 따라서 'P=NP'임을 증명하기 위해서는 다항시간 내에 해결가능한 하나의 NP 완전한 문제를 발견하면 된다. 반면에 'P≠NP'임을 증명하기 위해서는 다항시간 내에 해결불가능한 하나의 NP 완전한 문제를 찾으면 된다. NP에 속하는 모든 문제는 NP 완전한 문제 보다 더 어렵지 않다는 것은 직관적으로 알 수 있다. 즉 NP 완전한 문제들은 NP에서 가장 어려운 문제에 해당한다. 아래의 [그림 5]는 P≠NP를 가정하고 문제들의 집합을 도시한 것이다.

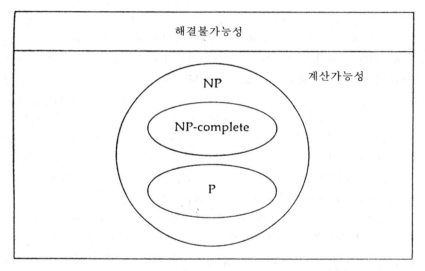

[그림 5]

1971년 쿡(Cook)이 충족가능성의 문제는 NP 완전하다고 증명한 이후,[6] 수백 가지의 NP 완전한 문제들이 발견되었다. 쿡의 증명은 비결정론적 튜링기계에 의해 어떠한 계산도 충족가능성의 문제로 다항시간적으로 변형할 수 있도록 해준다. 그러므로 NP 내의 모든 문제는 충족가능성에의 문제에로 환원될 수 있다. 이러한 쿡의 결과가 주어지면, 새로운 문제가 NP 완전하다는 것을 보이기 위해서는 그 문제가 NP에 속하고, 동시에 NP-완전한 문제라고 알려진 문제가 그 문제에로 환원가능하다는

---

6) S. Cook (1971) "The Complexity of Theorem Proving Porocedures", in Poroceedings of the 3rd Annual ACM Symposium on Theory of Computing. pp. 151-158.

것을 보이면 된다. 그렇게 되면 새로운 문제는 NP에 속하는 문제와 마
찬가지로 어려운 문제로 인정될 것이다. [7]

4. 정당화 문제

실행용이성 논제 (P는 전산적으로 다루기에 용이한 문제들의 집합과 동
일하다)와 'P≠NP' 가정은 전산과학에서 중요한 역할을 담당하고 있다.
그러나 실행용이성 논제는 증명되지 않았다는 의미에서 일반적으로 정리
가 아니라 '논제'라고 불리운다. 이러한 견해는 카르납(Carnap)과 헴펠
(Hempel)의 의미에서 논제를 합리적 재구성 (rational reconstruction)
으로 보는 것이다. 합리적 재구성은 전과학적 또는 직관적인 개념에 대한
동치로서 제안되는 엄밀한 과학적 개념이다. 본래의 직관적 개념이 적용
되거나 아니면 적용되지 않거나가 확정적으로 알려진 모든 표준적인 경우
에서 합리적 재구성은 동일한 결과를 낳아야 한다. 그러나 합리적 재구성
은 본래의 개념이 의미가 결정적이지 않을 경우에는 본래의 개념을 넘어
서게 된다. 더구나 합리적 재구성은 본래의 개념과 동일한 심리적 효과를
낳을 필요는 없다. 즉 전문가들은 본래의 개념을 사용할 때, 합리적 재구
성을 생각하지 않을 수도 있다. 합리적 재구성의 타당성에 대한 확증은
적어도 부분적으로는 경험적인 검사를 포함해야 하지만 그것의 타당성은
증명될 수는 없는 것이다.

이론전산학자들이 P≠NP를 믿는 이유는 다음과 같다. 첫째 P와 NP
는 직관적으로 다른 집합인 것처럼 보인다. [8] P는 재빨리 풀릴 수 있는
문제로 구성되는 반면, NP는 그 해답이 재빨리 검증될 수 있는 문제로
구성된다. 우리는 경험적으로 분명하게 제시된 해답을 검증하는 것보다
아무렇게나 문제를 푸는 것이 더 어렵다는 것을 알고 있다. (특히 시간

---

7) 비록 특정한 문제가 NP에 속하지 않더라도 그 문제는 어떤 NP-완전한 문제가 그것으로
   환원가능하다는 것을 증명함으로써, 우리는 그 문제가 NP에 속하는 어떤 문제와 마찬가
   지로 어렵다는 것을 보일 수 있다. 이러한 문제들은 NP-어려운(NP-hard)이라고 불린
   다.
8) M. Garey and D. Johnson(1979), Computers and Intractability : A guide to the
   Theory of NP-Completeness. p. 33.

제한이 있을 경우에는 더 더욱 그렇다.) 이론전산학자들은 일반적으로 이러한 유비가 P와 NP에도 적용된다고 믿고 있다. 둘째 이유로는 (다항시간 해답이 없다고 알려진) NP 완전한 문제들의 집합이 존재한다는 것이다. 위에서 지적되었듯이 만약 단 하나의 NP 완전한 문제라도 다항시간 알고리즘을 갖는다면, 그 경우 모든 NP 완전한 문제는 하나의 다항시간 알고리즘을 갖게 될 것이다. 그런데 어느 누구도 NP 완전한 문제에 대해 다항시간적 해답을 발견하지 못했다.

이제 실행용이성 논제와 NP 완전성에 관한 이론전산학자들의 표준적인 입장을 살펴보자. 현재의 상황을 정리해 보면 다음과 같은 두 가지 사실로 요약될 수 있다.

(F1) 다항시간 내에 계산가능하다고 증명되지 않은 수백 가지의 NP 완전한 문제들이 있다.

(F2) 뛰어난 이론전산학자들이 중요한 NP 완전한 문제에 대한 다항시간 해답을 찾아내려고 많은 시간 동안 연구해 왔으나 끝내 발견하지 못했다.

이러한 상황에서 이론전산학자들은 다음과 같은 가정을 하게 된다.

(C1) 모든 NP 완전한 문제는 다항시간 내에 계산 불가능하다.

(F1)은 귀납적으로 (C1)를 지지한다. 그러나 (F1)이 정확히 의미하는 것은 다항시간 알고리즘을 발견하려는 시도들이 실패했다는 것일 뿐, 다항시간 내에 계산 불가능한 NP 완전한 문제들이 있다는 것은 아니다. 따라서 우리는 (C1)을 (F1)으로부터의 단순한 귀납적 일반화로 볼 수는 없을 것이다. (F1)으로부터 일반화될 수 있는 것은 모든 NP 완전한 문제들은 다항시간 내에 계산가능하다고 증명될 수 없다는 것이다. 이러한 일반화는 NP 완전한 문제들이 계산 불가능하다는 것이라고 주장하는 (C1)보다 더 약한 내용을 담고 있다.

이론전산학자들이 P=NP를 증명하려는 시도가 실패했다고 해서 그로부터 P≠NP를 추론하는 것은 다음과 같은 비판에 직면할 수도 있다. 즉 이론전산학자들이 P≠NP를 증명하려는 시도도 마찬가지로 실패했으므로 다음과 같은 사실이 성립된다.

(F3) 이론전산학자들은 P≠NP를 증명하려고 했지만 실패했다.

위와 동일한 방식으로 (F3)으로부터 P=NP라는 결론을 유도해 낼 수 있다.

이러한 예상되는 반론에 대해 이론전산학자들은 P≠NP를 증명하려는 시도들이 실패한 것에 대해 다른 이유를 제시한다. 즉 우리는 현재 P≠NP를 증명하기에 충분한 기법이 없다는 것이다.[9] 그러므로 P≠NP를 증명하려는 시도들이 실패한 원인은 (C1)의 잘못이 아니라 현재로서는 이러한 기법이 없다는 데 있다.

(C2) P≠NP를 증명하기 위해서는 새로운 수리논리적 방법이 필요하다.

지금까지 실행용이성 논제 및 P≠NP 가정에 대한 이론전산학자들의 표준적인 입장을 살펴보았다. 그러나 현재 우리에게 주어진 사실들, 즉 (F1), (F2), (F3)과 (C1)을 연결해 주는 어떠한 정당화도 볼 수 없다. 더구나 새로운 가정 (C2)를 도입하는 것은 불리한 입장을 빠져 나가기 위한 임시방편의 가설(ad hoc hypothesis)을 도입하는 경우가 될 가능성도 남아 있다. 따라서 인식론적 관점에서 보면 전산학자들이 실행용이성 논제를 믿고 있는 것은 여전히 정당화가 필요하다.

이와 관련하여 최근 타가드(Thagard)는 최상의 설명에로의 추론(inference to the best explanation)에 입각하여 (C1)과 (F1)간의 관계를 설명하고 있다.[10] 그에 따르면 이론전산학자들이 실행용이성 논제와 P≠NP 가정을 믿는 이유는 그것들이 지니는 설명력 때문이다. (C1)

---

9) J. Hopcroft and J. Ullman (1979), Introduction to Automata Theory, Language, and Computation, p. 362.
10) P. Thagard (1993), Computational Tractability and Conceptual Coherence. Canadian Journal of Philosophy 23, pp. 349-364.

은 (F2)에 대한 최상의 설명을 제공하는 가설이다. 즉 NP 완전한 문제가 다항시간 내에 계산불가능하기 때문에 그러한 문제에 대한 다항시간적 알고리즘을 발견하려는 노력들이 실패한 것이다. 따라서 (C2)는 (F2)를 설명하며, P≠NP 가정을 함축한다.

전통적으로 수리철학자들은 수학적 진리를 직관에 의해 확립된 것으로 간주하거나(플라톤주의, 직관주의), 아니면 증명에 의해 확립되는 것으로 해석해 왔다(형식주의, 논리주의). 그러나 타가드는 전산학자들의 P≠NP 가정에 대한 믿음은 직관이나 증명에 의존하지 않으며, 해당가설이 지니는 설명적 역할로부터 유래한다고 주장한다. 최상의 설명에 대한 추론은 새롭거나 이상한 사실을 설명하기 위해 가설을 도입하는 추리양식이다. 따라서 타가드가 최상의 설명에로의 추론을 도입한 것은 (F1)이나 (F2)와 같은 이상한 사실, 즉 수학적으로 증명할 수 있는 추측에 대해 많은 뛰어난 학자들이 연구해 왔는데도 불구하고 증명이 되지 않은 사실에 대해 가장 그럴듯한 설명을 제공할 수 있는 가설을 도입하려는 것이다. 즉 이론전산학자들이 제대로 연구를 했다면, 그들이 증명하려는 것(P≠NP 가정)은 증명될 수 없는 가정이라는 것이다.

최상의 설명에로의 추론이 '최상'인 이유는 그 설명이 경쟁하는 설명 중에서 최상이어야 한다는 점이다.[11] 특정한 설명보다 더 나은 설명을 제공하긴 하지만 원래의 설명을 향상시킨 내용을 포함하는 경쟁하는 설명도 있을 수 있으므로, 적어도 추론이 제공하는 설명은 동일한 차원에서 경쟁하는 설명 중에서 최상의 것이어야 한다. 그렇다면 타가드가 제시하는 설명은 과연 어떤 설명에 비교해서 더 나은 설명인가? 현재로서는 이 문제와 관련하여 체계적으로 제시된 정당화는 없으므로 타가드의 설명이 최상의 것인가는 나중에 경쟁하는 설명이 제시된 이후에야 판가름될 문제이다.

이제 남은 논의는 전산학의 범위를 벗어나 인식론의 영역으로 넘어오게 된다. 타가드는 이론전산학자들이 실행용이성 논제를 믿는 이유는 그것이 지닌 설명력 때문이라고 제안했다. 한편 그는 실행용이성 논제를 도입한 것은 이해를 증가시키기 위한 것이라고 보고 있으며, 그러한 이해를 증가

---

11) G. Harman(1986), Change in View. p. 68.

시키는 데 있어서 개념적 일관성 (conceptual coherence)이 차지하는 역할을 강조한다. 그러므로 타가드의 제안을 자세히 검토하기 위해서는 개념적 일관성이나 과학적 설명에 대한 철학적 분석을 필요로 하게 된다. [12]

5. 맺는말

이 글은 두 가지 목표를 지녔다. 첫째는 전산과학 분야에서 중요한 역할을 담당하는 실행용이성의 논제와 그와 관련된 P≠NP 가정을 설명하는 것이었다. 또 다른 하나는 그러한 두 가지 개념과 관련된 정당화 문제를 다루는 것이었다. 두번째 목표와 관련하여 이론전산학자들이 제시하는 표준적인 입장을 살펴보고, 이어서 최상의 추론에로의 설명에 의존한 타가드의 입장을 소개하였다.

실행용이성에 대한 정당화 문제는 본질적으로 인식론적 문제이며, 경험적으로 해결될 문제가 아니다. 정당화와 관련된 자세한 논의는 본 논문의 의도를 벗어난 것이므로 타가드의 제안은 비판적으로 검토되지는 않았다.

참고문헌

[1] Boolos, G. and Jeffrey, R. (1989) *Computability and Logic*. Cambridge Univ. Press.

[2] Cherniak, C. (1986). *Minimal Rationality*. MIT press.

[3] Cook, S. (1971) The Complexity of Theorem Proving Poro-cedures, *Poroceedings of the 3rd Annual ACM Symposium on Theory of Computing*. pp. 151-158.

[4] Garey, M. and Johnson, D. (1979) Computers and Intractability : A guide to the Theory of NP-Completeness.

[5] Harman, G. (1986) *Change in View : Principles of Reasoning*.

---

12) 과학적 설명에 관한 타가드의 입장에 관한 논의는 이영의 (1996), "자연화된 과학철학의 범위와 과제"를 참조할 것.

MIT Press.

[6] Mendelson, E. (1990)　Second Thoughts about Church's Thesis and Mathematical Proofs. *Journal of philosophy* 87, pp. 225-233.

[7] Papadimitriou, C. (1994)　*Computational Complexity*. Addison -Wesley Pub.. Co.

[8] Thagard, P. (1993)　Computability Tractability and Conceptual Coherence. *Canadian Journal of philosophy 23*, pp. 349-364.

[9] Turing, A. (1936)　On Computable Numbers, with an Application to the Entscheidungsproblem, *Proceedings of the London Mathematical Society Series 2, 42*, pp. 230-265.

[10] 이영의 (1994), 「계산가능성과 전산적 마음」, 『철학연구』(고려대학교 철학과 18), pp. 247-271.

[11] 이영의 (1996), 「자연화된 과학철학의 범위와 과제」, (인쇄준비중).

제 3 부 고·중세 및 근대의 논리학

아리스토텔레스에 있어서 추론으로서의 귀납
고대 희랍의 변증법과 프레게의 '논리연구'
De obligationibus : 중세의 토론논리 (Ⅱ)
라이프니츠 논리학의 발전과정

아리스토텔레스에 있어서 추론으로서의 귀납*

권 창 은

개 요

아리스토텔레스에 있어서 "로고스"(logos)는 다의어이며 추론을 가리키기도 한다. 그의 귀납(epagoge)은 이런 추론의 일종이나 타당성을 결여하고 있다. 이처럼 타당하지 않은 추론도 아리스토텔레스에게는 추론이다. 이러한 귀납의 여러 역할 중 하나는 개별학문들의 원리를 포함한 보편들의 발견이며, 이에 대한 아리스토텔레스의 입장은 특히 『분석론 후서』(posterior analytics) 2권 19장에서 뚜렷하게 나타나고 있다. 귀납의 추론적 특성이나 보편발견의 역할에 대한 반론이 없는 것은 아니지만 이들 반론은 논파될 수 있다.

근래에 와서 과도한 형식화의 길로 가고 있는 논리학의 변화는 우리가 실제로 행하는 아리스토텔레스적 의미의 추론들과 그 일종인 귀납을 외면해 버리는 것으로 보인다. 이는 바람직스러운 일이 아니다.

---

* 이 글은 1995년 8월 20일~27일에 걸쳐 희랍의 Samos섬과 Patmos섬에서 「The International Association for Greek Philosophy」와 「The International Center for Greek Philosophy and Culture」가 'logos의 철학'이라는 주제로 공동주최한 희랍철학에 관한 제7회 국제 학술회의에서 발표된 필자의 "Aristotle's epagoge as logos"라는 논문과 대체로 동일한 내용을 우리말로 재정리한 것임.

아리스토텔레스에 있어서 로고스(logos)가 여러 의미로 사용되는 다의어라는 점은 잘 알려져 있다. 여기서 필자는 대체로 삼단논법(syllogismos)과 귀납(epagōgē)으로 대별되는 추론이라는 뜻의 로고스[1]를 다루려고 한다. 이러한 추론들 중에서도 필자의 관심은 귀납에 집중되며, 특히 *Post. Anal.* 2책 19장에 나타나는 귀납의 성격을 해명하고자 하는 것이 이 글의 목적이다. 이곳에서 아리스토텔레스는 "우리가 귀납에 의해서 제일원리들을 안다는 것은 필연적이다"(hēmin ta prōta epagōgēi gnōrizein anagkaion, 100b4)[2]라고 선언하고 있다.

필자의 생각[3]으로는 이 '귀납'(100b4)은 최소한도 부분적으로는 여러 가지 방식으로 잘못 해석되어 왔다고 본다. 예를 들어 로스(W. D. Ross)는 이 귀납을 "개별들로부터 이들에 내재해 있는 보편들에로의 이행"[4]으로 규정했다. 문제가 되는 것은 이러한 규정 자체가 아니라, 아리스토텔레스의 귀납, 즉 이러한 '이행'에 대한 그의 해석의 정당성 여부이다. 왜냐하면 로스는 이를 "추리의 과정이 아니라 개별사례들에 대한 검토에 의해서 심리적으로 매개된 직관의 과정"[5]으로 보기도 하고, 또는 "그것에 의해서 우리가 개별사실에 대한 지식으로부터 이에 상응하는 일반원리에 대한 직접적인 지식에로 이행하는 그러한 직관의 섬광",[6] 혹은 "원리에 대한 지식이 그것의 결과로서 떠오르는 그러한 심리적 준비"[7]로 보기 때문이다. 이러한 해석은 혼란된 것이다. 왜냐하면 '이행' (passage)은 "그것에 의해서 우리가 이행하는(pass) 직관의 섬광"과 동일한 것도 아니며, 원리에 대한 지식을 떠오르게 하는 '심리적 준비'와 동일한 것도 아니기 때문이다. 더 나아가 '직관의 과정'(the process of direct insight)이라는 표현 자체가 유의미한지도 의심스럽다. 왜냐하면 '과정'이라는 말은 '직관'이라는 말에는 귀속시킬 수 없는 '지속'의 의미를

---

1) *Post. Anal.*, 71a5-6, *Top.*, 105a10-12, *Nicom. Ethics*, 1095a 31-32 참조.

2) 이와 비슷한 언급에 관하여 *Post. Anal.*, 81b2, 7-8, *Nicom. Ethics*, 1139b 28-31 참조.

3) 이와 관련해서는 필자의 "Aristotle's Epagoge, Gnosiological and Ontological Bases for the Inductive Synorasis"(『철학연구』 제10집, 고려대학교 철학회, 1985, pp. 285-304)에서 이미 밝힌 바 있다.

4) W.D. Ross, *Aristotle*, London 1923, 1974, p. 55.

5) W.D. Ross, 같은 책, p. 41.

6) W.D. Ross, *Aristotle's Prior and Posterior Analytics*, Oxford 1949, 1965. p. 50.

7) W.D. Ross, 같은 책, p. 49.

내포하고 있기 때문이다. 결국 이러한 해석상의 혼란들을 논외로 하더라도, 분명한 점은 로스가 아리스토텔레스의 귀납을 '이행'으로 보면서도 그 추론의 특징을 부정하고 있다는 사실이다. [8]

문제되고 있는 아리스토텔레스의 귀납을 올바르게 해석하기 위해서는 이 귀납에 대한 언급이 나타나고 있는 *Post. Anal.* 2책 19장의 귀납과 관련된 부분들을 살펴볼 필요가 있다. 여기서 아리스토텔레스는 개별들에 대한 감각적 파악(aisthēsis)으로부터 출발하여 기억과 경험을 거쳐 마침내 불가논증적(不可論證的) 보편지에 도달하는 과정을 설명하고 있으며, 위에서 인용한 귀납에 관한 언급(100b4)은 이와 같은 보편에 관한 불가논증지 획득에 관한 발생적 설명의 방법론적 요약이라는 성격을 지닌다. 이러한 사실은 아리스토텔레스가 다른 곳에서 epagōgē라는 용어나 혹은 그 동사적 표현들인 epagein, epachthēnai 등을 어떤 의미로 사용했는지[9]와 관계없이 적어도 문제되고 있는 그의 언급(100b4)에서 epagōgē라는 용어를 그 정의적(定義的) 의미로 사용하고 있음을 알려 주고 있다. 즉 아리스토텔레스는 여기서 '귀납'을 "개별들로부터 보편에로의 이행" (hē apo tōn kath' hekasta epi to katholou ephodos, *Top.* 105 a13-14)이라는 뜻으로 사용하고 있다.

물론, *Topica*에 나타나고 있는 귀납에 관한 위에서 인용한 아리스토텔레스의 정의는 변증법적 추론의 한 종류인 귀납에 관한 정의이다. 그럼에도 불구하고 이 정의는 아리스토텔레스에 있어서 귀납일반의 특성을 잘 나타내 주고 있다. 왜냐하면 변증법적 추론의 일종인 귀납이 '이행' (ephodos)이듯이 그것에 의해서 우리가 제일원리들을 아는 귀납(*Post. Anal.* 100b4)이나 그것에 의해서 우리가 보편들을 아는 귀납(같은 책, 71a5-9)이나, 그것에 의해서 우리가 보편들을 배우는 귀납(같은 책, 81 a38-b9)이나 모두 개별들로부터 보편에로의 '이행'이라는 공통적인 특징

8) W.D. Ross와 유사하게 문제되고 있는 아리스토텔레스의 귀납의 추론적 성격을 부정하는 해석들에 관하여 M.R. Cohen and E. Nagel(*An Introduction to Logic and Scientific Method*, New York 1934, London 1966, p. 275), K. von Fritz(*Die ἐπαγωγή bei Aristoteles*, München 1964, s. 42), D.W. Hamlyn ("Aristotelian Epagoge", *Phronesis* 21, 1976, p. 171), T. Engberg-Pederson("More on Aristotelian Epagoge", *Phronesis* 1979. p. 305) 등의 입장들을 참조.

9) 이러한 용어들의 여러 의미들에 관해서는 W.D. Ross, 같은 책, pp. 47, 481-482 참조.

을 지니기 때문이다.

아리스토텔레스에 있어서 귀납의 추론적 특성은 그가 귀납을 "귀납으로 부터 의 삼 단 논 법"(ho ex epagogēs syllogismos, *Prior Anal.*, 68 b15-16), 혹은 "이와 같은 삼단논법"(ho toioutos syllogismos, 같은 책, 68b30)이라고 부르는 데서도 나타나고 있다. 이런 표현들이 나타나는 *Prior Anal.* 2책 23장에서 아리스토텔레스는 소위 완전매거귀납 (perfect induction)이라는, 사실상 연역으로 분류되어야 할 귀납의 한 변형된 종류를 다루고 있는 것이 아니라, 귀납일반, 즉 그 정의적 의미에 있어서의 정상적인 귀납을 다루고 있다. [10] 따라서 여기서 그가 귀납일반을 삼단논법으로 묘사하고 있다는 사실은 그가 귀납을 추론으로 보고 있음을 확인해 주고 있다고 하겠다. 물론 여기서 아리스토텔레스는 '삼단논법'(syllogismos)이라는 용어를 그 정의적 의미[11]로 사용하는 것이 아니

10) W.D. Ross(같은 책, p. 5, 또한 그의 *Aristotle*, pp. 39-40), I. M. Bochenski (*Ancient Formal Logic*, Amsterdam 1951, 1968, p. 26), M. R. Cohen and E. Nagel(같은 책, p. 275) 등은 *Prior Anal.*, 2책 23장에 나타나는 귀납을 완전매거귀납으로 해석하고 있다. 이러한 해석에 대하여 K. von Fritz(같은 책, ss. 13-14), T. Engberg -Pederson(같은 논문, pp. 311-314) 등이 반론을 제기하였다. J. Hintikka ("Aristotelian Induction", *Revue Internationale de Philosophie* 133-134, 1980, pp. 422-439) 는 아리스토텔레스가 여기서 귀납의 한 특별한 종류를 다루고 있는 것이 아니라 귀납일반을 다루고 있다고 본다. 이 후자들의 견해가 세부적인 면에서 서로 같은 것은 아니나, 그럼에도 불구하고 오늘날의 논리학에서 말하는 완전매거귀납을 아리스토텔레스가 여기서 다루고 있는 것이 아니라는 점에서는 같다. 큰 틀에서 아리스토텔레스가 현실적인 완전매거의 가능성을 인정한 것은 아니라는 점(*Prior Anal.*, 43a13 참조)을 고려할 때 대체로 후자들의 해석이 옳다고 본다.

11) 아리스토텔레스는 syllogismos를 "어떤 것들이 설정되면, 설정된 것들과는 다른 어떤 것이 그런 것들이 설정되었다는 사실에 의해서 필연적으로 부수하는 그런 추론이다" (syllogismos de esti logos en ōi tethentōn tinōn heteron ti tōn keimenōn ex anagkēs symbainei tōi tauta einai, *Prior Anal.*, 24b18-20, 또한 *Top.*, 100a25-27 참조)라고 정의하고 있다. J. Barnes("Proof and the Syllogism", *Aristotle on Science, The* 『*Posterior Analytics*』, edit. by E. Berti, Padua 1981, pp. 22-25)는 이렇게 정의된 syllogismos를 연역(deduction)으로 해석하고 있으며 이러한 연역의 경우 그 전제의 수가 하나이거나 혹은 그 이상(n≥1)일 수 있는 것으로 보고 있다. 따라서 이렇게 해석된 syllogismos는 삼단논법(syllogism)과 동의어가 아니라는 것이다. 솔직히 말해서 필자는 Barnes의 이러한 해석을 이해하지 못하고 있다. 아리스토텔레스에 있어서 syllogismos가 연역의 대표적인 경우이고 또 때로는 마치 연역의 모두인 것처럼 귀납과 syllogismos가 대비되기도 한다는 것은 사실이지만, 아리스토텔레스가 단 하나의 전제로부터의 연역추론인 직접추론을 다루고 있다는 점을 고려할 때 syllogismos를 연역으로 해석하는 것은 잘

라 귀납까지를 포함하는 간접추론이라는 넓은 의미로 사용한다고 보아야 할 것이다.

추론으로서의 귀납은 물론 그 정의적 의미에 있어서의 '삼단논법'과 다르다. 왜냐하면 이런 의미에 있어서의 삼단논법은 연역의 일종이며 아리스토텔레스에 있어서 귀납은 연역이 아니기 때문이다. 연역으로서의 삼단논법은 그 형식논리적 추론의 규칙을 어기지 않는 한 타당(valid)하다. 반면에 귀납은 아직 우리가 검토하지 않은 미래의 개별사례까지를 포함한 모든 개별들을 지금 검토하는 것이 불가능하다는 단순한 이유 때문에 타당한 추론이 아니다. 귀납의 이와 같은 형식논리적 약점을 아리스토텔레스는 명백히 이해하고 있었다.[12] 그럼에도 불구하고 그의 이러한 이해가 그로 하여금 귀납을 추론으로 규정하는 데 아무런 부정적 영향도 주지 않았다. 이로부터 우리는 아리스토텔레스가 타당한 추론만이 추론이라는 좁은 추론관의 소유자가 아니었음을 알 수 있다. 즉 그에게 있어서 귀납이란 전제들로부터 결론에로의 사고의 이행이라는 넓은 의미에 있어서의 추론의 일종이며, 이와 같은 이행에 있어서 이 이행의 형식논리적 타당성은 추론의 본질적 요소가 아니라고 하겠다. 결국 아리스토텔레스에 있어서 이러한 귀납이란 넓은 의미에 있어서의 추론이지 직관이 아니다.

위와 같이 추론의 일종으로 여겨지는 귀납의 역할을 아리스토텔레스는 무엇으로 보았을까? 귀납이 비록 그 형식논리적 타당성의 결여로 인하여 그 결론의 참을 믿을 논리적 이유를 우리에게 제공해 주지는 못한다고 하더라도 귀납의 역할들은 아리스토텔레스에 있어서 다양하다. 귀납의 한 중요한 역할은 이미 *Post. Anal.* 2책 19장에서 시사되고 있는 것처럼 제일원리들 혹은 일반적으로 논증 불가능한 모든 보편들을 파악하는 것이

못된 일이다. 달리 말해서 연역에서는 n≥1 이 성립되지만, syllogismos에서는 n=2이기 때문에 syllogismos는 연역의 동의어가 아니다. Barnes의 해석이 잘못되었다는 것은 syllogismos의 어원으로부터도 분명하다. 즉 이 용어는 "함께 계산함"을 뜻하는 syllogizesthai에서 왔으며 아리스토텔레스 자신은 이를 "함께 살펴봄"(synthēorein, *Prior Anal.*, 67a37)으로 설명하고 있다. 달리 말해서 syllogismos가 성립되기 위해서는 '함께' 계산하거나 살펴볼 자료로서의 대소전제가 있어야 함이 필수적이기 때문에 연역의 다른 한 종류인, 그 전제를 하나밖에 못 갖는 직접추론은 syllogismos가 될 수 없음이 분명하다.

12) *Prior Anal.* 43a13에서 아리스토텔레스는 특칭명제들로부터 전칭명제를 도출해 내는 것이 불가능함을 지적하고 있다.

다. 또한 이와 유사하게 같은 책 1책 18장에서 아리스토텔레스는 개별들에 대한 감각없이는 귀납이 불가능하고, 귀납에 의하지 않고는 보편들을 파악하는 것이 불가능하다는 입장을 천명하고 있다. (81b2-9) 이와 같은 귀납의 역할에 대한 아리스토텔레스의 입장은 그가 *Physics* 1책 2장에서 말하는 탐구의 방법, 즉 "우리에게 보다 더 잘 알려지고 보다 더 분명한 것들로부터 본성상 더 분명하고 더 잘 알려지는 것들"에로 나아가는 탐구의 순서에 대한 그의 언급(184a16-18)에서도 다시 확인된다. 여기서 "우리에게 보다 더 잘 알려지고 보다 더 분명한 것들"은 "감각에 더 가까운 것들"(*Post. Anal.*, 72a2-3)인 개별들을 의미하고, "본성상 더 분명하고 더 잘 알려지는 것들"은 "감각에 더 먼 것들"(같은 책, 72a3-4) 즉 보편들을 의미한다. 따라서 이러한 탐구방법이란 바로 개별들로부터 보편에로 나아가는 귀납을 뜻한다고 하겠다.

아리스토텔레스에 있어서 위와 같은 귀납의 역할은 결국 개별들에 대한 감각적 파악으로부터 출발하여 해당보편을 발견하는 것이라고 요약될 수 있다. 따라서 이러한 역할을 수행하는 귀납은 결국 보편의 탐구방법이다. 아리스토텔레스 귀납의 이와 같은 탐구적 특성은 전통적으로 많은 학자들에 의해서 인정되어 왔다. [13] 그러나 귀납의 이러한 특성이나 역할은 몇몇 연구자들에 의해서 근래 거부되기도 하였다. 예를 들어 함린(D. W. Hamlyn)의 해석에 따르면 아리스토텔레스의 귀납은 설득을 목적으로 하는 변증법적 추론의 일종이거나 보편원리를 배우거나 가르치는 방법의 일종이기는 하지만 소위 '발견의 절차'(a process of discovery)는 아니다. [14] 아리스토텔레스의 귀납이 설득이나 배움, 가르침의 방법이라는 것

---

13) W.D. Ross, *Aristotle*, p. 41, 48, 또한 동일인의 *Aristotle's Prior and Posterior Analytics* pp. 48-50, M. R. Cohen and E. Nagel, 같은 책, pp. 274-275, H. D. P. Lee, "Geometrical method and Aristotle's account of first principles", *Class. Quart.*, 29(1935), pp. 118-122, E. Weil, "The place of logic in Aristotle's thought", *Articles on Aristotle, Vol. I Science*, edit. by J. Barnes, M. Schofield and R. Sorabji, London 1975 pp. 88-112, K. von Fritz, 같은 책, p. 42, L. A. Kosman, "Understanding, explanation and insight in the *Posterior Analatics*", *Phronesis, Supplementary Vol. I* (1973), p. 386, J. H. Lesher, "The meaning of NOYΣ in the *Posterior Analytics*", *Phronesis* 18 (1973), pp. 57-68 등 참조.

14) 동일인의 같은 논문, pp. 167-184 참조. 비슷하게 J. Barnes("Aristotle's theory of demonstration", *Phronesis* 14, 1969, pp. 142-143) 역시 *Post. Anal.*에 나타난 귀납은

은 물론 잘 알려진 일이다. 문제는 과연 귀납의 역할이 이러한 것들에 불과한 것이냐 여부이다. 만약 귀납의 역할에 대한 함린 등의 이러한 해석이 옳다면 귀납을 보편발견의 방법으로 보는 전통적 해석은 타격을 받게 될 것이다.

필자는 이제 함린 등과 같은 연구자들에 의한 도전 때문에 귀납의 역할 중에 보편의 발견을 포함시키는 전통적 해석이 무너지는지를 검토하기로 한다. 아리스토텔레스가 귀납을 보편을 가르치는 방법으로 보기도 하고[15] 또한 보편을 배우는 방법으로 보기도 하는 것은 사실이다.[16] 여기서 보편을 가르치는 방법으로서의 귀납은 보편을 발견하는 방법으로서의 귀납이 될 수 없음은 물론이다. 왜냐하면 가르치는 방법으로서의 귀납을 사용하기 위해서는 가르치는 자는 어떤 방법으로 자신이 알게 되었든지간에 이미 가르칠 보편을 알고 있어야 하기 때문이다. 달리 말해서 아리스토텔레스의 귀납이 보편을 가르치는 방법에 불과하다면, 이는 귀납의 탐구적 특성을 부정하는, 즉 귀납이 보편발견의 방법이라는 전통적 해석에 반대하는 강력한 논거가 될 수 있을 것이다.

그러나 전통적 해석에 반대하는 함린 같은 연구자들이 아리스토텔레스의 귀납을 또한 배움의 방법으로도 보고 있다는 사실에 주목할 필요가 있다. 만약 이러한 배움의 방법으로서의 귀납이 또한 보편발견의 방법으로서의 귀납을 의미하기도 한다면 전통적 해석에 대한 반론은 자기파괴적이다. 달리 말해서 배움의 방법이기 때문에 발견의 방법이 될 수 없다는 반론은 성립될 수 없다고 하겠다. 따라서 전통적 해석에 대한 반대론자들이 내세우는 논거 중의 하나로서 귀납이 배움의 방법이라는 주장에서 배움의 방법은 동시에 발견의 방법을 의미할 수 없다. 즉 이 반론이 자기파괴적이 되지 않으려면 아리스토텔레스에 있어서 귀납에 의한 보편의 배움은 보편을 가르치는 자의 도움에 의해서 이루어지는 배움을 의미해야 한다. 그리고 이때의 도움은 가르치는 자가 보편을, 예를 들어 "모든 활엽수는

배움과 가르침의 방법에 불과할 뿐이라고 보았다. T. Engberg-Pederson(같은 논문, p. 318) 역시 아리스토텔레스의 귀납을 "그 목적이 보편명제를 받아들이게 만드는 것 이상이 아닌 변증법적 논의상황과의 관련을 결코 저버리지 않은 단순개념"으로 봄으로써, 귀납의 변증법적 특성을 강조하였다.

15) 예를 들어 *Post. Anal.*, 71a5-9 참조.
16) 예를 들어 같은 책, 81a40 참조.

(가을이 되면) 잎이 진다"와 같은 전칭명제를 배우는 자에게 미리 제시하고, 이를 배우는 자가 이해하지 못하는 경우 가르치는 자가 이 보편의 구체적인 개별사례들을 예로 들어 설명하는 식의 도움이어야 한다. 왜냐하면 도움의 내용이 이렇게 제한되지 않고 배우는 자가 홀로, 혹은 가르치는 자의 도움을 받았더라도 그 도움이 보편의 제시가 아니라 단지 이런 보편의 개별사례들에 대한 언급으로 그치고 이 개별사례들에 통용되는 해당보편의 발견은 배우는 자의 몫으로 남겨 두어 배우는 자가 홀로 보편을 발견하여 배우는 경우, 이런 종류의 배움의 방법인 귀납은 또한 발견의 방법이기도 할 것이기 때문이다.

이제 문제는 아리스토텔레스에 있어서 귀납에 의한 배움(mathēsis 혹은 manthanein)이 위와 같이 제한된 의미의 도움에 의한 배움만을 뜻하는가 여부이다. 필자의 생각으로는 물론 귀납에 의한 배움이 이와 같이 좁은 의미로 나타나기도 하지만, (Post. Anal., 71a1-9) 더 나아가서는 이러한 '배움'(같은 책, 81a39, 99b29)이 보편에 대한 '파악'(theōrēsai, 같은 책, 81b2) 혹은 '앎'(gnōrizein, 같은 책, 99b28-29)과 같은 의미로도 나타나기 때문에, 귀납에 의한 '배움'일반은 전자와 같은 좁은 의미로 제한되어서는 안 된다고 본다. 후자와 같은 넓은 의미에 있어서의 귀납에 의한 '배움'을 위하여, 아리스토텔레스는 가르치는 자의 위에서 언급한 것과 같은 제한된 형태의 도움에 대해서나 혹은 넓은 의미에 있어서의 도움에 대해서나 전혀 언급하고 있지 않다. 따라서 아리스토텔레스에 있어서 귀납이 배움의 방법이라는 지적은 귀납의 탐구적 특성을 부정하는 논거가 될 수 없다고 본다.

귀납의 탐구적 특성과 관련하여 아리스토텔레스가 Post. Anal. 2책 19장 앞부분에서 제기한 "제일원리들과 관련하여 이들이 어떻게 알려지는가"(peri de tōn archōn, pōs te gignontai gnōrimoi, 99b17-18)라는 문제의 성격을 검토하는 것도 의미가 있다. 여기서 아리스토텔레스는 이 원리들이 가르치는 자의 도움에 의해서 배우는 자에게 어떻게 알려지는가를 묻고 있는 것이 아니라, 이 원리들이 어떻게 우리 인간들에게 알려지는가를 묻고 있다. 이 점은 또한 이 물음에 대한 대답으로 아리스토텔레스가 제시하는 답변의 성격으로부터도 명백하다. 즉 같은 장에서 그는 보편에 대한 불가논증지의 획득에 관한 발생적 설명을 하고 있고 이를 방법론적 관점에서 귀납이라고 요약(100b4)하고 있다. 여기서 우리는 이러한 귀납의 탐구적 특성을 부인할 어떤 논거도 발견할 수 없다.[17] 즉 아리스토텔레스의 문제제기나 이에 대한 발생적 설명, 방법론적 요약 모두가 보편의 탐구·발견에 관련된 것들이라고 해석하는 것이 옳다고 본다.

아리스토텔레스에 있어서 귀납은 또한 설득이 그 목적인 변증법적 추론의 한 종류(*Top.*, 105a10-11)이다. 따라서 이와 같은 귀납은 변증법적 논쟁에서 질문자가 답변자로 하여금 어떤 보편을 받아들이도록 설득(내지 강요)할 때 사용될 수 있다.[18] 따라서 이러한 귀납의 역할은 설득이다. 이로부터 분명해지는 점은 귀납에 의해서 보편을 받아들이도록 설득하려는 질문자는 이미 그 보편을 자신의 마음속에 지니고 있어야 한다. 달리 말해서 이와 같은 변증법적 추론의 일종인, 설득을 그 목적으로 하는 귀납의 사용은 보편을 이미 마음속에 지니고 있어야 함을 그 전제조건으로 하기 때문에, 이러한 귀납의 역할은 보편을 받아들이도록 설득하는 것이지 보편을 발견하는 것이 아니다.

아리스토텔레스의 변증법이 어떤 테제(thesis)를 질문자가 어떻게 공격하며 답변자가 어떻게 방어하는가와 관련된 변증법적 토론술에 불과한 것은 물론 아니다. 그의 변증법은 보다 진지한 목적을 위한 기술(technē)

---

17) 아리스토텔레스가 *Post. Anal.* 1책 1장에서 메논(Menon)의 아포리마(aporēma)에 대해서 언급하고 있고(71a29-30) 같은 책 마지막 장인 2책 19장에서 이를 다시 간접적으로 시사하고 있는 것(99b25-31)은 사실이다. 따라서 같은 책 1책 1장에서 전개된 그의 논증(apodeixis)론이나 같은 책 마지막 장에서 언급된 귀납론이나 모두 메논의 아포리마와 관련되어 있다. 즉 메논의 아포리마와 관련하여 아리스토텔레스는 그의 논증론과 귀납론으로 플라톤의 상기(anamnēsis)설을 대치하고 있는 것이다. 그러나 필자의 의견으로는 아리스토텔레스의 귀납론과 메논의 아포리마 사이의 이와 같은 관계가 귀납의 탐구적 특성을 부정하는 논거로, 예를 들어 D. W. Hamlyn(같은 논문, pp173 이하)과 같은 사람에 의해서, 사용되는 것은 잘못이다. 즉 메논의 아포리마가 배움에 관련된 아포리마이기 때문에 이것의 해결대안으로 제시된 귀납론 역시 배움의 방법으로서의 귀납에 관한 논의이므로 귀납은 탐구의 방법으로 해석될 수 없다는 주장은 너무나 피상적인 검토에 의한 주장이다. 이와 관련해서 아리스토텔레스에 있어서 귀납적 '배움'의 의미를 되돌려 생각하는 것만으로도 족하겠지만, 또한 아리스토텔레스가 *Post. Anal.*(71a29-30)에서 배움의 아포리마로 표현하는 메논의 아포리마를 플라톤은 자신의 *Menon*(80e)에서 탐구의 아포리마로 표현하고 있으며 이 대화편에서 소크라테스는 '배움'과 '탐구'를 같은 것으로 표현하고 있다(81c9-d5)는 점을 고려한다면 귀납이 '배움'의 방법이기 때문에 '탐구'의 방법이 될 수 없다는 해석이 얼마나 근거없는 것인가가 명백해질 것이다.

18) 변증법적 귀납의 예들에 관해서는 *Top.*, 155b29-156a1 참조.

이기도 하며, 이러한 목적들 중에는 학적인 목적도 포함된다. (*Top.*, 101 a25-28) 특히 아리스토텔레스는 개별분과 학문들의 원리들을 다룸에 있어서 변증법적 검토의 가치를 높게 평가하여, 우리는 이러한 원리들에 대한 '받아들여진 견해들'(ta endoxa)을 통하여 이들에 '도달'(dielthein)할 수밖에 없으며, 이렇게 하는 것이야말로 변증법의 고유하고 가장 적합한 일이라고 말할 정도이다. (*Top.*, 101a36-b3)

변증법의 학적 중요성에 대한 아리스토텔레스의 위와 같은 강조는 몇몇 학자들[19]로 하여금 그의 변증법을 개별학문들의 원리들을 탐구하는 방법으로 해석하도록까지 만들었다. 최근에 크누틸라들(M. -L. Kakkuri -Knuuttila와 S. Knuuttila)은, 큰 틀에서는 힌티카(J. Hintikka)[20]의 아리스토텔레스 귀납에 대한 해석을 따르면서 이를 더욱 밀고 나아가 이 귀납을 플라톤의 *Phaedrus*(265c-266c)에 나타나는 분할(diairesis)과 종합(synagōgeī)이라는 플라톤 변증법과 유사한 개념분석의 방법으로 해석하였으며, 이러한 해석을 통하여 이들은 귀납을 개별학문들의 원리들을 발견하는 변증법적 추론의 한 특수형태라고 주장했다. [21]

아리스토텔레스에 있어서 변증법적 추론의 한 종류인 귀납의 역할에 대한 위와 같은 해석이나 더 나아가 그의 변증법 일반의 역할에 대한 위와 같은 해석은, 필자의 의견으로는, 잘못된 것이다. 아리스토텔레스에 있어서 변증법의 여러 역할들 중 개별학문들의 원리들의 탐구와 관련된 역할을 해명함에 있어서 우리는 문제되고 있는 그의 언급들이 나타나고 있는 *Top.* 1책 2장의 마지막 부분에 주의할 필요가 있다고 본다. 이 부분에서 아리스토텔레스는 자신이 왜 개별학문들의 원리들에 도달(dielthein)하는 적합한 방법으로 변증법을 생각하고 있는지 그 이유를 다음과 같이 밝히고 있다: "변증법은 그 검토적 특성 때문에 모든 개별학문들의

---

19) W.D. Ross, *Aristotle*, p. 57, H.D.P. Lee, 같은 논문, pp. 122-123, G.E.L. Owen, "Tithenai ta phainomena", *Articles on Aristotle, Vol. I Science*, edit. by J. Barnes, M. Schofield and R. Sorabji, London 1975, pp. 115, 118-note 18, G. Ryle, "Dialetic in the Academy", *New Essays on Plato and Aristotle*, edit. by R. Bambrough, London 1967, p. 60, S. Raphael, "Rhetoric, Dialetic and Syllogistic Argument", *Phronesis* 19 (1974), p. 155 등 참조.

20) J. Hintikka, 같은 논문, pp. 422-439.

21) Maria-Luisa Kakkuri-Knuuttila and Simo Knuuttila, "Induction and Conceptual Analysis in Aristotle", *Acta Philosophica Fennica* 49, Helsimki 1990, pp. 294-303.

원리들에로 향한 길을 갖는다."(exetastikē gar ousa pros tas hapasōn tōn methodōn archas hodon echei. 101b3-4) 달리 말해서 아리스토텔레스가 변증법을 개별학문들의 원리들을 탐구하는 방법이라고 여기는 이유는 변증법의 '검토적'(exetastikē) 특성 때문이며, 그의 이러한 입장은 그가 변증법을 시험술(peiramatikē)로 규정하는 데서도 나타나고 있다. [22)

이처럼 아리스토텔레스가 변증법의 검토적 특성 때문에 변증법을 탐구의 방법으로 본 것이라면, 변증법적 탐구란 구체적으로 변증법적 검토를 의미할 수밖에 없겠다. 즉 어떤 개별학문의 원리로서 제안된 보편을 포함해서 쟁점이 되고 있는 후보적인 보편적 주장일반이 변증법적 검토의 대상이며, 이때 검토의 기준[23)은 이러한 주장이 현상들에 위배되지 않는가와 이성의 명료함에 위배되지 않는가이다. 이와 같은 경험적 실증성과 논리적 정합성을 기준으로 하는 변증법적 검토에서 검토된 어떤 테제는 그 검토결과에 따라 살아 남을 수도 폐기되어질 수도 있음은 물론이라고 하겠다. 이와 같은 변증법적 검토와 관련하여 분명한 것은 검토되어질 자료로서 어떤 보편적인 주장을 하는 테제가 이미 주어져 있지 않는 한 아리스토텔레스의 변증법적 검토는 시작될 수 없다는 점이다.

이러한 점들을 고려할 때 아리스토텔레스의 변증법은 오로지 넓은 의미에 있어서만 탐구의 방법이라고 하겠다. 즉 개별학문들의 제안된 후보적인 원리들을 비롯해서 제안된 보편적인 테제일반을 검토하는 과정 역시 넓은 의미에 있어서의 다양한 탐구과정들에 포함된다는 점에서 변증법은 탐구의 방법이라고 할 수 있다. 그러나 원리들이나 보편일반을 발견한다는 의미에 있어서는 변증법은 탐구의 방법이 아니다. 왜냐하면 혹자의 보편에 대한 파악이 언표된 어떤 테제의 검토를 뜻하는 아리스토텔레스의 변증법적 탐구는 이 보편의 파악 혹은 발견의 과정을 전제로 하기 때문이다.

만약 위에서 검토된 것처럼 아리스토텔레스 변증법의 탐구적 특성이 실제로 의미하는 바는 검토적 특성이라는 해석이 옳다면, 변증법적 추론의 한 종류로서의 귀납의 역할 역시 보편의 발견이 아니라, 발견되어졌다고

---

22) *Metaphysics*, 1004b25-26, *On Sophistical Reputation*, 11장 참조.
23) *On the Soul*, 418b23-24 참조.

주장되는 보편의 파악이 언표된 보편적인 테제의 변증법적 검토에 부수되어지는 것일 수밖에 없다. 달리 말해서 이러한 귀납은 변증법적 검토과정에서 사용되는 추론의 일종에 불과하며 이러한 추론은 보편의 발견방법이 아니다. 따라서 그것에 의해서 개념분석이 행해지고 개별학문들의 원리들의 하나인 정의를 발견하는 귀납[24]은 변증법적 귀납으로 해석되어서는 안된다.

또한 아리스토텔레스의 귀납을 개념분석의 방법으로 보는 크누틸라들의 해석은 귀납의 경험적 특성을 부각시키지 못하는 단점이 있다. 개념 (concept)은 그것 자체가 이미 보편의 한 경우이기 때문에 플라톤의 분할과 종합을 의미하는 개념분석은 어디까지나 보편의 세계 내에서의 분석이어서 감각적 개별들과의 직접적인 연관이 없다. 그러나 아리스토텔레스에 있어서 귀납은 하위보편들에서 상위보편들에로의 귀납만을 의미하는 것이 아니라 오히려 감각적 개별들로부터 최하위 보편에로의 귀납이 그 이후의 귀납을 위한 기본적인 형태로 여겨지기 때문에, 귀납의 이와 같은 경험적 특성이 소홀히 다루어져서는 안 된다고 본다.

이상의 논의를 통하여 필자는 아리스토텔레스의 귀납은 직관이 아니라 추론(logos)의 일종이며 그 역할은 보편을 가르치거나 배우거나 설득하는 것만이 아니라 또한 그것을 발견하는 것이라고 주장하였다. 결국 아리스토텔레스에 있어서 귀납의 역할들 중 보편발견의 역할을 인정하는 전통적인 해석에 대한 여러 반론들을 성공하지 못한 노력이라고 평가할 수밖에 없다.

귀납에 대한 아리스토텔레스의 견해는 오늘날의 철학자들이나 논리학자들에게도 음미되어야 할 가치를 지니고 있다고 보여진다. 필자가 오해하고 있는 것인지는 모르겠으나 오늘날 논리학은 곧 형식논리학 혹은 연역논리학을 의미할 정도로 과도한 형식화의 방향으로 나아가고 있는 것 같은 느낌을 준다. 이러한 형식화의 흐름 속에서 전통적인 아리스토텔레스의 귀납은 전제(들)가 0과 1 사이의 수학적 확률치를 갖고서 그 결론을 논리적으로 지지하는 귀납으로 해소되어 버리고 마는 것 같다. 따라서 이러한 귀납관을 받아들일 때 연역과 귀납의 차이란 전제(들)가 결론을 지

---

24) 귀납과 정의의 관계에 대해서는 J. Hintikka, 같은 논문, M. -L. Kakkuri-Knuuttila and S. Knuuttila, 같은 논문 참조.

지하는 정도가 확률값 1이냐, 혹은 0보다는 크지만 1보다는 작으냐의 수적 차이로 단순화되어 버리고 만다. 귀납추론의 경우 전제들이 결론을 지지하는 정도가 과연 수학적 혹은 논리적 확률치로 표현될 수 있는가도 문제이지만, 귀납과 연역의 질적 차이가 확률치의 양적 차이로 해소되어 버릴 수 있는가는 더 더욱 의문스러운 일이다. 귀납과 연역을 이런 식으로 구별하는 것은 사실상 귀납의 연역화이며 논리의 형식논리화라고 하겠다. 그러나 실제로 우리는 아리스토텔레스적 의미에 있어서의 귀납추론을 행하고 있으며, 이러한 귀납추론의 경우 전제들이 결론을 지지하는 정도를 확률치로 표현한다는 것은 대부분의 경우 불가능하다. 귀납을 연역화하겠다는 이와 같은 발상은 "황소에게서 젖을 짜내겠다"는 생각만큼이나 어리석은 생각으로 보이며 전제(들)가 결론을 지지하는 정도의 확률치를 구하려는 노력이나 해보는 것이 귀납에 대해서 논리학자가 할 수 있는 모든 일이라고 주저앉는 태도는 실제로 우리가 행하고 있는 귀납추론에 대해서 적어도 논리학자로서는 외면해 버리겠다는 태도 같아 보인다. 논리학이 이처럼 실제로 우리가 행하고 있는 추론(logos)을 외면해 버리고 형식화의 길로만 가버린다면 논리학의 영역은 왜소해질 수밖에 없다. 귀납은 원래 경험적 특성을 지닌 추론이며 그렇기 때문에 형식화의 길을 걷는 논리학에 의해서는 제대로 해명될 수가 없다. 논리학이 아리스토텔레스에 있어서 방법론, 인식론, 형이상학 등과 절연된 형식논리학에 불과한 것이 아니었던 이유는 바로 이런 점에서 찾아져야 할 것이다. 논리학이 과도한 형식화의 길로 치닫는다면 머지않아 논리학은 철학이라는 학문으로부터 분가(分家)해 버리는 것이 옳을 것 같다.

고대 희랍의 변증법과 프레게의 '논리연구' *

김 성 진

개 요

프레게에 의하면 논리학의 임무는 진리결정을 위한 제반법칙을 찾는 것이다. 이때 진리판단의 대상은 외적 사물이 아니며, 우리의 주관적 의식내용도 아니다. 그것은 언어로 표현된 명제가 담고 있는 내용이며, 참·거짓 여부가 객관적으로 확인될 수 있는 명제의 의미이다. 이러한 그의 의미론적 진리론은 물음과 탐구상황의 변증법적 개방성을 전제한다. 왜냐하면 우리의 탐구는 의미에 대한 검증을 뜻하며, 검증과정은 원칙적으로 진리결정 이전의 상황이고, 참·거짓 모두의 가능성이 양립하는 상황이기 때문이다. 따라서 탐구상황의 변증법적 개방성을 인정하는 프레게의 학문론은 플라톤의 변증법적 의미론과 아리스토텔레스의 변증법적 학문론과 비교되어 마땅하다.

---

* 본 연구는 1990년도 한림대학교 교비 학술연구 조성비의 지원하에 이루어졌다. 그 첫 결과는 "Frege의 「논리연구」와 Platon의 변증법"으로서 1992년 4월 현대철학연구회 (대우학술재단 지원학회) 정기발표회에서 발표되었다. 그후 아리스토텔레스에 관한 부분이 추가됨으로써 제목의 변경과 내용의 보완이 이루어졌다. 한림대학교에, 그리고 본 논문에 대한 비판적 토론에 참여해 주신 신일철 교수님과 기타 현대철학연구회 회원께 감사를 드린다.

1. 서 론

본 논문에서는 G. 프레게 (G. Frege)와 고대 희랍철학의 한 비교연구가 시도된다. 더 자세히 말해서 프레게의 의미론이 아리스토텔레스와 플라톤의 철학과 가지는 연관성을 찾아보려는 시도이다. 이 비교연구가 의도하는 바 그 목적은 프레게의 의미론이 변증법적 측면을 보여 주고 있음을, 그리고 이 변증법이 이미 오래된 서양철학의 전통적인 문제의식과 연관된다는 것을 확인해 보려는 것이다. 만약 이 확인이 성공한다면, 아니 이런 확인이 도대체 가능하기만 하다면 우리는 이것을 토대로 하여 한편으로는 의미론 그 자체에 대한 철학적 이해를 새로이 구해 보면서, 또 다른 한편으로는 우리가 일반적으로 알고 있는 변증법, 많은 관심과 논란의 대상이 되기도 하는 변증법에 대하여 새로운 이해를 구할 수도 있으리라고 기대된다.

프레게의 경우 그의 의미론에 대해서 언급하는 것은 우리에게는 결코 생소한 일일 수는 없다. 의미는 그것이 'Sinn'의 경우이든 'Bedeutung'의 경우이든, 아니면 Sinn과 Bedeutung의 엄격한 구별의 경우이든, 아니면 그것이 한 단어나 개념의 경우이든 또는 명제와 문장의 경우이든, 프레게의 철학 전체를 통하여 중요한 의미를 가지는 개념이며 또 동시에 프레게적인 의미에서의 '개념'이기도 하다. 또 그의 의미론이야말로 그 이후 전개된 현대의 논리학과 언어철학에 가장 큰 영향을 끼친 것들 중의 하나이기도 하다. 그러나 그의 의미론을 변증법적으로 이해한다거나 거기에서 어떤 변증법적 성격을 찾아본다는 것은 아직 생소한 것이고 따라서 문제시될 수 있기도 할 것이다. 수리철학자요, 논리학자이며 논리철학자인 그에게서 도대체 어떻게 변증법을 찾아볼 수 있을 것인가 하는 의구심은 지극히 당연하며, 그래서 이런 종류의 시도는 즉각적으로 거부감을 불러일으킬 수도 있다. 도대체 그의 주요저작들 중 그 어디에 변증법에 대한 논의가 있기나 했단 말인가? 그래서 본 논문의 성공여부는 우선 프레게의 의미론의 변증법적 성격을 찾아내 보이느냐, 또 이것을 위해 도입된 변증법의 개념에 우리 모두가 동의할 수 있느냐에 의해서 좌우될 것이다. 이를 위해서 본격적으로 고려될 것은 프레게의 수리철학이나 논리학적 작업보다는 그의 논리철학적 작업, 즉 논리학의 철학적 근거, 또는 그 가능성의 근거에 대한 그의 논의이다. 특히 그의 마지막 저작들 3편의 묶음인 『논리연구』(Logische Untersuchungen)가 중요한 문헌적 근거로서 조사된다.

반면에 고대 희랍철학에서, 특히 플라톤의 경우 그의 '변증법'을 논하는 것은 결코 새로운 일이 아니다. 철학적 사고를 대화의 형식으로 전개시킨 그에게서 우리는 변증법의 어원을 찾는가 하면, 그 스스로가 변증법에 대한 자신의 이해를 가지고 있었음을 우리는 그의 대화편들 중 여러 곳에서 찾을 수 있다. 그러나 플라톤 철학을 의미론의 관점에서 보려고 할 때 그 상황은 이와는 좀 다르다. 우리는 플라톤에게서 도대체 현대적 의미에서의 의미론을 찾을 수 있을까? 그렇지 않고서야 어떻게 플라톤과 프레게를 비교할 수 있을 것인가? 이런 비교는 플라톤을 부당하게 현대화시킴으로써 그를 위시한 고대철학의 본래적인 성격을 왜곡시켜 버리는 것이 아닐까?

그러나 또 다른 한편으로 강조되어야 할 것은 이것이다. 현대에 살고 있는 우리가 플라톤을 이해하려는 것이 우리의 시도인 이상 우리의 문제 제기와 이해의 양상은 불가피하게 현대적인 문제의식의 제약을 완전히 벗어날 수는 없다는 것이 우리가 처해 있는 근본적인 이해의 상황이라는 것이며, 또 이 상황을 정확히 의식하는 바로 그만큼 우리는 플라톤에 대한 우리의 이해의 객관성도 오히려 주장할 수 있게 된다는 것이다. 바로 이러한 의미에서 모든 해석작업이 요구하는 조심성은 우리를 다음과 같은 방법론적 고찰로 인도한다.

여기에서 시도되는 비교연구를 위해서 우리는 플라톤 철학 전체에 있어서의 의미의 문제나 변증법의 문제를 다룰 수는 없다. 왜냐하면 플라톤 철학 자체가 어떤 일관된 의미론의 체계를 한 가지 모습으로만 보여 주고 있는 것은 아니며, 또 변증법에 대한 플라톤의 설명이나 변증법적 방법을 적용하는 그의 태도 역시 다양하고 다의적(多意的)이기 때문이다. 우리는 플라톤 철학 전체에 대한 결론을 내림에 앞서 그의 대화편들 하나하나를 우선은 개별적으로 고찰해야 함에 주목한다. 다시 말하면 플라톤 철학 전반에 대한 어떤 평가는 그의 대화편들 모두를 우선은 개별적으로 하나씩 따로따로 검토한 이후에야 비로소 가능하게 된다는 검토작업의 순서에 우리는 주목한다. 여기에서의 비교작업을 위해서도 우리는 우선 하나의 대화편만을 택하고 그것을 전체로서 독립적으로 검토하는 가능성을 찾아 본다. 그리고 일단 프레게의『논리연구』에서 개진된 논리철학적 의미론의 성격을 먼저 확인해 보고 난 후 이것과 비교될 수 있는 의미론적 탐구를 플라톤에게서 찾아보는 순서를 택한다. 바로 이 때 우리에게 특별한 의미 를 가지고 다가오는 것은 바로『파르메니데스』(Parmenides) 대화편이며 또 이 대화편 전체를 통해서 일관되게 추구되어진 변증법적 의미론의 세 계이다. 바로 이들 양자의 비교가능성을 보여 줌으로써 프레게와 플라톤 의 의미론적인 연관성이 설득력있게 설명될 수 있다면 이 비교연구는 그 의미를 찾을 수 있을 것이다.

아리스토텔레스의 경우에도 '변증법' 개념은 그의 철학 안에 확고한 위 치를 잡고 있다. 물론 그는 엘레아의 제논이 제기한 논증들도, 또 플라톤 의 변증법 이론도 잘 알고 있었지만, 그는 그 자신의 의미로 변증법을 발 전시키기도 했다. 이미 잘 알려진 바와 같이 그의 (좁은 의미에서의) 논 리학과 변증법은 실은 모두 함께 그의 학문이론(학문방법론)을 세우기 위 한 부분들로서 전개되었다. 여기에서 변증법이란 실은 변증추론(변증적 추론, dialektikos syllogismos)을 의미하며, 이것은 논리학의 학문론 적 응용에 속한다고 보아져도 좋을 것이다. 그러나 이 논문에서 추구되는 바 프레게와의 연관성을 위해서는 아리스토텔레스의 변증법은 좀 다른 각 도에서 보아져야 한다. 그것은 아리스토텔레스의『Topica』에 전개된 변 증추론 그 자체가 아니라『Topica』와『형이상학』모두에서 견지되고 있 는 바 학문탐구와 진리인식의 가능근거, 또는 전제조건에 대한 그의 변증 법적 이해이다. 바로 이 점에서 프레게는 아리스토텔레스와 같은 문제의 식을 가졌음을 우리는 확인해 보고자 한다.

비교연구란 비교대상들간의 유사성이나 동질성만을 확인하는 것이 아니 라 그들간의 차이점과 이질성도 함께 지적할 때 비로소 완성될 수 있다. 본 연구에서는 그러나 우선은 프레게의 의미이론에 더 큰 비중을 두어 고 찰하며, 이에 대한 우리의 이해와 평가를 돕기 위해서 서양철학사의 전통 을, 특히 플라톤과 아리스토텔레스에게서 확인되는 문제의식을 그 배경으 로서 대조시켜 보는 데에 만족하기로 한다.

2. 프레게의 이중적 언어관

1) 일상언어와 논리학

프레게는 그의 『Begriffsschrift』(槪念記號論, 槪念表記法, 1879)의 서문에서 (1964, p. XII) 철학의 임무를 "인간정신에 대한 언어의 지배를 깨뜨리는 것"(die Herrschaft des Wortes über den menschlichen Geist zu brechen)이라고 피력한 바 있다. 이것이야말로 F. v. Kutschera도 지적했듯이 그 이후 현대 분석철학의 근본적 사명이 되었으며 또 현대철학의 기본정신을 표현하는 모토가 되었다.

여기에서의 언어는 우선 우리의 일상언어 또는 생활언어 (Sprache des Lebens)를 의미하며, 여기에서의 지배는 잘못된 지배, 우리의 사고를 오류에로 인도하는 좋지 않은 영향을 의미한다. 사실 프레게는 그의 글 도처에서 우리의 일상적 언어, 우리의 말로서 표현되고 구성되는 자연적 언어, 또는 die Wortsprache의 문제점과 결함을 적극 지적하고 이에 대한 정확한 인식을 일깨운다. 즉 일상언어만 가지고는 어떤 표현하고자 하는 의미나 내용의 정확한 표기가 왕왕 불가능하며, 또 논리적 추론이나 증명의 빈틈없는 전개과정을 정확히 서술하기 위해서도 불충분하다는 것이다. 그래서 예를 들어서 한 학문의 근본전제나 기초공리들의 목록이 완벽한가, 또 이들 근본전제로부터의 연역체계가 빈틈없는 증명의 체계인가를 검토하려 할 경우, 우리의 일상언어는 그 자체로서는 제 기능을 다하지 못한다는 것이다.

이것은 우리의 일상언어가 논리적 기능을 완전히 해내지 못한다는 것을 지적한 것이며, 그 이유를 프레게는 다음의 두 가지로 요약한다. 첫째는 언어적 표현의 다의성(多意性), 즉 언어적 표현이 항상 일의적(一意的)으로 결정되지 못한다는 점이며, 둘째는 증명이나 논리적 추론을 위한 고정된 형식의 결여이다. (···nicht nur in der vorkommenden Vieldeutigkeit der Ausdrücke, sondern vor allem in dem Mangel fester Formen für das Schließen.)[1]

또 더 나아가서 프레게는 다음의 문제점도 지적한다. 엄격한 논리적 사고나 증명을 위해서는 사고의 순수한 논리적 법칙에 의해서만 추론되어야 하며(nur nach rein logischen Gesetzen zu ziehen), 또 어떤 결론의 정당성이 밝혀지기 위해서는 그 결론이 사고의 어느 근본법칙에 기초한 것인가가 밝혀져야 한다. 그래서 우리는 논리적 사고를 지배하고 가능케 하는 법칙들 자체를 확인할 수 있어야 하지만, 그러나 우리가 일상언어적 표현을 사용하면서 추론을 아무리 되풀이한들 이들 사고의 논리적 법칙들 자체는 확인되지 못하며 또 정확히 기술될 수도 없다는 것이다. [2]

일상언어의 이러한 논리적 기능에 있어서의 불완전함 때문에 프레게는 'Begriffsschrift'가 필요함을 피력한다. Begriffsschrift는 두 가지 작업 을 그 내용으로 하는 표기법이다. 즉 표현될 내용을 개념화하는 일, 그리 고 이 개념을 기호로서 표기하는 것을 말한다. (그래서 번역으로서는 개 념표기법이나 개념기호론 중 그 어느것을 택해도 좋을 것이다.) 여기에서 우리는 표현을 기호화한다는 방법을 확인하면서 한편으로는 그것이 G. W. Leibniz, 그리고 George Boole에 의해서 시도되었던 방법이었음을 상기하게 된다. 또 다른 한편으로 우리는 여기에서 바로 이 프레게가 택 하는 기호화 방법 때문에 다음의 질문을 던지지 않을 수 없다. 즉 이렇듯 언어를 떠나 기호를 택하는 프레게는 기호에 대하여 어떤 철학적 견해를 가졌는가? 언어로서, 언어를 매개로 하여 표현하고 생각하듯이 우리는 그러면 이제 기호를 매개로 하여 마찬가지로 표현하고 생각할 수 있단 말 인가? 프레게는 정말 그의 논리학적 이상을 실현하기 위하여 언어를 완 전히 떠났는가?

여기에서 우리가 던지는 질문은 프레게가 논리를 기호화하여 구체적으 로 어떻게 구성하고 체계화시켰는가에 대해서가 아니라 그가 기호의 본질 과 기능을 무엇으로 보았는가에 대해서이다. 즉 기호에 대한 그의 기본 태도를 묻는 것이며 그래서 그의 기호관(記號觀)을 묻는 것이다. 이때 우 리는 다시 그의 언어관에로, 그리고 그의 언어관이 보여 주는 또 다른 측

---

1) "Über die Begriffsschrift des Herrn Peano und meine eigene." in :『Kleine Schriften』 I. Angelelli(ed.), Darmstadt, 1967. p. 221. (이하 Herrn Peano)

"Über die wissenschaftliche Berechtigung einer Begriffsschrift." in :『Begriffs -schrift』I. Angelelli(ed.), Darmstadt, 1977 pp. 108-109.

2) Herrn Peano, p. 221.

『Begriffsschrift』, Angelelli : (ed.) p. 109.

면에로 우리의 주의를 돌리게 된다. 그리고 이 또 다른 측면은 언어, 즉 일상언어에 대한 그의 긍정적 평가이기도 하다.

2) 언어와 기호

우선 언어는 우리의 사고를 위해서는 필요불가결의 것이며, 언어와 사고는 서로 밀접한, 상호불가분의 관계에 있음을 프레게는 에누리없이 인정한다. 우리는 언어로서 생각하며 우리의 생각을 말로서 표현한다. 설사 우리가 침묵 속에서 생각하는 경우에도 우리는 말로서 생각한다. (…daβ wir nicht mehr laut zu sprechen brauchen, um zu denken : denn in Worten denken wir trotzdem…)[3] 또 언어의 본질적 기능 중의 하나는 이미 아리스토텔레스도 중요시 여겼던 것인 바 언어의 보편자로서의 기능, 즉 여럿의 사물들, 수많은 개체들이나 대상들을 하나의, 또는 한마디의 보편개념으로서 지칭하고 표기하는 기능이다. 언어의 이 기능 역시 프레게는 중요시 여긴다. (Erstaunlich ist es, was die Sprache leistet, indem sie mit wenigen Silben unüber sehbar viele Gedanken aus-drückt, …)[4] 물론 여기에 덧붙여서 프레게는 언어가 의사소통과 이해를 위한 매개체이며, 그래서 심지어는 지구상에서 인류역사상 처음으로 발상된 생각도 언어로서 표현되고 즉시 다른 사람에 의해서 이해될 수 있다는 사실 또한 중요한 언어의 기능으로서 인정한다. (…daβ sie sogar für einen Gedanken, den nun zum ersten Male ein Erdenbürger gefaβt hat, eine Einkleidung findet, in der ihn ein anderer erkennen kann, dem er ganz neu ist.)[5]

프레게는 인간의 사고와 언어를 결코 동일시하지는 않는다. 그러나 그는 언어가 사고를 위해서 필요불가결한 것임을, 그리고 무엇을 지시하고 표현하고 설명하며 이해시키는 등등의 행위들이 모두 언어행위로서 이루어진다는 것임을, 그리고 이런 행위들을 위해서 발휘되는 언어의 기능의

---

3) "Über die wissenschaftliche Berechtigung einer Begriffsschrift." in : 『Begriffss-chrift』 Angelelli (ed.), p. 107.

4) "Gedankengefüge" in : 『Kleine Schriften』 I. Angelelli (ed.), p. 378.

5) "Gedankengefüge" 上同, p. 378.

탁월함과 중요함을 분명히 인식하고 있다. 그리고 이들 언어의 기능과 특성을 그는 그가 생각하는 기호에 대해서도 그대로 적용시키고 또 기호로부터 요구한다. 그에 의하면 기호, 즉 Zeichen이란 그 무엇을 가리키고 지칭하는 것, 즉 무엇을 bezeichnen하는 것이다. 또 bezeichnen한다는 행위는 우리로 하여금 개념을 형성할 수 있게 하며, 그리고 나서는 이 개념을 지칭하게 하고, 그래서 우리로 하여금 개념들을 통한 추상적, 논리적, 이론적 사고를 할 수 있게 한다. 왜냐하면 우리는 서로 비슷한 여러 사물들에게 한 기호를 부여함으로써 우리는 개별적 사물(das einzelne Ding)들이 아니라 그 사물들에 공통된 것(das ihnen Gemeinsame), 즉 한 개념(Begriff)을 지칭(bezeichnen)하기 때문이다. 그래서 우리가 한 개념을 만든다는 것은 프레게에 의하면 우선 기본적으로는 지시행위를 통해서, 즉 bezeichnen함을 통해서 가능하다 : Und diesen(den Begriff) gewinnen wir erst dadurch, daβ wir ihn bezeichnen ; [6] 그는 애초부터 여러 가지 종류의 기호나 기호체계의 가능성을 인정하며, 언어의 기본적인 기능도 바로 그가 생각하는 기호의 기능이며, 바로 이 점에 있어서 우리의 언어도 넓은 의미에서 일종의 기호체계라고 보는 입장임이 분명하다. 그래서 그는 서슴지 않고 "우리는 물론 말이나 언어로서 생각하지만, 그렇지 않을 경우에는 수학적인, 또는 다른 종류의 기호로서 생각한다" (wenn nicht in Worten, doch in mathematischen oder anderen Zeichen)라고 피력한다. [7] 여기에서 우리는 프레게의 언어관이 보여 주는 언어에 대한 긍정적 평가를 확인하며, 이것은 그의 언어관이 그의 기호관과 일치하는 측면이다. 즉 언어도 일종의 기호로서 우리에게 생각을 가능케 하며, 그것의 본질은 일종의 매개체로서 그 무엇을 지시하는 것이다. 아마도 이러한 그의 언어관 때문에 그는 그의 Begriffsschrift를 일명 Formelsprache라고 불렀을 것이다. 즉 산수에서와 같이 기호를 통하여 정식화(定式化)함으로써 순수한 논리적 사고를 표기할 수 있는 일종의 '언어'라고 : eine der arithmetischen nachgebildete Formelsprache des reinen Denkens.[8]

---

6) 『Begriffsschrift』 Angelelli (ed.), p. 107.

7) 『Begriffsschrift』. Angelelli (ed.), p. 107.

8) 『Begriffsschrift』, Angelelli (ed.) p. X, 113.

3. 논리학과 사고내용

1) 프레게 논리철학의 근본과제

　프레게에 있어서 언어와 기호의 관계는 이중적임이 분명하다. 언어는 그 자체로서는 논리적 기능을 완벽하게 수행할 수 없다. 우리의 사고가 오직 언어적 표현에만 의존하는 한 우리는 오류의 가능성을 결코 배제할 수 없다. 언어의 부족한 논리적 기능을 보완하기 위해서 우리의 사고는 기호화 작업의 도움을 필요로 한다. 그러나 반면에 언어 그 자체의 본질적 기능은 기호로서의 기능이다. 기본적으로 그것은 다른 그 무엇을 지시하고 지칭하며 표현하는 매개체이다. 그래서 그것은 항상 그것이 지시하는 바 그 내용을 갖는다. 어떤 생각이나 내용을 말로 표현했을 때의 논리적 결함을 극복하기 위해서 프레게가 말 대신에 기호를 사용하며, 또 기호를 통하여 논리적 추론의 체계를 세움에 있어서도 그의 이 이중적인 언어관은 의미를 가진다. 이 점은 특히 그가 형식보다 오히려 내용에 대한 배려를 강조하고 강력히 요구하는 데에서, 그리고 내용에 대한 배려를 무시하고 단지 추론의 형식만을 제시하는 도식적인 형식논리를 신랄히 비판하는 데에서도 나타난다. 그러면 여기서의 내용이란 구체적으로 무엇인가? 논리적 사고는 내용에 대하여 어떤 배려를 해야 한다는 것인가? 또 그의 논리학은 이 내용에 대한 배려를 실제로 어떻게 구체화하였는가?

　프레게는 『개념기호론』(Begriffsschrift)에서의 자신의 의도를 다음의 두 가지로 요약한다. 첫째 "추상화된 논리학을 공식들의 형태로서 기술하는 것이 아니라 오히려 한 내용을 기호를 통하여 표기함으로써 그것이 말로써 표기될 때보다 더 정확하고 일목요연하게 표현되도록"하려는 것이었다. —Ich wollte nicht eine abstracte Logik in Formeln darstellen, sondern einen Inhalt durch geschriebene Zeichen in genauerer und übersichtlicherer Weise zum Ausdruck bringen, als es durch Worte

---

　바로 이것은 프레게가 그의 『Begriffsschrift』에 붙인 副題이기도 하다.

möglich ist.[9] 그는 G. Boole에서와 같은 단순한 논리연산(calculus ratiocinator)이 아니라 오히려 Leibniz에서와 같은 기호표기(lingua characterica)를 찾았으며, 이것을 이용하여 바로 그의 두번째 의도인 논리적 추론의 연산화(schluβfolgernde Rechnung)도 함께 실현시키려 했다.[10] 다시 말하면 그는 일상언어로서는 달성할 수 없었던 과제들을 기호표기를 통하여 해결하려 했다. 그리고 그 기본적인 과제는 우선은 문장의 내용을 확인하고 그것의 논리적 구조를 일의적으로 규명하고 서술하는 것, 복합된 추론과정에 있어서도 판단들 사이의 논리적 관계가 분명히 드러나 보이게 하는 것, 그리고 더 나아가서 논리적 추론의 기본법칙들을 확인하고 이들을 순수한 사고의 법칙으로서 공리체계화하는 것이었다.[11] 여기에서도 언급된 바 한 문장의 내용을 어떻게, 또 어떤 기준에 비추어서 확인하고 규명하는가 하는 문제를 프레게는 그의 논리학의 가장 기본적인 과제로 삼으며, 또 바로 이 과제에 접근하는 프레게에게서 우리는 그의 논리철학적 사고의 본모습을 보게 된다. 왜냐하면 논리적 사고의 근본전제와 본질에 대한 고찰은 구체적으로 어떤 논리적 추론이나 증명을 수행하는 작업과 구별될 수 있으며, 전자의 경우 특히 우리는 그것을 논리철학적 과제라고 부를 수 있기 때문이다. 그리고 프레게가 강조하고 중요시하는 바 바로 이 '내용'(Inhalt)이 무엇인가 하는 것은 곧 논리적 사고의 대상이 무엇인가 하는 문제로 등장한다. 또 이 '내용'을 정확히 규명하려는 노력은 『Begriffsschrift』(1879) 이후 『Die Grundlagen der Arithmetik』(1884)이나 『Über Sinn und Bedeutung』(1892)에서는 물론 그의 최후의 저작인 『Logische Untersuchungen』(1918-1923)에까지도 계속됨으로써 논리철학자로서의 프레게의 전생애를 거쳐 추구된 과제이기도 하다. 여기에서 우리는 그가 여러 단계를 거치면서 전개시킨 노

---

9) "Über den Zweck der Begriffsschtift". in : {Begriffsschrift} Angelelli(ed.), p. 97.

10) 上同, p. 98.

11) 『Begriffsschrift』. Angelelli(ed.), p. XIV, 25.
  F. v. Kutschera, 『Gottlob Frege』. Eine Einführung in sein Werk. Berlin/New York 1989, p. 23.
  기호표기를 통하여 논리학을 공리체계화함으로써 프레게는 수학, 특히 산수의 논리적 기초를 세우려 했으며, 이것은 물론 수리철학자로서의 그의 큰 관심사였다. 단지 여기에서는 우리는 그의 논리철학적 관심에만 주의를 기울인다.

력, 즉 논리적 사고의 '내용'을, 또는 '대상'을 정확히 규명하고 서술하려는 노력이 한편으로는 의미론, 진리론 그리고 존재론을 포함한다는 것을, 또 다른 한편으로는 여기에서도 그의 이중적인 언어관이 전제되어 있음을 확인하게 된다.

2) 의미와 진리치

우리의 모든 사고는 우선은 언어를 매개로 하여 이루어지며, 모든 언어적 표현은 어떤 내용을 가지지만, 그러나 모든 내용이 다 프레게의 기호화 작업에서 고려되어야 할 대상은 아니다. 고려의 대상이 될 내용이 무엇인가의 기준은 다음의 두 가지이다. 첫째로는 그것이 한 의미있는 판단의 내용인가, 또는 한 의미있는 판단의 내용을 구성하는 한 부분인가 하는 것이다. 그 다음으로는 판단의 내용들 중 어느것이, 또는 어느 부분이 추론을 위해서 의미를 가지는가 함이다. 추론을 위해서 필요한 내용은 반드시 표기되어야 하지만 필요치 않은 것은 제외되어야 한다는 것이다. [12] 이 두 기준에서 우리는 논리학의 기본적인 문제영역이 무엇인가에 대한 프레게의 생각을 읽을 수 있다. 그 한 영역은 의미있는 판단의 조건의 문제이며, 다른 하나는 판단들 사이의 논리적 관계, 그리고 이 관계를 결정하는 내용을 확인하는 문제이다.

그러면 논리적으로, 논리학을 위해서 의미있는 판단은 무엇인가? 무엇이 그러한 판단의 내용이 될 수 있는가? 그것은 물론 그것의 참과 거짓이 결정될 수 있는 것, 즉 그것이 참인가? 또는 거짓인가?를 물을 수 있는 내용이다. 그래서 논리학을 위해서 의미있는 사고는 어떤 판단가능한 내용을 대상으로 하는 것이며 진리치(眞理値)를 가지는 내용이다. 프레게는 진리치(Wahrheitswert)를 가질 수 있는 내용이 비로소 판단가능한 내용(beurteilbar Inhalt)이며, 또 이것이 논리적 사고를 위한 대상의 최소조건이며 도대체 논리학의 출발점으로 간주했던 것이 분명하다. 『Begriffsschrift』에서의 첫 작업 역시 판단에 대한 정의를 내리는 것이었으며, 여기에서 그는 무엇이 판단가능한 내용인가, 무엇이 도대체

---

12) 『Begriffsschrift』. Angelelli (ed.), p. 3.

한 판단의 내용이 될 수 있는가를 분명히 규명하려 하는가 하면, 심지어는 판단의 구체적인 내용을 판단행위 자체로부터도 정확히 구별한다. 즉 '집'이라는 개념 하나만으로는 한 판단의 내용이 될 수 없는 반면, "집이 있다"라는 상황이나 문장은 비로소 판단의 내용이 될 수 있다. 그리고 "…이 어떠하다"라는 상황이나 생각(der Umstand, daβ-; der Satz, daβ-) 자체는 그것의 옳음을 인정하거나 부정하는 행위와는 구별되어야 한다는 것이다. [13] 어떤 판단의 옳고 그름의 문제와 그 판단의 내용이 무엇인가를 정확히 구별하려는 프레게는 G. Boole의 기호화된 추상논리학은 그러나 이 내용을 서술하기 위해서는 부적합하며, 도대체 내용 자체를 정확히 표기하는 것이 Boole의 논리학이 의도하는 바도 아니었다고 비판하는가 하면, 프레게 자신의 논리학은 아리스토텔레스나 Boole에게서처럼 개념에서 출발하는 것이 아니라 판단으로부터 출발하는 것임을 자부심을 가지고 강조한다. [14]

한 논리학이 개념이 아니라 판단으로부터 출발하려는 경우 그것의 고찰대상은 우선은 단어나 명칭이 아니라 문장이어야 할 것이다. (왜냐하면 무엇이 어떠하다는 상황이나 생각을 표현할 수 있는 것은 문장이기 때문에.) 개개의 단어나 명칭은 문장의 전체의미를 결정하는 데 관여하며 문장의 한 부분으로서의 의미를 가지는 한 역시 고찰대상이 될 것이며, 또 바로 이 맥락에서 의미를 가지게 될 것이다. 그래서 우선 판단의 내용을 그 자체로서 먼저 확인하려 하며, 도대체 판단가능한 내용의 기준이 무엇인가를 중요시 여기는 프레게에게 의미론은 중요한 과제가 아닐 수 없다. 왜냐하면 한 판단의 내용을 확인한다는 것은 그 판단을 서술한 문장의 내용을 확인한다는 것이며, 또 이것은 그 문장의 언어적 표현의 의미를 확인하는 일이기 때문이다. 그래서 프레게의 의미론은 한편으로는 문맥의

---

13) 『Begriffsschrift』, Angelelli(ed.), pp. 1-2.
14) "Ü. d. Zweck d. Begr", 『Begriffsschrift』. Angelelli(ed.), pp. 100-101.
    "Herrn Peano", 『Kleine Schriften』. Angelelli(ed.), p. 227.
    "Über die wissenschaftliche Berechtigung einer Begriffsschrift"에서도 프레게는, 논리학의 기호화 방법은 우선은 판단내용을 정확하고 빈틈없이 표기할 수 있어야 함에도 불구하고 Leibniz 이후 G. Boole, R. Graβmann, St. Jevons, E. Schröder 등이 시도했던 논리학들은 추론형식들을 완전히 기호화함에도 성공하지 못했지만, 내용의 표기를 위해서는 전혀 부적당한 것이었음을 지적한다. 〔『Begriffsschrift』, Angelelli(ed.), pp. 112-113〕

원칙 (the context principle)을 취하며, [15] 이것을 프레게 스스로도 그의 수학기초론에 분명히 명시한 바 있다 : "개개의 단어들은 오직 한 문장의 연관성 (문맥) 안에서 무엇을 의미한다."[16] 또 다른 한편으로 프레게의 의미론은 한 표현된 내용을 이 내용을 표현하는 언어적 표현 그 자체와도 구별하는 입장을 취한다. 아니 더 나아가서 바로 이 구별을 통해서 프레게는 비로소 자신의 의미론을 성립시키게 된다. 왜냐하면 바로 이 구별을 함으로써 프레게는 그가 애초부터 용의주도하게 추구했던 바 그 내용의 객관화에 성공한다. 즉 판단되는 내용, 그리고 의미되는 내용 자체를 판단행위로부터도 (즉 진리치를 확인하는 행위로부터도) 구별하고 또 언어적 표현으로부터도 구별함으로써 한 독자적인 존재영역으로 확인시킴에 성공한다.[17]

3) 언어적 표현과 내용

이러한 구별들을 요구하는 근거는 도대체 어디에 있는가? 프레게는 왜 논리학의 가능근거로서, 또 논리적 사고의 대상으로서 이렇듯 의미의 영역을 중요시 여기는가? 프레게의 실재론적 입장에 대하여 전개된 많은 연구와 논의는 일단 우리의 당면한 관심사를 위해서는 부차적인 중요성밖에는 가지지 않는다. 프레게의 논리학을 위해서 근본적인 의미를 가지는 이 구별들을 요구하게 된 이유를 우리는 우선 프레게 자신에게서 찾아볼 수 있다. 이때 우리는 그에게서 철저한 현실주의적 태도를 발견한다. 또 여기에는 우리가 이미 확인한 바 있는 그의 언어관 역시 그 저변에 깔려 있다.

우리의 일상언어의 특성을 애초부터 그것이 여러 가지 다른 상황에 따라 다르게 반응하고 적용할 수 있는 유연성과 다양한 적응력이라고 지적

---

15) M. D. Resnik, "The context principle in Frege's philosophy", Philosophy and Phenomenological Research, p. XXVII, 1967.
   M. D. Resnik, "Frege's Context Principle Revisited", in: Mattias Schirn(Hrsg.), 『Studien zu Frege Ⅲ』. Logik u. Semantik. Stuttgart-Bad Cannstatt, 1976.
16) "Nur im Zusammenhang eines Satzes bedeuten die Wörter etwas." 『Grundlagen der Arithmetik』. (Breslau 1884) Hamburg, 1988, p. 71.
17) 물론 그것이 어떤 종류의 존재영역인가의 문제는 일단 제쳐놓고……!

한 바 있는 프레게[18]는 우리의 언어적 표현이 같은 내용을 여러 가지 다른 방법으로 서술할 수 있음을 관찰한다. (그것이 단어를 바꾸는 경우이든, 아니면 문법구조를 바꿈으로써 문장 자체가 바뀌는 경우이든…) 마찬가지로 그는 논리적 관점에서 볼 때 의미있는 내용의 경우, 즉 그것의 진리치를 물을 수 있는 내용의 경우에도 그것이 한 유일한 형태의 표현에 꼭 얽매이는 것이 아님을 인정한다. 오히려 그것은 서로 다른 형태의 문장들이나 표현들에게 공통된 내용으로서, 표현은 다르지만 내용은 동일한 것으로 확인될 수 있으며, 이 내용은 그래서 한 고정된 표현형식에 얽매이기보다는 오히려 형식초월적인 것이다.[19] 프레게는 그래서 이 논리적 사고를 위해서 의미를 가지는 내용이 그것을 표현하는 문장의 문법구조나 구문론적 구조에 의해서 반드시 결정되지 않음을 중요시 여기면서, 재래의 논리학은 그러나 문법에 기초하는 의미론을 바탕으로 하였음을 그 결점으로서 지적한다.[20]

4) Sinn/Bedeutung의 구별과 Gedanke

프레게는 또 동일한 대상을 가리키는 전혀 다른 명칭들이 존재함을 관

---

18) 예를 들어 『Begriffsschrift』, Angelelli (ed.), p. XI.

19) einen beurteilbaren Inhalt, 또는 den begrifflichen Inhalt를 확인하려는 프레게는 그의 『Begriffsschrift』에서도 이미 동일한 내용이 수동형으로도 능동형으로도 서술될 수 있음을 지적하고 이 두 형태의 공통된 내용을 확인할 것을 요구한다 : Angelelli (ed.), pp. 2-3.

"나는 단지 서로 다른 여러 표현들에게 자주 어떤 공통된 내용이 들어 있음을 강조하고 싶을 뿐이며, 이 내용을 나는 이 표현들의 의미 (Sinn)라고, 그리고 특히 문장의 경우에는 그것을 생각 (Gedanke)이라고 부르겠다. 우리는 동일한 의미 (Sinn)나 생각 (Gedanke)을 여러 가지 다른 방법으로 표현할 수 있으며, 여기서의 그 다른 점은 결코 그 의미 (Sinn) 자체에 있어서가 아니라 단지 그 의미를 설명하고 조명하고 표현함에 있어서의 강조점을 어디에 두는가 하는 등등에 있어서의 차이이며, 그래서 논리학을 위해서는 고려대상에서 제외되는 것이다."

"Über Begriff u. Gegenstand". in : 『Kleine Schriften』, Angelelli (ed.), p. 170.

20) "판단에 대한 나의 서술에서는 주어와 술어의 구별은 행하여지지 않는다."
『Begriffsschrift』. Angelelli (ed.), p. 2.
"문법구조를 그대로 따름으로써 생각의 형식적 정당성이 그대로 보장될 만큼 우리의 언어가 그 자체로서 논리적 법칙에 철저하게 지배되고 있지는 않다."
"Ü. d. wiss. Berecht. einer. Begriffss". 上同, p. 108.

찰한다. 그래서 그는 한 명칭이 하나의 언어적 표현으로서 가지는 의미 (Sinn)와 그 명칭이 가리키는 지시대상(Bedeutung)을 구별할 것을 요구한다. 왜냐하면 의미(Sinn)는 다른 두 명칭이 그러나 사실은 동일한 지시대상(Bedeutung)을 가질 수도 있으며, 이 의미와 지시대상의 구별을 무시하고서는 (올바른) 판단이나 진리치 결정이 불가능하기 때문이다. 논리학의 출발을 판단에서 찾으며, 그래서 문장에 대한 고찰을 중요시하는 프레게는 문장의 경우에서도 역시 의미와 지시대상의 구별을 요구한다. [21] 왜냐하면 문장의 경우에도 논리적 판단을 위해서 의미를 가지는 것인 바 문장의 전체내용은 변하지 않으면서 (즉 그 문장의 지시대상이나 진리치는 변하지 않으면서) 그러나 그 문장, 또는 그 문장의 한 부분은 (오직 의미에 있어서만은) 다른 문장으로 대체될 수 있기 때문이다. [22] 결론적으로 말해서 한 문장의 경우 그것의 의미는 그것이 표현하는 생각 (Gedanke)이며, 그것의 지시대상은 이 생각의 진리치(Wahrheitswert), 즉 그 생각이 옳다는, 또는 옳지 않다는 판단이다. 따라서 한 판단의 경우 그것의 내용, 즉 판단되는 바 그 내용을 판단행위 자체로부터 구별하는 프레게는 판단의 내용을 한 생각(Gedanke)이라고 규정하며, 판단행위란 바로 이 생각으로부터 이 생각의 진리치에로, 또는 진리치의 결정에로 전진해 가는 것이라고 규정한다. [23] 그는 그래서 진리치, 즉 그것의 옳고 그름은 판단의 내용인 그 생각(Gedanke)에 속하지 않음을 분명히 한다. [24] 그것은 단지 진리판단의 대상일 뿐이다. 애초부터 자신의 논리

---

21) 특히 "Über Sinn und Bedeutung", 1989, Über Begriff und Gegenstand, 1892, 『Logische Untersuchungen Ⅰ』: "Der Gedanke" 1918, 『Log. Unt. Ⅱ』: "Die Verneinung" 1918 등에서.

22) "만일 한 문장의 지시대상이 그것의 진리치라면, 설사 그 문장의 한 부분이 같은 지시대상을 가지면서 오직 의미에 있어서만은 다른 것으로 대체되더라도 전체문장의 진리치는 변하지 않아야 할 것이다."
"Ü. Sinn u. Bed". in:『Kleine Schriften』. Angelelli(ed.), p. 150.

23) "판단을 우리는 한 생각으로부터 그 생각의 진리치에로 전진해 가는 것이라고 규정할 수 있다." (Urteilen kann als Fortschreiten von einem Gedanken zu seinem Wahrheitswert gefaβt werden.) "Ü. Sinn u. Bed." in:『Keine Schriften』 Angelelli(ed.), p. 150.
『Log. Unt.』 Ⅰ: "Der Gedanke"에서는 판단이란 "한 생각이 참임을 인정하는 행위"(Die Anerkennung der Wahrheit eines Gedankens)라고 설명된다. in:『Kleine Schriften』, 上同, p. 346.

학의 근본과제로서 '판단가능한 내용'(ein beurteilbarer Inhalt)을, 또는 판단대상이 될 수 있는 내용이 무엇인가를 확인하고 그것의 기준을 분명히 하려 했던 프레게는 이제 명칭에 있어서의 의미와 지시대상의 구별을 도입한 이후 이 '판단가능한 내용'에 대해서도 그 기준을 다음과 같이 설명한다. 즉 Gedanke로서의 조건과 진리치(Wahrheitswert)의 결정조건을 모두 갖춘 내용이 판단가능한 내용이라고 ! [25]

여기에서 우리는 프레게가 판단과 판단의 내용에 대해서 하나의 매우 델리킷한 구별을 내리고 있음을 확인한다. 어떤 내용이 판단의 대상이 되기 위해서는 그것의 옳고 그름이 물어지고 일의적(一意的)으로 결정될 수 있어야 한다. 즉 그것은 진위(眞僞)결정의 가능성을 구비한 것이어야 한다. (비록 잠정적으로라도 : 그래서 E. Tugendhat의 표현을 빌리자면 그것은 'Wahrheitswertpotential'을 가진 것이다. [26]) 반면에 또 프레게는 진위결정의 대상인 그 내용을 진위결정 행위로부터 구별한다. 즉 진위결정 행위 자체로부터도 독립된, 그래서 예를 들면 진리치 결정 이전단계에서의 내용을 판단행위와는 구별되는 것으로서 객관화시키는 것이 가능하고 또 필요하다는 입장이다. 그는 왜 이것이 필요하다고 보는가? 이렇듯 한 내용이나 생각을 판단행위 자체로부터 구별되는 것으로서, 그래서 그것의 진리치 판단과는 일단 무관하게 객관화시키는 것이 사실에 있어서 정말 가능한가? 어떠한 생각이든 그것이 일단 언어적 표현을 통하여 서술되면 이미 그것은 긍정문이든 부정문이든 그 어느 하나의 형태를 띨 수밖에 없고, 그래서 이미 하나의 판단이 아닌가? 이러한 질문은 우리를 프레게의 『논리연구』(Logische Untersuchungen)에로 이끌어 간다. 특히 그 첫째 부분 : 'Der Gedanke'와 둘째 부분 : 'Die Verneinung'으로 !

---

24) "Ein Wahrheiswert kann nicht Teil eines Gedankens sein", … "Ü. Sinn u. Bed". 上同, p. 150.

25) "Ü. Begr. u. Gegenst". 上同, p. 172.

26) E. Tugendhat, "Die Bedeutung des Ausdrucks 'Bedeutung' bei Frege." in : M. Schirn(Hrsg.) 『Studien zu Frege』 Ⅲ, Logik u. Semantik p. 51-69.
   또는 E. Tugendhat, "The Meaning of 'Bedeudtung' in Frege," in : Analysis 30(1970) pp. 177-189.

4. 진리탐구와 변증법적 의미론

1) 논리학과 학문방법론

프레게가 추구한 논리학은 애초부터 추론형식만을 위한 것은 아니었다. 그것은 오히려 내용을 위한 논리학이었다. 그것은 우선 먼저 판단의 내용이 확인되고 논리적 기준에 적합한 형태로 표기될 것을 요구했으며, 이 내용이 어떻게 추론에 반영되며, 또 추론의 형태가 어떻게 이 내용에 의해 효과적으로 결정될 수 있는가를 문제삼으려 했다. 그의 『Begriffsschrift』 이후 "ein beurteilbarer Inhalt" 또는 "der begriffliche Inhalt" (the conceptual content)[27]라고 표기되었던 이 내용을 논리적 사고의 출발점으로, 그리고 기초단위로 삼으려는 그는 우선 '내용' 그 자체를 확인하는 작업을 중요시했으며, 이것은 그로 하여금 한편으로는 (문법이든 구문론이든 아니면 수사학적 성질의 것이든 어느) 특정한 언어적 표현방식에 구애되지 않는, 그러나 언어에 의해 표현된 의미 그 자체를 객관화시키도록 했다. 또 다른 한편으로 그것은 진리치 결정을 동반하는 판단행위로부터도 분리시켜진 것으로서의 판단의 내용 그 자체를 객관화시키는 노력으로도 나타났다. 이것은 그래서 언어적 표현에 대해서는 그것의 의미 자체로서, 그리고 판단에 있어서는 판단되는 대상, 또는 판단내용 그 자체로서 확인되고 객관화될 것이면서 프레게에 의해 'Gedanke'라고 지칭된 바 있음을 우리는 이미 확인하였다. 그의 『논리연구』에서 프레게는 이 Gedanke(생각)에 대하여 포괄적인 설명을 제시한다.[28]

Gedanke를 그것의 표현방식으로부터도, 또 그것의 참·거짓의 결정으

---

27) W. & M. Kneal, 『The Development of Logic』. Oxford, 1962, p. 479.

28) '생각'이란 임의적이고 즉흥적으로 마음에 떠오르는 모든 종류의 생각은 물론 아니다. 이 종류의 생각은 Gedanke보다는 오히려 Vorstellung(관념, 심상, 연상)이라고 보아야 할 것이며 프레게가 "Gedanke와 엄격히 구별하면서, 결코 논리학의 고찰대상이 될 수 없는 것"으로 못박는 것이다. 프레게의 Gedanke는 분명히 진리치 결정조건이 충족된 (gesättigt, saturated) 생각이며, 문장으로 또는 기호로 정확히 표기될 수 있는 것이다. 이것이 Gedanke를 명제라고 번역할 수 있는 이유이다.

『Log. Unter.』 Ⅲ, Gedankengefüge in:『Kleine Schriften』, Angelelli(ed.), p. 379.

로부터도 분리하여 객관화시키는 것이 가능하고 또 필요하다는 근거를 프레게는 어디에 두고 있는가? 이 점을 고찰하면서 우리는 다시 한 현실주의자로서의 그를 발견한다. 왜냐하면 이 근거를 그는 현실에 대한 관찰에서 찾고 또 현실의 요구에 응하여 그 필요성도 주장하기 때문이다. 그 현실은 그럼 어느 현실인가? 그것은 우리의 지식행위나 학문탐구의 현실이다. 즉 예술·문학·시작(詩作) 등등의 심미적 행위나 실천의 영역을 제외한 학문탐구의 영역이며,[29) 그래서 검증과 증명이 요구되는 객관적 지식의 영역이며 또 검증과 증명이 가능한 지식과 진리탐구의 영역이 바로 그 현실이다. 이 현실에서의 인간의 언어행위, 사고행위, 그리고 판단행위는 학문적 진리와 객관적 지식을 확보함을 목적으로 수행된다. 바로 이 목적의 실현이 현실적으로 가능함을 프레게는 인정하며, 또 학문을 위해서는 이러한 지식의 확보가 가능해야만 한다는 것을 그는 인정한다. 애초부터 수학의 논리적 기초에 관심을 가졌던 프레게는 그의 『Begriffsschrift』에서 논리학의 체계를 세운 후 『Grundlagen der Arithmetik』 (1884), 『Grundgesetze der Arithmetik』 I, II (1893), 그리고 『Über die Grundlagen der Geometrie』 I, II, III (1903, 1906) 등의 저서에서 수학의 기초이론을 세우는 작업을 수행했다. 『논리연구』에서의 그의 관심은 이제 보다 확장된, 즉 수학의 영역을 벗어나서 자연과학 일반의 탐구를 위한, 가능하다면 자연과학 이외의 학문들도 가능케 할 논리학을 추구한다. 그래서 여기에서의 프레게의 관심대상은 넓게는 학문론(또는 지식학, Wissenschaftstheorie)을 위한, 좁게는 학문방법론(Methodologie)을 위한 논리학임이 분명하다.[30) '생각'(Gedanke)을 바로 이

---

29) 논리학에 대한 프레게의 기본적인 생각은 다음에서도 나타난다. 즉 "미학은 美의 탐구이고 윤리학은 善의 탐구라면 논리학의 탐구대상은 眞(참인 것)이라고 우리는 크게 분류해 볼 수 있다". 여기서 말하는 참인 것, 또는 진리는 다른 것이 아니라 학문(과학)이 목적으로 하는 바인 인식의 대상이다. "진리 그 자체에 대한 定義는 불가능하지만, 그러나 논리학의 임무는 무엇이 진리로 간주되는가에 대한 법칙이 아니라 무엇이 진리인가를 결정하는 데 대한 제반법칙을 찾는 것이다." : 『Log. Unters.』 I. Der Gedanke, Angelelli(ed.), pp. 342-343.

30) 현대의 분석철학은 물론, 현대의 지식학(Wissenschaftstheorie)의 형성을 위해서 '수학적 논리학'(mathematische Logik)이 가지는 의미와 결정적인 역할, 그리고 바로 이 현대적 의미에서의 수학적 논리학의 효시를 프레게의 『Begriffsschrift』 (1879)에서 찾은 예로서 : A. Menne, 『Einführung in die Methodologie』, Darmstadt, 1984, p. VII.

런 의미에서, 즉 학문방법론을 위한 개념으로 정립시키려는 프레게는 이 '생각'이 논리적 사고의 기초단위로서 실제로 객관화될 수 있음을 어디에 서 보여 주는가? 또 객관화되어야만 한다는 필요성은 무엇 때문인가?

2) 탐구행위와 Gedanke

이 '생각'을 객관화시킴에 있어서 프레게가 전개시키는 심리학주의 비판은 큰 의미를 가진다. 그가 말하는 '생각'은 관념, 표상, 심상, Vorstellung은 아니기 때문이다. 논리학의 임무가 기본적으로 진리(또는 진리결정)의 법칙을 확인하는 것이라고 보는 프레게는 이들 'Vorstel-lung'(심상, 표상, 관념 등)은 심리학이나 신경생리학의 고찰대상은 될 수 있지만 논리학의 관심대상은 아니라는 입장이다. 왜냐하면 진리는 어디까지나 객관적이고 초개인적(초주관적)인 것임에 반하여, 이들 'Vorstellung'들은 기본적으로 우리들 개인의 마음속에, 또는 의식 안에 형성되고 그려지고 나타나거나 상상되는 것들로서 원칙적으로 우리들 각자의 의식 내에 속하기 때문이다. 이때의 의식(Bewuβtsein)이란 '너의 의식' 또는 '나의 의식' 등으로 체험되는 개인들의 내면세계(Innenwelt)이다. 그래서 적어도 'Vorstellung'과 관련되는 한 프레게는 칸트가 말하는 '의식일반'(Bewuβtsein überhaupt)과 같은 초개인적이고 보편적인 의식영역을 상정하지 않는다. 말하자면 상상이나 느낌의 경우는 물론, 어떤 동일한 외적 대상에 대한 감각지각이 우리의 마음속에 어떤 심상이나 관념을 형성한 경우일지라도, 이때의 심상은 각자 개개인의 의식 내에 속하는 것들이며, 이들에 대한 (나의 심상과 너의 심상, 또 나의 심상이나 관념과 그것의 외적 대상과의) 비교나 객관적 검증은 불가능하다는 것이다.[31] 그의 입장은 그래서 한편으로는 관념과 대상의 일치(adaequatio)를 진리의 기준으로 간주하는 진리관을 거부하며,[32] 다른 한편으로 그의 입장은 데카르트나 로크류의 관념에 대한 탐구, 그리고 관념을 형성하고 소유하는 주체로서의 의식일반이나 자의식을 철학의 기초로 택한 근대철학의 관념학적 입장과도 구별된다. 철학의 대상, 적어도 논리철학적 관심

31) 『Log. Unters.』, Ⅰ. "Der Gedanke", Angelleli (ed.), pp. 351-353.
32) 『Log. Unters.』, Ⅰ. "Der Gedanke", Angelelli (ed.), pp. 343-344.

의 대상은 그에 의하면 관념이 아니며, 또 모두에게 공통된 의식일반, 그래서 초개인적으로 보편화될 수 있는 의식일반을 상정하지 않는 그에게, 철학적 탐구의 대상은 개개인의 의식이 아니며, 의식 내에서 찾아지는 관념도 아니다. 그가 염두에 두는 진리는 객관적으로, 초개인적으로, 개개인의 의식을 떠나 독립적인 차원에서 검증가능한 것이어야 하며, 이러한 초개인적 검증을 위해 의미를 가지는 한에서만 의식의 활동을 (즉 의식의 판단행위를) 고려대상으로 삼는다. 바로 이러한 검증의 대상이 될 수 있는 것을 그는 그래서 'Vorstellung'과 구별하여 'Gedanke'라고 부른다. 그리고 논리학과 논리철학은 그래서 우리들 개개인의 주관적 의식이나 정신이 수행하는 표상활동을 탐구대상으로 하는 심리학, 또 우리의 지각활동을 조사대상으로 하는 신경생리학 등과는 엄격히 구별되어야 한다는 것이 그의 기본입장이다. 그리고 우리의 학문적 탐구가 적어도 감각경험을 통해 내 안에 얻어진 인상(印象)이나 또는 우리의 의식세계의 내용으로서 존재하는 심상(心象, Vorstellung)을 다루는 것이 아니라 객관적으로 확인될 수 있는 지식을 추구하는 이상, 학문활동에서 일어나는 우리의 사고, 판단, 전달, 이해 등의 행위는 항상 한 '생각'을 대상으로 하여 이루어진다는 것 역시 프레게의 확고한 입장이다.

그는 또 다음의 사실을 중요시 여긴다. 즉 우리의 탐구는 한 질문을 던지거나 문제를 제기함으로써 유발될 수 있다는 것을, 아니 도대체 우리의 탐구는 사실은 항상 하나의 물음을 던지면서 시작된다는 것이다. 이때 문제제기나 물음은 한 의문문으로서 표현될 수밖에 없으며, 한 의문문장은 분명히 한 생각을 그 내용으로 담고 있는 것이다. 아니 한 의문문이 적어도 어떤 의미를 가지려면 한 생각을 분명하게 그 내용으로서 가져야 한다는 것이 프레게의 생각이다. 그래서 한 의문문의 의미(Sinn)는 그것의 내용인 한 생각이며, 이 의문문을 이해하기 위해서는 그 생각을 우리는 이해하고 '잡아야' 한다. (den Gedanken fassen) 그리고 한 의문문은 하나의 요구이다. 즉 한 대답을 요구한다. 그것은 그 의문문의 내용이 옳다는, 아니면 틀리다는(Ja! 또는 Nein!) 것을 확인하는 대답이 될 것이다.[33] 그래서 한 질문이, 한 의문문이 묻고 있는 바 그 생각은 우선은 긍

---

33) 한 질문은 그 내용으로서 한 생각을 가지고 있고, 이 생각이 옳은가 그른가의 결정을 요구한다. 이 요구에 응하여 긍정적인 대답이 한 긍정명제의 형태로 주어졌을 때 이 긍정명

정의 판결도 부정의 판결도 아직 내려지지 않은 상태에서 우선 이해되고 객관화되는 것이고, 또 그러한 진리치 결정과는 아직 상관없는 단계에서의 한 생각이다.[34] 그래서 도대체 우리가 무엇을 물을 수 있기 위해서는 우리는 진리치 결정이전의 단계에서, 아직은 그것의 참도 거짓도 미정인, 그래서 진리치 초월적인 의미에서의 생각을 우리는 파악할 수 있고 (fassen) 가질 수 있어야만 한다.[35] 이것은 특히 다음의 이유 때문에도 중요하다. 즉 우리의 학문탐구는 우선은 (의문문의 형태로서) 한 생각을 잡음으로써 시작하지만(즉 하나의 질문으로서 시작하지만), 그 생각의 참을 밝히는 작업인 우리의 탐구행위는 길게든 짧게든 항상 시간이 걸리는 작업이며, 그래서 프레게는 도대체 우리의 지식탐구를 위해서는 우선 진리치와는 무관하게 한 생각을 가지는 것이 필수적이라는 것을 강조한다. 즉 우리는 한 생각을 그것이 참이라고 주장하지 않은 채로 표현할 수 있어야 한다. 왜냐하면 한 생각을 가진다는 것과 그 생각이 옳다고 하는 것은 서로 별개의 것이므로!

또 프레게에게 중요한 것은 우리가 무엇을 (옳지 않다고) 부정 (否定) 할 수 있다는 사실이며, 또 우리는 (필요한 경우, 즉 어떤 생각이나 주장이 틀렸을 경우) 부정할 수 있어야만 한다는 사실이다. 왜냐하면 한 탐구과정의 결과 우리는 부정적 결론에 도달할 수도 얼마든지 있으며, 부정적 결과가 확인된다는 것도 분명히 우리의 학문진보를 위한 기여에 속하기 때문이다. 부정한다는 것은 한 긍정형의 문장에 부정사 (否定詞) 를 부가

제가 내용으로서 가지는 생각은 질문 (의문문) 이 가지고 있는 것과 동일한 생각이다. 질문의 대답은 그 물어진 생각이 참이라고, 또는 아니라고 판단할 뿐이지 그 생각 자체를 변화시키는 것은 아니다. : 『Log. Unters.』, Angelelli (ed.), p. 346.

34) H. -G. Gadamer가 말하는 "물음의 열린 상태"(die Offenheit der Frage), 또는 물음 (질문) 이 보여 주는 "개방성의 논리적 구조"(die logische Struktur der Offenheit)에 대한 그의 설명도 바로 이 '단계'를 전제하고 있음이 여기에 비교될 수 있다.

   H. -G. Gadamer, 『Wahrheit u. Methode』, Tübingen, 1960, p. 283.

35) "한 의문문이 도대체 질문이 되기 위해서는 그 의문문은 어떤 한 의미를 가져야 한다… 그리고 의문문의 경우 그에 대한 대답이 주어지기 전에 그 질문의 의미는 파악될 수 있어야 한다. 왜냐하면 그렇지 않고서는 아무 대답도 불가능하기 때문이다." (Aber irgendeinen Sinn muβ der Fragesatz doch wohl haben, wenn er überhaupt eine Frage enthalten soll. …Nun muβ der Sinn des Fragesatzes aber schon vor der Beantwortung faβbar sein, weil sonst gar keine Beantwortung möglich wäre.) : 『Log. Unters.』 II. Angelelli (ed.), p. 363.

함으로써 표현된다. 그리고 우리는 어느 문장에든지 부정사를 갖다 붙임으로써 그 문장의 내용을 부정할 수 있다. [36]

탐구를 위해서 우리는 물을 수 있어야 하며, 물음은 한 생각을 잡는 것이며, 한 탐구자는 질문을 통해서 우선 한 생각을 잡으면서 이미 학문탐구에 있어서 진일보한 것이라고 말하는 프레게는 틀린 생각의 존재도 참인 생각과 마찬가지로 학문탐구와 추리를 위해서 정당화된다는 입장이다. 우선 탐구를 위해서는 부정될 질문도 질문으로서 제기될 수 있어야 한다. 설사 탐구과정의 결과로서 부정될 내용일지라도 이 내용을 생각으로서 가진 질문이 제기될 수 있어야 한다는 것이다. 그래서 한 의문문의 의미로서 틀린 생각도 (즉 틀린 것으로 판결될 생각일지라도) 물음의 대상으로서의 존재가치는 인정되어야 한다는 것이다. 그런가 하면 틀린 생각은 간접증명을 위해서, 또 가정법 추리를 위해서도 필요하다. 이것은 모두 틀린 생각을 우선 가져 봄으로써 우리의 진리인식이 전개되고 진일보하는 경우들이다.

이러한 모든 경우들은 프레게에게는 '생각' 그 자체를 하나의 판단가능한 내용으로서 그것의 참·거짓을 주장하거나 인정함과는 무관하게, 때로는 의문문의 내용으로서, 때로는 부정문의 내용으로서, 때로는 간접증명이나 가정추리의 대상으로서 객관화되고 그것 자체로서 독립적으로 파악될 수 있어야 한다는 것이다. 도대체 여기에서의 우리의 사고행위의 본질을 그는 우선은 한 생각을 잡는다(또는 가진다, 파악한다)는 것으로 이해한다. [37]

---

36) 우리는 우리의 판단행위를 통해서 그러나 그 (판단대상인) 생각 자체의 존립에 대해서는 아무 영향을 끼치지 못한다. 우리는 단지 이미 존재하는 것을 인정할 뿐이다. 마찬가지로 우리가 한 생각을 부정한다는 것도 그 생각 자체의 존립에 아무 영향을 끼치지 못한다. (Wir können durch unser Urteilen am Bestande des Gedankens nichts ändern. Wir können nur anerkennen, was ist. …Können wir einem falschen Gedanken durch unser Verneinen etwas anhaben? Auch nicht; denn ein falscher Gedanke bleibt immer ein Gedanke und kann als Bestandteil eines wahren Gedankens vorkommen.) 『Log. Unters.』Ⅱ. Angelelli(ed.) p. 367.

37) 생각, 판단, 주장을 Frege는 다음과 같이 구별해 보인다. :
1. das Fassen des Gedankens(생각을 잡음, 파악함) — das Denken.
2. die Anerkennung der Wahrheit eines Gedankens(한 생각이 진리임을 인정함) — das Urteilen.
3. die Kundgebung dieses Urteils(이 판단을 선언함) — das Behaupten.

3) 존재론과 방법론

프레게가 말하는 Gedanke는 그것이 언어나 기호를 통하여 표현되거나 표기되는 한 우선은 의미의 세계에 속한다. 그리고 Gedanke는, 그것이 아직 자신의 진리치를 갖지 못한 경우일지라도, 그러나 적어도 진리치를 가질 조건은 갖춘 것이다. 그래서 그것은 의미론적 함축을 가지며 또 진리론적 함축을 가진다. 즉 그것은 우선은 표현수단인 언어나 기호가 의미하는 바를 확인함으로써 파악되기 때문에 그러하며, 또 그것은 애초부터 진리결정의 심판대에 오를 것으로서 파악되고, 또 바로 이 의미에서 판단의 대상이 될 것이다.

바로 여기에서 판단의 대상은 객관적으로 실재해야 한다는, 또는 그 대상의 존재가 전제되어야 한다는 존재론적 요구가 등장한다. 이것은 논리학의 본질적 임무에 대한 그의 견해에서도 분명히 드러난다. 즉 프레게에 의하면 논리학은 사고의 법칙을 찾는 것이 아니며 또 무엇을 우리가 (내가, 또는 네가) 진리로 여기거나 진리로 간주함을 위한 법칙을 찾는 것이 아니라 '진리임' 그 자체의 법칙을 찾아내는 것이다. ("…weise ich der Logik die Aufgabe zu, die Gesetze des Wahrseins zu finden, nicht die des Fürwahrhalten oder Denkens.")[38]

다시 말하면 프레게는 무엇이 '참이다', ('참임'), 또는 '진리이다', ('진리임')라고 판단될 때, 그 판단의 대상인 진리 ('참인 것')의 객관적 존재 (실재성)를 염두에 두고 있으며, 이것을 이에 대한 우리의 "참으로 여김"이나 "진리로 간주함"(das Fürwahrhalten)으로부터 정확히 구별하고 분리시킬 것을 분명히 한다. 그리고 진리는 물론 우리의 인식과 판단의 대상이지만, 진리는 그 자체로서 존재하고 자체의 법칙에 따라 결정되며, 심지어는 우리의 인식이나 판단여부와는 무관하게 존재한다는 것이다. 바로 이러한 의미에서의 진리판단과 진리인식을 위한 방법적 개념이 프레게가 말하는 'Gedanke'이며, 이 점에서 그것은 존재론적 함축을 가지며 또 방법론적 함축을 갖는다.

『Log. Unters.』 I. Angelelli (ed.), p. 346.

38) 『Log. Unters.』 I. Der Gendanke, Angelleli (ed.), p. 343.

언어나 기호는 프레게에 있어서 그 자체와는 본질적으로 다른 그 무엇을 지칭하고 지시하는 것임을 우리는 확인한 바 있다. 그는 또 언어나 기호 그 자체는 일차적으로는 시각의, 또는 청각의 대상임을 인정한다. 이에 반하여 이들이 지칭하고 지시하고 또 표현하는 대상들을 프레게는 크게 세 가지로 분류한다. 하나는 외계의 사물들, 또 하나는 나의 의식 안의 관념이나 심상(心象), 그리고 제3의 것으로서 외계의 경험적 대상도 아니며 내 의식에 속하는 것도 아닌 바로 Gedanken들이다. (Die Gedanken sind weder Dinge der Außenwelt, noch Vorstellungen. Ein drittes Reich muß anerkannt werden.)[39] 여기에서 제1과 제2의 영역에 속하는 것들은 그것 자체로서는 논리학의 대상도 아니며 진리문제가 제기될 수 있는 대상도 아님은 물론이다. 오직 제3의 영역에 속하는 것인바 명제들, 또는 명제의 의미만이 논리학의 고찰대상이자 진리결정의 대상이다.[40] 이런 제3의 세계의 것으로서 프레게가 든 한 예는 우리가 피타고라스(Pythagoras) 명제를 통해서 표현하는 Gedanke(생각)이다. 이것의 특징은 그것이 감각경험의 대상이 아니며, 어느 한 개인의 의식세계에만 속하지 않으며, 무시간적으로 참이며(zeitlos wahr), 그 누구가 그것을 참으로 인정하든 안 하든 상관없이 참이며, 그 누구가 그것의 참임을 처음으로 알아채기 이전에도 그것은 참이었다는 것이다.[41] 진리와 인간의 관계는 바로 이런 것인가? 그러나 이미 우리가 고찰한 바와 같이 Gedanke 자체는 비록 무시간적(無時間的)으로 참이거나 거짓일 수 있겠지만, Gedanke와 우리와의 관계는 시간 안에서 일어나며 말하자면 역사성을 갖는다. 이것은 프레게도 강조했듯이 특히 우리의 지식탐구 과정에서 그러하며, 또 사실은 탐구행위가 가능하기 위해서도 그래야만 한다는 것이 그의 입장이었다. 앞으로도 영원히 계속될 인간의 탐구행위를 굳이 염두에 두지 않더라도, 바로 이 탐구과정 도중에 있어서의 Gedanke와 인간의 관계를 특히 강조하고 부각시킨 프레게를 우리는 충분히 이해할 수 있을 것이다. 여기에서 우리는 프레게의 Gedanke가 탐구방법론을 위해서 가지는 의미를 지나쳐 버릴 수 없다. 바로 이 점을 고찰하면서 우리

---

39) 『Log. Unters.』 I. 上同, p. 353.

40) 『Log. Unters.』 I, 上同, p. 344.

41) 上同, p. 354.

는 프레게의 논리철학의 변증법적 특성과 대면하게 된다.

4) 물음의 가능성과 사고가능성의 변증법적 특성

프레게의 입장에 어긋나지 않으면서 우리는 탐구행위를 한 물음의 제기로부터 해답을 얻게 될 때까지의 과정이라고 이해해도 좋을 것이다. 이때의 탐구대상은 그 물음이 가지고 있는 Gedanke이며, 해답을 얻는다는 것은 그 Gedanke가 참이라고 밝혀지는 경우이든가, 아니면 거짓이라고 밝혀지는 것을 말하며, 논리적 진리의 기준에 따라서 제3의 가능성은 주어져 있지 않다. 그러므로 이 탐구과정은 이 결정에로 점점 더 접근해 가는 과정이겠지만, 그러나 결정이 나기 전까지의 상황은 그 두 가능성이 아직은 공존하는 상황일 수밖에 없다. 탐구를 유발시킨 질문이 예를 들어 "A는 x인가?"였다면, 이 의문문이 가진 Gedanke는 "A는 x이다"가 될 것이며, 만일 탐구의 결과로서 이 Gedanke가 참으로 밝혀지면 그 결론은 "A는 x이다", 또는 "[A는 x이다]는 옳다"가 될 것이며, 그렇지 않은 경우에는 그 해답은 "A는 x가 아니다"가 될 것이다. 그러나 탐구가 아직 진행중인 동안은 "A는 x이다"도, 또는 "A는 x가 아니다"도 공존할 수밖에 없는 상황이 지속된다. 아니 그보다도 먼저 질문이 제기되는 상황 자체가 이미 이들 양자 모두가 공존하는 상황이라는 것이 오히려 프레게의 입장이다. 왜냐하면 "A가 x인가?"라는 것을 문제삼는 것 자체가 이미 이들 두 가능성을 염두에 두고서 벌어지는 상황이며, 또 원칙적으로 우리는 한 명제를 생각하면서 항상 그것의 逆도 생각할 수 있기 때문이다. 즉 모든 생각에는 그것의 반대생각이 있게 마련이며, 한 생각이 옳다는 것을 안다는 것은 그것의 반대생각이 틀림을 안다는 것을 동시에 의미하기 때문이다. 그래서 프레게에 의하면 우리는 어느 생각의 경우이든 그것의 반대생각으로 옮아 갈 수 있고, 이것을 표현하게 하는 한 방법이 부정사(否定詞)라는 것이다. 또 여기에 덧붙여서 그는 말하기를 우리는 그들 중 어느것이 참인가를 굳이 묻지 않으면서 한 생각으로부터 그 반대생각으로 옮아 갈 수 있다는 것이다.[42]

---

42) 『Log. Unters.』 II. Angelelli (ed.), p. 372.

모든 Gedanke는 그 자체로서는 일의적으로 결정되어 있는 것이지만, 그러나 그것의 진리치가 결정되지 않은 경우, 즉 탐구과정의 상태에서는 그 Gendanke도 또 그것의 逆도 공존하는 상황일 수밖에 없다. 우리는 적어도 원칙적으로는 모든 것에 대해서 물을 수 있으며, 모든 것은 우리의 탐구대상이 될 수 있지 않은가? 인류가 이미 확인한 진리보다는 앞으로 확인될 진리가 더 많다고 보아야 하지 않을까? 도대체 지식탐구를 위해서 우리에게 주어진 가능성, 즉 과학적 물음을 던지고 학문적인 문제를 제기함에 어떤 제한이 주어질 수 있을까? 그렇다면 이 주어진 물음의 가능성은 곧 프레게에 의하면, 우리가 가질 수 있는 모든 생각들에 대해서 그 역도 함께 존재한다는 가능성을 의미하지 않는가? 적어도 우리가 우리의 탐구행위를 중단하지 않는 한! 적어도 우리가 한 이데올로기(Ideologie)나 독단적 교의(Dogma)의 신봉자가 되지 않는 한!

여기 프레게의 입장이 함축하고 있다고 보여지는 이 사고의 가능성을 Gedanke의 세계, 또는 (진리결정이 가능한) 의미의 세계라고 부를 수 있다면[43] 이것은 분명히 판단(Urteilen)의 세계보다는 더 큰 가능성의 세계이다. 왜냐하면 판단의 세계는 진리치가 결정된 생각들의 세계이며, 또 판단이란 참인 명제와 그것의 역(逆)인 명제 중 양자택일의 형태를 취하기 때문이다. 그래서 프레게가 말하는 이 생각(Gedanke)의 세계는 개개의 생각에게 그 역도 함께 존립하는 세계이다. 이런 의미에 있어서의 물음의 가능성, 탐구가능성, 그리고 사고가능성의 세계는 진리결정 이전의 세계라고 부를 수 있을 것이다. 그렇다면 그것은 원칙적으로 어떤 독단적 도그마나 편협된 이데올로기는 물론 어떤 일방적인 경향성의 지배나 억지도 배제될 수 있는 세계이다. 프레게가 말하는 이 '생각'의 세계는 객관적 지식의 탐구를 위한 이상적 상황임이 분명하며, 그것의 본질적 특성은 진리결정 가능성의 세계이면서 동시에 열린 사고의 세계라는 것이다. 즉 진리탐구를 향한 사고의 개방성이 확보되는 세계이다.

---

43) 왜냐하면 한 문장의 의미에 대해서 진리여부가 문제가 될 수 있을 때 그것이 한 Gedanke이며, 또 한 문장이 참이라고 할 때, 그 문장의 의미가 참임을 말하는 것이므로 : 『Log. Unters.』 I. Angelelli(ed.), pp. 344-345.

5) 과학적 탐구정신과 변증법적 개방성

그러나 문제는 도대체 우리가 어떤 의미의 변증법을 택함으로써 그것을 통하여 프레게가 말하는 Gedanke의 세계를 조명해 볼 수 있는가 하는 문제이다. 이것은 실로 중대한 문제이고 또 여기 우리의 이해를 위해서 열쇠가 되는 문제가 아닐 수 없다. 이것은 다음의 이유들 때문에 특히 그러하다.

프레게에게서 우리가 확인할 수 있었던 것은 정확하게 Gedanke의 세계였으며, 이것은 Gedanke를 그것의 표현방식으로부터도, 또 그것의 진리치 결정행위, 즉 판단행위로부터도 엄격히 구별하여 객관화시킴으로써 찾아진 세계였다. (그것이 어떤 방식으로든 언어나 기호를 통하여 표현되고 기술될 수 있는 것이고, 또 진리치 결정기준을 만족시키는 것임은 물론이며, 그래서 우리가 확인했던 의미론적 함축도, 진리론적 함축도 프레게의 Gedanke에 관한 한 사실은 이중적 성격의 것이었음을 여기에 다시 지적해도 좋을 것이다.) Gedanke의 세계는 그래서 결코 판단의 세계와 동일시될 수 없다. 사실 Gedanke는 그 자체로서는 영원한 것, 불변의 것이다. 그것이 물음의 내용으로 나타났을 때도, 탐구과정중에서도, 또 그것의 진리치가 결정됐을 때에도, 한번 형성되고 잡혀진 Gedanke는 그 것의 역과 함께 존속한다. 그래서 판단행위를 통해서 Gedanke 자체가 바뀌는 것도 아니며, 한 Gedanke의 역이 없어져 버리는 것도 아니며, 서로 반대인 두 Gedanke들이 탐구행위의 결론으로서 종합되거나 그 대립이 지양된다는 것도 아니다. Gedanke의 세계는, 우리가 도대체 이 '세계'라는 표현을 써도 좋다면, 그 자체로서는 진리의 세계도 허위의 세계도 아니다. 이것은 단지 무한한 가능성의 세계이다. 즉 우리에 의해 잡혀지고 파악된 생각들과 함께, 아직 잡혀지지 않은, 앞으로 잡혀질지도 모르는 많은 생각들이 역시 거기에 속한다고 볼 수밖에 없는 사고의 세계이다. 즉 그것은 진리탐구를 염두에 두고 활동하는 우리의 정신이 무엇을 대상으로 하며 어떻게 활동하는가를 보여 주는 것이라는 점에서 그러하며, 특히 우리가 주관적인 의식 내에서의 표상활동, 또는 예술적 창작활동에 종사하는 경우가 아니라 객관적 지식의 영역에서 활동하는 한 그러하다.

바로 이러한 이유 때문에 우리는 프레게의 Gedanke를 이해하려고 하면서 특히 Hegel 철학과 Marx 사상 이후 대중화된 변증법이나 그와 관련되어 형성된 여러 가지 변종들을 여기에 연결시켜서는 안 된다. 우리에게 필요한 것은 한편으로는 엄격한 논리적 사고의 원칙을 따르면서, 또 한편으로는 인간정신의 자유롭고 무한한 활동가능성을 의미의 세계 안에서 확인시켜 주는가 하면, 더 나아가서 과학적이며 탈도그마적인 탐구가능성의 근거를 제공하는 변증법이다. 그러면 도대체 이러한 변증법이 유사 이래 추구된 바 있었는가?

5. 프레게와 고대 희랍의 변증법

이상에서 확인된 바 프레게의 '생각'(Gedanke)에 대한 생각은 결국 다음과 같이 정리된다.

첫째, 그것은 분명히 하나의 존재론이다. 즉 그것은 제3의 존재영역으로 '생각'들의 세계를 말하며, 생각들이 객관적으로, 독립적으로 실재한다는, 또는 실재한다고 전제해야만 한다는 주장이다. 그것의 실재성은 외적 세계의 경험적 대상들과는 다르며, 또 우리 의식 내의 관념이나 표상들과도 구별되는 것으로서 독립적으로 존재해야 하기 때문에 그는 그것을 제3의 세계(das dritte Reich)라고 말한다. (우리 의식 내의 관념이나 표상들은 객관적이거나 독립적 존재가 아니라, 전적으로 나의 개인적 의식에 의존하는 것이며 그들에 대해서는 진리문제가 제기될 수도 없다는 것이 프레게의 입장이다. 따라서 그는 관념이나 표상을 대상으로 하는 심리학이나 신경생리학을 객관적 진리의 기준, 그리고 진리결정의 가능조건과 진리결정을 위한 법칙을 밝히려 하는 논리학과는 전혀 다른 학문으로 분류한다.) 바로 이 '생각'들이 실재해야 한다는 주장은 흔히 말하는 (명제의 의미나 지시대상이 실재해야 한다는) 의미실재론의 또 다른 표현이기도 하다.

둘째, 이러한 존재의 요구, 또는 생각의 실재함을 주장하는 그 근거는 무엇일까? 그것은 아마도 우선은 이것이라고 보아야 할 것이다. 즉 우리의 판단행위나 진리결정 행위가 도대체 가능하기 위해서는 무엇보다도 먼저 그 판단이나 진리결정의 대상이 존재하지 않을 수는 없다는 것이며, 그래서 그 요구의 정당성의 근거는 탐구가능성을 위한 존재론적 근거를 확보하려는 동기에 있다고 보아야 할 것이다. 왜냐하면 진리결정이 가능하기 위해서는 우선 진리결정의 대상이 존재해야 하기 때문이다. 탐구가 가능키 위해서는 탐구대상이 존재해야 하며, 여기서의 탐구란 명제의 내용인 생각의 진리치 결정을 목표로 하는 행위이기 때문이다. 여기에서 프레게의 의미이론과 의미실재론은 학문이론, 과학이론과 밀접한 연관성을 가지고 있음이 드러난다. 그것은 학문론, 과학론, 또는 탐구의 논리를 위한 전제조건으로서 요구되는 존재론이며 의미이론이다.

이렇듯 학문론적이며 과학철학적 관심을 배경으로 하여 추구된 프레게의 논리학과 의미이론은 철학사에 이미 나타난 바 있는 몇몇 경향들과 비교될 때 올바르게 평가될 수 있을 것이다. 사실 그의 'Gedanke' 이론과 지식이론은 서양철학사에 이미 오래된 한 전통적인 사고방식을 몇 가지 점에서 정확하게 재현시키고 있다. 이 점은 그의 입장을 아리스토텔레스의 학문이론, 그리고 플라톤의 변증법과 비교해 보아도 쉽게 확인된다.

1) 아리스토텔레스의 학문론과 변증법

우리의 비교작업의 첫 상대는 우선 아리스토텔레스이다. 왜냐하면 논리학을 하나의 독립된 학문으로 확립시켰을 뿐 아니라 그것을 학문이론, 또는 학문방법론이라는 더 포괄적인 과제와 연계시켜 고찰한 최초의 철학자가 아리스토텔레스였기 때문이며, 또 아리스토텔레스 역시 인간의 학문적 지식과 진리인식의 변증법적 특성을 정확히 지적했기 때문이다.

애초부터 인간의 사고활동과 학문적 지식, 그리고 탐구방법론에 깊은 관심을 가졌던 아리스토텔레스는 인간이 추구하는 바 올바른 지식이 기초로 삼고 따라야 하는 보편적 원리가 무엇인가에 주의를 기울인다. 비록 그가 근대의 철학자들이 분석판단과 종합판단을 구별한 것과 똑같이 사실에 대한 판단과 명제나 진술들간의 논리적 판단을 구별하면서 이들을 전혀 별개의 지식범주로 취급하지는 않았지만, 그러나 그는 우리의 지식이 한편으로는 사실과의 일치여부에 따라 참이든가 거짓이든가가 결정된다는 점을, 또 다른 한편으로는 경험적 사실에 대한 우리의 진술이나 판단들이 반드시 지켜야 하는 논리적 기준이 있음을 분명히 지적한다. 예를 들어 그는 그의 『형이상학』 제4권에서 존재에 대한 우리의 학문적 관심은 방법적으로는 존재에 대하여 내리는 우리의 판단과 언어적 진술(언어적 표현)에 대해서도 마찬가지로 관심을 기울이지 않을 수 없다는 기본입장을 취한다. 진리문제와 관련해서도 그는 한편으로는 존재와 (존재에 대한) 우리의 진술간의 일치여부가 진리의 기준임을 지적하는가 하면, (Met. Ⅳ, 7, 1011 b 26) 어떠한 진술이나 판단도 지켜야 하며 또 학문적 정당성을 확보하기 위한 모든 증명이 반드시 기초로 삼아야 하는 근본원칙이자 제1원리가 바로 모순율(모순배제의 원칙)임을 그는 여러 차례 확인시키고 강조한다. (Met. Ⅳ, 3, 1005 b)

그런가 하면 『형이상학』 제6권(Met. Ⅵ, 4, 1027 b 25)에 주어진 바, "참과 거짓은 사물 안에 있는 것이 아니라 사물에 대한 우리의 생각 안에 있다"(ou gar esti to pseudos kai to alethes en tois pragmasin, …all'en dianoia)라는 그의 언명은 우리로 하여금 프레게와 아리스토텔레스가 지녔던 문제의식의 유사성을 지적하지 않을 수 없게 만든다.

그는 경험적 사실이나 경험적 대상들을 이들에 대한 판단이나 진술과 구별할 뿐 아니라, 더 나아가서 단지 이들 진술들만을 근거로 해서 (올바른 추론방식에 의해) 새로운 진술들을 결론으로 얻어낼 수 있음도 보여 주었다. 그래서 그는 그의 『형이상학』에서 모순율을 우리의 모든 판단과 진술이 지켜야만 하는 근본원리로 제시하고 그에 대한 정의를 내리는가 하면 『분석론 전서』에서는 논리적 추론을 삼단논법의 형태로 형식화하고 체계화함으로써 우리가 알고 있는 고전논리학을 확립시킨 바 있다. 그러나 분명한 것은 진리의 논리적 기준이나 논리학에 대한 그의 관심은 실은 학문방법론에 대한 그의 관심과 밀접히 연관되어 있으며 또 궁극적으로는 하나의 학문론을 체계적으로 수립하려는 보다 더 포괄적인 그의 노력의 일환으로 추구되었다는 것이다. 이것은 기원전 1세기에 안드로니코스에 의해 시도된 편찬과 편집과정에서도 그의 『분석론』이 다른 저서들과 함께 『오르가논』에 포함시켜졌으며, 바로 이 『오르가논』이야말로 실제에 있어서 아리스토텔레스의 논리학이 아니라 논리학도 포함하는 학문이론으로 간주되어야 한다는 점에서도 분명히 드러난다. [44]

올바른 지식, 또는 진리가 논리적 원칙을 따라야 함을 그토록 중요시 여기는 아리스토텔레스는 그러나 다른 한편으로 인간의 지식과 탐구는 역동적인 탐색과정을 거쳐 비로소 이루어짐을 인정하고 또 중요시 여긴다. 그리고 이러한 탐구행위, 진리인식, 이론적 설명과 학문적 체계화는 본질적으로 변증법적 상황에서 이루어짐을 그는 역시 중요시 여긴다. 우리의 탐구대상 일반에 대해서 아리스토텔레스는 우선 방법론적 관점에서 볼 때 하나의 센시티브한 구별을 제시한다. 우리의 직접적 경험이 알려 주는 바 있는 그대로의 상태나 상황은, 그것이 모두에게 명백한 것인 한, 그에게는 진정한 의미에서 학문적 탐구의 대상은 아니다. 또 그것 자체로서 자명한 원리나 원칙 (공리)들 역시 탐구나 설명의 대상이 아니다. 왜냐하면 지극히 당연한 것으로서 모두에게 명백하거나 아무런 설명의 필요가 없는 것, 또 직관적 인식에 의해서 그 정당함이 밝혀지는 원리 등은 그것들 자체로서 문제제기의 대상이 되거나 설명을 필요로 하지 않기 때문이다. 이들은 탐구행위와 학문적 설명을 가능케 하는 전제조건이 될 수 있을지언정, 그러나 그 자체가 문제제기나 설명의 대상은 아니다. [45] 탐구대상이나 설명대상이 되는 것은 오히려 그에 대하여 우리가 의문을 품고 문제를 제기하고 설명을 요구하며 진위를 밝힐 것을 요구하는 것들이기 때문이다. 인간의 지식추구와 알려고 하는 욕구는 물론 참인 지식을 구하며 진리에 도달하려는 노력이지만, 이러한 진리인식은 불가피하게 문제를 제기하고 비교·검증하며 증명과 인과적 설명을 요구한다. 이러한 탐구행위는 그래서 그것 자체로서 명백하고 자명한 (절대적) 진리가 아니라 상대적 지식의 영역을 대상으로 한다. 이 영역이야말로 한 주장에 대해서 반대주장이 항상 가능하며, 정도의 차이가 허용되는 개연적 지식들의 영역이며, 제기된 문제에 대한 비교와 검증, 그리고 가장 타당성이 큰 인과적 설명

---

44) 아리스토텔레스의 『오르가논』, 특히 그의 『분석론』이 본격적이고도 수준높은 학문이론 (Wissenschaftstheorie)을 전개시키고 있다는 평가로서 예를 들어 : O. Höffe, Ein-leitung in : Aristoteles, 『Lehre vom Beweis oder Zweite Analytik』 Hamburg, 1990 p. Ⅶ 이하.

45) 경험에 의한 직관적 지각대상, 그리고 이성적 직관의 대상은 추론, 검증, 증명의 대상이 아니라 오히려 추론적 지식과 탐구의 (출발점 또는 종착점으로서) 한계에 위치하므로 탐구의 양 극단(ta eschata)이라는 인식론적 입장은 예를 들어 아리스토텔레스의 『니코마코스 윤리학』 (Ⅵ, 11)에서도 견지되고 있다.

이 찾아질 때까지 탐구작업이 진행될 수밖에 없는 영역이며, 적절한 개념들을 도구로 하는 이론적 체계화가 요구되기도 하는 대상영역이다. 바로 이러한 의미에서 아리스토텔레스는 학문적 탐구와 이론적 체계화, 그리고 검증이나 논증, 또는 증명이 시도되는 지식의 대상영역을 절대적 진리의 영역이라기보다는 오히려 개연적 지식(doxa, endoxa)의 영역이며 변증법적 탐구영역이라고 부른다. 그리고 이러한 변증법적 탐구의 본질과 적용범위, 그리고 그 방법론에 대한 체계적 설명을 시도한 것이 바로『오르가논』의 다섯번째 저서인『Topica』이다. (예를 들어 Top. I, 10, 11 참조)

인간의 학문적 탐구와 이론적 체계화가 그 방법적 측면에 있어서 본질적으로 변증법적이라는 아리스토텔레스의 입장은 그의『오르가논』에서도, 또『형이상학』에서도 확인되는 기본전제이다. 이것은 학문적 설명과 이론적 체계화가 불가피하게 방법적으로 사용하는 개념과 명제들, 그리고 각 학문이 대상으로 하는 바 그 주제와 관련해서도, 그리고 탐구대상에 대한 분류나 정의, 그리고 증명에 있어서도 마찬가지로 확인된다. 왜냐하면 대부분의 경우 모든 개념들은 반대개념이나 비교개념을 가지며, 모든 명제나 주장에 대해서는 그 반대나 역, 또는 부정이 있고 또 찾아져야 하며, 무엇이 참임을 안다는 것은 동시에 무엇이 참이 아님을 알고 이것과 구별할 수 있음을 의미하며, 그래서 서로 반대되는 개념이나 명제와 주장들이 항상 함께 하나이고 동일한 학문의 탐구대상일 수밖에 없음을 아리스토텔레스는 도처에서 반복하여 지적한다. (Top. I, 14, 105 b, II, 4, 111 a, VIII, 13, 163 a; Met, IV. 2, 1004 a 9. etc.) 우리의 지식이 이렇듯 본질적으로 변증법적임을 중요시 여긴 그는 우리의 진리인식이 불가피하게 변증법적 상황에서 내려지는 선택일 수밖에 없음을 다음과 같이 피력한다.

"서로 반대되는 두 전제 모두로부터 추론되는 결과들을 함께 고찰한다는 것은 학문적 지식을 위해서도 또 철학적 지혜를 위해서도 결코 소홀히 할 수 없는 도구요 방법이다. 왜냐하면 이들 모두를 함께 고찰하고 나서야 우리는 올바르게 그들 중 하나를 선택할 수 있기 때문이다. 이러한 능력을 위해서는 훌륭한 재능이 마땅히 요구된다. 즉 진리인식을 위한 재능인 바, 그것은 참인 것을 택하고 거짓인 것은 피할 수 있는 분별력이다. 이 능력을 선천적으로 타고난 자들은 이 임무를 잘 수행할 수 있으니, 그것은 그들에게 부과된 과제에 임하여 (참에 대한) 올바른 사랑과 (거짓에 대한 올바른) 미움으로 분별력을 발휘하며 최선의 것을 선택하기 때문이다."(Top. Ⅷ, 14, 163 b)

이것은 또 우리의 진리인식은 참과 거짓 모두가 함께 고찰대상이 되어야 하는 변증법적 상황을 불가피하게 전제한다는 것을 의미하기도 한다.

2) 변증법의 역사적 기원과 의미론

의미론, 진리론, 그리고 존재론의 관점에서 프레게와 아리스토텔레스가 제기한 모든 구별들이 서로 꼭 일치한다는 것은 물론 아니다. 그러나 그럼에도 불구하고 학문적 지식의 가능근거, 진리의 조건과 기준, 그리고 진리인식의 대상영역 등에 관하여 이들 두 사람이 제기했던 문제의식과 접근방법에 있어서의 유사성은 결코 간과될 수 없는 것이다. 특히 우리의 관점에서 볼 때 아리스토텔레스가 진술이나 명제와 판단들 사이의 관계에서 진리문제를 제기했고 또 모순관계를 문제삼았다는 점, 그리고 상호반대이거나 모순인 판단들의 영역을 지식탐구를 위한 변증법적 전제조건으로 이해하고 이에 긍정적 의미를 부여했다는 점은 프레게와 비교할 만하다. 실제에 있어서 아리스토텔레스는 진리의 논리적 기준 때문에, 또 지식탐구의 변증법적 특성 때문에 여러 가지 종류의 반대관계나 모순관계에 대하여 그의 여러 저작에서, 특히 『오르가논』과 『형이상학』에서 깊은 관심을 기울였고 여러 가지 문제를 제기하기도 했다. 모순과 변증법이 인식론과 탐구방법론을 위해 가지는 의미에 대하여 깊은 관심을 가졌던 아리스토텔레스는 한편으로는 엘레아 학파의 제논이 변증법의 창시자이었다는 언명을 남겼다.[46] 그러나 다른 한편으로 그는 오히려 플라톤에 의해 비로소 변증법적 탐구가 본격화되었다고 지적하기도 한다.[47] 이 지적에서만 볼 때 아리스토텔레스가 구체적으로 무엇을 염두해 두었는지는 분명치 않다. 왜냐하면 플라톤 자신에게서만 보더라도 변증법의 개념이나 변증법적 탐구방법이 꼭 한 가지 형태로 결정되지는 않기 때문이다. 그러나 여기 우리의 관점에서 볼 때 특히 관심을 끄는 것은 플라톤의 『파르메니데스』

---

46) Soph. Fragm. 1 ; 『Fragm. Selec.』 ed. W. D. Ross, Oxford, 1955, p. 15.
47) Metaph. Ⅰ, 6, 987 b 32, XIII, 4, 1078 b 25.

대화편이다. 왜냐하면 바로 이 대화편에는 엘레아의 제논이 등장하며, 그의 한 증명을 놓고 모순의 문제가 제기되며, 곧 이어서 진리론적 구별과 존재론적 구별 또한 요구되기 때문이다. 그런가 하면 이 대화편의 후반부에서는 순수개념을 출발점으로 하며 또 개념들의 상호관계에서 비롯되는 다양한 형태의 판단들의 세계가 전개시켜진다. 바로 이 판단들의 영역이야말로 플라톤이 전개시키는 변증법적 의미론의 한 실례이다. 이것이 경험적 대상세계도 아니며 경험세계에 대한 우리의 관념이나 표상의 세계도 아닌 제3의 존재영역으로 확인되는 한 이것 역시 프레게의 'Gedanke' 이론과 비교되어 마땅할 것이다.

3) 플라톤의 대화적 변증법과 변증법적 의미세계

플라톤의 후기철학은 그의 초기와 중기 대화편에서 보여졌던 진리인식에 대한 낙관적인 태도를 버림으로써 시작된다. 이것은 특히 그의 대화편 『파르메니데스』에서 시작된다. 거기에서 전개된 이데아(Idea)설에 대한 과격하고도 철저한 비판이 플라톤 철학의 성격을 바꾸어 버리는 결정적인 계기가 된다. 이 비판의 과격함과 철저함은 이데아를 통하여 모든 존재에 대한 지식이 가능하다는 생각이 전혀 근거없음을 파헤쳐 놓으며, 이때 그 비판의 무기는 이데아설이 가지고 있는 근본전제들이 내포하고 있는 모순을 지적하는 것이었다. (예를 들면 경험적 대상에 상응하는 이데아를 설정한다든가, 사물들이 이데아를 분유한다든가, 또는 사물들이 이데아의 모방이며 닮은꼴이라는 등의 전제들이 그것이다.) 이 비판에 직면한 플라톤은 이데아 철학의 위기를 인식하며, 또 그는 이 위기를 철학 자체의 위기로 받아들인다. 그러나 그는 이데아 철학 자체를 포기하지는 않는다. 이데아를 포기한다는 것은 도대체 인간의 사고를, 사고가능성을 포기하는 것으로 이해되기 때문이다.

애초부터 인간의 정신활동의 가장 높은 목적을 이데아를 통한 진리인식으로 보았던 플라톤은 탐구행위의 본질을 대화적인 사고로 이해했으며, 바로 이 점에서 변증법적이었다. 이제 이데아 철학의 위기에서 바로 철학과 철학적 탐구 자체의 위기를 인식하는 플라톤은 이 위기의 극복을 위한 노력으로서 어떤 새로운 대화방법을 모색하지는 않는다. 결코 경험적 대상이 아닌 이데아의 존재근거가 전혀 모순투성이로 밝혀졌음에도 불구하고 그는 어떤 경험론적 철학에로 돌아서지도 않는다. 오히려 더 철저하게 이데아에 집착하고, 또 오직 이데아들만을 대상으로 취함으로써 순수한 사고의 영역에로 몰입해 들어가고 그 안에서 펼쳐지는 의미의 세계를 탐구대상으로 취한다. 그런데 바로 이 과정에서 플라톤의 이데아는 초기나 중기 대화편에서와는 다른 임무를 부여받는다. 여기에서의 이데아는 더 이상 경험세계를 초월한, 영구불변이며 자기동일성을 유지하는, 그리고 오직 지적 직관의 대상이기만 한 것이 아니다. 또 그것은 더 이상 경험적 세계에 대한 우리의 사고와 지식과 판단을 가능케 하는 근거로서의 임무를 부여받지도 않으며, 또 그런 지식을 위한 보장으로서의 완전지(完全知)가 이데아에 대한 인식이라는 기대도 요구되지 않는다. 그런가 하면 도대체 경험적 사물들의 이데아들, 또는 윤리적 개념들의 이데아는 아예 등장하지도 않는다. (예를 들면 사람의 이데아, 용기나 善, 또는 美의 이데아 등.) 여기서는 단지 수학적 개념이나 관계개념들, 또는 관계개념으로 환원될 수 있는 물리학적 개념들이 등장하고 취급된다. 예를 들면 하나, 여럿, 전체, 부분, 큼, 작음, 같음, 운동, 정지 등등. 이들 개념들은 애초부터 상관개념(相關槪念, Korrelatbegriffe, correlative concepts)으로 파악되며, 그래서 그들은 그들 자체의 정확한 의미에 따라 다른 개념과 특정한 관계를 맺으면서 연관된다. 그래서 이들 개념들간의 상호연관 관계를 통하여 플라톤은 경험세계와는 무관하게, 오직 개념들만을 쫓아서 그들의 의미관계를 방법적으로 밝혀 냄으로써 확인되는 사고의 세계(Logos의 영역)를 펼쳐 보여 준다. 다시 말하면 그는 이데아를 경험적 사물들과의 관계로부터 끊어 버리고, 오히려 이데아들을 통하여 순수한 사고와 로고스의 영역, 또는 의미영역에로 몰입해 가는 방법을 택한다. 그는 바로 이 작업을 통하여 "대화적 사고의 변증법적 근거"(ten tou dialegesthai dynamin)를 확보하려 함이 그 목적이라고 밝힌다. (Parm. 135 b 5-c 6)

이러한 탐구가 『파르메니데스』편에서 실제로 전개되는데 그것은 "하나가 있다면"이라는 전제로부터 시작하여 '하나'의 개념이 가질 수 있는 모든 가능한 의미들의 영역을 섭렵해 보여 준다. 그리고 이 섭렵의 과정은 방법적으로 전개되는데, 그 방법을 플라톤은 제논의 증명방법에서 취해 왔음을, 그리고 그 방법을 스스로의 의도에 따라 확대해서 적용했음을 분명히 밝힌다. 이것은 무엇을 의미하는가?

여기에서의 제논의 증명은 한 간접증명이다.: "만일 존재가 여럿(多)이라면 그것은 비슷하면서 또 비슷하지 않기도 해야 할 것이다. 그러나 이것은 불가능하다. 왜냐하면 비슷하지 않은 것이 비슷할 수도, 또 비슷한 것이 비슷하지 않을 수도 없지 않은가?"(Parm. 127e) 그러므로, 즉 이 추론된 모순 때문에 전제: "존재가 여럿이다"는 부정되어야 한다는 것이 제논의 증명의 전체이다. 우선 여기에서 플라톤에게 중요한 것은 이 모순이 실제로 존재하는 구체적 사물에서 확인되는 것이 아니라 정확하게 서로 모순되는 두 명제 사이의 관계라는 점이다. 간접증명의 성공 여부는 한 전제로부터 서로 모순되는 결론이 이끌어 내지는가에 의해 결정된다. 그리고 간접증명의 목적은 물론 그 전제를 거짓으로 밝힘으로써 그 전제의 역이 참임을 주장하려는 것이다. 간접증명은 그래서 꼭 원한다면 두 단계로 우선 나뉘어질 수 있다.: 한 전제로부터 상호모순되는 두 명제를 추론해 내는 단계, (물론 위의 경우에서는 "존재는 서로 비슷하다"와 "존재는 서로 비슷하지 않다"라는 두 명제이다.) 그리고는 이 추론된 모순을 근거로 하여 그 전제의 거짓을 주장하는 단계. 실제에 있어서 플라톤은 자신이 전개시키는 의미세계의 탐구를 위하여 위의 두 단계 중 첫 단계만을 방법으로서 취하며, 또 이를 확대적용한다. 즉 그 어느 개념을 출발점으로 삼든 "(그것이) 있다면"이라는 전제로부터 그것이 가능케 하는 모든 추론들을 이끌어 내야 하며, 그러고 나서는 다음에는 "(그것이) 없다면"이라는 전제로부터도 모든 가능한 추론들을 이끌어 내야 한다는 것이 그 탐구방법의 골격이다. 우리는 이 골격만 듣고서는 그것이 무엇을 말하는지 짐작하기 어렵다. 그러나 이 대화편에서 "하나가 있다면"이라는 전제와 "하나가 없다면"이라는 전제로부터 시작하여 실제로 전개시켜진 것을 보면 우리는 다음의 점들을 알게 된다.

증명을 위한 추론을 모델로 삼음으로써, 그리고 이 모델을 확대적용함으로써 플라톤은 한 개념으로부터 가능한 모든 추론들을 찾아내는 시도를 펼친다. 추론의 출발점은 항상 한 명제이며 가정추리의 형태를 취한다. 그리고 모든 가능성을 다 검토하기 위하여 한 개념을 전제했을 때 (즉 그 개념이 있다고 전제했을 때) 그것이 그것 스스로에 대한 관계에서 나타나는 경우들과 타자(他者)들과의 관계에서 나타나는 경우들을 구별하여 따로따로 추적해 나가는 방법을 취한다. 그리고 이것은 그 개념이 없다고 전제했을 경우에도 마찬가지로 적용된다. 그 결과 얻어지는 결론은 무엇일까? 대화편에서 실지로 전개된 이 의미영역의 탐구는 하나가 있다는 경우와 하나가 없다는 경우로부터 긴 추론들의 묶음을 모두 아홉 차례 전개시킨다. 그리고는 다음의 결론을 내린다. : "그래서 이젠 다음과 같이 결론지어져야 하니, 즉 만일 하나가 있다면, 또 없다면, 그것 자체도, 또 다른 것들도 각자 그 스스로와의 관계에 있어서나 서로간의 관계에 있어서나, 모든 것은(panta) 모든 방법으로(pantos) 있기도(이기도) 하고 있지(이지) 않기도 하며, 또 있는(-인) 것처럼 보여지기도 하고 또 보여지지 않기도 한다는 것일세." "그건 진정코 옳습니다." (Parm. 166c)

이러한 결론은 한 모순을 확인함으로써 그것을 초래시킨 전제를 부정할 목적으로 이끌어 내진 것은 아니다. 오히려 이것은 '모든 것'에 대한 한 판단으로서 끝나고 있으며, 모든 가능한 경우들을, 서로 모순인 경우이든 반대인 경우이든, 아니면 단지 서로 타자인 경우이든, 이들을 모두 이끌어 내 보이는 것, 또 원칙적으로 모든 경우에 대한 추론이 가능함을 방법적으로 확인하려는 것이다. 〔왜냐하면 '모든 것' (panta)은 오직 방법적으로만 확인가능하므로!〕

이 의미영역의 탐구는 개념들의 상호관계가 보여 줄 수 있는 모든 의미영역의 전체를 방법적으로 보여 주며, 이 영역 안에서 보여진 가능한 관계들은 각각 추론된 명제들로서 표현된다. 이들은 서로 대립되고 모순되는 명제들이지만, 그중 어느것이 옳다는, 또는 그르다는 판단의 대상이 되는 것은 아니다. 오직 모든 명제들의 추론이 원칙적으로 가능함을 입증해 보이는 것일 뿐! 바로 이 점에서 플라톤은 이 의미의 세계가 실재함을, 또 그것이 본질적으로 변증법적임을 보여 주고 있는 것이다. 그래서 우리는 여기에 플라톤에 의해서 추구되고 확인된 또 하나의 Gedanke의 세계를 보게 되는 것이다.

6. 맺는말

프레게에 대한 고찰에서 시작한 우리는 프레게를 아리스토텔레스와 플라톤, 그리고 간접적으로는 엘레아의 제논과도 연관시켜 보았다. 이러한 연관성이, 그리고 이러한 비교가 가능하고 또 필요했던 이유를 이제 우리는 다음의 몇 가지 점으로 정리해 볼 수 있다. 이것은 또 프레게의 의미이론에 대한 우리의 평가를 위해서도 도움이 될 것이다.

프레게는 진리론적 문제제기에 있어서 진리결정의 대상영역이 궁극적으로는 판단과 진술, 또는 명제들이라는 입장을 취한다. 바로 이 점을 그는 고대 희랍의 대표적인 두 철학자들과 공유한다.

판단이나 명제들간의 관계에서 진리문제가 제기되는 한 여기서의 진리의 기준은 우선 모순배제의 원칙이 아닐 수 없다. 우리가 위에서 비교대상으로 택한 고대 희랍의 철학자들 모두는 바로 이 점을 깊이 인식했고 또 강조했던 서양철학의 개척자들이었다.

모순율, 또는 모순배제의 원칙은 불가피하게 선택을, 양자택일을 요구한다. 왜냐하면 서로 다른, 또는 서로 반대되는 두 명제를 모두 진리로 인정할 수는 없으며, 또 바로 이것이 모순배제 원칙의 의미이기 때문이다.

그러나 반면에 선택이, 양자택일이 가능하기 위해서는 그 양자가, 또는 적어도 2개 이상의 선택대상이 주어져 있어야 하는 것 또한 당연하다. 다시 말하면 서로 다른, 서로 반대인 주장들, 명제들, 생각들이 우선 있어야 하며 있다고 전제되어야 한다.

결국 진리결정의 대상은 실재해야 하며, 또 그것은 변증법적 상황으로서 실재해야 한다. 이러한 대상의 실재는 진리인식과 진리치 결정의 전제조건이며 학문적 탐구가 가능하기 위한 전제조건이다.[48]

---

48) 학문적 탐구의 가능근거와 전제조건에 대한 철학적 반성은 변증법적 사고영역으로 전환될 수 없다는 지적은 예를 들어 : E. Heintel, 『Grundriβ der Dialektik』 Bd. 1, Darmstadt 1984, p. 12.

우리가 언급한 바 존재론적 구별과 학문론적 구별 등은 모두 "ontische, wissenschaftstheoretische, ontologische Differenz"에 기초하며, 이러한 구별이나 차이(Differenz)들은 모두 서양철학의 전통이 방법적으로 제기해 온 근본구별이라는 것 역시 E. Heintel의 논리학이 올바른 논리적 판단과 기준을 확인시켜 줌과 동시에 그것이 진리론과 학문론을 위한 방법론적 기초를 제공하려 한다면 그것은 불가피하게 학문적 탐구를 위한 궁극적 전제조건을 밝히는 데까지도 나아가야 할 것이다. 그런가 하면 도대체 필요한 전제조건이 무엇인가를 묻고 밝히는 것, 그것도 가장 근본적이며 최초의 (또는 제1의) 전제조건까지도 묻는 것은 영원한 철학적 탐구의 본질적인 과제이었다. 논리학의 과제에서 출발한 프레게의 철학이 학문론적 구별과 진리론적 구별 외에 존재론적 구별도 수용하고 또 학문론과 진리론을 위한 변증법적 전제조건까지도 이론적으로 확보하려 했던 이유는 그가 바로 이 영원한 철학적 탐구정신을 정직하게 받아들였기 때문이라고 보아야 할 것이다.

지적이다. (上同, pp. 11-15)

De obligationibus : 중세의 토론논리 (Ⅱ)[1]

박 우 석

개 요

중세의 토론논리 연구가 담겨진 De obligationibus 문헌들은 아직껏 신비의 베일에 싸여 있다. 이 문헌들은 저술목적조차 밝혀지지 않고 있기 때문이다. 필자는 이것들이 원초적인 공리적 방법을 연구하려는 목적, 또는 학생들의 논쟁연습을 위한 교육적 목적을 지녔다고 보았던 종래의 해석이 막다른 골목에 처했다고 보며, 1980년을 전후하여 P. V. Spade가 제시한, 그 문헌들을 반사실적 사유의 논리연구로 보는 해석이 이 분야의 연구에 새 장을 열었다고 믿는다. 그러나 오늘날 다수의 학자들은 기본적으로는 그 문헌들을 반사실적 사유의 논리와 연관짓는 관점을 취하면서도, 그 기점을 Spade처럼 Burley로부터 잡는 대신 더 후대의 Kilvington으로부터 잡으려 하고 있다. 문제는 이러한 차이가 그 문헌들을 반사실적 사유의 논리로 보는 해석의 내용과 의의 자체에 대한 의견차이를 반영하고 있다는 사실이다. 필자는 이러한 의견의 차이가 전적으로 Spade의 비판자들의 이해부족에 기인한다고 보며, 그 결과 기본적으로 올바른 궤도에 있는 Spade의 해석을 심화하고 다방면에 적용하는 일이 답보상태에 있다고 생각한다. 본 논문은 논리적 논점들에 근거를 두고 왜 Spade의 해석이 그의 비판자들의 해석보다 우월한가를 밝히려는 목적을 지니고 있다.

---

1) 필자는 "De obligationibus : 중세의 토론논리 (Ⅰ)"을 한국서양고전학회 1995년 춘계 발표회에서 발표한 바 있고, 그 글은 『서양 고전학 연구』 (1995)에 수록될 예정이다. 전혀 이질적인 독자들을 겨냥하고 있으므로 내용과 범위, 그리고 접근방법이 전혀 다르지만 상당부분이 중복되는 것을 피할 수는 없었다.

1. 서 론

1930년대 이후 현대 논리학의 조명 아래 중세 논리학의 여러 분야들이 속속 신비의 베일을 벗기 시작했으나, 소위 De obligationibus 문헌들에 관해서만은 우리는 아직도 완전한 무지상태에 있음을 고백하지 않을 수 없다. 우리는 도대체 이 문헌들이 어떠한 목적에서 저술되었는지조차도 전혀 이해하지 못하고 있기 때문이다. 물론 이것들이 원초적인 공리적 방법의 연구라는 학설[2]과 학생들의 논쟁연습에 관한 것이라는 학설[3]이 종래에 주장되어 왔다. 그러나, 전자의 경우 내용적으로나 전거상으로나 그것을 뒷받침할 증거가 전혀 없으며, 후자의 경우 지나치게 상식적이어서 논리학사, 과학사, 그리고 철학사의 이해에 아무런 도움도 주지 못한다는 불만이 따른다. 그런 까닭에 1980년을 전후하여 현대의 지도적인 중세 논리학 연구가인 Paul Spade가 제시한, De obligationibus 문헌들이 반사실적 사유의 논리 (logic of counterfactual reasoning)의 연구라는 해석[4]은 이 분야의 연구에 새로운 장을 열었다고 믿어진다. 시대착오적 해석일 위험성에도 불구하고, 이 해석은 조각난 역사적 증거들을 한데 짜맞춰 중세 논리학과 철학, 그리고 과학일반에 관해 우리에게 심원한 통찰을 줄 충분한 가능성을 보유하고 있기 때문이다. 그러나 오늘날 다수의 학자들이 De obligationibus 문헌들을 반사실적 사유의 논리와 연관지어 논의함에도 불구하고, 중대한 점에서 의견의 일치를 보지 못하고 있으며, 이 해석의 내용 및 의의에 관해 피상적 이해에 머물러 있음을 보게 된다. 13세기에 주도적이었던 Burley의 이론에서부터 obligationes가 이미 반

---

2) P. Boehner (1952), *Medieval Logic : An Outline of Its Development from 1250 to c. 1400*, (Manchester), p. 14.

3) R. Green (1963), *The Logical Treatise 'De obligationibus' : An Introduction with Critical Texts of William of Sherwood and Walter Burley*, unpublished dissertation, (Louvain) ; L. M. Rijk (1974), "Some thirteenth Century Tracts on the Game of Obligation, I", *Vivarium*, 12, p. 94.

4) P. V. Spade (1982a), "Three Theories of *Obligationes* : Burley, Kilvington and Swyneshed on Counterfactual Reasoning", *History and Philosophy of Logic*, 3, 1-32 ; Spade (1977), "Roger Swyneshed's *Obligationes* : Edition and Comments", *Archives d'hist. doctr. et litt. du moyen age*, 44 (1977), 243-285.

사실적 사유의 이론이었다는 Spade의 주장은 오늘날 거의 지지되지 못하고 있으며 다수의 학자들이 Stump[5]를 따라 훨씬 후대에 Burley를 비판하고 중요한 규칙들의 수정을 시도했던 Kilvington에게서 obligationes가 반사실적 사유의 연구로 변모했다고 생각하기 때문이다. Spade의 비판자들의 이해부족에서 비롯된 이러한 의견대립 상태는 정작 기본적으로 올바른 궤도에 있는 Spade의 해석을 심화하고 다방면에 적용하는 일을 답보상태에 머물게 하고 있다. 필자는 다른 기회에 이러한 문제의식에서 출발하여 De obligationibus 문헌의 올바른 이해에 전환점을 마련하려는 시도를 시작한 바 있는데, 이 글에서는 후속조치로서 논리적 논점들에 근거를 두고 왜 Spade의 해석이 그의 비판자들의 해석보다 우월한가를 밝혀 보고자 한다.

2. Burley의 표준적 obligatio 이론[6]

2.1. De obligationibus 문헌은 질문자와 답변자간의 특수한 형식의 토론에 관한 것으로 답변자가 토론의 여러 단계들에서 특정방식으로 답변해야 할 규칙을 연구하고 있다. 토론에 있어서의 질문자의 역할은 답변자로 하여금 모순을 범하도록 덫을 장치하는 일이고, 답변자의 역할은 그러

---

5) E. Stump (1982), "Obligations: A. From the Beginning to the Early Fourteenth Century", N. Kretzmann et al. (eds.), *The Cambridge History of Later Medieval Philosophy*, (Cambridge: Cambridge University Press), 315-334; Stump (1985), "The Logic of Disputation in Walter Burley's Treatise on Obligations", *Synthese*, 63, 355-374; Stump (1989), *Dialectic and Its Place in the Development of Medieval Logic*, (Ithaca: Cornell University Press); M. Yrjoensuuri (1993), "Aristotle's *Topics* and Medieval Obligational Disputations", *Synthese* 96, 59-82; S. Knuuttila (1993), *Modalities in Medieval Philosophy*, (London: Routledge).

6) Burley의 저술의 현대판본은 위에서 언급한 Green의 학위논문에서 찾을 수 있다. 이하의 Burley로부터의 인용번호는 Green의 판본의 단락번호를 가리킨다. 부분적인 영역본은 N. Kretzmann and E. Stump (1988), *The Cambridge Translations of Medieval Philosophical Texts : Vol. 1, Logic and the Philosophy of Language* (Cambridge: Cambridge University Press), 369-412 참조; 여러 가지 문제점에도 불구하고, Burley의 이론에 관한 가장 상세하고도 편리한 소개의 글로 Stump(1985), (1989) 참조.

한 함정을 피해 일관성을 유지하며 답하는 일이다. Obligatio에는 여러 가지 종류가 있고, 예컨대 Burley는 obligatio들을 positio, institutio, depositio, dubitatio, sit verum, petitio의 여섯 가지 유형으로 나누었다. 그러나 이러한 obligatio의 분류는 저자에 따라 상당히 다르다. 향후의 연구에 따라 다양한 유형의 obligatio들에 관해 흥미로운 사실들이 밝혀지겠지만, positio가 가장 기본적인 유형이라는 것, 즉 아마도 다른 유형의 obligatio들은 positio로 환원이 가능할 것이라는 데 학자들은 의견을 같이하고 있으므로, 이후의 논의는 전적으로 positio에 국한하려 한다.

positio를 중심으로 제시되었으나 모든 유형에 일반적으로 성립하는 규칙으로 Burley는 다음의 세 규칙을 열거했다 :

(1) 한 obligatum으로부터 따라 나오는 모든 것은, obligatum으로 시인된 '바와 필연적으로 따라 나오는 바를 이해할 때, 반드시 시인되어야 한다. (2) Obliga-tum과 양립 불가능한 모든 것은 반드시 부인되어야 한다. (3) 무관한 것에 대해서는 반드시 그것 자체의 질에 따라 답변하여야 한다. [7]

Burley에 따르면, obligatio의 규칙에는 obligatio의 기술을 구성하는 규칙들과 단순히 유용한 규칙들이 있다. [8] Obligatio를 구성하는 규칙에는 posit되는 것에 관한 규칙들과 유관하고, 무관한 것에 관한 규칙들이 있다. 우선 positum에 관한 규칙으로 Burley는 다음과 같은 것을 정립한다 :

posit되고 positum의 형식으로 제시된 것은 positio의 시간 동안 반드시 시인되어야 한다. [9]

다음에는 제안되는 것들 중 유관한 것과 무관한 것에 관한 규칙들이 열

---

7) Burley, 2. 07.
8) 같은 책, 3. 05.
9) 같은 곳, 3. 06.

거된다. 제안되는 모든 것은 유관하거나 무관하다. [10] 유관할 경우, 그것은 positum으로부터 따라 나오거나 positum과 양립 불가능하다. 직관적으로, 만일 그것이 positum으로부터 따라 나온다면, 그것은 시인되어야 하고, 만일 그것이 양립 불가능하면, 그것은 부인되어야 한다. 그리하여 버얼리는 유관할 경우에 관해 다음과 같은 규칙들을 정립한다 :

Positum 및 이미 시인된 명제나 명제들로부터, 또는 (positum 및) 이미 올바르게 부인된 명제의 모순명제나 명제들의 모순명제들로부터 따라 나오며, 그렇게 알려진, 모든 것은 반드시 시인되어야 한다. [11]
Positum 및 이미 시인된 명제나 명제들과, 또는 (positum 및) 이미 올바르게 부인된 명제의 모순명제나 명제들의 모순명제들과 양립 불가능하며, 그렇게 알려진, 모든 것은 반드시 부인되어야 한다. [12]

무관할 경우에 관해서는 Burley가 다음과 같이 쓰고 있다 :

만일 그것이 무관하면, 그것은 반드시 그것이 우리에 대해 갖는 질에 따라 응답되어야 한다. 예를 들어, 만일 그것이 참이고, 참으로 알려졌으면, 그것은 시인되어야 한다. 만일 그것이 거짓이고, 거짓으로 알려졌으면, 그것은 부인되어야 한다. 만일 그것이 의심스러우면, 의심스럽다고 응답되어야 한다. [13]

한편 Burley는 obligatio의 기예를 구성하는 규칙이 아니고 단지 유용할 따름인 규칙들로 여러 가지를 열거하는데, 본 논문의 목적을 위해서는 그의 이론에 있어서 "반드시 (명제들의) 순서에 특별한 주의를 기울여야 한다[14]"는 규칙이 대단히 중요하다는 점을 주목함으로 충분하다.

2.2. 이러한 논의에 바탕을 두고 Yrjonsuuri와 Knuuttila 등은 현대

10) 같은 책, 3. 14.
11) 같은 책, 3. 15.
12) 같은 책, 3. 16.
13) 같은 책, 3. 14.
14) 같은 책, 3. 34.

논리학의 기보법을 빌려 obligatio의 규칙들을 다음과 같이 정식화한다[15]:

T1 : (p) $(K_ap \rightarrow OC_{ab}p)$

T2 : (p) $(K_a\text{-}p \rightarrow ON_{ab}p)$

T3 : (p) $((\text{-}K_ap \ \& \ \text{-}K_a\text{-}p) \rightarrow OD_{ab}p)$

P1 : (p) $(P_{ab}p \rightarrow OC_{ab}p)$

R1 : $(p)(q)$ $((P_{ab}p \ \& \ K_aL(p \rightarrow q)) \rightarrow OC_{ab}q)$

R2 : $(p)(q)(r)$ $((P_{ab}p \ \& \ G_{ab}q \ \& \ K_aL((p\&q) \rightarrow r)) \rightarrow OC_{ab}r)$

R3 : $(p)(q)$ $((P_{ab}p \ \& \ K_aL(p \rightarrow \text{-}q)) \rightarrow ON_{ab}q)$

R4 : $(p)(q)(r)$ $((P_{ab}p \ \& \ G_{ab}q \ \& \ K_aL((p\&q) \rightarrow \text{-}r)) \rightarrow ON_{ab}r)$

I1 : (p) $((Ip \ \& \ K_ap) \rightarrow OC_{ab}p)$

I2 : (p) $((Ip \ \& \ K_a\text{-}p) \rightarrow ON_{ab}p)$

I3 : (p) $((Ip \ \& \ \text{-}K_ap \ \& \ \text{-}K_a\text{-}p) \rightarrow OD_{ab}p)$

2.3. 위에서 살펴본 Yrjoensuuri와 Knuuttila의 형식화는 그러나 중대한 문제점을 내포하고 있다. 유관성과 무관성에 관한 규칙들을 제시하기에 앞서 유관성과 무관성의 정의를 명확히 했어야 할 것인데 그러한 시도가 결여되어 있기 때문이다. 어떤 명제가 유관하다거나 무관하다고 할 때 거기에는 최소한 암묵적으로 그것이 무엇에 대해 유관하거나 무관한지가 전제되어야 할 것이다. 형식적으로 이 점은 이항술어로 기호화되었어야 할 'I'가 일항술어로 기호화된 데 대한 비판이라 할 수 있다.

자칫, 논의의 맥락상 그 관계항이 무엇인지가 자명하므로 유관성과 무관성의 정의의 누락이 대수롭지 않은 일이라 생각될지 모른다. 또 Burley 자신이 positum으로부터 따라 나오거나 그것과 양립 불가능한 것이 유관하다고만 했을 뿐 유관성의 규칙들 안에 반영된 바 관계항이 positum에 제안된 명제들을 더해 얻어지는 확장된 집합의 경우에 대해 유관성의 정의를 따로 명시하지 않았다는 점에도 다소의 책임이 있다고

---

15) Yrjoensuuri, 앞의 논문 ; Knuuttila, 앞의 논문. Yrjoensuuri에게서는 무관성에 관한 규칙이 발견되지 않는다거나, 양상기호를 달리 표현한다든가 하는 사소한 차이가 있을 뿐으로 이 글에서는 양자의 장점을 살려 위와 같이 기호화하였다.

할 수 있다. 그러나 이 문제점은, Kilvington에 의한 obligatio의 규칙들의 수정의 시도에서, 제안된 명제가 어떤 관계항에 대해 유관하냐 무관하냐의 문제가 유관성과 무관성의 개념규정 자체에 결정적인 영향을 미치는 것을 볼 때 그 심각성이 뚜렷이 부각될 것이다.

어쨌거나 유관성과 무관성의 정의가 누락된 형식화는 결코 Burley의 이론을 완전히 제시한 것이라 할 수 없다. 그리고 이 점에서 Spade의 논의는 확실히 다른 이들의 논의보다 우월하다. 그는 유관성과 무관성의 정의를 명확히 하려는 시도를 보여 주고 있기 때문이다. 앞절의 규칙들에 덧붙여 그는 다음과 같은 요지의 정의를 추가한다 :

D1 : A가 i-번째로 제안된 문장이고, X_i가 아래의 (2)에서와 같을 때,
   (a) X_i가 A를 함축하거나 (b) X_i가 -A를 함축할 때 그리고 오직 그럴 경우에만
   A는 i 단계에서 유관하다.
D2 : X_i는 모든 문장 B와 $j<i$인 모든 j에 대해
   (a) 만일 B가 j 단계에서 제안되었고 [앞서의 규칙들에 의해] 거기서 시인되어야만 했다면 $B \in X_i$이고,
   (b) 만일 B가 j에서 제안되었고 [앞서의 규칙들에 의해] 부인되어야만 했다면, $-B \in X_i$인
   그러한, positum을 포함하는 최소 집합이다. [16]

3. Kilvington의 sophisma #47 : Burley 비판

다수의 학자들은 Kilvington의 영향하에서 obligatio 이론의 역사에서 소위 새 답이라 불리우는 사상이 잉태되었다고 믿기에 충분한 증거가 있다고 여기며, 실제로 Kinvington에게서 버얼리류의 옛 답에 대한 신랄한 비판이 행해졌다는 사실에 주목한다. [17] 문제의 텍스트는 Burley의 저술 이후 20년 이상 지난 다음 저술된 Sophismata의 47번 sophisma이

---

16) Spade(1982a), 6.
17) Stump와 Yrjoensuuri의 앞의 논문들 참조.

다. [18]

sophisma는 하나의 가설과 증명 또는 반박되어야 할 하나의 sophisma 문장으로 구성된다. 이 경우 가설은 두 조건문의 공접문이다 : "만일 왕이 좌정해 있으면, 당신은 왕이 좌정해 있는 것을 안다 ; 그리고 만일 왕이 좌정해 있지 않으면, 당신은 왕이 좌정해 있지 않은 것을 안다." sophisma 문장은 "당신은 왕이 좌정해 있는 것을 안다"이다. 왕은 좌정해 있거나 좌정해 있지 않거나이므로 가설은 "당신은 왕이 좌정해 있는 것을 알거나 당신은 왕이 좌정해 있지 않는 것을 안다"와 동치이다. 그런데 이 이접문의 두 요소는 모두 거짓이다. 이런 상황에서 Kilvington이 Burley류의 규칙하에서 어떻게 sophisma 문장을 동시에 증명하고 반박하는지 obligatio 토론방식으로 재구성해 보자.

가 설 : 만일 왕이 좌정해 있으면, 당신은 왕이 좌정해 있는 것을 안다 ; 그리고 만일 왕이 좌정해 있지 않으면, 당신은 왕이 좌정해 있지 않은 것을 안다.

sophisma 문장 : 당신은 왕이 좌정해 있는 것을 안다.

주어진 진리값 : 당신은 왕이 좌정해 있는 것을 알지 못한다 ; 그리고 당신은 왕이 좌정해 있지 않는 것을 알지 못한다.

〈증 명〉

질문자 : (0) 당신은 왕이 좌정해 있는 것을 알거나 당신은 왕이 좌정해 있지 않는 것을 안다.

답변자 : (0a) 시인해야 함

이 유 : (0b) (0)은 positum

질문자 : (1) 당신은 왕이 좌정해 있지 않는 것을 알지 못한다.

답변자 : (1a) 시인해야 함

이 유 : (1b) (1)은 참으로 알려졌고 무관

질문자 : (2) 당신은 왕이 좌정해 있는 것을 안다.

---

18) N. Kretzmann and B. Kretzmann (eds.), (1990), *The Sophismata of Richard Kilvington*, English translation with Commentary, (Cambridge : Cambridge University Press), 124, par. (a) 이하.

답변자 : (2a) 시인해야 함
이 유 : (2b) (0)과 (1)로부터
〈반 박〉
질문자 : (0) 당신이 왕이 좌정해 있는 것을 알거나 왕이 좌정해 있지
  않는 것을 알거나이다.
답변자 : (0a) 시인해야 함
이 유 : (0b) (0)은 positum
질문자 : (1) 당신은 왕이 좌정해 있는 것을 알지 못한다.
답변자 : (1a) 시인해야 함
이 유 : (1b) (1)은 참이고 무관함
질문자 : (2) 당신은 왕이 좌정해 있지 않는 것을 안다.
답변자 : (2a) 시인해야 함
이 유 : (2b) (0)과 (1)로부터

Kilvington은 이 두 논변들을 통해 Burley의 이론에 모종의 비일관성
이 존재한다고 생각한 것에 틀림없고, 이를 불만스럽게 생각하여 이러한
문제를 일으킨 원인인 순서를 중요시하는 obligatio의 규칙을 수정할 생
각을 갖게 된 듯하다. 그러나 여기서 문제가 된 모종의 비일관성은 과연
어떠한 것이고, 과연 그것이 그렇게 문제가 되는가?

4. 유관성 및 유관성에 관한 규칙들에 반영되는 일관 성의 여러 유형

Stump나 Yrjoensuuri 등이 Burley의 이론의 비일관성이 지닌 성격
에 관해 하등 주의를 기울이지 않은데 반해, Spade는 다음과 같이 매우
조심스럽게 여러 가지 의미의 일관성을 구별하고, 버얼리의 이론이 어떠
한 의미에서 일관적이고, 또 어떤 의미에서 비일관적인가를 밝히려 한
다. [19]

---

19) Spade (1982a), 7-9.

(a) 어떠한 하나의 토론도 답변자가 어떤 단계에서든 불가능한 문장을 시인하도록 요구하지 않는다.

(b) 어떠한 하나의 토론도 답변자가 다른 단계들에서 A와 ~A 형식의 문장들을 시인하도록 요구하지 않는다.

(c) 어떠한 하나의 토론도 답변자가 다른 단계들에서 비일관적인 문장 집합의 각 원소들을 시인하도록 요구하지 않는다.

(d) 어떠한 하나의 토론도 다른 단계들에서 제안된 같은 문장에 대해 상이한 답변을 제시하도록 요구하지 않는다.

(e) 같은 positum으로부터 구성되고, 제안된 문장들의 순서에 관해서 만 다른, 어떠한 두 토론도 답변자가 한 토론에서는 어떤 문장에 대해 이런 답변을 제시하고, 다른 토론에서는 저런 답변을 제시하도록 요구하지 않는다.

(f) 같은 positum으로부터 구성되고, 제안된 문장들의 순서에 관해서 만 다른, 어떠한 두 토론도 답변자가 한 토론에서는 어떤 문장을 시인하고, 다른 토론에서는 같은 문장을 부인하도록 요구하지 않는다.

Spade는 Burley의 규칙체계가 (a), (b), (c)의 의미의 일관성은 지니고 있으나, (d), (e), (f)의 의미에서의 일관성을 지니고 있지 못하다고 주장한다. 그런데 Burley의 이론은 (b)-일관적이므로, 그것이 (d) -비일관적일 가능성은 이전단계에서 한 문장이 의심되었으나 나중단계에서 시인되거나 부인되었을 경우뿐이다. 1.136에 토대하여 (d)-비일관성을 앞서의 방식으로 재구성해 보자.

가 정 : 1. A와 B는 우연적 명제들이고, 서로간에 함축관계가 없다.
　　　　2. A는 의심스럽다.
　　　　3. B는 거짓으로 알려졌다.

질문자	답변자	이 유
(0) AVB	(0a) 시인해야 함	(0b) positum
(1) A	(1a) 의심해야 함	(1b) 무관하고 의심스러움
(2) B	(2a) 부인해야 함	(2b) 무관하고 거짓

(3) A   (3a) 시인해야 함   (3b) (0)과 (2a)로부터

여기서 같은 문장 A가 다른 단계들에서는 의심되고, (3)단계에서는 시인되고 있으므로, 명백히 (d)-일관성을 어기고 있음을 알 수 있다. 그리고 그뿐만 아니라 이 예는 쉽게 (e)-비일관성을 보이도록 변형될 수 있다. 또 (e)-일관성은 (f)-일관성을 함축하지만, 그 역은 성립하지 않으므로, (e)-일관성이 더 강한 유형의 일관성이고, 따라서 (f)-일관성은 더 강한 유형의 비일관성이다. 그리고 Kilvington이 지적한 Burley의 비일관성이 바로 (f)-비일관성이다. [20]

Kilvington이 (f)-비일관성을 Burley 이론의 결정적인 난점이라 보고 그 이론을 수정하려 했다고 하자. 그런데 Burley 의 이론의 (f)-비일관성이 도대체 왜 그렇게 문제가 되는가?

5. Spade의 반사실적 사유의 논리로서의 obligatio 해석

5.1. Spade는 obligatio 토론일반의 목적이 무엇인가 하는 문제에 비추어서만 이 문제에 답할 수 있다고 생각한다. 그리고 이 점을 지적한 직후 그는 obligatio를 반사실적 조건문의 이론으로 보는 독자적인 해석을 도입한다. [21] 그에 의하면, obligatio 토론에 있어서 시인된 명제들과 부인된 명제들의 모순명제들은 positum이 주어졌을 때 무슨 일이 일어나는지를 표현하는 것으로 보아야 한다. 참인 명제들을 시인하기 위해서는 어떤 것도 posit할 필요가 없지만, 거짓인 명제를 시인하기 위해서는 "그러면 무슨 일이 일어나는가를 알 수 있기 위해" 무엇인가를 posit할 필요가 있다. 시인된 명제들과 부인된 명제들의 모순명제들은 positum으로부터 어떤 의미에서 따라 나오는 것으로, positum이 주어졌을 때 그 조건하에서 무슨 일이 일어나는지를 표현하는 것으로 취급된다. 그러나 여기서의 '따라 나옴'은 Spade가 지적했듯, 결코 논리적 함축관계라 할 수 없다.

---

20) Spade (1982a), 8-9.
21) 같은 곳.

Obligatio 토론들의 가장 특징적인 면모의 하나가 positum이나 토론의 이전단계에서 나온 어떤 것에 의해 함축되지 않는 어떤 명제들(즉 무관하고 참으로 알려진 명제들)이 반드시 시인되어야 한다는 데 있기 때문이다. 이 시점에서 Spade는 우리가 그 대신 일종의 반사실적 사유를 다루고 있는 것이라고 주장한다. 그리고 나서 그는 반사실적 사유에 관한 현대철학의 논의들 중 가장 영향력이 큰 Lewis류의 가능세계 의미론을 끌어들여 자신의 입장을 강화하려 한다. [22]

Burley의 규칙들에 부합하는 obligatio 토론들은 시대착오를 무릅쓰고 현대 가능세계 의미론의 관점에서 본다면, 그런 토론을 positum이 참이지만 그 밖에는 현실세계로부터 가능한 한 최소로 다른 가능세계들의 집합을 불완전하게——그러나 토론이 진행될수록 더욱더 완전하게——구체화하는 것으로 볼 수 있다는 것이다. 그 구체화는 명제들을 하나하나 고찰함에 의하여, 그리고 이미 결정된 바와의 일관성을 위하여 꼭 필요할 때에만 답변자가 그것들의 참됨에 관해 아는 바로부터 이탈함으로써 진행된다. Spade는 이 관점에서 볼 때, Burley의 (f)-비일관성은 주어진 positum의 토대 위에서 그런 최소로 다른 세계를 구성하는 데 하나 이상의 방식이 있을 수 있다는 사실을 반영한다고 주장한다. 그리하여 이 접근방법은 반사실적 전건은 참이고 그 밖에는 현실세계와 '가장 가까운' 또는 '가장 유사한' 가능세계들을 참조함으로써 반사실적 조건문들이 평가되는 현대의 가능세계 의미론을 연상시킨다고 한다. [23]

Obligatio 이론을 반사실적 사유의 논리학으로 보는 이러한 해석은 1977년 Spade에 의해 처음 제시되었다. [24] 그러나, 그 스스로 고백했듯, 그는 거기서 반사실적 사유가 obligatio 토론들의 대략의 모델을 제공해 줄 수 있다는 가능성을 고려했을 따름이지 obligatio 이론들이 중세 철학자들에 의해 실제로 반사실적 사유의 해명으로서 의도되었다고 시사하지는 않았었다. 그에 의하면, 그러한 시사는 1980년의 공개강연에서 Kretzmann에 의해 처음으로 행해졌고, Spade는 거기서 큰 영향을 입

---

22) 같은 곳, 10-11; D. Lewis (1973), *Counterfactuals*, (Cambridge: Harvard University Press).

23) Spade (1982a), 11.

24) Spade (1977).

는다. [25] 또 다른 중요한 연구가인 Stump는 Kilvington이 "obligatio의 강조점을 토론의 문맥에서 특정의 추리들을 평가함에 있어서의 난점들로 부터 야기되는 산재한 역설들의 고찰로부터 벗어나 반사실적 조건문들의 논리로 향하게 했다"고 시사했다. [26] 그러나 이러한 Stump의 견해는 Spade의 견해와 확연히 다르다는 점을 Spade는 강조한다. Stump에 의 하면, obligatio가 원래 반사실적 조건문들의 이론은 아니었고 Kilvington과 더불어 그렇게 된 것이다. 그 반면, Spade의 주장은 obligatio들이 당초부터 반사실적 조건문들의 이론이었다는 것이고, Kilvington이 다른 어떤 것을 반사실적 조건문의 이론으로 변형시킨 것 이 아니라 한 가지 반사실적 조건문의 이론을 다른 반사실적 조건문의 이 론으로 대치한 것이다. [27]

Stump와 Spade간의 이러한 의견대립을 놓고 우리는 상당한 당혹감을 느끼지 않을 수 없다. 양자 모두 Kilvington에게서 반사실적 사유의 논 리를 발견하면서 어떻게 Burley에 관해서는 그렇게 의견이 갈릴 수 있는 가? 이러한 당혹감을 떨쳐 버리기 위해서는 다음과 같은 두 가지 질문을 던져야 마땅하다 : (1) Kilvington 이전의 obligatio 이론들, 아니 최소 한 Burley의 이론만을 연구대상으로 했을 때, 그것이 반사실적 사유의 논리연구였다는 증거를 Spade가 지니고 있는가? ; (2) Stump가 Burley에게서는 그렇지 않았던 obligatio가 Kilvington으로부터 갑자기 반사실적 사유의 논리가 되었다고 보는 근거는 무엇인가?

5.2. Spade는 obligationes를 반사실적 사유의 논리로 보는 해석이 강력한 증거를 가지고 있다고 주장하며 다음과 같은 다섯 가지 논거를 제 시한다. [28]

첫째, Rijk가 편집한 저자미상의 13세기 obligatio 문헌들로부터 토론 에서 시인된 명제들과 부인된 명제들의 모순명제들은 positum으로

---

25) 같은 논문, 5, 주 13.
26) Stump (1982), 332.
27) Spade (1982a), 5, 주 13.
28) Spade (1982a), 12-13.

부터 '따라 나오는' 것으로, positum이 주어졌을 때 '일어날' 일을 표현하는 것으로 볼 수 있는 길을 터준다.

둘째, obligatio 토론은 만일 positum이 참이지만 다른 모든 일은 가능한 한 동일하게 남아 있었더라면 무슨 일이 일어날까를 탐색하려는 것이므로 obligatio 토론 안에서 무관한 명제들을 취급하는 규칙들이 이해가능한 것이지 그렇지 않고서는 그런 규칙들을 어떤 동기에서 도입했는지 이해할 수가 없다.

셋째, 이 해석을 취해야만 불가능한 명제들을 posit하도록 허용한 사실의 논리적 근거를 제공할 수 있다.

넷째, obligatio 토론들은 반사실적 조건문들의 특징적인 속성들을 다수 지닌다.[29]

다섯째로, 이 해석은 Burley의 이론으로부터 Kilvington의 이론으로, 그리고 Kilvington의 이론으로부터 Swineshead의 이론으로의 전이를 그럴듯하게 설명해 준다.

이 증거들에 근거하여 Spade는 반사실적 사유를 위한 연역정리 (DTCR)라 불림직한 Obligatio 토론과 반사실적 조건문간의 가교 메타정리를 제안하며, 그것이 중세 철학자들의 의도를 포착하고 있다고 주장한다[30] :

(DTCRa) 모든 참인 (또는 주장가능한) 반사실적 조건문 "만일 A였더라면, B였을 것이다"──이것을 A□ → B라 쓸 것이다──에 대해 A를 positum으로 갖고 거기서 B가 시인되거나 -B가 부인되는 obligatio 토론이 있다.

(DTCRb) A를 positum으로 갖고 거기서 B가 시인되거나 -B가 부인되는 모든 obligatio 토론에 대해 참인 (그리고 주장가능한) 반사실적 조건문 A□ → B가 있으며, 그리고 B가 부인되거나 -B가 시인되는 그런 모든 토론에 대해 참인 A□ → -B가 있다.

---

29) Spade는 대표적 예로 소위, failure of strenthening the antecedent, failure of transitivity, failure of contraposition 등을 들었다. Spade (1982a), 12.
30) 같은 논문, 13-14.

5.3. Spade와 의견을 달리하는 학자들은 위에서 논의한 Burley의 이론을 따를 경우 생기는 문제점을 해결하기 위해 Kilvington이 무관성이나 유관성에 관한 규칙들을 수정한 데 초점을 맞춘다. Stump는 Kilvington의 규칙이 결국 다음과 같이 정식화된다고 본다 :

> 만일 한 명제가 토론에서 앞서 주장된 바로부터 함축되지도 (그것과) 양립 불가능하지도 않다면, 그것은 무관하다 ; 그리고 어떤 무관한 명제는 만일 사정이 positum이 그러하다고 말하는 바와 같았더라면 세계가 그러했을 방식의 토대 위에서 답변되어야 한다. [31)]

놀랍게도 Stump의 논문들에서는 왜 그녀가 Kilvington에게서 반사실적 사유의 논리가 발견된다고 믿는지에 관한 논의가 거의 전무하다. 실질적으로 방금 인용한 구절이 전부라고 할 수 있는데, 그럼에도 불구하고 그녀가 아무런 거리낌없이 그런 주장을 하는 것을 볼 때, 그녀는 이 인용절 안에 나타난 반사실적 조건문투의 표현들이 더 이상의 논의를 요하지 않는 결정적 증거라고 믿는 것에 틀림없다.

그리고 이러한 추측은 Yrjoensuuri가 이 문제를 다루는 방식에 의해 다시 한 번 확증된다. Obligatio 토론의 규칙들을 현대 논리학의 언어로 형식화한 아마도 최초의 시도일, 최근의 주목할 만한 논문에서 그는 각주와 참고문헌 목록을 제외한 부분에서 Spade의 obligatio를 반사실적 사유의 논리로 보는 해석을 교묘하게 비켜 감으로써 부작위에 의해 Stump의 진영에 가담하였고, Burley보다 앞선 13세기의 논의이면서도 새 답에 가까운 Boethius of Dacia의 이론을 소개함으로써 Spade에 대한 간접적 비판을 시도하였다. 그에게서도 obligatio 토론과 반사실적 사유의 논리와의 연관성은 오직 Kilvington을 통해서만, 그리고 특히 Kilvington의 무관성의 정의를 통해 논의되고 있다.

> …그[Kilvington]는 한 obligatio 토론의 답변들의 목록이 만일 positum이 참이었더라면 그러했을 상황을 기술해야 한다고 생각한다.

---

31) Stump (1982), 331.

Obligatio 토론에서 무엇이 어떻게 되고 있는지에 관한 이 해석은 보에 티우스나 Burley의 규칙들과는 다른 규칙들을 요구한다. 그 변화는 주로 앞서 주어진, 함의(entailment)에 의존하는 정의들에 의거할 때 무관하나 positum에 반사실적으로 의존하는 명제들에 관해서이다. Kilvington의 정의에 따르면, 한 명제는 만일 positum이 참이었더라도 그것의 진리값이 지금과 같았을 경우, 그리고 오직 그럴 경우에만 무관하다. [32]

우리는 앞서 Yrjoensuuri가 Burley의 규칙들을 기호화한 것을 살펴보았었다. 이제 그가 Burley와 Kilvington의 규칙들을 대조한 것을 살펴보자. 그는 Burley의 유관성에 관한 규칙들을 다음과 같이 기호화했었다 :

R1 : $(p)(q) ((P_{ab}p \ \& \ K_aL(p \rightarrow q)) \rightarrow OC_{ab}q)$
R3 : $(p)(q) ((P_{ab}p \ \& \ K_aL(p \rightarrow -q)) \rightarrow ON_{ab}q)$

이제 그는 Kilvington이 위의 R1, R2에 나타난 함의관계를 다음과 같이 반사실적 조건문으로 수정한 것이라고 설명한다 :

R1ky : $(p)(q) ((P_{ab}p \ \& \ K_a(p \ \Box \rightarrow q)) \rightarrow OC_{ab}q)$
R3ky : $(p)(q) ((P_{ab}p \ \& \ K_a(p \rightarrow -q)) \rightarrow ON_{ab}q)$

이러한 관찰을 통해 Stump와 Yrjoensuuri가 obligatio가 반사실적 사유의 논리와 연결되는 한 무엇보다 앞서 kilvington과 연결지으려 하는 까닭이 그가 obligatio의 규칙들의 정식화 자체에서 반사실적 조건문투의 표현들을 사용했다는 사실에 있다고 추측하는 것은 지극히 자연스럽다고 여겨진다. 또한 이러한 추측은 그들이 Burley에게서 반사실적 사유의 논리를 발견하지 못한 까닭도 아울러 밝혀 준다. Burley는 obligatio의 규칙들 자체에서 반사실적 사유를 연상시키는 표현을 쓰지 않았으니

---

32) Yrjoensuuri (1993), 71-72.

까.

이제 Spade와 그의 비판자들의 논거를 모두 살펴보았으므로 우리는 의견대립이 생긴 연유를 다소나마 이해할 수 있게 되었다. Burley의 이론, 아니 당초 모든 obligatio 이론들이 반사실적 사유의 논리라고 주장하는 Spade의 경우 obligatio의 규칙들에 반사실적 조건문투의 표현이 등장하느냐 하는 차원에서가 아니라 무언가 다른 어떤 차원에서 그런 주장을 하고 있는 것이다. 그리고 그 차원이란 다름아니라 positum이 주어지고 obligatio 토론이 끝날 때까지 계속 명제들이 제안되어 가는 obligatio 토론 전체가 반사실적 조건문의 진리값을 찾아가는 과정과 대응한다고 생각하는 거시적인 차원이다. 이 점은 Spade의 반사실적 사유의 연역정리를 상기할 때 자못 분명하다.

6. Kilvington의 이론

6.1. 앞절에서 우리는 Stump와 Yrjoensuuri의 논의를 빌려 Kilvington이 Burley의 유관성 또는 무관성에 관한 규칙들을 수정하려 했던 것을 보았다. 그러나 조금만 주의깊게 살펴보면, Stump와 Yrjonsuuri의 논의는 최소한 외관상 상당한 차이가 있다는 것을 알게 되고, 그것은 Kilvington에 의한 Burley의 이론의 수정이 그렇게 쉽게 이해될 수 있는 것이 아님을 보여 준다.

Stump 자신은 전혀 논의하지 않았으나, 그녀의 정식화를 따를 경우, Kilvington은 Burley의 유관성과 무관성의 정의(앞서의 D)는 그대로 받아들이면서, 그에 따라 무관한 명제들을 다루는 규칙에 다음과 같이 수정을 가한 것이 된다.

I1ks : $(p)(q)$ $((P_{ab}p \ \& \ Iq \ \& \ K_a(p\square \rightarrow q)) \rightarrow OC_{ab}q)$

I2ks : $(p)(q)$ $((P_{ab}p \ \& \ Iq \ \& \ K_a(p\square \rightarrow -q)) \rightarrow ON_{ab}q)$

I3ks : $(p)(q)$ $((P_{ab}p \ \& \ Iq \ \& \ -K_a(p\square \rightarrow q) \ \& \ -Ka(p\square \rightarrow -q)) \rightarrow OD_{ab}q)$

그러면, Kilvington의 이론체계는 D1-2, T1-3, P1, R1-4, 그리고 I1-3ks로 이루어지는 명제집합이 될 것이다.

한편 Yrjoensuuri에 따른다면, Kilvington은 유관성에 관한 규칙들 뿐 아니라 유관성과 무관성의 정의 자체에 수정을 가한 것이고, 그 수정 된 정의를 가지고서 무관성에 관한 Burley의 규칙들을 받아들여 무관한 명제들을 다룰 수 있다고 주장한 것이다.[33] 그러면, Kilvington의 이론 체계는 수정된 정의(D1-2), T1-3, P1, R1ky, R3ky, 그리고 I1-3를 포 함하며, D1-2가 어떻게 수정되느냐에 따라 R2, R4의 운명이 결정되게 될 것이다.

한 가지 분명한 것은 Stump나 Yrjoensuuri 모두 유관성과 무관성에 관한 규칙이 유관성과 무관성의 정의와 밀접한 상관관계에 있다는 사실을 간과함으로써 Burley의 이론이 Kilvington에 의해 어떻게 수정되었는지 에 관해 총체적 조망을 결여하고 있다는 점이다.

6.2. 이들과 비교해 볼 때 Spade는 이 점에서도 역시 빈틈없는 면모 를 보인다.[34] 그는 우선 Burley의 이론의 (f)-비일관성을 피하기 위해 Kilvington이 고려했음직한 방안들을 지적한다. (f)-비일관성이 초래된 까닭을 그는 Burley가 단지 유용한 규칙으로 꼽은 제안되는 명제들의 순 서가 중요하다는 규칙에서 찾고, 그것이 궁극적으로 의존하는 유관성의 정의, 특히 D2에서 X_i가 positum 자체뿐만 아니라 제안되는 명제들 중 시인된 것들과 제안되었으나 부인된 명제들의 모순명제들을 포함한다는 사실에서 찾는다. 그렇다면 (f)-비일관성을 피하기 위해 D2를 다음과 같 이 수정하는 방안을 생각할 수 있다 :

D2sw : X_i는 오직 positum만을 포함한다.

Kilvington이 실제로 이러한 방안을 고려했음에 틀림없으나, 그러한 수정이 오히려 더 큰 문제점을 가져오는 것을 깨닫고 채택하지 않았다는 것이 Spade의 추측이다. 흥미로운 것은 Burley의 이론체계에서 D2를

33) Yrjoensuuri (1993), 72.
34) 이하의 논의는 Spade (1982a), 25-31에 근거한다.

D2sw로 바꾸고, 나머지 규칙들과 정의를 보유할 때——즉 T1-3, P1, R1-4, I1-3, D1, 그리고 D2sw로 이루어지는 명제집합을 취할 때——우리가 Roger Swineshead가 실제로 취한 이론을 얻게 된다는 것이다. 나아가서 Swineshead는 자신의 이론이 Spade가 지적한 소위 (c)-비일관성을 범한다는 것을 알고 있었다.

이 글에서는 자세히 논할 수 없으나, Spade는 대단히 복잡한 논의를 통해 결국 Kilvington이 다음과 같은 이론체계에 도달했다고 주장한다[35]:

D2ksp : A가 positum이고 'B'가 모든 기본문장들을 치역으로 할 때, X를 A를 포함하고,
  (a) 만일 A가 B를 함축하면, B∈X ;
  (b) 만일 A가 -B를 함축하면, -B∈X ;
  (c) 만일 A가 B도 -B도 함축하지 않으며, 그리고
    (i) B가 참으로 알려졌으면, B∈X ;
    (ii) B가 거짓으로 알려졌으면, -B∈X ;
    (iii) 그렇지 않으면, B∈X이거나 -B∈X이되 양자 모두는 아님.
그러면,
D1ksp : 한 문장 C는, 그것이 기본문이든 아니든,
  (a) 모든 X가 C를 함축하거나
  (b) 모든 X가 -C를 함축할 때, 그리고 오직 그런 경우에만 유관하다.
Rksp : (a) 만일 C가 계열상 유관하면, 그것은 시인되어야만 한다.
  (b) 만일 C가 양립 불가능적으로 유관하면, 그것은 부인되어야만 한다.
Iskp : (a) 만일 C가 무관하면, 그것은 의심되어야만 한다.

그리고 Spade는 이러한 Kilvington의 이론체계가 (f)-비일관성을 피하는 대신, (c)-비일관성을 지니며, 나아가서 Swineshead의 이론과는

---

35) Spade (1982a), 27.

달리 (b)-비일관성 및 (a)-비일관성까지 지닌다고 주장한다. [36]

7. 맺는말

이 글의 벽두에서 밝혔듯이 우리는 obligatio에 관해 완전히 무지함을
자인할 수밖에 없다. 이 글은 obligatio 이론을 반사실적 사유의 논리로
보는 해석과 관련하여 Spade와 Stump, Yrjoensuuri 등 그의 비판자들
간의 혼선을 해소함으로써 논의의 전환점을 마련하겠다는 지극히 소박한
목적에서 시도되는 필자의 연작의 일부로서, 논리적 논점들에 초점을 맞
추어 Spade의 해석이 그의 적대자들의 해석보다 월등함을 보이는 데에만
관심을 집중하였다. 그 결과, 최소한 다음과 같은 측면에서 Spade의 우
월성이 드러났다고 믿어진다. 첫째, 그는 obligatio의 무관성과 유관성
에 관한 규칙들을 유관성 및 무관성의 정의들과 아울러 포착함으로써
obligatio 이론들을 총체적으로 조감하고 있다. 둘째, 그는 obligatio 이
론들에서 핵심적으로 중요한 일관성과 비일관성의 개념을 섬세하게 구별
해 냄으로써 장차의 심도있는 연구를 예비하였다. 셋째, obligatio 이론
을 반사실적 사유의 논리로 보는 그의 해석은 단순히 표층적 차원에서 중
세인들이 반사실적 조건문투의 표현들에 관심을 보였음을 지적하는 것을
넘어 거시적 차원에서 obligatio 토론들이 반사실적 조건문들의 진리값을
결정하는 절차로서 작동했을 수도 있다고 하는 가능성을 제시하였으며,
그것을 소위 반사실적 조건문의 연역정리로 우아하게 정식화하였다.

정작 중요하고도 신나는 작업은 이제부터이다. 필자는 다른 기회에[37]
Spade의 해석을 작업가설 삼아 과학사가들과의 연계하에 14세기 옥스포
드 계산가들의 사고실험의 자연학을 탐구할 가능성을 시사한 바 있는데,
그에 앞서 논리학자와 철학자, 아니 현대 논리학자와 논리학사간의 연계
부터 서둘러야겠다는 것이 이 글을 통해 얻는 한 가지 교훈이 아닌가 한
다. 만일 Spade의 해석이 기본적으로 옳다면, 우리는 이제 그가 시도했
듯, 반사실적 사유의 논리라는 관점에서 다양한 중세의 obligatio 이론들

36) 같은 논문, 28-29.
37) 각주 1 참조.

을 재검토해야 하며, 이 일을 위해서는 현대 논리학자들의 도움이 절대 필요하다. 그러나 현대 논리학자들이 반사실적 조건문의 분석문제에서 아직껏 합의에 이르지 못했다는 점을 생각하면, 논리학사와 현대 논리학의 연계가 역으로 현대 논리학에도 도움이 될지 모른다는 생각을 하게 된다. Spade가 지적했듯, Burley는 Kilvington의 비판이 나오기 이전에 이미 자신의 이론이 (d)-비일관성을 지니는 것을 알고 있었고, Spade의 표현을 따르면, 그것을 '무해하다'고 본 것 같은데,[38] 이 점을 확대해석하면, 어쩌면 그는 올바른 반사실적 사유의 논리는 (d)-비일관성을 필요조건으로 지녀야 한다고 생각했는지도 모르는 일이다. 또 Spade가 보고했듯,[39] Kilvington의 도전, Swineshead의 새 답 등이 15세기에 이르러서는 이미 구시대의 유물로 폐기되었다는 사실 자체가 최소한 중세 철학자들의 관점에서 Burley의 이론이 다른 것들보다 우월했음을 보여 준다. 만일 Spade가 옳다면, 그리고 현대 논리학자들이 진정 공평무사하다면, 조만간 우리는 Burley와 Lewis간의 혈투를 감상하게 될지도 모른다. 그토록 엄숙한 자리에서 이런 망상을 토로하는 이유는 단 하나, 올바른 반사실적 사유의 논리를 찾는 문제가 남의 일이 아니기 때문이다.[40]

---

38) Spade (1982a), 8.
39) Spade (1982b), "Obligations: B. Developments in the Fourteenth Century", Kretzmann et al. (eds.), (1982), 335.
40) 귀중한 자료를 구해 준 김동원 교수, 이석재 선생, 그리고 김선욱 선생께 진심으로 감사한다.

라이프니츠 논리학의 발전과정
—그의 보편적 기호법 이론을 중심으로—

김 성 호

개 요

본 논문은 라이프니츠 논리학의 발전과정을 주로 '보편적 기호법'이라는 주제를 중심으로 검토한 것이다. 그의 보편적 기호법의 이론은 '보편적 학문언어의 사용'과 이러한 언어로 표현된 '명제들 사이의 추론의 계산'이라는 두 가지 측면을 지니게 되는데, 우선 보편적 학문언어의 사용이라는 측면에서 라이프니츠는 데카르트가 제시한 보편수학의 이념을 수용한 후 이를 논리학과 결합시키려는 시도를 보여 준다. 그 결과 라이프니츠는 인간의 사고과정에서 등장하는 가장 원초적인 개념들을 이른바 '인간사고의 기본철자'들로 제시하게 된다. 그리고 추론의 계산이라는 측면에서는 기본철자들을 조합하여 이루어진 명제들을 수량화 또는 대수화하여 계산하려는 시도가 등장한다. 이 과정에서 그는 현대 논리학에서 사용되고 있는 기법들을 거의 완벽한 형태로 등장시켜 사용하고 있다.

이러한 라이프니츠의 논리학이 구체적인 논리적 기법으로 사용될 만큼 완성된 형식을 지녔다고 말할 수는 없다. 하지만 적어도 그의 논리학은 현대에 등장한 명제중심의 기호논리학을 예견하게 하는 여러 요소들을 지니고 있으며, 이후 논리학의 발전에 큰 영향을 미쳤음을 부정할 수 없다.

1. 머리말

근대 합리론을 대표하는 철학자 중의 한 사람인 라이프니츠(Gottfried Wilhelm Leibniz, 1646-1716)는 철학의 여러 분야뿐만이 아니라 수학, 물리학, 언어학, 법률학 등 다양한 학문에서 독창적인 업적을 남긴 천재적 철학자로 널리 알려져 있다.[1] 그는 철학의 분야들 중 특히 형이상학과 논리학에 큰 기여를 한 것으로 평가되며 따라서 그의 사상에 대한 연구도 이런 분야와 관련해서 현재까지도 활발하게 진행되고 있다. 특히 논리학과 관련해서 그는 연역논리학의 분야에서 아리스토텔레스(Aristoteles)의 고전 논리학과는 확연히 구별되는 기호논리학의 발전계기를 마련하였으며 현대에도 통용되는 논리학상의 여러 기법과 아이디어들을 제공한 것으로 평가되고 있다.

그런데 그의 논리학을 탐구의 대상으로 삼을 경우에 두 가지의 접근방식이 있을 수 있다. 우선 첫번째의 접근방법은 논리학을 그의 사상체계를 형성하는 중요한 일부로 보고 그의 형이상학적 체계와 관련하여 논리학이 차지하는 위치와 의미를 살피는 것이다. 그의 대표적 저술인 『단자론』(*Monadology*)에서도 잘 드러나듯이 이른바 '단자'(Monad)라고 불리는 형이상학적 실체에 관한 이론은 그의 논리학, 수학 및 자연과학, 더 나아가서는 철학적 신학에 이르는 그의 철학 전체의 기초를 이룬다고 할 수 있다.[2] 그렇다면 그의 논리학을 탐구함으로써 그의 형이상학적 체계 전체로 접근하는 것이 가능해지며 그가 전체 철학체계를 구성해 나가는 기본적 규칙으로써 논리학은 중요한 위치를 차지하게 된다. 사실 20세기 초에 라이프니츠의 논리학을 현대적인 의미에서 재평가함으로써 그후 그에 대한 본격적인 탐구가 이루어지는 계기를 만든 러셀(B. Russell)과 쿠튀

---

1) 이에 대하여 Mates는 라이프니츠가 지금의 학문분류로는 10여 가지 이상에 달하는 학문에 몰두하여 큰 업적을 남겼지만 그의 연구활동은 거의 여가시간에—그는 평생을 법률가, 도서관 관리인, 귀족의 정치 및 학술고문 등의 직업을 가지고 생활했던 직업인이었으며 대학교수로서 연구생활에만 전념한 일이 한 번도 없었기 때문에—이루어진 것이라는 재미있는 언급을 하고 있다. B. Mates, *The Philosophy of Leibniz* (Oxford: Oxford Uni. Press, 1986), pp. 14-15 참조.

2) W. E. Abraham, "Predication", *Studia Leibnitiana* 7 (1975), pp. 1-2 참조.

라(L. Couturat)의 고전적인 저술은[3] 모두 이런 방식의 접근법을 택하고 있다. 특히 러셀은 자신의 저술에서 "라이프니츠의 철학은 거의 전적으로 자신의 논리학으로부터 도출되고 있다"고 단언하며[4] 이를 그 이후의 논의를 전개해 나감에 있어 일종의 대전제로 삼고 있다. 이런 방식의 접근법을 택할 경우 라이프니츠의 논리학에 대한 탐구는 자연스럽게 주어 -술어 형식의 명제에 바탕으로 한 우연적 진리와 이성적 진리의 구분, 동일률과 모순율의 형이상학적 의미, 동일물 구별불가능의 원리(the Principle of the Identity of Indiscernibles) 등의 논리적 요소로부터 출발하여 충족이유율, 가능세계와 최선의 세계 등에 관한 논의를 거쳐 결국 예정조화설과 신이 선택한 세계 그리고 그러한 신의 입장을 옹호하려는 변신론(Theodicy)에까지 이르게 된다. 하지만 이러한 접근방식은 엄밀히 말하자면 그의 논리학을 집중적으로 탐구한 것이라기보다는 그의 방대한 체계에 접근해 나가는 출발점으로서 논리학을 다루는 것이라 할 수 있다.[5]

이와는 다른 또 하나의 접근방식은 라이프니츠의 논리학을 하나의 독립적인 주제로 보고 이에 관해서 탐구하는 것이다. 즉 그의 철학체계의 다른 부분들과는 무관하게 논리학과 관련된 그의 주장들과 그들의 특징만을 분리시켜 논리학적 원리들과 원리들의 조합체계 그리고 그것이 내포하는 의미 및 현대 논리학과의 연결점 등을 살펴봄으로써 그의 논리학이 지닌 현대적 의미와 논리학의 발전에 기여한 바를 고찰할 수가 있다. 이런 측면에서 볼 때 그와 관련해서 다루어질 수 있는 대표적인 주제로는 보편적 학문언어(universal scientific language)의 사용을 시사한 것이라든지

---

3) B. Russell, *A Critical Exposition of the Philosophy of Leibniz*, Cambridge: Uni. of Cambridge Press, 1900. L. Couturat, *La logique de Leibniz*, Paris: Felix Alcan, 1901. 특히 Russell의 저서의 형성과정 및 Couturat의 저서와의 관계에 대해서는 W.H. O' Briant, "Russell on Leibniz", *Studia Leibnitiana* 11 (1979), pp. 159-222 참조.

4) Russell, 앞의 책, p. v.

5) Russell의 저술도 크게 보면 이런 방식으로 논의를 전개시키고 있으며 라이프니츠의 철학 전반을 다루는 다른 저술들도 거의 이런 방식에 따르고 있다. 그러한 대표적인 저술로는 N. Rescher, *Leibniz : An Introduction to his Philosophy*, New Jersey: Rowman and Littlefield, 1979와 H. Ishiguro, *Leibniz's Philosophy of Logic and Language*, Ithaca: Cornell UP, 1972 그리고 G. Martin, *Leibniz : Logik und Metaphysik*, Berlin: Walter de Gruyter, 1967 등을 들 수 있다.

보편언어로 표현된 명제들 사이의 추론을 계산(calculus of reasoning)
하려는 시도 등을 들 수 있다. [6] 물론 그가 이러한 논리적 기법을 완전히
완성하고 실용화하였다고 말할 수는 없지만 그가 시사한 바는 현대의 기
호논리학이 탄생하는 계기를 마련하였다는 점에서 그 중요성을 충분히 인
정할 수 있다.

이에 논자는 주로 후자의 접근방법을 택하면서 특히 라이프니츠의 보편
적 언어사용 또는 보편적 기호법(universal characteristics)의 이론,
그리고 이를 바탕으로 형성되는 보편적 학문의 이념 등에 초점을 맞추어
그의 논리학이 지닌 현대적 의미를 검토해 보려 한다. 이를 체계적으로
검토하기 위하여 논자는 우선 2절에서 라이프니츠가 보편적 기호법 또는
보편학문의 이념을 형성하는 데 큰 영향을 미친 근대철학 전반의 경향,
즉 보편수학의 이념 및 그러한 이념이 구체적으로 추구되어 나가는 과정
을 데카르트(Descartes)를 중심으로 하여 살펴보려 한다. 그후에 3절에
서는 본격적으로 이 이념을 수용하고 독창적인 방식으로 발전시킨 라이프
니츠의 견해를 원초적 개념들의 발견이라는 측면과 논리적 추론의 계산이
라는 두 영역으로 나누어 체계적으로 검토해 나가려 한다. 그리고 4절에
서는 이러한 시도들이 결합되어 라이프니츠 논리학이 가장 발전된 형태로
제시되는 『개념 및 진리의 분석에 관한 일반적 탐구』라는 저술에 관하여
상세히 살펴봄으로써 라이프니츠가 궁극적으로 도달하게 된 논리적 체계
를 밝히려고 한다. 마지막으로 5절에서는 이러한 라이프니츠의 시도가 지
니고 있는 논리학사적 의의와 현대 논리학과의 연결점들을 종합적으로 살
펴보는 것으로 이 논문을 구성하였다.

2. 근대철학에서의 보편수학의 이념

근대철학 전반에 걸쳐 수학은 매우 중요한 위치를 차지하는 학문이다.
많은 철학자들은 수학이 의심의 여지가 없는 가장 확실한 학문으로서 다
른 모든 학문들의 모범 또는 전형이 된다고 생각하였다. 그뿐만 아니라

---

6) 여훈근, 『현대 논리학』(서울 : 대영사, 1984), pp. 22-23 참조.

근대철학이 싹트는 르네상스기에 갈릴레이 (Galilei)가 "자연은 비밀스러운 언어로 씌어져 있다. 그런데 그 비밀을 푸는 열쇠는 바로 수학이다. 그러므로 자연을 제대로 읽기 위해서는 수학을 탐구하여야만 한다. …특히 역학은 전적으로 기하학을 기초로 하여 성립한다"[7]고 언급한 이후, 수학은 거의 모든 자연학의 기초가 되는 기본적인 학문으로서 다른 개별학문에 도달하기 위한 필수적 방법으로 간주되었다. 이러한 생각은 자연스럽게 확실하고 모범적인 학문인 수학이 사용하고 있는 논리와 운용기법을 다른 학문에도 도입하면 그 학문도 수학과 마찬가지로 확실한 학문이 될 수 있으리라는 기대를 낳게 되었고 따라서 보편학문으로서의 수학의 성립가능성, 보다 간략히 표현하자면 보편수학(mathesis universalis)에 대한 탐구로 이어진다. 우리는 이러한 탐구가 본격적으로 등장하는 좋은 예로서 데카르트의 경우를 들 수 있다. [8]

하지만 '보편수학'이라는 용어 자체는 데카르트의 저술에서 자주 등장하지는 않으며 이에 관한 그의 견해는 비교적 그의 초기저술인 『정신지도를 위한 여러 규칙들』(*Regulae ad diretionem ingenii*) 중 "규칙 4 : 진리를 발견하기 위해서는 방법이 필요하다"에[9] 집중되어 있다. 여기서 데카르트는 지금까지 학자들이 실지로 사용해 온 학문연구 방법의 가장 단순하면서도 성공적인 실례로서 대수학과 기하학의 방법에 관하여 언급함으로써 논의를 시작한다. [10] 그는 이 두 학문분과의 역사를 고대 그리스 시대까지 거슬러 올라가 검토하면서 이 두 분과가 놀랄 만한 성공을 거둘 수 있었던 것은 바로 인간의 지성 안에 들어 있는, 학문에 유용한 사고방식의 씨앗을 품고 있었기 때문이라고 주장한다. 따라서 아무리 난잡하게

---

7) K. Fischer, *Galileo Galilei* (München : Verlag C. H. Beck, 1983), p. 85에서 재인용 하였음.

8) 데카르트의 원전을 인용할 경우 *The Philosophical Writings of Descartes*, trans. J. Cottingham, R. Stoothoff, D. Murdoch (Cambridge : Cambridge UP, 1985) Vol. Ⅰ and Ⅱ (이하 CSM Ⅰ, Ⅱ로 약칭함)을 대본으로 삼았다.

9) 제목에서도 알 수 있듯이 원래 라틴어로 씌어진 이 저술은 데카르트가 자신의 주저인 『방법서설』을 출판하기 10여 년 전인 1628년경에 저술한 것으로 알려져 있지만 그의 생전에는 출판되지 않았다. 이 저술은 그가 죽은 지 34년 후인 1684년에 네덜란드어의 번역본으로 출판되었으며 라틴어 원전이 출판된 것은 1701년에 이르러서이다. CSM, Ⅰ, 7-8의 옮긴이 서문 참조.

10) 이하의 논의는 CSM, Ⅰ, 17-18의 내용을 요약한 것이다.

흩어져 있는 자료가 들어오거나 다른 방해요소를 포함하고 있는 내용도 두 분과의 방법을 거치게 되면 스스로 충분한 성과를 거둘 수 있게 된다는 것이다. 그렇다면 인간이성의 모든 원초적인 요소들을 포함하여 모든 주제에서 진정한 결과를 도출할 것을 목표로 삼는 모든 학문은 대수학과 기하학으로 대변되는 수학적 방법을 채용하여야 한다는 것이다. 이러한 주장을 바탕으로 하여 그는 당시의 학문적 상황에 대하여 다소간 비판적인 태도를 취한다. 자신이 수학에 능통하지 않은 자들은 누구든 지혜의 탐구에 동참할 수 없었던 까닭을 곰곰이 생각해 본 결과 수학이야말로 가장 쉽고 또 가장 필수적인 정신적 훈련이며 다른 더 중요한 학문들을 파악하기 위한 준비작업임을 확신하게 되었다는 것이다. 그런데 데카르트 당시대의 수학이 전혀 그러한 역할을 하지 못하고 있는 점에 비추어 보면 이전의 수학이 당대의 수학과는 전혀 다른 어떤 것이 아닌가 하는 회의에 빠져 들었다고 고백한다. 하지만 이는 이전의 수학이 당대의 수학과 전혀 다르기 때문이 아니라 당대의 학자들이 진정한 수학의 정신에 대한 완전한 이해를 하지 못했기 때문이라고 생각한다. 그래서 자신이 채택하려는 새로운 학문의 방법은 곧 당대의 다양한 오류들에서 벗어나 이전의 수학이 지니고 있었던 정신을 회복하려는 것이라고 주장한다. 이러한 과정을 거친 후에 그는 자신의 보편수학의 방법에 관하여 다음과 같이 언급한다.

대수학와 기하학이라는 개별분과로부터 나를 일깨워 수학에 대한 일반적인 탐구로 나아가도록 만든 것은 바로 이러한 반성들이었다. 그래서 나는 수학이라는 용어가 일반적으로 의미하는 바가 정확하게 무엇인지를 밝히려고 하였으며 위에서 말한 분과들뿐만이 아니라 천문학, 음악, 광학, 역학 및 다른 여러 학문들이 어떻게 수학의 부분으로 이해되는지를 알아내려고 하였다. 여기서 단지 수학이라는 용어의 근원을 찾아보는 것으로는 충분하지 않다. 왜냐하면 '수학'이라는 용어는 '학문적 연구'와 정확히 동일한 것을 의미하므로[11] 앞서 언급한 다른 여러

---

11) 여기서 '수학'에 해당하는 mathesis라는 용어는 그리스어에서 유래한 것으로서 원래는 배움 또는 학문일반을 의미하였으며 이런 의미에서 라틴어로는 통상 disciplina로 번역되었다고 하는데 데카르트는 바로 이 점을 지적하고 있다. CSM, I, 19의 옮긴이 주 1)과 2)참조.

학문들도 기하학과 동등하게 수학이라고 불릴 수 있기 때문이다…. 그래서 결국 내가 깨달은 것은 어느 특수분과에 한정되지 않으면서 질서와 측정에 관한 문제들에 관련해서 제기될 수 있는 모든 논점들을 설명할 수 있는 보편학문이 존재하여야만 한다는 사실이다. 그리고 이 **보편학문**은 새로운 어떤 이름이 아니라 전통적으로 사용된 **보편수학**이라는 이름으로 불려야만 한다. 왜냐하면 이 학문에는 다른 여러 학문들이 수학의 부분이라고 불리어지는 모든 이유들이 포함되어 있기 때문이다. [12]

이런 논의를 통하여 데카르트는 수학이라는 학문이 지니고 있는 보편성에 착안하여 이를 보편적 학문방법론으로 발전시키려는, 즉 보편수학으로부터 보편적 방법론을 도출하려는 강한 희망을 표현하고 있다. [13] 그는 우선 앞의 인용문에서 등장하듯이 수학이라는 용어의 어원을 예로 들면서 수학의 보편성이 수학을 할 수 있는 인간의 능력에 있다고 본다. 하지만 이전과 당시의 수학이 단지 수학을 통하여 확실한 지식에 도달할 수 있다는 심리적 신념 및 수학의 여러 분과에서의 제한된 성과만에 만족하고 있는 것을 비판하면서 이를 더욱 확대하고 정식화하여 세계에 대한 폭넓은 지식을 얻기 위한 객관적 도구로 활용할 것을 주장하고 있다. 즉 학문이 우리가 지닐 수 있는 확실하고 의심의 여지가 없는 지식들의 체계라고 한다면 이런 점에서 모든 학문에는 각각의 특수성을 넘어선 어떤 보편성이 존재한다고 할 수 있다. 따라서 이런 관점에서 보면 모든 학문은 동일한 것이며 보편적인 것이다. 그렇다면 당연히 학문적 지식에 도달할 수 있는 방법도 보편적인 것이어야만 한다고 할 수 있으며 이를 바로 보편수학에서 발견할 수 있는 가능성을 제시하고 있다. 그렇다면 그가 제시한 보편수학이 의미하는 것은 단순한 수학적 추론절차에 그치는 것이 아니라 엄밀한 의미에서의 학문방법론, 특히 모든 학문에서의 진리를 발견한다는 의미에서의 보편적 학문방법론이라고 할 수 있다. [14] 바꾸어 말하면 그는

---

12) CSM, I, 19. 강조표시는 논자가 한 것임.
13) Kraus는 이를 데카르트가 『정신지도를 위한 여러 규칙들』을 통하여 이룬 가장 중요한 사상적 발전 중의 하나이며 이런 태도가 이후의 사상적 전개에도 그대로 이어지고 있다고 평가한다. P. A. Kraus, "From Universal Mathematics to Universal Method: Descartes's 'Turn' in Rule Ⅳ of the *Regulae*", *Journal of the History of Philosophy* 21 (1983), pp. 171-172.

수학이 보편성을 지니고 있음을 인정하면서도 다른 한편으로는 당시의 수학이 보편적인 학문의 방법론으로 이용되지 못하는 점을[15) 비판하면서 자신이 수학을 바탕으로 한 방법론을 수립하고 이를 적극적으로 활용해 나갈 것임을 시사하고 있다.

이러한 데카르트의 시도가 완전히 현실화되어 실제로 그가 보편수학의 이념에 따라 학문의 방법론을 수립하고 이를 바탕으로 이후의 학문활동을 전개하였는지 아니면 보편수학의 이념은 문자 그대로의 이념에 그치고 이를 구체적인 학문의 방법론으로 발전시키는 데는 실패하였는지에 대한 문제는 논외로 하더라도[16) 데카르트의 이러한 생각이 근대철학 전반, 아니면 최소한 유럽 대륙의 여러 나라를 중심으로 활동하였던 수많은 철학자들에게 커다란 영향을 미쳤음은 의심의 여지가 없는 사실이다. 데카르트의 뒤를 이어 합리론의 대표적 철학자로 평가되는 스피노자(Spinoza)가 수학적 방법의 전형이라 할 수 있는 기하학적 방법의 확실성 및 중요성을 크게 신뢰하여 자신의 주저인 『에티카』(Ethica)를 유클리드 기하학의 체계와 똑같은 형식으로 저술하고 "기하학적 방법에 의해서 논증된" (ordine geometrico demonstrata)이라는 부제를 붙였음은 이미 널리 알려진 사실이다. 그리고 이러한 사상적 분위기가 라이프니츠에까지도 이어졌음은 쉽게 추측할 수 있다.

하지만 데카르트의 견해가 직접 라이프니츠에 영향을 미쳤음을 확인할 수 있는 증거는 보편수학의 이념과는 조금 다른 측면에서, 물론 보편수학의 이념과 밀접하게 관련되기는 하지만, 발견된다. 이제 다음 절에서는 이를 중심으로 하여 데카르트로부터 라이프니츠에 이르는 사고의 전개가

---

14) F. P. Van de Pitte, "Descartes' Mathesis Universalis", *Archiv für Geschichte der Philosophie* 61 (1979), p. 168 참조.

15) '규칙 4'에서는 당시의 수학이 그러한 역할을 하지 못한다는 점을 비판하고 있을 뿐 그 구체적 이유를 제시하고 있지는 않다. 그 대표적 이유로는 당시의 수학이 단지 자신의 체계에 따라 참인 명제와 거짓인 명제를 구별하였을 뿐 왜 그런가라는 근거를 논증하지 못하였다는 것, 즉 개별적 명제들과 궁극적 제일원리 사이의 관계를 밝히지 못했다는 점을 들 수 있다. 이에 관해서는 F. P. Van de Pitte, 앞의 논문, p. 159 참조.

16) 이에 대해서는 데카르트가 학문방법론의 수립에 성공하여 이를 이후의 형이상학이나 다른 학문의 연구에 적용하였다는 견해와 보편수학의 이념은 단지 그가 철학적으로 성숙하기 이전에 가졌던, 젊은 시절의 꿈에 지나지 않는다는 극단적으로 상반되는 평가가 공존하고 있다. Van de Pitte, 앞의 논문, p. 154-156 참조.

어떤 방식을 취하고 있는지를 살펴보고 라이프니츠의 논리학에 대하여 본격적으로 논의하려고 한다.

3. 보편적 기호법 이론의 형성과정

1) 원초적 개념들의 발견

보편적 기호법의 이론은 라이프니츠의[17] 논리학에 있어 가장 핵심적인 부분을 이루고 있으며 그가 논리학적 탐구를 통해서 궁극적으로 도달하려한 것이 바로 이 보편적 기호법의 이론이라고 해도 과언이 아니다. 이는 그가 거의 모든 논리학적 논문이나 저술들에서 이 이론에 관하여, 비록 조금씩 다른 표현을 사용하고는 있지만,[18] 언급하고 있다는 사실로부터도 잘 드러난다. 그런데 위너(P. P. Wiener)에 따르면[19] 보편적 기호법은 두 영역으로 나누어진다는 것이다. 첫번째 영역은 인간의 사고과정에서 등장하는 환원불가능한 모든 단순개념들을 발견하여 이를 조직화한 이른바 원초적 기호들의 체계, 또는 라이프니츠의 표현을 그대로 사용하면, "인간사고의 기본철자들의 목록"을 제시하는 부분이며, 두번째 영역은 복합적 개념들을 단순개념으로 아니면 단순한 개념들을 복합적인 것으로 환

---

17) 이 논문에서 라이프니츠의 원전을 인용할 경우 Leibniz, *Logical Papers*, trans. and ed. by G. H. R. Parkinson, Oxford : Clarendon Press, 1966 (이하 *LP*로 약칭) 및 Leibniz, *Selections*, trans. and ed. by P. P. Wiener, New York : Charles Scribner's Sons, 1951 (이하 *Selections*로 약칭)에 따라서 인용하였다. 따라서 라이프니츠의 논문이나 저술의 제목을 밝힐 경우에도 라틴어 제목이 아니라 위의 두 저서에 등장하는 영문 제목에 따르는 것을 원칙으로 하였다.

18) 라이프니츠가 가장 대표적으로 자주 사용한 표현은 'characteristica universalis'라는 라틴어 문구지만 이 이외에도 그는 'lingua universalis', 'lingua generalis', 'lingua realis', 'characteristica realis', 'lingua rationalis', 'characteristica realis', 'ars characteristica', 'scriptura universalis', 'ars characteristica combinatoria' 등의 라틴어 표현과 'caractère universel', 'grammaire raisonnée' 등의 프랑스어 표현 그리고 'kombinatorische Zeichenkunst'라는 독일어 표현을 사용하고 있다. H. W. Arndt, "Die Entwicklungsstufen von Leibniz' Begriff einer Lingua Universalis" in *Das Problem der Sprache*, hg. H. -G. Gadamer (München : Wilhelm Fink Verlag, 1967), p. 71 참조.

19) P. P. Wiener, "Introduction" to *Selections*, p. xxviii 참조.

원하는 규칙들을 포함하는 추론의 계산의 부분이다. 그렇다면 전자는 모든 학문들에서 사용되는 궁극적인 전제로서의 개념을 제공하고 이를 기호화하여 표현하는 것이며 후자는 개념들을 결합하여 명제로 형성함에 있어 등장하는 규칙들을 밝히고 이들을 체계화하는 것이라 할 수 있다. 이러한 위너의 지적은 매우 적절할 뿐만 아니라 현재의 논의를 전개해 나가는 순서를 정하는 데에도 큰 도움이 되므로, 논자는 우선 라이프니츠가 원초적 개념을 발견함에 있어 데카르트로부터 받은 영향을 추적함으로써 논의를 시작하려고 한다.

앞서 언급한 『정신지도를 위한 여러 규칙들』 중 '규칙 8'에서 데카르트는 '규칙 4'에서 등장한 보편수학의 방법론이 적용되는 대상에 관하여 다음과 같이 언급한다. "인식가능한 것으로서의 대상은 그들을 의식하는 인간 마음과 관련하여 질서지워질 수 있는데 그들이 오성의 대상인 한에 있어 그들은 자신의 본성이 극도로 단순한 것과 그 본성이 복잡하고 복합적인 것으로 분류될 수 있다."[20] 이런 언급을 통하여 인식과 관련된 대상의 본성을 논의에 도입한 데카르트는 곧 이어 '규칙 12'에서는 인식의 기본요소와 관련하여 "단순한 본성 또는 이러한 단순한 본성들의 상호결합 또는 조합을 넘어서는 어떤 것도 인식으로서 형성될 수 없다"고[21] 말한다. 그렇다면 그에 있어 인식은 인식대상이 지니고 있는 단순한 본성들을 직접 파악하거나 결합하는 것이 되고 단순한 본성은 인식의 가장 기본적이고 궁극적인 요소의 역할을 하게 된다. 데카르트와 라이프니츠의 직접적인 연결점이 발견되는 것은 바로 이 개념에서이다. 즉 이 개념을 더욱 세련화시킴으로써[22] 라이프니츠는 이를 자신의 논리학의 출발점으로 삼는다.

라이프니츠가 본격적으로 논리학과 관련하여 최초로 발표한 논문은 그가 라이프치히 대학의 철학부에 교수자격을 얻기 위하여 1666년에 제출한 『조합의 기술에 관하여』(*Of the Art of Combination*)이다. 여기서 그는 데카르트의 단순한 본성의 개념을 이른바 '인간사고의 기본철자'

---

20) CSM, I, 32.

21) CSM, I, 46.

22) 구체적인 세련화의 방향에 대하여 Kneale은 데카르트의 저술에서 등장하는 심리적 요소를 제거하고 특히 논리적 형식의 중요성을 강조하려는 것이 라이프니츠의 기본적인 생각이었다는 지적을 하고 있다. W. Kneale and M. Kneale, *The Development of Logic* (Oxford: Clarendon Press, 1962), p. 324 참조.

(the alphabet of human thought)라는 것으로 변형하여 제시한다. [23]
그는 데카르트가 사물을 구성하는 단순한 본성으로 표현한 것을 인간의
사고에서 작용하는 여러 가지 개념들로 수용하면서 이런 개념들 중 가장
기본적인 것을 인간사고의 기본철자들로 간주하고 있다. 즉 여러 철자들
이 일정한 법칙에 따라 배열되면 의미를 지닌 단어가 되듯이 인간의 사고
과정도 가장 기본적인 개념을 발견하고 이를 결합함으로써 설명할 수 있
다는 것이다. 그리고 이러한 작업을 바탕에 깔려 있는 그의 생각은 인간
의 복잡한 사고과정 및 그러한 사고를 통하여 형성된 지식의 축적으로서
의 학문을 가장 단순한 요소들로 환원함으로써 보다 확실하게 고찰할 수
있다는 것이다. 특히 그는 인간사고의 기본철자들이 여러 가지 방식으로
결합되는 조합의 원리를 규정함으로써 인간의 사고와 학문의 구조를 명백
히 밝힐 수 있으리라는 기대를 보이고 있다. 이러한 그의 시도는 이미 당
시 사용되고 있었던 수학의 기호법을 응용하여 보다 폭넓게 적용하려는
것으로서 인간사고의 기본철자들을 마치 수학의 기호와 같은 것으로 보고
있다. 이런 측면에서 그의 시도는 수학의 방법을 확대하여 모든 학문에
적용할 수 있을 것이라고 생각한 데카르트의 보편수학의 이념과도 밀접히
연결되는 것이며, 이후에 더욱 발전된 형태로 등장할 보편적 기호법의 기
본적인 생각을 이미 드러내고 있는 것이라 할 수 있다.

이제 『조합의 기술에 관하여』에 나타나 있는 내용을 보다 구체적으로
살펴보기로 하자. 여기서 라이프니츠는 자신의 생각을 보다 구체화하기
위한 실례로서 27개에 달하는 인간사고의 기본철자들의 목록을 제시하고
있다. 이 목록에서 그는 다른 어떤 세부적인 분류도 하지 않은 채 우선
27가지의 개념을 제시하는데 이는 주로 수학적 개념들에도 도출된 것으로
서 그 구체적 내용은 다음과 같다. [24]

1. 점. 2. 공간. 3. 사이. 4. 인접 또는 이어져 있음. 5. 분리 또는
떨어져 있음. 6. 극점 또는 가장 멀리 떨어져 있음. 7. 속해 있음. 8.
포함됨. 예를 들면 원의 중심은 원주를 포함하고 있는 원에 속해 있다.
9. 부분. 10. 전체. 11. 동일. 12. 차이. 13. 단일. 14. 수. 15. 다

23) *LP*, 6.
24) *LP*, 6-7.

수. 예를 들면 2, 3, 4, 5 등등. 16. 거리. 17. 가능. 18. 전칭. 19. 주어져 있음. 20. 변화. 21. 방향. 22. 차원. 23. 길이. 24. 연장성. 25. 깊이. 26. 공통성. 27. 진행 또는 연속됨.

라이프니츠는 이러한 기본철자들의 목록을 제시하면서 이들을 '제일명사들'(the first terms) 또는 '개념적 원자들'(conceptual atoms)이라는 명칭으로 부르기도 한다. 특히 여기에서 '명사'라는 표현이 등장하는 것은 인간사고의 기본철자들이 수학적인 개념으로부터 도출된 것이기는 하지만 적어도 자신이 가지고 있는 논리적 신념, 즉 논리학의 대상이 되는 모든 명제는 주어와 술어로 구성되는데 주어와 술어는 각각 명사여야만 한다는 신념을 반영하고 있는 것으로 보인다.[25] 또한 이 목록이 지니는 중요성 중에 하나는 기본철자들을 완전히 찾아냄으로써 논리적으로 환원가능한 모든 기본개념들을 획득할 수 있다는 것이다. 만일 이러한 작업이 완성된다면 우리는 논리학에서 다루어질 수 있는 모든 구체적 개념들에 도달할 수 있게 되며 이는 특히 연역논리적인 측면에서 커다란 기여라 할 수 있을 것이다. 하지만 라이프니츠가 제시한 목록이 현대적 관점에서도 충분히 만족스러운 것으로 보이지는 않는다. 이러한 목록을 제시하기에 이른 기본적인 생각은 매우 뛰어난 것이지만 이 목록은 그저 당시에 사용되었던 수학적 개념들을 아무런 체계나 분류가 없이 나열해 놓은 것에 지나지 않으며 "철학적인 측면에서는 전보에서 사용되는 부호보다 나을 것이 없다"[26]고 할 수 있다.

하지만 『조합의 기술에 관하여』라는 논문은 그가 20세의 나이에 발표한 것으로서 단지 그의 논리학이 앞으로 전개되어 나갈 방향만을 암시한 것일 뿐 어떤 완성된 사상체계를 제시하는 것은 아니라고 할 수 있다. 특히 보편적 기호법이 지니는 두 측면, 즉 인간사고의 기본철자들을 발견하는 것과 이들 사이의 관계를 논리적으로 추론하는 것과 관련해서 본다면 그의 논문은 주로 전자의 측면을 다루고 있으며 후자에 대한 배려는 상당히 소홀하다고 말할 수 있다. 그렇다면 우리는 그의 목록에서 나타나는 불완전함을 아직 그의 체계가 완성되지 않은 상태에서 드러나는 미숙함으로서

---

25) G. H. R. Parkinson, "Introduction" to *LP*, p. xii-xiii 참조.
26) 이 표현은 Kneale and Kneale, 앞의 책, p. 326에서 인용한 것이다.

어느 정도 수긍할 수 있을 것이다. 그리고 오히려 우리가 주목하여야 할 점은 그의 목록에서 드러나는 불충분함이 아니라, '인간사고의 기본철자들'을 가지고 인간의 모든 지식들과 그러한 지식의 체계로서의 학문을 '보편적'으로 기술할 수 있다는 그의 초기의 생각이 그의 일생을 통해 유지되면서 계속 보완, 발전된다는 점일 것이다. 그렇다면 이제 중요한 것은 그가 『조합의 기술에 관하여』라는 논문에서 가지고 있었던 생각들이 그 이후에 발전되어 나가는 과정을 추적해 보는 일이다.

2) 논리적 추론의 계산법

앞서의 언급대로 『조합의 기술에 관하여』라는 논문이 발표된 것은 1666년의 일이다. 이 논문에 포함되어 있는 생각 자체는 선구적이고 뛰어난 것이었지만 라이프니츠는 이 논문을 통해서 획득하려고 하였던 라이프치히 대학의 교수직을 얻는 데는 실패하였다.[27] 이 일을 계기로 그는 학계와의 인연을 끊고 그후 약 10여 년간에 걸쳐 유럽의 여러 곳을 여행하는데 특히 파리에 체류하였던 약 5년간(1672-76)은 그의 연구활동이 가장 활발하였으며 큰 성과를 거둔 기간으로 전해진다. 이 기간 동안 그는 각 방면의 수많은 학자들을 직접 만나 학문적인 토론을 하였으며 그 자신의 철학체계에서 중요한 위치를 차지하게 되는 여러 이론들을 더욱 발전시켜 나갔다. 파리의 생활을 마친 후 그는 1676년 독일의 하노버(Hannover)로 돌아와 당시 하노버를 다스리고 있던 요한 프리드리히(Johann Friedrich) 후작 아래에서 도서관장 및 학술고문으로 일하게 되었는데 그는 그 이후 생을 마칠 때까지 40년간 계속 프리드리히 후작 가문을 위하여 일하였다.

하노버에 정착한 후 라이프니츠는 파리 체류기간에 얻은 여러 학문적인 성과를 바탕으로 하여 보다 성숙된 학문적 체계를 드러내는 저술들을 계속 발표하는데 이런 사정은 논리학의 분야에 있어서도 마찬가지이다. 특

---

27) 이보다 1년 후인 1667년 2월 그는 알트도르프(Altdorf) 대학에서 법학박사 학위를 받고 그 대학으로부터 교수직을 제의받았으나 그 자신이 이를 거절하였다. 거절의 이유는 분명하지 않지만 아마 보다 넓은 세계를 여행하면서 다양한 학문을 접하기 위한 것으로 추측된다. 이러한 전기적 사실에 관해서는 정종, 최재근 편저, 『라이프니츠와 單子 形而上學』 (이리 : 원광대학교 출판부, 1984), pp. 108-110 참조.

히 그는 하노버에 정착한 직후부터 그후 약 15년간에 걸쳐 집중적으로 논리학적 저술들에 몰두하였다.[28] 이때 씌어진 대표적 저술로는『논리적 계산의 요소들』(Elements of a Calculus, 1679),『수를 통한 논리적 결정의 규칙들』(Rules from which a Decision can be made, by means of Numbers, about the Validity of Inference and about the Forms and Moods of Categorical Syllogism, 1679),『보편적 논리계산의 실례』(A Specimen of the Universal Calculus, 1679-86 사이로 추정),『보편적 논리계산의 실례보충』(Addenda to the Specimen of the Universal Calculus, 1679-86사이로 추정),『개념 및 진리의 분석에 관한 일반적 탐구』(General Inquiries about the Analysis of Concepts and of Truth, 1686) 등이 있는데 이 저술들은 라이프니츠의 논리학이 점진적으로 발전되어 나가는 과정을 잘 보여 준다.

현재 논의하려는 논리적 추론의 계산법이라는 주제와 관련해서 가장 결정적인 의미를 지니는 중요한 저술은『개념 및 진리의 분석에 관한 일반적 탐구』이지만 위에서 언급된 다른 저술들에서도 논리적 추론의 계산법이라는 목표에 도달하려는 라이프니츠의 다양한 시도들이 잘 드러나는데 그러한 구체적인 예로서 다음과 같은 것을 들 수 있을 것이다. 우선『논리적 계산의 요소들』에서 그는 논리학에서 사용되는 여러 용어들, 예를 들면 '명사'(term)나 '명제'(proposition) 등에 대한 엄밀한 정의로부터 출발하여 '긍정'과 '부정', '유개념'과 '종개념' 등에 관한 논의를 전개해 나가고 있다. 이러한 과정에서 그는 논리적 추론의 계산법과 관련된 중요한 요소 한 가지를 제시하는데 그것은 바로 각각의 명사를 일종의 기호로서의 숫자를 사용하여 표현하려는 생각이다.[29] 즉 각각의 명사에 고유한 수를 부여한 후 이를 사용하여 논리적 추론을 한다면 논리적 추론의 과정을 마치 대수적인 계산과 같이 표현할 수 있지 않겠느냐는 것이다. 그리고 수는 무엇보다도 확실하고 다루기가 간편한 도구이므로 추론과정에서 명사로서의 개념 자체를 사용하는 것보다 훨씬 더 분명하고 결정적인 결

---

28) LP에 수록되어 있는 16편의 저술 및 논문들 중 12편이 이 시기에 씌어진 것이며 Selections에 수록되어 있는 20여 편 중에도 15편이 이 시기에 씌어진 것으로 기록되어 있다. 위의 두 책에서 라이프니츠의 저술들이 씌어진 시기가 다소 차이가 나는 부분도 있는데 이 경우에 저술들이 씌어진 연도를 밝힐 때에는 LP에 표시되어 있는 것에 따랐다.

29) 이하의 논의는 LP, 17-18 참조.

과를 제시하는 것이 가능하다는 점을 들어 숫자 사용의 유용성을 주장하고 있다. 이어서 그는 이러한 생각을 구체화한 간단한 예를 제시한다. 만일 "인간은 이성적인 동물이다"라는 명제를 다루려 할 때 '이성적인'을 '2'라고 하고 '동물'을 '3'이라 한다면 이 두 개념이 복합된 '인간'은 '2*3'이라는 곱셈의 형태 아니면 아예 '6'이라는 하나의 수로 표현할 수 있다는 것이다. 그리고 이런 방법을 채용한다면 '이성적인'을 'r', '동물'을 'a', '인간'을 'h'로 기호화하여 "인간은 이성적인 동물이다"라는 명제를 단지 'h=ar' 또는 'h=a*r'의 형태로 표현하는 것보다 명제의 내적인 구조에 대하여 최소한 어떤 암시를 할 수 있다는 장점이 있다고, 즉 'h'라는 하나의 기호보다는 '2*3'의 결과로서의 '6'이라는 수를 통해서 우리는 더 많은 것을 얻을 수 있다고 주장한다.

이러한 논리적 추론의 수량화 또는 대수화 작업은 『수를 통한 논리적 결정의 규칙들』에서 보다 발전된, 복잡한 형태로 등장한다. 여기서 라이프니츠는 고전 논리학에서 등장하는 기본적인 명제들인 전칭명제와 특칭명제들을 다시 긍정과 부정으로 나누어 이를 숫자로 표현하고 계산할 수 있는 방법을 제시하는데 계산의 주요한 논점은 환질, 환위법이 어떤 경우에는 적용되고 어떤 경우에는 적용되지 않는가를 살피려는 것이다. 그리고 그 구체적 실례는 다음과 같이 이루어진다.[30]

우선 명제에 등장하는 각각의 명사들에, 그것이 주어로 쓰이건 아니면 술어로 쓰이건 상관없이, 두 개의 수로 표현하는데 그중의 하나는 양수를 다른 하나는 음수를 사용한다는 것이다. 예를 들어 "모든 현명한 사람은 신앙심이 깊다"라는 전칭긍정 명제에서 현명한 사람에 +70과 −33을 부여하고 신앙심이 깊다에 +10과 −3을 부여한다면 +70은 +10으로 나누어 떨어지고 −33은 −3으로 나누어 떨어진다는 관계가 성립된다. 그런데 주어와 술어의 위치를 바꾸어 "모든 신앙심이 깊은 사람은 현명하다"는 명제를 만들고 마찬가지로 주어를 +10과 −3, 술어를 +70과 −33으로 표현한다면 +10을 +70으로 나눌 수 없고 −3을 −33으로 나눌 수 없게 되므로 앞서와 같은 관계가 주어와 술어 사이에 성립하지 않고 따라서 만일 전자의 명제가 참이라면 후자의 명제는 거짓임이 판명된다는 것

---

30) *LP*, 26-30 참조.

이다. 이어서 라이프니츠는 이러한 방법을 보다 확대하여 환질법, 환위법 등의 확인에 적용하며 이로부터 모순대당, 반대대당 관계 등의 고전 논리학에서 등장하는 원리들을 증명할 수 있다고 주장한다.

하지만 라이프니츠 자신이 이러한 방법을 계속 발전시키지 않았다는 사실로부터도 알 수 있듯이 이 방법이 완전히 성공하여 구체적인 논리적 기법으로 완성되었다고 말할 수는 없지만[31] 문제에 접근하는 착상 자체는 매우 뛰어난 것이며 명제계산을 마치 수학적 계산처럼 취급하려는 그의 생각을 구체화한 것이라고 할 수 있다.

위의 방법이 지니고 있는 최대의 난점이 각각의 명사에 임의의 숫자를 부여할 경우 그 숫자들 사이의 내적 관계가 매우 불분명한 것이라고 한다면 이는 곧 명사의 결합으로 표현된 명제들 사이의 관계를 규정하는 추론의 원리가 제대로 정립되지 않은 것이라고 바꾸어 표현할 수 있을 것이다. 이제 라이프니츠는 『보편적 논리계산의 실례』와 『보편적 논리계산의 실례보충』이라는 두 편의 논문을 통해서 바로 이러한 추론의 기본적 원리들을 밝히려는 노력을 하고 있다. 이 두 편의 논문은 모두 미완성의 형태로 남아 있으며 단지 추론의 계산에서 사용될 수 있는 원리들을 개략적으로 드러내고 있을 뿐이지만 이 원리들이 라이프니츠의 체계 안에서도 계속 발전되고 활용될 뿐만이 아니라 결국 현대의 기호논리학에서도 수용되고 있다는 점에서 커다란 중요성을 지닌다.

『보편적 논리계산의 실례』는 우선 하나의 연역논리적 체계 안에서 "그 자체로 참이라고 할 수 있는"(true in themselves) 원리들을 지적함으로써 논의를 시작하는데 그 원리들은 구체적으로 다음과 같다.[32]

(1) 여기서 전칭긍정 명제는 다음과 같이 표현된다.
  a는 b이다, 또는 (모든)[33] 인간은 동물이다.

---

31) 라이프니츠는 각각의 명사에 숫자를 부여하는 규칙을 엄밀하게 제시하지 못하고 있을 뿐만 아니라 특히 원전에서는 한 명사를 여러 가지의 다른 숫자로 표현하는 등의 혼동이 등장하고 있다. 앞서 언급한 예에서의 숫자도 편집자들이 바로잡은 것에 따랐다. *LP*, 26-29에 등장하는 편집자의 주 참조.

32) *LP*, 33.

33) 여기서 라이프니츠는 단칭명제를 전칭명제로 간주하는 데 대한 아무런 설명도 제시하고 있지 않지만 이미 그의 최초의 저술인 『조합의 기술에 관하여』에서부터 그는 단칭명제를

302

(2) 그렇다면 다음의 명제는 그 자체로 참이다.

ab는 a이다, 또는 (모든) 이성적 동물은 동물이다.

ab는 b이다, 또는 (모든) 이성적 동물은 이성적이다.

또는 여기서 b를 생략하고

a는 a이다, 또는 (모든) 동물은 동물이다.

(3) 또한 다음의 추론은 그 자체로 참이다.

만일 a가 b이고 b가 c라면 a는 c이다,

또는 만일 (모든) 인간은 동물이고 (모든) 동물은 실체라면

(모든) 인간은 실체이다.

(4) 이상으로부터 다음과 같은 점이 도출된다.

만일 a가 bd이고 b가 c라면 a는 c이다,

또는 (모든) 인간이 이성적 동물이고 (모든) 동물이 실체라면

(모든) 인간은 실체이다.

이는 다음과 같이 증명될 수 있다.

만일 a가 bd이고(가정에 의해서) bd가 b라면(2에 의해서)

a는 b이다(3에 의해서).

또한 만일 a가 b이고(이미 증명하였듯이) b가 c라면

(가정에 의해서), a는 c이다(3에 의해서).

(5) 따라서 참인 명제는 그 자체로 참이라고 가정된 것 또는
참인 것으로부터의 추론을 통해서 도출된 것이다.

그리고 『보편적 논리계산의 실례보충』에서는 이러한 기본적 원리들에 대한 여러 측면에서의 설명과 증명에 이어 다음과 같이 정식화된 여섯 개의 원리와 하나의 추론규칙으로 제시되는데 라이프니츠는 이들을 엄밀한 의미에서 그 자체로 참인 가장 기본적 명제 및 추론이라고 부른다.[34]

(1) a는 a이다. 즉 동물은 동물이다.

(2) ab는 a이다. 즉 이성적 동물은 동물이다.

(3) a는 a의 부정(not-a)이 아니다. 즉 동물은 동물의 부정이 아니

일종의 전칭명제로 보고 있다. *LP*, 42 참조.

34) *LP*, 42.

다.

(4) a의 부정은 a가 아니다. 즉 동물의 부정은 동물이 아니다.

(5) a가 아닌 것(that which is not a)은 a의 부정이다. 즉 동물이 아닌 것은 동물의 부정이다.

(6) a의 부정이 아닌 것은 a이다. 즉 동물의 부정이 아닌 것은 동물이다.

이로부터 수많은 명제들이 연역된다.

그 자체로 참인 추론 : a는 b이고 b는 c이다. 그렇다면 a는 c이다. 예를 들어 신은 현명하다, 그리고 현명한 존재는 정의롭다, 그렇다면 신은 정의롭다. 이러한 논증은 계속 이어질 수 있다. 예를 들면 신은 현명하다, 현명한 존재는 정의롭다, 정의로운 존재는 엄격하다, 그러므로 신은 엄격하다.

위에서 인용된 부분에서 잘 드러나듯이 라이프니츠는 이미 현대 논리학에서도 사용되고 있는 여러 논리적 기법들을 이미 분명하게 밝히고 있다. 위의 언급들에서 동일성의 원리(the principle of identity)는 여러 형식으로 반복되어 등장하며 그 이외에도 단순화의 원리, 이중부정의 원리 등 현대의 명제논리학에서 사용되는 중요한 참조정식들이 거의 완벽한 형태로 등장하고 있다. [35] 하지만 아직 라이프니츠는 a, b 등으로 표현된 기호가 하나의 명사를 나타낸다고 생각할 뿐 하나의 명제 전체를 나타낸다는 생각에는 이르지 못하고 있다. 따라서 라이프니츠는 자신이 이끌어 낸 원리들이 어떤 새로운 논리학의 기초를 마련하였다기보다는 고전 논리학에서 이미 사용되고 있는 기법들을 자기 나름대로 변형하여 제시한 것이라고 생각하고 있다. [36]

이 절에서 우리는 라이프니츠의 보편적 기호법이 여러 단계를 거치면서 발전되어 나가는 과정을 추적해 보았다. 하지만 이러한 과정에서 등장한 내용들이 라이프니츠 논리학의 완성된 모습이라고는 할 수 없으며 어떤 측면에서 보면 이 과정은 『개념 및 진리의 분석에 관한 일반적 탐구』에서

---

35) 현대의 명제논리에서 사용되는 참조정식의 완전한 목록에 관해서는 여훈근, 앞의 책, pp. 174-175 참조. 또한 참조정식의 명칭도 여기에 제시되어 있는 것에 그대로 따랐다.

36) Parkinson, 앞의 글, pp. xxv-xxvi 참조.

등장하는 라이프니츠 논리학의 완성된 모습에 도달하기 위한 준비작업으로서의 성격을 지닌다고 말할 수 있다. 왜냐하면 『개념 및 진리의 분석에 관한 일반적 탐구』에서는 앞서 살펴본 원초적 개념들의 발견이라는 측면과 논리적 추론의 계산법이라는 측면이 종합된 형태로 등장하며 이전에 제시되었던 거의 모든 원리들이 체계적으로 분류되어 더욱 정식화된 모습으로 등장하고 있기 때문이다. 이제 다음 절에서는 이렇게 큰 중요성을 지니는 『개념 및 진리의 분석에 관한 일반적 탐구』라는 저술에 관하여 상세히 살펴보려고 한다.

4. 라이프니츠 논리학의 체계적 완성

앞서 언급한 바대로 『개념 및 진리의 분석에 관한 일반적 탐구』라는 라이프니츠의 저술은 1686년에 씌어진 것으로 추정되는데[37] 그렇다면 이 해는 라이프니츠의 철학적 발전에 있어 커다란 성과 두 가지가 동시에 이루어진 중요한 의미를 지닌다고 할 수 있다. 왜냐하면 이 해에 또한 그의 형이상학적 체계를 밝힌 시론이라 할 수 있는 『형이상학 서설』(*Discours de Métaphisique*)이 씌어졌기 때문이다. 이 두 저술은 각각 라이프니츠의 논리학과 형이상학에서 이후의 전개방향을 암시하고 라이프니츠 철학 전체의 결론을 예견하게 하는 매우 중요한 저술이라 할 수 있다. 하지만 이제 현재의 논의방향에 따라 『개념 및 진리의 분석에 관한 일반적 탐구』에 초점을 맞추어 보기로 하자.

형식적인 측면에서 볼 때 『개념 및 진리의 분석에 관한 일반적 탐구』는 서론 또는 준비작업에 해당하는 부분과 일련번호로(Par. 1에서 200까지) 절 표시가 되어 있는 본문부분으로 나누어진다. 이 두 부분이 지니는 관계에 대하여 파킨슨은 서론부분에서는 주로 명제의 명사론이, 본문부분에서는 명제계산의 규칙들이 주로 언급된다고 단순하게 분류하고 있다.[38]

---

37) 하지만 이 저술도 다른 많은 논리적 저술과 마찬가지로 정식으로 출판되지는 않았으며 단지 유고의 형태로만 전해지고 있다. 이 저술이 처음으로 편집되어 공개된 것은 *Opuscules et Fragmente inédits de Leibniz*, par L. Couturat (Paris: Felix Alcan, 1903)을 통해서이며 원고는 현재 하노버 대학 도서관에 (문서 번호 : LH Phil Ⅶ C Bl. 20 r-31v) 보관되어 있다.

하지만 슈프(F. Schupp)는 서론과 본문을 함께 고려해 볼 때 (1) 개념과 언어의 분석—개념과 명제의 형식에 관한 정의, (2) 명제의 분석—개념의 결합과 명제의 형성, (3) 삼단논법 체계의 공리화 작업—언명의 정식화, (4) 양상의 규정 및 증명방식의 차이라는 네 가지 주제가 다루어지는데, 이런 주제가 차례대로 등장하는 것이 아니라 다소 혼동스럽게 뒤섞여 있다고 주장한다.[39] 따라서 그는 이 저술을 이해함에 있어 서론과 본문의 구별 또는 각 절 사이의 연속성 등을 고려하기보다는 각 절이 다루고 있는 주제를 중심으로 검토해 나가야 한다고 주장한다.

이제 본격적으로 『개념 및 진리의 분석에 관한 일반적 탐구』에서 등장하는 내용들을 살펴보기로 하자. 우선 서론부분에서 라이프니츠는 자신이 지금까지 다루어 왔던 '인간사고의 기본철자들'을 '원초적 단순명사들'(primitive simple terms)라는 이름으로 부르면서 이에 관한 논의로부터 자신의 생각을 전개시켜 나간다.[40] 단순명사에 속하는 것들은 앞서 『조합의 기술에 관하여』에서 열거한 인간사고의 기본철자와 큰 차이가 없으나 여기서 라이프니츠는 이에 대한 몇 가지의 설명을 덧붙이고 분류의 기준을 제시하고 있다. 그중 지적할 만한 것은 단순명사들은 일종의 궁극개념이기 때문에 더 이상의 어떤 분석도 불가능하며, 예를 들면 그것이 왜 원초적인가 아니면 원초적 단순명사들을 결정하는 기준이 무엇인가 등에 대해서는 어떤 설명도 제시될 수 없다는 것이다. 그러면서 라이프니츠는 이러한 단순명사들은 신이 우리의 정신에 부여한 것으로 받아들일 수밖에 없다는 형이상학적 설명을 덧붙이고 있다. 앞서 『조합의 기술에 관하여』에서 어떤 근거의 제시도 없이 단지 27개의 개념만을 열거하였던 경우에 비하면 최소한의 발전이 있었다고도 할 수 있지만 논리적 단순명사들의 근거로서 신을 도입하는 것은 현대적인 관점에서 보면 몹시 불만족스러울지도 모른다. 하지만 『개념 및 진리의 분석에 관한 일반적 탐구』가 씌어진 시기는 라이프니츠가 이미 논리학의 체계뿐만이 아니라 자신의 철학의 전체적 구조를 거의 확립하고 있었던 때임을 기억한다면 논리학을 자신의

---

38) Parkinson, 앞의 글, p. xxvii.

39) F. Schupp, "Einleitung" zu Leibniz, *Allgemeine Untersuchungen über die Analyse der Begriffe und Wahrheiten*, Üherausgegeben, bersetzt und mit einem Kommentar versehen von Franz Schupp (Hamburg: Felix Meiner, 1982), pp. X-XII 참조.

40) 이하의 논의는 *LP*, pp. 47-51 참조.

철학체계를 구성하는 중요한 부분 중의 하나로 간주하면서 자신의 전체 체계 안에서 논리학에 대한 근거를 제시하려 하는 그의 시도로서 이를 이해할 수 있을 것이다. 그리고 자신의 새로운 논리학이 신의 존재를 증명하기 위한 방식 중의 하나라는 그의 언급도 이것과 연결시켜 생각해 볼 수 있다. [41]

이어서 라이프니츠는 자신이 제시한 단순명사들뿐만이 아니라 일반적인 명사들 전체를 분류하는 몇 가지의 기준을 제시한다. 우선 그는 명제의 주어나 술어의 위치에 놓일 수 있는 완전한(integral) 명사와 이러한 완전한 명사들에 의해서 보충되어야만 하는 부수적(partial) 명사로 분류한다. 특히 부수적 명사에 속하는 것의 예로서 그는 동일성(…와 동일한), 유사성(…와 유사한) 등을 들고 있는데 이는 이후의 본문부분에서 논리적 결합사와 같은 역할을 수행하게 된다. 이러한 분류 외에도 그는 더 이상의 분석이 불가능한 원초적(primitive) 명사와 파생적(derivative) 명사, 또한 단순(simple)명사와 복합(composite) 명사 등의 구별을 제시하고 있다. 이러한 분류의 엄밀한 기준이나 분명한 의미는 제시되고 있지 않지만 어쨌든 라이프니츠는 이를 통하여 명제를 다루기 위한 준비작업으로서의 명사들에 대한 분석이 이루어졌다고 생각하고 이를 바탕으로 본격적으로 명제에 관한 언급을 시작한다.

명제에 관한 논의는 앞서 지적하였듯이 일련번호가 붙어 있는 각각의 절들로 구성되어 있는데[42] 그 첫머리는 주로 명제의 참, 거짓에 관한 논의로부터 시작된다. 그런데 여기서 특별히 지적할 만한 사실은 드디어 라이프니츠가 하나의 기호로 하나의 명제를 표시하는 기법을 사용하고 있다는 점이다. 이전의 거의 모든 저술과 『개념 및 진리의 분석에 관한 일반적 탐구』의 서론부분에서 사용된 A, B 또는 a, b 등은 모두 하나의 명사를 표시한 것이며 결코 하나의 명사 전체를 표시한 경우가 없었다. 그런데 『개념 및 진리의 분석에 관한 일반적 탐구』본문부분의 1절에서는 L

---

41) 『개념 및 진리의 분석에 관한 일반적 탐구』가 쓰여지기 훨씬 이전인 1678년에 엘리자베스 공주(Princess Elizabeth)에게 보낸 한 편지에서 라이프니츠는 "현재로서는 나의 보편적 기호법의 기초가 신의 존재증명을 위한 논증과 같은 것이라는 점을 지적하는 것으로 충분하다"고 말하고 있다. Wiener, 앞의 글, p. xix에서 재인용.

42) 이하의 논의에서는 LP의 페이지 수와 함께 절의 번호도 함께 밝히기로 한다. 예를 들어 Par. 3은 3절을 의미한다.

이라는 기호를 사용하여 이것이 하나의 명제를 표시한다는 점을 분명히 드러내고 있다. 이는 단지 명사만을 기호화하여 표시하였던 방법에 비하면 커다란 발전이라고 할 수 있으며 이를 통하여 라이프니츠는 이른바 명사중심의 논리학에서 명제논리에로의 전환점을 형성하고 있다. 이제 이 부분을 인용하면 다음과 같다.

Par. 1 (직접적) 명제 L과 (재귀적) 명제 'L은 참이다'는 서로 일치한다. 따라서 'L이 참이라는 것은 참이다'와 'L은 참이다'는 서로 일치하며 'L이 참이라는 것은 거짓이다'와 'L은 거짓이다' 또한 일치한다 …. (더욱 일반적으로 A가 하나의 명사라 할지라도 'A는 참이다'는 항상 어떤 것과 일치한다고 말할 수 있다.)
'L은 참이다'와 'L이 거짓이다는 거짓이다'는 서로 일치한다.
'L은 거짓이다는 참이다'와 'L은 거짓이다'는 서로 일치한다. 나는 이를 일종의 정리로서 다음과 같은 방식으로 증명할 수 있다. 즉 L은 거짓이다라는 명제를 M이라 할 수 있다. 그렇다면 이제 'M은 참이다'와 M은 서로 일치한다(Par. 1에 의해서). 이제 M을 원래의 값으로 대치하면 'L은 거짓이다는 참이다'와 'L은 거짓이다'는 서로 일치한다. [43]

이런 식으로 하나의 명제를 L, M 등의 기호로 표시하는 방법을 방법을 도입하고 난 후 라이프니츠는 우선 명제들 사이의 관계를 규정하는 기본 원리들을 밝히고 있는데 그 가운데 중요한 것들을 현대의 명제논리학에서 통용되는 참조정식과 비교하여 밝히면 다음과 같다. [44]

Par. 6 만일 A와 B가 서로 일치하면, B는 A와 서로 일치한다.
Par. 7 만일 A와 B가 서로 일치하지 않는다면 B는 A와 서로 일치하지 않는다.
RF 28 교환법칙 : $(p \equiv q) \equiv (q \equiv p)$

---

43) *LP*, 54.
44) *LP*, 55-56 참조. Par. 2부터는 명제를 표시하는 기호 L과 M이 등장하지 않고 다시 이전에 명사를 표시하는 기호였던 A와 B가 주로 사용되고 있다. 하지만 라이프니츠는 Par. 4의 끝부분에서 현재 사용되고 있는 A와 B는 명사일 수도 있고 명제일 수도 있다고 분명히 밝히고 있다.

Par. 8 만일 A가 B와 서로 일치하고 B가 C와 서로 일치한다면, A는 C와 서로 일치한다.

RF 1 삼단논법의 원리 : $[(p \supset q) \cdot (q \supset r)] \supset (p \supset r)$

Par. 10 그 자체로 참인 명제는 'A는 A와 서로 일치한다'이다.

RF 17 동일성의 원리 : $p \supset p$

Par. 11 그 자체로 거짓인 명제는 'A는 A 아닌 것과 서로 일치한다'이다.

RF 15 무모순의 원리 : $\sim (p \cdot \sim p)$

Par. 13 A가 A 아닌 것과 서로 일치하지 않는다는 것은 참이다.

RF 10 이중부정의 원리 : $p \equiv \sim\sim p$

이러한 기본규칙들을 바탕으로 하여 라이프니츠는 다른 여러 가지의 규칙들을 이끌어 내어 제시하고 있다. 위의 인용부분에서도 잘 드러나듯이 그는 현대의 명제논리학에서 중요시되는 여러 원리들을 나름대로 표현하고 있지만 현대적인 측면에서 볼 때 특히 부족하다고 여겨지는 것은 논리적 결합사에 대한 엄밀한 정의이다. 앞서도 지적하였듯이 그는 동일성 내지는 일치관계를 기본적인 논리적 결합사로서 사용하고 있을 뿐 다른 논리적 결합사에 대해서는 어떤 상세한 언급도 하지 않고 우선 논리적 계산에 치중한 듯한 인상을 준다. 그리고 이어서 그는 명제중심의 논리학을 더욱 발전시키기보다는 아리스토텔레스 논리학에서 등장하는 여러 규칙들을 다시 한 번 확인하는 것으로 논의를 이어 나간다. [45]

그 이후에 『개념 및 진리의 분석에 관한 일반적 탐구』에는 여러 가지의 다양한 논리적 기법과 이들의 근거를 마련하기 위한 라이프니츠의 상당히 세부적인 주장들이 등장하지만 이 또한 엄밀하게 정식화되고 체계화되었다기보다는 그저 자신이 생각나는 대로 정리한 듯이 다소간 산만한 인상을 주는 것이 사실이며 그의 논의방향을 정확하게 따라가기가 쉽지 않다. [46] 하지만 이러한 논의 중에서도 상당한 중요성을 지니는 내용들이 등장하는데 그러한 대표적인 것으로 참과 거짓의 의미에 대한 분석을 들 수 있으므로 이제 이에 대하여 간략히 검토해 보려고 한다. 이미 이전의 논

---

45) *LP*, 56–58, Par. 16–28.

46) Parkinson, 앞의 글, p. xxxii.

의들에서도 참, 거짓이라는 용어는 매우 자주 사용되었으며 그런 과정에서 그 의미가 암시적으로 드러나기도 하였다. [47] 그러나 라이프니츠는 이제 보다 직접적으로 논리적 참과 거짓의 의미를 정의하려는 시도를 한다.

Par. 56 나는 이제 '참'을 다음과 같은 방식으로 정의하려 한다. 만일 A를 다른 어떤 값으로 대치하거나 A의 값에 영향을 미치는 어떤 것들을 검토함에 있어 A에 B와 B 아닌 것이 동시에 포함되지 않는다면, 즉 모순이 포함되지 않는다면 A는 '참'이다….
Par. 57 나는 '거짓 일반'을 참이 아닌 것으로 정의한다. 왜냐하면 어떤 것이 거짓이라는 점을 확인한다는 것은 그것이 필연적으로 참에 반대되거나 참에 반대되는 것을 포함하거나 모순을(즉 B와 B 아닌 것을 동시에) 포함하거나 또는 참인 것으로 증명될 수 없음을 확인하는 것이기 때문이다. [48]

참과 거짓에 대한 이러한 정의는 엄밀히 말하자면 참, 거짓에 대한 것이라기보다는 오히려 논리적 타당과 부당에 대한 정의라고 보아야 할 것이다. 그리고 이러한 정의는 라이프니츠의 체계 안에서도 다음과 같은 문제를 일으킨다. 즉 모순을 포함하지 않는 것을 참이라고 한다면 모든 참인 명제는 필연적 진리가 되며 결국 분석을 통해서 동일성의 원리로 환원될 수 있는 것이 될 것이다. 그렇다면 필연적 진리가 아닌 우연적 진리는 어떤 위치를 차지하는지가 문제시될 수밖에 없다. 이에 대한 라이프니츠 자신의 해결책은 신의 지성에 의한 무한한 분석의 과정을 도입하여 신의 지성의 입장에서 보면 모든 진리는 무한한 분석을 통해서 주어개념 안에 술어개념이 포함되어 있음이 드러나게 되고 따라서 동일성의 원리로 환원될 수 있는 필연적 진리이지만 인간의 유한한 지성은 이러한 무한한 분석을 할 수가 없으므로 단지 인간에게만 우연적 진리가 나타나게 된다는 것이다. [49] 하지만 이는 논리학의 영역을 크게 벗어난 형이상학적 해결책으

---

47) 예를 들면 *LP*, 59, Par. 40 참조.

48) *LP*, 60-61.

49) 이러한 식의 설명은 라이프니츠의 다른 많은 저술들에서도 등장하고 있지만 특히 현재 다루고 있는 『개념 및 진리의 분석에 관한 일반적 탐구』에 등장한 것으로는 *LP*, 61, Par. 60-61 참조.

로 현대의 관점에서 보면 그리 큰 호소력을 지니지 못한다.

결국 『개념 및 진리의 분석에 관한 일반적 탐구』에 등장하는 이러한 논의를 통하여 라이프니츠는 자신의 논리학에 있어서도 커다란 발전계기를 형성하고 있을 뿐만이 아니라 논리학사 전반의 입장에서 볼 때에도 명사 중심의 논리에서 벗어나 명제논리로 이행하는 전환점을 이루고 있다. 이러한 측면에서 그의 '보편적 기호법'은 보편적 언어에서 출발하여 보편언어로 표현된 명제들 사이의 추론을 계산하려 하는 원래의 의도를 상당히 충실하게 만족시키는 도구로서 발전하였으며 그의 철학체계와 논리학의 발전과정에 있어 매우 큰 역할을 한 것으로 평가할 수 있다.

5. 맺는말

앞서 살펴본 바와 같이 매우 커다란 중요성을 지니는 라이프니츠의 '보편적 기호법' 이론은 당연히 그 이후에 등장한 많은 논리학자들에게 영향을 미쳤으며[50] 그 결과 그가 제시한 여러 추론규칙들이 현대 논리학의 참조정식으로 그대로 통용되고 있다. 하지만 과연 논리학이라는 보편적 방법을 통하여 보편학문을 수립하려는 라이프니츠 자신의 의도가 완전히 성공하였으며 그 결과 새로운 보편학문이 등장하였는가라고 물을 때 이에 대하여 긍정적인 답변을 하기는 쉽지 않다. 라이프니츠의 그러한 원대한 계획이 성공하지 못한 까닭이 무엇인가에 대해서는 여러 가지의 서로 다른 분석이 있을 수 있겠지만 특히 논자는 다음과 같은 점을 지적하려고 한다.

우선 라이프니츠 자신이 관심이 너무 다양한 방면으로 흩어져 있었다는 점을 들 수 있다. 그가 근대를 대표하는 천재적 철학자임은 이미 본 논문의 첫머리에서도 언급하였지만 이러한 천재성 때문에 그는 한 가지의 주제를 끈기있게 탐구하여 체계화하거나 정식화하기보다는 자신의 머리에 떠오르는 수많은 생각들을 있는 그대로 발산하는 듯한 태도를 보이고 있

---

50) Wiener는 라이프니츠로부터 직접 영향을 받은 논리학자로서 Weierstrass, Dedekind, Pierce, Peano, Whitehead와 Russell 등을 들고 있다. Wiener, 앞의 글, p. xxxiii 참조.

다. 이러한 태도는 그의 저술활동에도 그대로 이어져 그는 체계적으로 정
리된 비교적 방대한 저술을 남기지 못했으며 현재 정리되어 출판된 저술
들도 수많은 혼동과 오류의 흔적을 포함하고 있을 뿐만 아니라 짧은 글에
서 너무나 많은 주제들을 산만하게 나열해 놓고 있어 그의 사고의 전개
과정을 제대로 추적하기가 쉽지 않다.[51] 특히 이러한 요소는 철학의 다른
분야에 비하여 비교적 많은 기호와 정식, 수식 등이 등장하는 논리학과
관련해서는 치명적인 약점이 될 수 있다. 그리고 그의 유고 중 대부분이
전혀 출판을 고려하지 않은 메모나 소논문, 편지 등의 형태로 남아 있는
것도 그의 철학의 전체상을 파악하는 데 큰 어려움을 주는 요소이다.

이와 관련된 또 하나의 어려움은 우리가 현재 라이프니츠의 전체 저술
이 체계적으로 편집된 '라이프니츠 전집'을 가지고 있지 못하다는 것이다.
그의 저술들이 모두 망라된 '라이프니츠 전집'을 편집하려는 계획이 수립
된 것은 이미 오래 전의 일이지만[52] 이 작업이 아직 완성되지 못하였기
때문에 현재 접할 수 있는 그의 저술은 그야말로 빙산의 일각에 불과한
실정이다. 논리학과 관련된 저술들은 비교적 많이 편집되어 여러 나라의
언어로 번역, 출판된 편에 속하지만 아직도 방대한 분량의 유고들이 제대
로 출판되지 못한 것이 엄연한 사실이다. 그의 나머지 유고들이 모두 출
판되고 이를 바탕으로 라이프니츠 철학의 전체상에 대한 체계적인 연구가
이루어진다면 우리는 그의 논리학, 아니 그의 철학전반이 지니는 성격과
특성, 그 중요성과 의의 등을 새롭게 재평가할 수 있는 기회를 가지게 될
것으로 생각된다.

---

51) 이에 대하여 특히 Tymieniecka는 라이프니츠의 저술에서 각 곳에서 전혀 예기치 못하
게 등장하는 형이상학적 설명들은 일종의 신비주의적 색채를 띠기까지 한다고 비판한다.
A. -T. Tymieniecka, "Leibniz' Metaphysics and His Theory of the Universal Sci-
ence", *International Philosophical Quaterly* 3 (1963), p. 390.

52) '라이프니츠 전집'을 편찬하려는 시도는 이미 1910년대에 독일의 학술원을 중심으로 시작
되었으나 그후의 여러 역사적인 사건들과 이로부터 생겨난 사정들 때문에 계속 중단되었다
가 최근에 다시 활발한 편집, 출판작업이 재개되었다. 현재 *Gottfried Wilhelm
Leibniz : Sämtliche Schriften und Briefe*라는 제목으로 독일 학술원에서 편집한 그의
전집 중 14권 정도가 출판되었는데 그의 유고가 모두 출판되면 약 40권에 이르는 방대한
분량이 될 것이라고 한다. 현재 출판이 완결된 것으로 가장 방대한 '라이프니츠 전집'은
Die philosophischen Schriften von Gottfried Wilhelm Leibniz, hg. von C. I. Gerhardt,
7 Bds. (Berlin, 1875-90)과 *Leibnizens mathematische Schriften*, hg. von C. I. Ger-
hardt, 7 Bds. (Berlin und Halle, 1849-63)이다.

참고문헌

I. 일차자료

Descartes, R., *The Philosophical Writings of Descartes*, trans. J. Cottingham, R. Stoothoff, D. Murdoch, Cambridge: Cambridge UP, 1985, Vol. I and II.

Leibniz, G.W., *Logical Papers*, trans. and ed. by G.H.R. Parkinson, Oxford: Clarendon Press, 1966.

_____, *Selections*, trans. and ed. by P.P. Wiener, New York: Charles Scribner's Sons, 1951.

_____, *Allgemeine Untersuchungen über die Analyse der Begriffe und Wahrheiten*, herausgegeben, bersetzt und mit einem Kommentar versehen von Franz Schupp, Hamburg: Felix Meiner, 1982.

II. 이차자료

여훈근, 『현대 논리학』, 서울: 대영사, 1984.

정종, 최재근 편저, 『라이프니츠와 단자 형이상학』, 이리: 원광대학교 출판부, 1984.

Abraham, W. E., "Predication", *Studia Leibnitiana* 7 (1975), 1-20.

Arndt, H.W., "Die Entwicklungsstufen von Leibniz' Begriff einer Lingua Universalis" in *Das Problem der Sprache*, hg. H. -G. Gadamer (München : Wilhelm Fink Verlag, 1967), 71-82.

Couturat, L., *La logique de Leibniz*, Paris: Felix Alcan, 1901.

Fischer, K., *Galileo Galilei*, München: Verlag C.H. Beck, 1983.

Ishiguro, H., *Leibniz's Philosophy of Logic and Language*, Ithaca: Cornell UP, 1972.

Kneale, W. and Kneale, M., The *Development of Logic*, Oxford: Clarendon Press, 1962.

Kraus, P.A., "From Universal Mathematics to Universal Method: Descartes's 'Turn' in Rule Ⅳ of the *Regulae*", *Journal of the History of Philosophy* 21 (1983), 171-185.

Martin, G., *Leibniz: Logik und Metaphysik*, Berlin: Walter de Gruyter, 1967.

Mates, B., *The Philosophy of Leibniz*, Oxford: Oxford Uni. Press, 1986.

O'Briant, W. H. "Russell on Leibniz", *Studia Leibnitiana* 11 (1979), 159-222.

Rescher, N., *Leibniz: An Introduction to his Philosophy*, New Jersey: Rowman and Littlefield, 1979.

Russell, B., *A Critical Exposition of the Philosophy of Leibniz*, Cambridge: Uni. of Cambridge Press, 1900.

Tymieniecka, A. -T., "Leibniz' Metaphysics and His Theory of the Universal Science", *International Philosophical Quaterly* 3 (1963), 387-402.

Van de Pitte, F. P., "Descartes' Mathesis Universalis", *Archiv für Geschichte der Philosophie* 61 (1979), 153-170.

제 4 부   현대의 논리학

선험현상학의 관점에서 본 형식논리학
프레게의 객관성 개념
프레게의 산수체계에서의 역설
프레게의 논리주의와 수의 동일성 기준
『논리, 철학 논고』에 나타난 비트겐슈타인의 논리
비트겐슈타인의 색채의 논리
종속사상과 카르납의 귀납논리

선험현상학의 관점에서 본 형식논리학

─ 에드문트 후설의 『형식논리학과 선험논리학』에 관한 연구 Ⅰ ─

이 길 우

개 요

전통적인 형식논리학은 올바른 사유의 형식법칙을 찾아내는 일에만 몰두해 왔으므로 논리법칙들의 궁극적 정초에는 소홀하였다. 후설의 『형식논리학과 선험논리학』은 형식논리학의 객관적 시각에서 주관적 방향으로 전환하여 선험현상학적 시각에서 논리법칙의 정초를 시도하고 있다. 이 논문은 전통적인 객관적 형식논리학의 선험현상학적 정초는 선험적 주관성으로 소급함으로써 가능하다고 보는 후설의 정초 시도가 그의 『형식논리학과 선험논리학』에서 어떻게 시도되고 있으며 어느 정도 성공하고 있는가를 검토·비판하는 것이다.

서 론

후설이 1900년과 1901년 그의 최초의 논리학 저서인 『논리연구』 1권과 2권을 출판한 뒤 18년이 지난 1929년에 출판한 두번째 논리학 저서가 『형식논리학과 선험논리학』(formale und transzendentale Logik)이다. 그는 이 책에 상당히 중요한 의미를 두었음에도 불구하고 그가 후기에 쓴 3대 저서 중 가장 주목을 적게 받는 책이 이 책이다. [1] 이 책을 직접 다루고 있는 논문이 독일에서도 그리 많지 않고 우리 나라에서도 매우 드문 편이다. 그러나 후설의 선험현상학 체계를 전체적으로 보면, 감각적 지각의 대상인 실재적(real) 대상과 마찬가지로 범주적 지각 또는 직관의 대상인 관념적(ideal) 대상, 즉 수학적, 논리학적 대상, 본질, 가치 등의 대상과 관련된 문제도 선험현상학의 중심문제이다. 후설은 『형식논리학과 선험논리학』[2]에서 아리스토텔레스 이래 발전되어 온 형식논리학은 오직 명제(apophansis)논리학으로서 그 궁극적 정초를 아직 얻지 못하였음을 지적하고 있다. [3] 마치 실증과학들이 객관적 학문으로서 그 궁극적 정초에는 관심을 두지 않은 채 실재적 대상들을 즉자적으로 존재하는 것으로 보고 이들을 지배하는 인과법칙만을 문제삼는 것과 같이 전통적인 형식논리학도 "그의 소박한 실증성"에서 올바른 사유의 형식적 법칙만을 찾아내는 일에 몰두해 온 것이다. [4] '정초'(Begründung)란 결국 더 이상 물을 수 없는 근거에서 정당성을 마련하는 일이라면 전통적인 형식논리학은 그러한 일을 하지 못하였으며, 이것을 후설은 '근본적인 결함'으로 본다. [5]

후설에 의하면, 형식논리학의 그러한 궁극적 정초는 현상학적 관점에서 그것을 분석적으로 연구함으로써 그 길이 열리는 것이며 결국, 객관적 형식논리학은 객관적 시각에 머물러서는 안 되고 반드시 주관적 방향으로 방향전환을 하지 않으면 안 된다. 그러나 여기서 의미하는 주관적 방향전

---

1) 후기의 3대 저서는 보통 『데카르트적 성찰』, 『유럽학문의 위기와 선험현상학』, 그리고 『형식논리학과 선험논리학』이다.
2) 이하 『선험논리학』으로 약칭함.
3) 『선험논리학』, 17쪽 이하 참조.
4) 『선험논리학』, 17쪽.
5) 『선험논리학』, 18쪽.

환이란 형식논리학의 대상들이 세계 내에 존재하는 심적 주체의 사유와 관련된 것으로 보는 것이 아니라, 모든 구성되는 세계와 함께 모든 대상의 타당근거인 선험적 주관성으로 소급한다는 뜻이다. 선험적 주관성으로 소급함으로써 가능한 형식논리학의 선험적 정초가 비록 『선험논리학』의 제2부에 가서야 본격적으로 시도되고 있으나 이미 제1부에서도 형식논리학의 문제가 『논리연구』에서와 같이 단순히 '기술적 현상학'(deskriptive Phänomenologie)의 관점에서만 다루어지고 있는 것이 아니라, 제2부의 선험적 정초를 예비하는 예비적 정초의 성격을 지니고 있다.

이 논문은 『선험논리학』의 제1부에서 형식논리학의 분과들이 후설에 의하여 어떤 방식으로 그 정초가 시도되고 있으며 어느 정도의 성과를 가져왔는가를 살펴보고 거기서 제기되는 문제점이 무엇인가를 밝힘으로써 후설의 논증 전체를 평가하려는 것이 목적이다.

후설은 제1부에서 "우리가 판단의 형식론, 정합론, 진리론으로 구별하는"[6] 세 계층으로 이루어진 형식논리학의 계층을 정초하기 위하여 첫째, 판단의 세 가지 다른 개념들을 고찰하고, 둘째, 판단개념에 상응하는 명증의 유형을 제시하고, 셋째, 형식논리학의 분과들과 판단개념들의 관계, 넷째, 형식논리학의 분과들과 명증들간의 관계, 그리고 다섯째, 판단작용에서 기능하는 태도의 문제를 고찰하고 있다. 그러나 이러한 분석적 고찰들은 일목요연하게 순서대로 진행되는 것은 아니고 다른 저서에서 그러하듯이 반복하는 형식을 지닌 전개방식과 상관관계적 고찰방식으로 진행된다. 이 논문은 위에서 나열한 문제들이 서로 어떤 관계에 있는가를 확정하는 일도 아울러 목적으로 삼을 것이다.

1. 형식논리학의 세 가지 계층적 분과

첫번째 형식논리학적 분과를 후설은 "의미의 순수형식론 및 논리적 문법론"(『논리연구』)[7] 또는 "판단의 순수형식론"[8]이라고 부르고 §13에서

---

6) 『형식논리학』, §70A, 186쪽.

7) 이에 관해서는 『논리연구 II /1』, 제4 연구 특히 §14를 참조.

8) 『선험논리학』, §13, 54쪽 이하.

그는 이 형식론에 대하여 설명한다. 형식론은 한편으로는, 오직 형식의 관점 아래 판단의 등급들을 구별하여 기술하는 이론적 분과이며 다른 한편으로는, 순전히 형식적으로 어떠한 판단이 형식논리학에서 허용되는가를 법칙에 따라 판별하는 규범적 분과이기도 하다.

형식론은 "판단들이 참인가 허위인가, 또는 단순히 판단으로서 적합한가 아니면 모순적인가를 묻지 않고 판단들 자체의 단순한 가능성"에만 관계한다. [9] 우리는 모든 판단을 단순히 그 형식에 따라 단순판단과 복합판단으로 나누고, 단순판단을 전칭, 특칭, 단일판단 등으로, 복합판단을 가언, 선언, 관계판단 등의 등급으로 나누어 고찰하고 이를 지배하는 형식적 법칙들을 연구할 수 있다. 이것을 후설은 『논리연구 Ⅱ/1』에서 '의미의 순수형식론' 또는 '순수논리적 문법론'이라고 불렀던 것이며 『선험논리학』에서는 '판단의 순수형식론'이라고 부르고 있다.

후설은 형식론의 규범적 성격을 『선험논리학』보다도 『논리연구』에서 더 강조하고 있는데 『논리연구 Ⅰ』에서는 순수논리학의 정초문제와 관련하여 전통적으로 논리학의 규범적 성격만이 주목되어 왔음을 비판하고 있다. 『선험논리학』에서는 §7에서 논리학의 규범적이며 실천적인 기능에 대하여 언급하고 있다. 모든 경험과학이나 수학, 기하학과 같은 형식학이 순수이론적 영역과 아울러 하나의 규범적 영역, 즉 공학적 영역을 갖는 것과 마찬가지로 형식논리학도 순수이론 영역과 함께 실천에 응용되는 규범적 영역을 갖는다. 형식논리학의 순전히 객관적인 논리법칙은 한 판단주체의 판단행위에서 이루어지는 판단의 내용적 진리의 기본적 필요조건이 된다. 즉, 사유의 내용적 진리를 '규정하는'(normieren)하는 규범이 된다.

형식논리학의 두번째 계층을 후설은 "정합논리학(整合 論理學, Konsequenzlogik) 또는 무모순성(無矛盾性)의 논리학(Logik der Widerspruchslosigkeit)"[10] 그리고 "참된 판단들의 가능한 형식들에 관한 학문"이라고 부른다. [11] 이 계층은 형식을 근거로 판단들의 단순한 무모순성을 규정하는 논리법칙들을 포함하는데 여기서는 적어도 판단이 유의미한가 무의미한가(첫째 계층에서처럼)를 묻지 않으며, 진리인가 허위

---

9) 『선험논리학』, §13 a, 55쪽.

10) 『선험논리학』, §14, 59쪽.

11) 『선험논리학』, §14, 58쪽

인가(세번째 계층에서처럼)를 묻지도 않는다. [12] '정합논리학'은 하나의 단순한 판단 또는 복합판단에서 그 판단을 이루고 있는 판단요소들이 예를 들어, 주어개념과 술어개념간에, 또는 두 판단, 즉 전제와 결론간에 서로 일치하는가 모순되는가를 규정하는 논리법칙들을 문제삼는 것이다. 정합논리학은 물론 더 나아가서 삼단논법이나 그보다 더 복합적인 추리형식에서도 전제와 결론 사이의 일치 또는 일관성을 문제삼을 수 있다. [13] 후설은 말한다 : "판단의 진리에 관하여 말하는 것이 아니라, 단순히 단순판단이든, 복합판단이든, 판단 전체의 단위 내에 포함되어 있는 판단 구성요소들이 서로 일치하는가, 모순되는가에 관하여 말하는 것이다." [14] 후설은 형식논리학의 세번째 계층, 즉 '진리논리학'(Wahrheitslogik)을 §15에서 설명하기 시작한다. 그러나 여기서는 두번째 계층과 세번째 계층, 즉 정합논리학과 진리논리학이 다르다는 것만을 언급할 뿐, 이 두 계층간의 차이가 어디에 근거하는가에 대해서는 전혀 언급하고 있지 않다. 여기서는 이 세번째 계층에 대한 설명을 갑자기 중단하고, 형식논리학의 세 계층에 대한 근거를 해명하려고 시도한다. 따라서 세번째 계층에 대한 설명이나 두번째 계층과 세번째 계층간의 차이에 관한 설명을 충분히 하지 않고 §19에 와서 비로소 계속하여 다루어지는데 여기서는 판단에서의 태도들의 차이가 또한 소개되고 있다.

후설이 §19에서 짤막하게 설명하고 있는 '진리논리학'은 "…판단으로 파악된 대상에 대하여 사태 자체와 그것의 충전성(充全性, Adäquation)에 관한 물음"을 제기한다. [15] 여기서는 판단이 단순한 무모순성의 관점에서 문제되는 것이 아니라, "인식노력에 의해 두루 지배되는 판단"으로서 고려된다. [16] 그러나 판단 구성요소들간의 일치, 전제와 결론간의 일치, 전제판단과 결론판단간의 일치에 관한 형식적 법칙은 진리확정의 필수적 기초가 되므로 정합논리학의 진리논리학의 기초로서 기능한다. [17]

---

12) 『선험논리학』, §14, 59쪽.
13) 독일어의 'Konsequenzlogik'은 위와 같은 의미에서 '추리논리학'이라든가, '귀결논리학'이라는 번역은 적절하지 못하다.
14) 『선험논리학』, 59쪽.
15) 『선험논리학』, §19, 70쪽.
16) 같은 책, 같은 쪽.
17) 『선험논리학』, 71쪽 참조.

2. 세 가지 판단과 명증의 유형 그리고 지향과 충실

후설의 논증을 보다 잘 추적하기 위하여 주관성의 문제에 속하는 판단 작용의 태도에 관한 문제, 즉 판단에서의 태도를 뒤로 미루고 이 논문의 서론에서 언급한 둘째, 셋째, 넷째의 차이를 먼저 살펴보자.

후설은 판단을 모호한 판단, 판명한 판단, 그리고 명확한 판단으로 나누고 이들 세 가지 판단에 상응하는 명증의 유형을 모호성(Verworen-heit), 판명성(Deutlichkeit), 명확성(Klarheit)으로 나눈다.[18] 그러나 후설은 이 세 가지 명증 외에 또 다른 하나의 명증에 대하여 말한다. 모호한 판단에서 판명한 판단으로 이행하는 과정에서, 즉 하나의 동일한 판단이 처음에는 모호한 판단이던 것이 그 판단을 능동적 자발성에서 수행함으로써 원래의 뜻의 판단인 판명한 판단으로 이행하는 데서 얻게 되는 명증에 대하여 말한다.[19] 그리고 이러한 명증과 관련하여 가장 넓은 의미의 판단에 대하여 말한다. 이 가장 넓은 의미의 판단에서 나타나는 명증을 후설이 판명성과 명확성의 명증에 이어 '세번째 명증'이라고 말함으로써 우리를 혼란스럽게 만든다. 모호한 판단과 판명한 판단의 "동일화에서 세번째 판단개념이 그것에 의해 존재의미를 지니는 세번째 명증이 숨겨져 있음이 명백하다"[20]라고 후설은 말한다.

이 명증과 함께 가장 넓은 의미의 판단개념이 형식론의 세 계층적 분과 중 '판단의 순수형식론'에 속하는가 아니면, 판명한 판단과 함께 '정합논리학'에 속하는가 하는 문제는 일단 뒤로 미루자.[21] 그리고 여기서 우리가 다루고 있는 명증이란 어디까지나 술어판단의 명증이며 이것은 감각적 지각의 경험에서 일어나는 선술어적(先述語的, vorpr dikativ) 명증과 함께 의식의 지향성 전체에 속한다는 점에 주목할 필요가 있다. 후설은 명증이란 "의식삶 전체에 관계된, 지향성의 보편적 방식"이라고 말한다.[22] 그리고 명증개념 자체가 의식활동적 측면에서 의미하는, 즉 '노에

18) 『선험논리학』, 61쪽 이하 참조.
19) 『선험논리학』, §21, 73쪽 이하 참조.
20) 『선험논리학』, 73쪽.
21) 이에 대해서는 이 논문, 3. '형식논리학의 분과들과 판단개념들간의 관계' 참조.
22) 『선험논리학』, 168쪽.

시스'(noesis)적 개념을 뜻할 수도 있고, 그와 상관적으로 의식내용적 측면의 의미로, 즉 '노에마'(noema)적 개념을 뜻할 수도 있는데 여기서는 (적어도 『선험논리학』의 제1부에서는) '노에마'적 개념으로 이해해야 한다.

후설에 의하면, 하나의 판단은 "완전히 모호한 착상이나 또는 읽혀진, 이해된 그리고 믿으면서 받아들인 진술명제의 완전히 모호한 의미"로 나타날 수 있다. [23] "이 경우, 판단하는 자발성의 명시적(explizite) 수행으로부터, 명시적 주어정립으로부터 술어로서 추가하는 것, 하나의 다른, 그 자체로 정립된 대상으로 이행하는 것 등이 행해질 필요는 전혀 없다." [24] 이 모호한 혼란된 판단작용(vages, verworrenes Urteilen)에서 구성되는 판단은 모호한, 혼란된 판단이다. [25]

이 모호한 판단작용에 이어서 명시적 판단작용의 과정이 일어난다면, 이제부터 나타나는 충실시키는 동일화의 종합작용을 근거로, 모호한 판단이 "판명하게 된다", 이제 비로소 "본래적으로 판단된다", 그리고 앞서 단지 사념(思念, Vermeinung)되었을 뿐인 판단이 본래적으로, 그 자체로 주어졌다고 말할 수 있다. [26] 이 명시적이며 판명한(deutlich) 판단작용에서 구성되는 판단을 후설은 '판명한 판단'이라고 부른다. [27] 글을 읽거나 말을 듣거나 갑자기 떠오른 어떤 생각의 경우 우리는 단순히 그 의

---

23) 『선험논리학』, §16 a, 61쪽.

24) 같은 책, 같은 쪽.

25) 『선험논리학』, §73, 192쪽. 후설이 비록 'verworren'(혼란된)이란 표현을 사용하고는 있으나 우리말의 '혼란된'이란 말은 이러한 종류의 판단작용과 판단에는 들어맞는 표현이 아니다. 그 때문에 앞으로 이 형용사는 사용하지 않을 것이다. 원래 독일 합리주의 전통에서 사용되는 판단의 유형은 불명확한(dunkel) 판단과 명확한(klar) 판단으로 나누고 이 명확한 판단을 다시 앞서 '혼란된'이라고 표현한 '모호한'(verworren) 판단과 '판명한'(deutlich) 판단으로 나누는데 이 경우 '모호한'(verworren)이란 형용사는 판명하지는 않으나 '명확한'(klar) 판단을 뜻하므로 데카르트의 'clarus et distinctus'(명석판명한)에서 'clarus'에 해당된다. 후설의 『선험논리학』에서도 독일어의 이 'verworren'이란 형용사가 '판명하지는 않으나 명확한'이란 뜻을 지니고 있음을 알 수 있다. 따라서 우리는 후설이 표현하는 '모호한 명증'(verworrene Evidenz)이란 말도 이해할 수 있게 된다. 그러나 뒤에 가서 보면 알 수 있는 바와 같이 후설은 또한 '판명한'(deutlich) 판단과 구별하여 '명확한'(klar) 판단을 말하므로 이것과 모호한(verworren) 판단의 구별에 또한 주의하지 않으면 안 된다.

26) 『선험논리학』, 61쪽.

27) 『선험논리학』, 64쪽.

미를 사념할 뿐이다. 이러한 판단은 판단주체의 능동적 판단작용에서 그 원래의 뜻으로 판단이라고 말할 수 있는 것으로 바뀔 수 있다. 이 후자의 명백한 판단작용에서 이루어진 판단이 '판명한 판단'이다. 그러나 이 판명한 판단에서는 판단이 지시하는 대상이나 사태와의 일치, 불일치는 전혀 문제로 삼지 않는다. 다만 하나의 판단이 그 자체로서 판명한가 아닌가, 즉 능동적 자발성에서 수행된 판단인가 아닌가 하는 것만이 중요하다.

후설은 또한 판단들 자체뿐만 아니라, 판단의 표현들이 지닌 모호성과 판명성을 면밀하게 구별한다. 그리고 모호성 그 자체 내에서의 차이를 지적한다. 즉, 판단하는 사념작용의 판명성은 결여되어 있는 반면에 표현들은 명확하고 판명할 수 있다는 것을 지적한다. [28] 이 차이가 분석에서 어떤 중요한 역할을 하는지 당장에는 알기 어렵다. 후설은 말한다 : "언어적 기호의 감각적 분절(分節)을 수단으로 삼는 모호한 판단들의 일정한 분절 없이는 형식론과 논리학은 있을 수 없으며, 마찬가지로 자명하게 어떠한 학문도 없다." [29]

후설은 『논리연구 Ⅱ』와 『이념들 Ⅰ』에서 수행한 명증에 관한 설명, 그리고 이에 속하는 단순한 지향(공허)과 충실의 관계에 관한 설명에 독자들이 충분히 주목하지 않았음을 유감스럽게 여기면서 명증의 문제에 대한 통찰에 의해서만 이성비판인 선험철학이 가능하다고 강조하고 있다. [30] 따라서 우리는 §70 에서 상이한 태도와 관련하여 명증의 세 가지 유형, 예비지향(공허)과 충실의 세 가지 방식, 그리고 세 가지 판단개념의 구별에 대하여 언급하고[31] §16 에서도 마찬가지로 중요하게 다루어지고 있는 공허로부터 충실로의 이행, 즉 모호한 판단과 모호한 명증으로부터 판명한(deutlich) 판단과 판명한 명증으로의 이행에 주목하지 않으면 안 된다.

모호한 판단은 한편으로는 표현과, 다른 한편으로는 판명한 판단과 구별된다. 판명한 판단은 또한 한편으로는 모호한 판단과 구별되고 다른 한편으로는, 명확한(klar) 판단과 구별된다. 명확한 판단에서는 판단된 것

---

28) 『선험논리학』, 62-64쪽 참조.
29) 『선험논리학』, 75-76쪽.
30) 『선험논리학』, 170쪽.
31) 『선험논리학』, 186쪽 참조.

과 사태와의 관계가 드러난다. 다시 말하여, 명확한 판단이란 '사태의 명확성'을 지닌 판단이며, 이 명확성의 충실(Fülle)을 지닌 판단만이 현실적 인식일 수 있다. [32] 그 반면에, 판명한 판단에 대한 모호한 판단방식의 구별에서 처음부터 분명한 것은 판단들이 그 사태와 관련하여 명확성(직관성)을 갖는가 어떤가는 문제되지 않는다는 것이다. [33] 판명한 판단과 명확한 판단방식의 구별에서는 두 가지 명증으로 나뉘어진다. 그 하나는, 판단 그 자체가 자체 소여로 주어지는 명증이다. 이 판단은 또한 현실적이며 원래의 판단수행으로부터 이끌어 내어진 그러한 명증이다. 다른 하나는, 판단하는 자가 인식하기를 원하는 자로서, 그의 판단을 '통하여' 목표로 하는 것(사물 또는 사태 그 자체)이 그 자체로 주어지는 그러한 명증이다. [34] 판명성의 명증이 단순히 판단 자체가 명증적으로 주어지는 것이라면, 명확성의 명증은 인식을 추구하는 판단작용이 목표로 하는 사물과 사태 자체가 거기서 주어지는 명증이다. [35] 사태 자체가 직관에서 주어지는 자체 소여에서 그 사태 자체에 관하여 판단되는 그러한 판단을 후설은 '명확한 판단'(das klare Urteil)이라고 부른다. [36]

§16 b에서는 공허로부터 충실로의 이행, 즉 판명성의 명증으로부터 명확성으로의 이행이 주제로 되고 있다. 보다 정확히 말하여, 판명하지만 직관적으로 공허한 판단으로부터 판명하면서 직관적으로 충실된 명증으로의 이행이 여기서 문제되고 있다. 판명성으로부터 명확성으로 이행된 후에 하나의 판단은 명확성의 여러 가지 양태로 주어질 수 있다. 명확성 내에서도 후설은 자체 소유의 명확성과 예료(豫料)의 명확성을 구별한다. '명확성'은 사념된 사태 자체를 부여하는 판단작용의 명증이라고 부를 수 있는데 이것은 일반적 의미의 명증적 판단작용이다. 그러나 다른 한편, 사념하는 사태를 '미리 직관화하는' 판단작용의 양태를 지닌 판단작용을 의미할 수도 있다. [37] 첫째 경우에는 우리가 판단작용에서 인식하고자 하는 사태 자체를 준 것이며, 둘째 경우에서는 바로 일종의 '미리 그려 봄'

---

32) 『선험논리학』, 65, 66쪽 참조.

33) 『선험논리학』, 64쪽.

34) 『선험논리학』, 65쪽 참조.

35) 『선험논리학』, 66쪽 참조.

36) 『선험논리학』, 65쪽.

37) 『선험논리학』, 66쪽 참조.

(Vor-verbildlichen), 즉 자체 소유에서 확증되어야 할 직관적 예료를 갖게 된다. 더 나아가서 이 두 가지 양태의 명확성은 각기 완전성과 불완전성의 정도를 지니게 된다. 그와 동시에 공허로부터 충실로 이행하는 또 다른 하나의 이행, 즉 명확성의 한 양태 내에서, 불완전한 명확성으로부터 보다 완전한 명확성으로 이행하는 것이 가능함을 알게 된다. 이로써 우리는 공허로부터 충실로 이행하는 세 가지 다른 이행이 가능함을 알게 된다. 첫째는, 판명성으로부터 명확성으로의 이행이며, 둘째는 직관적 예료의 명확성으로부터 자체 소유의 명확성으로 이행하는 것이며, 셋째는 하나의 동일한 양태의 명확성 내에서 불완전한 명확성으로부터 보다 완전한 명확성으로 이행하는 것이다.[38]

이제 §16을 분석한 결과를 요약하면 이렇다 : 첫째, §70에서 언급한 세 가지 다른 명증들이 있다. 그것은 모호성, 판명성 그리고 명확성인데 명확성은 다시 두 가지 자체 소여의 명확성과 예료의 명확성이 있다. 둘째, 세 가지 다른 명증들에 상응하여 세 가지 다른 공허와 충실의 방식은 모호성으로부터 판명성으로의 이동, 판명성으로부터 명확성으로의 이동, 그리고 하나의 명증으로부터 다른 명증으로의 이행(및 동일한 명증 내에서 한 단계로부터 다른 한 단계로의 이행)이 있다. 셋째, 세 가지 판단개념들은 모호한 판단, 판명한 판단, 그리고 명확한 판단이다.

3. 형식논리학의 분과들과 판단개념들간의 관계

후설이 §17에서 서술하고 있는 바에 의하면, 판명한 판단은 형식논리학의 두번째 계층의 판단이다. 여기서는 "설명되어진 것이든 설명되어야 할 것이든, 인식으로 이행될 수 있든 없든, 실제로 판명성의 명증에서 마련된, 그리고 마련될 수 있는 동일한 판단이 주제이다."[39] 그 반면에 만일 모호한 판단이 형식논리학의 첫번째 계층의 판단이기를 기대한다면 실망하게 된다. §22에 의하면, "가장 넓은 의미의 판단"[40] 또는 "가장 넓

---

38) 『선험논리학』, 66쪽 참조.
39) 『선험논리학』, 67쪽.
40) 『선험논리학』, 75쪽.

은 의미의 판단개념"[41]은 이 첫번째 계층에 관계되어 있다고 한다. 이 판단개념은 모호한 판단과 판명한 판단을 동일화하는 명증[42]에서 나온 것이다. ("그 존재의미를 그로부터 얻게 된다" : [43]) 그리고 모호성, 판명성, 명확성의 구별에 대해서는 전혀 관계하지 않는다.[44] 따라서 판단의 넓은 개념이 모호한 판단의 개념과 동일시되어서는 안 된다. §21에서 후설은 세번째의 판단개념으로서 가장 넓은 판단개념을 지적하고 있다.[45] 따라서 첫번째와 두번째 판단개념은 모호한 판단과 판명한 판단이다. 그렇다면 명확한 판단은 어떻게 된 것인가? 그것은 형식논리학에서 전혀 자리를 차지하지 못한다는 것인가? §17에서 후설은 판명한 판단을 형식논리학의 두번째 계층에 결부시키고, §22에서는 가장 넓은 의미의 판단을 (이 판단의 발생에 대하여 §21에서 설명한 후) 형식논리학의 첫번째 계층에 결부시키고 있다. 그러나 (자체 소유 또는 예료의 의미에서) 명확한 판단은 어디서도 형식논리학의 세번째 계층과 결부시키고 있지 않다. 이로써 후설은 명확한 판단과 형식논리학 사이의 결합이 어떻게 가능한가 하는 문제, 정확히 말하여, 명확한 판단이 형식논리학의 한 계층의 영역 개념일 수 있는가라는 어려운 문제를 정면으로 다루지 않고 있다. 만일 우리가 명확한 판단을 수행한다면, 우리가 그것에 관하여 판단하는 사태 자체를 부여한 것이며 판단만을 부여한 것은 아니다. 그 사실적 핵심이 규정되어 있지 않으면서 어떻게 사태 자체가 직관적으로 주어질 수 있는가? 이것은 형식존재론의 태도이며 이에 관해서는 제1부, A에서는 논의되지 않는다.

제1부, A에서 확정할 수 있는 것은 한편, 모호한 판단, 판명한 판단, 명확한 판단과 다른 한편, 형식론, 정합논리학, 진리논리학 사이의 3중적 일치가 발견되지 않는다는 것이다. 물론 형식논리학의 계층들과 판단개념들의 일치를 다음과 같은 식으로 시도해 볼 수는 있을 것이다. 넓은 의미의 판단과 모호한 판단을 형식론에 결부시키고, 판명한 판단을 정합논리학에 그리고, 명확한 판단 중 오직 예료의 명확성이라는 의미에서만

---

41) 『선험논리학』, 73쪽.
42) 같은 책, 같은 쪽.
43) 같은책, 같은 쪽.
44) 『선험논리학』, 74쪽.
45) 『선험논리학』, 73쪽 참조.

(자체 소유의 명확성이란 의미에서는 아니고) 명확한 판단을 진리논리학에 결부시키는 것이다. 명확한 판단 중 예료의 명확성만이 결부가능한 이유는 형식적 진리논리학에서는 판단들이 상응하는 사태 자체에 대한 가능한 충전성에서만 진리논리학에 관계될 수 있는 것으로 고려할 수 있기 때문이다. [46] 반면에 모호한 판단과 형식론 사이의 결합은 분명하지 않다. 예를 들어, 후설이 "모호한 판단의 개념은 넓은 뜻의 모든 판단을 일정한 방식으로 포괄한다"[47]고 말하는 것은 무엇을 뜻하는지 알기 어렵다.

4. 형식논리학의 분과들과 명증들간의 관계

형식논리학의 3계층에 대한 후설의 논증은 세 계층과 세 가지 유형의 명증들간의 관계가 어디에 근거하는가에 관한 문제에서 매우 어려운 난점이 드러난다. 세 가지 판단개념(가장 넓은 의미의 판단개념을 포함시킨다면 원래 네 가지로 설명되는)이 세 계층에 결부될 수 없다는 것은 이미 명백해졌다. 그렇다면 이 판단들이 거기서 구성되는 명증들과 형식논리학의 세 계층과의 관계도 단순한 등식관계로 파악될 수는 없지 않을까? 즉, 형식론과 모호성, 정합논리학과 판명성, 진리논리학과 명확성간에 독특한 관계가 있다는 것이 바로 명백하지는 않을 것이 아닌가? 무엇보다도 후설은 『선험논리학』 65쪽에서 판명성의 명증과 명확성의 명증이 명백하게 나누어진다는 설명을 하고, 그 다음 73쪽에서 세번째 명증으로서, 모호한 판단에서 판명한 판단으로 이행하는 데서 나타나는 명증을 말하는 반면에 모호한 판단의 명증, 즉 모호성의 명증에 대해서는 별로 언급하고 있지 않기 때문이다.

그러나 물음을 그렇게 제기한다면, 원래의 물음은 묻혀 버리고 만다. 왜냐하면, 형식논리학의 각 계층은 하나의 판단으로 나타나는 것을 인정하거나 배척할 기본법칙들 및 규범적 기초개념들을 지니고 있으며, 이것들과 명증들간의 관계에 대한 문제가 보다 중요하기 때문이다. 그리고 후설은 이미 형식론에 의미와 무의미를 구별하는 기능을 부여하고 있기 때

---

46) 『선험논리학』, 70쪽 참조.
47) 『선험논리학』, 74쪽.

문에, [48] 정합논리학에게는 분석적 정합(Konsequenz)과 모순을 구별하는 기능을, [49] 형식적 진리논리학에게는 가능한 의미, 무의미와 사실적 (sachlich) 의미, 무의미를 구별하는 기능을 부여하고 있기 때문이다. [50] 따라서 또한 보다 중요한 문제는 이 구별기준들과 명증들간의 관계에 관한 문제이다. 예를 들어, 무슨 이유로 분석적 모순을 포함하는 하나의 판단이 판명성이 아니라, 모호성의 명증에서 수행될 수 있는 특징을 지니게 되는가 하는 것이다. [51] 그리고 무슨 이유로 사실적 모순을 포함하는 하나의 판단이 명확성의 명증이 아니라, 판명성의 명증에서 수행될 수 있다는 것인가? [52] 판명한 판단을 주제 및 영역개념으로서 갖는다는 정합논리학의 기준과 관련해서는, 단순한 무모순성이 판명성의 명증을 지니고 수행가능한 판단의 필요충분조건인가에 대하여 물을 수 있다. [53] 이 물음에 대한 긍정적 대답은 제1부 A의 제1장(53-76쪽)에 이미 전제되어 있으며, 이 근거 위에서 판명성의 명증에서 수행될 수 있는 일정한 판단들이 있으나 명확성의 명증에서는 그렇지 않다는 결론을 이끌어 내고 있다. [54]

5. 판단작용의 여러 가지 태도

객관적 형식논리학의 연구에서 태도의 문제를 다룬다는 것은 주제에서 매우 벗어나는 것같이 보일지 모른다. 그러나 판단의 순수형식론, 정합논리학 그리고 진리논리학이라는 형식논리학의 세 계층의 구별을 정초하기 위해서는 판단의 유형과 명증성의 구별만으로는 충분하지 못하다는 것을

---

48) 『논리연구』 II/1, §10, 316쪽 이하 ; 『선험논리학』, §13, 55쪽 참조.
49) 『선험논리학』, 60, 68, 70쪽 참조.
50) 『선험논리학』, 70쪽 참조.
51) 『선험논리학』, 18, 69쪽 : 20, 71-72쪽 : §22, 75쪽 참조.
52) 『선험논리학』, 70쪽 참조.
53) 『선험논리학』, §88, 222-223쪽 참조.
54) 『선험논리학』, 74쪽에서는 "모든 모호한 판단이 동일한 그러나, 판명한 판단으로 이행될 수 있는 것"이 아니며, "마찬가지로 모든 판명한 판단이 가능성으로서든, 진리로서든, 사실적 통찰로 이행될 수 있는 것이 아니다"라고 말하며, 75쪽에서는 "판명성에서 불가능한 모든 판단이 모호성에서는 가능하며, 또 통찰된 인식으로서는 불가능한 모든 판단이 판명성에서는 가능하다"고 말한다.

알 수 있다. 모호한 판단이든, 판명한 판단이든, 또는 진리요구를 지닌 명확한 판단이든간에 모든 판단은 판단을 형성시킨 판단작용 또는 달리 말하여, 정립된 것(Gesetztes, Satz)을 가능하게 한 정립작용(Setzen) 으로 소급해서만 그 구별근거를 해명할 수 있다고 보는 것이 현상학의 기본적 입장이다. 그리고 이 판단작용은 판단을 수행한 판단주체의 태도가 가장 근본적인 구성적 역할을 하고 있다. 이것은『이념들』Ⅰ, Ⅱ 중 태도의 개념이 주제로 다루어지는 모든 곳에서 강조되고 있으며,『선험논리학』에서도 선험논리학이 주제인 제2부와는 별도로 하나의 독립적 연구체계라고 보는 제1부인「객관적 형식논리학의 구조와 범위」에서 이미 태도의 문제를 다루고 있다. 후설은 형식논리학을 다루고 있는 제1부를 A와 B로 나누고 있는데 이 B 전체가 직접, 간접으로 태도의 문제를 다루고 있다.[55]

§16의 제목, '명제론의 계층적 구별을 정초하는 명증의 구별. 명확성의 명증과 판명성의 명증'이라는 제목은 형식논리학의 세 가지 계층의 전체 정초가 이 명증의 구별에 달려 있는 것 같은 인상을 준다.[56] 그러나 §22 에서는 이 정초가 제1부, A의 제1장이 다 끝날 때까지 계속된다는 말을 하고 있다. "이 분석으로 §13-15에서 짧게 특징을 서술하는 데서 도입한, 형식논리학의 세 가지 계층구별의 의미가 근원적으로 해명되었으며 이 계층의 본질필연성이 정초되었다."[57] 이 문장에서 '이 분석들'이란 § 22(75-76쪽)에서 수행되는 분석을 가리킨다. 형식논리학의 세 가지 계층에 대한 정초가 제1부, A 의 제1장이 끝날 때까지 이어진다는 말이 더 진실에 가까운 것은 §16 에서는 아직 판단작용에서의 태도에 관해서는 전혀 언급이 없기 때문이다. 만일 그 정초가 §16 에서 시작하여 거기서 멈춘다고 가정한다면, 태도는 정초에서 아무런 역할도 하지 않는 것으로 보아야 한다. 그러나 사실은 그렇지 않은 것이 §19에서 후설이 태도들간의 구별에 대하여 언급하고 있는 것을 보면 알 수 있다. 여기서 후설은 순수 분석론 및 무모순성의 형식논리학의 태도가 진리의 형식논리학의 태도와

---

55) 직접적으로는『선험논리학』제1부 B 중에서 '대상에 대한 태도와 판단에 대한 태도'라는 제목을 지닌 제4장(110-135쪽) 전체가 태도와 판단유형의 정초관계를 다루고 있으며, 제5 장 §48, 제1부의 마지막 부분인 §54에 이르기까지 언급되고 있다.

56)『선험논리학』, 61쪽.

57)『선험논리학』, 76쪽.

어떻게 구별되는가를 해명하려고 시도하고 있다. 이 시도는 §16의 분석 결과와 관련하여 다음과 같이 묻고 있는 것 같다 : 형식논리학의 두번째 계층을 세번째 계층으로부터 구별지어 주는 것은 원래 무엇인가? 명증의 차이인가, 아니면 태도의 차이인가?

후설은 동일한 태도 내에서도 동일한 판단을 여러 가지 상이한 방식, 즉 모호성, 판명성, 명확성의 방식으로 수행할 수 있다고 말한다.[58] 판명한 판단의 예에서 후설은 강조하기를, 이 판단을 수행하는 경우 판단 그 자체가 주제로 되는 것은 아니다. 즉, 인식하고자 하는 것으로부터 단순한 판단으로 옮겨 가는 것은 아니다. 그리고 불명확한 판단수행으로부터 판명한 판단수행, 심지어 명확한 판단수행으로 이행하는 데서도 태도의 변경은 필요하지 않다는 것이다.[59] 이와 같이 §16에서는 정합논리학과 진리논리학을 구별짓는 것은 명증의 차이인 것처럼 말한다. 그러나 후설은 §19에서는 그것이 태도의 차이인 것처럼 말하면서 태도를 다음과 같은 식으로 구별하고 있다 :

"이제 (진리의 논리학에서는) 처음부터 판단이 단순한 판단이 아니라, 인식노력에 의하여 지배되는 판단으로서, 충실되어야 할 사념으로서 고려되고 있다. 이 사념은 단순한 판명성으로 이루어진 소여라는 의미의 대상 그 자체가 아니라, 목표로 되어 있는 '진리들'에 이르는 통로이다.

이런 방식으로 단순한 판단들에 대한 이론적 태도를 인식태도, 즉 판단하면서 인식될 수 있는 사태 및 확증하는 충전성에 대한 태도로 바꾼다면 … ."[60]

이제 우리가 알 수 있는 것은 첫째, §19에서는 후설이 나중에 주장한 것처럼 판단작용에서 두 가지 태도가 아니라, 세 가지 태도가 서로 구별된다는 것이다. 그러나 가장 넓은 뜻의 판단개념을 주제로 삼는 순수형식론을 추구하는 태도가 무엇이며, 그것이 정합논리학을 추구하는 태도와 어떻게 다른가 하는 것은 분명하지 않다. 둘째, 정합논리학과 진리논리학의 구별에서는 태도들간의 구별이 명증들간의 구별보다도 더 근본적이다. 그것은 다음과 점에서 쉽게 알 수 있다. 즉, 판단되는 사태가 거기서 주

---

58) 『선험논리학』, 16a, 61쪽 : 16b, 65~66쪽 참조.
59) 『선험논리학』, 16, 65쪽 참조.
60) 『선험논리학』, 70쪽. 인용문 중 괄호 안의 것은 필자가 삽입한 것임.

어지는 태도와 판단들 그 자체가 거기서 주어지는 태도의 구별을 고려하지 않고는, (판단작용에서 주어진 사태 자체의 명증인)[61] 명확성의 명증들과 (판단들 자체의 명증인)[62] 판명성의 명증들을 구별하는 것은 별로 의미가 없다는 점에서 쉽게 알 수 있다. 그러나 후설은 판단의 수행양식, 즉 모호한 판단, 판명한 판단, 그리고 명확한 판단을 분석하는 데에 국한함으로써 이러한 난점을 피하고 있다.[63] 그리고 제1부의 B가 시작되는 제4장 '대상에 대한 태도와 판단에 대한 태도'라는 제목 아래 태도의 문제를 본격적으로 다루고 있다. 우선 구별되어야 할 것은 판단주체가 판단작용에서 판단하는 경우 지향되는 것은 판단되는 현실적인 것 자체이다. 이것은 지각판단의 경우 사물 또는 사태 그 자체이다. 그 반면에 판단 그 자체를 지향하는 것은 일종의 반성적 태도이다. 아리스토텔레스 이래 분석론(Analytik)으로 지칭되는 형식논리학의 태도도 같은 의미에서 하나의 반성적 태도이다. 판단 자체를 문제삼되 참, 거짓의 문제를 도외시하는 정합논리학이든, 인식을 목표로 한 판단을 그 주제영역으로 삼는 진리논리학이든 모두 반성적 태도라는 점에서는 동일하다. 그러나 판단을 대상으로 삼는 태도에서도 두 가지 태도를 구별할 수 있다. 하나는 판단의 순수형식론과 정합논리학을 수행하는 학문적 태도로서 오직 판단들 그 자체와 그것을 구성하는 개념들 그리고 판단을 이루는 구문적 형식(syntaktische Form) 및 그 법칙을 향하는 태도이다. 여기서는 오직 의미범주들(Bedeutungskategorien)[64]이 주제개념이다. 이에 대하여, 판단의 진리여부가 중요한 연구영역에서는 판단 자체가 아니라, 판단이 지시하는 사태를 지향하게 된다. 여기서는 명제, 개념, 논리적 구문 등을 지향하는 태도에서 대상일반 및 그 양태로서 대상, 사태, 관계, 실체, 성질일반 등을 향한 태도로 변경된다. 이 태도에서는 그와 같은 대상범주들(Gegenstandskategorien)이 직접적인 주제이며, 이 태도에 판단 자체를 향한 태도가 반드시 선행된다 하더라도 그것은 하나의 '수단'일 뿐이다.[65] 후설은 "판단들에 주제적으로 태도를 취하는" 전자의 태도를 '명제

61) 『선험논리학』, 65-66쪽 참조.
62) 『선험논리학』, 65쪽 참조.
63) 『선험논리학』, §16 참조.
64) 『선험논리학』, 92쪽 ; 『논리연구 I』, 244쪽 참조.
65) 『선험논리학』, 150쪽 참조.

론적 태도'(apophantische Einstellung), 형식적 대상일반을 향하는 후자의 태도를 '존재론적 태도'(ontologische Einstellung)라고 부른다. [66] 그리고 후자의 태도에서 수행되는 형식논리학의 분과를 후설은 이미 『논리연구』에서부터 도입한 용어인 '형식적 존재론'으로 부른다. [67]

맺는말

후설이 제1부, A의 연구주제를 제2부의 2장과 3장에서 다시 다루고 있는 것으로 미루어 보면, 제1부에서의 정초가 완전한 것이 못 되며, 그가 정합논리학과 관련하여 말하듯이 "그렇게 전혀 전반적으로 올바른 것은 아님"을 보여 주는 것이며, "설명되지 않은 전제가 포함되어 있는"것으로 보인다. [68]

제1부에서 시도된 형식논리학의 명증에 관한 연구가 충분하지 못하기 때문에 우리는 제1부와 제2부의 관계에 대하여 주목하지 않을 수 없다. 제1부의 제목은 '객관적 형식논리학의 구조와 범위', 제2부는 '형식논리학으로부터 선험논리학으로'라는 제목으로 되어 있다. 첫눈에는 이 책의 중요한 두 부분 사이의 차이가 마치 제1부에서는 객관적 형식논리학이 다루어지고 제2부에서는 주관적인 선험논리학이 처음으로 다루어지는 것처럼 보인다. 따라서 제1부와 2부는 단순히 선험논리학이 있는가 없는가의 차이인 것처럼 보인다.

그렇다면 주관성에 대한 현상학적 분석도 제2부에서 비로소 시작된다고 보아야 한다. 제1부의 첫 부분에서, 즉 A의 제1장, 후설은 "논리학은 순수객관적 주제에 대한 우리 스스로 획득한 통찰에 따라 우선 근원적인 논리적 명제론, 객관적 명제논리학의 본질적 구조들을, '분석적', '형식적' 논리학의 본질적 구조들을 연구하고 그 본질적 경계의 문제를 다루기 위하여 주관적 연구는 잠정적으로 고려 밖에 두었으며 좀더 그렇게 두도록 하자"[69]라고 말하지 않았는가? 그러나 다섯 절 (§) 뒤, §16 에서는 '주관

---

66) 『선험논리학』, 115, 116쪽 참조.
67) 『선험논리학』, 24, 88쪽 이하 : 27, 90쪽 이하 ; 『논리연구 Ⅰ』, 233 쪽 이하 참조.
68) 『선험논리학』, 223쪽.

적 연구'만 발견되는 것이 아니라, 객관적 논리학의 구조와 범위는 주관적인 것과의 관계에서만 해명될 수 있다는, 근본토대가 되는 전제를 발견하게 된다고 말하고 있다.[70] 어떻게 판단작용에 관한 주관적 연구들이 판단의 객관적 학문의 세 가지 계층구조를 정초할 수 있다는 것인가?

위에서 우리는 §16을 더욱 잘 이해하기 위하여 후설의 내용분석을 이용하였다. 후설은 여기에 도입한 연구방식에 관한 힌트도 주고 있는가?

그것에 관해서는 『선험논리학』 서론(Einleitung)에 다음과 같이 언급하고 있다. "논리적 분과들의 세 계층을 정초하는 연구는 반드시 노에시스적 지향성으로 소급하는 연구로서──논리적 형성체들은 범주적 활동으로부터 산출되므로──주관적으로 방향지어져 있다."[71] 나중에 제2부, 2장, §70a에 가면 "이 연구는 전적으로 주관적-현상학적으로 방향지어졌다"[72]고 말하고 있다.

제1부의 분석은 확실히 지향적이며 주관적이요, 현상학적이다. 그러나 이 분석들이 선험적인가? 이른바 '선험논리학'이라는 이 책에서 심리학적 연구와는 명확히 구별되는 선험적 연구라고 할 만한 것이 쉽게 발견되지는 않는다. 특히 제1부의 B에서 수행되는 분석들은 지향적, 주관적, 현상학적이긴 하나, 다만 '심리학적'일 뿐 선험적이지는 않은 것같이 보인다. 그러나 이 책에는 이 연구들이 선험적이지 심리학적이라고 말할 수 없다는 두 가지 기본적인 주장이 있다. 그 한 가지 주장은 서론에서 발견된다 : "학문과 논리학에 대해서 의문으로 제기되는, 제기되어야 할 주관적으로 방향지어진 모든 의미문제들은 자연적인 인간의 주관성의 문제, 따라서 심리학적 문제가 아니라, (나에 의해서 도입된 선험현상학의 의미에서) 선험적 주관성의 문제이다."[73] 다른 한 가지 주장은 제2부 7장 §102에서 발견된다. "완전히 주관적으로 방향지어진, 논리적 이성의 연구들은 앞서 지적한 뜻에서 의미되고 진행된다면, 논리적 토대의 원천적 의미에 대한 연구들로서 선험현상학적 연구이며 심리학적 연구가 아님은 자명하다."[74]

---

69) 『선험논리학』, 49쪽.
70) 『선험논리학』, 61쪽 참조.
71) 『선험논리학』, 15쪽.
72) 『선험논리학』, 186쪽.
73) 『선험논리학』, 17쪽.

우리가 이 책의 제1부와 제2부의 관계에 관한 후설의 해석을 따라가 보면 서론에서 이런 글을 읽을 수 있다 : "제1부의 연구들은 궁극적이라기보다 관심을 불러일으키게 설명된, 제2부로부터 벗어남에 틀림없는 일정한 완결성과 독립성을 갖는다. 왜냐하면 제1부에서 우리는 지향적 현상학의 엄청나게 넓은 영역으로 끌려 들어가게 되기 때문이다…. "[75]

그러나 이 주장들이 완전히 정당화될 수 있을지 의문스럽다. 왜냐하면, 첫째, 제1부에서 정당한 근거를 제시하지 않고 사용된 방법은 제2부에서 비로소 궁극적으로 해명되고 있으며, 둘째, 제1부에서는 판단들의 객관적 학문은 판단작용의 주관적 학문과 관련해서만 해명될 수 있다는 것이 이미 전제되어 있기 때문이다. 따라서 제1부는 제2부에 의존적이며 불완전한 성격을 지니고 있다.

또 하나의 예를 든다면, '명증'의 개념이 형식논리학의 세 계층을 정초하기 위하여 제1부 A에서 사용된다. (특히 §16) 그리고 이 개념은 제1부, B, 제4장과 5장에서 명제론과 형식존재론의 차이를 설명하기 위하여 사용된다. (특히 §46) 그러나 명증개념 자체는 제2부에 가서야 주제로 된다. [76] "모든 기본개념들과 기본명제들을 포함하여 논리적 원리들의 타당성을 해명하는 것은 주관적으로 방향지어진 연구들로 인도한다. 이 연구 없이는 이 원리들은 학문적으로 그 근거를 상실하게 된다. "[77]그리고 또 다른 곳에서는 이렇게 말하고 있다 : "사람들은 오직 하나의 '형식논리학'을 원하지만 명증의 문제는 현상학적 주관성으로 인도하며 …이로부터 존재하는 선험적 주관성으로 인도한다. 자명성을 지니고 아주 단순하게 보이는 것이 이제 전반적으로 복잡하게 된다. "[78]

형식논리학을 다루는 제1부는 주로 주관적 논리학을 다루는 제2부에 의존되어 있다. 왜냐하면 객관적 형식논리학은 선험현상학에 달려 있기 때문이다. 이 책에서 다루고 있는 구조는 바로 다루어지는 연구대상의 구조를 반영하고 있는 것이다. 그것은 마치 선험현상학에서 현실적으로 세계

---

74) 『선험논리학』, 275쪽.
75) 『선험논리학』, 21쪽.
76) 『선험논리학』, 제2부에서, '환원'문제를 도입하기 이전에는 제1장, 57-64에서, '환원'문제를 도입한 후에는 제7장, §107에서 명증개념을 주제로 삼고 있다.
77) 『선험논리학』, §93b, 236쪽.
78) 『선험논리학』, §102, 277쪽.

내에서 살아가는 실재적 주관성으로부터 선험적 주관성으로 나아가는 연구방향과 같은 것이다.

프레게의 객관성 개념

최 원 배

개 요

『산술의 기초』서문에서 프레게는 "심리적인 것과 논리적인 것, 주관적인 것과 객관적인 것을 항상 뚜렷이 구별하라"는 것을 그의 첫번째 방법론적 원리로 삼아 이를 따랐다고 말한다. 또한 맥락원리라 불리우는 그의 유명한 두번째 원리, 즉 단어의 뜻을 고립해서 찾지 말고 항상 명제의 맥락 안에서 찾으라는 원리를 지키지 않으면 방금 말한 첫번째 원리 또한 위반하게 된다고 말함으로써 첫번째 원리의 중요성을 강조하고 있다.

이 논문은 프레게의 첫번째 원리가 그의 철학에서 어떻게 구체화되는지와 그의 객관성 개념이 어떤 인식론적-존재론적 의의를 지니는지를 다루고 있다. 이를 위해 심리적인 것과 논리적인 것을 프레게가 어떻게 구분하는지를 먼저 다루고, 관념에 관한 그의 견해를 중심으로 그가 주관적인 것과 객관적인 것을 어떻게 특징짓는지를 다룬다. 이를 통해 이 논문은 프레게가 강한 의미의 객관성 개념을 받아들였으며, 수나 개념, 사상, 진리 등의 추상적 대상이 우리 인간과 독립해서 객관적으로 존재한다고 주장한다는 점에서 그가 전형적인 플라톤주의자로 간주되어야 한다고 주장한다.

1. 머리말

『산술의 기초』 서문에서[1] 프레게는 "심리적인 것과 논리적인 것, 주관적인 것과 객관적인 것을 항상 뚜렷이 구분하라"는 것을 그의 첫번째 방법론적 원리로 삼아 이를 따랐다고 말한다. 또한 맥락원리(the context principle)라 불리는 그의 유명한 두번째 원리, 즉 단어의 뜻을 고립해서 찾지 말고 항상 명제의 맥락 안에서 찾으라는 원리를 지키지 않으면 방금 말한 첫번째 원리 또한 위반하게 된다고 말함으로써 첫번째 원리의 중요성을 강조하고 있다.

이 논문에서 필자는 프레게의 첫번째 원리가 그의 철학에 어떻게 구체화되어 나타나는지와 그의 객관성 개념이 어떤 인식론적·존재론적 의의를 지니는지를 살펴보고자 한다. 이를 위해 먼저 필자는 심리적인 것과 논리적인 것을 프레게가 어떻게 구분하는지를 살펴보고, 관념에 관한 그의 견해를 중심으로 그가 주관적인 것과 객관적인 것을 어떤 식으로 특징짓는지를 다루기로 한다(2절). 이 논의를 통해 필자는 프레게가 강한 의미의 객관성 개념을 주장했음을 밝히고, 수(數)나 개념, 사상, 진리 등의 추상적 대상이 우리 인간과 독립해서 객관적으로 존재한다고 주장한다는 점에서 그가 전형적인 플라톤주의자임을 논증하기로 하겠다(3절).

---

1) G. Frege, *Die Grundlagen der Arithmetik* (1884), trans. by J. Austin, *The Foundations of Arithmetic* (Basil Blackwell, 1953), p. ix. 다음부터는 이 책을 FA로 적기로 한다. 이 논문에서 인용되는 프레게의 다른 저작들은 다음과 같이 줄여 쓰기로 한다. SR; 'Sense and Reference', in *Translations from the Philosophical Writings of Gottlob Frege*, ed. and trans., P. Geach and M. Black (Basil Blackwell, 2nd ed., 1960). BLA; *The Basic Laws of Arithmetic*, ed., and trans., M. Furth (Univ. of California Press, 1964). Gz Ⅱ ; *Grundgesetze der Arithmetik* Ⅱ (1903). T; 'Thoughts' in *Logical Investigations*, ed., P. Geach, trans. , P. Geach and R.H. Stoothoff (Basil Blackwell, 1977). PW; *Posthumous Writings*, trans., P. Long and R. White (Basil Blackwell, 1979). CP; *Collected Papers on Mathematics, Logic, and Philosophy*, ed., B. McGuiness (Basil Blackwell, 1984). RH; 'Review of Husserl' in CP.

2. 주관적인 것과 객관적인 것

1) 논리학과 심리학

산술의 기본개념들이 순수논리적 개념들로 정의될 수 있고, 산술의 기본법칙이 논리적 법칙만을 사용하여 증명될 수 있다고 하는 프레게의 논리주의는 수학을 고도로 일반화된 경험적 지식으로 파악하는 밀(J. S. Mill)의 경험주의라든가 수는 단순히 무의미한 기호에 불과하고 수학은 일종의 게임이라고 주장하는 형식주의와도 반대된다. 나아가 이 논리주의는 산술에 직관적인 요소를 끌어들이는 것을 허용하지 않을 뿐 아니라, 논리학에 심리학적 요소가 끼여드는 것 또한 비판한다.[2] 그래서 프레게는 "논리학과 수학의 밀접한 연관성을 인식하는 것만큼이나 심리학 쪽에서의 어떤 도움도 배제하는 것이 수학에서는 중요하다"[3]고 말한다.

프레게에 따르면 심리학과 논리학의 혼합은 그의 시대에 아주 일반적인 현상이었고,[4] 이러한 "논리학에까지 스며든 철학의 심리학적인 논증방법의 유행"이 수개념에 관한 수학자와 철학자의 공동연구를 가로막는 장애물이다.[5] 또한 그는 논리학을 심리학적으로 접근하는 사람들을 '심리주의적 논리학자'라 부르면서, 에르트만과 후설을 구체적으로 그런 논리학자라고 비판하고 있다.[6]

그러면 산술과 논리학을 심리학적으로 접근한다는 것이 무엇이며, 프레게는 왜 이를 비판하는가? 『기초』에서 프레게는 다음과 같이 주장한다.

감각은 논리학과는 아무런 관련도 없다. 이전의 감각인상이 뒤섞인

---

2) 『기초』에 나오는 프레게의 주요논적(論敵)은 심리주의와 밀의 경험주의라고 할 수 있다. 그러나 프레게의 논리주의는 산술에서 순수직관을 배제하는 데 그 핵심이 있다고 이해되기도 한다. A. Coffa, 'Kant, Bolzano, and the Emergence of Logicism', *Journal of Philosophy* 79(1982), pp. 679-689; M. Tiles, *Mathematics and the Image of Reason* (Routledge, 1991), pp. 25-28 참조.

3) FA. p. ix.

4) RH, p. 197 참조.

5) FA, p. v 참조.

6) RH와 BLA 서문 참조.

것에서 생기는 마음속의 그림들 또한 아무런 관련이 없다. 이런 모든 의식의 단면들은 그 특징상 항상 유동적이고 일정하지 않으며, 수학의 개념이나 대상들이 일정하고 고정되어 있다는 것과는 아주 대조적이다. 물론 수학적 사고과정에서 일어나는 관념이나 관념의 변화를 탐구하는 것이 어떤 목적에 도움이 될 수도 있다. 하지만 심리학이 수학의 토대에 조금이라도 기여할 수 있다고 생각해서는 안 된다. 시작이 있고 변화를 겪는 이러한 심리적 이미지는 진정한 수학자에게는 아무런 의미가 없다. [7]

여기서 프레게가 심리적인 것을 항상 변하고 불특정한 것이라고 간주하고 이를 논리학이나 수학의 대상과 대비시킨다는 점을 주목해야 한다. 이는 우선 프레게가 수학의 대상을 불변하고 영원한 플라톤주의적인 실체라고 보고 있음을 시사할 뿐만 아니라, 이 점에서 수학에서는 역사적 설명이나 발생적 설명은 합당하지 않다는 점이 바로 이끌어지기 때문이다. 물론 어느 누구도 수학사(數學史)에 대한 탐구가 쓸데없다고 주장하지는 않을 것이다. 프레게 또한 이를 부인하는 것은 아니다. 하지만 "어떻게 수학법칙이 발견되었는가 하는 역사는 그 법칙을 정당화하는 근거의 자리를 대신할 수 없다. 이들 근거는 항상 비역사적이다; 다시 말해 법칙의 정당성은 누가 처음 그것을 정당화했는가라든가, 어떤 동기에서 그 사람이 그런 유익한 사고노선을 따르게 되었는가, 또는 언제 어디서 그런 일이 일어났는가 등에 결코 의존하지 않는다."[8]

논리학이나 수학을 심리학적으로 접근하고자 하는 데는 그 나름의 이유가 있다. 그것은 이들 학문의 주제가 경험과학의 그것과 달리 감각적이거나 물리적인 것이 아닌가 적어도 그런 현상으로 환원될 수 있는 것이 아니라고 생각되기 때문이다. 프레게 또한 이에 동의하여 "논리학의 주제는 감각에 의해 지각될 수 있는 그런 것이 아니며, 이 점에서 심리학의 주제와 비슷하고 자연과학의 주제와 대조된다. 본능이나 관념 등도 또한 눈으로 볼 수 있거나 손으로 만질 수 있는 것이 아니다"[9]라고 말한다.

---

7) FA, pp. v-vi.

8) PW, p. 3.

9) PW, p. 3.

뒤에서 더 자세히 살펴보겠지만, 여기서 프레게가 주장하고자 하는 것은 어떤 것이 물리적·감각적 현상이 아니면, 그것은 곧바로 심리적인 것이고 따라서 그에 대한 합당한 탐구방법은 심리적인 접근방법이라는 주장을 비판하는 것이다. 사실 프레게에 의하면, "이런 설명은 모든 것을 주관적인 것으로 만들어 버리고 이 방법을 끝까지 따르게 되면 진리마저도 배제하게 된다."[10] 그러면 수학에 대한 심리학적 접근방법이 어떻게 수학적 대상의 객관성과 수학적 지식의 객관성을 파괴하게 되는지를 좀더 구체적으로 살펴보기로 하자.

2) 프레게의 관념이론 : 상대주의와 관념론

프레게는 '관념'이란 말이 여러 가지 의미로 쓰인다는 사실을 잘 알고 있었다. 그것은 주관적이고 심리적인 의미로 쓰이기도 하고, 때로는 객관적인 의미로 쓰이기도 하며, 이들 두 가지가 뒤섞인 채 쓰이기도 한다.[11] 그가 『기초』의 첫번째 방법론적 원리로 주관적인 것과 객관적인 것을 구분하라고 말할 때 그의 요점은 우리가 주관적인 의미의 관념을 가진다는 것을 부인하는 것도 아니고, 그것이 전적으로 무가치한 것이라고 주장하는 것도 아니다. 도리어 그의 주장은 주관적인 의미에서의 관념과 다른 객관적인 요소를 같은 것으로 여기지 말라는 것이다.

프레게는 칸트가 '관념'이란 말에 두 가지 뜻을 결부시켰다고 비난하면서, 주관적인 관념과 객관적인 관념의 차이를 다음과 같이 설명하고 있다.

주관적인 의미에서의 관념은 심리학적인 연상법칙에 의해 지배되는 것이다. 관념은 감각적이고 그림과 같은 특성으로 이루어진다. 객관적인 의미에서의 관념은 논리학에 속하고 원칙상 비감각적이다. 그리고 객관적인 관념을 뜻하는 단어가 종종 주관적인 관념을 수반하기는 하지만 주관적인 관념은 그럼에도 불구하고 그 단어의 의미가 아니다. 주관적인 관념은 대개 사람마다 다르고, 객관적인 관념은 모든 사람에게 똑

---

10) FA, p. vii.
11) FA, p. 37n ; BLA, pp. 16-7 ; RH, pp. 197-198.

같다. 객관적인 관념은 대상과 개념으로 나누어질 수 있다. 나는 혼동을 피하기 위해 '관념'을 주관적인 의미에서만 쓰기로 한다.[12]

또한 같은 취지로 『기초』의 서문에서도 "나는 관념이란 말을 항상 심리적인 의미에서 쓰며 관념을 개념과도 구분하고 대상과도 구분한다"고 말한다. 프레게에게 있어 주관적인 의미의 관념은 어떤 단어와 결부되는 마음속의 이미지나 그림을 포함하며, 정신적인 과정이나 활동의 결과물이다.[13]

어떤 한 사람의 관념은 항상 다른 사람의 관념과 같지 않다는 의미에서 관념은 본질적으로 주관적이고 사적(private)이다. 따라서 "만약 수 2가 하나의 관념이라면, 그것은 곧바로 나에게만 사적인 것이다. 다른 사람의 관념은 …다른 관념이다. 우리는 그 경우 수많은 2가 있으리라고 말해야 할 것이다. 우리는 나의 2와 너의 2, 그리고 하나의 2와 모든 2라고 말해야 할 것이다. 새 세대의 아이들이 커감에 따라 새 세대의 2가 계속 새로 태어나게 될 것이다."[14] 그리고 『산술의 근본법칙』에서 프레게는 다음과 같이 말한다.

우리는 다른 사람의 관념은 아무리 그것들이 서로 비슷하다고 할지라도, 꼭 같지 않고 구분되어야 한다는 것을 결코 잊어서는 안 된다. 어느 사람이든 그 자신의 관념을 가지며, 그 관념은 어느 다른 사람의 관념도 아니다.[15]

그리고 4년 후 『논리학』에서 그는 다음과 같이 적고 있다 : "우리는 가끔 하나의 똑같은 관념이 서로 다른 사람에게 생길 수 있는 것처럼 말하는데 이것은 적어도 '관념'이란 말이 심리적 의미에서 쓰이는 한 거짓이다 : 모든 사람은 그 자신의 관념을 갖는다."[16]

프레게는 때로 더 나아가서 우리는 관념들을 서로 비교할 수 없다고 주

---

12) FA, p. 37n.
13) RH, p. 207.
14) FA, 27절.
15) BLA, p. 17.
16) PW, p. 130.

장하기도 한다. 왜냐하면 "어떤 사람의 관념을 다른 사람의 관념과 비교할 수 있으려면, 우리는 그 관념들을 하나의 똑같은 의식 속에 통일시켜야 하는데" 이것은 불가능하기 때문이다.[17] 관념에 관한 한, 우리는 늘 '누구의 관념'인지 그리고 그것이 '누구에게 속하는지'를 물을 수 있다.[18] 이와 관련하여 프레게는 관념을 '갖는다'고 말하고, 이를 뜻이나 사상을 '파악한다'는 것과 대비시킨다.

프레게가 『기초』에서 강조하듯이, 관념은 한편으로 개념과 구분되어야 하고 다른 한편으로 대상과도 구분되어야 한다. 프레게가 여기서 말하는 '개념'이란 말을 '대상'과 대비되는 것이라고 좁게 해석할 필요는 없다. 도리어 이때 말하는 개념이란 대략 단어의 '내용'이라고 할 수 있는 것에 해당하는 것으로, 그 단어가 개념표현이든 대상표현(즉 프레게 용어로 고유이름)이든 무관하다. 바꾸어 말해 프레게가 개념과 관념을 구분하라고 말할 때 그가 말하는 바는 단어와 결부되어 있는 주관적인 부가물과 객관적인 의미요소를 혼동하지 말라는 것이다. 관념이나 개념 모두 추상적인 것이며 이 점에서 그들은 공통적이다. 하지만 관념은 주관적인데 반해 개념은 객관적인 어떤 것이란 점에서 서로 구분되어야 한다.

프레게에 따를 때 주관적인 관념과 단어의 객관적인 내용을 혼동하게 되면 주관주의와 상대주의를 초래한다. 예를 들어 만약 수가 하나의 관념이라면, 그리고 우리가 사람마다 다른 그 나름의 수를 갖는다면, 객관적 학문으로서의 수학의 가능성은 없어진다. 앞에서 말했듯이 프레게가 수학을 심리학적 방법으로 접근하게 되면 모든 것을 주관적인 것으로 만들게 되고, 결국 진리마저도 배제하게 된다고 말하는 것도 바로 이런 이유 때문이다.

더구나 단어의 의미가 사람마다 다른 주관적 관념이라면 진정한 논의의 가능성도 없어지게 된다. 가령 "달의 성질에 관한 주장은 무의미할 것이다 : 한 사람은 다른 사람이 달에 관해 주장하는 것과 정반대의 것을 똑같은 권리로 주장할 수 있다. 만약 우리가 우리 자신 안에 있는 것이 아니면 어떤 것도 파악할 수 없다면, 상호이해에 바탕을 둔 견해의 상충은 불가능할 것이다. 왜냐하면 공통의 근거가 없게 되고, 심리적인 의미에서

---

17) RH, p. 198. 또한 SR, p. 60과 T. p. 15 참조.
18) PW, p. 130; SR, p. 60 참조.

의 관념은 그런 근거를 제공할 수 없기 때문이다. "[19]

관념과 대상의 혼동은 또한 관념론을 초래한다. 이와 관련하여 프레게는 여러 곳에서 우리가 이름을 사용할 때, 우리는 그 이름이 지시하는 대상 자체에 관하여 무엇인가를 주장하려는 것이지 그 이름과 연관되는 관념에 대하여 무엇을 주장하려는 것이 아님을 지적한다. 그 한 예로서 『기초』에서 프레게는 다음과 같이 말한다.

만약 수가 관념이라면, 산술은 심리학이 되고 말 것이다. 그러나 천문학이 심리학이 아니듯이 산술은 심리학이 아니다. 천문학은 별의 관념이 아니라 별 자체에 관심을 두며, 같은 이치로 산술의 대상도 관념이 아니다. [20]

그리고 또한 다른 곳에서 다음과 같이 주장한다.

"수 3은 소수(素數)라는 개념에 속한다"는 객관적인 진리이다 : 이를 주장할 때 나는 내 마음속에 '3'이라고 부르는 관념을 발견하고, '소수'라는 또 다른 관념을 발견해서, 이들 관념이 각각 특정한 관계가 있다는 것을 의미하는 것이 아니다. [21]

만약 누가 "이 나뭇잎은 녹색이다"라고 말했다고 하자. 이때 그 사람이 말하고자 하는 것은 확실히 그 사람이 지니는 나뭇잎에 대한 관념이 녹색을 띤다고 주장하고자 하는 것이 아니다. 만약 그렇다면 그 문장은 거짓이 되고 말 것이다. 왜냐하면 관념은 색깔을 가진 것이 아니기 때문이다. 프레게는 "우리에게 그런 의미를 강요하는 이는 바로 관념론자이다"[22]라고 덧붙인다.

---

19) BLA, p. 17.
20) FA, 27절.
21) CP, p. 133.
22) BLA, p. 20.

3. 객관적인 것

1) 객관성의 두 요소

주관적인 것의 전형(典型)인 관념에 관한 프레게의 설명에 비추어 우리는 프레게에게 객관적인 것이란 무엇인지를 짐작할 수 있다. 우선 객관적인 것은 누구에게나 꼭 같은 것이다. 즉 그것은 사적인 것이 아니라, 우리 모두에게 공통적인 어떤 것이어야 한다. 이것이 프레게가 관념과 다른 것들, 즉 객관적인 관념이나 개념, 대상, 뜻(sense), 사상(thought)을 구분하는 기준이다. 프레게가 『기초』에서 수가 객관적이라고 주장할 때도 바로 이런 뜻에서이다. 그는 "객관적인 것인 수 4는 그것을 다루는 누구에게나 정확히 꼭 같은 것"이며,[23] 사적인 것인 고통이나 바람, 배고픔과 달리 "수는 많은 사람들에게 공통되는 대상일 수 있으며, 수는 사실 모두에게 정확히 꼭 같은 것이다"라고 주장한다.[24] 또 다른 곳에서 그는 "그 이름[수 1]을 가진 오직 하나의 수가 있으며, 그것은 모두에게 똑같고 객관적이다"[25]라고 말한다. 뜻과 지시체의 구분 이후 프레게는 단어나 문장의 의미인 뜻이나 사상은 이런 의미에서 객관적이며, 이 점에서 관념과 구분된다고 강조한다. 예를 들어 "피타고라스의 정리로 표현되는 그 사상은 모든 사람에게 꼭 같은 것이다 ; 그것은 누구에게나 꼭 같은 방식으로 객관적인 어떤 것으로 등장한다."[26] 프레게가 객관적인 것을 이와 같이 규정하고 있는 것에 비추어 볼 때, 우리는 프레게에게 객관적인 것은 현대 용어로 표현할 때 상호주관적인 것이라고 말할 수 있다. 앞으로의 논의를 위해 필자는 이런 뜻에서의 객관성을 약한 의미의 객관성이라 부르기로 한다.

사실 어떤 것이 이런 약한 의미에서 객관적인 것이려면, 그것은 또한 누구에게나 접근가능하고, 전달될 수 있는 것이어야 한다는 점은 분명하

---

23) FA, 61절.
24) FA, 93절.
25) CP, p. 230.
26) PW, p. 198.

다. 이런 이유로 프레게는 주관적인 것에 관해서는 진정한 모순도 있을 수 없고, 진정한 논란도 있을 수 없다고 말한다. 다시 말해 사상이 사람마다 다른 어떤 것이라면, "두 사람은 같은 문장에 같은 사상을 절대 부여하지 않을 것이다. 다른 사람들의 주장 사이의 모순은 불가능할 것이다. 어떤 것의 참에 관한 논란은 쓸데없는 일일 것이다. 거기에는 계속 싸울 수 있는 공통의 근거가 없을 것이다."[27] 같은 이치로 수도 또한 객관적인 어떤 것이다. 『산술의 근본법칙』에서 프레게는 다음과 같이 말한다.

모든 사람에게 그 나름의 수 1을 부여할 수는 없다 ; 왜냐하면 그 경우 우리는 우선 이들 1의 성질이 어느 정도 일치하는지를 먼저 따져 보아야 하고, 만약 어떤 사람이 "1곱하기 1은 1이다"라고 말하고, 다른 사람은 "1곱하기 1은 2이다"라고 말한다면, 우리는 다만 그 차이를 기록하고 "당신의 1은 그 성질을 갖고, 나의 1은 또 다른 성질을 갖는다"고 말할 수 있을 뿐이다. 누가 옳은가의 논증이나 또는 어느 한 사람의 잘못을 고치려고 하는 시도의 가능성도 있을 수 없다. 왜냐하면 그들은 똑같은 대상에 관해 말하고 있는 것이 아니기 때문이다. 분명히 이것은 '1'이라는 말의 뜻이나 "1 곱하기 1은 1이다"라는 문장의 뜻과는 완전히 반대되는 것이다.[28]

간단히 말해 프레게는 상호주관성으로서의 객관성, 즉 약한 의미에서의 객관성이 인간의 합리적인 논의와 지식의 선결요건이라고 생각하는 것이다.

다른 한편 프레게는 공통적인 것, 누구에게나 똑같은 것은 우리와 독립해 있다고 믿는다. 기본적으로 이를 통해 그는 객관적인 것은 정신적 과정의 산물이거나 정신적 구성물이 아님을 뜻한다. 다시 말해, 프레게는 수나, 사상, 진리 등은 모두 객관적인 것으로서, 심리과정의 산물이 아니라고 주장한다. 문장에 의해 표현되는 사상은 이런 의미에서 객관적이다. "만약 2+3이라는 문장의 내용이 엄밀한 의미에서 그것을 참이라고 인정

---

27) PW, p. 127.
28) BLA, p. 16.

하는 모든 사람에게 꼭 같다면, 이는 그 내용이 이 사람의 정신의 산물이거나 저 사람의 정신의 산물이 아니라, 그 내용이 그 두 사람에게 똑같이 참이라고 파악되고 인식됨을 뜻한다."[29] 이것은 또한 프레게가 그의 후기논문 『사상』에서 관념이 마음과 독립해 있는 존재임을 부인한 이유와도 일치한다. 그의 설명에 따를 때 모든 관념은 그 관념의 소유자를 필요로 하고, 오직 한 사람의 소유자가 있을 뿐인데, 그 이유는 "그렇지 않다면 그 관념은 이 사람과 독립해서 존재할 터이고, 저 사람과도 독립해 존재할 것이기 때문이다."[30] 여러 곳에서 프레게는 또한 진리도 같은 이유로 우리와 독립해 있다고 강조한다 : "참인 것은 그것을 참이라고 인식하는 사람과 독립해서 참이다. 참인 것은 따라서 정신적 과정이나 내적 작용의 산물이 아니다."[31] 더 구체적으로 같은 논문에서 프레게는 다음과 같이 말한다.

그러한 내용[즉, 등식 2+3=5의 내용]은 사람들이 행하는 내적 과정이나 정신작용의 산물이 아니라 객관적인 어떤 것이다 ; 즉 그것은 태양이 객관적인 어떤 것인 것과 같이 모든 합리적인 존재, 즉 그것을 파악할 수 있는 모든 사람에게 꼭 같은 어떤 것이다.[32]

여기서 프레게는 객관적인 것, 즉 그에 따를 때 모든 사람에게 꼭 같은 것은 정신과 독립해서 존재한다는 점을 분명히 하고 있을 뿐 아니라, 또한 그가 왜 객관적인 것은 정신과 독립해서 존재한다고 주장하는지를 보여 준다. 이를 앞에서 말한 약한 의미의 객관성과 구분하여 강한 의미의 객관성이라 부르기로 하자.

수나 진리, 사상 등이 우리 인간과 독립해서 존재한다는 프레게의 주장을 이해하기 위해서는 그가 자주 들고 있는 물리적 대상과 추상적 대상의 유비를 살펴볼 필요가 있다. 『기초』에서 프레게는 수와 '북해'의 객관성을 다음과 같이 비교하고 있다.

---

29) PW, p. 4.
30) T, p. 15.
31) PW, p. 3.
32) PW, p. 7.

수는 가령 북해가 그렇지 않듯이 심리학의 대상이나 정신적 과정의 산물이 결코 아니다. 지구표면의 어느 부분의 물을 나누어 그것을 북해라고 부르기로 하는지가 우리의 임의적인 선택에 달려 있다는 사실 때문에 북해의 객관성이 영향을 받는 것은 아니다. 이것은 북해를 심리학적 방법으로 탐구해야 할 아무런 이유도 아니다. 같은 식으로 수도 또한 객관적인 어떤 것이다. 만약 우리가 "북해는 그 크기가 1만 평방마일이다"라고 말한다면, 우리는 '북해'나 '1만'이란 말로 우리 마음속의 어떤 상태나 과정을 말하는 것이 아니다 : 반대로 우리는 아주 객관적인 어떤 것을 주장하는 것이며, 우리의 관념이나 그런 종류의 어떤 것과도 독립된 어떤 것을 주장하는 것이다. [33]

나아가 "수학자는 지리학자가 사물을 마음대로 만들어 낼 수 없듯이 사물을 제 마음대로 만들어 낼 수 없다 : 수학자도 또한 이미 있는 것을 발견하고 그것에 이름을 붙일 수 있을 뿐이다"[34]라고 말한다. 『산술의 근본법칙』에서 그는 인식행위 또한 새로운 것을 만들어 내는 창조가 아니라 발견이란 점을 '연필'의 비유를 들어 다음과 같이 설명한다.

만약 우리가 주관적인 것에서 벗어나려면, 우리는 알려지는 것을 창조하는 것이 아니라 이미 거기에 존재하는 것을 파악하는 활동으로 지식을 생각해야 한다. 파악한다(grasping)고 하는 비유는 이 문제를 해명하는 데 아주 적절하다. 만약 내가 연필을 잡는다면, (grasp) 여러 다른 사건들이 내 몸에 일어난다 : 신경이 자극을 받고, 근육이나 힘줄, 뼈의 긴장이나 압력에 변화가 생기고, 혈액순환이 바뀐다. 하지만 이런 모든 사건들이 연필인 것도 아니며, 연필을 만들어 내는 것도 아니다 ; 연필은 그런 사건들과 독립해서 존재한다. 그리고 파악되는 어떤 것 (또는 잡히는 것)은 이미 거기에 있어야 한다는 것이 파악하는 것의 본질이다. [35]

---

33) FA, 26절. 또한 BLA, p. 11 참조.
34) FA, 96절.
35) BLA, p. 23. 또한 PW, p. 137 참조.

같은 이유로 프레게는 진리나 그것의 담지자인 사상이 우리와 독립해서 객관적으로 존재해야 한다고 믿는다. 만약 그렇지 않다면, 이는 진리나 사상이 우리가 그것을 파악하거나 인식하는 순간부터 존재함을 의미하기 때문이다. 그래서 프레게는 "명제는 사고될 수 있고 또한 참일 수도 있다 : 이들 두 가지를 절대 혼동하지 말라. 태양이 내가 눈을 감는다고 해서 존재하지 않는 것이 아니듯이, 명제 또한 내가 생각하지 않는다고 해서 참이 아닌 것이 아니다"[36]라고 말한다.

이러한 프레게의 주장은 그가 객관성 개념을 플라톤주의식으로 해석함을 뜻한다. 이것이 플라톤주의적인 설명방식인 이유는 첫째, 프레게에 따를 때 어떤 것이 객관적이기 위해서는 그것이 상호주관적이어야 할 뿐만 아니라 정신과 독립해 있어야 하고, 나아가 상호주관성의 궁극적 근거가 그 대상이 마음과 독립해서 존재한다는 사실에 있다는 것이다. 그래서 벨의 다음 설명은 확실히 정당하다.

프레게는 과학과 수학의 토대에 관심을 가진 많은 철학자들과 마찬가지로 그의 기본범주를 존재론적으로 근거지움으로써, 다시 말해 극단적인 형태의 플라톤주의적 실재론을 채택함으로써 과학의 객관성을 보호하려고 했다. [37]

프레게가 상호주관성뿐만 아니라 정신과 독립해 있다는 의미의 강한 객관성을 주장했다는 사실은 아주 중요하다. 이것은 프레게에게 어느 정도 불가피했던 측면도 있다. 왜냐하면 그는 정신적 과정의 산물은 어느 것이나 주관적인 어떤 것이며 사람마다 다른 어떤 것이라고 여기기 때문이다. 따라서 그는 객관적인 것을 우리 인간의 의식작용과 완전히 독립된 어떤 것으로 규정하게 된 것이다. 더메트는 이 점에서 프레게에게는 상호주관성의 여지가 따로 없다고 지적한 바 있다.

프레게의 견해는 완전히 객관적인 것과 근본적으로 주관적 사이의 중

---

36) FA, p. vi.
37) 그의 강조임. D. Bell, *Frege's Theory of Judgement* (Clarendon Press, 1979), pp. 73-74.

간적인 입장으로서의 상호주관성이라는 범주의 여지가 없다. 그에게는 만약 어떤 것이 누구에게나 공통적이거나 누구에게나 접근가능한 것이 라면, 그것은 모두에게 독립해 있어야 한다 ; 역으로 그것의 존재가 어 떤 사람의 의식에 의존하는 것은 그 사람에게만 사적인 것이며, 다른 사람에게 전달할 수 없는 것이어야 한다. [38]

그럼에도 불구하고 프레게가 이런 강한 의미의 객관성을 처음부터 주장 했는지는 분명하지 않다. 심지어 프레게의 객관성 개념이 존재론적 함축 을 가진다는 주장 자체에 대해서마저도 의문을 품는 견해도 있다. [39] 그 사람들은 대체로 프레게의 객관성은 상호주관성에 지나지 않는다고 주장 하는 경향이 있다. 그러나 지금까지의 우리의 논의에 비추어 볼 때 필자 는 프레게의 강한 의미의 객관성 개념이 존재론적 요소를 지님을 부인하 기는 어렵다고 생각된다.

프레게의 저작들을 자세히 검토해 보면, 『기초』를 포함하는 초기에는 상호주관성으로서의 객관성 개념이 빈번히 나타나는 반면, 중기에는 정신 과 독립해 있음과 상호주관성이 함께 나타나고, 후기에는 정신과 독립해 있다는 의미에서의 객관성 개념이 압도적임을 알 수 있다. [40] 한 가지 주 목할 만한 사실은 프레게는 그의 후기논문 『사상』에서 '객관적'이란 말을 전혀 쓰고 있지 않다는 점이다. 이 점은 확실히 프레게가 그 논문에서 관

38) M. Dummett, *Frege : Philosophy of Mathematics* (Duckworth, 1991), p. 77. 또한 M. Dummett, 'Objectivity and Reality: Lotze and Frege', reprinted in *Frege and Other Philosophers* (Oxford Univ. Press, 1991), p. 117 참조.

39) H. Sluga, 'Frege and the Rise of Analytic Philosophy', *Inquiry* 18(1975), pp. 471-487; 'Frege as a Rationalist', in *Studies on Frege* I, (ed.), M. Schirn (Friedrich Frommann Verlag, 1976), pp. 27-47; 'Frege's alleged Realism', *Inquiry* 20(1977), pp. 227-242; *Frege* (Routledge & Kegan Paul, 1980), pp. 117-21 참조. 또한 T. Ricketts, 'Objectivity and Objecthood: Frege's Metaphysics of Judgement', in *Frege Synthes- ized*, ed., L. Haaparanta and J. Hintikka (D. Reidel Publishing Company, 1986), pp. 65-95와 J. Weiner, *Frege : In Perspective* (Cornell Univ. Press, 1990), 4-5장; 'Burge' s literal interpretation of Frege', *Mind* 104(1995), pp. 585-597; 'Realism *bei* Frege : Reply to Burge', *Synthese* 102(1995), pp. 363-382 참조.

40) 여기서 필자는 더메트의 프레게 시기구분을 그대로 따른다. 초기는 뜻과 지시체 이론이 제시되기 직전인 1891년까지이고, 중기는 1891년부터 1906년까지, 후기는 1906년부터 1925년까지이다.

념의 주관성과 대비되는 사상의 객관성을 확립하는 것을 주과제로 삼고 있다고 보고, 이 객관성 개념은 존재론적 함축을 지니지 않는다는 보는 견해[41]에는 커다란 타격이 될 것이다. 그러나 사실 이것으로는 프레게가 그의 전 기간 동안, 특히 그의 초기에도 강한 의미의 객관성 개념을 유지했다고 결론내리기에는 부족하다.[42)

2) 객관적이지만 실제적이지 않은 것

프레게는 또한 객관적인 것과 실제적인 것[43)과 구분한다. 이 구분은 『기초』에서 처음으로 분명하게 드러난 것으로서 '비실제적인 것'의 객관성에 대한 프레게의 논증은 그가 어떤 의미의 객관성을 초기에도 유지했는지를 밝히는 좋은 근거가 될 것이다.

『기초』에서 객관적인 것과 실제적인 것을 구분할 때 프레게의 요점은 근본적으로 수는 실제적인 것이 아니지만[44) 그래도 객관적인 것임을 주장

---

41) 대표적으로 Sluga나 Weiner, Carl이 이런 주장을 편다. 앞의 주 39 참조. 그리고 W. Carl, *Frege's Theory of Sense and Reference* (Cambridge Univ Press, 1994), pp. 78-92 참조.

42) Resnik은 그의 논문에서 프레게는 처음에는 칸트식의 객관적 관념론자였지만, 나중에는 실재론자라는 주장으로 Sluga와 Dummett 사이의 절충주의적 해석을 제시한 바 있다. M. D. Resnik, 'Frege as Idealist and then Realist', *Inquiry* 22 (1979), pp. 350-357; *Frege and the Philosophy of Mathematics* (Cornell Univ Press, 1980), pp. 161-171.

43) 필자는 여기서 'wirklich'를 '실제적'(實際的)이라 옮기고 'Wirklichkeit'를 실제성이라 옮기기로 하나, 만족스러운 번역어가 아니다. 영어에서도 이를 'real'로 옮길지 'actual'로 옮길지 또는 다른 것으로 옮길지 논란거리이다. 이 용어가 프레게의 존재론을 평가하는 데 중요한 위치를 차지한다는 것은 사실이지만 이는 단순히 번역상의 문제는 아니다. 프레게가 무슨 의미로 이 말을 사용했는지는 아래의 논의를 통해 분명하게 드러나리라 생각된다.

44) 『기초』 85절을 근거로 프레게가 수에도 실제성을 부여했다고 주장하는 견해 (M. Resnik, 'Frege as Idealist and Realist', p. 352와 *Frege and the Philosophy of Mathematics*, p. 165)가 있으나 이는 잘못된 해석이다. 거기서 프레게가 "나는 원칙적으로 유한수만이 실제적인 것이라고 인정되어야 한다는 견해를 경멸한 칸토르에 전적으로 동감한다"고 말할 때, 그가 유한수뿐만 아니라 초한수도 실제적이라고 인정되어야 한다고 주장하는 것이 아니다. 왜냐하면 그는 바로 뒤이어서 어떤 종류의 수도 실제적이지 않다고 분명히 말하기 때문이다. A. Rein, 'A Note on Frege's Notion of Wirklichkeit', *Mind* 91 (1982), pp. 599-602 참조.
더 큰 논란은 프레게가 사상이 실제적임을 인정했는가 하는 점이다. Currie는 프레게가 사상에 실제성을 부여했다고 보고, 이를 근거로 프레게를 실재론자로 파악하고 있다. 그의

하기 위한 것이다. 그는 다음과 같이 말한다.

나는 객관적이라 불리는 것과 감촉가능한 것, 공간적인 것, 실제적인 것을 구분한다. 지구의 축은 객관적이며, 태양계의 중력중심 또한 그렇다. 하지만 나는 그것들을 지구 자체가 그런 것처럼 실제적이라고 부르지는 않는다. 우리는 때때로 적도를 <u>가상의</u> 선이라고 말한다 ; 그러나 그것을 <u>허구적인</u> 선이라고 부른다면 그것은 잘못이다 ; 그것은 사고의 창조물이나 심리과정의 산물이 아니라, 사고에 의해 인식되거나 이해될 뿐이다. 만약 인식되는 것이 창조되는 것이라면, 우리는 이른바 그것이 창조되기 이전시기의 적도에 관해서는 아무것도 말할 수 없어야 할 것이다. [45]

여기서 프레게가 말하는 객관성이 우리가 앞에서 말한 강한 의미의 객관성을 뜻한다는 사실은 분명하다.

객관적인 것은 무엇이나 실제적이며 그것의 대우명제인 비실제적인 것은 무엇이나 객관적인 것이 아니다, 즉 주관적이다라는 두 견해는 객관적인 것과 실제적인 것을 동일시하는 데 근거한다. 어떤 것이 객관적이기 위해서는 실제적이어야 한다는 주장은 프레게가 지적하듯이 "감각에 의해 지각되는 것만이 존재하는 것으로 인정하려는 두루 퍼진 경향"[46] 때문으로 보이며 사실 이런 경험론적인 경향에서는 수의 객관성을 확립하기가 어렵다. 왜냐하면 수는 사실 감각적인 것도 물리적인 것도 아니기 때문이다. 더구나 객관적인 것은 실제적인 것을 함축하는 것도 아니고 공간적인

'Frege's Realism', *Inquiry* 21 (1978), pp. 79-92; 'Frege on Thoughts', *Mind* 89 (1980), pp. 234-248; 'The Origin of Frege's Realism', *Inquiry* 24 (1981), pp. 448-454; *Frege : Introduction to his Philosophy* (The Harvester Press, 1982), pp. 161-162; 'Interpreting Frege: A Reply to Michael Dummett', *Inquiry* 26 (1983), pp. 345-359 참조. 그러나 프레게가 사상이 실제적임을 인정할 때 그 자신이 분명히 말하고 있듯이 그것은 '특수한 의미'에서 실제적이며, 사상의 실제성은 사물의 실제성과는 아주 다른 것이라는 단서를 달고 있다는 점을 명심해야 한다 (PW, pp. 127, 137-138; T, p. 29). Currie에 대한 비판으로는 A. Rein, 'A Note on Frege's Notion of Wirklichkeit'와 M. Dummett, 'Objectivity and Reality in Lotze and Frege' 참조.

45) 프레게의 강조. FA, 26절.

46) BLA, p. 10.

것을 함축하는 것도 아니다. 만약 누가 "수 4가 어디에 있느냐"하고 묻는다면, 다시 말해 "수 4가 객관적인 것이면서 어떻게 어느 곳에도 있지 않다는 것이 가능한가?"라고 묻는다면, 우리는 다만 프레게의 다음 대답을 그에게 들려줄 수 있을 뿐이다 : "나는 여기에 아무 모순도 없다고 주장한다. 수 4는 그것을 다루는 어느 사람에게나 꼭 같은 것이다. 그러나 그 사실은 공간적인 것과 아무 관련이 없다. 모든 객관적인 대상이 다 공간을 점유하는 것은 아니다."[47] 프레게에 따를 때 객관성은 실제성을 함축할 뿐만 아니라 공간성을 함축한다는 주장이 도리어 일종의 신화이다.

우리의 정신과정에 독립된 것, 즉 객관적인 것이 공간적이거나 물질적이거나 실제적일 필요는 없다. 만약 우리가 이 점을 무시한다면, 우리는 일종의 신화로 쉽게 빠져 들게 된다.[48]

실제적이지 않으면서도 객관적인 어떤 것이 있을 수 있다는 것을 인정하지 못하는 사람은 도리어 심리주의적 논리학자들이다.[49]

나에게는 객관적인 것, 즉 실제적인 것과 구별되는 것의 영역이 있는 반면, 심리주의적 논리학자는 실제적이지 않은 것은 주관적인 것이라고 바로 여긴다. 판단주체와 독립된 지위를 갖는 어떤 것이 왜 실제적이어야 하는지, 즉 감각에 직접적으로나 간접적으로 작용할 수 있는 것이어야 하는지 이해할 수가 없다. 이들 두 개념[즉 객관적인 것과 실제적인 것] 사이에 아무런 그러한 연관성도 찾아볼 수 없다.[50]

그는 다른 곳에서 "수는 …아주 특이한 대상이어서 그 안에 객관적이면서도 비실제적이라고 하는 겉보기에는 반대되는 성질들이 결합되어 있다"고 말하지만, 그는 곧 이어 다음과 같이 덧붙인다.

---

47) FA, 61절.
48) 그의 강조. PW, p. 137.
49) BLA, p. 16 참조.
50) BLA, pp. 15-16.

그러나 조금만 더 깊이 생각해 보면 여기에는 아무런 모순도 없다는 것이 드러난다. [51]

이상의 논의에 비추어 볼 때 실제적인 것과 실제적이지 않지만 객관적인 것의 구분은 현대용어로 말해 대체로 구체적인 대상과 추상적인 대상의 구분에 해당한다. [52] 『산술의 근본법칙』에서 프레게는 사실 물리적 대상과 논리적 대상의 양분법이 모든 대상들을 망라한 것은 아니라는 단서를 달긴 했지만, 대상들을 그 두 가지로 나누고, 물리적인 대상은 실제적이지만 논리적 대상은 실제적이지 않다고 말한다. [53] 프레게에게 수는 확실히 논리적 대상으로 그것은 추상적 대상의 특성이라 할 수 있는 비인과적이고, 비공간적이며 비시간적인 것이다.

하지만 프레게가 실제성이란 개념을 규정할 때는 언제나 그것을 인과적힘과 관련해서 언급하고 있다는 것은 사실이다. 그래서 그는 『기초』에서실제적인 것은 "우리 감각에 작용하는 것, 혹은 적어도 가깝거나 먼 결과로서 감각지각의 원인이 될 수 있는 결과를 산출하는 것"이며, 이런 뜻에서 수는 실제적이지 않다[54]고 말한다. 나중에 그는 실제적인 것은 "감각에 직·간접적으로 작용할 수 있는 것"[55]이며 "영향을 주거나 영향을 받을 수 있는 것"[56]이라고 적고 있다. 실제적인 것을 이렇게 특징짓는 것에 비추어 우리는 실제적인 것이란 일정한 인과적 힘을 갖는 것이라고 말할수 있다. 따라서 프레게가 수에 실제성을 부인한 것은 그가 이것들이 우리 감각을 자극하는 인과적 힘을 가진다는 사실을 부인하는 것이다. [57]

그러면 왜 프레게는 비실제적인 것도 객관적일 수 있다는 점을 그토록

---

51) CP, p. 230.

52) 하지만 추상적 대상과 구체적 대상을 양분하는 절대적 기준을 설정하기는 결코 쉬운 일이 아니다. 프레게와 관련된 이에 대한 논의로는 M. Dummett, *Frege : Philosophy of Language*(Duckworth, 1981), 14장 ; M. Dummett, *Frege : Philosophy of Mathematics*, 18장 ; B. Hale, Abstract Objects(Basil Blackwell, 1987), 3장을 참조.

53) Gz, Ⅱ, 74절.

54) FA, 85절.

55) BLA, p. 16.

56) CP, p. 230.

57) 이런 이유로 A. Kenny는 'wirklich'를 'actual'이 아니라 'causally active'로 옮기고 있다. A. Kenny, *Frege*(Penguins Books Ltd, 1995), p. 218 참조.

강조하는가? 앞에서 말했듯이 이때 프레게는 우선적으로 실제성이 객관성의 본질적 요소가 아니라는 점을 주장하는 데 초점을 두고 있다. 그렇지만 그의 객관성 개념은 실제적 대상의 객관성을 본보기로 삼고 있다. 이것이 프레게가 여러 군데서 물리적 대상과 추상적 대상을 비교하는 근본적인 이유이다. 그의 전생애를 통해 프레게는 물리적 대상의 객관성을 조금도 의심하지 않았던 것 같다. 앞절에서 보았듯이 프레게에게 객관성은 상호주관성뿐만 아니라 정신과 독립해 있음을 함축한다. 우리가 물리적 대상, 가령 '이 책상'이 객관적 대상이라고 말할 때, 우리는 이를 통해 적어도 그 책상이 마음과 독립해서 존재함을 포함한다고 할 수 있다. 프레게가 추상적 대상에 부여하는 객관성도 바로 이와 똑같은 것이다. 이런 의미에서 필자는 프레게의 객관성 개념이 물리적 대상의 객관성에 그 모형을 두고 있다고 말한다.

물론 필자가 아는 한 프레게는 어떤 대상이 실제적이기 때문에 바로 그것은 객관적이라고 분명히 말한 적은 없다. 하지만 프레게가 추상적 대상과 물리적 대상을 대비할 때 그는 적어도 물리적 대상이 앞에서 본 의미에서의 객관적 대상임을 암암리에 함축하고 있는 것으로 보인다. 만약 이것이 사실이 아니라면, 프레게가 자주 들고 있는 물리적 대상과 추상적 대상의 유비는 그 의의를 잃어버리게 될 것이기 때문이다. 가령 프레게는 「후설 비평」에서 다음과 같이 말한다.

바다는 물론 실제적인 어떤 것이고 수는 아니다 ; 그러나 이 때문에 수가 객관적인 어떤 것이 될 수 없는 것은 아니며 이 사실이 중요한 것이다. [58]

그러므로 객관적인 것과 실제적인 것을 구분하는 프레게의 기본동기는 비실제적인 대상도 또한 실제적 대상과 꼭 같은 객관성을 가질 수 있다는 점을 주장하는 데 있다. 프레게는 이 점을 『산술의 근본법칙』에서 더욱 분명히 하고 있다.

---

58) CP, p. 209.

우리는 비록 이 구분이 모든 것을 다 포괄하는 것은 아닐지라도 물리
적 대상과 논리적 대상을 구분할 수 있다. 전자는 본질적인 의미에서
실제적이다 ; 후자는 실제적이지는 않지만 이 이유 때문에 덜 객관적인
것도 아니다 ; 논리적 대상은 아마 우리 감각에 작용할 수는 없지만 우
리의 논리적 기능에 의해 파악될 수 있다. 우리의 수는 그러한 논리적
대상이다. [59]

4. 맺는말

이상에서 필자는 프레게에게 객관성은 상호주관성뿐만 아니라 정신과
독립해 존재한다고 하는 두 요소를 지닌다는 점과 프레게가 이들 두 요소
모두를 포괄하는 강한 의미의 객관성 개념을 처음부터 주장했음을 밝혔
다. 또한 필자는 프레게가 구체적 대상이 객관적이라고 할 때와 꼭 같은
의미에서 수나 사상, 진리 등도 객관적이라고 주장함을 논증했다.

---

59) 필자의 강조, Gz, Ⅱ, 74절.

프레게의 산수체계에서의 역설

이 종 권

개 요

『산술의 기초』(*Grundlagen der Arithmetik*)에서 그 개요가 제시된 프레게의 산수체계에서는 일계 개념에 대상을 대응시키는 두 개의 함수가 등장한다. 하나는 흄의 원리를 만족시키는 수함수이고 다른 하나는 치역공리에 의해 주어지는 외연함수이다. 그런데 프레게가 당초에 제시한 외연함수는 러셀식의 모순을 야기한다는 것이 잘 알려져 있다. 모순이 야기되는 원인은 외연함수가 일대일의 함수이기 때문인데, 그러므로 모순을 피하기 위해서는 외연함수가 일대일의 함수가 되지 않도록 수정하지 않으면 안 된다. 수함수는 그로부터 페아노의 모든 공리를 연역할 수 있으며 다대일의 함수로서 적어도 상대적인 무모순성을 증명할 수 있다. 프레게가 그러한 수함수에 만족하지 않은 것은 수를 추상적 대상으로 확립하고자 한 그의 플라톤주의적인 성향 때문이었다. 그러한 모순을 피해야 한다는 제약은 그러나 프레게가 당초 설정했던 논리주의적인 목표의 달성을 어렵게 만드는 것으로 보인다.

1. 수함수와 외연함수

주지하는 것처럼 이른바 프레게의 논리주의는 산수학을 논리학으로 환원함으로써 산수학이 분석적인 학문임을 증명하기 위한 프로그램이었다. 그는 어떤 명제가 분석적인가 종합적인가의 구분이 심리적이거나 물리적인 조건이나 혹은 명제를 참인 것으로 믿게 되는 과정에 의존하는 것이 아니라 그것을 참인 것으로 정당화하는 궁극적인 근거에 좌우된다는 점을 강조하면서 오직 일반적인 논리적 법칙과 정의에만 의거하여 '원초적인 진리'(Ur-wahrheiten)로부터 이끌어 낼 수 있는 명제를 분석명제로, 그리고 특수과학에 속하는 법칙을 동원하지 않는 한 증명이 불가능한 명제를 종합명제로 구분하고 있다. [1] 프레게가 말하는 '원초적인 진리'란 말할 것도 없이 논리적 성격의 명제를 의미한다. 그렇다면 프레게의 논리주의 프로그램은 모든 산수학의 진리를 논리학에 속하는 명제로부터 오직 논리적 법칙에 의거하여 추론해 내는 작업이 그 핵심이 될 것이다.

우리는 산수학의 진리가 무한히 많다고 생각해야 한다. 그렇다면 그처럼 무한히 많은 산수학의 진리를 어떻게 논리적 진리로부터 일일이 추론해 낼 수 있는가? 물론 산수학에 대한 완전한 재귀적인 공리화가 가능하기만 하면 산수학의 진리를 일일이 추론해 낼 필요가 없을 것이다. 그러나 괴델이 밝혀 낸 것처럼 산수학은 완전한 재귀적인 공리화가 불가능하다. 한 예로 '페아노의 공리체계'로 알려진, 데디킨트에 의해 처음으로 제안된 공리적인 산수체계도 불완전하다. 그러나 산수학의 진리를 완전하게 재귀적으로 공리화하는 것이 불가능하다면 우리는 논리주의의 프로그램의 목표를 보다 완화시킬 수밖에 없을 것이다. 그리하여 예를 들어 페아노의 공리와 같은 기본적인 산수학의 진리들을 논리적 진리로부터 오직 논리법칙만 동원하여 연역해 내는 것으로 만족해야 할 것이다.

프레게는 *Begriffschrift*에서 이계의 논리를 자유롭게 사용하고 있다. 그 점을 감안하여 페아노에 공리를 이계논리의 언어로 다음과 같이 정식화할 수 있다.

---

1) Frege(1968), pp. 3-4.

P1: Nt(0). (0은 자연수이다.)

P2: $(x)(\text{Nt}(x) \rightarrow (\exists y)(\text{Nt}(y) \wedge \text{P}xy))$. (모든 자연수에 대해 후자가 존재한다.)

P3: $(x)(\text{Nt}(x) \rightarrow \neg \text{P}x0)$. (0은 어떤 자연수의 후자도 아니다.)

P4: $(x)(y)(w)(z)(\text{P}xw \wedge \text{P}yz \rightarrow (x=y \leftrightarrow w=z))$. (후자가 동일할 경우, 또 오직 그 경우에 한해 두 수는 동일하다.)

P5: $(F)((F0 \wedge (x)(Fx \rightarrow (y)(\text{P}\,xy \rightarrow Fy) \rightarrow (x)(\text{Nt}(x) \rightarrow Fx))$. (0이 포섭되며, 그에 포섭되는 임의의 원소의 후자도 항상 포섭되는 개념에 모든 자연수가 포섭된다.)[2]

페아노의 공리에는 세 개의 무정의 용어(primitive term)가 등장한다. 영(零)을 나타내는 개별상항인 '0'과 "x는 자연수이다"를 뜻하는 일항술어인 'Nt(x)', 그리고 "x는 y의 전자(前者)이다" 혹은 "y는 x의 후자(後者)이다"를 의미하는 이항의 관계인 'Pxy'가 그것이다. 그 세 용어는 일단 산수적인 용어이다. 논리적인 진리로부터 논리적인 법칙에만 의존하여 위의 다섯 개의 공리를 얻기 위해서는 무엇보다도 그것들을 논리적인 용어만을 사용해서 정의할 수 있어야 한다.

페아노의 공리는 0을 비롯하여 자연수가 무수히 많다는 것을 함축하고 있다. 따라서 수는 대상이며, 그것도 그것의 존재를 논리적 진리로부터 연역해 낼 수 있는 대상이라는 입장은 러셀의 무한공리와 마찬가지로 일견 정당화되기 어려워 보인다. 그렇지만 수가 대상이라고 해도 경험적으로 지각할 수 있는 대상이 아닌 추상적인 대상이다. 추상적인 대상의 경우에는 그것이 진정한 의미의 대상인지 여부를 가릴 수 있는 것은 오직 그것을 기술하는 언어의 특징을 살펴보는 길밖에는 없다. 그러므로 어떤 것이 진정한 대상인가를 묻는 질문은 그것을 기술하는 언어가 어떤 특징을 보이고 있는가 하는 질문으로 이해되어야 한다. 그러한 언어적인 질문 말고 달리 그러한 낱말들이 대상을 지시하는지 혹은 그러한 대상들이 정말로 존재하는지를 의미 있게 물을 수 있는 길은 달리 없기 때문이다.[3]

이것은 수의 경우, 산수적인 언어의 구문론(syntax)과 산수적인 언어

---

2) 페아노의 공리에 대한 이러한 정식화는 라이트(C. Wright)를 따른 것이다. Wright (1983), p. 158 참조.

3) Wright(1983), p. 14.

로 표현된 적절한 문장들의 참, 거짓이 어떻게 결정되는지를 확인하기만 하면 수가 정말로 대상인지의 여부를 식별할 수 있다는 것을 의미한다. 예를 들어 단칭어(singular term)로 기능하는 낱말들을 포함하는 문장들이 참인 것으로 확인되면 그 낱말들은 대상을 지시한다는 결론을 내려야 한다. 그렇다면 수를 지시하는 단칭어들을 포함하는 산수학의 문장들이 순전히 논리적 진리로부터 연역될 수 있는 가능성은 얼마든지 있다. 실제로 그러한 가능성이 입증된다면 우리는 주저없이 모든 수가 논리적 대상이라는 결론을 내려야 한다. 그리고 그것이 바로 논리주의 프로그램을 실행하려는 프레게가 달성해야 할 과제가 될 것이다.

라이트(C. Wright)는 위와 같은 입장에서 낱말의 의미(*Bedeutung*)를 문장의 맥락 속에서 구해야 한다는 프레게의 문맥원리를 재해석할 것을 주장한다. 그에 의하면 문맥원리는 수를 표현하는 낱말들이 명제 안에서 단칭어로 기능하고 있다는 사실이 구문론적 기준에 의해 확인된 뒤에도, 그 표현들이 정말로 대상을 지시하는 역할을 하고 있는가 하는 질문을 지적으로 유의미하게 제기할 여지가 아직도 남아 있다는 생각을 경계하기 위한 제안이라는 것이다. [4] 다시 말해 수의 본성을 전혀 모르는 상태에서도 수가 대상임을 확인할 수 있는 언어적 표현이 있는 것이다. 그 가운데 가장 전형적인 것은 물론 산수학에서 흔히 볼 수 있는 "$2+5=7$"과 같은 동일문장(identity sentence)이다. 프레게는 명백히 동일문장들을 수의 대상성(objecthood)을 보여 주는 가장 좋은 증거로 생각하였다. 왜냐하면 동일성의 기준이 무엇인가 하는 질문이 의미있게 제기될 수 있는 것, 그리고 오직 그러한 것만이 대상으로 간주될 수 있을 터인데 산수학에서 곳곳마다 등장하는 동일문장들은 수가 독립적으로 존재하는 대상임을 보여 주는 결정적 증거가 되기 때문이다.

프레게는 수가 추상적 대상임을 증명하는 또 다른 예로서 개념에 대해 어떤 (이계의) 속성을 부여하는 수적인 문장을 동일문장으로 다시 풀어 쓸 수 있다는 사실에 주목했다. 예를 들어 "태양은 9개의 행성이 있다"라는 문장은 일단 "x는 태양의 행성이다"라는 일계의 술어에 어떤 속성을 부여하는 문장으로 볼 수 있다. 그러나 그와 같은 문장은 항상 "태양의

---

4) Wright(1983), p. 14.

행성의 수는 9이다"(The number of the planets is 9)와 같은 형태의 문장으로 바꿀 수가 있다. 또한 여기서 '이다'(is)는 명백히 동일하다는 의미로서 후자의 명제는 "태양의 행성의 수"와 '9'의 지시체가 동일하다는 것을 뜻하는 진술로 받아들일 수 있다. 다시 말해 "태양의 행성의 수"라는 표현은 '9'와 마찬가지로 대상을 지시하는 단칭어이며 그것의 지시체는 대상으로서의 수 이외에 다른 것일 수 없다.

"태양의 행성의 수"에서 '태양의 행성'은 위에서 지적한 것처럼 사실은 일계의 함수 내지는 개념이다. 따라서 "…의 수"라는 표현을 우리는 개념에 대해 대상을 대응시키는 (이계의) 함수로 볼 수 있다. 실제로 프레게는 Frege(1968)에서 "개념 F에 속하는 수"(die Zahl, welche dem Begriffe F zukommt)라는 표현을 사용하고 있는데 이것은 앞서 말한 "개념 F의 수"와 동일한 의미로 볼 수 있다. 이것을 기호로 '$N(x : Fx)$'로, 혹은 (개별) 변항을 생략해도 오해의 여지가 없을 경우 간단히 '$N(F)$'와 같이 나타내기로 하자. 프레게의 주장은 말하자면 정확히 n개의 F가 있음을 의미하는 문장 "$(\exists_n x)Fx$"를 "$N(F) = n$"으로 다시 풀어 쓸 수 있다는 것이다. 그렇다면 "$(\exists_{n+1} x)Fx$"를 재귀적으로 정의하는 것과 비슷한 방식으로 "$N(F) = n$"에 대한 재귀적인 정의를 내릴 수 있을 것이다. 즉, "$F - a$"를 "$Fx \wedge \neg x = a$"인, 즉 "F이지만 a는 아니다"를 의미하는 개념이라고 할 때,

(1) $N(F) = 0 \leftrightarrow (x) \neg Fx$.
(2) $N(F) = n+1 \leftrightarrow (\exists a)(Fa \wedge N(F - a) = n)$.

으로 정의할 수 있다. 프레게는 그러나 위와 같은 재귀적 정의가 임의의 두 수 $N(F)$와 $N(G)$에 대한 그것들이 언제 동일한지를 가릴 수 있도록 해주지 못한다는 점에서 그것을 배격하고 있다. [5]

$N(F)$와 $N(G)$의 동일성의 기준은 그것들이 동일한 경우, 또 오직 그 경우에 한해, 개념 F와 G간에 성립하는 관계이어야 한다. 프레게가 그러한 관계로 든 것이 "한 개념에 포섭되는 사물들과 다른 개념에 포섭되는 사물들 사이에 일대일의 대응관계를 설정할 수"(die Möglichkeit die unter den einen den unter den andern Begriff fallenden Gegenständan

---

5) Frege(1968), §56 참조.

beider seits eindeutig zuzuordnen) 있을 때 두 개념 사이에 성립하는 관계이다.[6] 그는 그 관계를 '동수'(同數, gleichzählig)라고 불렀다. 두 개념 F와 G 사이에 동수관계가 성립한다는 것을 '$Gz(F, G)$'라고 할 때, '$Gz(F, G)$'를 다음과 같이 정의할 수 있다.

$$Gz(F, G) \leftrightarrow (\exists R)((x)(y)(z)(Rxy \wedge Rxz \rightarrow y=z) \wedge (x)(y)(z)$$
$$(Rxz \wedge Ryz \rightarrow x=y) \wedge (x)(Fx \rightarrow (\exists y)(Rxy \wedge Gy)) \wedge (x)(Gx \rightarrow (\exists y)(Ryx \wedge Fy))).$$

$Gz(F, G)$를 개념을 변항으로 갖는 이계의 술어라고 볼 수 있다. 프레게는 이제 $N(F)$와 $N(G)$의 동일성의 기준으로서 다음과 같은 이른바 흄의 원리를 제시한다.

흄의 원리: $\qquad\qquad N(F)=N(G) \leftrightarrow Gz(F, G).$[7]

흄의 원리는 어떤 문장에서 "$N(F)=N(G)$"와 같은 표현이 등장할 경우 항상 '$N(\ )$'이 등장하지 않는 형태로 고칠 수 있도록 해준다. 이러한 의미에서 위의 정의를 '$N(F)$'에 관한 맥락적인 정의라고 볼 수 있을 것이다. 프레게는 그러나 흄의 원리에 만족하지 않았다. 그 원리에 대한 프레게의 불만은 그것에 의존해서는 임의의 대상을 표현하는 기호 'q'에 대해,

(A) $\qquad\qquad\qquad N(F)=q.$

와 같은 형식의 문장이 참인지의 여부를 가릴 수 없다는 점이다. (A)의 참, 거짓을 알기 위해서는 '$N(F)$'에 관한 일반적인 개념(notion) 자체가 필요한데 흄의 원리는 우리에게 그러한 일반적인 개념을 제공해 주지 못하기 때문이다. 프레게는 이른바 후에 '시저의 문제'로 알려진 이 문제를 해결하기 위한 방안으로 개념의 수에 관한 맥락적인 정의를 내리려는

---

6) Frege(1968), §68.
7) Hodes(1984)와 Boolos(1987a)는 식 $(\exists N)(\exists M)(F)(G)(N(F)=M(G) \leftrightarrow Gz(F, G))$가 만족가능할 경우(satisfiable), 또 오직 그 경우에 한해, 흄의 원리도 만족가능하다는 것을 보이고 있다. 우선 흄의 원리는 위의 식을 함축한다. 반대로 위의 식이 참일 경우 $(F)(G)(N(F)=M(G) \leftrightarrow Gz(F, G))$가 성립하는 함수 M, N이 존재한다. 그 함수에 대해서는 $(F)(N(F)=M(F) \leftrightarrow Gz(F, F))$가 성립하는데 Gz는 반사적이므로 $(F)(N(F)=M(F))$. 따라서 흄의 원리도 참이 된다.

시도를 포기하고 명시적인 정의를 내리는 방향으로 돌아선다. 그 과정에서 그는 개념에 대상을 대응시키는 또 다른 함수를 도입하게 된다.

그가 도입한 새로운 함수에 의해 개념에 대응된 대상을 프레게는 그 개념의 **외연**(extension)으로 부르고 있다. 개념 Fx의 외연을 '$E(x:Fx)$', 혹은 오해의 여지가 없을 경우 단순히 '$E(F)$'로 표현할 때, 프레게는 치역공리로 알려진 다음 조건을 두 개념 Fx와 Gx의 외연의 동일성을 기준으로 채택할 것을 제안했다.

치역공리 (V): $\qquad E(F) = E(G) \leftrightarrow (x)(Fx \leftrightarrow Gx).$ [8]

프레게의 생각은 $N(F)$를 어떤 함수의 외연과 동일시할 수 있기만 하면 개념 F의 수에 대한 명시적인 정의를 달성할 수 있으리라는 것이었다. 그렇다면 개념 F의 수를 어떤 개념의 외연과 동일시할 수 있는가? $N(F)$가 어떤 개념의 외연과 동일한 것으로 정의되건 그러한 정의와 치역공리로부터 흄의 원리가 이끌어져 나와야 할 것이다. 그러한 개념으로 프레게가 들고 있는 것은 "개념 F와 동수이다"(gleichzählig dem Begriffe F)라는 개념 $G: Gz(F, G)$이다. 다시 말해 프레게는 $N(F)$를 개념 $G: Gz(F, G)$의 외연으로 명시적으로 정의함으로써 위에서 말한 시저의 문제를 피할 수 있다고 생각했다.

$N(F)$의 정의: $\qquad N(F) = E(G: Gz(F, G)).$

위의 정의가 적합하다면 위에서 언급한 대로 임의의 두 개념 F와 G에 대해 다음과 같은 관계가 성립한다는 것을 치역공리로부터 증명할 수 있어야 할 것이다.

$$E(H: Gz(F, H)) = E(H: Gz(G, H)) \leftrightarrow N(F) = N(G).$$

흄의 원리와 치역공리에 비추어 볼 때, 위의 관계는 다음과 같이 고쳐 쓸 수 있다.

$$(H)(Gz(F, H) \leftrightarrow Gz(G, H)) \leftrightarrow Gz(F, G).$$

$(H)(Gz(F, H) \leftrightarrow Gz(G, H))$라고 하자. 보편예화 규칙에 의해 H

---

8) 공리 V에 대한 프레게의 본래의 표현은 "$E(F) = E(G) = (x)(F(x) = G(x))$"였다. 이러한 표현은 그가 참과 거짓을 일종의 대상으로 보았기 때문에 정당화될 수 있다.

를 G로 잡으면 $Gz(F, G) \leftrightarrow Gz(G, G)$. 그런데 Gz는 반사적인 관계이므로 $Gz(G, G)$. 따라서 $Gz(F, G)$. 반대로 $Gz(F, G)$라고 하자. Gz는 대칭적이고도 이행적인 관계이므로 임의의 개념 H에 대해 $Gz(F, H) \leftrightarrow Gz(G, H)$. 따라서 보편일반화 규칙에 의해 $(H)(Gz(F, H) \leftrightarrow Gz(G, H))$. 따라서 위의 쌍조건관계가 성립한다.

다리법칙이라고 볼 수 있는 $N(F)$의 정의를 전제할 때, 치역공리가 흄의 원리를 함축하므로 프레게의 논리주의 프로그램에서 흄의 원리가 할 수 있는 모든 역할을 치역공리가 담당할 수 있다. 예를 들어 페아노의 모든 공리를 흄의 원리로부터 연역해 낼 수 있다면 치역공리로부터 연역해 내는 것도 가능하다. 더욱이 치역공리에 의존할 때 시저의 문제의 해결도 기대할 수 있을지 모른다. 그러나 이 모든 성과는 공리가 모순을 야기하지 않을 때만 의미가 있을 것이다.

2. 흄의 원리와 페아노의 공리

겉보기와는 달리 흄의 원리는 적절한 정의가 주어질 경우 그로부터 모든 페아노의 공리가 이끌려 나온다는 점에서 산수학의 기초가 될 만큼 강력하다. 프레게는 Frege(1968)에서 페아노의 공리를 이끌어 내는 과정을 비형식적으로 스케치하고 있다. 그러나 치역공리는 오직 흄의 원리를 도출하는 과정에서만 등장할 뿐 그 이후로는 전혀 이용되지 않는다. 프레게의 산수체계에서 치역공리는, 즉 흄의 원리를 이끌어 내는 과정에만 관여할 따름인데, 최근 많은 논리학자들이 페아노의 공리가 흄의 원리 만으로부터 연역될 수 있다는 것을 엄밀하게 증명한 바 있다.[9]

프레게는 우선 페아노의 공리체계의 세 개의 무정의 용어 가운데 개별상항 '0'과 전자관계 'Pxy'를 다음과 같이 정의하고 있다.

수의 0의 정의 : $\qquad\qquad 0 = N(x : \neg\, x = x).$[10]

---

9) 대표적인 예로 Wright(189), 4장 ; Boolos(1987a) ; Heck(1993) 등을 참조할 것. 특히 Heck(1993)에서는 Frege(1893)에서의 프레게의 산수체계에서 흄의 원리로부터 페아노의 공리가 도출되는 과정을 엄밀하게 재구성하고 있다.
10) Frege(1968), §74.

전자관계의 정의 : $\mathrm{P}xy \leftrightarrow (\exists F)(\exists a)(Fa \wedge N(F)=y \wedge N(F-a)$
$$= x).$$ [11]

수 0은 즉, "자신과 동일하지 않다"(sich selbst ungleich, not identical with itself)는 개념에 속한 수로 정의된다. 프레게는 수 0과 관계 P 을 정의한 후 P가 일대일의 관계임을 강조한다. [12] 관계 P가 일대일의 관계라는 사실은 다음 관계에 의해 즉각적으로 얻어진다.

$$Fa \wedge Gb \rightarrow (N(F)=N(G) \leftrightarrow N(F-a)=N(G-a)).$$

페아노의 공리 가운데 P4는 관계 P가 일대일의 관계라는 사실로부터 곧장 증명된다.

술어 $\mathrm{Nt}(x)$를 정의하기 위해서는 대소관계를 정의할 필요가 있다. 대소관계를 정의하기 위해서는 이계의 개념인 '유전성'의 개념을 이용하는 것이 편리하다. 유전적인 개념이란 전자관계에 의해 닫혀져 있는 개념을 말한다. 즉, "개념 F가 유전적이다"라는 것을 기호로 '$\mathrm{Her}(F)$'로 표현할 때, $\mathrm{Her}(F)$는 다음과 같이 정의된다.

$$\mathrm{Her}(F) \leftrightarrow (x)(y)(Fx \wedge \mathrm{P}xy \rightarrow Fy).$$

"y가 x보다 크다"는 관계 "$x < y$"는 "x의 후자를 포섭하는 모든 유전적인 개념에 수 y가 포섭된다"는 것으로 정의할 수 있다.

관계 "$x < y$"의 정의 : $x < y \leftrightarrow (F)(\mathrm{Her}(F) \wedge (z)(\mathrm{P}xz \rightarrow Fz)$
$$\rightarrow Fy). [13]$$

---

11) 프레게는 이 관계를 "y가 자연수의 수열에서 x 바로 다음에 올 때"(y folgt in der natürlichen Zahlenreihe unmittelbar auf x) 양자 사이에 성립하는 관계로 표현하고 있다. Frege(1968), §76.

12) Frege(1968), §78.

13) 프레게는 관계 "$x < y$"를 "자연수 수열에서 y가 x 뒤에 온다"(x folgt in der natürlichen Zahlenreihe auf x), 혹은 "자연수 수열에서 x가 y 앞에 온다"(x geht in der natürlichen Zahlenreihe dem y vorher)는 관계로 부르고 있다. Frege(1968), §§ 79-81 참조. 그는 임의의 관계 R에 대해 "R-수열에서 y가 x 뒤에 온다"(y folgt in der R-Reihe auf x) 혹은 "R-수열에서 x가 y 앞에 온다"(x geht in der R-Reihe dem y vorher)는 관계를 "F가 어떤 개념이든간에, x가 R의 관계에 있는 모든 대상이 개념 F에 포섭되고 또한 d가 어떤 대상이든 d가 F에 포섭된다는 명제로부터 d가 R 관계에 있는 모든 대상이 개념 F에 포섭된다는 것이 귀결될 경우, y 또한 F에 포섭된다"는 것으로 정의하고 있는데 이것이 바로 R 관계의 선조관계(ancestral relation)이다. 그러니까 R

관계 '<'를 이용하여 다음과 같이 술어 $Nt(x)$를 정의할 수 있다.

자연수의 정의: $\qquad\qquad Nt(x) \leftrightarrow 0 < x \lor x = 0.$

위의 자연수의 정의로부터 페아노의 공리 P1이 즉각 유도된다. 수학적 귀납법에 해당하는 공리 P5는 ⅰ) $(F)(Her(F) \land F0 \to (Nt(x) \to Fx))$와 같은 형태로 고쳐 쓸 수 있다. ⅰ)을 증명하기 위해서는 ⅱ) $Her(F) \land F0$의 가정하에서 $Nt(x)$로부터 Fx를 유도해 낼 수 있음을 보이는 것으로 족하다. 후자의 증명은 또한 ⅱ)의 가정하에서 $x = 0$으로부터도 Fx를 이끌어 낼 수 있음은 물론 전제 $0 < x$로부터도 Fx가 나온다는 것을 보임으로써 완성된다.

$x = 0$일 경우, ⅱ)로부터 $F0$이므로 곧장 Fx가 나온다.

$0 < x$일 경우, 관계 '<'의 정의로부터 $Her(F) \land (z)(P0z \to Fz) \to Fx$. 그런데 가정 ⅱ)에 의해 $Her(F)$이고 $F0$. $Her(F)$의 정의에 의해 $F0 \land P0z \to Fz$. 따라서 $P0z \to Fz$. 여기에 보편 일반화의 규칙을 적용하면 $(z)(P0z \to Fz)$. 그러므로 연언규칙에 의해 $Her(F) \land (z)(P0z \to Fz)$. 이것과 $Her(F) \land (z)(P0z \to Fz) \to Fx$로부터 Fx를 이끌어 낼 수 있다. 이로써 수학적 귀납법이 증명된다.

공리 P3의 경우에는 보다 강한 명제인 $(x)\neg Px0$을 증명할 수 있다. 왜냐하면 $P0x$라고 할 경우, 관계 P의 정의에 의해 $(\exists F)(\exists a)(Fa \land N(F) = 0 \land N\cdot(F - a) = x)$. 이것으로부터 존재예화의 법칙에 의해 $Fa \land N(F) = 0 \land N(F - a) = x$를 얻을 수 있다. 따라서 Fa이고 $N(F) = 0$. 0의 정의와 흄의 원리에 의해 후자로부터 $Gz(F, \neg x = x)$. 관계 Gz의 정의에 의해 어떤 관계 R에 대해 $(x)(Fx \to (\exists y)(Rxy \land \neg y = y))$가 성립한다. 따라서 보편예화의 법칙에 의해 $Fa \to (\exists y)(Ray \land \neg y = y)$. 그런데 $\neg(\exists y)(Rxy \land \neg y = y)$이므로 $\neg Fa$. 따라서 귀류법에 의해 $\neg P0x$.

로부터 구성되는 선조관계 R^∞는 R-유전적인 개념 $Her^R(F)$를

$$Her^R(F) \leftrightarrow (x)(y)(Fx \land Rxy \to Fy)$$

와 같이 정의할 때,

$$R^\infty \leftrightarrow (F)(Her^R(F) \land (z)(Rxz \to Fz) \to Fy)$$

와 같이 정의될 것이다.

공리 P2는 자연수의 수열이 무한하게 계속된다는 것을 보장하는 공리이다. 그 공리를 증명하기 위해 프레게는 다음과 같이 정의되는 관계 '≤'를 이용하고 있다.

'≤'의 정의: $\qquad\qquad x \leq y \leftrightarrow x < y \vee x = y.$ [14]

공리 P2는 개념 "$x \leq n$"에[15] 속하는 수가 n의 후자와 동일함을 진술하는 다음 정리로부터 증명할 수 있다.

(B) $\qquad\qquad Nt(a) \to Nt(N(x : x \leq a)) \wedge PaN(x : x \leq a).$

위의 정리의 증명은 다소 복잡하지만 임의의 수 n에 대한 개념 $x \leq n$에 속하는 수가 n의 후자에 해당한다는 사실로부터 쉽게 이해된다.

이렇게 해서 흄의 원리와 무정의 용어에 대한 프레게의 정의로부터 페아노 체계의 모든 공리가 연역된다는 것이 증명된다. 이것은 산수학을 일단은 흄의 원리로 환원할 수 있다는 것을 의미한다. 그러나 프레게는 흄의 원리만으로는 시저의 문제를 해결할 수 없으며 그 문제를 미결로 남겨두는 한, 수를 순수한 논리적 대상으로 확정하려는 그의 또 다른 목표─플라톤주의적 목표가 달성될 수 없으리라고 생각했다. 이것이 프레게가 환원의 프로그램을 치역공리로까지 거슬러 올라가려 한 배후동기인데, 그러나 그 단계에서도 프레게는 시저의 문제를 산뜻하게 해결할 수 없었을 뿐더러[16] 뜻하지 않은 모순에 시달릴 운명에 있었다.

---

14) 프레게는 관계 "$x \leq y$"를 "y가 x로 시작되는 자연수 수열을 항이다"(x gehört der mit x angangenden natürlichen Zahlenreihe an) "x가 y로 끝나는 자연수 수열의 항이다"(x gehört der mit y endenden natürlichen Zahlenreihe an)라는 관계로 부르고 있다. Frege(1968), §81. "$x \leq y$"를 "$(F)\,(Her(F) \wedge Fx \to Fy)$"로 정의할 수도 있다. 즉 y가 x보다 같거나 크다는 것은 x가 포섭되는 모든 유전적인 개념에 y도 포섭된다는 뜻이다.

15) 이 개념을 프레게는 "n으로 끝나는 자연수 수열의 항이다"(der mit n endenden natürlichen Zahlenreihe angehörend)라는 개념으로 부르고 있다. Frege(1968), §82.

16) 박준용, 「프레게의 산술철학에서의 흄의 원리와 '시저 문제'」(미발간 원고, 1996)

3. 프레게의 치역공리와 역설

잘 알려진 대로 러셀은 후에 프레게가 제시한 것과 비슷한 노선에 따라 논리주의 프로그램을 실행에 옮겼다. 그 과정에서 러셀은 그의 이름으로 알려진 모순을 발견하였다. 그런데 프레게의 수의 정의와 러셀의 정의는 사실 등가이다. 따라서 러셀의 수의 정의에서 모순이 발견되었다는 사실 은 프레게의 산수체계에서도 유사한 모순이 발생할 것이라는 것을 예상하 게 한다. 러셀에 있어서의 '속성'(property)과 프레게가 말하는 '개념' (Begriff), 그리고 러셀의 '집합'(class, set)과 프레게의 '외연'(Um- fang)은 각기 그들의 이론에서 대등한 역할을 담당하고 있다. 유명한 러 셀의 역설은 집합의 개념에 의해 야기된다. 따라서 프레게의 경우 외연의 개념으로부터 모순이 야기될 것이라고 생각해야 한다. [17]

치역공리가 안고 있는 문제는 역리만이 아니다. 그 공리는 사실 함수의 치역을 일의적으로 결정해 주지 못한다. 예를 들어 다음 두 조건에 의해 정의되는 함수 $h(x)$를 생각해 보자.

 i) $x = y \leftrightarrow h(x) = h(y)$.
 ii) $x \neq h(x)$. [18]

그러한 함수에 대해서는 치역공리가 말하는 본래의 관계 iii) $(x)(Fx = Gx) \leftrightarrow E(F) = E(G)$와 더불어 iv) $(x)(Fx = Gx) \leftrightarrow h(E(F)) = h(E(G))$가 동시에 성립한다. 따라서 $(x)(Fx = Gx)$가 성립할 경우 $E(F) = E(G)$와 $h(E(F)) = h(E(G))$가 동시에 참이 된다. 그런데 위의 조건 ii)에 의해 $E(F)$는 $h(E(F))$와 동일하지 않다.

위의 논의는 $(x)(Fx = Gx)$가 성립한다는 사실만으로는 서로 다른 E

---

17) 러셀의 역리는 속성에 대해서도 야기된다. 러셀의 역리를 야기하는 속성은 "자신에는 적 용되지 않는 그러한 속성에 대해서만 적용된다"는 속성이다. 즉 모든 속성 G에 대해 ￢G (G)인 경우 또 오직 그 경우에 한해 F(G)가 성립하는 속성 F이다. 여기서 변항 G 대신 에 F를 대입하면 ￢F(F) ↔ F(F)를 얻는데 이것은 모순이다. 그러나 개념을 그 특수한 한 종류로 하는 프레게의 함수는 계형을 이루고 있기 때문에 'G(G)'나 '￢G(G)'와 같은 표현은 허용되지 않으며 따라서 속성과 관련된 러셀적인 역리에서는 면제된다.

18) h는 즉 부동점이 없는 일대일의 함수이다.

(F)는 $h(E(F))$ 가운데 어느것을 함수 F의 외연으로 보아야 할지를 치역공리만에 의존해서는 결정할 수 없음을 보여 준다. 프레게는 치역공리가 지닌 이러한 문제점을 독립변항값이 미리 확정적으로 결정된 함수만을 도입함으로써 그런대로 미봉할 수 있었다. 그러나 역설이 야기되는 것은 또 다른 문제였다. 그것은 그의 논리주의 프로그램에 치유할 수 없는 결정적 해를 입힌다는 것을 의미했다.[19]

프레게는 역설의 발견을 알리는 러셀의 통보를 받고 자신의 이론에서도 치역공리인 제5공리가 러셀의 역설과 유사한 역설을 야기할 것임을 금방 알아차렸다.[20] 치역공리는 쌍조건문이므로 그것을 다음 두 명제로 분리할 수 있다.

(Va) $$(x)(Fx \leftrightarrow Gx) \rightarrow E(F) = E(G).$$
(Vb) $$E(F) = E(G) \rightarrow (x)(Fx \leftrightarrow Gx).$$

프레게의 체계에서 모순을 야기하는 것은 (Vb)이다. 이제 (Vb)로부터 모순이 나오는 것을 러셀의 역설의 경우와 유사한 방식으로 보일 수 있다.

러셀의 경우에 역리를 발생시키는 것은 자신에 속하지 않는다는 것을 의미하는 술어 $x \notin x$이다. 프레게 체계에서 '$\in$'는 무정의 기호(primitive symbol)가 아니다. 그러나 러셀의 역리와의 유비를 보이기 위해 대상들간의 이항관계 '$\in$'를 정의된 기호(defined symbol)로 도입하기로 한다.

---

19) 프레게는 논리주의 프로그램을 본격적으로 실행에 옮기기 위한 『산술의 근본법칙』(*Grundgesetze der Arithmetik*)이 거의 완성될 무렵, 러셀로부터 역설의 발견을 알리는 편지를 받고 크게 낙담한 것으로 알려져 있다. 그는 그 책의 부록 II의 서두에서 "과학저술을 하는 사람에게 있어 건물을 다 완성하고 난 뒤, 기초 가운데 하나가 흔들리는 것만큼 실망스런 일은 있을 수 없을 것이다"라고 말함으로써 러셀의 서한에 의해 얼마나 큰 심적 타격을 받았는가를 고백하고 있다.

20) 프레게는 치역공리에 담겨진 원리에 대해 처음부터 석연치 않은 느낌을 지니고 있었으며 또한 그 논리적인 자명성에 의심을 품고 있었던 것으로 알려져 있다. G. Frege, *The Basic Laws of Arithmetic*(Eg. trans. by M. Furth, University of California Press, 1964), p. 127 참조. 슬루가(H. D. Sluga)는 프레게가 1884년 이후 씌어진 원고에서 "개념에 속한 수"를 개념의 외연을 사용하지 않고도 정의하려 시도했다고 숄츠(Heinlich Scholz)가 전하고 있는 것으로 밝히고 있다. Sluga(1980), p. 165 참조.

'∈'의 정의 : $x \in y \leftrightarrow (\exists F)(y = E(F) \wedge Fx)$.

다시 말해 $x \in y$는 외연이 y인 개념에 x가 포섭될 때, x와 y 사이에 성립하는 관계이다. 위의 정의로부터 다음 관계를 쉽게 이끌어 낼 수 있다.

(C) $\neg x \in x \leftrightarrow (F)(x = E(F) \rightarrow \neg Fx)$.

$\neg x \in x$는 즉 "x는 그것을 외연으로 갖는 어떤 개념에도 포섭되지 않는다"를 의미하는 술어이다. [21] 이제 이 술어의 외연을 k라고 하면, 즉 $k = E(x : \neg x \in x)$라고 하면 $k \in k \leftrightarrow \neg k \in k$임을 증명할 수 있다.

먼저 $\neg k \in k$라고 하자. 위의 관계 (C)에 의해, $(F)(k = E(F) \rightarrow \neg Fk)$. F 대신에 $\neg x \in x$를 대입하면 $k = E(x : \neg x \in x) \rightarrow \neg k \in k$. 이 조건문의 전건은 k의 정의에 의해 만족되므로 $\neg k \in k$.

다시 $k \in k$라고 하자. 관계 '∈'의 정의에 의해 $(\exists F)(k = E(F) \wedge Fk)$. 이것으로부터 존재예화 규칙과 k의 정의에 의해 $E(\neg x \in x) = E(F)$와 Fk를 얻는다. 따라서 위의 (Vb)에 의해 $(x)(\neg x \in x \leftrightarrow Fx)$. 보편예화 규칙에 의해 $\neg k \in k \leftrightarrow Fk$. 이 관계와 Fk로부터 결국 $\neg k \in k$를 얻는다. 따라서 궁극적으로 $\neg k \in k \leftrightarrow k \in k$.

공리 (Vb)로부터 얻어지는 다음 정리를 이용하면 러셀의 경우와 보다 유사한 방식으로 모순을 얻을 수 있다.

(D) $(F)(a)(Fa \leftrightarrow a \in E(F))$.

먼저 $E(F) = E(F)$이므로 $Fa \rightarrow (E(F) = E(F) \wedge Fa)$. 존재 일반화 법칙에 의해 $Fa \rightarrow (\exists G)(E(F) = E(G) \wedge Ga)$. 이 조건문의 후건은 $a \in E(F)$에 해당하므로 결국 $Fa \rightarrow a \in E(F)$.

또한 (Vb)로부터 $E(G) = E(F) \rightarrow (Ga \rightarrow Fa)$. 명제논리의 정리에 의해 $(E(G) = E(F)) \wedge Ga \rightarrow Fa$. 이 식에 G에 관해 보편 일반화의 규칙을 적용하고 이행규칙을 이용하면 $(\exists G)((E(G) = E(F)) \wedge Ga) \rightarrow Fa$. 이 식의 전건은 정의상 $a \in E(F)$이므로 $a \in E(F) \rightarrow Fa$. 따라서

---

21) 자신의 외연을 포섭하지 않는 개념 (concept under which its extension does not fall)을 정상개념이라고 하면 $\neg x \in x$는 "x는 정상개념의 외연이다"라는 의미의 개념이 된다. 러셀의 경우에 그 술어는 "x는 정상집합, 즉 자신을 원소로 갖지 않는 집합이다"를 의미한다.

$Fa \leftrightarrow a \in E(F)$.

위의 관계 (D)에서 변항 F와 a 대신에 각각 함수 $\neg x \in x$와 그것의 외연 $k = E(x : \neg x \in x)$를 대입하면 곧장 $k \in k \leftrightarrow \neg k \in k$를 얻을 수 있다.

위의 논의는 모두 함수 $\neg x \in x$를 이용한 것이었다. 그러나 $\neg x \in x$ 대신 다음에 의해 정의 되는 함수 Rx를 이용해서도 모순을 이끌어 낼 수 있다. [22]

$$Rx \leftrightarrow (\exists F)(x = E(F) \wedge \neg Fx).$$

Rx는 말하자면 "x는 그것을 외연으로 갖는 어떤 개념에 포함되지 않는다" 혹은 "x는 자신의 외연을 포함하지 않는 어떤 개념의 외연이다"를 의미하는 개념이다. 이 개념의 외연을 r이라고 하자. 즉, $r = E(R)$. 이러한 개념 R과 r에 대해 $Rr \leftrightarrow \neg Rr$이 성립함을 증명할 수 있다.

우선 $\neg Rr$이라고 하자. Rx의 정의로부터 $(F)(x = E(F) \rightarrow Fx)$. 여기서 F와 x를 각기 R과 r로 잡으면 Rr을 얻는다. 반대로 Rr이라고 하자. Rx의 정의로부터 $(\exists F)(r = E(F) \wedge \neg Fr)$. 따라서 $r = E(F)$, 즉 $E(R) = E(F)$이고 $\neg Fr$인 개념 F가 존재한다. 그런데 공리 (Vb)에 의해 $(x)(Rx \leftrightarrow Fx)$. 특히 $Rr \leftrightarrow Fr$. 그런데 $\neg Fr$이므로 $\neg Rr$. 그러므로 결국 $Rr \leftrightarrow \neg Rr$이다.

이 절의 첫머리에서 언급한 것처럼 치역공리는 외연을 일의적으로 결정하지 못한다. 그 점에 비추어 볼 때, 우리는 다음에 의해 정의되는 R^h와 r^h에 대해서도 위와 비슷한 절차에 따라 역리가 발생하리라는 것을 예상할 수 있다.

$$R^h x \leftrightarrow (\exists F)(x = h(E(F)) \wedge \neg Fx)$$
$$r^h = h(E(R)).$$

위의 예에 따라 $\neg R^h r^h$라고 하자. $R^h x$의 정의로부터 $(F)(x = h(E(F)) \rightarrow Fx)$. 여기서 F와 x를 각기 R^h과 r^h로 잡으면 $R^h r^h$을 얻는다. 반대로 $R^h r^h$이라고 하자. $R^h x$의 정의로부터 $(\exists F)(r^h = h(E(F)) \wedge \neg Fr^h)$. 따라서 $r^h = h(E(F))$, 즉 $h(E(R)) = h(E(F))$이고

---

[22] 프레게가 Frege(1893)의 부록에서 모순을 이끌어 내는 데 사용한 개념도 Rx였다.

￢Fr^h인 개념 F가 존재한다. 그런데 위의 조건 ⅰ)에 의해 h는 일대일의 함수이므로 $E(R)=E(F)$. 이것으로부터 공리 (Vb)에 의해 (x) $(Rx \leftrightarrow Fx)$. 특히 $R^h r^h \leftrightarrow F^h r^h$. 그런데 ￢$Fr^h$이므로 ￢$R^h r^h$. 이상의 결과를 종합하면 $R^h r^h \leftrightarrow$ ￢$R^h r^h$.

위에서 러셀식의 역리를 유도하는 과정에서 항상 (Vb)가 이용되고 있음에 주목할 필요가 있다. 이로 보아 공리 (Vb)를 그대로 유지하는 한 역설의 발생은 피할 수 없으며 역으로 역설을 방지하기 위해서는 (Vb)의 수정이 요구되는 듯하다. 그러나 여기서 유의해야 할 것은 흄의 원리를 이끌어 내는 데 있어 필요한 것은 1절에서 제시된 것과 같은 형태의 치역 공리는 아니라는 점이다. 왜냐하면 개념 F에 속한 수 $N(F)$는 $E(G:$ $Gz(F, G))$로 정의되는데, $Gz(F, G)$는 일계의 개념을 변항으로 갖는 이계의 함수이기 때문이다. 그런 만큼 $N(F)$의 정의로부터 흄의 원리를 유도하기 위해서는 실은 다음과 같은 공리가 동원되어야 한다.

(E) $\qquad\qquad$ $E(H)=E(I) \leftrightarrow (F)(HF \leftrightarrow IF)$

위에서 H와 I는 물론 이계의 함수를 가리키는 변항이다.[23] 이계함수에 대해서는 ￢$x \in x$나 Rx에 대응하는 함수를 구성해 낼 수 없으므로 러셀의 역리와 같은 것을 만들 수 없을 것 같다. 그러나 블로스는 (E)로부터도 모순을 이끌어 낼 수 있음을 보이고 있다.[24] 따라서 (E)를 새로운 치역공리로 채택하는 것은 역리를 방지하는 해결책이 될 수 없다. (E)에서 러셀식의 역리가 발생한다는 것을 보이는 블로스의 증명은 다음과 같다.

(E)로부터 역리를 유도하기 위해서는 집합과 대상간의 포함관계 대신에 다음에 의해 정의되는 함수와 대상간의 관계 '$\bar{\in}$'를 도입할 필요가 있다.

$\bar{\in}$의 정의 : $\qquad\qquad$ $F\bar{\in}x \leftrightarrow (\exists D)(x=E(D) \wedge DF)$.

$F\bar{\in}x$는 즉 "F는 x를 외연으로 갖는 어떤 이계함수에 포섭된다"를 의

---

23) 블로스(G. Boolos)는 프레게가 사실은 다음과 같은 형태의 치역공리를 염두에 두고 있었을 것이라고 추측하고 있다. 즉 임의의 $n+1$-계의 두 개념 H와 I에 대해 $E(H)=E$ (I)인 것은 모든 n-계의 계념 F에 대해 $HF \leftrightarrow IF$인 경우 또 오직 그 경우에 한한다.

24) Boolos(1987), p. 140.

미하는 (이계의) 함수이다. [25] 여기서 이계의 함수 C를 다음과 같이 정의하기로 한다.

$$CF \leftrightarrow (\exists x)(\neg F \bar{\in} x \land Fx).$$

이제 $k = E(C)$라고 하고 개념 K를 $Kx \leftrightarrow x = k$에 의해 정의할 때, $K \bar{\in} k \leftrightarrow \neg K \bar{\in} k$임을 보일 수 있다. 먼저 $\neg K \bar{\in} k$라고 하자. $\bar{\in}$의 정의에 의해 $(D)(k = E(D) \rightarrow \neg DK)$. 여기서 D를 C로 잡음으로써 $\neg CK$를 얻는다. 함수 C와 개념 K의 정의에 의해 $(x)(x = k \rightarrow K \bar{\in} k)$. 따라서 $K \bar{\in} k$.

반대로 $K \bar{\in} k$라고 하자. 정의에 의해 $(\exists D)(k = E(D) \land DK)$. 따라서 어떤 이계의 함수 D에 대해 $E(C) = E(D)$이고 DK. 관계 (E)에 의해 CK. 개념 C와 K의 정의에 의해 $(\exists x)(\neg K \bar{\in} x \land x = k)$. 따라서 $\neg K \bar{\in} k$. 이상의 결과를 종합하면 결국 $K \bar{\in} k \leftrightarrow \neg K \bar{\in} k$. [26][27]

---

25) "$F \bar{\in} x$"는 대상 x가 함수 F에 포섭된다는 것을 진술하는 관계 'Fx'와 대칭되는 관계라고 할 수 있을 것이다.

26) 함수 C 대신에 다음에 의해 정의되는 (이계) 함수 B를 이용해서도 러셀식의 역리를 도출해 낼 수 있다.

$$BF \leftrightarrow (x)(Fx \rightarrow \neg F \bar{\in} x).$$

$m = E(B)$라고 하고 개념 M이 $Mx \leftrightarrow x = m$에 의해 정의되었다고 하자. 이제 $M \bar{\in} m \leftrightarrow \neg M \bar{\in} m$임을 다음과 같이 보일 수 있다. 먼저 $\neg M \bar{\in} m$이라고 하자. $\bar{\in}$의 정의에 의해 $(D)(m = E(D) \rightarrow \neg DM)$. 여기서 D를 B로 잡으면 $\neg BM$을 얻는다. 이것으로부터 B와 M의 정의에 의해 $(\exists x)(x = m \land M \bar{\in} x)$. 따라서 $M \bar{\in} m$.

반대로 $M \bar{\in} m$이라고 하자. $\bar{\in}$의 정의에 의해 $(\exists D)(m = E(D) \land DM)$. 따라서 $E(B) = E(D)$이고 DM인 D가 존재한다. 이것으로부터 관계 (E)에 의해 BM을 얻는다. B와 M의 정의에 의해 $(x)(x = m \rightarrow \neg M \bar{\in} x)$. 따라서 $\neg M \bar{\in} m$.

27) 다음과 같은 삼계의 함수에 관한 치역공리에 대해서도 비슷한 방식으로 러셀식의 모순을 이끌어 낼 수 있다.

$$E(M) = E(N) \leftrightarrow (H)(MH \leftrightarrow NH).$$

여기서 M과 N은 삼계의 함수를 의미하는 변항이다. 이제 위의 관계로부터 역리를 유도하기 위해 다음에 의해 정의되는 이계함수와 대상간의 관계 '$\leq$'를 도입하기로 한다.

$\leq$의 정의: $\qquad J \leq x \leftrightarrow (\exists L)(x = E(L) \land LJ).$

$J \leq x$는 즉 "J는 x를 외연으로 갖는 어떤 삼계의 함수에 포섭된다"를 의미하는 (삼계의) 함수이다. 이제 삼차의 함수 D를 다음과 같이 정의하기로 한다.

$$DJ \leftrightarrow (\exists x)(\exists F)(\neg J \leq x \land JF \land Fx).$$

이제 $k = E(D)$라고 하고 개념 K를 $Kx \leftrightarrow x = k$에 의해, 그리고 이계의 함수 I를 IF

원래의 치역공리와 마찬가지로 이계의 치역공리 (E)도 (Ea) : (F) $(HF \leftrightarrow IF) \rightarrow E(H) = E(I)$와 (Eb) : $E(H) = E(I) \rightarrow (F)(HF \leftrightarrow IF)$로 분할하는 것이 가능하다. 이 가운데 위에서 역리를 이끌어 내는 데 이용된 것은 원래의 치역공리의 경우와 마찬가지로 (Eb)라는 사실에 유의할 필요가 있다. 그 사실은 프레게의 산수체계에 있어 역리의 발생이 어디에서 비롯되는가에 대한 중요한 시사를 던진다.

4. 모순의 회피와 산수학의 성격

프레게의 산수체계에서 등장하는 두 개의 함수 N과 E는 모두 주어진 개념에 대해 하나의 대상을 대응시키는 함수이다.[28] 앞의 절에서 우리는 함수 E가 모순을 야기한다는 것을 보았는데 N은 어떠한가? 적어도 E 와 같은 방식으로 역설이 야기되지는 않는다. 그 점을 이해하기 위해 앞 절에서의 예에 따라 개념 Qx를 $Qx \leftrightarrow (\exists F)(x = N(F) \wedge \neg Fx)$에 의해 정의하고 q를 $N(Q)$라고 하자. 먼저 $\neg Qq$라고 가정하자. 그러면 Q의 정의에 의해 $(F)(q = N(F) \rightarrow Fq)$. 여기서 일계술어 변항 F를 Q로 잡으면 Qq. $\neg Qq$라는 가정하에서 Qq가 도출되었으므로 Qq이다. 그러 나 함수 E와의 유사는 여기까지이다. 왜냐하면 $\neg Qq$를 유도할 수 없기 때문이다. Qq이므로 Q의 정의에 의해 $(\exists F)(q = N(F) \wedge \neg Fq)$. 따라 서 $q = N(F)$, 즉 $N(Q) = N(F)$이고 $\neg Fq$인 일계개념 F가 존재한다.

$\leftrightarrow F = K$에 의해 정의할 때, $I \leq k \leftrightarrow \neg I \leq k$임을 보일 수 있다. 먼저 $\neg I \leq k$라고 하자. $\leq$의 정의에 의해 $(L)(k = E(L) \rightarrow \neg LI)$. 여기서 L을 D로 잡음으로써 $\neg DI$를 얻는다. 이로부터 함수 D의 정의에 의해 $(x)(F)(IF \wedge Fx = k \rightarrow I \leq x)$를 유도할 수 있다. 여기 서 x와 F를 각각 k와 K로 잡으면 $IK \wedge Kk \rightarrow I \leq k$. 그런데 IK와 Kk는 모두 참이므로 $I \leq k$.

반대로 $I \leq k$라고 하자. 정의에 의해 $(\exists L)(k = E(L) \wedge LI)$. 따라서 어떤 삼계의 함 수 L에 대해 $E(D) = E(L)$이고 LI가 성립한다. 삼계의 함수에 관한 치역공리에 의해 DI. 따라서 함수 D의 정의에 의해 $\neg I \leq x$이고 IF, 즉 $F = K$이고 Fx인 대상 x와 개념 F가 존재한다. 그러므로 $\neg I \leq x$이고 Kx, 즉 $x = k$인 대상 x가 존재한다. 다시 말해 $\neg I \leq k$. 이상의 결과를 종합하면 $I \leq k \leftrightarrow \neg I \leq k$.

28) E는 임의의 계수의 함수의 집합을 정의역으로 가질 수 있지만 N의 경우에는 오직 개념 의 집합만이 정의역이 된다.

그러나 $N(Q)=N(F)$로부터는 $Gz(Q, F)$, 즉 Q와 F가 개념이 같은 수의 대상을 포섭한다는 사실만을 유도해 낼 수 있을 뿐, $(x)(Qx \leftrightarrow Fx)$, 즉 Q와 F가 동일한 개념이라는 사실은 따라 나오지 않는다. 그렇기 때문에 $\neg Fq$로부터 $\neg Qq$로 넘어갈 수 있는 길이 차단되는 것이다.

(일계의) 개념을 우리는 대상들의 집합으로 볼 수가 있다. 칸토르가 증명한 바에 의하면 집합의 개수가 훨씬 많기 때문에 집합과 대상들을 일대일로 대응시킬 수 없다. 그런데 흄의 원리를 만족하는 N은 다대일의 함수이다. 왜냐하면 흄의 원리는 동수(同數)인 개념들이 함수 N에 의해 동일한 대상에 대응됨을 말하고 있는데, 한 개념에 동수인 개념들은 일반적으로 무수히 많기 때문이다.[29] 그러나 치역공리 (V)는 함수 E가 서로 동일한 대상을 포섭하는 개념에 동일한 대상을 대응시키고 있음을 말하고 있다. 그런데 동일한 대상을 포섭하는 개념은 적어도 외연적인 의미에서는 동일한 개념이라고 말할 수 있다. 따라서 치역공리를 만족하는 함수는 개념과 대상간의 일대일의 함수가 된다. 치역공리 가운데 외연함수를 일대일의 함수로 만드는 (Vb)와 (Eb)가 모순을 야기한다는 사실은 칸토르의 결과에 비추어 볼 때 충분히 예상되는 일이다. 이상의 논의는 프레게의 체계에서 러셀식의 역리를 방지하기 위해서는 적어도 외연함수가 일대일의 함수가 되는 것을 피해야 한다는 것을 말해 주고 있다.

위와 같은 고찰에 의해 프레게는 Frege(1893)에서 치역공리 (V)를 외연함수가 일대일의 함수가 되지 않는 방향으로 서둘러 수정하게 되었다. 그의 생각은 두 개념의 외연이 동일할 경우, 그 외연을 하나를 제외한 모든 대상에 대해 동일한 포섭관계가 성립하도록 한다는 것이다. 그의 제안은, 즉 치역공리를 이루는 (Va)와 (Vb) 가운데 역리를 발생시키는 후자만을 다음과 같은 공리로 수정하자는 것이다.

(V′b) $\qquad E(F)=E(G) \rightarrow (x)(\neg x=E(F) \rightarrow (Fx \leftrightarrow Gx))$.

그러나 레스니크는 위와 같은 프레게의 대응도 러셀 식의 역리가 발생하는 것을 막지는 못한다는 것을 보이고 있다.[30] 위와 같은 수정된 공리

---

29) 개념 $\neg x \in x$만이 그것과 동수인 개념이 하나일 뿐 다른 개념은 그것과 동수인 개념들을 무수하게 많이 갖는다.
30) Resnick(1980), pp. 214-216.

는 앞절에서 정의한 함수 Rx로부터 역리가 발생하는 것을 막는 데는 효과적이다. 왜냐하면 ㄱRr로부터 Rr은 얻을 수 있지만 Rr로부터는 (V′b)에 의해 $(x)(\neg x=r \rightarrow (Rx \leftrightarrow Fx))$이고 ㄱ$Fr$인 개념 F가 존재한다는 사실만을 얻을 수 있을 따름이다. 따라서 $Rr \leftrightarrow Fr$까지 나아갈 수가 없으며 따라서 가정 Rr로부터 ㄱRr을 유도해 낼 수가 없다. 그러나 함수 $R^h x$로부터는 여전히 역리가 발생한다.

ㄱ$R^h r^h$로부터 $R^h r^h$는 앞서와 유사한 방식으로 얻어진다. $R^h r^h$라고 할 경우 R^h의 정의와 (V′b)로부터 $(x)(\neg x=E(R) \rightarrow (Rx \leftrightarrow Fx))$이고 ㄱ$Fr^h$인 개념 F가 존재한다. 따라서 ㄱFr^h인 개념 F에 대해 ㄱr^h $=E(R) \rightarrow (Rr^h \leftrightarrow Fr^h)$, 혹은 ㄱ$h(E(R))=E(R) \rightarrow (Rr^h \leftrightarrow Fr^h)$. 그런데 함수 h가 만족하는 부동점의 조건 ii)에 의해 ㄱ$h(E(R))=E$ (R). 따라서 여전히 $(Rr^h \leftrightarrow Fr^h)$로 넘어갈 수 있으며 이것과 ㄱ$Fr^h$로부터 곧장 ㄱ$R^h r^h$가 얻어진다.[31] 이러한 결과는 단 하나의 외연에 대해서만 차이가 나는 개념들을 동일한 대상에 대응시키는 함수 정도로 역리를 막을 수 없다는 것을 보여 주는 것이다.

1절에서 우리는 치역공리와 치역의 개념을 이용한 N의 정의로부터 흄의 원리가 유도됨을 보았다. 그러나 흄의 원리를 유도하기 위해서는 그 정도까지는 필요하지 않다. 임의의 함수 F에 대해 다음을 만족하는 함수로부터 대상으로의 관계 $E(F, x)$가 존재한다고 하자.

(F) $\qquad\qquad (\exists ! x)(H)(E(H, x) \leftrightarrow Gz(H, F)).$

위의 관계로부터 어렵지 않게,

$$(x)(y)(F)(G)(E(F, x) \wedge E(G, y) \rightarrow (x=y \leftrightarrow Gz(F, G)))$$

를 얻을 수 있다. 다시 말해 $E(F, x)$는 F와 동수인 모든 함수에 동일한 대상을 대응시키는 함수이다. 이제,

(G) $\qquad\qquad (x)(x=N(F) \leftrightarrow E(F, x)))$

에 의해 함수 $N(F)$를 정의하면 흄의 원리가 귀결된다. 이것은 즉 위의 정의 (G)와 (F)로부터 흄의 원리가 도출된다는 것을 의미하는 것이

---

31) 레스닉크는 Resnick(1980), pp. 216-218에서 실제로 부동점이 없는 일대일의 함수 h (x)를 구성하는 방법을 보이고 있다.

다. [32]

블로스의 제안은 $E(F, x)$를 위의 3절에서 정의한 관계 "$F \bar{\in} x$"로 잡자는 것이다. 이러한 제안은 외연함수 $E(D)$가 프레게의 치역공리 (E)를 만족하는 대신 다음을 만족하도록 한다는 것을 의미한다.

(H)　　　$(\exists ! x)(H)((\exists D)(x = E(D) \land DH) \leftrightarrow Gz(H, F))$.

위의 조건을 만족하는 E에 의해 하나의 대상에 대응되는 (이계의) 함수는 얼마나 많은가? 우선 E가 (H)를 만족하기 위해서는 개수가 동일한 (일계의) 모든 함수들 그리고 그러한 함수들만을 포함하는 (이계의) 함수에 대해서는 하나의 대상을 대응되기만 하면 된다. 그리고 그러한 (이계의) 함수 가운데 그것에 속하는 (일계) 함수의 개수가 다르면 서로 다른 대상이 대응되어야 함은 물론이다. 그리고 그 밖의 (이계의) 함수에 대해서는 아무 대상이나 대응되어도 상관없다.

앞서의 논의에 의해 우리는 (H)를 만족하는 함수 E에 대해 수함수 $N(F)$를,

$$(x)(x = N(F) \leftrightarrow F \bar{\in} x)$$

에 의해 정의할 경우 흄의 원리가 유도된다는 것을 알 수 있다. 그러나 (H)가 (E)와는 달리 모순을 야기하지 않는다는 것을 어떻게 보증할 수 있는가?

$\bar{\in}$의 정의를 감안할 때, (H)가 무모순임을 보이기 위해서는 다음 문장이 만족가능함을, 즉 참인 모델이 있음을 증명하는 것으로 족하다.

(H*)　　　　　$(\exists ! x)(H)(H \bar{\in} x \leftrightarrow Gz(H, F))$.

---

32) 다음을 만족하는 관계 $L(F, x)$는 프레게의 치역공리의 경우와 비슷한 방식으로 모순을 야기할 것이다.

(*)　$(\exists ! x)(H)(L(H, x) \leftrightarrow (x)(Hx \leftrightarrow Fx))$.

이 경우 모순을 일으키는 개념은 $Qx \leftrightarrow (\exists G)(L(G, x) \land \neg Gx)$에 의해 정의되는 개념 Qx이다. (*)에 의해 $(H)(L(H, q) \leftrightarrow (x)(Hx \leftrightarrow Qx))$를 만족시키는 대상 q가 단 하나 존재한다. H를 Q로 잡음으로써 $L(Q, q)$를 얻는다. $\neg Qq$라고 하자. Q의 정의에 의해 $(G)(L(G, q) \to Gq)$. Qq. 그러나 Qq이면 어떤 G에 대해 $L(G, q)$이고 $\neg Gq$. 그러나 $(H)(L(H, q) \leftrightarrow (x)(Hx \leftrightarrow Qx))$로부터 $L(G, q) \leftrightarrow (x)(Gx \leftrightarrow Qx)$. 따라서 $(x)(Gx \leftrightarrow Qx)$. 이것과 $\neg Gq$으로부터 $\neg Qq$.

위 문장이 만족가능함을 보이기 위해 영역(domain)이 자연수인 모델을 선택하고 개념변항은 자연수의 임의의 집합을, 그리고 모든 n-항의 관계변항을 이 모델에서 자연수의 임의의 n-항 관계를 지시하는 것으로 해석한다. 또한 이계의 함수변항은 집합들간의 임의의 관계를 가리키는 것으로 한다. 함수 "$F \bar{\in} x$"는 F가 지시하는 집합이 무한하고 x가 자연수 0을 가리키든가 혹은 F가 지시하는 집합의 원소의 개수가 m이고 무한하고 x가 자연수 m+1을 가리킬 때 참인 것으로 해석한다. 또 Gz (H, F)는 H와 F가 가리키는 집합이 동수일 때, 참이 되는 것으로 해석한다. 이러한 해석하에서 위의 문장(H*)는 참이 된다. 왜냐하면 F가 가리키는 자연수 집합의 원소의 개수가 무한할 때, n은 0이고, m일 때 n은 m+1인 것으로 n을 정의할 때, "$H \bar{\in} x$"는 H가 F가 가리키는 자연수 집합과 동수인 집합을 가리키고 x가 n을 가리킬 경우 또 오직 그 경우에 한해 참이 되기 때문이다. [33]

(H*)가 만족가능하고 흄의 원리가 (H*)로부터 연역될 수 있으므로 흄의 원리 또한 만족가능하다. 앞서 2절에서 우리는 페아노의 모든 공리가 흄의 원리로부터 이끌어져 나온다는 것을 본 바 있다. 그런데 (H*)에서 흄의 원리가 나오므로 (H*)와 더불어 적절한 정의의 도움을 받아 우리는 페아노 체계의 모든 정리를 이끌어 낼 수 있다. 그러나 (H*)를 받아들이는 것이 시저의 문제의 해결은 고사하고라도 수학을 논리학으로 환원하고자 한 논리주의의 프로그램의 달성에 기여하고 있다고 말할 수 있는가?

프레게가 당초 흄이 원리에서 만족하지 않고 치역공리로까지 거슬러 올라갔을 때, 그에게 던져진 과제는 두 가지였다. 하나가 물론 궁극적으로 그가 도달한 원리가 역설을 유발함으로써 모든 것을 허사로 만드는 것을

---

33) 블로스는 이러한 무모순 논증에 대해 얼마간 불안감을 지니고 있다. 우선 이 논증이 자연수에 관한 형식적 이론의 무모순성을 논증하기 위해 자연수 집합 자체를 모델에서 동원하고 있다는 점이다. 또한 그 과정에서 비형식적인 흄의 원리가 사용되고 있는데 위의 무모순 논증에서 증명하려는 것이 그것을 형식화한 원리라는 점에서 그 논증은 절대적인 의미의 무모순 증명이 될 수 없다. 그러나 블로스는 그 증명과정을 "이계의 산수학"인 형식적 해석학 체계에서 형식화하는 것이 가능하다는 것을 보이고 있다. 따라서 이계의 산수학이 무모순이며 흄의 원리도 무모순이다. 이러한 의미에서 위의 논증은 흄의 원리의 상대적 무모순을 증명하고 있다고 말할 수 있다. Boolos(1987), p. 141 및 Boolos(1987a), pp. 8-10 참조.

피해야 한다는 소극적인 과제였다면, 다른 하나는 그가 궁극적으로 도달한 (H*)와 같은 존재명제가 논리적인 성격의 진리여서 수학적인 대상들을 논리적인 대상으로 환원시킬 수 있어야 한다는 적극적인 과제였다. 위에서 본 것처럼 (H*)로부터 페아노의 산수체계의 모든 정리를 모순없이 이끌어 낼 수 있는 것은 사실이며 따라서 수학적 진리를 다른 종류의 진리로 환원하는 데는 성공했다고 말할 수 있을 듯하다. 그러나 논리적 진리로 환원하였다고 말할 수는 있는가?

그 질문은 (H*)가 논리적 진리인가와 동일한 질문인데 그에 대해 블로스는 부정적인 답변을 하고 있다. [34] 그렇다면 당초의 치역공리 대신에 (H)를 받아들여 그로부터 산수학의 진리를 이끌어 내는 데 성공했다고 해도 산수의 진리를 논리적 진리로 환원시킴으로써 수학이 분석적인 학문임을 증명하고자 한 프레게의 본래의 계획이 달성되었다고 말하기는 어렵다. 여하간 위의 논의에 의해 프레게가 러셀의 역리의 발견 후 심각하게 느꼈던 논리적인 진리로의 환원의 요구와 무모순성의 요구가 동시에 달성되기가 어려운 배타적인 측면이 있다는 것이 드러난 셈이다. 무모순성의 요구는 어떤 경우에도 외면할 수 없다. 그렇다면 논리적 진리로의 환원의 요구를 충족시키지 못한 프레게의 작업이 갖는 가치가 어디에 있는가 하는 질문이 해결해야 할 새로운 과제로 남을 수밖에 없을 것이다.

참고문헌

Boolos, G. (1987), "Saving Frege from Contradiction", in *Proceedings of Aristotelian Society*.

────── (1987), "The Consistency of Frege's *Foundations of Arithmetic*", in *On Being and Saying*, MIT.

Currie, G. (1982), *Frege : An Introduction to His Philosophy*, Sussex : The Harvard University Press.

---

34) Boolos(1987a), pp. 18-19. 블로스는 더 나아가 (H*)를 전건으로 하고 그보다 내용이 풍부한 문장을 후건으로 갖는, 논리적으로 참인 조건문이 상당히 많이 있다는 점에서 수학이 종합적이면 논리학도 종합적이라고 주장하고 있다.

Frege, G. (1893), *Grundgesetze der Arithmetik*, Jena: Verlag von Herman Polhle.

—— (1968), *The Foundations of Arithmetic*, trans. by J. L. Austin, 2nd Revised ed., Evanston: Northwerstern University Press.

—— (1964), *The Basic Laws of Arithmetic*, trans. by Montgomery Furth, University of California Press.

—— (1979), *Posthumous Writings*, eds. by Hans Hermes, Friedrich Kambartel and Friedrich Kaulbach, The University of Chicago Press.

Heck, R. (1993), "The Development of Arithmetic in Frege's *Grund-gesetze der Arithmetic*", in *The Journal of Symbolic Logic*.

Hodes, H. T. (1984), "Logicism and the Ontological Commitments of Arithmetic", in *The Journal of Philosophy*, Vol. LXXXI, NO. 3.

Parsons, C. (1983), *Mathematics in Philosophy*, Cornell University Press, Ithaca, New York.

Resnik, M. D. (1980), *Frege and the Philosophy of Mathematics*, 1980.

Sluga, H. D. (1980), *Gottlob Frege*, Routledge & Kegan Paul.

Wright, C. (1983), *Frege's Conception of Numbers as Objects*, Aberdeen University Press.

박준용, 「프레게의 산술철학에서의 흄의 원리와 '시저의 문제'」, 1996(미발간 원고).

프레게의 논리주의와 수의 동일성 기준[1]

박 준 용

개 요

지난 10여 년간 프레게 연구가들의 연구를 통해 『산술의 기초』의 이론이 모순없이 재건될 수 있다는 점이 밝혀졌다. 라이트는 적어도 자연수 이론에 관한 한 이 결과가 프레게의 논리주의를 정당화시켜 준다고 주장한다. 그는 프레게가 기초로 삼은 외연개념에 의한 수정의를 버리고 프레게가 수 동일성의 기준으로 제시했던 이른바 흄의 원리를 기초로 삼는 논리주의를 제안한다. 그의 논제가 정당화되려면, (1) 프레게로 하여금 흄의 원리를 기초로 삼지 못하게 한 "F의 수＝시저" 형식의 문장의 진위결정 문제가 해결되어야 하고, (2) 흄의 원리로부터 페아노 공리들의 연역이 논리적 수단만을 사용한 연역이라는 것을 보여 주어야 한다.

필자는 라이트의 논리주의의 정당성을 검토하기 위해 먼저 프레게가 흄의 원리의 난점으로 인해 외연개념을 도입하게 되는 과정을 묘사한다. 다음으로 이른바 시저 문제에 대한 라이트의 해결책과 그의 논리주의의 정당화 방식을 설명한다. 마지막으로 수처럼 개념들간의 상호관계를 통해 동일성 기준이 제시되는 종류개념들을 구분할 수 없다면 라이트의 주장에 한계가 있음을 지적한다.

---

1) 이 글은 1995년 5월 26일 논리학회 정기모임에서 「프레게의 산술철학에서의 흄의 원리와 '시저 문제'」라는 제목으로 발표한 것이다. 논평하신 송하석 선생님께 감사를 드린다.

0. 프레게(G. Frege)의 『산술의 근본법칙』(1893, 1903)의 형식체계에서 수는 외연으로 정의되며, 모순을 귀결하는 공리(V)는 외연동일성의 기준으로 제시된다. 외연개념을 유지한 채 형식체계를 복구하려는 프레게의 시도는 결국 실패하였다.

지난 10여 년간 프레게 연구가들은 『산술의 기초』(1884)의 비형식적 논의가 『산술의 근본법칙』의 체계와 달리 모순에 빠지지 않으면서 재구성될 수 있는지를 탐구하였다. 그런 가능성은 외연개념이 수의 동일성 기준으로 제시된 이른바 흄의 원리를 증명하기 위해서가 아니라면 필요없고, 흄의 원리에서 페아노 공리들에 상당하는 산술적 진리들을 연역해 낼 수 있다는 데 근거하고 있었다. 만일 이러한 연역에 문제가 없고 흄의 원리가 모순에 빠지지 않는다면, 『산술의 기초』는 모순없는 산술의 기초로서 재건될 수 있을 것이다. 실제로 라이트(C. Wright)와 블로스(G. Boolos)의 작업을 통해 흄의 원리가 모순에 빠지지 않는다는 점이 밝혀졌다. [2]

그러면 흄의 원리로부터 자연수 이론의 연역이 지니는 의의는 무엇인가? 그것은 프레게의 논리주의가 재건될 가능성을 보여 주는 것인가 아니면 단지 자연수 이론에 대한 산술적 기초의 제시에 불과한 것인가? 대부분의 논자들과는 달리 라이트는 적어도 자연수 이론에 관한 한 프레게의 논리주의가 흄의 원리에 기초하여 여전히 옹호될 수 있다고 생각한다. 그의 주장이 정당화되기 위해서는 우선 다음 물음이 답변되어야 한다. (1) 프레게는 흄의 원리가 수와 다른 종류의 사물간의 동일성을 표현하는 진술의 진리조건을 제시해 주지 못하므로('시저 문제'), 흄의 원리를 기초로 삼지 않고 외연개념을 도입하였다. 그러면 외연개념을 버리고 흄의 원리에만 근거할 때 그러한 동일성 진술의 진리조건을 어떻게 결정할 수 있는가? (2) 흄의 원리는 비논리적 표현에 대한 설명이므로 논리학의 정리로 간주하기가 어렵고, 산술의 진술들에 등장하는 수표현을 어느 경우에나 제거시켜 주지는 못하므로 정의로 간주할 수도 없다. 이처럼 논리학의 정리도 정의도 아닌 원리로부터 산술의 진리들의 연역이 어떻게 논리주의를 뒷받침한다고 할 수 있는가?

---

2) Boolos[1], 7-9. Heck[1], 491-2 ; 헤크는 프레게의 『산술의 근본법칙』도 흄의 원리를 기초로 모순없이 재구성할 수 있다고 주장한다. Heck[2], 579-584.

필자는 먼저 1절에서 프레게가 흄의 원리의 난점으로 인해 외연개념을 도입하게 되는 과정을 묘사한다. 2절에서는 시저 문제에 대한 라이트의 해결책과 수론적 논리주의에 대한 그의 정당화를 설명한다. 3절에서는 수처럼 개념들간의 상호관계를 통해 동일성 기준이 제시되는 종류의 개념들 (특히 수와 외연)을 구분할 수 없다면, (1)과 (2)에 대한 라이트의 답변에 여전히 한계가 있음을 지적하겠다.

1. 『산술의 기초』에서 흄의 원리의 위치

1) 흄의 원리의 역할

프레게의 『산술의 기초』는 크게 두 부분으로 나눌 수 있다. 전반부에서는 수와 수진술의 본성에 대한 프레게 이전의 견해들을 비판한다. 이 비판의 첫번째 목표는 수진술이 경험적 진술도 아니고 순수직관에 근거하는 선천적-종합적 진술도 아님을 보임으로써, 결국 수진술이 논리법칙과 정의로부터 연역가능한 분석적 진술임을 간접적으로 드러내는 데 있다. (Gl, § 5-17) 둘째의 목표는 수를 외부사물의 성질이나 주관적 관념이나 사물의 단위라는 주장을 반박하는 가운데, 수표현은 "F인 사물들이 얼마나 많은가?"하는 물음에 대한 답변에서 사용된다는 것과 결국 수진술은 개념에 대한 진술이라는 것을 보여 주는 데 있다. (Gl, § 18-54)

후반부에서 프레게는 개별수들이 자립적 대상이고 산술의 진리들이 분석적 진리라는 그의 주장을 적극적으로 옹호한다. 후반부의 첫 부분에서 그는 수표현이 단칭용어의 역할을 한다는 사실에 근거하여 개별수들이 자립적 대상들이라고 논변한다. (Gl, § 55-61) 다음으로 맥락원리에 근거하여 수동일성의 기준으로서 흄의 원리를 제시하고 이 원리의 난점을 극복하기 위해 수개념에 대한 명시적 정의를 제시한다. (Gl, § 62-69) 마지막으로 그는 명시적 정의에 의해 흄의 원리를 증명하고 개별수들과 산술의 기초개념들을 정의한 후, 이들 정의와 흄의 원리로부터 산술의 주요진리들을 연역해 내는 방법을 묘사한다. (Gl, § 70-86) 흄의 원리는 후반부의 둘째 논의에서 도입한다. 그는 이미 개별수들이 자립적 대상이라는 논제를 정당화하면서 수의 자립성이 어떤 심리적 표상이나 직관에도 의존하지 않는다고 주장하였다. 그렇다면 수들은 우리에게 어떻게 주어지는가? 여기서 그는 낱말은 오직 문장의 맥락 안에서만 의미를 지닌다는 맥락원리를 내세운다. 그에 따르면 수들이 우리에게 어떻게 주어지는지 이해하기 위해서는 수표현이 등장하는 문장의 뜻을 이해해야 한다. 그는 이미 수가 자립적 대상이라는 주장을 정당화한 것으로 간주하므로, 수표현이 등장하는 문장들 중에서 먼저 수들의 동일성 재인식을 표현해 주는 문장(수동일성 문장)의 뜻을 이해해야 한다고 말한다.

프레게는 이미 책의 전반부에서 수표현들이 "F인 것들이 얼마나 많은가?"라는 형식의 물음에 대답하는 데 사용되며, 그러한 대답에서 수는 개념에 부여된다는 사실에 주목하였다.[3] 예컨대 "n개의 F가 있다"는 형식의 진술은 개념 F에 관한 진술로서 그 개념이 지니는 수가 n임을 말하는 것으로 이해할 수 있다. 따라서 일반적으로 각 수는 어떤 개념이 지니는 수(혹은 어떤 개념에 부여되는 수)로 간주할 수 있고, 각 수표현은 "개념―이 지니는 수" 혹은 "―의 수"라는 형식의 표현으로 재구성할 수 있다. 그러면 수동일성 문장은 일반적으로 "F의 수=G의 수"의 형식을 지닐 것이다. 이제 그러한 문장의 뜻을 이해하려면, 수동일성의 일반적 기준을 제공할 수단이 있어야 한다. 프레게는 그런 수단을 다음과 같이 도입한다.

흄은 오래 전에 그런 수단을 언급하였다 : "두 수가 조합되는 방식이 한 수가 다른 한 수의 각각의 모든 단위에 대응하여 언제나 하나의 단위를 지니도록 이루어질 때, 우리는 그 두 수를 같다고 한다." 오늘날에는 많은 수학자들이 이처럼 수의 동일성을 1대1 상호관계로 정의해야 한다는 견해를 수용하고 있다. (Gl, $ 63)

이처럼 프레게는 수동일성의 일반적 기준으로서 이른바 흄의 원리를 제

---

3) 이렇게 이해할 때 수표현은 개념에 대해 서술하는 2차 개념을 지시하는 것으로 간주할 수도 있다. 하지만 프레게는 일반적으로 산술에서 수표현이 단칭용어로 사용되고, 앞의 형식의 문장에서 'n'이 개념 F에 대해 서술하는 전체 술어의 일부일 뿐이라는 점을 근거로 수표현이 개별적 대상을 지시한다고 주장한다. (Gl, $ 57)

안하고, 그 원리를 다음과 같은 방식으로 이해한다. (프레게식으로 재구성한 흄의 원리를 이하에서 'N='으로 표시하겠다.)

(N=) F의 수=G의 수 iff 개념 F에 속하는 대상들과 개념 G에 속하는 대상들 사이에 1대1의 상호관계가 있다. [4]

프레게가 이 원리를 제시한 일차적 목적은 일차적으로 수동일성 문장의 뜻을 고정하여, 그 문장들이 어떤 경우에 참이 되는지를 결정하는 데 있다. 그러나 이것이 유일한 목적은 아니다. 그의 『산술의 기초』의 궁극적 목적은 산술의 진리들을 논리학의 법칙으로부터 논리적 수단만을 가지고 증명하는 데 있다. 이 증명을 위해서는 개별적인 수들의 정의만이 아니라 일반적인 수개념의 정의가 필요하다. 그런데 그는 직접 수개념을 정의하지 않고 간접적인 방법을 사용한다. 그는 다음과 같이 말한다.

명심해야 할 일은 아직 수개념이 확정되지 않았고 수의 동일성에 대한 정의에 비추어서 결정되어야 한다는 점이다. 우리가 구성하고자 하는 판단내용은 양편 각각이 수가 되는 동일성이다. 따라서 이 경우를 위한 특수한 정의가 아니라 이미 알려진 동일성 개념을 동일한 것으로 간주할 것에 이르는 수단으로 사용하려 한다. (Gl, § 63)

---

4) 이 원리는 다음 두 주장으로 분석될 수 있다. (1) F의 수=G의 수 iff F인 것들이 정확히 G인 것들만큼 많다. (2) F인 것들이 정확히 G인 것들만큼 많다 iff F인 것들과 G인 것들 간에 1대1 상호관계가 있다. 두 개념간의 1대1 상호관계는 다시 상호관계와 1대1 관계로 분석될 수 있다. 어떤 관계 R이 개념 F와 개념 G의 상호관계라는 것은 F에 속하는 각각의 모든 대상이 개념 G에 속하는 한 대상에 대해 R의 관계에 있고, G에 속하는 각각의 모든 대상에 대해 F에 속하는 한 대상이 R의 관계를 지닌다는 것을 말한다. 모든 상호관계가 1대1관계인 것은 아니다. 상호관계 R이 1대1 관계가 되려면 다음 조건이 더해져야 한다. 모든 x, y, z에 대해, x가 y에 대해 R의 관계를 지니고 x가 z에 대해 R의 관계를 지니면 y와 z는 같고, x가 z에 대해 R의 관계를 지니고 y가 z에 대해 R의 관계를 지닐 경우 x와 y가 같다 iff R은 1대1이다. 이런 분석에 따라 흄의 원리를 형식화하면 다음과 같다. (이때 "개념 F에 속하는 대상들의 수" 혹은 "F인 것들의 수" 같은 수연산자는 '$NxFx$'로 표현한다.)

$$(N=)\ NxFx=NxGx \leftrightarrow (\exists R)\{(x)[Fx \rightarrow (\exists y)(Gy \& Rxy)]\&$$
$$(y)[Gy \rightarrow (\exists x)(Fx \& Rxy)]\&$$
$$(x)(y)(z)[(Rxy \& Rxz) \rightarrow y=z]\&$$
$$(x)(y)(z)[(Rxz \& Ryz) \rightarrow x=y]\}$$

즉 프레게는 먼저 수개념을 정의하고 나서, 동일성 법칙의 도움을 받아 수의 동일성 기준을 제시하려 하지 않는다. 오히려 그는 수의 동일성 기준을 먼저 제시하고 일반적 동일성 법칙의 도움을 받아 수개념 정의에 이르려는 것이다. 바로 이 점에서 평행에 의한 방향의 정의와의 유비가 성립된다. 방향개념의 정의와 동일성 법칙에서 방향의 동일성을 연역하지 않고, 선들의 평행관계를 통해 방향의 동일성을 규정하고 동일성 법칙의 도움을 받아 방향의 정의에 이르려는 것이다. 따라서 흄의 원리는 일반적 동일성 법칙의 도움을 받아 수개념의 정의에 이르기 위한 수단이다.

흄의 원리는 수의 동일성 기준으로서 우선 동일성 원리가 요구하는 조건을 충족시켜야 한다. 프레게가 수용하는 라이프니츠의 동일성 원리에 따르면, 두 대상이 같을 경우 한 대상이 속하는 모든 개념에 다른 대상도 속해야 한다. 그런데 프레게는 두 수의 동일성을 한 쌍의 개념간에 성립하는 1대1 상호관계로 정의하며, 개념간에는 동일성이 아니라 동치관계만이 성립할 수 있다고 생각한다. 그리고 개념 F와 G가 동치라는 것은 개념 F에 속하는 모든 대상들이 개념 G에 속하고 그 역도 성립함을 말한다. 따라서 1대1 상호관계가 두 대상의 동일성을 충족하려면, 그 관계는 개념들간의 동치관계의 역할을 할 수 있어야 한다. 이 점은 1 대1 상호관계가 재귀적이며, 대칭적이고, 이행적임을 보이는 것으로 충분하다. (Gl, § 73)

2) 시저 문제

다음으로 흄의 원리는 수표현이 등장하는 동일성 문장들의 진리조건을 결정해 주어야 한다. 수표현이 등장하는 동일성 문장은 세 가지 형식으로 분류할 수 있다.
   (1) F의 수＝G의 수
   (2) F의 수＝5
   (3) F의 수＝p
형식 (1)의 문장들의 경우 개념 F에 속하는 대상들과 개념 G 들에 속하는 대상들 사이에 1대1 상호관계가 성립하는지에 따라 진위가 결정될 수 있다. (2)의 경우 '5'의 뜻을 "—의 수"라는 수연산자와 적합한 개념표현을 통해 정의하면 (1)의 경우와 마찬가지로 진위를 결정할 수 있다.

그런데 (3)의 경우 'p'가 수표현이 아니라면, 예컨대 'p'가 '시저'라면, 그런 문장의 진위는 어떻게 결정해야 하는가? 물론 '시저'가 어떤 사람의 이름이라는 것을 아는 사람이라면 당연히 그런 문장은 거짓이라고 생각할 것이다. 그러나 그렇게 생각할 수 있는 이유는 수의 동일성 기준으로 제시된 바로 그 원리 때문이 아니다. (Gl, $ 66) 흄의 원리는 수의 동일성을 개념들간의 1대1 상호관계에 의해 정의한다. 따라서 동일성 기호의 양편에 술어에 수연산자를 적용한 단칭용어(혹은 그런 표현으로 재구성할 수 있는 표현)가 등장하는 문장이 아니면, 흄의 원리만으로는 진리치를 결정할 수 없다. 그런데 '시저'를 그런 단칭 수표현으로 재구성할 수 있는지 알 수 있기 위해서는 먼저 "시저는 수이다"가 참인지 아닌지 알아야 한다. 그러나 흄의 원리는 그런 지식을 줄 수가 없다. 따라서 어떤 것이 수인지 아닌지를 결정해 줄 다른 장치가 없다면, 시저가 수인지 아닌지도 모를 것이고, "F들의 수 = 시저" 같은 문장이 참인지 아닌지도 결정할 수 없을 것이다. 그런데 프레게는 아직 수개념을 정의하지 않았으므로 어떤 것이 수인지 아닌지 알 위치에 이르지 못했다. 따라서 수들과 다른 사물들을 구별해 줄 다른 기준을 제시하지 않는다면 "F의 수=시저" 같은 문장의 진위를 알 수 없다. (이 난점을 '시저 문제'라고 부른다.)

이 난점은 아주 일반적인 것이다. 우리는 형식 (1)의 동일성 문장의 어느 한 단칭용어를 변항으로 대치하여 양화하려 할 경우에도 "F의 수=y"의 뜻을 설명해야 한다. 5) 그런데 시저 문제는 'y'에 수표현 이외의 단칭용어가 들어갈 경우〔혹은 (3)의 'p'가 수표현이 아닐 경우〕거짓이라고 약정하거나 무의미하다고 약정하더라도 벗어날 수 없다. 먼저 'y'에 수표현 이외의 단칭용어가 들어갈 때 거짓이라고 약정하자. 그러면 그 약정은 "y는 수이다 iff(∃F)(F의 수=y)"처럼 표현될 것이다. 그러나 이 제안은 "y는 수이다"라는 표현을 이해하기 위해 "—의 수"라는 표현을 이해하고 있어야 함을 말하기 때문에 순환적이다. 'y'에 수표현 이외의 단칭용어가 들어갈 때 무의미하다고 하자. 그러면 논의영역에 수 이외의 대상은 포함될 수 없을 것이다. 그러나 프레게는 "얼마나 많은 F가 있는

---

5) Parsons, 158-159.

가?"라는 물음을 유의미하게 보고, 수진술을 개념들에 대한 진술로 간주한다. 그리고 일차적으로 수를 지니는 개념은 수가 아닌 대상들이 속하는 개념이다. 그렇다면 논의영역에서 "F들의 수=y" 같은 열린 문장이 적용되는 논의영역을 수들에만 한정시킬 수 없다.

"F의 수=y" 형식의 동일성 문장의 진리조건을 일반적으로 결정할 수 있으려면, 흄의 원리 이외에 어떤 지식이 필요한가? N=은 'p'가 수를 지시하는지 아닌지를 알 수 없는 경우 그 동일성 문장의 진리조건을 설명할 수 없다. 따라서 흄의 원리 이외에 수들과 다른 종류의 사물들을 구별할 수 있는 지식이 요구된다.

3) 명시적 정의와 외연의 동일성 기준

프레게는 시저 문제를 해결하기 위해 외연개념을 도입하여 수를 외연과 동일시한다. [6] 그러면 수는 어떤 종류의 외연으로 정의되는가? 수들과 다른 종류의 대상을 구별해 줄 수 있는 다른 장치가 있다면 N=은 여전히 수동일성 기준으로 봉사할 수 있다. 그렇다면 N=의 역할이 보존되도록 수를 정의해야 할 것이다. N=의 정의항은 개념 F와 개념 G간의 동치관계를 규정해 준다. F와 G가 동치관계에 있으면 F는 G에 대해 대칭적이며 이행적이다. 따라서 개념 F와 동치관계에 있는 어느 개념 H든지 개념 G에 대해 동치관계에 있을 것이고, 역도 성립한다. 따라서 "개념 F와 1대1 상호관계에 있다"는 개념의 외연과 "개념 G와 1대1 상호관계에 있다"는 개념의 외연은 동일할 것이다. 그는 결국 수연산자를 다음과 같이 명시적으로 정의한다. (Gl§68)

F의 수=df "개념 F와 동수인"이란 개념의 외연
("정확히 F들만큼 많은 φ들"의 외연 혹은
"개념 F는 개념 φ와 1대1 상호관계에 있다"의 외연)

---

6) 프레게는 『산술의 근본법칙』에서 개념의 외연을 함수값의 경로의 한 특수한 사례로 간주하였다. 그는 함수를 대상으로부터 진리치로의 함수로 간주하므로, 개념의 외연은 그런 함수의 값의 경로가 된다. 만일 함수값의 경로를 순서쌍의 집합으로 이해한다면, 한 개념의 외연은 그 개념에 속하는 대상들의 집합이 아니라 첫째 항이 대상이고 둘째 항이 진리값인 순서쌍들의 집합이다. (Gg, § 3)

프레게는 외연도입이 시저 문제의 해결이라고 믿었다. (Gl $69) 그는 외연개념을 순수논리학의 개념이라고 믿었기 때문에 논리학에 숙달하면 어떤 것이 외연인지 아닌지 알게 될 것이라고 믿었다. 그리고 수를 외연의 특수경우라고 간주하면, 이미 시저가 외연인지 아닌지도 알기 때문에 시저가 수인지 아닌지도 알게 되리라고 믿었다.

외연이 순수논리학의 개념인가 하는 문제를 차치하고라도, 프레게의 이러한 신념에는 근거가 없다. 시저 문제는 동일성 기준을 제시하기 위해 다른 종류의 사물들의 동치관계에 호소하는 어느 종류 개념의 경우에나 생기게 마련이다. 외연의 경우는 어떠한가? 프레게는 외연의 동일성 기준을 바로 개념간의 동치관계에 의해 제시한다. (Gg $ 3)

F의 외연＝G의 외연 iff (x) (Fx↔Gx)　　　　　　　(Gg의 공리 V)

이 공리 V는 동일성 기호의 양편에 "F의 외연" 같은 형식의 단칭용어 (혹은 그런 표현으로 재구성할 수 있는 표현)가 등장하는 동일성 문장의 진리조건을 제시해 준다. 그러나 'p'가 외연표현이 아닌(혹은 외연표현으로 재구성할 수 있는 표현이 아닌) 단칭용어일 경우, 공리 V만으로 "F의 외연＝p" 형식의 외연 동일성 문장의 진리치를 결정할 수 있는가? "F의 외연＝시저"가 참인지 아닌지를 공리 V만으로는 결정할 수 있는가? 그럴 수 없다. 왜냐하면 그 문장의 진위는 시저가 외연인지 아닌지의 여부에 달려 있는데, 공리 V는 시저가 외연인지 아닌지를 알려 주지 않기 때문이다. 따라서 "F의 수＝시저"의 진리치를 N＝만으로는 결정할 수 없는 것과 유사한 방식으로 공리 V만으로는 "F의 외연＝시저"의 진리치를 결정할 수 없다. 따라서 프레게의 기대와는 달리 수와 외연의 동일시는 시저 문제의 해결이 아니라 유보일 뿐이다. [7]

프레게는 『산술의 근본법칙』의 10절에서 이 문제를 해결하려고 시도한다. 『산술의 근본법칙』의 형식체계에서 처음으로 도입되는 대상은 두 개의 진리치이다. 다음으로 공리 V를 통해 함수값의 경로(외연)들이 도입된다. 그러면 두 진리치는 함수값의 경로(외연)인가 아닌가? 공리 V만

---

7) Wright, 111-112.

으로 이 물음에 대답할 수 없음을 프레게 자신도 인정한다. 그러나 그는 어떤 대상이 외연인지 아닌지 결정할 수 있도록 외연개념을 새로 정의하거나 설명하지 않는다. 단지 그는 두 진리치 각각이 고유한 외연으로 규정되도록 약정할 것을 제안한다. (Gg§10) 즉 참인 진리치는 그 진리치가 속하는 그리고 오직 그 진리치만이 속하는 개념의 외연으로 간주하고, 거짓인 진리치는 그것이 속하는 그리고 오직 그것만이 속하는 개념의 외연과 간주하자는 것이다.

이 약정이 시저 문제를 해결하는지는 의심스럽다. 프레게는 적어도 이미 도입된 두 대상에 대해서는 시저 문제가 해결된 것처럼 생각한다. 그러나 그런 약정을 일반화한다면, 어느 대상이든지 그 대상을 유일한 예로 지니는 개념의 외연으로 간주할 수 있다. 예컨대 개념 F의 외연을 "$\grave{a}F$ a"로 표현한다면, 시저는 $\grave{a}(a=$시저$)$와 같을 것이다. 그리고 이런 식으로 어느 대상이든 외연으로 간주된다면, 모든 동일성 문장의 진리조건을 공리 V를 통해 설명할 수 있을 것이다. [8] 이 주장을 받아들일 수 없는 이유는 다음과 같다. 약정의 목적은 외연인 것과 외연이 아닌 것을 구별해 줄 수 있는 기준을 제공하여, "F의 외연=시저" 같은 문장의 진리치를 결정가능하게 하는 데 있다. (1) 그런데 만일 시저가 외연인지 아닌지를 안다면, 약정이 없더라도 공리 V에 따라 그 문장의 진리치는 결정된다. (2) 반면, 시저가 외연인지 아닌지 모를 경우, 약정에 따라 시저는 $\grave{a}(a$ $=$시저$)$라고 가정된다. 그러면 개념 F가 예컨대 x=T일 경우, "F의 외연=시저"라는 문장은 "$\grave{a}(a=T)=\grave{a}(a=$시저$)$"로 고쳐 쓸 수 있다. 이제 이 문장의 진위는 공리 V에 따라 개념 "x=T"가 개념 "x=시저"와 동치인지에 의존하며, 결국 T가 시저와 같은 대상인가 아닌가에 의존한다. 이 두 대상의 동일성 여부를 다시 문제의 약정과 공리 V에 따라 결정하려 한다면, 우리는 순환에 빠지게 될 것이다. 그러나 두 대상의 동일성 여부를 이미 우리가 안다면, 다시 (1)에 따라 문제의 약정은 필요없을 것이다.

---

8) 프레게 자신도 규약을 일반화하는 데는 문제가 있다는 점을 인식하였다. 그러나 그는 문제의 해결책을 제시하기보다는 새로운 함수를 도입할 때마다 값의 경로들을 논항으로 취할 때 그 함수가 어떤 값을 지니는지 결정해야 한다는 점만을 언급한다. (Gg, §10, n17)

2. 라이트의 수론적 논리주의

1) 라이트의 논리주의적 동기

프레게의 논리주의는 산술의 진리들이 분석적이라는 논제이다. 즉 논리적 진리들만을 가정하면 적합한 정의와 논리적 수단을 통해 산술의 기초적 진리들을 증명할 수 있다는 것이다. 라이트에 따르면 적어도 자연수 이론에 관한 한 프레게의 논리주의는 흄의 원리에 근거하여 정당화될 수 있다고 한다. 그는 『산술의 기초』에서 외연의 도입은 불필요한 절차로 본다. 그의 해석에 따르면 외연이 도입된 유일한 이유는 시저 문제 때문이었다. 왜냐하면, 74-83절에서 프레게가 묘사한 수론의 진리들의 증명은 수를 외연과 동일시한다고 해서 더 수월해지지도 않을 뿐 아니라, 그 증명은 수와 외연의 동일시에 의존하지도 않기 때문이다. 그런데 수에서 외연으로 이행하더라도 시저 문제는 해결되지 않고, 공리 V에서 연역되는 모순은 프레게의 산술이론에 심각한 타격을 주었다. 따라서 그는 외연개념의 도입이 아무런 목적에도 봉사하지 못한다고 결론짓는다. [9]

라이트는 제한된 형식의 논리주의를 옹호한다. 그의 생각은 N=을 유일한 비논리적 공리로 취급하고 페아노 공리들을 2단계 논리를 사용하여 N=으로부터 연역하는 것이다. 그는 이 작업을 『산술의 기초』 74-83절에서 프레게가 취했던 절차에 따라 외연개념에 대한 호소없이 수행한다. 그리고 N=이 공리 V와 유사한 모순을 야기시키지 않는다는 점을 보여 준다. [10] 하지만 페아노 공리들을 모순없이 증명했다고 해서 자연수 이론의 진리들이 논리적 진리임이 증명되는 것은 아니다. 이러한 연역을 논리주의의 증명으로 간주할 수 있으려면, 먼저 공리로 가정된 N=의 논리적 지위를 검토해야 한다.

프레게는 원래 N=을 정의로 제시하였다. N=이 정의라면 수동일성 진술을 산술적 표현이 없는 진술로 언제나 번역할 수 있어야 한다. 그런

---

9) Wright, 131-132.

10) 라이트는 그의 책 마지막 절에서 이 증명의 절차를 개략적으로 보인다. Wright, 153 이하 참조.

데 N＝은 개념들간의 동치관계를 이용하며, 수는 대상으로 간주되므로, 동치관계에 있는 개념에 수들이 속할 수도 있다. "개념 F에 속하는 대상들이 얼마나 많은가?"하는 물음이 일반적으로 유의미하다면, 수연산자의 반복적 적용이 허용되어야 한다. 예를 들어, "탁자 위의 사과" 같은 개념만이 아니라 "15와 37 사이의 소수" 같은 개념들에도 수연산자가 적용될 수 있다. 더구나 프레게의 개별수 정의방법은 수연산자의 발생을 포함하는 술어에 또 다른 수연산자의 적용을 허용한다. [11] 그러면 이런 정의를 허용할 경우 N＝은 수동일성 문장에 등장하는 모든 수표현들을 제거할 수 있는가? 그렇지 않다. N＝은 동일성 기호의 어느 한쪽에 나타나는 표현이 수연산자를 포함하는 술어에 또 다른 수연산자를 적용한 문장일 경우 수연산자를 모두 제거할 수는 없다. 일반적으로 동일성 기호 한편에 술어와 결합된 수연산자가 등장하고 다른 한편에 구속변항이나 자유변항이 등장할 경우에는 수연산자를 제거할 방법이 없다. [12]

따라서 N＝을 수동일성의 정의로 간주할 수는 없다. 그렇다면 N＝을 기초로 한 논리주의가 어떻게 옹호될 수 있는가? 만일 자연수 이론에 대한 논리주의가 그 이론의 어느 문장이든지 순수논리의 어휘로 옮겨 쓸 수 있어야 한다는 것을 의미한다면 그것은 옹호될 수 없다. 하지만 라이트에

---

11) $0=Nx(x\neq x)$; $1=Nx(x=0)$; $2=Nx(x=0 \lor x=1)$; … ; $n+1=Nx(x=0 \lor … \lor x=n)$. 이와 같이 개별수들의 정의에서 0 이외의 각 수는 그에 바로 앞서는 수가 속하는 개념에 부여되는 수로 정의된다. 만일 수연산자를 수연산자의 또 다른 발생을 포함하는 표현에 적용할 수 없다면 이들 정의는 불가능할 것이다. (Gl § 55 ; Wright, 135-6)

12) 예를 들어 "지구는 1개의 위성을 지니고 있다"는 문장을 개별수 정의를 사용해서 바꾸어 보자. "x는 지구의 위성이다"를 'Mx'로 쓴다면 앞 문장은 다음과 같이 차례대로 바꾸어 쓸 수 있다.

$NxMx=1$(지구의 위성의 수＝1)

$NxMx=Nx(x=0)$

$NxMx=Nx(x=Ny(y\neq y))$

여기에 N＝을 적용하면 다음과 같이 바꾸어 쓸 수 있다.

$NxMx=Nx(x=Ny(y\neq y)) \leftrightarrow$

$(\exists R)\{(x)[Mx \to (\exists y)((y=Nw(w\neq w))\&Rxy)]\&$

$(y)[(y=Nw(w\neq w)) \to (\exists x)(Mx\&Rxy)]\&$

$(x)(y)(z)[(Rxy\&Rxz) \to y=z]\&$

$(x)(y)(z)[(Rxz\&Ryz) \to x=y]\}$

이 번역단계가 마지막이다. 그러나 수연산자는 여전히 발생하고 있고, 그 연산자의 소거방법은 없다.

따르면 N=은 정의는 아니지만 수연산자에 대한 논리적 설명으로 간주될 수는 있다. 왜냐하면 N=의 우측은 논리적 개념들만을 포함하고 있기 때문이다. 개념들간의 1대1 상호관계를 정의하는 데는 진리함수적인 명제결합사, 동일성, 1단계 양화 및 고단계 양화 이외의 수단이 필요없다. 따라서 라이트는 고단계 양화를 논리에 포함시킨다면, 1대1 상호관계를 논리적인 것으로 간주하는 데는 문제가 없다고 주장한다. [13]

그는 순수논리적 설명으로서의 N=에 근거하여 약한 의미의 논리주의를 옹호하려 한다. 제거불가능한 어휘를 포함하는 산술적 진리라 해도 논리적 진리로부터 논리적 수단만을 이용하여 증명할 수 있다면, 그런 산술적 진리를 논리적 진리로 인정할 수 있다는 것이다. 왜냐하면 논리적 진리의 어떤 논리적 귀결도 논리적 진리이기 때문이다. 따라서 그는 자신이 옹호하는 논리주의를 다음과 같이 정식화한다.

[L] 산술의 개념들을 논리학의 개념으로 정의할 수 있으므로, 수론의 특정한 공리체계에 대해 기초적인 정리의 집합을 순수논리적 진술로 옮겨 써서 논리학의 정리임을 증명할 수 있고, 이 기초집합들로부터 문제의 공리체계의 모든 정리들을 순수논리적 수단만으로 연역할 수 있다. [14]

(L)을 정당화하려면 두 가지 일이 필요하다. 하나는 수연산자를 반복적으로 적용하여 얻은 문장의 뜻을 설명하는 것이다. 그러한 문장의 뜻을 N=을 통해 설명하려 하면 다시 시저 문제에 빠질 위험이 있다. [15] 다른 하나는 N= 및 고단계 논리를 충분히 이해하면 산술적 기초적 진리를 증명하고 인식하는 데 충분하다는 것을 보이는 일이다.

---

13) 라이트는 2단계 양화가 논리학의 가면을 쓴 집합론에 불과하다는 콰인의 주장을 다음의 근거에서 반박한다. (1) 분명히 타당하지만 고단계 양화를 사용하지 않으면 형식화할 수 없는 논증들이 있다. (2) 그런 논증들에 나타나는 고단계 양화의 이해는 집합의 이해에 의존하지 않는다. Wright, 133-134.

14) Wright, 138.

15) Wright, 140-141. Parsons, 160-161.

2) Nd와 시저 문제의 해결

앞에서 고찰했듯이 시저 문제를 해결하려면, 수들이 서로 같은지 다른지 결정하기 위한 기준을 알아야 할 뿐 아니라 수들과 기타 대상들을 구별할 수 있어야 한다. N=은 첫째 인식은 가능하게 하지만 둘째 인식은 주지 못한다. 따라서 시저 문제의 해결을 위해 이제 필요한 지식은 수와 기타 사물을 구별해 주는 지식이다. 수개념에 속하는 대상들과 그렇지 않은 대상들을 어떻게 구별할 수 있는가?

문제해결에 이르는 라이트의 단서는 상호배타적인 종류의 사물들 사이에는 동일성 기준도 다르리라는 생각이다. 수개념과 배타적인 종류개념이 어떤 개념인지 효과적으로 결정할 수 있는 일반적인 설명을 할 수 있다고 가정하고, 어떤 단칭용어 'q'가 그런 개념에 속하는 대상을 지시한다는 것을 우리가 안다고 하자. 그러면 우리는 "NxFx=q" 형식의 모든 문장이 거짓임을 알게 될 것이다. 그리고 수표현을 포함하는 부류의 혼합된 동일성 진술의 진리조건을 확정할 수 있을 것이다. 어떤 사람이 시저의 지시를 알고 수동일성에 대한 프레게의 설명을 근거로 수표현의 의미를 이해한다고 하자. 그러면 그는 'NxFx' 형식의 수표현이 '시저'와 같은 지시를 지닌다고는 합리적으로 가정할 수 없다. 왜냐하면 수는 개념간의 1대1 대응과 관련된 사실들에 호소해서 동일시되고 구별되는 반면, 사람의 동일성 문제는 그런 식으로 해결될 수 없기 때문이다.

그러면 한 종류개념에 속하는 사물들이 다른 종류개념에 속하는지 아닌지 어떻게 결정하는가? Fx와 Gx를 임시적인 종류개념이라 하고 Gx에 속하는 대상을 지시하는 단칭용어 'a'와 'b'가 있다고 하자. 그리고 'a=b'의 진리조건이 Fx의 예들간의 동일성과 구별을 설명해 주는 한 쌍의 대상들간의 동치관계를 표현하는 진술의 진리조건과 같다고 하자. 그러면 Fx에 속하는 대상은 Gx에도 속하게 된다. 예컨대 나무는 방향들이 속하는 류개념이 아니다. 나무들을 지시하는 한 쌍의 단칭용어들을 포함하는 동일성 진술의 진리조건은 선들간의 평행성과 관련된 사실들에 의해 적합하게 설명할 수 없기 때문이다. 라이트는 이 제안을 다음과 같이 수의 경우에 적용한다.

Nd : 만일 Gx가 수들을 예로 지니는 류개념이라면, Gx의 예를 지시하는 단칭용어 'a'와 'b'가 있어서, "a=b"의 진리조건이 한 쌍의 개념들간에 1대1 상호관계가 있다는 진술의 진리조건에 의해 적합하게 설명될 수 있다.[16]

이 기준에 따르면 시저는 사람이므로 자연수가 아니다. 왜냐하면 사람들간의 동일성에 대한 진술의 진리조건은 개념들간의 1대1 상호관계에 의해 설명할 수 없기 때문이다.

이 제안의 요지는 수들간의 동일성과 구별의 기준의 이해를 수들과 다른 종류의 사물들을 구분하는 데 이용하자는 것이다. 라이트에 따르면 사실 Nd는 N=에 어떤 새로운 내용도 보충하지 않는다. N=은 논리적 개념만을 이용하여 수동일성을 설명하며 Nd도 논리적 개념만을 이용한 것이다. 따라서 프레게의 수동일성에 대한 설명이 그 설명에 함축된 내용 때문에 "시저=0"이 거짓임을 이미 확정한다는 것이다. 물론 라이트는 N=이 그 진술이 거짓임을 직접 귀결한다고 주장하지는 않는다. 그가 주장하는 바는 어떤 사람이 물질적 대상들을 예로 지니는 개념들에 대한 N=의 적용사례들을 이해하고 있고, 시저가 사람이라는 것을 알고 있다면, 이미 그는 "NxFx=시저" 형식의 문장의 진리조건을 결정하기 위한 모든 지식을 지니고 있다는 것이다.

3) 수론적 논리주의의 인식론적 정당화

라이트는 시저 문제에 대한 그의 해결책을 이용하여 자연수 이론에 관한 그의 논리주의를 옹호할 수 있다고 생각한다. 만일 우리가 종류간의 포함과 배제를 지배하는 일반원리들을 N=에 적용할 수 있다면, N=과 Nd의 적절한 결합을 통해 문제의 수연산자의 반복적 적용을 설명할 수 있고, 시저 문제를 야기하는 술어들도 순환없이 설명할 수 있다는 것이

---

16) Wright, 116. 라이트는 수들을 예로 지니는 종류개념은 언제나 그 동일성 기준이 개념들간의 1대1 상호관계에 의해 주어지는 반면, 동일성 기준이 개념들간의 1대1 상호관계에 의해 주어지는 모든 종류개념이 수들을 예로 지니는 개념일 필요는 없음을 인정하는 것으로 보인다.

다. 그는 N=의 정의항을 정식화할 수 있는 적합한 고단계 논리학과 동일성 원리를 이해하고 있고 수연산자가 포함되지 않은 구체적 술어들을 충분히 배운 학습자를 가정한다. 그리고 그가 어떻게 자연수 이론의 진리와 프레게의 개별수 정의를 인식할 수 있는지 보임으로써 논리주의 [L]을 옹호하려 한다. 라이트는 학습자의 인식과정을 세 단계로 나누어 설명한다.[17]

단계 (1): 갑은 구체적인 종류개념의 다양한 사례들에 대한 서술문들을 충분히 학습한다. 그리고 동일성을 포함한 적합한 고단계 논리학의 개념과 기법을 충분히 배운다. 그러면 그는 N=의 설명항을 이해할 수 있다.

단계 (2): 'NxFx' 형식의 단칭 수표현을 도입한다. 이때 'Fx'는 단계 (1)에서 익힌 술어이다. 그러면 갑은 고단계 논리의 개념을 이용하여 "NxFx=NxGx" 형식의 문장의 진리조건을 이해한다. 즉 그는 N=을 이해하게 된다. 물론 이때 'Gx'는 단계 (1)에서 익힌 술어이다. 다음으로 갑은 'p'가 단계 (1)에서 익힌 단칭용어일 경우 "NxFx=p"가 거짓임을 알게 된다. 즉 그는 Nd를 이해하게 된다.

단계 (3): 갑은 수연산자가 발생하는 술어에 또 다른 수연산자가 적용된 표현을 이해한다. 이를 통해 개별수에 대한 프레게의 정의를 이해할 것이다.

라이트는 학습자가 구체적인 종류개념들간의 포함과 배제의 관계를 충분히 익혔다면, 단계 (1)에서 단계 (2)로의 이행은 문제가 없으리라고 간주한다. 그는 단계 (2)에서 (3)으로 이행하는 것이 어떻게 가능한지를 문제삼고, 단계 (2)를 거친 학습자가 개별수의 정의들을 이해하는 과정을 다음과 같이 묘사한다.

⓪ "x≠x"는 순수논리적 표현이다.

① 'Fx'가 단계 (1)에서 익힌 술어일 경우 N=을 통해 "NyFy=Nx (x≠x)" 형식의 모든 문장의 진리조건을 이해할 수 있다. 따라서 학습자는 "NxFx=0" 형식의 진술의 진리조건을 이해할 수 있다.

② 'q'가 단계 (1)에서 익힌 단칭용어일 경우 Nd를 통해 "q=Nx(x≠

17) Wright, 142-144.

x)" 형식의 모든 문장의 진리조건을 이해할 수 있다.

③ "…＝Nx(x≠x)" 형식의 모든 술어를 ①과 ②를 통해 이해할 수 있다.

④ "Ny(y＝Nx(x≠x))" 형식의 표현을 ③으로부터 이해할 수 있다.

⑤ 'q'가 단계 (1)에서 익힌 단칭용어일 경우 Nd를 통해 "q＝Ny(y＝Nx(x≠x))" 형식의 모든 문장의 진리조건을 이해할 수 있다.

⑥ N＝을 통해 "NxFx＝Ny(y＝Nx(x≠x))" 형식의 모든 문장의 진리조건을 이해할 수 있다. 이 단계에서 비로소 "NxFx＝1" 형식의 진술의 진리조건을 이해할 수 있다.

⑦ "…＝Ny(y＝Nx(x≠x))" 형식의 모든 술어를 ⑤와 ⑥으로부터 이해할 수 있다.

⑧ "…＝Nx(x≠x)∨…＝Ny(y＝Nx(x≠x))" 형식의 모든 술어를 단계 (1)에서 익힌 결합사의 이해와 ③과 ⑦로부터 이해할 수 있다.

⑨ N＝과 ⑧의 이해로부터 "NxFx＝Nz[z＝Nx(x≠x)∨z＝Ny(y＝Nx(x≠x))]"의 진리조건을 이해할 수 있다. 이를 통해 "NxFx＝2" 형식의 진술의 진리조건을 이해할 수 있다. ①, ⑥, ⑨의 단계에서 학습자는 각각 프레게의 0, 1, 2에 대한 정의를 이해하게 된다.[18]

3. 흄의 원리와 시저 문제

1) Nd는 시저 문제의 해결인가?

라이트가 시저 문제를 해결하고 논리주의를 정당화하는 데에는 수들과 다른 종류의 사물들간의 구분을 위해 제시된 Nd의 역할이 결정적이다. Nd는 단지 수들이 속하는 종류개념은 동일성 기준이 N＝과 마찬가지로

---

18) 라이트는 앞의 ①~⑨의 과정에서 0과 1이 다르다는 것을 학습자가 인식할 수 있다면, 유사한 방식으로 학습자가 어떻게 1≠2, 2≠3, 3≠4, …등을 인식할 수 있게 되는지, 그리고 나아가 어떻게 무한히 많은 자연수가 있다는 사실을 인식하게 되는지 보일 수 있다고 한다. (Wright, 145-147) 그런데 자연수의 무한성을 N＝과 2단계 논리학에서 연역할 수 있다는 것은 오히려 N＝이 논리적인 원리가 아니라는 것을 보여 준다는 반론이 있다. 이에 대한 라이트의 반론을 위해서는 Wright, 151-152를 참조할 것.

개념간의 1대1 상호관계에 의해 주어져야 함을 말할 뿐이다. 따라서 그의 주장대로 Nd는 또 다른 기준을 제시하는 것은 아니다. 그는 어떤 사람이 N=을 이해할 경우 자연히 N=과 전혀 다른 동일성 기준을 지니는 종류 개념에 수가 속하지 않으리라는 점을 이해하게 되리라고 가정하는 것이다. 즉 N=을 이해하는 사람은 '시저'가 사람 이름임을 알 경우 "NxFx=시저"가 거짓임을 충분히 알 수 있다는 것이다. 왜냐하면 사람의 동일성 기준은 개념들간의 1대1 상호관계에 의해 주어지지 않기 때문이다.

하지만 라이트가 정식화한 Nd에는 문제가 있다. 그의 정식화에 따르면 어떤 동일성 진술이 수들이 속하는 종류개념의 예들간의 동일성을 표현할 경우, 그 진술의 진리조건은 한 쌍의 개념 사이에 1대1 상호관계가 성립한다는 진술의 진리조건을 통해 적합하게 설명될 수 있어야 한다. 이 제안을 다른 부류의 사물(예컨대 사람)에도 적용시켜 보자. 어떤 동일성 진술이 사람들이 속하는 종류개념의 예들간의 동일성을 표현한다면, 그 진술의 진리조건은 사람의 동일성 기준에 의해 적합하게 설명되어야 한다. 그런데 "지킬 박사의 조카의 수=하이드 씨의 조카의 수"라는 진술의 진리조건은 "지킬 박사=하이드 씨"라는 진술의 진리조건에 의해 설명될 수 있다. 즉 지킬 박사와 하이드는 같은 사람이므로 지킬 박사의 조카의 수는 하이드 씨의 조카의 수와 같다. 따라서 Nd의 제안은 "지킬 박사의 조카의 수", "하이드 씨의 조카의 수" 등의 단칭용어가 사람이라는 종류개념의 예들(즉 사람들)을 지시할 가능성을 배제할 수 없다.[19]

라이트는 다음과 같은 근거에서 이 예가 Nd에 대한 반론은 아니라고 주장할지도 모른다. "하이드=지킬 박사"의 진리조건은 한 쌍의 개념간에 1대1 상호관계가 성립한다는 사실에 의해 주어지지 않는다. 따라서 Nd는 지킬 박사와 하이드가 수일 수 없음을 확정해 준다. 또한 사람의 동일성 기준에 의해 "지킬 박사의 조카의 수=하이드 씨의 조카의 수"라는 진술이 참임을 인식한 사람은 이미 "…의 수"라는 수연산자의 의미를 이해한 것이며, "지킬 박사의 조카"라는 개념과 "하이드의 조카"라는 개념간에 1대1 상호관계가 성립한다는 사실을 이해한 것이다. N=은 "NxFx=NxGx" 형식의 진술의 진리조건을 언제나 제시해 주는 반면, 사람의 동

---

19) Dummett, 161. 더메트는 이 예가 라이트의 Nd에 대한 직접적 반론으로 여기는 것 같다. 그러나 필자는 이 예가 Nd가 거짓임을 보여 주는 것은 아니라고 생각한다.

일성 기준은 그렇지 못하다. 따라서 N＝과 사람의 동일성 기준을 이해하고 있는 사람은 "NxFx＝시저" 같은 형식의 문장이 일반적으로 거짓임을 인정할 것이다.

그러나 이러한 반론은 만족스럽지 못하다. 그가 Nd를 제시한 목적은 N＝과 사람의 동일성 기준이 전혀 다르다는 것을 알고 '시저'가 사람의 이름임을 알면 "NxFx＝NxGx" 형식의 문장이 거짓임을 알기에 충분함을 보이는 데 있다. 그런데 N＝은 "NxFx＝NxGx" 형식의 진술이 바로 F와 G 사이에 1대1 상호관계가 성립할 경우에 참이라는 것을 말할 뿐이고, 'NxFx' 형식의 단칭용어가 수를 지시한다는 것을 보증하지 못한다. 또한 N＝이 그렇다면 Nd도 그렇다. 따라서 만일 "NxFx＝NxGx" 형식의 진술이 사람의 동일성 기준에 의해 진리치가 결정된다면, Nd는 'NxFx' 형식의 표현이 사람을 지시할 가능성을 배제할 수 없다. 결국 Nd는 "NxFx＝시저" 형식의 진술이 거짓임을 보이는 데 충분하지 않다. 라이트의 Nd에도 불구하고 시저 문제는 여전히 문제이다.

2) 수와 외연의 구분 불가능성

수와 방향 등의 개념은 동일성 기준이 다른 종류의 대상들(혹은 개념들)간의 동치관계에 의해 주어진다. 우리는 방향, 수, 외연 등과 같이 동일성 기준이 다른 종류의 대상들(혹은 개념들)간의 동치관계에 의해 설명되는 부류의 대상들과 산, 나무, 사람 등과 같이 다른 종류의 대상들간의 동치관계에 의해 동일성 기준이 주어지지 않는 부류의 대상들을 나눌 수 있다. 전자의 대상들을 2차적 대상들이라 부르고 후자의 대상들을 1차적 대상들이라 부르자. 2차적 대상들간의 동일성 기준을 제시하는 데 사용되는 기초적 종류개념들간의 포함과 배제의 관계가 확정되어 있지 않다면, 그 대상들이 속하는 개념들간의 포함과 배제관계도 확정될 수 없다. 따라서 시저 문제를 라이트처럼 각 종류개념의 동일성 기준에 근거해서 해결하려고 한다면, 기초적 종류개념들간의 포함과 배제관계가 그 개념들 각각의 동일성 기준을 통해 확정되어야 한다.

기초적 종류개념들간의 포함과 배제관계가 확정되어 있다고 하자. 그러면 서로 다른 종류의 1차적 대상들을 동일시할 수는 없을 것이다. 마찬가지로 1차적 대상들과 2차적 대상들간의 동일시도 배제할 수 있을 것이다. 2차적 대상들의 경우는 어떠한가? 두 종류개념 F와 G의 동일성 기준이 서로 전혀 달라서 F의 예들간의 동일성을 표현하는 진술이 G의 동일성 기준에 의해 진리치가 결정될 수 없고, G의 예들간의 동일성을 표현하는 진술이 F의 동일성 기준에 의해 진리치가 결정될 수 없다고 하자. 그러면 F의 한 예와 G의 한 예를 동일시할 수는 없다. 그러나 F와 G의 동일성 기준이 다르게 주어지더라도 두 기준이 공통된 원리를 표현하는 것으로 해석될 수 있다면, F의 예들간의 동일성을 표현하는 진술이 G의 동일성 기준에 의해 진리치가 결정되거나, G의 예들간의 동일성을 표현하는 진술이 F의 동일성 기준에 의해 진리치가 결정되는 경우가 가능하다. 이 경우 F와 G의 예들은 서로 동일시될 수 있다. 2차적 대상들을 다루는 분야에서는 이러한 동일시가 빈번히 일어난다. [20]

수와 외연의 경우가 그렇다. "개념 F의 외연＝개념 G의 외연"의 진리치는 F와 G 사이에 1대1 상호관계가 성립하는지에 따라 결정된다. 그러면 Nd에 따라 우리는 수가 외연이라고 주장할 수 있다. 결국 Nd는 수와 외연을 구분해 주기에는 충분하지 않다. 라이트도 이 점을 인정한다. [21] 그러나 그는 수와 외연을 구분할 수 없다는 것이 Nd의 난점은 아니라고 생각한다. 종류개념들 중에는 사람과 신체의 구분이 모호한 것처럼 상호 모호한 개념들이 있고, 수와 외연은 그러한 일반적 현상의 특수사례라는 것이다. 그러면 수를 외연으로 정의한 프레게의 절차에는 무슨 문제가 있는가? 만일 Nd가 시저 문제를 해결하기에는 충분하지만 수와 외연은 구분될 수 없다면, 공리 V와 유사한 외연의 동일성 기준으로도 "F의 외연＝시저" 같은 형식의 진술의 진리조건을 충분히 결정할 수 있지 않은가? N＝이 수들에 대해 하는 역할과 공리 V가 외연에 대해 하는 역할은 정확히 유사하며, 프레게는 N＝에 의해 구별되는 동치집합으로 수개념을 정의한다. 이런 점들이 모두 인정된다면, 외연개념을 버릴 이유는 공리 V가 모순을 귀결하는 반면 N＝이 모순을 귀결하지 않는다는 이유밖에 없지 않을까? [22] 그렇다면 라이트의 기획은 N＝의 운수좋은 무모순성에

---

20) Dummett, 163-166.
21) Wright, 179.
22) 필자는 외연개념을 포기할 더 나은 이유가 있다고 생각한다. 프레게는 수진술을 개념에

근거한 것은 아닐까? [23]

만일 Nd가 수와 외연을 구별해 주지 못한다면, 수들은 1대1 상호관계로 정의된 임의의 무수히 많은 동치집합의 계열들과도 구별되지 못한다. N=과 Nd에 따라서 수개념이 종류개념이며, 개별수들이 대상들이라는 사실을 인정하더라도, 각 개별수가 어떤 대상과 동일시될 수 있는지를 결정할 수 없고 특정 수표현이 어떤 대상을 지니는지 결정할 수 없을 것이다. 만일 그렇다면, 오히려 수표현이 어떤 특정대상을 지시하지 않거나 지시체가 없다고 하는 편이 낫지 않을까? 이에 대해 라이트는 특정 수표현이 어떤 대상을 지시하는지 결정할 수 없다고 해서 그 표현의 지시체가 없다거나 어떤 대상을 지시하지 않는다는 결론이 나오지는 않는다고 주장한다. 그는 수에 관련된 이 지시불투명 현상이 다른 모든 범주의 대상들에까지 확장할 수 있는 지시상대성의 특수경우라고 생각한다. 따라서 그는 지시상대성에 호소해서 수표현의 지시를 거부할 수 있다면, 다른 종류의 단칭용어들의 지시도 거부해야 한다고 주장한다. [24]

일반적으로 수나 외연과 같은 2차적 대상들이 속하는 종류개념의 설명은 사람이나 나무와 같은 1차적 대상들이 속하는 전형적인 종류개념들과의 유비를 통해 설명된다. 그러나 서로 다른 종류의 1차적 대상들간의 동일시가 일반적으로 허용되지 않는 반면 2차적 대상들간의 동일시는 빈번히 이루어진다. 만일 이것이 사실이라면, 2차적 대상과 1차적 대상의 유비는 완전하지 않은 것으로 간주될 것이다. 그리고 모든 대상범주에 지시불투명의 현상이 있다고 하더라도, 2차적 대상들의 표현에 지시를 거부하

관한 진술로 간주하며, 개념을 술어의 지시체로 간주하는 반면, 외연을 개념에 의해 도입되는 부차적인 것으로 본다. 그런데 외연은 집합개념 일반과 마찬가지로 논리적 개념인지 의심된다. 따라서 만일 개념에 대한 양화를 허용하는 2단계 논리학을 '논리'로 간주할 수 있다면, 외연에 의존하지 않는 논리주의적 기획이 더 전망이 있을 것이다.

23) Boolos [2], 142. 블로스는 외연개념을 유지한 채 프레게의 『산술의 기초』의 체계를 모순없이 재구성할 수 있는 두 가지 방법을 제시하고 있다. 그 하나는 프레게의 수정의를 "모든 F에 대해, (모든 H에 대해, H가 F와 동수일 경우 그리고 그런 경우에만 H의 외연은 x이다)를 만족하는 x가 정확히 하나 있다"는 진술로 교체하고 "F의 수"를 그런 외연으로 정의함으로써, 이로부터 흄의 원리를 증명하는 것이다. 그의 이 방법은 외연개념이 모순에 빠지기 때문에 N=으로부터 출발해야 한다는 주장의 설득력을 약화시키는 것으로 간주할 수 있다.

24) Wright, 123-124.

는 것과 동일한 방식으로 1차적 대상들의 표현의 지시를 거부할 수는 없을 것이다.

수와 외연간의 구분문제는 라이트의 학습자의 학습상황에서 다시 등장한다. 라이트에 따르면 고단계 논리와 종류들간의 포함과 배제현상을 충분히 익힌 학습자는 수연산자가 도입되었을 때, 쉽게 N=과 Nd에 이르리라고 가정한다. 그리고 이후의 단계의 학습에서 문제되는 상황은 이 두 원리의 결합에 의해 설명된다. 그런데 앞에서 지적한 대로 Nd는 수와 외연을 구분해 주지 못한다. 따라서 학습자는 종류들간의 포함과 배제현상을 충분히 익혔더라도 수와 외연을 구별할 수 없다. 이 경우 라이트는 다시 수와 외연간의 상호모호함에 근거하여 문제를 해소할 수 없다. 이런 해소방식은 이미 수와 외연개념을 충분히 배운 경우를 염두에 두고 있는 반면, 라이트가 Nd에 도달하리라고 가정한 단계에서 학습자는 그 개념들을 제대로 하지 못한 상태이다. 따라서 학습자는 수와 외연간의 상호모호함을 이해할 처지에 있지 못하다. [25]

참고문헌

Boolos, G. [1] The Consistency of Frege's *Foundations of Arithmetic*, in *On Being and Saying*, 1987, MIT. 3-20.

_____. [2] Saving Frege from Contradiction, in *Proceedings of Aristotelian Society*, 1987, 137-151.

Dummett, M. *Frege : Philosophy of Mathematics*, 1991, Havard.

Frege, G. [Gl] *Die Grundlagen der Arithmetik*, 1884, Breslau.

_____. [Gg] *Grundgesetze der Arithmetik, Vol. 1*, 1893, Darmstadt.

Heck, R. [1] On the Consistency of 2nd-order Contextual Definition, in *Noûs*, 1992, 491-494.

_____. [2] The Developement of Arithmetic in Frege's *Grund*-

---

25) Resnik [2], 781-783.

gesetze der Arithmetik, in *The Journal of Symbolic Logic*, 1993. 579-601.

Parsons, Ch. Frege's Theory of Number, in *Mathematics in Philosophy*, 1983, Cornell, 150-175.

Resnik, M. [1] *Frege and the Philosophy of Mathematics*, 1980, Cornell.

_____. [2] Review of Wright, in *Journal of Philosophy*, 1984, 778-783.

Wright, C. *Frege's Conception of Numbers as Objects*, 1983, Aberdeen.

『논리, 철학 논고』에 나타난 비트겐슈타인의 논리

박 병 철

개 요

비트겐슈타인의 『논리, 철학 논고』에 나타난 그림이론은 러셀의 직접지의 이론의 비판적 수용과정에서 결과된 것이다. 비트겐슈타인이 러셀로부터 받아들인 것은 원자명제가 직접경험에 주어진 바를 기술한다는 것으로서 이름은 마음과 독립하여 실재하는 대상을 직접적으로 지시한다는 것이다. 그러나 비트겐슈타인은 직접지의 대상에 역시 마음과 독립하여 실재하는 논리형식을 포함시킨 러셀의 견해를 받아들일 수 없었다. 그러한 견해는 논리적 대상이 실재한다는 플라톤적인 입장이며, 또한 논리가 경험으로 환원된다는 주장이기 때문이다. 결국 비트겐슈타인은 마음과 독립해서 실재하는 논리형식 없이 어떻게 인간의 논리적 사고가 가능한가를 설명해야만 했고, 그의 결론은 논리형식이 대상과 더불어 직접경험에 주어진다는 것이었다. 인간의 논리의 근거로서 다른 무엇도 인정할 수 없고 대상에 내재된 대상간의 결합의 메커니즘만이 전부라는 것이다. 이러한 비트겐슈타인의 대안은 플라톤적 실재론의 난점을 극복하기는 했으나 인간의 논리가 대상의 주어짐에 의해 규정되고, 또한 직접경험에 주의함으로써 언어와 전체 사고체계의 이해가 가능하다는 점에서 일반적으로 이해되는 논리와는 다른 현상-논리 (phenomeno-logic)를 주장하고 말았다.

(1) 머리말

『논리, 철학 논고』[1]는 출판된 지 70여 년이 흘렀으나 그 해석에는 아직 정설(定說)이라고 할 만한 것이 없고 단지 유력한 해석들만 몇 가지가 난립하고 있을 뿐이다. 이러한 현상은 『논고』 자체의 단순하면서도 축약적인 경구적 표현양식에 그 첫째 원인을 돌릴 수도 있겠으나, 가장 직접적인 원인 중의 하나는 『논고』가 씌어진 철학적 배경에 대한 올바른 이해가 부족한 때문이기도 하다. 1970년대에 몇몇 비트겐슈타인 연구가들이 비트겐슈타인이 비엔나 출신이라는 점에 주목, 19세기 말 비엔나라는 문화적·사상적 중심지의 독특한 성격, 또는 그곳에서 발아된 철학적·자연과학적 맥락이 비트겐슈타인의 철학형성에 지대한 영향을 주었다는 내용의 글을 발표하기도 했다.[2]

전기적(傳記的) 측면에서 볼 때 비트겐슈타인의 철학의 모태를 비엔나적, 또는 넓게 보아 대륙철학적 배경에서 찾는 데는 일리가 있다고 본다. 사춘기의 비트겐슈타인이 베토벤이 죽은 집에서 자살한 바이닝거(Otto Weininger)의 『성(性)과 성격』을 탐독하면서 자살충동을 키워 왔다든지, 또는 쇼펜하워의 『의지와 표상으로서의 세계』를 읽고 깊은 감동을 받았다든지, 아니면 비엔나에서 활약한 물리학자 마하(Ernst Mach)나 볼츠만(Ludwig Boltzmann)에 대한 깊은 이해가 있었던 점 등은 분명 비트겐슈타인의 사상형성에 대한 비엔나적 혹은 대륙사상적 영향을 암시하는 대목들이라 볼 수 있다. 그러나 비트겐슈타인의 철학의 뿌리를 대륙에서 찾으려는 이러한 노력 속에서 그동안 학자들 사이에 간과되어 온 점은 실제로 비트겐슈타인이 철학적 수업을 받았던 영국의 켐브리지 대학에서의 영향에 관한 부분이다. 그에게 있어서 철학수업의 전부는 켐브리지 대학에서 러셀(Bertrand Russell)로부터 받은 1년여의 것뿐이다. 러셀이

---

1) 최초의 독일어판은 1921년 Annalen der Naturphiolsophie에 Logico-Philosophische Abhandlung으로 출판되었고, 이듬해 독영 대역본이 출간됨. 본고에서는 1961년 출판된 새로운 영역본을 기준으로 하였음. *Tractatus-Logico Philosophicus* (London : Routledge & Kegan Paul, 1961). 이하 TLP 또는 『논고』로 약함.
2) 이러한 관점을 나타내는 가장 대표적인 저작으로 Allan Janik과 Stephen Toulmin의 공저인 *Wittgenstein's Vienna* (New York : Touchstone, 1973)과 Barry Smith, "Wittgenstein and the Background of Austrian Philosophy," in *Wittgenstein and His Impact on Contemporary Thought*, ed. Elisabeth Leinfellner (Vienna : Holder-Pichler-Temsky, 1978) 등이 있다.

그의 정부 오토라인 모렐(Ottoline Morrell)에게 보낸 편지에 의하면, 비트겐슈타인은 러셀을 강의실 안팎으로 쫓아다니며 질문을 하는 등 귀찮게 하더니, 결국은 러셀이 자신의 후계자 또는 양자로 삼고 싶어할 정도의 깊은 관계로까지 발전하게 된다.[3]

켐브리지에서의 1년여 동안 비트겐슈타인은 무어(G. E. Moore), 존슨 (W. E. Johnson), 브로드(C. D. Broad) 등의 여타 철학자들과도 접촉하게 된다. 특히 무어와의 관계는 절연과 화해를 통해 비트겐슈타인이 세상을 떠날 때까지 계속되는데, 비트겐슈타인의 마지막 원고 중의 하나인 『확실성에 대하여』(On Certainty)의 논지가 무어를 염두에 두고 전개되고 있다는 점만 보아도 무어가 어떤 식으로든 비트겐슈타인에게 영향을 주고 있음은 부인할 수 없는 사실이다. 그러나 역시 『논고』가 나오기까지 가장 깊은 영향을 준 것은 1910년대 초반의 러셀의 철학이라고 해야 할 것이다. 이 점에 대해서도 논란이 있어 왔으나, 러셀 사후 그의 유고들이 편집되고 출판되는 과정에서 러셀 자신의 철학적 전환은 물론 러셀과 비트겐슈타인과의 관계를 극명히 드러내는 문건들이 세상에 ●●●지게 되었고, 실로 비트겐슈타인의 『논고』를 러셀의 직접지의 이●(theory of acquaintance)으로부터 영향을 받아 발전되어 나온 결과물로 해석할 수 있는 계기를 마련하게 되었다.

비트겐슈타인이 러셀 밑에서 배우기 위해 그를 찾아간 것은 1911년 가을로서 당시 러셀은 모든 경험의 대상을 직접지의 대상(object of acquaintance)으로 환원하고, 다시 이러한 직접경험(immediate experience)이 가져다 주는 가장 확실한 개개인의 감각소여(sense-data)로부터 외적, 물리적 세계를 논리적으로 구성하려는 『수학원리』(Principia Mathematica) 이래의 방대한 프로젝트에 몰두하고 있을 무렵이었다. 러셀의 이러한 계획은 1912년 출판된 『철학의 제문제』(The Problems of Philosophy)와 1914년 출간된 『외적 세계에 대한 우리의 지식』(Our Knowledge of the External World)에서 절정을 이루다가 1918년 발표

---

3) 비트겐슈타인이 러셀에게 배우기 위해 켐브리지로 찾아간 1911년 가을에 있었던 일들에 관해서는 비트겐슈타인의 전기인 Brian McGuinness, *Wittgenstein : A Life* (Berkeley : University of California Press, 1988)과 Ray Monk, *Wittgenstein : The Duty of Genius* (New York : The Free Press, 1990)을 참조할 것.

된 「논리적 원자론의 철학」(Philosophy of Logical Atomism)부터는 방향전환을 보이게 되는데, 본고의 목적은 바로 1910-14년 사이 러셀과 비트겐슈타인간의 철학적 상호관계를 살피고, 이로부터 비트겐슈타인이 어떻게 후일 『논고』로 나타나게 되는 철학의 틀을 발전시켜 나가는가를 보임으로써 궁극적으로 『논고』에 나타난 논리의 의미를 조명해 보고자 하는 데 있다.

(2) 러셀의 직접지의 이론(theory of acquaintance)

『논고』에서 세계를 구성하는 가장 중요한 개념의 하나로 대상(object) 이라는 말이 제시는 되어 있지만, 그에 대한 구체적 설명은 결여되어 있다. 그로 인해, 비트겐슈타인이 대상이라는 말을 통해서 무엇을 의미했느냐 하는 것은 주석가들 사이에 가장 골치아픈 논쟁거리가 되어 왔다. 이들 여러 해석 가운데, 일부는 대상이라고 하는 것이 특정한 실재적(實在的) 개체를 의미하는 것이 아니라 비트겐슈타인이 내세우고 있는 의미론적 필요에 의해서 도입된 비실재적(非實在的) 개념이라는 견해를 주장해 왔다. 즉, 대상이란 외부세계에 존재하는 비언어적(非言語的)이거나 또는 물리적인 실재가 아니라, 언어의 사용에서 의미를 가지게 되는 이름의 지시체라는 것이다. 이러한 비실재론적 대상개념은 이시구로(Hide Ishiguro)[4]와 맥기네스(Brian McGuinness)[5]에 의해서 대표적으로 제시되었는데, 이러한 입장은 프레게(Gotlob Frege)의 명제논리적 입장을 비트겐슈타인이 계승했다고 보는 견해로서 이름의 지시체가 그 이름이 속해 있는 명제의 진리조건에 따라 부수적으로 결정된다고 하는 논의에 입각하고 있다. 즉 의미라고 하는 것은 이름의 차원에서 독립적으로 결정될 수 있는 것이 아니라 명제의 차원에서 결정된다는 명제논리적 기반 위에서 『논고』에 나타난 대상개념은 비실재적이라는 주장을 펴고 있는 것이다. 그러나 본고의 기본적인 논지는 이러한 비실재적 대상개념은 잘못된 근거에서 기인한다는 것으로서, 『논고』에 나타난 대상은 오히려 러셀이

---

4) Hide Ishiguro, "Use and Reference of Names," in *Studies in the Philosophy of Wittgenstein*, ed. by Peter Winch(London : Routledge & Kegan Pual, 1969).
5) Brian McGuinness, "The So-called Realism in the *Tractatus*," in *Perspectives on the Philosophy of Wittgenstein*, ed Irving Block (Oxford : Basil Blackwell, 1981), pp. 60 -73.

말하는 직접경험 (immediate experience)의 대상에 가깝다는 것이다. 이 점을 논의하기 위해서는 우선 러셀의 직접지의 이론 (theory of acquaintance)을 살펴볼 필요가 있다.

러셀의 직접지의 이론에 의하면, 어떤 대상을 직접 경험한다는 것은 바로 그 대상이 특정인의 마음에 현재 (presented)하거나, 또는 그가 그 대상에 대한 직접지 (direct awareness)를 가진다는 것이다. 우리가 무엇인가를 직접적으로 안다는 것은 그것이 참이냐 거짓이냐의 진리주장을 수반하지 않으며, 오히려 그것의 참, 거짓을 알지 않고서도 직면 자체로서 지식을 습득하는 것이다. 러셀은 이러한 직접지의 대상의 본질에 대해 다음과 같이 설명하고 있다.

내가 대상과 직접적인 인지관계를 가질 때, 즉 내가 대상 자체를 직접적으로 인지할 때, 내가 대상을 직접 경험한다고 하겠다. 6)

어떤 추론과정이나 참, 거짓에 대한 지식에 의해 매개되지 않고 우리가 어떤 대상을 직접적으로 인지할 때, 우리는 그 대상을 직접 경험한다고 하겠다. 따라서 책상의 나타남과 더불어 나는 그 책상의 현상 (appearance)을 구성하는 감각여건 (sense-data) —— 즉 색채, 모양, 견고성, 유연성 등등 —— 과 직면한다. 이 모든 것들이 바로 내가 그 책상을 보고 만지고 할 때 직접적으로 의식하는 것들이다. 7)

러셀에게 있어서 '직접 경험한다'고 하는 것은 우리가 어떤 대상을 "직접적으로 인지" 또는 "무매개적 (無媒介的)으로 인식"하는 것이며, 그 자체로 완전한 지식이 성립되는 것이다. 그러한 직접지에 대해 참, 거짓을 논하는 것은 아무 의미가 없게 되는데, 그 이유는 러셀이 직접적인 인지 자체를 가장 확실하게 보기 때문이다. 일례로, 우리가 경험하는 특정한 색채의 경우를 볼 때 그것이 '노랑'이건 '빨강'이건간에, 그 경험된 색채 자체는 그것이 우리의 의식 또는 시각경험에 주어질 때 그러한 주어짐 자

---

6) Bertrand Russell, "Knowledge by Acquaintance and Knowledge by Description," in *Mysticism and Logic and Other Essays* (London : George Allen & Unwin, 1963), p. 152.

7) Russell, *The Problems of Philosophy* (Oxford : Oxford University Press, 1912), p. 25.

체만으로 완전한 지식을 구성하는 직접지의 대상이 되는 것이다. 요컨대 러셀의 직접지의 대상은 바로 우리의 직접경험에 주어진 것이다. 이렇게 무매개적으로 직접경험된 대상을 표현하는 방법은 엄밀한 의미에서 '이것' (this) 또는 '저것'(that)과 같은 논리적 고유명에 의해서만 가능하다. 러셀에게 있어서 직접지의 대상을 지칭하는 방법은 그것이 직접경험에 주어질 때 실제로 그것을 지적하면서 '이것'이라고 말하는 것이다. '이것'은 내가 지금 주의를 기울이고 있는 대상에 적용되는 『논리적』 고유명으로서, 이 경우 그 지시체, 즉 대상 자체는 나의 직접경험에 주어진 것이며, 그렇게 지칭되기 위해서는 나의 주관적 의식상태와 독립적으로 존재해야만 한다. 즉 러셀이 직접지의 대상의 대표적 예로 꼽고 있는 감각소여는 로크(Locke)나 버클리(Berkeley) 등 근대 영국 경험론의 전통에서 말하는 관념(idea)과 유사한 개념이기는 하나, 주관적 의식상태와 완전히 독립적으로 존재한다는 점에서 그와는 다른 개념인 것이다. 실제로 러셀은 이러한 감각소여를 물리적인 대상으로 보고 있다. [8] 직접경험의 대상은 정의되거나 기술될 수 없으며, '이것' 또는 '저것'과 같은 고유명을 이용 직접적으로 지칭될 수밖에 없다. 따라서 그것이 가능하기 위해서는 실제로 외부세계에 독립적으로 실재하는 대상이 있어서, 그것이 나의 의식에 주어져야 한다는 것이다.

이러한 러셀의 직접지의 이론은 비트겐슈타인의 철학형성에 직접적으로 영향을 주었다. 일례로, 『논고』 이전에 작성된 『노트북 : 1914-1916』[9]에 이미 이런 연결의 고리가 보인다.

우리에게 아 프리오리하게 주어진 것은 대상의 개념과 동일한 이것이라는 개념이다. [10]

---

8) 러셀은 감각여건이 인식주관과는 완전히 구분되는 실재로서 물리적인 것이기 때문에 마음에 의존하는 버클리의 관념(idea)과는 혼동되어서는 안 된다는 입장을 분명히 하고 있다. 이 점에 관해서는 Russell, "The relation of Sense-Data to Physics," in *Mysticism and Logic*, 특히 pp. 111-113을 참조할 것.

9) *Notebooks 1914-1916*, 2nd ed., edited by G. H. von Wright and G. E. M. Anscombe, translated by G. E. M. Anscomb(Oxford: Basil Blackwell, 1979). 이하 *NB* 또는 『노트북』이라 약함.

10) *NB*, 16 June 1915, p. 61.

위의 인용구는 러셀과 비트겐슈타인과의 관계를 완벽하게 보여 주는 증거는 될 수 없겠지만 적어도 대상이 논리적 고유명인 '이것'에 의해서 지칭될 수밖에 없다는 의미에서 비트겐슈타인이 러셀의 입장을 따르고 있다는 점을 뒷받침해 주고 있다. 실로 이러한 점은『논고』에서의 비트겐슈타인의 이름(name)에 대한 설명과 깊게 관련되어 있다. 비트겐슈타인은『논고』에서 이름은 어떤 분석에 의해 정의될 수 없으며, 그 지시체는 대상이라고 하고 있다.

3.26 이름은 정의에 의해 더 분해될 수 없다. 이름은 원초적 기호다.
3.261 이름은 정의에 의해 분해될 수 없다.
3.203 이름은 대상을 지칭한다. 대상이 이름의 지시체다.

이들『논고』의 언명들은 앞서 논한 러셀의 견해, 즉 이름은 정의되거나 기술될 수 없는, 그 자체로 대상의 의미라고 한 구절을 연상케 하는 데 충분하다고 하겠다. 이렇게 볼 때 비트겐슈타인이 대상과 이름을 위와 같은 방식으로 규정한 것이 러셀의 직접지(knowledge by acquaintance)와 기술지(knowledge by description)의 구분에서 영향을 받았다고 주장하는 것은 전혀 무리가 아니다. 비트겐슈타인에게 있어서도 대상은 주어진 것의 영역이며(*TLP*, 2. 0124, 4. 12721, 5. 524) 이름에 의해서 지칭될 수 있을 뿐이다. 이러한 러셀의 직접지의 이론을 계승하면서 비트겐슈타인은 동시에 러셀로부터 멀어지고 있는데, 그것은 양자가 논리형식(logical form)에 대한 상이한 해석을 하고 있다는 점에서 찾아볼 수 있다.

(3) 러셀의『1913년 원고-지식의 이론』
러셀은 1913년 5월부터『지식의 이론』[11]이라는 책을 준비하고 있었는데, 이 책에서 그는 우리가 어떤 논리적 판단을 내리기 위해서 필요한 직

---

11) Russell, *Theory of Knowledge : The 1913 Manuscript— The Collected Papers of Bertrand Russell*, Vol. 7 (London : George Allen & Unwin, 1984), eds. Elizabeth R. Eames in collaboration with Kenneth Blackwell. 이 책은 러셀이 비트겐슈타인의 비판에 충격을 받고 집필을 중단한 채 출판을 포기했으나, 그의 유고 편집과정에서 발견되어 원고가 씌어진 지 71년 만에 출판되었다.

접지의 대상의 영역에 논리형식 (logical form)을 포함시킬 것을 주장하고 있다. 즉 논리형식을 추상적 실재 (abstract entity)로 보고, 논리적 판단이 일어나기 위해서는 우리가 논리형식 자체를 직면해야 한다는 것이다. 러셀은 이 책의 원고가 진행됨에 따라 그 내용을 당시 아들처럼 여기던 비트겐슈타인에게 보여 주었는데, 이를 읽은 비트겐슈타인이 그러한 독립적으로 실재하는 논리형식은 인정할 수 없다는 입장을 취하면서 러셀을 심하게 비판하자, 러셀은 크게 낙담하여 그 원고의 계속적인 집필 및 출판을 포기하기에 이른다. 이러한 에피소드는 1984년 소위 『1913년 원고-지식의 이론』이 출판되면서 세상에 알려졌는데, 바로 그동안 완전하게 납득이 되지 않고 있던 문제인 러셀이 플라톤적 실재론을 완전히 포기하게 되는 동기를 적절하게 설명해 줄 뿐 아니라, 어떻게 비트겐슈타인이 러셀의 직접지의 이론의 영향 아래 그 자신의 독특한 논리개념을 발전시키고, 또 동시에 그러한 개념을 통해 러셀의 논리적 원자론의 구성에 영향을 주게 되는가 하는 점을 보여 준다는 데서 매우 중요한 자료라 아니할 수 없다. 그러면 러셀과 비트겐슈타인간의 견해차이를 구체적으로 알아보도록 하자. [12]

러셀의 입장에 따르면, 단순관계 명제 aRb를 주장하기 위해서 우리는 a, b와 같은 개별자의 이름, R과 같은 관계의 이름은 물론 aRb라는 명제의 순수형식을 나타내 주는 논리형식 $x\chi y$라는 논리형식도 직면해야 한다는 것이다. 즉 러셀은 직면대상으로 감각여건과 같은 개별자(particular) 외에도 관계(relation) 및 속성(property)은 물론 논리형식 (logical form)까지도 포함시켜야 한다는 것이다. 그가 a, R, b 외에 $x\chi y$라는 논리형식도 직접경험의 대상에 포함시킨 이유는 그렇게 함으로써만이 "소크라테스는 플라톤 이전에 태어났다"의 경우와 같이 관계 R이 비대칭적 관계일 때 우리가 bRa 대신 aRb로, 즉 "플라톤은 소크라테스 이전에 태어났다" 대신 "소크라테스는 플라톤 이전에 태어났다"로 판단할 수 있게 된다는 것이다. 결국 논리적 개념을 포함하는 명제를 이해하기

---

12) 이러한 양자간의 관계를 가장 잘 보여 주고 있는 글로 David Pears, "The Relation between Wittgenstein's Picture Theory of Propositions and Russell's Theories of Judgment," in *Wittgenstein : Sources and Perspectives*, ed. C. G. Luckhardt (Ithaca : Cornell University Press).

위해서는 명제의 논리형식을 직접 경험해야 한다는 것이다. 논리형식을 직접 경험한다는 것은 바꾸어 말하면 논리형식을 직접지로 가진다는 것이다. 왜냐하면 러셀이 말하는 직접지라는 개념은 바로 기술(description)에 의존하는 구성된 지식이 아니라 우리가 가장 확실하다고 여길 수 있는 직접경험의 영역에서 확보되는 것이기 때문이다. 뿐만 아니라 논리형식이 직접지의 대상이라는 주장은 논리가 선험적(a priori)인 것이 아니라 경험에로 환원될 수 있다는 주장인 것이다. 실제로 러셀은 그러한 주장을 하고 있다.

현재로서 나는 '논리적 경험'(logical experience)이라는 것이 있다는 점을 지적하고 싶다. '논리적 경험'이란 일종의 직접지로서 판단과는 다른 것인데, 바로 우리로 하여금 논리적 언사를 이해할 수 있게끔 해주는 것이다…. 분명 우리는 논리적 언사를 이해하는데, 이 점은 바로 논리적 언사를 이해하는 사람들이 '논리적 대상'(logical object)을 직접 경험한다고 말할 수 있는 그런 무엇을 소유하고 있다는 점을 보여주는 것이다. [13]

나는 논리에 관한 사고가 시작되기 이전에, 또는 우리가 문장을 이해할 수 있게 되자마자, 논리형식에의 직접경험이 일어난다는 점을 보여줄 수 있다고 생각한다. [14]

이러한 러셀의 사뭇 놀라운 언명이 보여 주는 바는 우리가 명제를 이해하기 위해서는 일단 논리적 경험을 먼저 (아니면 명제를 이해함과 거의 동시에) 가지고 있어야만 한다는 것이다. 논리는 선험적인 것이 아니라 경험과 더불어 시작한다는 것이다. 더욱이 그는 $x \chi y$와 같은 단순 논리형식[15] 외에 분자적 명제를 구성하는 데 관계하는 논리적 대상이 있다고 한다. 여기에는 선언(or), 부정(not), 전칭(all), 특칭(some) 등을 나타내는 논리적 기호들을 이해하도록 해주는 논리형식이 관계한다는 것인데, 우리가 이러한 논리사들을 아무 어려움없이 사용하고 있다는 사실은 바로

---

13) Russell, *Theory of Knowdedge*, p. 97.
14) Ibid.
15) 러셀은 이것을 원자적 복합(atomic complex)이라고 불렀다.

우리가 그런 논리사의 배후에 있는 논리형식을 경험하고 있기 때문이라는 것이다. 말하자면 이것은 곧 직접지의 대상으로 대표되는 경험적 지식의 기반이 감각소여과 같은 개별자, 관계와 같은 보편개념은 물론 지극히 플라톤적 요소인 (단순 및 복합적) 논리형식들로 구성된다는 것이다. 이것은 한마디로 인간의 논리적 사고능력을 경험으로 환원시키는 것으로서, 단초적인 논리적 경험이 없이는 어떠한 논리적 사유도 불가능하다는 입장인 것이다.

이에 반해, 비트겐슈타인은 러셀의 판단의 이론(theory of judgment)이 포함하고 있는 논리형식에 대한 플라톤적 관점을 받아들일 수 없었고, 직접지의 이론의 일부를 수정, 『논고』의 기초가 되는 자신의 독특한 이론을 내세우게 된다. 러셀이 1913년 원고를 비트겐슈타인에게 보여 주었을 때 비트겐슈타인이 보인 반응은 두 사람간의 입장차이를 잘 드러내 준다는 점에서 인용해 볼 만한 가치가 있다. 1913년 6월에 러셀에게 보낸 편지에서 비트겐슈타인은 다음과 같이 적고 있다.

이제 선생님의 판단의 이론에 대한 저의 반론을 정확하게 제시할 수 있습니다. "A가 a는 b에 대해 R의 관계에 있다고 판단한다"라는 명제는 정확히 분석하면, 그로부터 다른 전제의 도입없이 "aRb. v. aRb"라는 명제가 직접적으로 도출될 수 있어야 한다는 것입니다. 선생님의 이론으로는 이 조건을 충족시킬 수 없습니다. [16]

16) Wittgenstein, *Letters to Russell, Keynes and Moore* (Ithaca : Cornell University Press, 1974), ed. G. H. von Wright, p. 23.
이 편지를 보내기 전인 1913년 5월 27일 러셀이 오토라인 모렐에게 보낸 편지를 보면 비트겐슈타인이 러셀을 찾아가 그의 판단의 이론에 대해 다소 불명료하게 비판을 했음이 나타나 있다 : "비트겐슈타인은 그것이 전부 틀렸으며, 그 이론이 가지는 난점을 내가 깨닫지 못하고 있다고 했습니다. 즉 그가 이미 내 입장을 시도해 보았지만 그것이 제대로 안 된다는 결론에 도달했다는 것이지요. 하지만 나는 그의 반론을 이해할 수가 없었습니다. 그의 설명이 무척 불명료했거든요. 그럼에도 불구하고, 나는 비트겐슈타인이 옳으며, 내가 보지 못하는 무엇인가를 보았을 것이라는 느낌이 듭니다. 내 이론에서 무엇이 틀렸는지 나도 알수 있으면 괜찮습니다. 하지만 걱정이 되는군요. 그리고 그런 우려가 계속해서 원고를 쓰는 기쁨을 앗아가 버렸습니다. 나는 내가 알고 있는 점만을 가지고 계속 쓸 수밖에 없는데, 그게 전부 틀린 내용인지도 모른다는 생각이 드는군요. 또, 그렇게 틀린 내용을 계속 쓴다면, 비트겐슈타인은 나를 정직하지 못한 사기꾼으로 생각할 것입니다. 아, 이제 젊은 세대가 문을 두드리고 있군요. 내가 그렇게 할 수 있을 때 비트겐슈타인에게 자리를 내주 즉, 위의 추론에서 비트겐슈타인은 러셀의 논리형식과 같은 독립적으로 존재하는 추상적 실재를 부가적 전제로 받아들일 수 없었던 것이다. 데이빗 페어스(David Pears)가 잘 지적한 바와 같이[17] 비트겐슈타인은 『노트북』과 『논고』에서 "논리는 스스로를 돌보아야 한다"고 반복적으로 지적하고 있는데[18] 바로 이 점은 러셀의 논리에 내재된 플라톤적 요소인 독립적으로 실재하는 논리형식에 반대하는 비트겐슈타인의 의사표시라 할 수 있다.

(4) 비트겐슈타인의 대안

비트겐슈타인이 논리에 있어서 다른 부가적 전제가 필요하지 않다고 하는 것은 바로 우리가 직접 경험해야 한다는 러셀의 독립적으로 실재하는 논리형식을 부정하는 것이다. 그러면 앞서 말했듯이 비트겐슈타인은 대상과 이름의 관계에 있어서는 러셀적인 요소를 간직하고 있었다. 그렇다면 여기서 제기되는 문제는 비트겐슈타인이 어떻게 논리형식의 독립적 실재성을 부인하면서 동시에 러셀의 직접지의 이론적 요소를 견지할 수 있느냐 하는 것이다. 이에 대해 비트겐슈타인의 대안은 다음과 같다. 즉 대상

어야 할까 봅니다." *The Selected Letters of Bertrand Russell*, vol. 1, The Private Years 1884-1914(New York: Houghton Mifflin, 1992), pp. 459-460.

즉 1913년 5월에 비트겐슈타인이 정확하게 지적하지 못한 러셀의 판단의 이론의 난점은 그해 6월에는 위의 편지에서 정확하게 지적해 주고 있으며, 또 문서로 기록되지 않았을지 몰라도 양자간의 접촉을 통해 그 문제에 대한 논의가 있었을 가능성은 충분하다. 확실한 사실은 러셀이 오토라인 모렐에게 보낸 위의 편지에 표현한 우려는 현실로 나타났다는 점이다. 이것은 1916년에 러셀이 모렐에게 보낸 편지에서 입증되고 있다 : "당신은 그 당시 깨닫지 못했을지 모르지만, 비트겐슈타인의 [지식의 이론에 대한] 비판은 내 인생에 있어서 일급의 중요성을 가진 사건이었으며, 그 이후로 내가 한 모든 것에 영향을 미쳤습니다. 나는 그가 옳다는 것을 알았고, 철학에 있어서 내가 더 이상의 근본적인 연구를 할 수 있으리라는 희망이 물거품이 되었다는 것을 알았습니다." *The Autobiography of Bertrand Russell : 1914-1944* (London: George Allen & Unwin, 1968), p. 66.

러셀의 판단의 이론에 대한 비트겐슈타인의 비판내용을 약술한 것으로는 *Theory of Knowledge-1913 Manuscript*의 "Introduction"을 참조할 것.

17) David Pears, "The Relation between Wittgenstein's Picture Theory of Propositions to Russell's Theories of Judgment," p. 206.

18) NB, 22 August 1914, p. 2 ; 2 September 1914, p. 2 ; 3 September 1914, p. 2 ; 13 October 1914, p. 11 ; TLP 5,473.

이 주어질 때 동시에 대상의 논리형식도 주어진다는 것으로, 논리형식이 대상에 심어져 있다고 보자는 것이다.[19] 『논고』에 나타난 이와 관계된 언명을 보도록 하자.

2.012 논리에서 우연적인 것은 없다 : 대상이 원자적 사실(state of affair) 내에서 성립할 수 있으면, 원자적 사실의 가능성은 그 자체 내에 쓰여져 있어야 한다.

2.0124 모든 대상이 주어지면, 동시에 모든 가능한 원자적 사실도 또한 주어진다.

2.014 대상은 모든 사태의 가능성을 포함한다.

2.0141 원자적 사실 내에서 대상의 성립가능성이 대상의 형식이다.

따라서, 러셀과 달리, 비트겐슈타인의 입장은 우리가 논리형식을 직접 경험할 필요가 없다는 것이다. 논리형식은 대상에 내재되어 있으므로 우리가 대상을 경험하기만 하면, 동시에 논리형식도 주어지기 때문에, 중요한 것은 직접경험에 주어진 대상을 경험하는 것이다. 논리적 사고능력도 논리적 경험에 기초하는 것이 아니라 대상을 직접 경험함으로써 가능하기 때문이다. 논리형식이 대상을 경험함으로써 주어진다는 것은 분명 러셀의 경우처럼 논리형식을 따로 직접 경험하는 것과는 다른 의미에서의 경험이다. 즉 비트겐슈타인의 경우에서도 분명 논리적 사고능력은 경험에 의존하고 있지만, 이 논리형식을 경험하는 방식은 다르다는 것이다. 러셀의 경우 독립적으로 실재하는 논리형식을 '직접' 경험함으로써 논리적 사고가 가능하지만, 비트겐슈타인의 경우에는 논리형식이 대상에 내재하므로 대상을 경험함으로써 논리적 사고가 가능하게 되는 것이다. 논리를 이해하기 위해 필요한 것은 다름아닌 대상을 직접 경험하기만 하면 된다는 매우 독특한 견해인 것이다. 바꾸어 말하면, 이것은 인간의 사고가 가능하기 위해서는 직접경험에 외부적 대상이 주어져야만 한다는 것을 의미하는 것이다. 그리고, 이처럼 "대상이 주어져야만 한다는 것", 바꾸어 말해 결국

---

19) 비트겐슈타인의 대상에 대한 이러한 해석은 힌티카와 힌티카(Hintikka and Hintikka)에 의해 제시되었다. Jaakko Hintikka and Merrill B. Hintikka, *Investigating Wittgenstein* (Oxford : Basil Blackwell, 1986).

"대상이 외적으로 존재한다는 것"은 인간의 사고 또는 논리가 시작되기 이전에 구비되어야 할 조건이기 때문에, "대상이 존재한다" 또는 "대상이 존재하지 않는다"는 대상의 유무 자체는 인간의 논리에 선행하며, 바로 그런 이유로 인하여 말로 담을 수 없는 것이 되어 버리고 만다. 『논고』에 이름에 관한 언급은 비교적 자주 나오는 반면 이름과 짝을 이루는 대상에 관한 언급이 거의 없는 이유는 바로 이러한 논리에 선행하는 대상의 존재 여부에 관한 표현 불가능성에 기초하고 있다고 해야 할 것이다. 단, 일단 주어진 대상을 경험하는 순간부터는 모든 논리적 사고는, 러셀이 말하는 논리적 경험과는 다르지만, 일종의 경험에 기초한다고 보아야 한다. 대상을 경험함으로써 논리형식도 동시에 경험되기 때문이다. 결국 비트겐슈타인은 러셀적인 논리의 플라톤적 실재개념을 완전히 배제해 버렸지만, 어떤 의미에서 궁극적으로 논리가 (대상의) 경험에 근거한다는 경험과 논리 간의 독특한 관계를 주장하고 말았다. 이 점은 바로 힌티카와 힌티카가 적절히 지적한 바와 같이 『논고』 5.552에 잘 나타나 있다. [20)]

> 5.552 논리를 이해하는 데 필요한 '경험'은 어떤 것 또는 다른 것이 어떤 상태의 것이라는 의미의 경험이 아니라 어떤 것이 있다는 의미의 경험이다. 하지만 그것은 경험이 아니다.
>
> 논리는 모든 경험——즉 어떤 것이 어떠하다는 의미의 경험——에 선행한다.
>
> 논리는 "어떻게?"라는 물음에 선행하지만, "무엇?"이라는 물음에 선행하는 것은 아니다.

위의 인용문은 무척 난해해 보이지만, 대상이 직접경험에 주어져야만 인간의 사고(또는 논리)가 성립할 수 있다는 앞의 논지를 염두에 둔다면, 오히려 쉽게 납득이 가는 문장이다. 러셀과 달리, 비트겐슈타인의 경우 논리를 이해하는 데 필요한 경험은 논리형식 또는 논리적 경험에 대한 경험이 아니다. 논리형식이라는 것이 대상에 내재되어 있기 때문이다. 논리를 이해하기 위해 필요한 것은 다름아닌 대상을 경험하는 것이다. 그러나

---

20) 힌티카와 힌티카의 이에 대한 견해는 *Investigating Wittgenstein*, pp. 56-57을 참조할 것.

비트겐슈타인에 있어서의 논리형식에 대한 경험은 러셀이 말하는 의미의 논리형식에 대한 경험은 아니다. 우리는 존재하는 대상을 경험하기는 하지만, 이때의 경험은 주어진 대상을 경험하는 것, 즉 대상이 있다는 것을 경험하는 것이며 이러한 대상의 경험과 동시에 주어지는 논리형식의 조합에 의해 "어떤 것이 어떠어떠하다" 또는 "대상이 어떻게 배열되어 있다" 등이 규정되는 것이다. 즉 논리는 대상이 세계를 어떻게 구성하고 있는가의 문제에는 선행하지만, 어떤 대상이 있는가의 문제에는 선행하지 않는다는 것이다. 결국 『논고』의 5.552는 러셀을 염두에 두고 씌어진 언명이라고 해야 할 것이다.

(5) 비트겐슈타인적 대안의 발전과정

이러한 러셀에 대한 반작용의 결과는 여러 군데에서 뒷받침되고 있다. 그 최초의 논지는 『노트북』 앞부분에서부터 이미 나타나고 있는데, 일례로 비트겐슈타인은 "명제의 논리형식은 그 구성요소들의 형식에 의해 이미 주어져 있어야만 한다"[21]라고 하고 있는데, 『논고』에서 명제의 구성요소는 이름(TLP, 4. 22)이고 이름은 대상을 지시한다(3. 203)고 한 점을 미루어 볼 때, 결국 『노트북』의 언명은 "명제의 논리형식은 그 대상의 형식에 의해 이미 주어져 있어야 한다"는 말로 풀이될 수 있다. 즉 이것은 대상의 논리형식이 대상들간에 서로 조합하여 사태를 이루는 가능성을 규정한다는 말과 같다. 이는 이미 1914년 초에 비트겐슈타인이 후일 『논고』에 나타나는 핵심적 철학체계의 일부를 갖추고 있었다는 점을 보여 주는 것이다. 『노트북』은 다음과 같은 언명들로 계속되고 있다.

대표관계에 대한 지식은 사태의 구성요소에 대한 지식에 기초해서만 형성되어야 한다. [22]

하나의 이름은 하나의 대상을 대표하고, 다른 이름은 다른 대상을 대표하며, 이들 이름 자체로 연결된다. 이렇게 해서——극적 장면(tableau vivant)처럼——전체는 사태를 반영한다. [23]

---

21) *NB*, 1 November 1914.
22) *NB*, 1 November 1914, p. 24.
23) *NB*, 4 November 1914, p. 26.

418

즉 비트겐슈타인은 이미 이름과 대상간의 대응관계에 대한 개념과 원자명제의 구성방식이 대상의 논리형식에 의해 규정된다는 개념을 정립시키고 있음을 알 수 있다. 다시 말해, 『노트북』에서 그림이론으로 발전할 이름과 대상간의 대응관계, 명제와 사실간의 반영관계는 이미 독립적으로 실재하는 논리형식 개념의 배제와 더불어 체계화되어 가고 있었다는 것이다. 그러나 1914년에 이미 모든 러셀적인 논리형식의 개념이 완전히 배제된 것은 아니었다. 앞서 잠시 언급한 바와 같이 러셀은 『1913년 원고』에서 논리형식에는 원자적 논리형식(atomic complex)과 분자적 논리형식(molecular complex)이 있다고 했는데,[24] 지금까지 논의된 것은 원자적 논리형식으로 1914년 비트겐슈타인은 이미 그에 대한 입장이 확고했다. 그러나 원자적 명제들을 연결시켜 주는 역할을 하는 분자적 논리형식, 즉 연언 또는 선언, 그리고 전칭과 특칭판단을 가능하게 해주는 논리적 대상에 대해서는 아직 확신이 없었음이 다음과 같은 언명을 통해 입증되고 있다.

대략적으로 말해서, 어떤 명제가 의미를 가지기 위해서는 논리적 상항(logical constant)이 지시체를 가져야만 한다.[25]

즉 1914년 10월까지만 해도 비트겐슈타인은 복합명제의 이해를 가능하게 해주는 논리상항에 대응하는 지시체가 (사실의 세계에) 있어야 한다고 생각하고 있었다는 것이다. 이러한 비트겐슈타인의 고민은 매우 중요한 의미를 지니는데, 그 이유는 뒤에 설명하겠지만, 비트겐슈타인이 모든 논리형식을 대상의 논리형식으로 환원하는 것까지는 좋았지만, 동시에 그러한 단순대상의 논리형식만으로 다시 가장 복잡한 명제의 논리형식까지도 설명할 수 있어야만 했기 때문이다. 즉 독립적으로 실재하는 논리형식을 완전히 배제한다는 아이디어는 가장 단순한 논리형식만으로 가장 복잡한 명제의 논리형식까지 설명할 수 있는 방법을 제시하기 전에는 완전한 이론이 될 수 없다는 것이다. 그러나 『논고』에서는 그러한 고민이 모두 제

---

24) Russell, *Theory of Knowledge— The 1913 Manuscript*, p. 80.
25) *NB*, 18 October 1914, p. 26.

거된 듯, 비트겐슈타인은 모든 논리형식은 단순대상의 논리형식일 뿐이며, 어떠한 논리상항도 사실을 대표하지 않는다는 입장을 천명하기에 이른다. 그것은 바로 그 자신의 '근본적인 생각'으로 표현되고 있다.

4.0312 나의 근본적인 생각(my fundamental idea)은 '논리적 상항'은 무엇을 대표하는 것이 아니라는 것이다. 사실에 대한 논리의 대표자는 없다는 것이다.
4.441 '논리적 대상'은 없다.
5.4 여기에서 (프레게적이고 러셀적인 의미에서) '논리적 대상'이나 '논리적 상항'은 없다는 것이 현시된다.

결국 비트겐슈타인에게 있어서 인간의 사고에 필요한 조건은 대상을 경험하는 것이며, 이러한 대상의 논리형식이 러셀의 독립적으로 실재하는 논리적 대상이 수행했던 모든 기능을 수행할 수 있어야만 한다. 러셀의 논리상항은 일례로 원자명제들을 짝지어 분자명제를 이루게 하는 역할을 하면서 우리로 하여금 논리적 복합성을 이해할 수 있도록 해주는 것이었는데, 비트겐슈타인은 단순대상의 논리형식을 강조하면서 모든 논리형식을 단순대상의 논리형식으로 환원시켜 버린 것이다. 결국 비트겐슈타인에서는 논리 자체가 대상의 논리형식으로 환원되어 버린 결과가 되었다. 그와 동시에 우리의 언어에서 사용하는 명제는 세계에서의 사실과 대응하기 때문에, 바꾸어 말해 언어는 실재를 반영하기 때문에 모든 논리가 대상의 논리형식으로 환원된다는 말은 결국 모든 세계를 구성하는 사실들도 결국 직접경험의 대상으로 환원된다는 말이 된다. 인간의 개념적 사고가 구성하는 세계는 결국 개인의 직접경험의 대상으로부터 구성되며, 그 구성의 근거, 즉 대상이 어떻게 배열되어 사태를 이루고, 사태가 어떻게 모여 복합적 사실을 이루고, 그에 따라 세계가 구성되는가 하는 것은 모두가 대상의 논리형식의 조합에 의해서 규정된다는 것이다. 이것은 인간의 전체 개념사고의 체계를 직접경험의 내용에서 파악이 가능하다고 본 데에서 큰 의미를 지닌다고 할 수 있는데, 이제 이러한 논지를 뒷받침해 줄 비트겐슈타인의 언명들을 살펴보기로 하자.

(6) 뒷받침해 줄 만한 증거들

비트겐슈타인은 『논고』의 첫머리를 다음과 같이 시작하고 있다.

1 세계는 경우인 것의 총체이다.
2 경우인 것——사실——은 사태의 성립이다.
2.01 사태는 대상들의 조합이다.
2.0124 모든 대상이 주어지면, 동시에 모든 가능한 사태도 주어진다.

이는 실로 세계는 가능한 모든 사태(원자적 사실)들로 이루어진다는 것인데, 그것은 바로 모든 가능한 대상의 조합을 의미하는 것이다. 결국 이것은 대상의 논리형식이 언어에서 어떻게 운용되는가를 이해함으로써 세계가 어떻게 구성되어 있는가를 알 수 있다는 말이 된다. 대상은 그 논리형식과 뗄 수 없는 관계에 있기 때문이다.

이와 같은 대상의 성격에 대한 문제는 비트겐슈타인이 『논고』에서 명확한 설명을 하지 않고 있기 때문에 많은 오해를 불러일으켰다. 그러나 비트겐슈타인 스스로 그의 중기 이후의 저작에서 자신의 전기사상을 스스로 비판하면서 쓴 내용이나, 학문적으로 친분을 유지했던 동료 철학자들과의 대화내용을 기록한 자료를 통해서 볼 때 위에 제시한 해석, 즉 『논고』에 나타난 대상은 직접경험에 주어진 대상이라는 점은 다음과 같이 뒷받침되고 있다.

비엔나 서클(Vienna Circle)의 일원이었던 바이스만(Friedrich Waismann)은 1930년대 초반에 비트겐슈타인의 『논고』에 대한 포괄적 이해를 돕기 위해 「테제」(Theses)라는 글을 썼다. 바이스만은 1920년대 후반부터 슐릭(Moritz Schlick), 카르납(Rudolf Carnap) 등과 더불어 비트겐슈타인과의 모임을 통해 비트겐슈타인과 토론한 내용을 비엔나 서클에 전달하는 역할을 하였는데, 비트겐슈타인이 카르납과의 관계가 소원해진 이후에는 비트겐슈타인의 새로운 아이디어들을 비엔나 서클에 전달하는 유일한 전달자의 역할을 하기도 했다. 실제로 그는 『논고』에 대한 개설서인 『논리, 언어, 철학』(*Logik, Sprach, Philosophie*)의 저술을 비트겐슈타인의 동의하에 출판할 계획을 하고 있었을 정도로 비트겐슈타인과 깊은 관계를 유지하고 있었다. 위의 「테제」라는 글은 『비트겐슈타인과 비엔나 서클』[26]의 부록으로 실려 있는데, 이 책의 편자서문에 의하면 「테제」가 『논리, 언어, 철학』의 일부분으로 계획된 글이라고 한다.[27] 결국 바이스만의 「테제」는 비트겐슈타인의 『논고』에 실린 내용을 이해하는 데 많은 도움을 줄 수 있다고 하겠다. 특히 바이스만의 다음과 같은 증언은 『논고』에 나타난 대상을 해석하는 데 간접적 증거로 사용될 수 있을 것이다.

원자적 명제에 나타나는 기호를 원초적 기호(원자적 기호)라 부른다.
원초적 기호는 정의에 의해 분석될 수 없다.
원초적 기호의 의미는 지적함(pointing)으로써만이 지시가 가능하다.[28]

여기서 원초적 기호란 의심할 여지없이 원자적 명제에서 대상을 가리키는 이름이라 할 수 있다. 더욱이 바이스만은 이러한 『논고』의 이름이 러셀의 논리적 고유명과 같이 대상을 직접 지시함으로써만이 보여질 수 있다고 하는 것이다. 러셀의 직접지의 대상에 대한 단적인 예는 바로 대상이 직접경험에 주어졌을 때 손으로 지적하면서 '이것' 또는 '저것'이라고 논리적 고유명에 의해 지칭하는 것이다. 따라서 바이스만의 이러한 지적은 바로 『논고』의 주요내용이 러셀의 직접지의 이론의 직접적인 영향 아래에 있다는 것을 여실히 보여 주는 것이라 아니 할 수 없다. 뿐만 아니라 바이스만의 기록은 이름과 명제가 나타내는 내용이 직접경험이라는 점도 증언해 주고 있다.

---

26) *Ludwig Wittgenstein and the Vienna Circle : Converations recorded by Friedrich Waismann* (Oxford : Basil Blackwell, 1979), ed. Brain McGuinness : trans. Joachim Schulte and Brian McGuinness. 이하 *LWVC*로 약함.

27) 비트겐슈타인과 비엔나 서클간의 관계는 *LWVC*의 편자서문, 그리고 Jaakko Hintikka, "Ludwig's Apple Tree : On the Philosophical Relations between Wittgenstein and the Vienna Circle," in *Scientific Philosophy : Origins and Development* (Dordrecht : Kluwer Academic, 1993)을 참조할 것.

28) *LWVC*, p. 250.

현상(경험)은 원자명제가 기술하는 바이다. [29]

원자명제는 우리의 경험의 내용을 기술한다. 다른 모든 명제는 그러한 내용의 확장에 불과하다. [30]

즉 원자명제는 직접경험에 주어진 내용을 기술한다는 것이다. 이름은 원자명제의 구성요소이고, 또 이름은 언어의 모든 논리를 규정하는 논리 형식을 내재한 대상을 지시하므로 원자명제가 경험의 내용을 기술한다는 말은 곧 이름이 경험의 대상을 지시한다는 것과 같다. [31]

『논고』에 나타난 이름이 실제로 대상을 직접적으로 지시하는 논리적 고유명이라는 점을 지지해 주는 또 다른 증거는 비트겐슈타인 자신의 중기 이후의 저작에 비판적으로 표현되어 있다. 『청색 책과 갈색 책』[32]에서 이미 언어게임에 대한 체계화된 개념을 가지고 있었던 비트겐슈타인은 그 자신의 전기철학에서의 실수를 다음과 같이 비판하고 있다.

우리가 오해하기 쉬운 위험은 우리가 '이것'과 '저것'에게, 예를 들어 A와 B 같은 이름의 측면을 부여할 때 가장 잘 나타난다. [33]

물론 후에 비트겐슈타인은 '이것' 또는 '저것'과 같은 지시사를 언어게임의 맥락하에서 유의미하게 쓰일 수 있는 언어의 직시적 용법으로 발전시키게 되지만, 위의 인용문에서 보여 주는 바는 확실히 그가 『논고』에서 '이것'과 '저것'을 대상을 직접 지시하는 관계에 있는 논리적 고유명으로 보았다는 사실이다. 실로 비트겐슈타인의 대상이 러셀의 대상과 유사한 것이라는 점을 나타내는 또 다른 증거는 『철학적 탐구』[34]에서도 나타난

---

29) *LWVC*, p. 249.

30) *LWVC*, p. 254.

31) 이러한 바이스만의 증언은 앞서 논의한 이시구로나 맥기네스의 대상해석이 그릇된 것이라는 점을 입증해 주고 있다. 비트겐슈타인의 대상은 비실재적 개념이 아니라 우리의 직접 경험에 주어진 대상으로서 우리의 마음으로부터 독립해서 실재하는 것이다.

32) *The Blue and Brown Books* (Oxford: Basil Blackwell, 1958), ed. Rush Rhees. 이하 *BB*로 약함.

33) *BB*, p. 172.

34) *Philosophical Investigations* (Oxford: Basil Blackwell, 1953), trans. G. E. M. Anscombe. 이하 *PI* 또는 『탐구』로 약함.

다. 플라톤의 『테아이테투스』를 인용하면서 비트겐슈타인은 다음과 같이 적고 있다.

"…그러나 그 자체로 존재하는 것은 다른 여타 규정없이 이름지워질 수밖에 없다. 그 결과 어떠한 원초적 요소에 대한 설명도 불가능하다. 원초적 요소에 대해서는 순수한 이름 외에는 주어질 수가 없으며, 이름은 그것이 가지는 전부이다…." 러셀의 '개별자'와 나의 '대상'은 (『논고』) 그러한 원초적 대상이었다. [35]

즉 비트겐슈타인은 자신의 대상개념을 러셀의 그것과 동일시하고 있는 것이다.

이상과 같은 증거들을 종합해 볼 때 『논고』에 나타난 대상은 러셀의 직접지의 이론에서 영향받은 것으로써 직접경험에 주어진 것이라는 점을 잘 알 수 있다. 사실들로 이루어져 있는 세계의 가장 기본적인 요소로서 우리에게 그 최소단위인 대상이 주어져야 한다는 점과, 그러한 외적 실재의 세계를 반영하는 언어에 있어서의 의미의 기초로서, 즉 모든 언어의 문장이 이해되기 위한 가장 기본적인 단위로서 이름이 상정되어야 한다는 이러한 비트겐슈타인의 논지는 결국 우리의 전체 개념구조를 일종의 논리적 원자(언어의 측면에서는 논리형식, 실재의 측면에서는 대상)의 도입에 의해 설명하면서, 동시에 그 기반을 경험에 두고 있다는 데서 큰 의미가 있다고 할 수 있다.

(7) 『논고』에 대한 부가적 해석

『논고』에 나타난 대상개념을 이와 같이 해석할 때, 『논고』 후반부에 등장하는 일부 난해한 언명들이 훨씬 쉽게 이해될 수 있다. 일례로 명제 5.6에서 비트겐슈타인은,

5.6 **나의 언어의 한계**는 나의 세계의 한계를 의미한다.

---

35) *PI*, sec. 46.

라고 하는 신비적이기조차 한 언명을 던지고 있는데, 이때 세계를 나의 경험에 주어진 대상들의 가능한 전 조합들로 이루어진 것이라고 이해하면, 그 세계의 한계는 나의 언어의 한계와 일치할 수밖에 없다. 우리의 언어는 의미의 원자적 요소인 논리형식을 갖추고 있는 대상이 직접경험에 주어지지 않는 한 시작될 수가 없다. 비트겐슈타인은 이러한 언어에서의 의미의 원자를 생각하고 있는 것이다. 경험에 주어진 대상에 심어져 있는 논리형식이 바로 의미의 원자구실을 하면서 우리 언어의 모든 명제들을 이해할 수 있도록 해주기 때문에 대상의 조합으로 이루어진 사실들의 총체인 세계와 이름들의 결합의 소산인 명제들의 총체인 언어의 한계가 일치한다는 것은 너무도 당연한 귀결이 아닐 수 없다. 비트겐슈타인은 명제 5.61에서 5.6을 다음과 같이 부연적으로 설명하고 있다.

5.61 논리는 세계에 스며들어 있다 : 세계의 한계는 바로 논리의 한계이다.

만약 대상과 논리의 성격을 앞서 논한 바와 다른 방식으로 이해하려 한다면 5.61의 언명은 쉽게 설명하기 어렵게 될 것이다. 그러나 대상의 본질을 그 안에 논리형식을 포함하면서 우리 언어의 모든 논리를 규정하고, 따라서 세계가 어떻게 구성되어 있는가 역시 규정하는 것으로 이해한다면, 5.61은 그러한 논리로부터 도출된 당연한 결과라고 해야 할 것이다. 세계는 궁극적으로 경험에 주어진 대상이 결합하여 만들어진 사실들로 구성되며, 그 기반에서 대상의 논리형식이 가능한 모든 대상의 조합과 사실들의 배열방식을 규정하여 세계를 이루게 되므로, 논리가 세계에 스며들어 있다고 말하는 것은 의외로 쉽게 설명될 수 있는 것이다. 그러나 가장 주목할 만한 『논고』의 언명들로서는 이보다 몇 줄 아래 적혀 있는 5.621과 5.63이다. 비트겐슈타인은 이들 언명에서 다음과 같이 말하고 있다.

5.621 세계와 삶은 하나다.
5.63 나는 나의 세계이다.

비트겐슈타인이 말하는 대상이 감각에 주어지는 실재하는 대상이 아니거나, 그 성질상 인간의 마음에 영향을 받거나 의존하는 버클리 (Berkeley)적 관념 (idea)과 같은 것이라면, 위의 언명은 완전히 무의미한 것이 되고 말 것이다. 비트겐슈타인은 여기서 관념론적이거나 현상론 (phenomenalism)적 교설을 내세우는 것이 아니라 무엇인가가 인간의 마음으로부터 독립적으로 존재하면서 우리의 경험에 주어져야 한다는 것을 주장하는 것이다. 이것이 바로 인간의 전 개념체계를 감각적으로 주어졌지만 물리적으로 실재하는 대상으로부터 나의 전 경험의 영역과 동일시되는 세계에로 구성하겠다는 비트겐슈타인 전기 (前期)철학의 대전제인 것이다. 이런 구성과정에서의 벽돌과 같은 구성의 최소단위로서 대상이 요청되는 것이고, 그것은 바로 러셀과 마찬가지로 직접경험에서 찾아진다는 것이다. 이러한 대상과 함께 주어지는 논리형식은 나의 언어에서의 의미의 논리적 원자가 되며, 그로 인해 나는 내가 사용하는 언어와 내가 살고 있는 세계를 이해할 수 있게 된다는 것이다. '나'와 '세계'를 동일시함으로써 비트겐슈타인은 대상이 경험의 내용이라는 것을 확실히 보여 주고 있는 셈이다.

이렇게 『논고』를 통해서 일관적으로 암시되고 있는 직접경험에 주의하여 개념체계를 이해할 수 있다는 논지는 후에 비트겐슈타인에 의해 다음과 같이 재확인되고 있다.

> 감각소여 (sense-data)는 우리의 개념의 근원 (source)이다 :
> 감각소여는 개념에서 기인하지 않는다. [36]
> 우리가 살고 있는 세계는 감각소여의 세계이다. [37]

비트겐슈타인의 제자였던 데스먼드 리 (Desmond Lee)의 필기 노트에 적혀 있는 위의 말들은 바로 비트겐슈타인이 러셀의 직접지의 이론의 영향 아래에 있었음을 직접적으로 보여 주는 또 다른 증거인 것이다. 러셀의 경우 감각소여는 직접지의 대상의 가장 중요한 구성요소였기 때문이다. 물론 비트겐슈타인이 감각소여라는 말을 어떻게 쓰고 있느냐는 더 연

---

36) *Wittgenstein's Lectures : Cambridge 1930-1932* (New Jersey : Rowman & Littlefield, 1980), ed. Desmond Lee, p. 81.
37) Ibid., p. 82.

구되어야 할 문제이지만 위의 인용문에서는 그가 감각소여를 직접지의 대상에 포함시킨 것으로 충분히 볼 수 있다. 즉 앞서 논의한 요점인 "직접지의 대상으로부터 세계를 구성한다"는 내용과 "우리가 살고 있는 세계는 감각소여의 세계이다"는 내용은 상충하지 않으며, 오히려 서로간에 뜻이 잘 맞아 들어가기 때문이다. 실로 비트겐슈타인에 있어서 감각경험에 주어진 대상은 세계를 구성하는 기본단위의 역할을 하며, 대상과 함께 주어진 논리형식은 언어의 논리적 원자의 구실을 하면서, 인간의 개념체계의 근원으로 작용하는 것이다. 우리가 가지고 있는 개념들이 감각소여의 근원이 아니라, 반대로 감각소여가 개념을 낳는다는 것이다. 즉 우리의 사고 및 개념체계에서 유의미한 모든 것은 결국 직접경험으로부터 온다는 것이다.

(8) 논리형식과 그림이론(picture theory)의 확장

지금까지 모든 언어의 명제들이 감각경험에 주어진 단순대상의 논리형식으로 환원된다는 점에 초점을 맞추어 『논고』의 일부를 해석해 보았다. 그러나 분명 이것은 『논고』에 나타난 내용의 전체에 대한 해석으로는 불완전하다. 비트겐슈타인은 모든 언어의 구성요소를 대상의 논리형식으로 환원했지만, 이렇게 환원된 논리적 원자로부터 가장 복잡하게 이루어진 언어의 복합명제까지로의 확장과정도 또한 설명해야 했다. 즉 러셀이 직접지의 이론으로 세계에 대한 모든 지식을 가장 확실한 감각소여로 일단 환원한 후에 다시 기술의 이론(theory of descriptions)을 통해 직접지의 대상의 의미를 우리가 사용하는 모든 언어의 명제로 확장하려고 했던 것과 같이, 비트겐슈타인에게서도 이러한 환원과 확장의 이중구조가 나타나고 있다. 놀랍게도 비트겐슈타인에게 있어서 이러한 확장과정은 진리함수론(truth-function theory)을 통해서 전개되고 있다.

『논고』에 나타난 진리함수론의 역할은 한마디로 복합명제가 어떻게 독립적인 논리형식이나 논리적 상황없이 사실의 그림이 될 수 있는가를 보여 주려고 하는 것이다. 그림이론의 요체는 원자적 명제는 그에 대응하는 원자적 사실과 동일한 모사(copy)를 통해서 실재의 모델(그림)이 된다는 것이다. 이러한 모델관계는 원자명제와 원자적 사실간에 성립하는 것이지만 이들간을 연결시켜 주는 고리는 우리가 직접 경험하는 단순대상에 의

해 제공된다. 그것은 원자명제의 논리형식이 바로 단순대상의 논리형식에 의해 규정되기 때문이다. 즉 원자명제를 이해하기 위해서는 일단 우리가 직접경험에서 대상을 경험해야만 하기 때문이다.

러셀의 경우 원자명제의 경우 독립적으로 실재하는 원자적 논리형식 (atomic complex)을 경험함으로써, 분자명제의 경우 역시 독립적으로 실재하는 분자적 논리형식 (molecular complex)을 경험함으로써 해결될 수 있었던 논리와 언어에 대한 이해 가능성이 비트겐슈타인에게서는 어려운 문제로 대두하게 된다. 논리형식이라고는 단순대상에 주어진 것밖에는 없으므로 우리가 복합명제를 이해하기 위해서는 이러한 단순대상의 논리형식을 확장하는 방법을 설명할 수 있어야 한다. 먼저 원자명제가 원자적 사실의 그림이 되는 방법은 단순대상을 지시하는 이름들이 대상에 내재된 논리형식의 지배를 받아 결합함으로써 원자명제가 되면서 사실의 그림이 되는 방법이다. 즉 그것은 직접지의 대상을 직접적으로 대표하는 이름간의 연쇄에 의한 것이다. (*TLP*, 4.22) 다음으로 원자명제 이외의 다른 모든 명제가 사실의 그림이 되는 방법은 원자명제의 진리함수적 조합에 의해서이다. 이 점이 바로 비트겐슈타인이 『논고』의 명제 5에서 말하고자 하는 것이다.

5. 명제는 원자적 명제의 진리함수이다.

명제 5는 구체적으로 조합이 얻어지는 방법을 설명하고 있는 명제 6과 결부시켜 설명될 때에 그 의미가 완연히 이해될 수 있다. 즉 비트겐슈타인은 명제 6에서 모든 진리함수는 주어진 원자명제에 대한 부정 (negation)의 연언 (conjunction)이라고 주장하고 있는데, 이것이 의미하는 바는 다름아닌 부정과 연언을 이용한 셰퍼 기호[38]의 반복적인 적용이다. 다른 논리사로 환원될 수 있는 모든 논리사와 양화기호 (量化記號)를 배제하고 가장 단순하게 적용시킬 수 있는 논리사는 부정과 연언을 이용한 셰퍼 기호인데, 비트겐슈타인은 이러한 셰퍼 기호의 적용만으로 원자명제가 가진 그림의 성격을 전 명제에로 확장시킬 수 있다는 생각을 했

---

38) 셰퍼 기호 (Sheffer stroke)는 여기서 ~p&~q를 의미하는 p|q로 쓰이고 있다.

던 것이다.

먼저 논리적 상항은 어떤 것도 대표하지 않는다는 그의 '근본적인 생각' (*TLP* 4.0312)에 의거하여 비트겐슈타인은 모든 논리적 상항들을 셰퍼 기호로 환원하려는 시도를 하고 있다. 예를 들어 선언 'v'은 셰퍼 기호 '|'에 의해서 대치될 수 있는데 그것은 우리가 'pvq' 대신 셰퍼 기호만을 사용하여 '(p|q)|(p|q)'라고 표현할 수 있기 때문이다. 이처럼 셰퍼 기호만으로 다른 모든 논리상항들을 대치할 수 있다는 말은 어떠한 논리연산도 '연언'과 '부정'만으로 해낼 수 있다는 것을 의미한다. 왜냐하면 셰퍼 기호를 이용한 문장 p|q는 ~p・~q라는 부정의 연언을 의미하기 때문이다. 이러한 점을 염두에 두고 비트겐슈타인은 『논고』에서 다음과 같이 주장하고 있다.

5.5 모든 진리함수는 원자명제들에 대해
'(- - - - T) (ζ, ……)'
라는 연산을 연속적으로 적용시켜 얻은 결과이다. 이 연산은 오른쪽 괄호에 해당하는 모든 명제를 부정하는 것인데, 나는 이것을 이 명제들의 부정이라고 부르겠다.

위의 두 괄호는 명제 5.101에 의거하여 (FFFT)(p, q)로 다시 씌어질 수 있는데, 이는 바로 p|q를 의미하는 것이다. 이제 비트겐슈타인은 이것을 더 단순한 기호 N(ζ)로 표시하고자 하는데, 이것은 바로 명제 5.502에서 보여지듯이 ~p・~q・~r・…과 같이 주어진 원자명제들의 집합에 대한 전체적 부정을 의미하는 것이다.

그렇다면, 여기에서 문제가 되는 것은 비트겐슈타인 스스로가 논리상항을 비대표적이라고 하고 있기 때문에 그가 채용하고 있는 최소한의 논리연산인 '연언'과 '부정'에 대한 설명이 필요하다는 것이다. 비트겐슈타인에 있어서 연언과 부정은 그 스스로 사실을 대표하는 그림적 성격을 가지고 있지는 않으며, 오히려 원자명제가 가지는 그림의 성격을 다른 명제에로 확장시키는 역할만을 하고 있다. 그렇다면 문제는 원자명제의 그림적 성격이 어떻게 해서 연언과 부정이라는 연산을 통해서 보존되는가 하는 점이 설명되어야 한다는 것이다.

먼저 두 원자명제의 연언이 하나의 복합명제가 되면서 하나의 복합사실의 그림이 될 수 있다는 것은 상식적으로 이해가 가능한 일이다. 문제는 어떻게 부정이 원래 문장이 가진 그림의 성격을 유지할 수 있느냐 하는 것인데, 비트겐슈타인은 의미의 양극성을 이미 주장한 바, 이 난점이 극복되고 있다. 즉 원자명제의 부정은 그 의미는 원래명제와 반대가 되지만 동일한 사실(또는 그림)을 대표하게 된다는 것이다. 『논고』 4.0621에 이러한 의미의 양극성이 제시되어 있다.

4.0621 명제 p와 ~p는 반대되는 의미를 가지지만, 이 두 명제에 하나의 동일한 실재가 대응한다. [39]

여기서 비트겐슈타인이 명제의 의미(sense)라고 하는 것은 명제의 사실과의 일치, 불일치의 여부를 의미하는 것이다. 어떤 사실이 존재할 때 명제가 말하는 것이 그 사실과 일치한다면, 우리는 그것을 참이라 부르며, 불일치한다면 거짓이라 부른다. (『논고』 2.21, 2.212) 그래서 p와 ~p는 반대되는 의미(sense)를 가지게 되지만 그들이 대응하는 사실의 내용은 동일하다는 것이다. 명제 p에 부정기호 ~를 덧붙인다 해서 p에 대응하는 사실에 어떤 영향을 주게 되는 것은 아니다. 즉 ~p는 긍정적 사실을 대표하고 p는 부정적 사실을 대표하는 것이 아니라, p와 ~p는 동일한 사실을 대표한다는 것이다. 비트겐슈타인이 『노트북』에서 말하고 있듯이 어떤 명제를 이해할 때 우리가 알게 되는 것은 "명제가 참일 때 어떤 경우인가 하는 것과 명제가 거짓일 때 어떤 경우인가 하는 것"이다. (NB p. 89, TLP 5.5151 참고)

이와 같이 부정은 그림의 성격을 보존해 주기는 하지만 그 스스로 그림이 되는 것은 아니라는 점이 뒷받침될 수 있다. 강한 의미에서 해석해 본다면 결국 비트겐슈타인은 다른 모든 논리상항과 더불어 부정조차도 논리상항의 영역에서 제거해 버린 것이다. 다만 셰퍼 기호의 의미를 지탱해 주는 요소로서 부정은 연언과 더불어 논리라는 강을 건너게 해주는 보이지 않는 징검다리의 역할을 하고 있는 것이다.

---

39) 이와 유사한 생각은 5.2341과 5.5151에도 제시되어 있다.

이제 확실히 우리는 비트겐슈타인의 명제 6이 명제 5와 더불어 원자명제의 그림적 성격이 어떻게 다른 모든 명제에로 확장 가능한가를 보여 주려는 의도에서 씌어졌다는 것을 알 수 있게 되었다. 비트겐슈타인에게는 러셀의 경우에서처럼 복합명제를 이해할 수 있도록 해주는 복합 논리형식이나 논리상항이 존재하지 않기 때문에 이제 복합명제는 원자명제의 논리함수적 연산의 결과로 이해해야 된다는 것이다. 이 점은 이제 명제 5와 명제 6사이의 언명들을 통해서 뒷받침되고 있다.

5.234 원자명제들의 진리함수는 원자명제들을 기초로 한 연산(opeartion)의 결과이다. (나는 이러한 연산을 진리연산[truth-operation]이라 칭한다.)
5.3 모든 명제는 원자명제에 대한 진리연산의 결과이다. 진리연산은 원자명제들로부터 진리함수가 만들어져 나오는 방법이다.

이 모든 것이 의미하는 바는 비트겐슈타인이 어떻게 독립적으로 실재하는 논리형식 또는 논리상항없이 언어의 모든 명제가 세계의 그림이 될 수 있는가를 보이려 했는가를 나타내 주는 것이다. 이것은 앞서 인용한 언명 4.0312에서 비트겐슈타인이 말하고자 하는 '근본적인 생각', 즉 '논리상항'은 아무것도 대표하지 않는다는 것에 대한 구체적인 대답인 것이다. 언명 4.441과 5.4에서도 각각 제시되고 있는 그와 유사한 언급에서도 비트겐슈타인은 논리적 대상들을 세계의 구성원에서 제외시키고 있음을 볼 수 있다. 이러한 점은 대상 안에 갖추어진 논리형식이라는 비트겐슈타인의 독특한 변형된 직접지의 이론과 더불어 그의 논리개념 이해에 중요한 역할을 하고 있다.

(9) 비트겐슈타인의 논리(論理) 또는 무논리(無論理)
반복해서 지적한 바와 같이 비트겐슈타인에게 있어서 복합명제의 이해를 가능케 해주는 논리상항은 존재하지 않는다. 따라서 비트겐슈타인의 논리는 프레게의 논리와 같은 복합명제의 논리가 아니라 세계와 언어의 원자적 기초가 되는 단순대상과 이름의 논리이다. 대상은 논리형식과 더불어 경험에 직접 주어져야 한다. 일단 대상이 주어지면, 주어진 대상들간에서 원자적 사실의 결합조차도 단순대상의 논리형식 자체의 규정에 따라 일어나게 된다. 원자적 사실을 만들기 위한 모든 대상의 가능한 조합은 이미 대상의 논리형식에 주어지기 때문이다. 따라서 이러한 논리는 힌티카(Jaakko Hintikka)의 지적대로 "육면체를 끈끈이나 풀과 같은 사면체 이외의 요소로 붙여 주는 식의 결합이 아니라, 그림 퍼즐(jigsaw puzzle)과 같이 하나의 퍼즐 조각이 다른 조각들과 어떻게 결합될 것인가가 이미 퍼즐 조각의 형태(form)에 주어진 그림 퍼즐의 논리"라고 할 수 있다. [40)]

『논고』의 2.03에서 비트겐슈타인이 "대상은 원자적 사실에서 체인의 고리와 같이 맞물린다"고 한 비유도 바로 이러한 관점에서 잘 이해될 수 있을 것이다. 비트겐슈타인의 논리에서는 대상들을 결합하기 위해서 논리 외적인 요소로서의 풀이나 끈끈이가 필요하지 않다는 것이다. 우리가 대상을 직접 경험하기만 하면 되고, 그외로 다른 논리적인 요소가 필요하다면 그것은 그저 그림의 성격을 확장시켜 주는 진리함수론뿐이라는 것이다. 진리함수론은 원자명제의 그림적 성격을 모든 명제로 확장시켜 줄 뿐 아니라, 동시에 아무리 복잡한 명제라도 그 저변에는 우리의 직접경험에서 주어진 직접지의 대상이 기초되어 있다는 점을 보여 주는 것이다. 우리에게 단초적으로 주어진 것은 대상과 그에 대한 이름뿐이다. 그러나 우리가 우리의 전체 언어와 세계에서 가지고 있는 것도 또한 이들 이름의 결합의 총체와 대상의 결합의 총체일 뿐이다. 결국 비트겐슈타인의 이러한 그림 퍼즐 논리의 여파는 곧 대상의 직접경험에 근거한 전체 개념구조를 이상언어로 코드화(codification)하고 있다는 점에서 비트겐슈타인 자신의 개념적 사고언어(Begriffschrift)를 구성하는 논리라고 해야겠다.

이와 같이 볼 때, 진리함수론은 그림이론과 완전히 독립된 이론은 아니다. 복합명제가 사실을 직접적으로 반영할 수 있는 이유는 진리함수에 의거한 것이기 때문에, 어떤 의미에서 진리함수론은 그림이론의 한 요소라고 보는 것이 타당할 것이다. 어쨌거나, 대상의 직면성과 진리함수론은

---

40) Jaakko Hintikka, "An Anatomy of Wittgenstein's Picture Theory," in *Artifacts, Representations and Social Practice*, eds. C. C. Gould and R. S. Cohen (Dordrecht : Kluwer Academic, 1994).

비트겐슈타인의 논리 전부를 설명한다고 할 수 있다. 다시 말해 비트겐슈타인의 논리에는 다른 어떤 요소도 없고, 대상의 직접경험과 진리함수론만으로 이루어져 있다고 해도 과언이 아니다. 대상을 직접 경험함으로써 얻어지는 대상의 논리형식은 진리함수론을 통해 우리의 모든 언어의 논리형식에로 확장 가능하기 때문이다. 이러한 이상한 논리가 보여 주는 바는 바로 직접지의 대상과 진리함수를 통해 우리는 사실과 대응하는 그림 (모델)을 가지게 된다는 것이다. 『논고』에 있어서 사실과 그림의 관계는 따라서 정적으로 비교가능한 관계이다. 그래서 어떤 의미에서 비트겐슈타인의 논리는 논리가 아니라고 말할 수도 있다. 확실히 그의 논리는 보통 프레게 이후에 체계화되기 시작한 형식논리와는 다른 종류의 논리이다. 구태여 말하자면 『논고』에 나타난 논리는 논리적 원자인 대상의 논리형식이 직접경험에 주어지는 현상의 대상에 내재된 논리이므로 현상논리 (phenomeno-logic), 또는 논리적 연산이라고 하는 것이 진리함수를 통해 일어나므로 진리함수적 논리 (truth-functional logic)라고 말할 수 있을 것이다. 이 논리에 의하면 직접경험에 주의함으로써 전 개념체계의 이해가 가능하게 된다. 이처럼 비트겐슈타인의 논리분석 (logical analysis)은 우리의 언어에 있어서의 개념분석 (conceptual analysis)이나 다름이 없으며, 이 점에서 그러한 개념, 또는 논리와 경험간의 관계를 주의 깊게 살피는 것은 그의 전기철학의 이해에 가장 중요한 관건이 될 것이다.

참고문헌

Griffin, Nicholas (ed.). *The Selected Letters of Bertrand Russell*, vol. 1. New York : Houghton Mifflin, 1992.

Hintikka, Merrill B. and Jaakko Hintikka. *Investigating Wittgenstein*. Oxford : Basil Blackwell, 1986.

Hintikka, Jaakko. "Ludwig's Apple Tree : On the Philosophical Relations between Wittgenstein and the Vienna Circle." In *Scientific Philosophy : Origins and Development*. Edited by F. Stadler.

Dordrecht : Kluwer Academic, 1993.

_____. "An Anatomy of Wittgenstein's Picture Theory." In *Artifacts, Representations and Social Practice*. Edited by C. C. Gould and R. S. Cohen. Dordrecht: Kluwer Academic, 1994.

Ishiguro, Hide. "Use and Reference of Names." In *Studies in the Philosophy of Wittgenstein*. Edited by Peter Winch. London: Routledge & Kegan Paul, 1969.

Janik, Allan and Stephen Toulmin. *Wittgenstein's Vienna*. New York: Touchstone, 1973.

Lee, Desmond (ed.). *Wittgenstein's Lecture : Cambridge, 1930-1932*. New Jersey: Rowman & Littlefield, 1980.

McGuinness, Brian. *Wittgenstein-A Life*. Berkeley: University of California Press, 1988.

_____. "The So-Called Realism in the *Tractatus*." In *Perspectives on the Philosophy of Wittgenstein*. Edited by Irving Block. Oxford: Basil Blackwell, 1981.

Monk, Ray. *Wittgenstein : The Duty of Genius*. New York : The Free Press, 1990.

Pears, David. "The Relation between Wittgenstein's Picture Theory of Propositions and Russell's Theories of Judgment." In *Wittgenstein : Sources and Perspectives*. Edited by C. G. Luckhardt. Ithaca : Cornell University Press, 1979.

Russell, Bertrand. *The Problems of Philosophy*. Oxford: Oxford University Press, 1912.

_____. "On the Nature of Acquaintance." In *Logic and Knowledge*. Edited by Robert C. Marsh. London: George Allen & Unwin, 1951.

_____. "Knowledge by Acquaintance and Knowledge by Descriptions." In *Mysticism and Logic and Other Essays*. London: George Allen & Unwin, 1963.

_____. "The Relation of Sense-Data to Physics." In *Mysticism and Logic and Other Essays.* London: George Allen & Unwin, 1963.

_____. *Autobiography of Bertrand Russell : 1914-1944.* London: George Allen & Unwin, 1968.

_____. *Theory of Knowledge : The 1913 Manuscript-The Collected Papers of Bertrand Russell*, vol. 7. Edited by Elisabeth R. Eames and Kenneth Blackwell. London: George Allen & Unwin, 1984.

Smith, Barry. "Wittgenstein and the Background of Austrian Philosophy." In *Wittgenstein and His Impact on Contemporary Thought : Proceedings of the 2nd International Wittgenstein Symposium.* Edited by Elisabeth Leinfellner. Vienna: Holder-Pichler-Temsky, 1978.

Waismann, Friedrich. *Ludwig Wittgenstein and the Vienna Circle.* Edited by Brian McGuinness; Translated by Joachim Schulte and Brian McGuinness. Oxford: Basil Blackwell, 1979.

Wittgenstein, Ludwig. *Tractatus Logico-Philosophicus.* Translated by David Pears and Brian McGuinness. London: Routledge & Kegan Paul, 1961.

_____. *Philosophical Investigations.* Translated by G. E. M. Anscombe. Oxford: Basil Blackwell, 1958.

_____. *The Blue and Brown Books.* Edited by Rush Rhees. Oxford: Basil Blackwell, 1958.

_____. *Notebooks 1914-1916*, 2nd ed. Edited by G. H. von Wright and G. E. M. Anscombe; Translated by G. E. M. Anscombe. Oxford: Basil Blackwell, 1979.

비트겐슈타인의 색채의 논리[1]

이 승 종

개 요

『트락타투스』 이후 10년간의 공백 끝에 철학계로 돌아온 비트겐슈타인은 『트락타투스』에서 견지했던 자신의 전기사상을 해체하게 된다. 색깔배제에 관한 반성에서 비트겐슈타인은 (1) 자신이 『트락타투스』에서 견지했던 요소명제의 상호독립성이 유지되지 않음을 알게 되었고, (2) 진리 함수 논리의 한계를 알게 되었고, (3) 명제체계의 다양성에 눈뜨게 된다. 특히 세번째 반성은 그로 하여금 자신의 후기철학의 핵심인 언어게임의 개념에 이르게 되는 계기가 되었다.

---

* 이 논문은 1996년도 연세대학교 학술연구비 지원에 의하여 이루어진 것임.
1) 이 글은 다음 글의 속편에 해당된다.
　이승종, 「비트겐슈타인의 색채론(Ⅰ)」, 『사회발전과 철학의 과제 : 제6회 한국철학자연합대회 대회보』, 이문출판사, 1993.

I

색깔배제의 문제가 비트겐슈타인의 지속적인 관심사였음은 의심의 여지가 없다. 많은 비트겐슈타인 연구가들은 이 문제에 대한 비트겐슈타인의 태도변화가 그의 사상의 전-후기를 가르는 전환점이라고 보고 있다. 그러나 만일 그 문제가 제대로 정식화되지 않았거나 후기 비트겐슈타인의 해결방안이 부적절한 것이라면 비트겐슈타인은 자신의 견해를 너무 성급하게 바꾸었다는 비난을 받게 될 것이다. 색깔배제 문제의 명확한 설정과 이에 대한 전-후기 비트겐슈타인의 견해의 타당성의 검토는 함께 다루어져야 할 과제이다.

『트락타투스』[2)에서 진리함수는 명제들 사이의 관계의 기초이자 비트겐슈타인이 구상하는 논리학의 핵심을 이루고 있다. 모순과 동어반복(tautology), 함축(implication), 독립성(independence) 등의 중심 개념도 진리함수의 관점에서 정의되고 있다. 그렇지만 비트겐슈타인이 언제나 진리함수 논리에 충실했던 것만은 아니다. 가령 『트락타투스』 6.3751에서 그는 "A는 빨간색이고 파란색이다"와 같은 명제를 모순으로 간주하고 있다. 그러나 진리함수 논리에 따르면 두 명제 "A는 빨간색이다"와 "A는 파란색이다"는 분명 양립할 수 없지만 그렇다고 상호모순의 관계에 있지는 않다. 즉 양립 불가능성과 모순은 구별되어야 한다. 한 명제는 진리표상에서 어떠한 경우에도 거짓일 경우, 그리고 오직 그 경우에만 모순이다. 달리 표현하자면 한 명제는 그것이 같은 명제의 긍정과 부정의 연접(conjunction)과 논리적으로 동치(logically equivalent)일 경우, 그리고 오직 그 경우에만 모순이다. 그런데 "A는 빨간색이고 파란색이다"라는 명제는 진리표상에서 참일 수 있고, 같은 명제의 긍정과 부

---

2) 비트겐슈타인의 작품들은 다음과 같이 약호로 표기한다.

TLP : *Tractatus Logico-Philosophicus.* 『트락타투스』

RLF : "Some Remarks on Logical Form."

LM : "Letters to the Editor of Mind."

WVC : *Wittgenstein and the Vienna Circle.*

PR : *Philosophical Remarks.*

BB : *The Blue and Brown Books.*

정의 연접과 논리적으로 동치인 것도 아니다. "A는 빨간색이고 파란색이다"는 "A는 빨간색이고 빨간색이 아니다"와 구별되어야 하며 따라서 "p·~p"가 아니라 "p·q"로 기호화된다. 그리고 이 연접의 진리표는 'p'와 'q,' 즉 "A는 빨간색이다"와 "A는 파란색이다"가 모두 참일 경우를 허용하고 있음을 알게 된다. 따라서 "A는 빨간색이고 파란색이다"가 모순이라는 비트겐슈타인의 견해는 진리함수 논리와 상충된다.

"A는 빨간색이다"와 "A는 파란색이다"라는 두 명제가 진리함수적으로 서로 모순의 관계에 있지 않다면 그 두 명제 사이의 관계는 과연 무엇인가? 그 두 명제는 진리함수적으로 서로를 함축하지도 않고 모순되지도 않는다. 이들의 부정, 즉 "A가 빨간색이 아니다"와 "A가 파란색이 아니다"는 양립한다. 다시 말하자면 이들의 부정은 서로 모순되지 않는다. 그런데 바로 이러한 세 가지 특징이 어떤 두 명제가 논리적으로 상호독립적일 수 있는 조건이다. 그러므로 우리는 "A가 빨간색이다"와 "A가 파란색이다"가 논리적으로 상호독립적이라는 결론에 도달한다.

「비트겐슈타인의 색채론(Ⅰ)」에서 살펴보았듯이 『트락타투스』에서 색깔 배제의 문제에 관한 비트겐슈타인의 논증은 다음과 같았다.

어떠한 두 요소명제의 연접도 모순이 아니다.
"A가 빨간색이고 파란색이다"라는 명제는 모순이다.
연접된 두 명제, "A가 빨간색이다"와 "A가 파란색이다"는 요소명제가 아니다.

그러나 『트락타투스』 이후에 비트겐슈타인은 "A가 빨간색이다"와 "A가 파란색이다"가 요소명제라는 것을 인정하였다. 그리고 이는 위의 논증의 결론과 위배되는 것이다. 타당한 논증의 결론이 거짓이라면 이는 논증의 전제 중 최소한 어느 하나가 거짓임을 함축한다. 진리함수 논리는 첫 번째 전제, 즉 "'A가 빨간색이고 파란색이다'라는 명제는 모순이다"를 거짓으로 본다.

그런데 우리는 여기서 다음의 사항에 주의해야 한다. "A가 빨간색이다"와 "A가 파란색이다"라는 두 명제가 논리적으로 상호독립적이라는 사실은 이 두 명제가 요소명제임을 함축하지 않는다. 요소명제가 독립적이라는 사실은 참이지만 그 역도 참인 것은 아니다. 예를 들면, "p∨q"와 "r∨s"는 상호독립적이지만 요소명제가 아니다. 독립성은 두 명제가 요소명제가 되기 위한 충분조건이 아니라 필요조건일 뿐이다. 〔충분조건은 두 명제가 오직 그 자체의 진리함수라는 것이다. (TLP, 5)〕

Ⅱ

많은 비트겐슈타인 연구가들은 『트락타투스』의 논리학이 색깔배제의 현상 및 이와 유사하게 질(quality)에 정도(degree)를 부여하는 명제들 사이의 상호의존 관계를 설명하는 데 실패함으로써 그 한계가 드러났다고 본다. 그들에 의하면 『트락타투스』 이후에 비트겐슈타인의 과제는 요소명제가 독립적이라는 『트락타투스』의 주장을 폐기함으로써 색깔배제의 문제를 해결하는 것이었다. 하지만 앞서 살펴본 우리의 분석이 옳다면 『트락타투스』의 논리학은 색깔배제의 문제에 의해 훼손되지 않는다. 우리가 『트락타투스』의 논리학을 적절히 적용한다면 소위 말하는 색깔배제의 문제는 일어나지 않는다. 같은 시간에 한 대상에 질의 다른 정도를 부여하는 두 명제는 상호모순적이지 않고 상호독립적이다. 색깔배제의 문제는 바로 이 사실을 간과하는 데서 비롯된다. "A가 빨간색이다"와 "A가 파란색이다"라는 두 명제가 상호모순된다면 두 명제는 요소명제일 수 없다. 그렇다면 이 두 명제는 요소명제에 도달할 때까지 더 분석되어야 한다. 「비트겐슈타인의 색채론(Ⅰ)」에서 우리는 이러한 분석의 과제가 『트락타투스』의 영역 안에서 수행가능하지 않다는 것을 보았다. 그러나 『트락타투스』의 논리학을 좇아 문제되는 두 명제가 상호모순된다는 가정을 거부한다면 우리는 그들을 요소명제에 도달할 때까지 더 분석할 필요가 없다. 이로 말미암아 색깔배제의 문제는 해결되는 것이 아니라 해소된다.

그러나 이러한 논증은 썩 만족스럽지 못하다. 왜냐하면 비트겐슈타인이 색깔배제의 문제에 천착한 이유를 무시하고 있기 때문이다. 『트락타투스』 이후의 비트겐슈타인의 저작을 주의깊게 살펴보면 그가 색깔배제의 문제를 이러한 식으로 쉽게 생각하지 않았음을 곧 알 수 있다. 비트겐슈타인은 색깔배제의 문제와 씨름하는 과정에서 『트락타투스』의 논리학을 탈피할 필요성을 느끼게 되었다. 우리가 살펴본 것처럼 『트락타투스』의 진리함수 논리에 따르면 "A라는 점은 동시에 빨간색이고 파란색이다"라는 명제는 상호모순되는 것으로 볼 수 없다. 그러나 문제는 일상언어의 문맥에서 우리가 그 명제를 모순으로 취급한다는 데 있다. '모순'개념의 일상적 용법은 『트락타투스』의 이론과 맞지 않는다. 비트겐슈타인은 일상적 용법을 임의적으로 제한해서는 안 되며 그 용법을 충실하게 기술해야 한다고 생각했다.[3]

비트겐슈타인이 색깔배제의 문제를 중요시한 또 다른 이유는 이 문제가 『트락타투스』에서 논리학과 의미론 사이의 갈등을 드러낸다고 보았다는 점이다. 『트락타투스』의 논리학은 진리함수 논리를 명제들 사이의 관계규명을 위한 초석으로 삼는다. 그러나 『트락타투스』의 의미론은 대상들의 결합의 논리와 언어의 그림의 논리를 더 근본적인 것으로 간주한다. 가령 비트겐슈타인은 다음과 같이 말하고 있다.

나는——프레게 및 러셀과 같이——명제를 그 속에 보유된 표현들의 함수로 파악한다. (TLP, 3. 318)

블랙(Max Black)은 요소명제들의 경우처럼 표현이 이름일 경우 (TLP, 4. 22) 위의 발언은 다음을 의미한다고 해석한다.

이름으로 구성된 명제의 의미는 그 이름의 '의미'의 함수이다. (Black 1964, p. 126)

그러나 진리함수와 구별되는 이 함수가 구체적으로 어떤 것인지는 『트락타투스』에 나타나 있지 않다.

최근에 힌티카는 색깔배제의 문제와 관련해서 이 함수의 성격을 규명하고 있다. 그에 따르면 색채의 개념은 연합부정(joint negation)을 뜻하는 연산 'N'[4]에 따라 진리함수적으로 산출된 명제를 통해서가 아니라 한

---

3) 이에 관한 자세한 논의를 위해서는 다음을 참조할 것.
   이승종, 「비트겐슈타인의 모순과 크립키의 역설」, 『철학』, 41집, 1994.
4) 이에 관한 자세한 논의를 위해서는 다음을 참조할 것.

점을 하나의 색채와 연결시키는 함수 'c'를 통해 표현된다.

"이 조각은 빨간색이다"와 "이 조각은 초록색이다"의 논리적 형식은
각각 c(a) =r이고 c(a) =g이다. 여기서 r과 g는 각각 **빨간색**이고 **초
록색**인 두 개의 분리된 대상이다. 색을 부여하는 위의 두 명제의 논리
적 양립 불가능성은 빨간색과 초록색이 다른 이름으로 표현된다는 사실
에 의해 반영된다. 그러므로 두 명제는 결국 **논리적으로** 양립 불가능하
다. (Hintikka and Hintikka 1986, p. 123)

이 두 명제의 양립 불가능성은 물론 하나의 함수가 동일한 독립변항
(argument)에 대해 두 개의 다른 값을 가질 수 없다는 함수논리에 의해
나타난다. 따라서 하나의 조각은 그 색채에 있어 오직 하나의 값만을 갖
게 된다.

이러한 통찰은 색깔의 양립 불가능성이 "필연성은 오직 **논리적** 필연성
만이 있다"(TLP, 6. 375)는 비트겐슈타인의 견해를 위반하고 있는지의
여부를 다시 한 번 문제삼고 있다. 힌티카는 이에 대한 대답이 색채개념
에 관한 올바른 표기법에 달려 있다고 본다. (Hintikka and Hintikka
1986, p. 123) 즉 만일 각각의 개별적인 색채가 연산 'N'에 따라 진리함수
적으로 산출된 명제에 의해 표현된다면, 같은 장소에 두 색이 동시에 존
재할 수 없다는 사실은 진리함수적으로 동어반복이 아니게 된다. 가령
"이 점은 동시에 빨간색이고 파란색이다"라는 명제는 모순이 아니므로 그
명제의 부정, 즉 "이 점은 동시에 빨간색이고 파란색이지 않다"는 동어반
복이 아니다. 모든 논리적 필연성은 동어반복(TLP, 6. 1)이기 때문에 같
은 장소에 두 색이 동시에 존재할 수 없다는 사실은 논리적 필연성이 아
니다. 그러나 만일 색채의 개념을 한 점을 한 색에 연결시키는 힌티카의
함수 c에 의해 해석한다면 색깔의 양립 불가능성은 함수 c의 논리적 형식
에서 야기되는 논리적 필연성이다. "필연성은 오직 논리적 필연성만이 있
다"는 『트락타투스』의 관점에서 보았을 때 힌티카가 제시하는 함수 c에
의한 색채해석은 진리함수에 의한 해석에 대해 비교우위를 점한다.

이승종, 「비트겐슈타인의 모순과 크립키의 역설」, 『철학』, 41집, 1994, p. 240.

힌티카의 해석은 색깔배제의 문제의 해결여부는 차치하고서라도 색깔의 양립 불가능성이 진리함수적인 모순으로 환원되지 않음을 보임으로써 그 문제를 다시금 돌이켜볼 수 있는 계기를 마련하였다. 앞으로 보겠지만 비트겐슈타인도 『트락타투스』 이후에는 힌티카와 마찬가지로 색깔배제의 문제가 적합한 표기법을 사용함으로써 설명될 수 있다고 생각하게 되었다. 그러나 우리가 『트락타투스』의 의미론에서 발전된 표기법 c를 채택한다면 색깔배제 현상에 대한 분석은 진리함수에로의 환원적 분석을 벗어나게 된다. 그렇다면 새로운 표기법 c가 『트락타투스』의 진리함수의 표기법 N과 어떻게 연관을 맺을 수 있는지가 묘연해진다. 하나의 표기법을 관장하는 논리적 법칙은 다른 표기법에 쉽게 적용되지 않기 때문이다. 이들이 하나의 체계에서 화합할 수 있는지의 문제는 색깔배제의 문제 이상으로 난제가 아닐 수 없다.

색깔배제의 문제에 관한 1929년의 논문에서 비트겐슈타인은 힌티카와 매우 유사한 견해를 피력하고 있다.

더 이상 분석될 수 없는, 정도(degree)를 나타내는 명제들간의 상호 배제는 몇년 전에 내가 발표했던, 원자명제들이 서로 필연적으로 배제할 수 없다는 견해와 모순된다. (RLF, p. 35)

나는 여기서 일부러 '모순된다'고 말하지 않고 '배제한다'고 말한다. 왜냐하면 이 두 개념은 다른 것이며 원자명제들은 서로 모순될 수는 없지만 서로 배제할 수는 있기 때문이다. (RLF, p. 35)

비트겐슈타인은 여기서 "A가 빨간색이다"와 "A가 파란색이다"라는 두 명제가 서로 모순되는 것이 아니라 서로를 배제한다고 본다. 이 두 명제가 모순일 수 없다는 주장은 그가 『트락타투스』의 진리함수 논리를 벗어나 그와는 다른 표기법을 택하고 있음을 뒷받침한다. 비트겐슈타인은 위의 두 명제가 모순이 아니라 배제의 관계에 있다는 이유를 『트락타투스』의 표기법과는 다른 새로운 표기법하에서 다음과 같이 설명한다.

독립변항의 하나의 값에 하나의 참된 명제만을 산출하는 함수가 있

다. (RLF, p. 35)

우리가 T와 P를 통해 각각 시간과 장소를 표현한다면,

"( )PT"는 하나의 대상만을 위해 공간을 남겨 둔다. (RLF, p. 36)

이 기호법에서 R과 B가 각각 빨간색과 파란색을 의미한다면 'RPT'와 'BPT'의 연접은 허용되지 않는다. 그들은 서로를 배제한다.

III

『트락타투스』의 논리학에서는 "A가 빨간색이다"와 "A가 파란색이다"라는 명제는 상호독립적이었다. 『트락타투스』의 논리학은 상호독립적인 명제들 사이에 존재하는 내적 '배제'관계를 설명할 수 없었다. 위에서 제시된 새로운 표기법만이 이를 설명할 수 있는 것이다. 그리고 새로운 표기법만이 위의 두 명제의 논리적 곱을 배제할 수 있다. 비트겐슈타인은 새로운 기호법에 의해 드러나는 명제들 사이의 내적 관계를 매우 중요한 것으로 보았다. 그리고 그 관계의 규명에 있어 『트락타투스』의 논리학이 미흡함을 자각하게 된 것이다.

그러나 비트겐슈타인은 1929년의 논문에서 제안한 색깔배제의 문제의 해결방안에 대해 곧 불만을 갖게 되었다. 그는 1929년의 논문이 '취약'하다고 보았다. (LM, p. 415) 그가 자신의 논문의 어느 곳이 어떻게 취약한 것으로 보았는지는 정확히 알 수 없으나 필자는 오스틴(Austin 1980)을 좇아 비트겐슈타인이 다음의 구절을 못마땅해 했다고 추정해 본다.

우리는 이제 기술하려는 현상을 살펴봄으로써, 그 논리적 복합성을 이해하려고 노력함으로써, 부정확한 기호법을 명료한 기호법으로 대체할 수 있다. 즉 우리는 선험적인 가능성을 추측함에 의해서가 아니라 어떤 의미에서 후험적인, 현상 자체의 논리적 탐구에 의해서만 정확한 분석에 도달할 수 있다. (RLF, p. 32)

『철학적 단편』(*Philosophical Remarks*)에서 비트겐슈타인은 다시 이 문제를 언급하고 있다.

우리가 하나의 대상에 두 개의 양립 불가능한 속성을 부여할 수 없을 지 모른다고 말한다면 우리는 문제되는 상황을 잘못 표현하고 있는 것이다. 왜냐하면 이와 같이 보았을 때 모든 경우에 있어 우리는 마치 두 규정이 양립 불가능한지 어떤지를 먼저 검토해야만 하는 것처럼 보이기 때문이다. 사실은 동일한 종류(좌표)의 두 규정은 불가능한 것이다. (PR, p. 112)

이 구절의 첫 문장은 1929년의 색깔배제의 문제설정에 대한 비판으로 볼 수 있다. 색깔배제의 문제의 관건을 색깔배제의 현상으로 잡는다면 이는 문제를 잘못 표현하고 있는 것이다. 비트겐슈타인은 1929년의 논문의 오류가 물리적 불가능성을 논리적 불가능성과의 혼동에 있다고 본다. "두 색깔이 동일한 공간을 차지할 수 없다"라는 명제와 "두 사람이 동일한 의자에 있을 수 없다"라는 명제는 "전적으로 다른 종류의 것이지만, 똑같은 것으로 보인다."(BB, p. 56) 후자가 물리적 불가능성을 말하는 반면 전자는 문법적 규칙으로서 논리적 불가능성을 말하고 있다. 따라서 앞서의 인용구절의 마지막 문장이 표현하고 있는 불가능성은 논리적 불가능성으로 보아야 한다.

인용구절에서 두번째 문장은 1929년의 논문에서 제안된 해결에 대한 비판으로 해석될 수 있다. 방금 살펴본 것처럼 논리적 불가능성을 다룰 때 우리가 검토해야만 하는 것은 현상 자체가 아니다. 논리적 불가능성에 대한 고찰은 결코 후험적일 수 없는 것이다.

비트겐슈타인은 후설(Husserl 1970, p. 833)이 그랬듯이 "하나의 대상이 동시에 빨간색이고 파란색일 수 없다"와 같은 명제를 선천적 종합명제로 보았는가? 비트겐슈타인은 이 문제에 관련해서 '선천적 종합'이 자기 모순적인 표현임을 귀류법으로 증명하고 있다. 이 증명은 "긍정적 명제는 부정적 명제의 존재를 전제하여야 하며, 그 역도 성립된다"(TLP, 5. 5151; Cf. WVC, p. 67)라는 『트락타투스』의 원칙에 기초하고 있다. 비트겐슈타인의 증명은 다음과 같다.

1. "하나의 대상이 동시에 빨간색이고 파란색일 수 없다"라는 명제를 P로 기호화하자. P가 종합명제라면 『트락타투스』의 원칙에 따라 그 명제의 부정, 즉 ~P도 종합명제일 것이다. ~P가 종합명제라면 그것은 의미를 갖는다. 그리고 이는 "그 명제에 의해 표현된 사물의 상태가 확보될 수 있음"(WVC, pp. 66-67)을 함축한다. 따라서 P인 경우와 ~P인 경우가 모두 가능하게 된다.

2. P가 선천적 명제라면 P는 필연적 명제이다. 따라서 P의 부정, 즉 P의 경우는 불가능한 것이 된다.

3. 1과 2는 서로 모순된다. 그러므로 색깔배제를 표현하는 명제는 선천적 종합명제일 수 없다.

   Q. E. D.

우리는 또한 비트겐슈타인이 색깔배제를 표현하는 명제를 후험적인 것으로 보지 않음을 보았다. 그러면 그 명제는 도대체 어떠한 명제인가? 앞으로 보겠지만 비트겐슈타인은 그것을 문법적 규칙으로 간주한다. 비트겐슈타인의 후기철학의 핵심개념인 문법은 명제의 체계를 측정막대와 비유하는 과정에서 처음으로 형성된다. 『트락타투스』에서는 각각의 독립된 막대가 실재의 독립된 측면과 접촉하듯이 요소명제가 측정막대처럼 실재와 대면하는 것으로 생각되었다. 그리고 막대에서 막대로의(즉 실재가 한 막대와 접촉하는 지점에서 다른 막대와 접촉하는 지점에로의) 어떠한 추론도 불가능하다는 사실이 『트락타투스』의 중심을 이루는 요소명제의 독립성의 원리를 뒷받침하였었다. 그러나 『트락타투스』 이후의 저작에서 요소명제는 측정막대가 아니라 측정막대의 개별적인 눈금에 비유된다. (WVC, pp. 63-64: PR, pp. 76, 78, 85, 110, 112, 114, 317) 측정막대의 한 눈금은 언제나 다른 눈금과의 연관관계하에서만 사용된다. 또한 정도(degree)를 나타내는 명제는 특정한 측정체계 내에서 그와 이웃한 명제들로부터 더 이상 독립적이지 않다. 우리는 하나의 측정막대에 의해 규정된 값이 동일한 막대에 의해 규정될 수 있는 다른 값을 배제하고 있음을 추론할 수 있는 것이다.

Ⅳ

측정막대의 비유로부터 얻어진 명제체계의 중요성을 바탕으로 비트겐슈타인은 다음과 같은 세 가지 측면에서 자신의 생각을 바꾸었다. 첫째, 요소명제들의 상호독립성이 무너진 까닭에 『트락타투스』의 중심을 이룬 요소명제와 다른 명제들 사이의 구별도 그 빛이 바랬음을 자인하게 되었다. 1929년 논문에서 비트겐슈타인은 색깔배제의 문제에도 불구하고 그 구별은 그대로 유지될 수 있는 것으로 생각했던 것처럼 보인다. 그는 요소명제들이 서로 모순될 수는 없다 하더라도 상호배제의 관계에 있을 수 있는 것으로 생각했다. 그러나 이것은 우리가 보았던 것처럼 단지 응급조치였을 뿐이다. 『철학적 단편』에서 비트겐슈타인은 다음과 같이 말하고 있다.

요소명제의 개념은 이제 그것이 과거에 지녔던 모든 중요성을 상실하였다. (PR, p. 111)

둘째, 요소명제의 상호독립성을 포기한 이후에 비트겐슈타인은 명제들의 진리함수적 결합의 규칙이 "명제들의 내적 구문에서 생기는"(WVC, p. 80) 규칙에 의해 보완될 필요가 있음을 인정하게 되었다. '문법'개념의 선조격인 '구문'(syntax)은 "어떤 결합이 하나의 단어에 의미를 부여하고 또한 무의미한 구조를 배제하는지를 알려 주는 규칙"(RLF, p. 31)이다. 『트락타투스』에서 명제들 사이의 함축관계는 동어반복에 의해 표현되었다. 따라서 모든 추론이 동어반복에 의해 설명되었다. 그러나 비트겐슈타인은 이제 명제들 사이의 모든 추론이 동어반복에 의해 파악되거나 분석되지 않음을 인식하게 되었다. 색깔배제에 관한 명제들 사이의 내적 관계는 그 좋은 반증사례이다. 비트겐슈타인은 다음과 같이 말한다.

하나의 추론이 옳은지 그렇지 않은지를 결정하는 것은 구문이다. 동어반복은 구문이 무엇인지를 보여 주는 하나의 방식에 불과하다. (WVC, p. 92)

『트락타투스』의 논리학만으로는 우리가 사용하는 모든 추론을 다 설명할 수 없다. 그러므로 『트락타투스』의 논리학은 그것을 일부로 포괄하는 보다 광범위한 언어규칙, 즉 문법으로 대체되어야 한다. 문법은 한 표현의 어떤 쓰임을 허용하고 어떤 것을 배제해야 하는지를 규정하는 규칙이다. 따라서 이제 관건은 쓰임의 규칙, 용어를 사용하는 기준이다. 비트겐슈타인은 이러한 규칙과 기준에 대한 탐구를 실재나 현상에 대한 경험적 탐구와 구별해서 '문법적' 탐구라고 부른다. 마찬가지로 색깔배제의 문제도 문법적 문제이며 색깔의 문법에 관한 탐구에 의해서만 제대로 해명될 수 있다.

셋째, 맬컴이 관찰한 것처럼 비트겐슈타인은 "명제체계의 다양성에 눈뜨게 되었다."(Malcolm 1967, pp. 214-215) 『트락타투스』의 언어는 탈중심화를 겪게 된다. 각각의 명제는 『트락타투스』와 같은 하나의 체계에 속하는 것이 아니라 명제체계들 가운데 한 체계에 속한다. 비트겐슈타인은 통일된 하나의 언어이념에서 명제들은 다원화되고 자율적인 체계의 이념으로 전환한다. 그는 다음과 같이 말하고 있다.

> 하나의 체계는 말하자면 하나의 세계이다. …따라서 규칙의 체계는… 또한 기호의 의미를 결정한다. 엄격히 말하자면 구문의 형식과 규칙은 동등하다. 그래서 내가 규칙을 변화시키면——가령 외관상 그 규칙을 보완한다면——나는 그 형식, 그 의미를 변화시키는 셈이다. (PR, p. 178)

이러한 내적 규칙, 그리고 한 체계 내에서 명제들 사이의 내적 관계에 관한 연구과정에서 비트겐슈타인은 자신의 후기철학에서 중요한 역할을 하고 있는 언어게임(language-game)에 관한 견해에 도달하게 된다. 막대의 비유와 아울러 명제체계의 개념이 바로 언어게임의 싹이었던 것이다.

참고문헌

이승종, (1993)「비트겐슈타인의 색채론 (Ⅰ)」,『사회발전과 철학의 과제 : 제6차 한국철학자연합대회 대회보』, 이문출판사.

_____, (1994)「비트겐슈타인의 모순과 크립키의 역설,」,『철학』, 41집.

Austin, J., (1980) "Wittgenstein's Solution to the Color Exclusion Problem," Shanker 1986에 재수록.

Black, M., (1964) *A Companion to Wittgenstein's 'Tractatus.'* Ithaca : Cornell University Press.

Copi, I. and R. Beard (eds.), (1966) *Essays on Wittgenstein's Tractatus.* London : Routledge & Kegan Paul.

Hintikka, M. and J. Hintikka, (1986) *Investigating Wittgenstein.* Oxford : Basil Blackwell.

Husserl, E., (1970) *Logical Investigations*, vol. 2. Trans. J.N. Findlay. London : Routledge & Kegan Paul.

Malcolm, N., (1967) "Wittgenstein's *Philosophische Bemerkungen*," Shanker 1986에 재수록.

Shanker, S. (ed.), (1986) *Ludwig Wittgenstein : Critical Assessments, vol. I.* London : Croom Helm.

Wittgenstein, L., (TLP) *Tractatus Logico-Philosophicus.* Trans. D. Pears and B. McGuinness. London : Routledge & Kegan Paul, 1961.

_____, (RLF) "Some Remarks on Logical Form," Copi and Beard 1966에 재수록.

_____, (LM) "Letters to the Editor of *Mind*," *Mind*, vol. 42, 1933.

_____, (WVC) *Wittgenstein and the Vienna Circle : Conversations Recorded by Friedrich Waismann.* Ed. B. McGuinness, trans. J. Schulte and B. McGuinness. Oxford : Basil Blackwell, 1979.

_____, (PR) *Philosophical Remarks.* Ed. R. Rhees, trans. R. Hargreaves and R. White. Oxford: Basil Blackwell, 1975.

_____, (BB) *The Blue and Brown Books*. Oxford: Basil Blackwell, 1958.

종속사상과 카르납의 귀납논리

전 영 삼

개 요

본 논문은 논리경험주의자인 카르납의 귀납논리의 틀을 기반으로 이른바 '종속사상'(dependent event)을 다루고 있다.

확률론이나 통계학에 있어 '종속사상'이란 일정한 시행의 결과 나타날 어떤 사상이 또 다른 사상의 영향을 받는 경우를 말한다.

카르납은 적어도 그의 초기에 그런 영향을 받지 않는 독립사상에 대해 자신의 귀납논리를 전개한 바 있다. 그러나 과연 그의 귀납논리가 종속 사상에 대해서까지 확장될 수 있는가에 관해서는 여러 논란이 있어 왔다.

본 논문에서는 이와 관련해 카르납 자신의 답변, 애친슈타인의 제안, 마르코프 연쇄를 중심으로 한 스킴즈의 적용시도 등을 상호비교하여 논하고 있다. 이를 통해 좀더 일반적으로 종속사상을 다룰 수 있는 귀납 논리를 개발함에 있어 참조할 수 있는 일반지침을 추출해 보려 시도하였다.

즉 종속사상을 다룸에 있어 증거로 주어지는 개체들에 대해서는 그것들을 하나하나 독립적으로 취급하는 대신에 이미 관련되어 나타나는 개체들을 하나의 단위로 묶어 생각할 필요가 있다. 이렇게 서로 관련있는 개체들을 하나의 단위로 묶어 고찰할 때, 관련있는 한 단위의 개체들로부터 다른 단위의 개체들로 옮겨 가는, 상태의 변화를 추적할 수 있고, 이를 통해 종속사상의 종속성을 드러낼 수 있다.

서 언

'종속사상'(從屬事象, dependent event)이란, 확률론이나 통계학에 있어 일정한 시행의 결과 나타날 어떤 사상[1]이 또 다른 사상의 영향을 받는 경우를 말한다. 그러므로 예컨대 사상 B가 사상 A의 영향을 받는 경우, 확률개념을 이용할 때, 사상 A∩B의 확률 P(A∩B)는 사상 A와 B의 확률 P(A) 및 P(B)와 다음과 같은 관계를 갖게 된다.

(1) $P(A \cap B) \neq P(A)P(B)$

만일 위의 식 (1)에 있어 부등호 대신에 등호가 성립하는 경우, 즉 사상 B가 사상 A의 영향을 받지 않는 경우, 그 두 사상은 서로 '독립사상'(independent event)이라 부른다. 우리의 세계에서 이와 같은 독립사상의 예들은 물론 쉽사리 찾아볼 수 있다. 예컨대 검은색과 흰색 두 가지의 공이 들어 있는 어떤 주머니에서 하나의 공을 꺼내 보고 그 공을 다시 주머니로 되돌릴 때, 그 검은 공과 흰 공이 나오는 사상은 서로 독립이다. 어느 한 색의 공을 꺼내는 사상이 다른 색의 공을 꺼내는 사상의 영향을 받지 않기 때문이다.

그러나 독립사상 못지않게 종속사상 역시 우리의 세계에서는 흔한 일이다. 두 가지 색깔의 공과 관련된 방금의 예에서도, 만일 일단 꺼낸 공을 주머니 속으로 되돌리지 않는다면, 앞서 어떤 색의 공을 꺼냈는가 하는 사실은 다음에 꺼낼 공의 색깔이 무엇이냐에 관해 영향을 미치게 된다. 바로 주머니 속에 남아 있는 공의 개수에 변화가 생기기 때문이다.

우리의 세계에서, 만일 어떤 인과관계를 인정한다면, 종속사상에 대한 연구는 필연적이다. 원인에 해당하는 사상이 결과에 해당하는 사상에 영

---

1) 여기서 말하는 '사상'이란, 일정한 시행의 결과로서, 우리가 관심을 갖고 있는 결과들의 집합을 말한다. 좀더 정확히 말해, 어떤 시행에 있어 나타날 수 있는 가능한 모든 결과들의 집합을 그 시행의 '표본공간'(sample space)이라 할 때, 하나의 사상이란 그 표본공간의 일정한 부분집합으로 주어진다.
확률론이나 통계학에 있어 이와 같은 전문용어나 개념들에 대한 설명은 일반적인 확률 및 통계학 서적에서 쉽사리 찾아볼 수 있다. 예컨대 Hogg & Tanis(1983) 참조.

향을 미칠 수 있기 때문이다.

　이러한 인과관계는 필연적일 수도 있고 필연적이지 않을 수도 있다. 후자의 경우, 그러한 관계는 0과 1 사이(0과 ↑ 제외)의 값으로 나타나는 확률로써 표현할 수 있다. 물론 사상간에 아무런 인과관계도 없는 독립사상에 있어서도 그 어떠한 한 사상이 나타날지의 여부를 확률로 표현할 수 있다. 예컨대 사상 B가 사상 A와 독립적일 때, 사상 B가 나타나는 일이 필연적이지 않는 한, 사상 B가 나타날지의 여부를 확률 P(B)로 나타낼 수 있다. 다만 이 경우 그 확률은 사상 A의 존재여부와 전혀 무관하다.

　논리경험주의의 역사를 되돌아볼 때, 이제 우리가 주목할 카르납(R. Carnap, 1891-1970)은 적어도 그의 초기[2]에 자신의 귀납논리를 통해 확률적인 독립사상을 다루고 있다. 예컨대 위의 예에서 확률 P(B)를 결정할 수 있는 구체적인 논리체계를 수립했던 것이다. 그러나 독립사상에 대한 그의 귀납논리가 지닌 난점은 차치하고서라도, 과연 그의 귀납논리가 종속사상에 대해서까지 확장될 수 있느냐 하는 점은 또 다른 논란거리가 되고 있다. 예컨대 퍼트남(H. Putnam)이나 애친슈타인(P. Achinstein) 등은 카르납의 귀납논리가 종속사상의 일종에서 나타나는 주기성(periodicity)을 다룰 수 없다고 하는 점에서 그의 귀납논리를 비판한 바 있다.[3] 그러나 스킴즈(B. Skyrms)는 마르코프 연쇄(Markov chain)를 중심으로 종래의 카르납의 귀납논리를 종속사상에 대해서까지 확장할 수 있는 가능성을 제시하기도 하였다.[4]

　일정한 실험이나 자연상태에서 종속사상이 지닌 중요성에 비추어 볼 때, 카르납의 귀납논리를 그러한 사상에까지 확대하는 일은 매우 의의있는 일이다. 주어진 결과로부터 있을 수 있는 어떤 규칙성이나, 나아가 어떤 법칙을 유도해 내는 데 있어 종속사상이 그 실마리가 될 수 있으며,

---

2) 카르납의 귀납논리에 있어, 그의 귀납이론이 특히 보편가설에 대한 '증거적 지지도' (measure of evidential support)의 개념에 대한 해명임을 철회한 시점을 기준으로 본고에서는 그 이전을 초기로, 그 이후를 후기로 보기로 한다. 전자의 대표적 문헌은 Carnap (1950), (1952)이고, 후자의 그것은 Carnap(1971a), (1971b), (1980)이다.
　카르납의 초기 및 후기 귀납논리에 대한 자세한 설명을 위해서는 全永三(1992), 5. 3-5. 5 절 참조.

3) Putnam(1963), Achinstein(1963).

4) Skyrms(1991).

그러한 종속사상에 대해 귀납논리가 적용될 수 있다면, 그에 대한 논리적 평가가 가능하기 때문이다. 또한 그러한 적용은 카르납의 귀납논리를 또 다른 중요한 영역으로 확대하는 계기도 되는 셈이다.

본고에서는 이제 앞으로의 계속적인 발전적 논의를 위해 먼저 종속사상의 일반적인 성격을 규명하고, 종속사상에 대해 카르납의 귀납논리가 지닐 수 있는 난점을 지적한 뒤, 그의 귀납논리가 종속사상에 대해 적용될 수 있는 새로운 가능성과 한계를 논하고자 한다. 물론 마지막 세번째 논의에 있어 그 중심대상은 역시 마르코프 연쇄가 될 것이나, 본고에서는 그러한 제한을 넘어 좀더 일반적인 해결의 방향을 찾는 데 노력하고자 한다.

1. 종속사상의 확률적 의미

어떤 사상 B가 사상 A의 "영향을 받는다"라는 말은 다소 애매할 수 있다. 우선 우리의 상식에 쉽게 떠오르는 사례는, 사상 A의 대상이 사상 B의 대상에 '물리적으로'(physically) 영향을 미치는 경우이다. 예컨대 빨간색 당구공이 녹색 당구공에 맞아 튀어나가는 사상의 경우, 그 빨간색 공이라는 대상이 녹색 공과의 물리적 충돌로 인하여 운동의 상태를 바꾸는 상황을 생각해 볼 수 있다. 그러나 확률론에서 흔히 사례로 들고 있는, 앞절에서 언급한 바와 같은 주머니 속에서 하나의 공을 꺼내는 사상에 있어서는 이러한 물리적 관계는 발견하기 어렵다. 예컨대 검은색 공이 3개, 흰색 공이 2개 들어 있는 주머니 속에서 (만일 색깔 외에는 다른 모든 조건이 동일하다면) 어느 공 하나를 꺼내고, 다시 그것을 되돌리지 않은 채 다른 공 하나를 더 꺼낸다고 할 때, 첫번째 꺼낸 공이 물리적으로 두번째 꺼낼 공에 영향을 미친다고 보기는 어려울 것이다. 그러나 두번째 공의 출현이라는 관점에서 본다면, 분명 두번째 공의 출현은 첫번째 꺼내진 공이 어떤 색깔의 것이었느냐는 사실에 영향을 받고 있다. 예컨대 첫번째 꺼내진 공이 검은색 공일 때, 계속해서 두번째로 꺼내질 공 역시 검은색일 가능성은 변화하기 때문이다. 공이라는 대상 자체에 물리적 영향이 있었던 것은 아니지만, 그 대상의 출현결과에 있어 보면 어떠한 영향이 엄존(儼存)하는 것이다.

이때 물리적 영향의 여부와는 관계없이, 이미 나타난 결과의 사태에만 국한해 본다면, 위의 두 사례 모두에 있어 각기 두번째 사상은 첫번째 사상에 영향을 받고 있는 셈이다. 이러한 공통성을 표현할 수 있는 방법 중의 하나가 바로 확률개념에 의한 확률적 표현의 방식이다. 예컨대 사상 B가 사상 A의 영향을 받는 경우, 사상 A가 나타났다는 조건하에 사상 B가 나타날 확률, 즉 이른바 '조건확률'(conditional probability) P(B/A)는 그러한 조건없이 그저 사상 B가 나타날 확률 P(B)와는 다를 것이다. 따라서 지금의 예에 있어 사상 B가 사상 A에 영향을 받고 있음을 확률적으로는 다음과 같이 나타낼 수 있다.

(2) $P(B/A) = P(B)$

확률론에 있어서는 확률적으로 이와 같은 관계식을 갖는 두 사상을 바로 (서로) '종속사상'이라 부른다. 그러므로 단지 형식적인 측면에서만 보자면 두 사상 A와 B 사이에 실제 물리적인 영향이 존재하느냐의 여부는 무관하다. 단지 그 결과에 있어 두 사상 사이에 위와 같은 확률적 관계가 성립하느냐의 여부만이 문제시될 따름이다.

앞서 '서언'에서 제시한 식 (1)이 의미하는 바는 위의 식 (2)의 의미를 함축하는데, 식 (1)에 있어 사상 A∩B의 확률 P(A∩B)가 사상 A와 B 각각의 확률 P(A) 및 P(B)의 곱과 동일하지 않다는 것은 사상 B가 나타날 확률이 사상 A가 나타났다는 사실에 영향을 받고 있음을 의미하기 때문이다. 만일 이러한 영향이 없을 때, P(A∩B)가 P(A)와 P(B)의 곱과 같음은 A와 B의 집합관계로써 쉽사리 보여 줄 수 있다.[5]

그러므로 식 (1)에 있어, 종속사상의 경우, 위의 식 (2)를 이용한다면, 원래의 부등식은 다음과 같은 등식으로 바꾸어 놓을 수 있다.

(3) $P(A \cap B) = P(A)P(B/A)$

---

5) Hogg & Tanis(1983), p. 63 참조.

이것은 P(A∩B)와 P(A)P(B)가 서로 같지 않은 까닭이 바로 P(B)가 P(B/A)와 서로 같지 않은 데 놓여 있기 때문이다.

그렇다면 종속사상을 확률적으로 평가함에 있어 가장 중요한 단계는 확률 P(B/A)를 구하는 일이다. 그러나 이러한 값을 어떻게 구할 것인가?

2. 카르납의 확증도와 독립사상

확률 P(B/A)의 값을 구하는 한 가지 방법은 앞절의 식 (3)을 변형하여 다음과 같은 식을 이용하는 방식이다.

$$(4) \cdot P(B/A) = \frac{P(A \cap B)}{P(A)}$$

즉 위의 식에서 우변의 값을 계산하여 좌변의 값을 얻는 것이다. 그러나 사실상 위의 식 (4)는 단지 각 확률값 사이의 관계만을 보여 줄 뿐, 구체적으로 각 확률값을 어떻게 구할 수 있는가에 관해서는 아무런 답도 주지 않고 있다.

카르납의 초기 귀납논리는 적어도 이러한 문제에 대한 합리적 시도 중의 하나이다. 앞서 '서언'에서 언급한 대로, 예컨대 검은색과 흰색 두 가지 종류의 공만이 들어 있는 주머니에서 공 하나씩을 꺼낸다고 해보자. 이때 만일 지금까지 꺼낸 3개의 공 중 첫번째와 두번째의 공이 검은색이고, 세번째의 공은 흰색으로 나타났다라고 해보자. 그렇다면 이를 기반으로, 다음에 꺼낼 공 하나가 검은색일 확률은 얼마인가? '서언'에서 지적한 대로, 이 확률값은 이미 꺼낸 3개의 공을 다시금 주머니 속으로 되돌리느냐 아니냐의 여부에 따라 다를 것이다.

먼저 카르납이 그의 초기에 선호(選好)했던 확증도(確證度, degree of confirmation) 함수 c*에 따르면,[6] 이 경우 증거문장 e를 기반으로 가

---

6) Carnap(1945), sec. 6 참조. 이 c*-함수는, 카르납에 있어 수많은 확증도 함수 c로써 이루어진 이른바 'λ-체계'(λ-system) 중 유일한 것은 아니지만, 이후 그의 귀납논리에 대한 논의 가운데 대표적인 함수로 자리잡고 있다. [카르납의 λ-체계에 대해서는 Carnap(1952) 참조.]

설 h에 대한 확률값은 다음과 같은 식으로 주어진다.

$$(5)\ \ c^*(h, e) = \frac{s_M + \omega}{s + \varkappa} = \frac{2+1}{3+2} = \frac{3}{5}$$

여기서 's'와 's_M'은, 주머니 속의 전체 공을 모집단으로 했을 때, 이미 꺼내진 공으로 이루어진 크기 s=3의 표본 중 성질 M, 즉 검은색을 지닌 공의 개수 s_M=2를 가리킨다. 다른 요소 '$\varkappa$'와 'ω'는, 카르납의 귀납논리에 있어 독특한 점으로, 미리 주어진 언어체계 내에서 가능한 술어의 이른바 '(논리적) 술어폭'(logical width)을 가리키며, '$\varkappa$'는 그 체계 내에서 가능한 가장 큰 술어폭을, 'ω'는 예컨대 성질 M을 나타내는 술어의 술어폭을 가리킨다. 지금의 예에서는 검은색에 대한 술어('P')를 해당 언어체계 내의 가장 기본적인 원초술어(primitive predicate)로 삼았을 때, 'P'와 '~P'의 개수 2로써 $\varkappa$의 값을 결정할 수 있고, 'P' 하나의 개수 1로써 ω의 값을 결정할 수 있다. [7]

위의 식 (5)에 있어 $c^*(h, e)$는, 만일 미리 가정된 언어체계를 무시할 수만 있다면, 앞의 식 (4)에 있어 P(B/A)와 동일한 의미로 해석할 수 있고, 따라서 식 (4)에서와 유사하게 다음과 같이 바꿔 쓸 수도 있다.

$$(6)\ \ c^*(h, e) = \frac{m^*(h \cdot e)^{[8]}}{m^*(e)} = \frac{3}{5}$$

그러나 여기서 과연 $c^*(h, e)$의 값이 앞의 제1절에서 소개하고 있는 것

---

7) 좀더 정확히 말해, 카르납의 귀납논리에 있어 술어폭은 이른바 'Q-술어'(Q-predicate)들에 의해 결정된다. 즉 주어진 언어체계 내에서 다른 결합사로 정의되지 않은 기본적인 원초술어와 그것의 부정을 각기 연언(連言, conjunction)으로 결합해 놓은 것을 'Q-술어'라 부르고, 이러할 때 임의의 성질에 대해 그것을 Q-술어들의 선언(選言, disjunction)으로 표현하는 일이 가능한데, 이때 포함된 Q-술어들의 개수를 해당성질의 '술어폭'이라 부른다. 원초술어가 오직 'P' 하나일 때에는 가능한 Q-술어는 'P'에 해당하는 'Q_1', '~P'에 해당하는 'Q_2'의 2(=2^1)가지뿐이다.
Q-술어 및 술어폭에 관한 좀더 상세한 논의를 위해서는 Carnap(1952), sec. 3 참조.
8) 여기서 m-함수는 카르납의 귀납논리에 있어 증거문장 e 및 가설 h에 대해 일정한 확률을 부여하는 일종의 측도함수(measure function)로서, 조건없는 확률함수로 생각할 수 있다. 이에 대한 좀더 자세한 논의를 위해서는 Carnap(1950), p. 295 참조.

과 같은 종속사상을 다루고 있는가는 또 다른 논의를 요하는 문제이다. 적어도 c^*-함수값과 관련한 위의 예만을 보자면, 우리가 문제삼고 있는 사상은 분명 독립사상임을 알 수 있다. 위의 예와 관련해서 볼 때, 우리는 주머니 속에 실제 검은색 공과 흰색 공이 각기 몇 개가 들어 있는가에 대해서는 알지 못하고 있다. 그러므로 단순히 공 하나씩을 꺼낼 때 그 공이 꺼내질 확률은 모두 동일한 것으로 간주되고 있을 뿐이다. 이것은 c^*(h, e)-값을 구함에 있어 경험적 요소인 s_M/s이 단순히 이미 표본 중에 나타난 검은색 공의 개수와 흰색 공의 개수에 의해서만 결정된다는 점에서 분명하다. 그러므로 식 (5)에 의해, 위의 예와 같은 주머니 속의 공과 관련된 확률을 계산하는 경우, 실제로는 주머니 속의 검은색과 흰색 공의 개수가 각기 같고, 꺼낸 공은 다시금 주머니 속으로 되돌리는 것으로 간주할 수 있다. 이 경우에야 공 하나씩을 꺼낼 때마다 그 확률이 모두 같아지기 때문이다.

이러한 가정은 통계학에 있어 이른바 '단순확률(랜덤) 표본'(simple random sample)을 구성할 때 주어지는 것으로, 말하자면 모집단에서 그 개체를 하나씩 추출할 때 그 각각이 모두 동일한 확률을 갖는 표본을 말한다. [9] 이러한 표본의 존재에 관해서는 카르납 자신이 이미 분명히 알고 있었다. [10] 카르납이 그의 귀납논리를 구성함에 있어 이와 같은 표본의 존재를 전제하고 들어간 것은 아마도 그의 귀납논리 자체가 단순히 자연상태에서 매거(枚擧, enumeration)에 의한 귀납에 초점을 맞추고 있기 때문인 듯하다. 사실상 모집단의 크기가 매우 클 때에는 이미 추출된 어떤 개체를 그 모집단으로 되돌리지 않는다 할지라도 앞서의 사상이 그 뒤의 사상에 확률적으로 영향을 미치는 정도는 극히 미미하다 할 수 있다. 자연계의 많은 대상들의 집단이 확률적으로 볼 때 이와 같은 성격을 띠고 있으며, 주머니 속의 공과 관련한 카르납의 위와 같은 해법 역시 일면 이러한 모집단의 가정에 근거를 두고 있는 셈이다.

---

9) 이에 대한 좀더 자세한 설명을 위해서는 예컨대 Rosner(1990), p. 142 참조.
10) Carnap(1950), p. 493f. 참조.

3. 카르납의 확증도와 주기성

카르납의 초기 귀납논리 자체가 안고 있는 난점은 차치하고서라도 그의 귀납논리가 적어도 주기성과 관련한 종속사상을 다룰 수 없다는 비판은 종속사상 일반과 카르납의 귀납논리 사이의 관계를 검토함에 있어 빼놓을 수 없는 사항이다. 주기성이라는 것이 비록 특수한 종속사상에 있어 나타나는 특별한 하나의 성질이라 할지라도, 그에 대한 부정적인 결론은 종속사상 일반에 대한 카르납의 귀납논리에 관해 심각한 반증사례가 될 수 있기 때문이다.

물론 주기성을 보여 주는 종속사상의 사례는 그 자체로도 나름의 중요성을 지니고 있다. 경험적 증거에 의해 귀납을 행하는 과정에서 단순히 경험적 사례들을 매거하는 데 그치지 않고, 나아가 그러한 사례들에 나타난 어떤 규칙성(regularity)에 주목하는 일은 중요하기 때문이다. 주기성은 사실상 그와 같은 규칙성의 한 특수한 경우이다.

이제 어떤 표본에 있어 나타나는 주기성은 그 표본 중의 개체들이 일정한 순서(order)에 따라 나타남으로써 주어진다. 예컨대 앞서 소개한 주머니에서 공 하나씩을 꺼내 표본을 만들어 갈 때, 맨처음에 검은색 공이 추출된 후 하나씩 걸러 검은색 공이 추출되었다라고 해보자. 그리고 이러한 순서로 예컨대 제7번째로 추출될 공이 어떤 색 공일까를 추측해 본다라고 해보자. 이때 우리의 자연스런 기대는 물론 그것은 검은색 공일 것이라는 기대이고, 따라서 이러한 기대는 단순히 지금까지 추출된 6개의 공 중 3개가 검은색 공이었다는 사실에 근거한 검은색 공에 대한 기대보다는 높을 듯하다.

그러나 적어도 카르납의 초기 귀납논리에 있어서는 이와 같은 두 기대 사이의 비교는 불가능한 것으로 나타난다. 앞의 제2절의 식 (5)에 따라 그 어느 경우에나 $c^*(h, e) = (3+1)/(6+2) = 1/2$의 확증도 값을 갖기 때문이다.

이러한 결과의 근본원인은 물론 카르납의 초기 귀납논리가, 앞절에서 지적한 대로, 단지 독립사상만을 고려하고 있기 때문이다. 주기성이 나타나고 있는 위의 예에서는 앞으로 추출될 공이 차지하는 위치에 따라 그 앞에 어떤 공이 나타났었는가가 큰 영향을 미치고 있다. 그러므로 하나씩 걸러 색이 바뀌는 경우 바로 앞서의 공이 어떤 색깔이었느냐 하는 사실은 앞으로 추출될 다음 공의 색깔이 무엇이냐에 강한 영향을 미치게 된다. 카르납의 초기 귀납논리가 이와 같은 영향을 고려하고 있지 못하다는 점은 보다 일반적인 통계적 추리에 있어서와 마찬가지이다. 일반적인 통계 추리에 있어 주어지는 표본들은, 위와 같은 주기성이 배제된, 독립사상으로 추출된 개체들로 이루어지는 경우가 대부분이기 때문이다.

애친슈타인은 그의 1963년 논문[11]에서 좀더 일반적으로 좌표언어 (coordinate language)에 있어 일반적인 확증함수가 만족시켜야 할 적합성의 조건들을 들고, 특정한 몇몇 술어들을 통해 어떠한 확증함수라도 그러한 조건들을 만족시킬 수 없음을 보여 주고 있다.

좌표언어란, 어떤 개체들의 순서를 표현해 줄 수 있는 수단을 지닌 언어를 말한다. 그러므로 이제 이러한 언어에서 예컨대 다음과 같은 술어 'M'을 도입해 보기로 하자.

$$M_x \equiv [\text{Black}_{xi} \equiv \sim (i\text{는 }10\text{의 거듭제곱수})]$$

다시 말해 술어 'M'은 순서를 지닌 어떤 개체의 위치를 가리키는 서수가 10의 거듭제곱수가 아닐 때 그리고 오직 그 경우에만 검은색의 개체에 부여될 수 있는 술어를 말한다.[12]

그러나 이러한 'M'은 예컨대 다음과 같은 적합성의 조건을 만족시킬 수 없다.

어떤 성질 P에 관해, 순서를 지닌 한 개체가 성질 P를 지니리라는 가설은, P를 결여한 한 개체를 제외한 이전의 r개의 개체 모두가 P를 지녔다는 증거보다는, 순서를 지닌 그 이전의 개체 모두가 P를 지녔다는 증거로부터 더 높은 지지를 받게 될 것이다.[13]

---

11) Achinstein(1963).
12) 이 예는 Achinstein(1963), p. 20의 예를 지금의 논의에 맞게 바꿔 쓴 것이다.
13) Achinstein(1963), p. 19.

이를 보이기 위해 우선 일상용어로 표현된 이상의 조건을 일정한 기호로 옮겨 보기로 하자. 즉 좌표언어에서 표현가능한 임의의 사실적 술어 P에 관해, 그리고 i≤j<n인 임의의 수에 관해, c가 하나의 확증함수라면, 다음과 같은 조건이 충족되어야만 한다.

(7) $c(Px_n, \ Px_i \cdot Px_{i+1} \cdot \cdots \cdot \sim Px_j \cdot Px_{j+1} \cdot \cdots \cdot Px_{n-1}) < c(Px_n, \ Px_i \cdot Px_{i+1} \cdot \cdots \cdot Px_j \cdot \cdots \cdot Px_{n-1})$[14]

그러면 이와 같은 조건에 따를 때 특정의 개체 $x_1, \cdots, x_{12}$에 관해 다음을 얻을 수 있으나,

(8) $c(Mx_{12}, \ Mx_1 \cdot Mx_2 \cdot \cdots \cdot \sim Mx_{10} \cdot Mx_{11}) < c(Mx_{12}, \ Mx_1 \cdot Mx_1 \cdot \cdots \cdot Mx_{10} \cdot Mx_{11})$

앞서 술어 'M'에 대한 규정에 따라 다음이 논리적으로 참이 된다.

$\vdash \sim Mx_{10} \equiv Black \ x_{10} < \vdash Mx_{10} \equiv \sim Black \ x_{10}$
$\vdash Mx_{12} \equiv Black \ x_{12}$

따라서 위의 식 (8)은 다음과 같이 바꿔 쓸 수 있고,

(9) $c(Black \ x_{12}, \ Black \ x_1 \cdot \cdots \cdot Black \ x_{11}) < c(Black \ x_{12}, \ Black \ x_1 \cdot \cdots \cdot \sim Black \ x_{10} \cdot Black \ x_{11})$

이것은 명백히 위의 조건, 식 (7)을 위반하는 일이다.

---

14) Ibid..

4. 상태의 이행과 마르코프 연쇄

주기성과 관련하여 카르납의 초기 귀납논리가 안고 있는 앞서와 같은 난점을 두고 애친슈타인은 그러나 스스로 그러한 난점에 대한 한 가지 가능한 해결책을 제시하고 있기도 하다. 그 제안의 요점은, 주기성과 관련된 가설의 사례, 즉 증거로서 하나하나의 개체를 고려하는 대신에 그러한 개체들의 모임들을 고려하자는 것이다. 즉 앞서 3절에서 도입한 술어 'M'과 관련하여 예컨대 주기성의 가설 '$(x_i)(Mx_i)$'에 대한 긍정적 사례로서 다음을 고려할 수 있다.

$$(\hat{x}_i) \quad (10^n \leq i < 10^{n+1})$$

여기서 n은 임의의 자연수를 가리키며, '$\hat{x}_i$'는 "…와 같은 모든 x_i의 집합"을 의미한다. [15] 따라서 예컨대 10번째의 개체로부터 99번째의 개체 모두가 하나의 긍정적 사례가 되는 셈이다. 이 경우에는 I_i를 주어진 가설 h에 대한 하나의 긍정적 사례를 나타내는 문장이라 할 때, 앞절의 조건식 (7)에 따라 다음과 같은 식이 그대로 성립하고,

$$(10) \quad c(h, \ I_1 \cdot I_2 \cdot \dots \cdot \sim I_j \cdot I_{j+1} \cdot \dots \cdot I_n) < c(h, \ I_1 \cdot I_2 \cdot \dots \cdot I_n)$$

앞서의 식 (9)와 같은 난점에 빠지지 않게 된다. [16]

긍정적 사례에 대한 이와 같은 처리를 통해 이제 주기성과 관련한 주요한 난점은 회피할 수 있을 듯하나, 애친슈타인 자신은 그때의 술어가 하나하나의 개체가 아닌 개체들의 집합에 대해 적용되고 있으므로 더 고차 (higher order)의 술어를 포함한 한층 더 풍부한 언어를 요구하게 된다고 생각하였다. [17] 이것은 하나의 문제에 대한 해결이 동시에 또 다른 문제를 야기함을 의미한다. 그러나 카르납은 이러한 문제에 관해서는 위치

---

15) Ibid., p. 31.
16) Ibid., p. 32.
17) Ibid..

에 관한 단순한 일항술어(one-place predicate)로써 족하다고 생각한 바 있다. [18] 예컨대 색깔과 관련된 5개의 성질 $P_1, \cdots, P_5$에 대한 하나의 술어족(a family of predicates)을 생각해 보기로 하자. 그리고 m개의 연속된 위치의 계열을 'm-단락'(m-segment)이라 부르기로 하자. 그러면 예컨대 m-단락에 대한 가능한 한 성질로서 다음과 같은 것을 도입할 수 있다.

$$Q^3_{5.1.4}(n) =_{df} P_5(n) \cdot P_1(n+1) \cdot P_4(n+2)$$

따라서 문장 '$Q^3_{5.1.4}(8)$'은 위치 8로부터 시작하여 3-단락에 대해 차례로 P_5, P_1, P_4의 성질들을 부여하는 문장으로 볼 수 있다. 물론 여기서 '$Q^3_{5.1.4}$'는 위치에 관한 일항술어일 뿐이다. [19]

고차의 술어를 포함한 한층 더 풍부한 언어가 필요한가의 여부에 대해서는 이 이상의 논의가 필요하기는 하나, 그러한 논의를 떠나 지금의 우리에게 중요한 점은, 애친슈타인이나 카르납 모두에게 공통된 것으로서, 그들 모두 어떤 순서를 이루고 있는 개체들을 개별적으로 보는 대신에 전체 하나의 모임이나 단락으로 보려 한다는 점이다. 이 점은 확실히 종속성을 귀납논리적으로 처리함에 있어 중요한 시사를 준다고 생각한다. 즉 서로 영향을 주고받는 어떤 단위를, 하나하나의 개체 대신에 그러한 개체들의 모임이나 단락으로 봄으로써 종속의 관계가 이미 어느 한 상태(state) 속에 나타나는 것으로 보는 것이다.

이 경우 하나의 상태란, 어떤 모임을 이루고 있는 개체들의 분포상황을 말한다. 이러한 분포상황이 달라지면 한 상태로부터 또 다른 상태로의 이행(transition)이 이루어진다. 그러므로 종속성을 귀납적으로 추적하기 위해서는 그러한 상태들의 이행에 주목하는 일이 필수적이다. 이미 개체들간의 종속관계를 보여 주는 한 상태가 계속해서 어떻게 나타나고 있는가에 주목하는 것이다.

그런데 확률론에 있어서는 이미 시간의 흐름에 따른 상태의 변화를 보여 주는 한 방식으로 이른바 '마르코프 연쇄'가 잘 알려져 있다. [20] 먼저

---

18) Carnap(1963).
19) Ibid., p. 326.

시간의 흐름에 따른 어떤 확률변수들의 집합을 '확률과정'(stochastic process)이라 부르기로 하자. 그러면 확률과정 $\{X_n, \; n=0, \; 1, \; 2, \cdots\}$에 있어 제n번째 기간에 상태 i에 있게 되는 확률변수는 $X_n=i$로 표기할 수 있다. 이 경우 마르코프 연쇄는 미래에 일어날 사상이 어떤 상태에 있을 확률은 단지 그 직전의 상태가 처해 있던 조건에만 의존한다는 가정하에 성립하는 확률과정을 말하며, 따라서 이에 대해서는 다음과 같은 확률식을 구성할 수 있다.

$$(11) \quad P\{X_{n+1}=j/X_n=i, \; X_{n-1}=i_{n-1}, \cdots, X_1=i_1, \; X_0=i_0\}$$
$$=P\{X_{n+1}=j/X_n=i\}$$
$$=P_{ij}$$

즉 P_{ij}는 어느 기간에 어떤 사상이 i 상태에 있다가 다음 기간에 j 상태로 옮겨 갈 확률을 말한다. 이러한 확률을 '이행확률'(transition probability)이라 부르며, 모든 i와 j에 관한 이행확률을 행렬로 정리해 놓은 것을 '이행확률 행렬'(transition matrix)이라 부른다. 그러므로 단지 '0'과 '1'로 표기되는 두 상태만이 존재한다면, 다음과 같은 간단한 행렬식을 만들 수 있을 것이다.

$$(12) \quad P=\begin{bmatrix} P_{00} & P_{01} \\ P_{10} & P_{11} \end{bmatrix}$$

이제 이러한 행렬식은 앞서의 검은색과 흰색이 든 주머니의 예와 관련하여 다음과 같이 해석할 수 있다. 예컨대 두 개의 주머니 A와 B 속에 검은색 공과 흰색 공이 각기 몇 개씩 들어 있다라고 해보자. 이때 주머니 A에서 공을 뽑는 경우 우리는 상태 A에 있는 것으로 간주할 수 있고, 주머니 B에서 공을 뽑는 경우 상태 B에 있는 것으로 간주할 수 있다. 그러면 다음과 같이 아직 그 값이 우리에게 알려져 있지 않은 이행확률 행렬을 만들 수 있다.

---

20) 마르코프 연쇄에 관한 좀더 자세한 설명을 위해서는 예컨대 Ross(1985), Ch. 4 또는 尹錫喆(1992), 8장 참조.

$$
(13) \quad P = \begin{bmatrix} P(A/A) & P(B/A) \\ P(A/B) & P(B/B) \end{bmatrix} \begin{matrix} ——A \\ ——B \end{matrix} \quad \begin{matrix} A & B \end{matrix}
$$

여기서 예컨대 P(A/A)는 우리가 지금 상태 A에 있을 때 다음번에 다시 상태 A에 머물게 될 확률을 의미하며, P(B/A)는 지금 상태 A에 있다가 다음 상태 B로 옮겨 갈 확률을 의미한다. 따라서 종속사상에 관한 귀납논리가 우리에게 알려 주어야 할 확률값은 적어도 이와 같은 이행확률의 값들이라 할 수 있다.

여기서, 앞 3절에서 지적한, 카르납의 초기 귀납논리가 해결하지 못한 난점을 해결하기 위해 마르코프 연쇄와 관련해 다음과 같은 가정을 해보기로 하자. 즉 우리가 맨처음 어느 주머니엔가 손을 넣어 공을 꺼내되 그 꺼내진 공의 색깔이 검은색이면 A 주머니로 가고, 그 공의 색깔이 흰색이면 B 주머니로 간다라고 해보자. 맨처음 공의 색깔을 결정하기 위해서는 A, B 두 개의 주머니 외에 또 다른 주머니를 하나 더 마련해도 좋다. 그러면 이 경우 일반적으로 k개의 상태에 대해 k+1개의 주머니가 마련되는 셈이다. 이때 맨처음 공의 색깔을 결정하기 위한 주머니를 제외한 k개의 주머니에 대해서는 각기 그에 맞는 상태 이름을 붙여 나갈 수 있다. 따라서 지금의 예에서는 주머니 'A'나 'B' 대신에, '검은색' 주머니, '흰색' 주머니와 같은 식으로 그 이름을 붙여 나갈 수 있을 것이다. 그리고 일단 꺼내 본 공은 다시금 원래의 주머니로 되돌리는 것으로 가정한다.

그러면 우리가 애초에 '검은색' 주머니나 '흰색' 주머니 어느 한쪽으로부터 시작했다 하더라도 이행확률 행렬이 어떻게 주어지느냐에 따라 임의의 단계에서 '검은색' 주머니나 '흰색' 주머니에 있을 확률은 변화하게 마련이다. 그리고 이렇게 변화된 확률값은 바로 전(前)단계 상태의 조건에 의존하여 결정되는 것이므로, 시간계열로 볼 때 가장 단순한 종속사상에 대한 확률적 처리가 되는 셈이다.

좀더 구체적인 논의를 위해 이제 최초의 주머니에서 검은색 공을 뽑아, '검은색' 주머니인 주머니 A로부터 공을 하나씩 뽑아 나간다라고 해보자. 그러면 최초의 상태에 대한 각 확률값은 다음과 같이 제시할 수 있다.

(14)
$$\begin{matrix} A & B \\ [\ 1 & 0\ ] \end{matrix}$$

다음 단계에서의 각 상태에 대한 확률은 다음과 같이 결정될 것이다.

$$(15)\ \prod(1)=[0\quad 1]P$$
$$=[0\quad 1]\begin{bmatrix} P(A/A) & P(B/A) \\ P(A/B) & P(B/B) \end{bmatrix}$$

따라서 최초의 상태로부터 그에 영향을 받는 다음 단계의 상태로 넘어 갈 확률을 구하기 위해서는 식 (15)의 두번째 인수인 이행확률 행렬의 각 요소들의 값을 알지 않으면 안 된다. 만일 카르납의 귀납논리가 종속사상에 대해서까지 확장되어야 한다면, 적어도 이와 같은 값들에 대한 구체적인 답을 주지 않으면 안 된다.

5. 이행확률과 카르납의 귀납논리

이제 문제가 되고 있는 이행확률 행렬의 각 요소값을 구체적으로 결정하기 위해 먼저 그 특수한 값들의 성격부터 검토해 보기로 하자.

우선 앞의 행렬식 (13)에 있어 그 구체적인 요소값들이 다음과 같이 주어졌다라고 해보자.

$$(16)\ P=\begin{bmatrix} P(A/A) & P(B/A) \\ P(A/B) & P(B/B) \end{bmatrix}=\begin{bmatrix} 0.7 & 0.3 \\ 0.7 & 0.3 \end{bmatrix}$$

그러면 앞절의 식 (15)에 따라 (1)은 다음과 같이 결정할 수 있다.

$$(17)\ \prod(1)=[0\quad 1]\begin{bmatrix} 0.7 & 0.3 \\ 0.7 & 0.3 \end{bmatrix}=[0.7\quad 0.3]$$

그러나 이러한 요소값들은 어느 단계에서나 동일하게 나타난다. 그러므로 위의 (16)과 같은 행렬은 독립사상에 대한 행렬로 풀이할 수 있다. 이것은 확률 $P(A/A)$와 $P(A/B)$, 또는 $P(B/A)$와 $P(B/B)$가 각기 0.7과 0.3으로 모두 동일하다는 점에서 자연스러운 결과이다. 앞서 3절의 예에서, 카르납의 귀납논리가 특별히 제6번째의 공의 색깔이 무엇이냐에 관계없이 제7번째의 검은색 공에 대한 가설의 확증도를 결정하고 있는 것도 이러한 행렬로써 이해할 수 있다.

반면, 앞의 제3절에서 지적한 바와 같이, 하나씩 걸러 검은색 공이 나타나는 주기성을 포함한 종속사상에 대해서는 다음과 같은 행렬을 제시할 수 있다.

(18) $P = \begin{bmatrix} 0 & 1 \\ 1 & 0 \end{bmatrix}$

이 경우에는 $\prod(1)$이 다음과 같이 결정됨으로써,

(19) $\prod(1) = \begin{bmatrix} 1 & 0 \end{bmatrix} \begin{bmatrix} 0 & 1 \\ 1 & 0 \end{bmatrix} = \begin{bmatrix} 0 & 1 \end{bmatrix}$

최초의 단계에서 검은색 공이 추출되었다면, 그 다음 단계에서는 흰색 공이 추출될 확률이 1이며, 다시 다음 단계에서는 검은색 공이 추출될 확률이 1, …, 임을 알 수 있다.

그러나 이와 같은 극단적인 값을 피하고, 적어도 마르코프 연쇄와 관련한 종속사상에 관해 일반적인 이행확률들을 구하기 위해서는 좀더 합리적인 일반화된 식이 필요하다. 바로 이러한 맥락에서, 마르코프 연쇄를 이루는 주머니들 자체에 대해 카르납의 귀납논리를 적용할 수 있으리라는 착상으로,[21] 스킴즈는 곧바로 c^*-함수에 대해 다음과 같은 식을 적용하였다.[22]

---

21) 스킴즈는 이와 같은 착상은 본래 퀴퍼즈(T. A. F. Kuipers)나 마틴(J. J. Martin)으로부터 나온 것임을 밝히고 있다. 〔Skyrms(1991), pp. 441-2〕
22) Skyrms(1991), p. 442. 좀더 일반적으로 $S_1, \cdots, S_k$의 상태를 지닌 체계에 대해서는 다음

$$(20) \quad P_{ij} = P(S_j/S_i) = \frac{1 + N[S_j, S_i]}{2 + N[S_j, \ S_i] + N[S_i, \ S_i]}$$

여기서 $N[S_j, \ S_i]$는 상태 Si로부터 상태 Sj로의 이행의 횟수를 가리킨다. 그러므로 식 (20)은 앞의 제2절의 식 (5)에서 단순히 추출된 표본의 크기 s나 그중 성질 M을 지닌 개체들의 수 S_M 대신에, '검은색' 주머니나 '흰색' 주머니와 같은 상태들의 변화횟수를 고려하고 있는 것이다. 한편 위의 식 (20)에 있어 1/2의 요소는, 상태이행의 횟수를 계산하여 그 비(比)를 구할 때, 있을 수 있는 극단적인 0이나 1의 값을 막아 주는 합리적인 장치로 볼 수 있다. 이것은 카르납이 그의 초기에 $\omega/\varkappa=1/2$의 요소를 고려했던 근본적인 이유와 일치한다. [23]

이로써 최종적으로, 식 (20)에 따라, 앞 3절에서 문제가 되었던 주머니 속의 공과 관련된 두 사례를 비교·검토해 보기로 하자. 이미 지적한 대로, 단순히 카르납의 초기 귀납논리에 있어서는 크기 6의 표본 중에 나타난 개체들간의 종속성은 고려할 수 없었다. 그러나 이제 식 (20)에 따르면 그에 대한 고려가 가능하게 된다. 여기서는 일단 검은색 공이 나타나는 사상, 따라서 마르코프 연쇄에 있어 '검은색' 주머니라는 상태 A에 처하는 경우를 상태 S_i에 있는 것으로 보고, 마찬가지로 '흰색' 주머니에 대응하는 상태 B는 상태 S_j에 대응하는 것으로 볼 수 있다. 그러므로 먼저 퍼트남이 지적한 것과 같은 사례에 대해 식 (20)을 적용하여, 제6번째 흰색 공에 해당하는 상태 B로부터 제7번째 검은색 공에 해당하는 상태 A로의 이행확률을 구하면 다음과 같다.

과 같은 식을 제시할 수 있다. (Ibid.)

$$P_{ij} = P(S_j/S_i) = \frac{1 + N[S_j, \ S_i]}{k + \sum_{m=1}^{k} N[S_m, \ S_i]}$$

23) $\omega/\varkappa$의 요소는, 주어진 어떤 소규모 표본에 있어 예컨대 문제의 성질이 전혀 발견되지 않았거나 반대로 어느 경우에나 발견된 경우, 단지 그와 같은 경험적 근거에 의해 가설에 대한 확률을 0 또는 1로 극단적으로 부여하는 일을 막아 주는 역할을 한다. 이때 이처럼 경험적 요소에 의해서만 확률값을 결정하는 방법을 일컬어 '직입률'(直入律, straight rule)이라 부른다. 카르납은 이와 같은 직입률은 반(反)직관적일 수 있다고 생각하는 셈이다. [Carnap(1952), sec. 14 참조]

$$(21) \quad P_{BA} = P(A/B) = \frac{1 + N[A, \ B]}{2 + N[A, \ B] + N[B, \ B]} = \frac{1 + 3}{2 + 3 + 0} = \frac{4}{5}$$

이와는 달리 첫번째, 네번째, 다섯번째로 추출된 공이 검은색이고, 두 번째, 세번째, 여섯번째로 추출된 공이 흰색인 경우, 제7번째 검은색 공에 해당하는 상태 A로의 이행확률을 구하면 다음과 같다.

$$(22) \quad P_{BA} = P(A/B) = \frac{1 + 2}{2 + 2 + 1} = \frac{3}{5}$$

위의 식 (21)과 (22)의 결과를 비교해 보면, 같은 크기의 표본 속에 성질 M, 즉 검은색을 지닌 공의 개수는 3개씩 똑같다 할지라도, 좀더 강한 주기성을 지녀 종속성이 높은 표본이 다음번에 검은색 공이 나오리라는 가설에 대해 좀더 높은 지지도를 보여 줌을 알 수 있다. 이로써 귀납의 중요한 한 특성인 '경험학습의 원리'(principle of learning from experience)를 지키며, 경험적 표본 중에 나타난 개체들간의 종속성을 계량적으로 표현해 주는 새로운 한 방식이 개발된 셈이다.

결어 : 마르코프 연쇄를 넘어서

지금까지 종속사상에 대해 카르납의 귀납논리를 적용할 수 있는 가능성에 관한 논의는 주로 마르코프 연쇄에 한정되어 있었다. 앞서 지적한 대로 이러한 연쇄는 어느 시점(時點)에서의 상태가 오직 그 직전의 상태에만 의존하고 있는 것으로 가정하고 있으므로, 그 이전에 여러 시점의 상태에 복합적으로 의존하고 있는 경우에는 물론 또 다른 귀납논리의 개발이 요구된다. 그러나 마르코프 연쇄를 중심으로 한 지금까지의 논의를 통해서라도, 좀더 일반적인 종속사상을 귀납논리적으로 처리함에 있어 공통적으로 유의해야 할 사항을 추출해 낼 수 있다. 이것은 종속사상에 대해 향후 계속적으로 귀납논리를 개발함에 있어 일반적인 지침이 될 수 있으리라 생각한다.

먼저, 앞서 제4절에서의 논의를 통해 알 수 있듯, 증거로서 주어지는 개체들에 관해 우리는 그 개체들을 하나하나 독립적으로 취급하는 대신에 이미 관련되어 나타나는 개체들을 하나의 단위로 묶어 생각할 필요가 있다. 이러한 관점은, 우리 앞에 주어지는 개체들에 대해 그것을 단순히 수량적으로 바라보는 대신에 그것의 질적인 측면에 주목함을 의미한다. 즉 주어지는 개체들이 보여 주는 성질들의 관련성에 주목하는 것이다.[24] 예컨대 주머니에서 차례로 6개의 공을 꺼내는 경우, 처음 연속해서 3개의 검은 공이 나오고 다음에는 모두 3개의 흰 공이 나왔을 때, 우리는 단순히 "검은색 공 3개, 흰색 공 3개"라고 말하는 대신에, 처음 3개의 공이 공통적으로 모두 검은색을 보이고 있음에 주의할 필요가 있다. 이렇게 할 때, 제4절에서 소개한 애친슈타인의 긍정적 사례와 같은 사례가 보여 주는 주기성도 쉽사리 발견할 수 있을 것이다.

다음으로, 위에서와 같이 서로 관련있는 개체들을 한 단위로 묶어 고찰할 때, 그에 따른 상태의 변화를 추적할 수 있다. 달리 말해, 바로 그러할 때, 관련있는 한 단위의 개체들로부터 다른 단위의 개체들로 옮겨 가는 과정에 주목할 수 있게 되는 것이다. 지금의 경우, 경험으로부터 배우는 내용은 이와 같은 상태의 변화가 실제 어떻게 일어났느냐 하는 점이다. 종속사상의 종속성은 바로 이와 같은 상태의 변화에 있어 드러난다. 이러한 상태의 변화는 주기적으로 이루어질 수도 있고, 비(非)주기적으로 이루어질 수도 있다. 만일 우리의 귀납논리가 종속사상에 대해 적용될 수 있다면, 그러한 귀납논리는, 물론 종속사상 자체를 다룰 수 있어야만 할 뿐 아니라, 비주기적인 종속사상보다는 주기적인 종속사상에 대해 더 높은 지지도를 부여해야만 할 것이다.

---

24) 조금 다른 맥락이긴 하지만, 카르납이 그의 후기 귀납논리에서 속성들간의 유사성 (similarity)에 주목한 것은 역시 개체들간의 질적 관계에 관심을 둔 것이라 할 수 있다. 〔Carnap(1980), sec. 14 참조〕

참고문헌

尹錫喆(1992), 『計量的 세계관과 思考體系』, 서울 : 경문사.

全永三(1992), 「우도(尤度)개념의 논리적 분석―카르납의 귀납논리를 기반으로」, 고려대학교 대학원 철학박사 학위논문.

Achinstein, P. (1963), "Confirmation Theory, Order and Periodicity," *Philisophy of Science* 30, pp. 17-35.

Carnap, R. (1945), "On Inductive Logic," in: B. A. Brody(ed.), *Readings in the Philosophy of Science*, Englewood Cliffs : Prentice -Hall, 1970, pp. 451-477.

_____ (1950), *Logical Foundations of Probability*, London : Rout-ledge & Kegan Paul, 1951.

_____ (1952), *The Continuum of Inductive Methods*, Chicago : The Univ. of Chicago Press.

_____ (1963), "Variety, Analogy and Periodicity in Inductive Logic," *Philosophy of Science* 30, pp. 222-227.

_____ (1971a), "Inductive Logic and Rational Decisions," in: R. Carnap & R. C. Jeffrey(eds.), *Studies in Inductive Logic and Probability*, Vol. I, Los Angeles : Univ. of California Press, pp. 5-31.

_____ (1971b), "A Basic System of Inductive Logic, Part I," in: Ibid. pp. 33-165.

_____ (1980), "A Basic System of Inductive Logic, Part II," in: R. C. Jeffrey(ed.), *Studies in Inductive Logic and Probability*, Vol. II, pp. 7-155.

Hogg, R. V. & Tanis, E. A. (1983), *Probability and Statistical Infer-ence*, 2nd ed., New York : Macmillan, 安喆遠・韓相文 공역, 『통계학 원론』, 서울 : 비봉, 1989.

Putnam, H. (1963), "Degree of Confirmation and Inductive Logic," in: P. A. Schlipp(ed.), *The Philosophy of Rudolf Carnap*, La Salle : Open Court, pp. 761-783.

Rosner, B. (1990), *Fundamentals of Biostatistics*, 3rd ed., Boston: PWS-KENT.

Ross, S. M. (1985), *Introduction to Probability Models*, 3rd ed., Orlando: Academic Press.

Skyrms, B. (1991), "Carnapian Inductive Logic for Markov Chains," *Erkenntnis* 35, pp. 439-460.

필자 소개

여훈근 고려대학교 철학과를 졸업하고 동 대학원 철학과에서 문학석사 학위를 취득하였다. 프린스턴 대학교 철학과에서 연구하였고, 한국 논리학회장을 역임하였다. 현재 고려대학교 철학과 교수로 재직중이다. 주요 논문과 저서로는 「확률에 관한 연구」(고려대 『인문논집』 8집, 1967), 「수학 및 기호논리학에 의거한 삼단논법의 분석」(고려대 『인문논집』 19집, 1974), 「직접추리의 현대적 분석」(고려대 철학과 『철학연구』 5집, 1978), 「필연적 수반에 관한 고찰」(고려대 『인문논집』 24집, 1979), 「양상논리와 그 해석상의 문제」(고려대 『인문논집』 26집, 1981), 「양상논리의 필연성 문제」(한국 철학회 『철학』 16호, 1981 가을), 「다치논리의 역사적 배경과 그 체계」(고려대 『인문논집』 28집, 1983), 「다치논리의 해석문제」(한국철학회 『철학』 20호, 1983 가을), 「직관논리에 관한 연구」(고려대 『인문논집』 32집, 1987), 「규범논리에 관한 연구」(고려대 『인문논집』 34집, 1989), 『현대논리학』(태학사에서 1975년, 1979년 초판, 개정판 발행; 1984년, 1991년 민영사에서 증보, 全訂版 발행), 『현대논리학의 연구』(고려대 출판부, 1986), 『논리학』(문교부 인정, 현대문학, 1990) 등이 있다.

권병옥 고려대학교 불어불문학과를 졸업하고 미국 오하이오 주립대학교 철학과에서 문학석사와 철학박사 학위를 취득하였다.

권창은 고려대학교 철학과와 동 대학원 철학과를 졸업(문학석사)하고 그리스 아테네 대학교 철학과에서 철학박사 학위를 취득하였다. 현재 고려대학교 철학과 교수로 재직중이다.

김성진 고려대학교 철학과를 졸업하고 독일 프라이부르크 대학교 철학과에서 문학석사와 철학박사 학위를 취득하였다. 현재 한림대학교 철학과 교수로 재직중이다.

김성호 고려대학교 철학과를 졸업하고 동 대학원 철학과에서 문학석사와 철학박사 학위를 취득하였다.

김영정 서울대학교 철학과를 졸업하고 미국 브라운 대학교 철학과에서 문학석사와 철학박사 학위를 취득하였다. 현재 서울대학교 철학과 교수로 재직중이다.

박병철 고려대학교 철학과를 졸업하고 미국 보스턴 대학교 철학과에서 문학석사와 철학박사 학위를 취득하였다.

박우석 연세대학교 철학과를 졸업하고 미국 뉴욕 주립대학교(버팔로) 철학과에서 문학석사와 철학박사 학위를 취득하였다. 현재 한국과학기술원 교수로 재직중이다.

박준용 연세대학교 신학과를 졸업하고 고려대학교 대학원 철학과에서 문학석사 학위를 취득한 후 현재 철학박사 과정에 재학중이다.

소흥렬 미국 알마 대학을 졸업하고 미시간 대학교(앤아버) 철학과에서 문학석사와 철학박사 학위를 취득하였다. 현재 이화여자대학교 철학과 교수로 재직중이다.

송하석 한국외국어대학교 불어과를 졸업하고 미국 클레어몬트 대학교 철학과에서 문학석사와 철학박사 학위를 취득하였다.

안건훈 고려대학교 철학과를 졸업하고 서울대학교 대학원에서 문학석사(교육철학)를, 고려대학교 대학원 철학과에서 문학석사와 철학박사 학위를 각각 취득하였다. 미국 미시간 주립대학교 대학원 철학과에서 문학석사 학위를 취득하였고 미조리 대학교 대학원에서 철학박사 학위과정(Interdisciplinary Program)을 수료했다. 현재 강원대학교 철학과 교수로 재직중이다.

이길우 고려대학교 철학과와 동 대학원 철학과를 졸업(문학석사)하고 독일 본 대학교 철학과에서 철학박사 학위를 취득하였다. 현재 고려대학교 철학과 교수로 재직중이다.

이승종 연세대학교 철학과와 동 대학원 철학과를 졸업(문학석사)하고 미국 뉴욕 주립대학교(버팔로) 철학과에서 철학박사 학위를 취득하였다. 현재 연세대학교 철학과 교수로 재직중이다.

이영의 고려대학교 철학과를 졸업하고 동 대학원 철학과에서 문학석사 학위를 취득한 후 현재 철학박사 과정에 재학중이다.

이종권 서울대학교 항공공학과를 졸업하고 동 대학원 철학과에서 문학석사와 철학박사 학위를 취득하였다. 현재 중앙대학교 철학과 교수로 재직중이다.

전영삼 고려대학교 철학과를 졸업하고 동 대학원 철학과에서 문학석사와 철학박사 학위를 취득하였다.

정대현 고려대학교 철학과를 졸업하고 동 대학원 철학과에서 문학석사와 철학박사 학위를 취득하였다. 미국 웨스트민스터 신학대학원과 템플대학교 대학원 철학과에서 수학하였다. 현재 이화여자대학교 철학과 교수로 재직중이다.

정영기 고려대학교 철학과를 졸업하고 동 대학원 철학과에서 문학석사와 철학박사 학위를 취득하였다.

최원배 고려대학교 철학과와 동 대학원 철학과를 졸업(문학석사)하고 현재 영국 리즈 대학교 철학박사 과정에 재학중이다.

하종호 고려대학교 철학과와 동 대학원 철학과를 졸업(문학석사)하고 미국 브라운 대학교 철학과에서 철학박사 학위를 취득하였다. 현재 고려대학교 철학과 교수로 재직중이다.

논리와 진리

지은이/여훈근 외
펴낸이/전춘호
펴낸곳/철학과현실사

1판1쇄인쇄 1996년 6월 20일
1판1쇄발행 1996년 6월 25일

등록/1987. 12. 15 제1-583호
주소/서울시 서초구 양재동 338-10
전화/579-5908·5909
팩스/572-2830

값 12,000원
ISBN 89-7775-164-0 03170
※ 잘못된 책은 바꾸어 드립니다
※ 지은이와의 협의하에 인지는 생략합니다.